연해자평 淵海子平 - 태어난 일간을 중심으로 간명하는 자평학의 진수

초판발행 2025년 09월 01일
초판인쇄 2025년 09월 01일
원 저 서승 徐升
역 자 김 낙 범
펴낸이 김 민 철

등록번호 제 4 -197호
등록일자 1992.12.05

펴낸곳 도서출판 문원북
주 소 서울시 마포구 토정로 222 한국출판콘텐츠센터 422
전 화 02-2634-9846
팩 스 02-2365-9846
메 일 wellpine@hanmail.net
카 페 cafe.daum.net/samjai
블로그 blog.naver.com/gold7265

ISBN 978-89-7461-516-1
규 격 152mmx225mm
책 값 30,000원

본 도서는 저작권법에 의해 보호를 받는 출판물로 저자와 출판사의 동의 없이 디자인, 사진, 일러스트, 편집구성, 내용의 일부, 전체를 인용하거나 발췌하는 것을 금하며, 무단 사용시 민사상 손해배상과 형사 고발을 당할 수 있습니다.

* 파손된 책은 구입처에서 교환해 드립니다.

연해자평

태어난 일간을 중심으로 간명하는 자평학의 진수

문원북

≫ 들어가며

- 역학의 역사와 발전 -

역학은 기원전 2000년경부터 시작되어 춘추전국시대(BC770-BC221)에 귀곡자(鬼谷子), 낙록자(珞綠子) 등 여러 학자에 의해 발전했으며, 당나라(618-907) 시기에 이르러 이허중(李虛中)이 역학을 더욱 체계화했습니다.

초기 역학은 오성술과 점성술이 중심이었습니다. 춘추전국시대 말기 제나라 추연(騶衍)은 음양설과 오행설을 결합하여 음양오행설을 만들고, 명리학의 이론을 체계화하는데 커다란 공을 세웠습니다.

음양설은 사계절의 변화와 만물의 생성과 소멸을 설명하는 자연 법칙이며, 오행설은 木火土金水가 상생과 상극을 통해 끊임없이 변화하는 법칙입니다. 이 음양오행설은 명리학의 기초가 되었고, 송나라(960-1279)이후 급속히 발전했습니다.

- 명리학의 발전 -

초기에는 이허중이 창시한 삼명학이 주류를 이루었고, 삼명학은 년주를 중심으로 사주를 해석했습니다. 이후 서자평(徐子平)이 일주를 중심으로 한 자평학(子平學)을 창시하며 명리학의 주류가 되었습니다.

남송 시대(1127-1279)에는 서자평의 학설을 이어받아 서승(徐升)은 연해(淵海)와 연원자평(淵源子平)을 저술하고, 서대승(徐大升)은 자평삼명통변연원(子平三命通變淵源)을 저술했습니다.

명나라(1368-1644) 말기에 당금지(唐錦池)와 양종(楊淙)이 연해(淵海)와 연원(淵源)을 합본하여 주석하고, 자평학의 제반 이론과 시결 등을 모아 1634년에 합병평주연해자평(合倂評註淵海子平)을 발간했습니다. 이 책은 현대까지 전해지는 자평학의 가장 권위 있는 백과사전입니다.

- 연해자평의 구성 -
양종이 증교한 연해자평은 총 5권으로 구성되어 있습니다.
1권: 자평 명리학의 기초 이론과 신살 개론
2권: 격국론
3권: 육친론과 제반 통변 비결
4권과 5권: 제반 구결과 시결
명리학의 핵심 개념을 체계적으로 정리한 책이며, 특히 일주를 중심으로 한 해석법은 개인의 주관적 활동을 중시하는 방식으로 발전했습니다.

- 자평 명리학의 핵심 개념 -

1. 격국론
월령을 중심으로 사회적 성격과 잠재력을 분석하는 이론입니다. 월령의 용신을 기준으로 정관격, 편재격 등 10대 기본격과 종격, 화기격 등 특수격을 구성하고, 격국의 순수성과 조후로 빈부귀천을 판단합니다. 연해자평의 격국 체계를 이어받아 발전시킨 책으로는 삼명통회, 신봉통고, 자평진전 등이 있습니다.

2. 육친론
사주의 간지를 가족 관계와 연결해 해석하는 이론입니다. 육친을 십신에 배치하고, 육신의 강약과 위치로 가족 간 관계와 의존도를 추론합니다. 육친은 부모, 형제자매, 배우자, 자식을 말하며 일반적으로 남명과 여명의 육친에 대한 십신 배치는 다르게 적용합니다. 예를 들어, 남명의 배우자는 재성이지만, 여명의 배우자는 관성이 됩니다.

3. 중화론

음양오행의 균형과 조화를 최상의 길운으로 보는 이론입니다. 일간의 강약과 주변 오행의 생극 관계를 종합해 중용상태를 추구합니다. 용신은 오행의 불균형을 해결하는 열쇠와 같습니다. 연해자평의 중화론을 발전시킨 책으로는 적천수, 궁통보감, 명리약언 등이 있습니다.

- 명리학의 사회적 의미 -

명리학은 고대 씨족사회에서 개인사회로의 변화를 반영하고 있습니다.
년주 중심의 삼명학은 가문과 조상의 영향을 중시하며, 주변 환경에 개인이 순응하는 전통적 가치관을 반영하고 있습니다.
일주 중심의 자평학은 개인의 능동적 선택과 역량을 강조하며, 주변 환경을 자신의 목표에 맞게 재구성하는 근대적 사고의 출현이라고 할 수 있습니다.
이는 대가족 중심 사회에서 개인 중심 사회로의 변화를 이론적으로 체계화한 학문입니다. 대가족 해체와 개인화로 인해 과거에는 정인을 중심으로 가족 복을 위주로 판단했지만, 현대는 편인과 편재를 중시하며 개인의 재능을 중요시하는 판단으로 진화하고 있습니다.
또한, 월령을 통해 태어난 계절이 주는 제약과 기회를 객관적으로 분석하고, 일간을 통해 개인의 적응 방식과 주도성을 주관적으로 평가합니다. 이로써 환경의 객관적 조건과 개인의 주관적 노력은 운명이라는 동양적 합리주의 사고를 구현하는데 그 의의가 있습니다.
현대 사회에서는 기후 위기 시대를 맞이해 환경 변화에 따른 월령의 계절 이론을 수정 보완 발전시키며, AI 시대를 맞이해 빅데이터를 활용한 사주 분석으로 개인 맞춤형 운명 해석으로 진화하고 있습니다.

- 이 책을 편찬하며 -

연해자평은 명리학을 체계적으로 정리한 고전입니다. 오늘날까지도 사주명리학의 핵심 참고서로 자리 잡으면서 음양오행의 균형을 중시하고 개인의 삶을 깊이 있게 분석하는 데 큰 기여를 했습니다.

이 책은 연해자평의 내용을 기초개론, 격국론, 육친론, 통변론, 비결론, 시결 등 5편으로 구분하여 편집했습니다.

기초개론은 명리학을 처음 접하는 초보자들도 충분히 이해할 수 있는 수준이며, 이를 통해 명리학의 기초 개념과 지식을 함양할 수 있습니다. 격국론, 육친론, 통변론은 명리학을 어느 정도 공부하신 중급자 분들이 유용하게 활용할 수 있습니다.

비결론과 시결은 명리학 고급 과정을 공부하시는 분들에게 유용합니다. 비결과 시결은 실제 현장에서 활동하는 술사들이 암기하기 쉽도록 시구형식으로 작성되었으며, 통변 비결이 함축되어 있습니다.

이 책은 국립도서관에 소장되어 있는 '신간합병관판음의평주연해자평(新刊合併官板音義評註淵海子平)'을 참고하여 연해자평 원문을 역해하는 데 주력했으며, 당금지와 양종의 해설은 중복되는 부분이 많아 제외했습니다. 가능한 직역보다는 의역에 가까운 번역을 하여 사주명리를 연구하는 독자들의 이해를 돕고자 했으므로, 사주명리 연구에 유용한 참고 자료로 활용되길 바랍니다.

乙巳年 春節 무공 서재에서
無空 김낙범

合併評註淵海子平引 합병평주연해자평인

子平淵海之理 始自唐大夫李公虛中 以人生年月日時 生剋旺相休囚制化 決
자평연해지리 시자당대부리공허중 이인생년월일시 생극왕상휴수제화 결
人生之禍福 其驗神矣 及公幕 昌黎韓公爲之作墓誌 以記之後 經呂大夫才
인생지화복 기험신의 급공막 창려한공위지작묘지 이기지후 경려대부재
又裁定之 並無述作之者 至於有宋徐公升復 以人生日主分作六事 議論精微
우재정지 병무술작지자 지어유송서공승부 이인생일주분작륙사 의론정미
作淵海之書 集諸儒之義傳佈 至今悉皆宗之 後之諸君 文集淵源 理義 篇章
작연해지서 집제유지의전포 지금실개종지 후지제군 문집연원 리의 편장
雷同 迄今數百年矣 板籍有亥豕魯魚之謬 學者少知其義 今唐 君錦池禮請
뢰동 흘금수백년의 판적유해시로어지류 학자소지기의 금당 군금지례청
精通此理者 以二書並之 增之口訣 正其訛僞噫 非懸壺化杖者 孰能更易 梓
정통차리자 이이서병지 증지구결 정기와위희 비현호화장자 숙능경이 재
樣行於世 俾後學習之 不失古人之遺範矣 書成 唐子示余余書 此以爲引
양행어세 비후학습지 부실고인지유범의 서성 당자시여여서 차이위인
崇禎七年孟冬吉日重梓
숭정칠년맹동길일중재

합병하여 평주한 연해자평 서문

자평연해는 명리학의 고전으로, 그 이론은 당나라 대부 이허중에서 비롯되었습니다. 그는 생년,월,일,시를 바탕으로 생극제화와 왕상휴수를 통해 인생의 화복을 판단하는 체계를 정립했습니다.

이 이론은 매우 신묘한 것으로 평가받았으며, 이후 창려 한공이 그의 묘지명을 작성하여 이를 기록했습니다. 그 후 명리학자 여대부재가 이를 다시 정리하고 체계화했으며 명리학의 기초를 더욱 공고히 했습니다.

송대에 이르러 서공승이 일간를 중심으로 여섯 가지 사안으로 나누어 정밀하게 논의하며 '연해'를 저술하였으며 여러 학자들이 논의하고 전파하면서 지금까지 모든 이들이 본받고 있습니다.

이후 여러 학자들이 만든 문집인 '연원'과 내용과 구성에서 '연해'와 유사했

고 수백 년간 발전했지만, 시간이 흐르면서 판본의 오류가 생겨났습니다. 亥를 豕로 기록하거나 魯를 魚로 기록하는 등 오류가 대표적인 예로, 이러한 오류로 인해 학자들이 본래의 의미를 제대로 이해하지 못하는 경우가 많았습니다.
이러한 문제를 해결하기 위해 당금지가 명리이론에 정통한 전문가를 초청하여 '연해'와 '연원' 두 권의 책을 합치고, 구전된 비법과 시결을 추가하여 잘못된 부분을 바로잡았습니다.
이러한 작업은 매우 어려운 것으로서 신묘한 경지에 이른 전문가만이 이를 바로잡을 수 있으며, 고대의 유산을 현대에 맞게 보존하고 후학들이 학습할 수 있도록 하는 데 목적이 있습니다.
책이 완성된 후, 당금지가 이를 보여주기에 서문으로 삼았으며 이를 통해 고인의 뜻을 잃지 않고 후학들이 학습할 수 있도록 했습니다.
숭정 7년(명나라 의종, 1634년) 겨울, 길일을 택하여 출판했습니다.

이 서문은 당금지(唐錦池)와 양종(楊淙)이 '연해'와 '연원'을 합쳐 작성한 교정본을 받아 '신간합병관판음의평주연해자평(新刊合併官版音義評註淵海子平)'을 편찬하면서 작성한 글입니다.

들어가며 ... 4p
合倂評註淵海子平引 합병평주연해자평인 ... 8p

第一篇 기초개론 基礎槪論

1. 論五行所生之始 논오행소생지시 ... 20p
2. 論天干地支所出 논천간지지소출 ... 23p
3. 天干相合 천간상합 ... 25p
4. 十干所屬方位十二支所屬論 십간소속방위십이지소속론 ... 26p
5. 論十二支陰陽所屬刑沖會合 논십이지음양소속형충회합 ... 29p
    1) 論十二支陰陽所屬 논십이지음양소속
    2) 論十二支六合 논십이지 육합
    3) 論十二支三合 논십이지삼합
    4) 論十二支相沖 논십이지상충
    5) 論十二支相穿 논십이지상천
    6) 論十二支相刑 논십이지상형
6. 論干支字義 논간지자의 ... 33p
7. 論十二支生肖 논십이지생초 ... 36p
8. 論六十花甲子納音 논육십화갑자납음 ... 37p
9. 論天干生旺死絶 논천간생왕사절 ... 40p
10. 五行發用定例 오행발용정례 ... 41p
    1) 陰陽順逆生旺死絶 음양순역생왕사절
    2) 月律分野之圖 월률분야지도
    3) 天干五陰陽通變 천간오음양통변
11. 論起法例 논기법례 ... 46p
    1) 論年上起月例 논년상기월례(월두법)
    2) 論日上起時例 논일상기월례(시두법)
    3) 論起胎法 논기태법
    4) 論起息法 논기식법
    5) 論起變法 논기변법
    6) 論起通法 논기통법

12. 論起大運法 논기대운법   50p
13. 論行小運法 논행소운법   52p
14. 論五行相生相剋 논오행상생상극   53p
15. 論節侯歌 논절후가   55p
16. 論天地干支暗藏總訣 논천지간지암장총결   57p
    1) 지장간 총정리
    2) 論節氣歌 논절기가
    3) 地支藏遁歌 지지장둔가
17. 四季節 사계절 절기   61p
    1) 論四季大節訣 논사계대절결
    2) 論未來月朔節氣奧歌 논미래월삭절오가
    3) 論截流年節氣日時刻數要訣 논절류년절기일시각수요결
18. 論日爲主 논일위주   64p
19. 論月令 논월령   67p
20. 論生旺 논생왕   68p
21. 論五行生旺衰絶吉凶 논오행생왕쇠절길흉   69p
22. 論五行墓庫財印 논오행묘고재인   71p
23. 論官殺混雜要制伏 논관살혼잡요제복   72p
24. 論五行生剋制化各有所喜所害例 논오행생극제화각유소희소해례
     73p
25. 二至陰陽相生理 이지음양상생리   75p
26. 神殺論 신살론   77p
    1) 길신
      (1) 論起玉堂天乙貴人 논기옥당천을귀인 (2) 論起天官貴人 논기천관귀인 (3) 論太極貴人 논태극귀인 (4) 論三奇貴人 논삼기귀인 (5) 論月德貴人 논월덕귀인 (6) 論月德合 논월덕합 (7) 論天德貴人 논천덕귀인 (8) 論天廚貴人 논천주귀인 (9) 論福星貴人 논복성귀인 (10) 論三元 논삼원 (11) 論十干祿 논십간록 (12) 論驛馬 논역마 (13) 論天赦 논천사 (14) 論華蓋 논화개 (15) 論十干學堂 논십간학당 (16) 論十干食祿 논십간식록 (17) 論金輿祿 논금여록 (18) 論拱祿 논공록 (19) 論交祿 논교록 (20) 論暗祿 논암록 (21) 論夾祿 논협록 (22) 論垣城 논원성 (23) 論帝座 논제좌

2) 악살
  (1) 論六甲空亡 논육갑공망 (2) 論截路空亡 논절로공망 (3) 論四大空亡 논사대공망 (4) 論十惡大敗日 논십악대패일 (5) 論四廢日 논사폐일 (6) 論天地轉殺 논천지전살 (7) 論天羅地網 논천라지망 (8) 論羊刃 논양인

第二篇 격국론 格局論

1. 격국 용어 해설　　　　　　　　　　　　　　　　100p
1) 論正官 논정관 2) 論偏官 논편관 3) 論七殺 논칠살 4) 論印綬 논인수 5) 論正財 논정재 6) 論偏財 논편재 7) 論食神 논식신 8) 論倒食 논도식 9) 論傷官 논상관 10) 論劫財 논겁재 11) 論羊刃 논양인 12) 論刑合 논형합 13) 論福德秀氣 논복덕수기 14) 論雜氣 논잡기 15) 論日貴 논일귀 16) 論日德 논일덕 17) 論日刃 논일인 18) 論魁罡 논괴강 19) 論金神 논금신 20) 論時墓 논시묘

2. 內十八格 내십팔격　　　　　　　　　　　　　　153p
1) 正官格 정관격 2) 雜氣財官格 잡기재관격 3) 月上偏官格 월상편관격 4) 時上偏財格 시상편재격 5) 時上一位貴格 시상일위귀격 6) 飛天祿馬格 비천록마격 7) 倒冲格 도충격 8) 乙巳鼠貴格 을사서귀격 9) 六乙鼠貴格 육을서귀격 10) 合祿格 합록격 11) 子遙巳格 자요사격 12) 丑遙巳格 축요사격 13) 壬騎龍背格 임기용배격 14) 井欄叉格 정란차격 15) 歸祿格 귀록격 16) 六陰朝陽格 육음조양격 17) 刑合格 형합격 18) 拱祿格 공록격 19) 拱貴格 공귀격 20) 印綬格 인수격

3. 外十八格 외십팔격　　　　　　　　　　　　　　174p
1) 六壬趨艮格 육임추간격 2) 六甲趨乾格 육갑추건격 3) 勾陳得位格 구진득위격 4) 玄武當權格 현무당권격 5) 炎上格 염상격 6) 潤下格 윤하격 7) 從革格 종혁격 8) 稼穡格 가색격 9) 曲直格 곡직격 10) 日德秀氣格 일덕수기격 11) 福德格 복덕격 12) 棄命從財格 기명종재격 13) 傷官生財格 상관생재격 14) 棄命從殺格 기명종살격 15) 傷官帶殺格 상관대살격 16) 歲德扶殺格 세덕부살격 17) 歲德扶財格 세덕부재격 18) 夾丘格 협구격 19) 兩干不雜格 양간부잡격 20) 五行俱足格 오행구족격 21) 干支一氣格 간지일기격

第三篇 육친론 六親論

1. 六親論 육친론   190p
   1) 六親總論 육친총론
   2) 六親捷要歌 육친첩요가
   3) 論父 논부
   4) 論母 논모
   5) 論妻妾 논처첩
   6) 論兄弟姉妹 논형제자매
   7) 論子息 논자식

2. 婦人小兒論 부인소아론   201p
   1) 論婦人總訣 논부인총결
   2) 陰命賦 음명부
   3) 女命富貴貧賤篇 여명부귀빈천편
   4) 女命貴賤格 여명귀천격
   5) 滾浪桃花 곤랑도화
   6) 女命總斷歌 여명총단가
   7) 論小兒 논소아
   8) 論小兒關殺例 논소아관살예

3. 性情疾病論 성정질병론   217p
   1) 論性情 논성정
   2) 論疾病 논질병

第四篇 통변론 通辯論

1. 看命入式 간명입식 — 228p
2. 子平擧要歌 자평거요가 — 229p
3. 詳解定眞論 상해정진론 — 231p
4. 喜忌篇 희기편 — 235p
5. 繼善篇 계선편 — 240p
6. 大歲運論 대세운론 — 247p
   1) 論大運 논대운
   2) 論太歲吉凶 논태세길흉
   3) 論征太歲 논정태세
7. 論運化氣 논운화기 — 255p
8. 化氣十段錦 화기십단금 — 258p
9. 神趣八法 신취팔법 — 263p
10. 論格局生死引用 논격국생사인용 — 268p

第五篇 비결론 秘訣論

1. 雜論口訣 잡론구결 — 272p
2. 羣興論 군흥론 — 280p
3. 論興亡 논흥망 — 286p
4. 寶法 보법 — 289p
5. 寸金搜髓論 촌금수수론 — 293p
6. 論命細法 논명세법 — 300p
7. 傷官說 상관설 — 309p

8. 心鏡歌 심경가　　　　　　　　　　311p
9. 妖祥賦 요상부　　　　　　　　　　316p
10. 絡繹賦 낙역부　　　　　　　　　320p
11. 相心賦 상심부　　　　　　　　　324p
12. 玄機賦 현기부　　　　　　　　　328p
13. 幽微賦 유미부　　　　　　　　　334p
14. 五行元理消息賦 오행원리소식부　339p
15. 金玉賦 금옥부　　　　　　　　　347p
16. 碧淵賦 벽연부　　　　　　　　　360p
17. 造微論 조미론　　　　　　　　　373p
18. 人鑑論 인감론　　　　　　　　　378p
19. 愛憎賦 애증부　　　　　　　　　385p
20. 萬金賦 만금부　　　　　　　　　397p
21. 挈要捷馳玄妙訣 설요첩치현묘결　401p
22. 淵源集說 연원집설　　　　　　　408p
23. 子平百章歌 자평백장가　　　　　412p
24. 四言獨步 사언독보　　　　　　　414p
25. 身弱論 신약론　　　　　　　　　424p
26. 棄命從殺論 기명종살론　　　　　426p
27. 五言獨步 오언독보　　　　　　　428p
28. 月建候詩訣 월건후시결　　　　　432p
29. 十干十二支體象 십간십이지체상　444p
30. 五行生剋賦 오행생극부　　　　　455p
31. 珞琭子消息賦 낙록자소식부　　　460p
32. 論八字撮要法 논팔자촬요법　　　475p
33. 格局生死引用 격국생사인용　　　476p
34. 會要命書說 회요명서설　　　　　478p

第六篇 詩訣

1. 격국시결 480p
1) 正官詩訣 정관시결 2) 偏官詩訣 편관시결 3) 印綬詩訣 인수시결 4) 正財詩訣 정재시결 5) 偏財詩訣 편재시결 6) 食神詩訣 식신시결 7) 傷官詩訣 상관시결 8) 洋刃詩訣 양인시결 9) 刑合詩訣 형합시결 10) 日貴詩訣 일귀시결 11) 金神詩訣 금신시결 12) 日德詩訣 일덕시결 13) 魁□詩訣 괴강시결 14) 時墓詩訣 시묘시결 15) 雜氣財官詩訣 잡기재관시결 16) 時上偏財詩訣 시상편재시결 17) 時上一位貴詩訣 시상일위귀시결 18) 飛天祿馬詩訣 비천록마시결 19) 六乙鼠貴詩訣 육을서귀시결 20) 合祿詩訣 합록시결 21) 子遙巳詩訣 자요사시결 22) 丑遙巳詩訣 축요사시결 23) 壬騎龍背詩訣 임기용배시결 24) 井欄叉格詩訣 정란차격시결 25) 歸祿格詩訣 귀록격시결 26) 六陰朝陽詩訣 육음조양시결 27) 拱祿拱貴詩訣 공록공귀시결 28) 六甲趨乾詩訣 육갑추건시결 29) 六壬趨艮詩訣 육임추간시결 30) 勾陳得位詩訣 구진득위시결 31) 玄武當權詩訣 현무당권시결

2. 종기격 514p
1) 潤下詩訣 윤하시결 2) 從革詩訣 종혁시결 3) 稼穡詩訣 가색시결 4) 曲直格詩訣 곡직격시결 5) 炎上格詩訣 염상격시결 6) 福德格詩訣 복덕격시결 7) 棄命從財格詩訣 기명종재격시결 8) 棄命從殺格詩訣 기명종살격시결 9) 化氣詩訣 화기시결 10) 天元一氣詩訣 천원일기시결 11) 天元一字詩訣 천원일자시결 12) 殺重有救詩訣 살중유구시결

3. 길흉시결 525p
1) 刑沖詩訣 형충시결 2) 剋妻詩訣 극처시결 3) 剋子詩訣 극자시결 4) 運晦詩訣 운회시결 5) 運通詩訣 운통시결 6) 帶疾詩訣 대질시결 7) 壽元詩訣 수원시결 8) 飄蕩詩訣 표탕시결 9) 女命詩訣 여명시결

4. 십이운성 시결 533p
1) 長生詩訣 장생시결 2) 沐浴詩訣 목욕시결 3) 冠帶詩訣 관대시결 4) 臨官詩訣 임관시결 5) 帝旺詩訣 제왕시결 6) 衰病死詩訣 쇠병사시결 7) 墓庫詩訣 묘고시결 8) 胞胎詩訣 포태시결 9) 胎養詩訣 태양시결

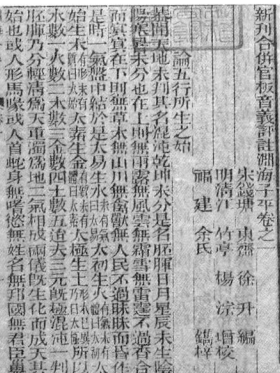

【국립도서관 소장】

신간합병관판음의평주연해자평(新刊合併官板音義評註淵海子平)

第一篇
기초개론
基礎槪論

1. 論五行所生之始 논오행소생지시

오행이 생겨난 시초

蓋聞天地未判 其名混沌 乾坤未分 是名胚腪 日月星辰未生 陰陽寒暑未分
개문천지미판 기명혼돈 건곤미분 시명배운 일월성진미생 음양한서미분
也 在上則無雨露 無風雲 無霜雪 無雷霆 不過杳合而冥冥 在下則無草木
야 재상즉무우로 무풍운 무상설 무뇌정 불과묘합이명명 재하즉무초목
無山川 無禽獸 無人民 不過昧昧而昏作 是時一氣盤中結 於是太易生水 太
무산천 무금수 무인민 불과매매이혼작 시시일기반중결 어시태역생수 태
初生火 太始生木 太素生金 太極生土 所以水數一 火數二 木數三 金數四
초생화 태시생목 태소생금 태극생토 소이수수일 화수이 목수삼 금수사
土數五 迨夫三元旣極 混沌一判 胚腪乃分 輕淸爲天 重濁爲地 二氣相成
토수오 태부삼원기극 혼돈일판 배운내분 경청위천 중탁위지 이기상성
兩儀旣生 化而成天 其始也 或人形鳥喙 或人首 蛇身 無嗜慾 無姓名 無邦
양의기생 화이성천 기시야 혹인형조훼 혹인수 사신 무기욕 무성명 무방
國 無君臣 巢處穴居 任其風雨 親疏同途 莫知其父子 五穀未植 飮血茹毛
국 무군신 소처혈거 임기풍우 친소동도 막지기부자 오곡미식 음혈여모
其名蕩蕩 其樂陶陶 及其聖賢一出 智愚兩分 遂有君臣父子之分 禮樂衣冠之
기명탕탕 기락도도 급기성현일출 지우양분 수유군신부자지분 예악의관지
制 嗚呼 大道廢而奸詐生 妖怪出
제 명호 대도폐이간사생 요괴출

태초에 하늘과 땅이 구분되지 않은 혼돈의 시기가 있었고, 음양이 구분되지 않은 배운의 시기가 있었습니다. 이때는 해와 달, 별도 없었고, 추위와 더위 또한 구분되지 않았고, 하늘에는 비와 이슬, 구름과 바람, 서리와 눈, 천둥과 번개 같은 자연현상도 없었습니다.

땅은 어둠 속에 머물렀고, 풀과 나무, 산과 강, 짐승과 사람조차 존재하지 않아 모든 것이 무질서하고 혼란스러운 상태였습니다. 이 공허한 세계는 아직 어떤 형태도 갖추지 못한 채, 깊은 침묵에 잠겨 있던 순간이었습니다.

시간이 지나면서 오행이 차례로 생겨났습니다.

태역(太易)에서 모든 생명의 근원인 물(水)이 생겨났습니다.
태초(太初)에서 에너지의 변화를 나타내는 불(火)이 생겨났습니다.
태시(太始)에서 성장과 생명력을 나타내는 나무(木)가 생겨났습니다.
태소(太素)에서 강하고 단단한 쇠(金)가 생겨났습니다.
태극(太極)에서 만물을 품고 기르는 흙(土)이 생겨났습니다.

이렇게 오행이 태어난 순서에 따라 水는 1, 火는 2, 木은 3, 金은 4, 土는 5라는 숫자가 정해졌습니다. 이는 오행의 우주적 질서를 나타내는 중요한 상징이 되었습니다.

시간이 지나 천지인 삼원(三元)의 기운이 절정에 이르자 혼돈이 끝나고, 가벼운 기운은 하늘을 이루고 무거운 기운은 땅을 이루며 자연이 형성되었습니다. 두 기운이 조화를 이루며 음과 양이 구분되고 태극이 만들어지면서, 하늘과 땅이 나뉘고 해와 달, 계절이 생기며 오행의 질서가 완전히 갖추어졌습니다.

초기 인류는 지금과는 전혀 다른 모습과 생활 방식을 지니고 있었습니다. 새의 부리를 가진 입을 가진 사람, 얼굴은 사람이지만 뱀의 몸을 가지는 등 독특하고 다양한 형태로 존재했습니다. 이들은 욕망도, 이름도, 나라와 같은 개념도 없었으며, 왕과 신하의 사회 제도 없이 자연 그대로 살았습니다. 그들은 새집이나 동굴에 머물며 비바람을 피했고, 가족이나 친척 간의 관계도 형성되지 않았습니다. 농사의 기술을 알지 못한 이들은 동물처럼 피를 마시고 고기를 먹으며 생존해 나갔습니다.

그러나 그들의 삶은 속박이나 번잡함에서 벗어난 순수한 자연 그대로의 상태였고, 인간과 자연이 완전히 하나로 어우러진 시대였습니다. 자유롭고 평화로운 삶을 누렸던 그들은 단순하지만 본질적인 행복 속에서 살아갔습니다.

시간이 지나면서 복희, 신농, 황제 등 성현이 지도자로 등장하면서 질서가 생겼습니다. 지혜와 어리석음이 구분되고, 왕과 신하, 아버지와 아들 같은 계급이 형성되었습니다. 사회가 발전하면서 예법과 옷차림 같은 제도가 생겨나며 문명이 발전하기 시작했습니다. 하지만 안타깝게도 순수했던 자연의 도는 점차 사라지고, 요사스럽고 괴이한 요괴들이 등장하게 되었습니다.

　이것은 문명이 발전하면서 자연과 멀어질수록 인간이 본래의 순수함을 잃어간다는 교훈을 우리에게 전해줍니다. 오행의 기원은 우주의 생성 과정을 설명하는데 그치지 않고 인간과 자연이 어떻게 조화를 이루어야 하는지를 되새기게 합니다.

2. 論天干地支所出 논천간지지소출

십간과 십이지의 등장과 활용

切以奸詐生 妖怪出 黃帝時有蚩尤神擾亂 當是之時 黃帝甚憂民之苦 遂戰
절이간사생 요괴출 황제시유치우신요란 당시지시 황제심우민지고 수전
蚩尤於涿鹿之野 流血百里 不能治之 黃帝於是齊戒 築壇祀天 方丘禮地 天
치우어탁록지야 유혈백리 불능치지 황제어시제계 축단사천 방구예지 천
乃降十干 十二支 帝乃將十干圓布象天形 十二支方布象地形 始以干爲天支
내강십간 십이지 제내장십간원포상천형 십이지방포상지형 시이간위천지
爲地 合光仰職門放之 然後乃能治也 自後有大撓氏爲後人憂之曰 嗟吁 黃
위지 합광앙직문방지 연후내능치야 자후유대요씨위후인우지왈 차우 황
帝乃聖人 尙不能治其惡煞 萬一後世見災被苦 將何奈乎 遂將天干千十二支
제내성인 상불능치기오살 만일후세견재피고 장하내호 수장천간천십이지
分配成六十甲子云
분배성육십갑자운

황제(黃帝) 시대에 악신 치우(蚩尤)가 나타나 세상을 어지럽히며 백성들을 괴롭혔습니다. 치우는 막강한 힘과 강력한 술법을 지니고 있어 누구도 그를 제압할 수 없었습니다. 이에 황제는 백성들을 구하고자 탁록이라는 들판에서 치우와 맞서 싸웠습니다.

그러나 치우의 힘은 너무 강대하여 황제는 쉽게 승리를 거둘 수 없었고, 전쟁터는 피로 물들며 참혹한 상황이 이어졌습니다. 황제는 치우를 물리칠 방법을 찾으려 애를 쓰지만, 해결책이 보이지 않아 깊은 고민에 빠지게 됩니다. 황제가 치우를 물리치기 위해 마음을 다잡고 몸을 깨끗이 한 뒤, 하늘과 땅에 정성을 다해 제사를 지냈습니다. 이 과정에서 하늘은 황제에게 십간(十干)과 십이지(十二支)를 내려주었습니다.

황제는 십간을 둥글게 배열하여 하늘의 모습을, 십이지를 네모나게 배열하여 땅의 모습을 표현했습니다. 이를 통해 천지의 기운을 조화롭게 합쳐 치우를 마침내 제압할 수 있었습니다. 십간과 십이지는 하늘과 땅의 원리를

담은 상징으로 자리 잡았고, 이후 인간이 시간과 공간을 이해하는 데 중요한 도구가 되었습니다.

천간은 하늘의 순환과 변화를 나타내는 원형(圓形)의 상징이고, 십이지는 땅의 질서와 시간의 흐름을 상징하는 사각형(方形)의 모습입니다. 이 천간과 지지는 각각 하늘과 땅의 에너지를 담고 있으며, 둘의 조합은 우주의 질서를 이해하는 데 중요한 열쇠가 됩니다.

이후 대요씨(大撓氏)가 나타나 후세를 걱정하며 말했다. "황제 같은 성인도 악한 기운을 다스리기 어려웠는데, 만약 후세에 재앙이 닥치면 어떻게 해야 할까?" 이에 그는 천간과 지지를 조합해 육십갑자(六十甲子)를 만들었습니다.

육십갑자는 천간 10개와 지지 12개를 조합한 것으로, 甲子, 乙丑 등 총 60개의 조합이 만들어졌습니다. 이는 시간의 순환을 나타내는 중요한 체계로 오늘날에도 년월일시를 계산하는 데 사용되고 있습니다.

이는 하늘과 땅의 에너지가 끊임없이 순환하는 철학적 의미를 담고 있어 사주팔자를 구성하는 요소가 되었으며 이를 통해 인간의 운명을 해석할 수 있게 되었습니다.

육십갑자표

갑자 甲子	을축 乙丑	병인 丙寅	정묘 丁卯	무진 戊辰	기사 己巳	경오 庚午	신미 辛未	임신 壬申	계유 癸酉	갑술 甲戌	을해 乙亥
병자 丙子	정축 丁丑	무인 戊寅	기묘 己卯	경진 庚辰	신사 辛巳	임오 壬午	계미 癸未	갑신 甲申	을유 乙酉	병술 丙戌	정해 丁亥
무자 戊子	기축 己丑	경인 庚寅	신묘 辛卯	임진 壬辰	계사 癸巳	갑오 甲午	을미 乙未	병신 丙申	정유 丁酉	무술 戊戌	기해 己亥
경자 庚子	신축 辛丑	임인 壬寅	계묘 癸卯	갑진 甲辰	을사 乙巳	병오 丙午	정미 丁未	무신 戊申	기유 己酉	경술 庚戌	신해 辛亥
임자 壬子	계축 癸丑	갑인 甲寅	을묘 乙卯	병진 丙辰	정사 丁巳	무오 戊午	기미 己未	경신 庚申	신유 辛酉	임술 壬戌	계해 癸亥

3. 天干相合 천간상합

양간과 음간의 합

> 甲與己合 乙與庚合 丙與辛合 丁與壬合 戊與癸合
> 갑여기합 을여경합 병여신합 정여임합 무여계합

천간은 10가지로 구성된 하늘의 기운을 나타냅니다. 각 천간은 고유한 성질을 가지고 있으며, 특정한 짝과 합을 이루어 새로운 기운을 형성합니다. 이를 천간합이라고 합니다.

甲은 己와 합하고, 乙은 庚과 합하며. 丙은 辛과 합하고, 丁은 壬과 합하며, 戊는 癸와 합을 합니다.

이러한 천간합은 각각 서로의 기운을 보완하고 강화하여 새로운 에너지를 만들어냅니다. 이는 두 천간이 결합하며 음과 양의 균형을 이루며 더욱 조화로운 기운을 형성합니다.

천간합의 원리는 음양의 조화에 기반합니다. 예를 들어, 甲木과 己土는 본래 木이 土를 극하는 관계로 극할 것 같지만, 甲木은 양의 기운이 강하고 己土는 음의 기운이 강하기 때문에 서로 극하지 않고 오히려 합을 이루어 새로운 기운인 土의 성질을 강화합니다.

천간합은 변화를 받아들이고 새로운 가능성을 만들어내면서 더 큰 가치를 창조하는 원리입니다. 인간의 삶에서도 새로운 변화 속에서 균형과 조화를 이루며 살아가는 중요한 의미를 주고 있습니다.

4. 十干所屬方位十二支所屬論 십간소속방위십이지소속론

천간과 지지의 오행 속성과 방위

甲乙木屬東方 丙丁火屬南方 戊己土主中央 庚辛金屬西方 壬癸水屬北方
갑을목속동방 병정화속남방 무기토주중앙 경신금속서방 임계수속북방
是時大撓氏 雖以甲乙屬木 丙丁屬火 戊己屬土 庚辛屬金 壬癸屬水 又以支
시시대요씨 수이갑을속목 병정속화 무기속토 경신속금 임계속수 우이지
元 寅卯屬木 巳午屬火 申酉屬金 亥子屬水 辰戌丑未屬土 其理何義 或曰
원 인묘속목 사오속화 신유속금 해자속수 진술축미속토 기리하의 혹왈
東方有神太昊 乘震執規司春 生仁風和氣 萬物發生 所以木居之 故甲乙寅
동방유신태호 승진집규사춘 생인풍화기 만물발생 소이목거지 고갑을인
卯同也 南方有神農帝 乘離執衡司夏 生炎陽酷氣 萬物至此咸齊 所以火居
묘동야 남방유신농제 승리집충사하 생염양혹기 만물지차함제 소이화거
之 故丙丁巳午同也 西方有神小昊 乘兌執矩司秋 生肅殺靜氣 萬物到此收
지 고병정사오동야 서방유신소호 승태집구사추 생숙살정기 만물도차수
斂 所以金居之 故庚辛申酉同也 北方有神顓帝 乘坎執權司冬 生凝結嚴氣
감 소이금거지 고경신신유동야 북방유신전제 승감집권사동 생응결엄기
萬物到此藏伏 所以水居之 故壬癸亥子同也
만물도차장복 소이수거지 고임계해자동야

　甲乙木은 동방에 속하고 丙丁火는 남방에 속하며 戊己土는 중앙을 주관하고 庚辛金은 서방에 속하고 壬癸水는 북방에 속합니다.

　대요씨가 甲乙을 木에 배속하고 丙丁을 火에 배속하고 戊己를 土에 배속하고 庚辛을 金에 배속하고 壬癸를 水에 배속하고 또한 지지에서 寅卯를 木에 배속하고 巳午를 火에 배속하고 申酉를 金에 배속하고 亥子를 水에 배속하고 辰戌丑未를 土에 배속하였습니다.

　甲乙寅卯는 모두 木의 속성을 지니며 동방에 해당합니다. 동방에서는 태호신이 진궁(震宮)에서 봄을 주관하며, 인의로운 바람과 화합의 기운으로 만물을 생장시킵니다. 봄은 생명의 시작을 알리는 계절로, 木의 강한 기운이

만물이 싹을 틔우고 성장하는데 필요한 에너지를 제공합니다.

丙丁巳午는 火의 속성에 속하며 남방을 대표합니다. 남방에서는 신농신이 리궁(離宮)에서 여름을 다스리며, 뜨거운 양기와 강렬한 기운으로 만물을 무성하게 합니다. 여름은 성장과 열정의 계절로, 火의 기운이 만물이 활기차게 자라고 열매를 맺도록 필요한 에너지를 제공합니다.

庚辛申酉는 金의 속성을 가지며 서방을 상징합니다. 서방에서는 소호신이 태궁(兌宮)에서 가을을 다스리며, 엄숙하고 차가운 기운으로 만물을 수렴시킵니다. 가을은 수확과 정리의 계절로, 金의 강한 기운이 만물을 성숙시키고 정리하는 데 필요한 에너지를 제공합니다.

壬癸亥子는 水의 속성에 속하며 북방을 나타냅니다. 북방에서는 전욱신이 감궁(坎宮)에서 겨울을 주관하며, 엄격하고 응결된 기운으로 만물을 잠재우고 보존합니다. 겨울은 휴식과 보존의 계절로, 水의 강한 기운이 만물이 휴식하며 새로운 생명을 준비하도록 필요한 에너지를 제공합니다.

오방과 오행은 자연의 순리와 조화를 이루는 에너지의 흐름을 설명하며, 계절의 변화와 생명의 순환 원리를 이해하는 중요한 이론을 깊이 있게 담고 있습니다.

土의 중심적 역할

中央有神黃帝 乘坤執繩司中土 況木火金水 皆不假無土 故將戊己居中央
중앙유신황제 승곤집승사중토 황목화금수 개불가무토 고장무기거중앙
辰戌丑未散四維 各得所主 何公論曰 天若無土 不能圓蓋於土 地若無土 不
진술축미산사유 각득소주 하공논왈 천약무토 불능원개어토 지약무토 불
能厚載於地 五穀不生 人若無土 不能營運於中 五行不立 此三才不可闕土
능후재어지 오곡불생 인약무토 불능영운어중 오행불립 차삼재불가궐토
也 木若無土 有失栽培之力 火若無土 不能照燭四方 金若無土 難施鋒銳之
야 목약무토 유실재배지력 화약무토 불능조촉사방 금약무토 난시봉예지
氣 水若無土 不能隄泛濫之波 土若無水 不能長養萬物 此所以五行皆不可
기 수약무토 불능제범람지파 토약무수 불능장양만물 차소이오행개불가

> **無土 所以土居中央 支散四維 建立五行而成也**
> 무토 소이토거중앙 지산사유 건립오행이성야

중앙에는 황제신이 곤궁(坤宮)에서 중앙의 土 기운을 주관합니다. 土는 木, 火, 金, 水를 연결하고 조절하는 근본적인 요소입니다. 戊와 己를 중앙에 배치하고, 辰, 戌, 丑, 未를 사방으로 보내어 각 방향을 주관하도록 했습니다.

하늘은 土가 없으면 둥글게 펼쳐지지 못합니다. 땅은 土가 없으면 안정적으로 떠받칠 수 없어 농작물이 자라지 못합니다. 사람도 土가 없으면 오행의 조화가 깨져서 살아갈 수 없습니다. 그러므로 천지인 삼재에서 土는 빠질 수 없는 핵심 요소입니다.

木은 土가 없으면 뿌리를 내리고 자랄 수 없고, 火는 土가 없으면 사방을 밝힐 수 없으며, 金은 土가 없으면 강한 기운을 펼치기 어려우며, 水는 土가 없으면 범람을 막지 못합니다. 동시에, 土도 水가 없이는 만물을 기를 수 없습니다. 그러므로 이들은 상호 의존하며 조화를 이룹니다.

土는 오행의 중심에 자리하여 사방의 경계(사유四維)로 기운을 퍼뜨리며 오행을 완성합니다. 오행은 자연의 순리와 조화를 상징하며, 土는 자연의 균형과 조화를 담당합니다. 이러한 원리를 통해 자연과 삶이 긴밀하게 연결되어 있음을 이해할 수 있으며, 자연과 조화를 이루는 삶의 방식이 얼마나 중요한지 깨닫게 됩니다.

5. 論十二支陰陽所屬刑沖會合 논십이지음양소속형충회합

1) 論十二支陰陽所屬 논십이지음양소속

> 子陽 丑陰 寅陽 卯陰 辰陽 巳陰 午陽 未陰 申陽 酉陰 戌陽 亥陰
> 자양 축음 인양 묘음 진양 사음 오양 미음 신양 유음 술양 해음

양의 지지는 子, 寅, 辰, 午, 申, 戌로 이루어져 있고, 음의 지지는 丑, 卯, 巳, 未, 酉, 亥로 구성됩니다.

십이지는 음양의 원리를 기반으로 순서대로 번갈아 음과 양의 속성을 가집니다. 즉, 子양, 丑음, 寅양, 卯음, 辰양, 巳음, 午양, 未음, 申양, 酉음, 戌양, 亥음으로 음과 양이 교차하면서 순서대로 배치됩니다.

십이지는 시간의 개념을 넘어서 음과 양이 서로 작용하며 자연의 균형과 조화를 나타냅니다. 음양의 상호작용은 자연의 순환과 변화 속에서 균형을 유지하는 중요한 역할을 합니다.

2) 論十二支六合 논십이지 육합

> 子與丑合 寅與亥合 卯與戌合 辰與酉合 巳與申合 午與未合
> 자여축합 인여해합 묘여술합 진여유합 사여신합 오여미합

십이지 육합은 子丑, 寅亥, 卯戌, 辰酉, 巳申, 午未의 여섯 쌍으로 이루어집니다. 각 쌍은 음과 양이 서로 조화를 이루는 관계로 함께 결합하여 마치 부부합처럼 인간 관계에서 협력과 상호 이해를 촉진합니다.

육합은 가족이나 친구 관계에서도 원만한 관계를 유지하는 데 도움을 줍니다. 다만 육합의 결합이 강하면 상대를 억압하고 속박하여 힘들게 할 수 있습니다. 이러한 경우에는 형충파해로 결합을 끊어줘야 합니다. 또한 형충파해로 인해 발생한 갈등은 육합으로 해소할 수 있습니다.

3) 論十二支三合 논십이지삼합

> 申子辰 亥卯未 寅午戌 巳酉丑 辰戌丑未
> 신자진 해묘미 인오술 사유축 진술축미

　십이지 삼합은 申子辰 水국, 亥卯未 木국, 寅午戌 火국, 巳酉丑 金국 등 네 그룹으로 나뉘며, 辰戌丑未 土국도 포함됩니다. 삼합은 각 그룹의 세 지지가 서로 협력하며 성공과 번영을 이끄는 강한 에너지로 작용합니다. 다만 너무 강하면 이로 인해 어려움을 당할 수 있습니다.

4) 論十二支相沖 논십이지상충

> 子午相沖 寅申相沖 卯酉相沖 辰戌相沖 巳亥相沖 丑未相沖
> 자오상충 인신상충 묘유상충 진술상충 사해상충 축미상충

　십이지 상충에는 子午, 寅申, 卯酉, 辰戌, 丑未, 巳亥 등 여섯 쌍으로 이루어집니다. 각 쌍은 성질이 서로 반대로서 서로 충돌하는 관계를 형성하며 이를 통해 새로운 변화와 조정을 이끌어냅니다.

　상충은 갈등과 변화를 일으키는 과정으로 이를 잘 활용하면 인생에서 큰 기회를 만들 수 있습니다.

　길신을 충하면 흉하게 되지만 흉신을 충하면 오히려 길하게 될 수 있습니다. 다만 충은 기세의 강약에 따라 체감하는 정도가 달라지므로 이를 항상 염두에 두어야 합니다.

5) 論十二支相穿 논십이지상천

子未相穿 丑午相穿 寅巳相穿 卯辰相穿 申亥相穿 酉戌相穿
자미상천 축오상천 인사상천 묘진상천 신해상천 유술상천

십이지 상천은 子未, 丑午, 寅巳, 卯辰, 申亥, 酉戌 등 여섯 쌍으로 이루어집니다. 상천의 기운은 천(穿)이라는 이름처럼 상대의 약점을 찌르거나 해로운 작용을 한다는 의미를 가지고 있어, 일반적으로 해(害)라고 알려져 있습니다.

상천은 형이나 충만큼 강력하지는 않지만 갈등과 어려움을 야기하면서 재정적 문제나 건강상의 문제 등이 발생할 수 있으므로 주의해야 합니다. 단지 어려움을 극복하면 더욱 강해지고 더 큰 성장을 위한 전환점이 될 수 있습니다.

6) 論十二支相刑 논십이지상형

> 寅刑巳 巳刑申 申刑寅 丑刑戌 戌刑未 未刑丑 子刑卯 卯刑子 辰午酉亥自
> 인형사 사형신 신형인 축형술 술형미 미형축 자형묘 묘형자 진오유해자
>
> 刑之刑
> 형지형

寅은 巳를 형하고, 巳는 申을 형하며, 申은 寅을 형합니다. 丑은 戌을 형하고, 戌은 未를 형하며, 未는 丑을 형합니다. 또한 子는 卯를 형하고, 卯는 子를 형합니다. 辰, 午, 酉, 亥는 자형으로 스스로를 형하는 특징이 있습니다.

충이 격렬한 외부적 충격이라면, 형은 내재된 문제가 서서히 드러나거나 오랜 시간동안 고통을 주는 에너지입니다.

寅巳申 삼형은 지세지형으로 세력을 유지하려는 데서 발생합니다. 과도한 욕심과 권력 다툼으로 인해 갈등을 야기하며 법적 분쟁으로 발전할 수 있습니다.

丑戌未 삼형은 무은지형으로 은혜를 저버리며 갈등을 야기합니다. 같은 土이면서도 土의 본질인 신뢰를 형성하여 중화를 위한 노력보다는 배신, 고립, 속임수로 갈등을 조장하게 됩니다.

그러나 형은 단순히 흉한 면으로만 해석할 것이 아닙니다. 형은 폭발적인 에너지의 작용으로 발생하는 것이므로, 이러한 갈등과 고통은 종종 더 강해지고 성장하는 계기가 될 수 있습니다. 형의 작용으로 갈등이 생길 때, 충이나 합의 기운을 통해 이러한 어려움을 극복할 수 있습니다.

다만, 형합이 드러나지 않으며 암암리에 작용하면 귀하게 될 수 있지만, 형합이 드러난 가운데 강하게 작용하면 흉한 결과를 만들 수 있으므로 주의해야 합니다.

6. 論干支字義 논간지자의

1) 천간의 글자 의미

羣書攷異曰 甲者坼也 言萬物剖符甲而出也 易曰 百果草木皆甲坼 乙言萬
군서고이왈 갑자탁야 언만물부부갑이출야 역왈 백과초목개갑탁 을언만
物初生 曲孽而未伸也 丙言萬物炳然看見 丁言萬物壯實支形 故邦國圖籍曰
물초생 곡얼이미신야 병언만물병연간견 정언만물장실지형 고방국도적왈
成丁 戊茂也 言物之茂盛 故漢志曰 孽茂於戊是也 己紀也 言物有形可紀識
성정 무무야 언물지무성 고한지왈 얼무어무시야 기기야 언물유형가기식
也 庚堅强貌 言物收斂而有實也 辛言萬物方盛而見制 故辛痛也 壬妊也 陰
야 경견강모 언물수감이유실야 신언만물방성이견제 고신통야 임임야 음
陽之交 言物懷妊至子而萌也 癸者冬時土旣乎 萬物可揆度也
양지교 언물회임지자이맹야 계자동시토기호 만물가규도야

고전인 '군서고이'에서 천간의 글자 의미

　천간은 자연의 변화와 생명의 순환을 나타내며, 만물이 생장하고 성숙하며 수렴하고 저장되는 과정을 나타냅니다. 각 천간은 이러한 순환 과정에서 중요한 역할을 하며, 이를 통해 자연과 삶의 원리를 이해할 수 있습니다.

　甲은 싹이 트는 모습으로, 단단한 껍질을 깨고 나오는 생명의 시작을 나타냅니다. 이는 강한 생명력과 도전 정신을 의미합니다. 주역에서 이르기를 모든 과일과 초목이 껍질을 벗고 싹이 튼다고 했습니다.

　乙은 초기 생명의 모습으로, 싹이 트지만 아직 펴지지 않은 상태를 나타내며 유연함과 적응력을 의미합니다.

　丙은 활짝 피어나며 빛나는 생명을 표현하며, 만물이 활기차고 번성하는 기운을 의미합니다.

　丁은 만물이 완전한 형태를 갖춘 상태로, 안정되고 실질적인 성장을 나타냅니다. 방국도적에서 이르기를 丁은 완성되는 모습이라고 합니다. 이는 만물이 완전히 성장한 상태를 의미합니다.

戊는 무성하게 자라는 모습으로, 만물의 성장을 촉진하는 강한 기운입니다. 한지에서 이르기를 싹이 무성하게 자라는 모습을 戊라고 표현했습니다. 이는 만물의 성장을 촉진하는 기운임을 의미합니다.

己는 기록의 의미로, 형태를 갖추고 과거의 경험을 인식할 수 있는 상태를 의미합니다.

庚은 단단하고 강한 모습으로, 만물이 열매를 맺는 수확의 기운을 의미합니다. 辛은 성장을 통해 결실이 숙성되는 과정에서 메마르고 낙엽이 떨어지는 등 제약을 받는 단계로, 어려움과 고통을 통해 성숙을 이끌어내는 기운을 의미합니다.

壬은 음양의 조화 속에서 새로운 생명이 잉태되는 과정을 상징하며, 생명 탄생의 기운을 의미합니다.

癸는 겨울 土에 고요하게 저장된 상태로, 자연의 순환 속에서 끝과 새로운 시작을 알리는 기운을 의미합니다.

2) 지지의 글자 의미

```
子孶也 陽氣始萌 孶生於下也 丑紐也 寒氣自屈曲也 寅髕也 陽氣欲出 陽
자자야 양기시맹 자생어하야 축유야 한기자굴곡야 인빈야 양기욕출 양
尙强而髕演於下 卯者冒也 萬物冒地而出 辰伸也 物皆舒伸而出 巳已也 陽
상강이빈연어하 묘자모야 만물모지이출 진신야 물개서신이출 사이야 양
氣畢布已矣 午仵也 陰陽交相愕而仵也 未昧也 日中則昃陽向幽也 申甲東
기필포이의 오오야 음양교상악이오야 미매야 일중즉측양향유야 신갑동
以成 故晉志日 萬物之體皆成也 酉就也 萬物成熟 戌滅也 萬物滅盡 亥核
이성 고진지왈 만물지체개성야 유취야 만물성숙 술멸야 만물멸진 해핵
也 萬物收藏皆堅核也
야 만물수장개견핵야
```

십이지는 천간과 함께 자연의 변화와 생명의 순환을 상징하며, 각각이 생명과 자연의 특정 단계를 의미합니다.

子는 새끼를 가지는 모습으로, 양기가 처음으로 싹트며 아래에서 부지런히 자라는 상태로, 새로운 생명의 시작과 잠재력을 의미합니다.

丑은 매듭을 짓는 모습으로, 한기가 다해 스스로 굽히고 꺾이는 과정에서 인내와 수용을 의미합니다.

寅은 슬개골 아래에서 양기가 솟아오르는 모습으로, 음기의 잠재력이 발현되며 성장과 발전을 의미합니다.

卯는 힘차게 땅에서 올라오는 모습으로, 활력과 에너지가 넘치는 생명의 활발한 성장을 의미합니다.

辰은 만물이 펼쳐지며 확장되는 모습으로, 생명의 완전한 성장과 확장을 의미합니다.

巳는 양기가 완성되어 성장 과정을 멈추고 안정과 완성을 의미합니다.

午는 음양이 서로 바뀌는 모습으로, 변화와 혁신의 과정을 의미합니다.

未는 해가 중천에서 서쪽으로 기울며 양기의 쇠퇴가 시작되는 상태로 변화와 쇠퇴를 의미합니다.

申은 동방의 甲을 완성하는 모습으로, 진지라는 책에서 만물의 형체가 완성되는 모습이라고 하며, 결실과 성장의 완성을 의미합니다.

酉는 만물이 완전히 숙성된 상태로, 성숙과 성취를 의미합니다.

戌은 만물이 소멸하며 새로운 순환이 시작되는 모습을 의미합니다.

亥는 씨앗을 수확하고 저장하며, 새로운 생명을 준비하는 상태로 저장과 새로운 시작을 의미합니다.

천간은 생장수장(生長收藏)의 이치를 보여주고, 지지는 생성소멸(生成消滅)의 이치를 보여줍니다. 이는 음양의 소식(消息)에 의한 자연의 순리와 생명의 흐름을 담고 있으며, 각 단계는 변화와 순환 속에서 새로운 가능성과 성장의 기회를 보여줍니다.

7. 論十二支生肖 논십이지생초

십이지 동물상

> 子(鼠陽) 丑(牛陰) 寅(虎陽) 卯(兎陰) 辰(龍陽) 巳(蛇陰) 午(馬陽) 未(羊陰)
> 자(서양) 축(우음) 인(호양) 묘(토음) 진(용양) 사(사음) 오(마양) 미(양음)
> 申(猴陽) 酉(雞陰) 戌(犬陽) 亥(猪陰)
> 신(후양) 유(계음) 술(견양) 해(저음)

생년 띠를 기반으로 한 십이지 동물상은 사주 해석에서 사람의 성격, 운세, 그리고 잠재력을 이해하는 데 중요한 단서를 제공하며, 자연과 인간의 조화로운 관계를 나타내며 다음과 같은 특성이 있습니다.

子는 쥐로서, 지혜와 재치가 뛰어나며 적응력이 강합니다.
丑은 소로서, 성실하고 인내심이 있으며 신뢰할 수 있습니다.
寅은 호랑이로서, 용기와 결단력이 뛰어나고 리더십을 갖추었습니다.
卯는 토끼로서, 예술적 감각과 사교성이 좋은 특성이 있습니다.
辰은 용으로서, 힘과 권위가 있고, 야망이 큰 특성이 있습니다. .
巳는 뱀으로서, 지혜로움과 신비한 매력, 통찰력이 뛰어납니다.
午는 말로서, 자유를 추구하며 열정적이고 예술적 재능을 가집니다.
未는 양으로서, 온순하며, 창의적이고 예술적 감각이 돋보입니다.
申은 원숭이로서, 재치와 유머감각, 임기응변 능력이 뛰어납니다.
酉는 닭으로서, 정직하고 성실하며, 뛰어난 조직력을 가집니다.
戌은 개로서, 충성심이 강하며 정의와 신의, 책임감이 돋보입니다.
亥는 돼지로서, 풍요롭고 관대하며, 친절하고 너그럽습니다.

8. 論六十花甲子納音 논육십화갑자납음

육십갑자와 납음오행

夫甲子者 始成於大撓氏 而納音成之於鬼谷子 象成於東方曼倩子時曼倩子
부갑자자 시성어대요씨 이납음성지어귀곡자 상성어동방만천자시만천자
既成其象 因號曰花甲子 然甲子者 自子至亥十二宮 各有金木水火土之屬
기성기상 인호왈화갑자 연갑자자 자자지해십이궁 각유금목수화토지속
始起於子是一陽 終於亥爲六陰 其五行所屬 但如人之世事也 何以謂之世事
시기어자시일양 종어해위육음 기오행소속 단여인지세사야 하이위지세사
大率五行金木水火土 在天爲五星 於地爲五嶽 於德爲五常 於人爲五臟 其
대솔오행금목수화토 재천위오성 어지위오악 어덕위오상 어인위오장 기
爲命也 爲五行 是故甲子之屬 乃應之於命 命則一世之事 故甲子納音象之
위명야 위오행 시고갑자지속 내응지어명 명즉일세지사 고갑자납음상지
時 聖人喩之 亦如人一世之事體也 一世之事者 宣聖所謂三十而立 四十而
시 성인유지 역여인일세지사체야 일세지사자 선성소위삼십이립 사십이
不惑 五十而知天命 六十而耳順 七十而從心所欲 其甲子之象 自子而至於
불혹 오십이지천명 육십이이순 칠십이종심소욕 기갑자지상 자자이지어
亥 其理灼然而可見矣
해 기리작연이가견의

    육십갑자는 대요씨에 의해 처음 만들어졌으며, 납음은 귀곡자가 창안하였고, 갑자의 상은 동방 만천자가 제작하여 화갑자라고 불렀습니다. 이는 명리학의 역사적 깊은 의미를 담고 있으며, 오행과 연결되어 인간과 자연의 조화를 이루는 원리를 나타냅니다.

    子에서 亥까지 12궁은 각각 金木水火土 오행에 속합니다. 子에서 양기가 시작되고 亥에서 음기로 끝나는 이 오행의 변화는 사람의 일생과 세상사의 흐름과 같다고 볼 수 있습니다.

    오행 金木水火土는 다양한 차원에서 표현됩니다. 하늘에서는 오성(금성, 목성, 수성, 화성, 토성)으로, 땅에서는 오악(서악 화산, 동악 태산, 북악 항산, 남악 형산,

중악 숭산)으로, 덕에서는 오상(의, 인, 지, 예, 신)으로, 사람에게는 오장(폐, 간, 신, 심, 비) 등으로 나타납니다.

이 모두가 명(命)이며, 오행의 원리를 바탕으로 자연과 인간의 조화를 이루는 중요한 개념을 의미합니다.

육십갑자는 인간의 일생을 설명하는 흐름으로 이해할 수 있습니다. 공자는 삶의 단계에 대해 다음과 같이 말했습니다.

"30세는 뜻을 세우는 시기이며, 40세는 세상일에 의혹이 없고 명확한 판단력을 가지는 시기이며, 50세는 천명을 깨닫는 시기이며, 60세는 어떤 말을 들어도 깊은 이해력을 가지는 시기이며, 70세는 마음대로 행해도 도리에 어긋나지 않는 경지에 도달하는 시기이다."

육십갑자는 이렇게 자연과 인간의 관계를 명확한 이치를 통해 설명하며 순환하는 법칙을 나타냅니다. 子에서 亥로 흐르는 자연의 흐름 속에서 삶을 이해하고 조화를 이루는 지혜를 배울 수 있습니다.

지지의 6단계 구분

且如子丑二位者 陰陽始孕 人在胞胎 物藏根核 未有涯際也 寅卯二位者 陰
차여자축이위자 음양시잉 인재포태 물장근핵 미유애제야 인묘이위자 음
陽漸闢 人漸生長 物以坼甲 群葩漸剖 如人將有立身也 辰巳二位 陰陽氣盛
양점벽 인점생장 물이탁갑 군파점부 여인장유입신야 진사이위 음양기성
物當華秀 人至三十四十而有立身也 辰巳取之象 午未二位者 陰陽彰露 物
물당화수 인지삼십사십이유입신야 진사취지상 오미이위자 음양창로 물
色成齊 人至五十六十 富貴貧賤可知 凡百興衰可見矣 申酉二位者 陰陽肅
색성제 인지오십육십 부귀빈천가지 범백흥쇠가견의 신유이위자 음양숙
殺物已收成 人已龜縮 各得其靜矣 戌亥二位者 陰陽閉塞 物氣歸根 人當休
살물이수성 인이귀축 각득기정의 술해이위자 음양폐색 물기귀근 인당휴
息各有歸着也 但只詳此 十二位 先後灼然可見 於六十甲子 可以次第而知矣
식각유귀착야 단지상차 십이위 선후작연가견 어육십갑자 가이차제이지의

子丑은 음양이 처음 싹트는 단계로, 사람은 태아의 모습으로 자궁 안에 있고, 만물은 씨앗 속에 있어 아직 경계가 모호한 상태입니다. 새로운 생명과 가능성이 준비되는 시기입니다.

寅卯는 음양이 열리는 단계로, 사람은 성장하고 만물은 껍질을 깨뜨리며 꽃이 피어나는 단계입니다. 입신출세를 준비하는 성장과 발전의 시기입니다.

辰巳는 음양의 기운이 왕성해지는 단계로, 만물은 꽃을 피우고, 사람은 30-40대에 이르러 삶의 기반을 다지는 성취와 번영의 시기입니다.

午未는 음양이 뚜렷하게 드러나는 단계로, 만물은 성숙한 모습을 갖추고, 사람은 50-60대에 삶의 부귀빈천과 흥망성쇠를 깨닫는 인생의 정점과 성찰의 시기입니다.

申酉는 음양이 숙살지기를 펼치며 결실이 숙성되고 수확하는 단계이며, 사람은 점차 움츠러들며 고요함과 내면의 평화를 얻습니다.

戌亥는 음양이 폐쇄되고 만물의 기운이 뿌리로 돌아가는 단계이며, 사람은 휴식을 취하며 안정을 찾는 시기로서 삶의 순환을 마무리하고 새로운 시작을 준비하는 단계입니다.

이처럼 십이지는 6단계로 구분하며 명확한 선후관계를 통해 육십갑자의 순서와 이치를 분명히 드러냅니다. 이를 통해, 인간의 생애와 자연의 순환을 조화롭게 연결하며 통변에 활용할 수 있습니다.

9. 論天干生旺死絶 논천간생왕사절

천간의 생왕사절

> 寅申巳亥 五陽長生之局 子午卯酉 五陰長生之局
> 인신사해 오양장생지국 자오묘유 오음장생지국

寅申巳亥는 오양의 장생국이고, 子午卯酉는 오음의 장생국입니다.

구분	甲	乙	丙戊	丁己	庚	辛	壬	癸
장생長生	亥	午	寅	酉	巳	子	申	卯
목욕沐浴	子	巳	卯	申	午	亥	酉	寅
관대冠帶	丑	辰	辰	未	未	戌	戌	丑
건록建祿	寅	卯	巳	午	申	酉	亥	子
제왕帝旺	卯	寅	午	巳	酉	申	子	亥
쇠衰	辰	丑	未	辰	戌	未	丑	戌
병病	巳	子	申	卯	亥	午	寅	酉
사死	午	亥	酉	寅	子	巳	卯	申
묘墓	未	戌	戌	丑	丑	辰	辰	未
절絶	申	酉	亥	子	寅	卯	巳	午
태胎	酉	申	子	亥	卯	寅	午	巳
양養	戌	未	丑	戌	辰	丑	未	辰

10. 五行發用定例 오행발용정례

1) 陰陽順逆生旺死絶 음양순역생왕사절

음양순역오행사절이란 음생양사, 양생음사를 말합니다.

음양순역생왕사절지도

壬庚戊丙甲 絶生祿祿病 **巳** 癸辛丁乙 胎死旺旺敗	壬庚戊丙甲 胎敗旺旺死 **午** 癸辛丁乙 絶病祿祿生	壬庚戊丙甲 養冠衰衰墓 **未** 癸辛丁乙 墓衰冠冠養	壬庚丙戊甲 生祿病病絶 **申** 癸辛丁乙 死旺敗敗胎
壬庚戊丙甲 墓養冠冠衰 **辰** 癸辛丁乙 養墓衰衰冠	陰陽順逆生旺死絶之圖 음양순역생왕사절지도		壬庚戊丙甲 敗旺死死胎 **酉** 癸辛丁乙 病祿生生絶
壬庚丙戊甲 死胎敗敗旺 **卯** 癸辛丁乙 生絶病病祿			壬庚戊丙甲 冠衰墓墓養 **戌** 癸辛丁乙 衰冠養養墓
壬庚戊丙甲 病絶生生祿 **寅** 癸辛丁乙 敗胎死死旺	壬庚戊丙甲 衰墓養養冠 **丑** 癸辛丁乙 冠養墓墓衰	壬庚戊丙甲 旺死胎胎敗 **子** 癸辛丁乙 祿生絶絶病	壬庚戊丙甲 祿病絶絶生 **亥** 癸辛丁乙 旺敗胎胎死

지지별로 양간과 음간의 생왕사절을 도표화한 것으로 연해자평에 수록되어 있습니다.

2) 月律分野之圖 월률분야지도

율려(律呂)는 동양 음계의 십이율을 기반으로 하는 소리 체계로서, 궁상각치우(宮商角徵羽)의 오성(五聲)을 나타냅니다. 이는 자연의 조화와 음양의 이치를 반영하며, 십이지 월에 배정되어 각각의 월과 지장간에 음의 크기가 아래 표처럼 할당됩니다.

육률(六律)은 양의 음률로 황종, 태주, 고선, 유빈, 이칙, 무역으로 구성되었으며, 육려(六呂)는 음의 음률로 임종, 남려, 응종, 대려, 협종, 중려로 구성되었습니다.

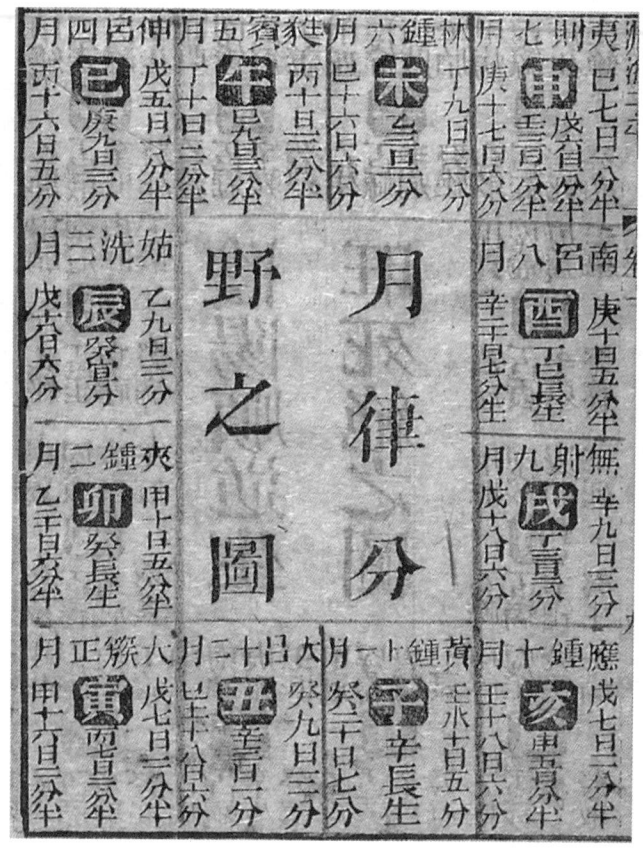

【연해자평】에 수록된 도표입니다.

3) 天干五陰陽通變 천간오음양통변

(1) 천간의 십신

> 尅我者爲正官偏官 生我者爲正印偏印 我尅者爲正財偏財 我生者爲傷官食
> 극아자위정관편관 생아자위정인편인 아극자위정재편재 아생자위상관식
> 神 比肩者爲劫財敗財
> 신 비견자위겁재패재

　　일간을 극하는 오행은 정관과 편관이며, 일간을 생하는 오행은 정인과 편인이며, 일간이 극하는 오행은 정재와 편재이며, 일간을 생하는 오행은 상관과 식신이며, 일간과 같은 오행은 비견과 겁재입니다.

　　십신(十神)은 일간을 기준으로 오행의 관계를 통해 분류됩니다. 이를 통해 개인의 성격, 운세, 삶의 방향성을 분석하는데 활용됩니다. 특정 십신이 강하게 작용하면 그에 따른 성격과 운세의 특징이 더 두드러지게 나타나며, 이를 통해 자신의 강점과 약점을 파악하고 인생의 방향을 조율할 수 있습니다.

　　십신은 사주에서 핵심적인 요소로 작용하며 운세 해석과 삶의 흐름을 분석하는 중요한 요소가 됩니다. 재물운, 인간관계, 성장 과정 등 다양한 측면에서 분석할 때 활용하며, 개인이 어떤 환경에서 감정을 발휘할 수 있는지 파악하는 기준이 됩니다. 이를 통해 인생의 흐름을 이해할 수 있으며 삶을 보다 균형 있게 설계하는데 도움을 받을 수 있습니다.

　　십신의 특성은 다음과 같이 통변에 활용할 수 있습니다.
정관과 편관은 책임감, 규율, 통제력과 도전 정신을 알 수 있습니다.
정인과 편인은 지혜, 보호, 학문적 성향과 창의력을 알 수 있습니다.
정재와 편재는 현실적인 성취, 물질적 가치, 자립과 경제 능력을 알 수 있습니다.
상관과 식신은 표현력, 창의력, 활동성과 개인적 성장을 알 수 있습니다.
비견과 겁재는 자립심, 경쟁, 강한 의지와 협력의 중요성을 알 수 있습니다.

(2) 음양간 통변법

天干五陰陽通變 五干屬陽喜合 爲比肩兄弟之類 爲劫財敗財剋父及妻 爲食
천간오음양통변 오간속양희합 위비견형제지류 위겁재패재극부급처 위식
神天廚壽星爲男 爲傷官退財耗氣子甥 爲偏財偏妻偏妾剋子 爲正財正妻剋
신천주수성위남 위상관퇴재모기자생 위편재편처편첩극자 위정재정처극
母爲合神 爲偏官七煞官鬼將星 爲正官祿馬榮神父母 爲倒食偏印梟神剋女
모위합신 위편관칠살관귀장성 위정관녹마영신부모 위도식편인효신극여
爲印綬正人君子產業 五干屬陰喜冲 爲比肩兄弟朋友 爲傷官小人盜氣爲姪
위인수정인군자산업 오간속음희충 위비견형제붕우 위상관소인도기위질
爲食神天廚壽星子孫 爲正財正妻剋母 爲偏財偏妻偏妾剋子 爲正官祿馬剋
위식신천주수성자손 위정재정처극모 위편재편처편첩극자 위정관녹마극
父母 爲偏官七煞官鬼媒人 爲印綬正人君子忌殺 爲倒食偏印梟神剋母 爲敗
부모 위편관칠살관귀매인 위인수정인군자기살 위도식편인효신극모 위패
財逐馬剋妻
재축마극처

양간과 음간의 십신 특성

양간은 합을 좋아하며 조화를 이루려는 성향이 강합니다.
음간은 충을 좋아하며 대립과 변화를 통해 균형을 맞추려고 합니다.

비견은 형제와 친구에 해당하며 경쟁과 자립심의 성향을 가집니다.
겁재는, 양일간은 겁재라고 하며 음일간은 패재라고 합니다. 양일간의 겁재는 재산을 빼앗는 성향이 있고, 부친과 처를 극합니다. 음일간의 패재는 재물을 잃고 도망 다니고 처를 극하는 기운을 가집니다.
식신은 음식과 수명을 주관하며, 자손에 해당합니다.
상관은 재물과 기운을 소모하며, 자식과 조카에 해당합니다.
편재는 처첩에 해당하며, 자식을 극하는 성향을 가집니다.
정재는 정처에 해당하며, 모친을 극하는 성향을 가집니다. 특히 양일간의 정재는 일간과 합하는 특징이 있습니다.

편관은 칠살 또는 관귀라고도 부르며, 양일간의 편관은 장군의 역할을, 음일간의 편관은 중매인의 역할을 합니다.

정관은 관직과 영화를 누리며, 양일간의 정관은 부모에 해당하고, 음일간의 정관은 부모를 극하는 성향을 가집니다.

편인은 식신을 극하는 도식으로 작용하고, 한편으로 효신으로 작용하며 은혜를 모릅니다. 양일간의 편인은 딸을 극하고, 음일간의 편인은 모친을 극하는 성향이 있습니다.

인수(정인)는 정인군자에 해당하며, 양일간의 인수는 생산하는 기운을 지니고, 음일간의 인수는 칠살을 피하는 성향이 있습니다.

이러한 음양간에 대한 십신의 특성은 각 개인의 사주에서 다양한 해석을 제공하며, 인간관계와 행동 패턴을 분석하는 중요한 요소로 작용합니다. 사주 해석에서 개인의 성향, 운세, 인생의 방향을 이해하는 기준으로 활용할 수 있으며, 삶의 흐름을 이해하는 데 도움을 줍니다.

11. 論起法例 논기법례

1) 論年上起月例 논년상기월례(월두법)

> 甲己之年丙作首 乙庚之歲戊爲頭 丙辛之歲尋庚上 丁壬壬位順行流 若言戊
> 갑기지년병작수 을경지세무위두 병신지세심경상 정임임위순행류 약언무
> 癸何方發 甲寅之上好追求 其法假如甲己年生 於寅上起丙寅 以正月爲丙寅
> 계하방발 갑인지상호추구 기법가여갑기년생 어인상기병인 이정월위병인
> 二月爲丁卯 一順數去 至其所生之月止 一月一位順行
> 이월위정묘 일순수거 지기소생지월지 일월일위순행

월두법의 원리는 년간이 천간합화를 통해 월간을 결정합니다.

예를 들어, 甲己년은 辰월에 천간합화로 土가 되므로 戊辰월이 됩니다. 寅월부터 적용하면 丙寅월, 丁卯월, 戊辰월, 己巳월, 庚午월, 辛未월, 壬申월, 癸酉월, 甲戌월, 乙亥월, 丙子월, 丁丑월의 순서로 12개월의 간지가 정해집니다.

월두법은 甲己년은 丙寅월부터 시작하고 丁丑월에 마치며, 乙庚년은 戊寅월부터 시작하고 己丑월에 마치며, 丙辛년은 庚寅월부터 시작하고 辛丑월에 마치며, 丁壬년은 壬寅월부터 시작하며 癸丑월에 마치고, 戊癸년은 甲寅월부터 시작하며 乙丑월에 마칩니다.

2) 論日上起時例 논일상기월례(시두법)

> 甲己還加甲 乙庚丙作初 丙辛從戊起 丁壬庚子居 戊癸何方發 壬子是眞途
> 갑기환가갑 을경병작초 병신종무기 정임경자거 무계하방발 임자시진도
> 其法以甲己日從子上起甲子 至人本生時止 餘皆倣此
> 기법이갑기일종자상기갑자 지인본생시지 여개방차

시두법은 월두법과 그 원리가 비슷하지만, 적용 기준이 다릅니다.

월두법이 년간을 기준으로 寅월부터 丑월까지 월간을 결정하는 방식이라

면, 시두법은 일간을 기준으로 子시부터 亥시까지 시간의 간지를 결정하는 방식입니다.

시두법은 甲己일은 甲子시부터 시작하고 乙亥시에 하루를 마치며, 乙庚일은 丙子시부터 시작하며 丁亥시에 마치고, 丙辛일은 戊子시부터 시작하며 己亥시에 마치고, 丁壬일은 庚子시부터 시작하며 辛亥시에 마치고, 戊癸일은 壬子시부터 시작하며 癸亥시에 마치면서 12시진의 간지를 순서대로 배치합니다.

3) 論起胎法 논기태법

切法但從本生月前四位是也 其法如己巳月 則前申上是胎 卻數退午一位於
절법단종본생월전사위시야 기법여기사월 즉전신상시태 각수퇴오일위어
未上 將生月天干己字喚起己未 數至庚申 乃是受胎之月也 餘皆倣此
미상 장생월천간기자환기기미 수지경신 내시수태지월야 여개방차

기태는 수태월을 계산하는 방법으로, 사람의 태생과 관련된 중요한 시기를 추정하는데 활용됩니다.

계산 원리는, 사람이 태어난 월에서 네 번 째의 지지를 기준으로 수태월을 계산합니다. 네 번째 지지의 한 달 전 지지에 생월의 천간을 적용하여 수태월을 결정합니다.

예를 들어, 己巳월생의 경우, 네 번째 지지인 申월이 수태월로 설정합니다. 수태월 한 달 전인 未월에 생월의 천간인 己를 붙이면 己未월이 됩니다. 따라서 수태월의 간지는 庚申이 됩니다. 나머지도 이와 같이 계산합니다.

4) 論起息法 논기식법

> 取日主上天干合處 地支合處是也
> 취일주상천간합처 지지합처시야

    일주와 합이 되는 간지를 기식이라고 하며, 이는 합의 작용을 통해 일주의 기운을 변화시키고 조화를 이룹니다. 예를 들어, 己未일주의 경우는 甲과 午와 합을 이루므로 甲午를 기식으로 활용합니다.

5) 論起變法 논기변법

> 取時上天干合處 時下地支合處
> 취시상천간합처 시하지지합처

    시주와 합이 되는 간지를 기변이라 하며, 이는 합의 작용을 통해 시주의 기운을 변화시키고 조화를 이룹니다. 예를 들어, 甲子시는 己와 丑을 합하므로 己丑을 기변으로 활용합니다.

6) 論起通法 논기통법

> 假如甲子月寅時生 卯上安命 取甲己之年丙作首起丙寅 卽丁卯是通
> 가여갑자월인시생 묘상안명 취갑기지년병작수기병인 즉정묘시통

    기통법은 사주의 월주와 시주를 기준으로 명궁을 설치하고 대세운의 흐름으로 길흉을 분석하는 방법 중 하나입니다.
    명궁이란 주로 자미두수에서 활용되는 개념으로서, 사주에서는 핵심 에너지가 집중되는 위치로 개인의 타고난 개성과 건강, 직업 등 인생 전반의 흐름을 읽는 도구입니다.
    예를 들어, 甲子월 寅시생인 경우 甲己합화로 丙寅으로 시작되고 丁卯로 흐름이 이어지며 卯가 명궁이 됩니다. 卯가 명궁인 경우, 木기운을 적절히

제어하는 것이 핵심입니다. 木이 약하면 자신의 능력을 발휘하기 어려우며, 木기운이 과잉되는 시기에는 주의가 필요합니다.

  명궁의 오행 특성에 의해 개인의 기질이 결정되고, 기세의 강약에 따라 건강, 직업, 재물복에 영향을 줄 수 있습니다. 대운이나 세운에서 명궁과 충이나 합이 될 때 중대한 변화가 발생하며, 특히 명궁과 충이 되는 세운에는 인간관계 갈등이 발생할 수 있으므로 주의해야 합니다.

12. 論起大運法 논기대운법

대운을 정하는 법

凡起大運 俱從所生之日 陽男陰女 順行數至未來節 陽女陰男 逆行數已過
범기대운 구종소생지일 양남음녀 순행수지미래절 양녀음남 역행수이과
去節 俱折除三日以爲一歲 陽男陰女順運 假如甲子年 甲己之年丙作首 正
거절 구절제삼일이위일세 양남음녀순운 가여갑자년 갑기지년병작수 정
月建丙寅 初一日立春 後一日生男 順數至二月驚蟄節 且得三十日 起十歲
월건병인 초일일입춘 후일일생남 순수지이월경칩절 차득삼십일 기십세
逢順行丁卯 如乙丑年 乙庚之歲戊爲頭 正月起戊寅 初一立春 十八日生女
봉순행정묘 여을축년 을경지세무위두 정월기무인 초일입춘 십팔일생녀
順數至二月驚蟄節止 得四三十二日 起四歲運 順行己卯 餘皆倣此 陰男陽
순수지이월경칩절지 득사삼십이일 기사세운 순행기묘 여개방차 음남양
女逆運 假如乙丑年 乙庚之歲戊爲頭 正月起戊寅 初一日立春 後十五日生
녀역운 가여을축년 을경지세무위두 정월기무인 초일일입춘 후십오일생
男 逆數至初一立春節止 得五三十五日起五歲運 逆行丁丑 如甲子年 甲己
남 역수지초일입춘절지 득오삼십오일기오세운 역행정축 여갑자년 갑기
之年丙作首 正月丙寅 初一立春 後十日生女 逆數至初一日立春止 得九日
지년병작수 정월병인 초일입춘 후십일생녀 역수지초일일입춘지 득구일
三三單九日起三歲運 逆行乙丑 餘皆倣此 若多一日 減一日 少一日增一日
삼삼단구일기삼세운 역행을축 여개방차 약다일일 감일일 소일일증일일

대운은 태어난 생년월일을 기준으로 정합니다. 생년이 양남음녀이면 순행하며 미래의 절기 방향으로 계산하고, 음남양녀이면 역행하며 과거의 절기 방향으로 계산합니다.

날짜를 계산하여 3으로 나누어 계산하면, 한 달 30일은 10세 대운에 해당하고, 3일은 1세 대운에 해당하므로 이를 변환하여 계산한 일수로 대운이 시작되는 나이를 산출합니다.

甲子년에 태어난 남자는 양남으로서 순행합니다. 甲子년은 월두법에 의해 정월의 월건이 丙寅이고 입춘일이 초하루가 됩니다. 입춘일 다음 날에

태어나면 2월 경칩일까지 30일이 됩니다. 30일을 3으로 나누면 10세 대운이 되고, 10세에 丁卯운을 만나고 20세에 戊辰운을 만납니다.

乙丑년에 태어난 여자는 음녀로서 순행합니다. 乙丑년은 월두법에 의해 戊寅월이며 입춘일이 초하루가 됩니다. 입춘일로부터 18일 후에 태어나면 2월의 경칩일 까지 12일로서 3으로 나누면 4세 대운이 되고, 4세에 己卯운을 만나고 14세에 庚辰운을 만납니다.

乙丑년에 태어난 남자는 음남으로서 역행합니다. 乙丑년은 월두법에 의해 戊寅월이며 입춘일이 초하루가 됩니다. 입춘일로부터 15일 후에 태어나면 역으로 입춘일까지 15일로서 3으로 나누면 5세 대운이 되고, 5세에 역행하여 丁丑운을 만나고 15세에 丙子운을 만납니다.

甲子년에 태어난 여자는 양녀로서 역행합니다. 甲子년은 월두법에 의해 정월의 월건이 丙寅이고 입춘일이 초하루가 됩니다. 입춘일로부터 10일 후에 태어난 여자는 역으로 입춘일까지 10일로서 3으로 나누면 3세 대운이 되고, 3세에 역행하여 乙丑운을 만나고 13세에 甲子운을 만납니다.

일수를 계산하여 3으로 나누고 1이 남으면 버리고, 2가 남으면 반올림하여 1을 더해주는 사사오입 방식을 적용합니다. 예를 들어 10일을 3으로 나누면 3세 대운에 해당하고 나머지 1은 버립니다. 11일을 3으로 나누면 4세 대운에 해당하는데 이는 나머지 2에 1을 더했기 때문입니다.

13. 論行小運法 논행소운법

소운을 정하는 법

凡小運不問陰陽二命 男一歲起丙寅 二歲丁卯 順行 截法 十一丙子二十一
범소운불문음양이명 남일세기병인 이세정묘 순행 절법 십일병자이십일
丙戌 周而復始 女一歲起壬申 二歲辛未 逆行 截法 一歲壬申 十一壬戌 二
병술 주이복시 여일세기임신 이세신미 역행 절법 일세임신 십일임술 이
十一壬子 周而復始
십일임자 주이복시

    소운은 1년 단위로 개인의 세세한 운세를 파악하며, 대운과의 조화를 위해 10년 주기로 끊어서(절법)으로 재설정합니다. 생년의 음양과 무관하게 성별에 따라 순행 또는 역행하는 방식으로 결정됩니다.

    남명의 소운은 순행하며, 1세부터 丙寅에서 시작하여 2세에 丁卯, 3세에 戊辰 등으로 매년 순행으로 진행됩니다. 11세에는 丙子로 시작하여 12세에 丁丑 등으로 매년 순행으로 진행됩니다. 21세에는 丙戌로 시작하여 22세에 丁亥 등으로 매년 순행으로 진행됩니다.

    여명의 소운은 역행하며, 1세부터 壬申에서 시작하여 2세에 辛未, 3세에 庚午 등으로 매년 역순으로 진행됩니다. 11세에는 壬戌에서 시작하여 12세에 辛酉, 22세에 庚申 등으로 매년 역순으로 진행됩니다. 21세에는 壬子에서 시작하여 22세에 辛亥, 23세에 庚戌 등으로 매년 역순으로 진행됩니다.

    소운은 학파에 따라 해석 방식이 다를 수 있지만, 보통 생월과 생시를 결합하여 개인의 운세를 더욱 세밀히 분석하는 데 활용됩니다. 주로 단기적인 흐름과 주요 사건을 이해하는 데 도움을 주며, 대세운과의 충합을 고려해서 해석하면 세부 운세를 판단할 수 있습니다.

14. 論五行相生相剋 논오행상생상극

상생은 서로 생하고, 상극은 서로 극한다는 의미가 있습니다. 이는 일방적인 관계가 아닌 상호작용을 강조합니다. 오행은 고정된 생극이 아니라 상황에 따라 변화는 유동적 관계로 보기 때문입니다.

예를 들어 목생화에서 木은 火를 생하고, 火는 木을 설기하며 서로 간의 균형을 조절해 주는 역할을 합니다. 목극토에서 木은 土를 극하고, 土는 木을 받아들여 서로 간의 균형을 조절해 주는 역할을 합니다.

따라서 상극과 상생의 개념은 순환적, 상호적 본질로서 오행의 균형과 조화에 필수적인 조건입니다.

1) 論五行相生 논오행상생

金生水 水生木 木生火 火生土 土生金
금생수 수생목 목생화 화생토 토생금

金은 水를 생하고, 水는 木을 생하고, 木은 火를 생하고, 火는 土를 생하고, 土는 金을 생합니다.

2) 論五行相剋 논오행상극

金剋木 木剋土 土剋水 水剋火 火剋金
금극목 목극토 토극수 수극화 화극금

金은 木을 극하고, 木은 土를 극하고, 土는 水를 극하고, 水는 火를 극하고 火는 金을 극합니다.

3) 일간을 중심으로 상극상생에 의한 육친 관계

生我者爲父母 我生者爲子孫 剋我者爲官鬼 我剋者爲妻財 比和者爲兄弟
생아자위부모 아생자위자손 극아자위관귀 아극자위처재 비화자위형제

나를 생하면 부모가 되며, 내가 생하면 자손이 됩니다.

나를 극하면 관살로서, 남명에게 자식이 되고 여명에게 남편이 됩니다.

내가 극하면 재물이며 남명에게 처가 됩니다.

나와 생극 관계가 없으면 형제가 됩니다.

15. 論節侯歌 논절후가

계절의 절기

正月立春雨水節 二月驚蟄及春分 三月淸明倂穀雨 四月立夏小滿方 五月芒
정월입춘우수절 이월경칩급춘분 삼월청명병곡우 사월입하소만방 오월망
種倂夏至 六月小暑大暑當 七月立秋還處暑 八月白露秋分忙 九月寒露又霜
종병하지 유월소서대서당 칠월입추환처서 팔월백로추분망 구월한로우상
降 十月立冬小雪張 子月大雪冬至節 丑月小寒大寒昌
강 시월입동소설장 자월대설동지절 축월소한대한창

봄에는, 정월(寅)은 입춘과 우수, 이월(卯)은 경칩과 춘분, 삼월(辰)은 청명과 곡우의 절기가 각각 주관합니다.

여름에는, 사월(巳)는 입하와 소만, 오월(午)은 망종과 하지, 유월(未)는 소서와 대서의 절기가 각각 주관합니다.

가을에는, 칠월(申)은 입추와 처서, 팔월(酉)는 백로와 추분, 구월(戌)은 한로와 상강의 절기가 각각 주관합니다.

겨울에는, 시월(亥)은 입동과 소설, 십일월 (子)은 대설과 동지, 십이월(丑)은 소한과 대한의 절기가 각각 주관합니다.

사주명리에서 절기의 중요성

절기는 1년을 24등분한 자연의 리듬으로, 사주명리에서 년주와 월주의 간지를 결정하는 기준이 됩니다.

사주명리에서는 입춘을 한 해의 시작점으로 간지가 바뀌는 시점으로 매우 중요한 의미를 갖습니다. 양력 1월 1일과 음력 1월 1일이 한 해의 시작이라면, 사주에서는 입춘일이 새로운 간지가 시작되는 기준이 됩니다. 그러므로 사주에서는 양력이나 음력과는 상관이 없습니다.

예를 들어, 2025년 입춘일은 양력 2월 3일입니다. 2월 2일은 甲辰년이

되고, 2월 3일은 乙巳년이 됩니다. 또한 입춘일부터 壬寅월이 되고, 경칩일부터 癸卯월이 됩니다. 나머지도 이와 같이 적용합니다.

　절기는 월령의 기운으로 사주 오행의 50%의 정도의 힘을 가지고 있습니다. 그러므로 월지의 절기 기운이 오행의 기운에 대한 강약을 좌우하게 됩니다. 절기의 기운을 얻으면 득령했다고 하며 기운이 왕성하다고 하며, 기운을 얻지 못하면 실령했다고 하여 기운이 쇠약하다고 합니다.

　이처럼 절기의 기운은 기운의 왕쇠를 판단하는 주요 기준이 됩니다.

16. 論天地干支暗藏總訣 논천지간지암장총결

1) 지장간 총정리

立春念三丙火用 餘日甲木旺提綱 驚蟄乙木未用事 春分乙木正相當 淸明乙
입춘염삼병화용 여일갑목왕제강 경칩을목미용사 춘분을목정상당 청명을

木十日管 後來八日癸水洋 穀雨前三戊土盛 其中土旺要消詳 立夏又伏戊土
목십일관 후래팔일계수양 곡우전삼무토성 기중토왕요소상 입하우복무토

取 小滿過午丙火光 芒種己土相當好 中停七日土高張 夏至陰生陽極利 丙
취 소만과오병화광 망종기토상당호 중정칠일토고장 하지음생양극리 병

丁火旺有土張 小暑十日丁火旺 後來三日乙木芳 己土三日威風盛 大暑己土
정화왕유토장 소서십일정화왕 후래삼일을목방 기토삼일위풍성 대서기토

十日黃 立秋十日壬水漲 處暑十五庚金良 白露七日庚金旺 八日辛兮祈獨行
십일황 입추십일임수창 처서십오경금량 백로칠일경금왕 팔일신혜기독행

寒露七日辛金管 八日丁火又水 降霜降己土十五日 其中雜氣取無妨 立冬七
한로칠일신금관 팔일정화우수 강상강기토십오일 기중잡기취무방 입동칠

日癸水旺 壬水八日更流忙 小雪七日壬水急 八日甲木又芬芳 大雪七日壬水
일계수왕 임수팔일경유망 소설칠일임수급 팔일갑목우분방 대설칠일임수

管 冬至癸水更漯汪 小寒七日癸水養 八日辛金丑庫藏 大寒十日己土勝 行
관 동지계수경잔왕 소한칠일계수양 팔일신금축고장 대한십일기토승 행

者精硏仔細詳
자정연자세상

입춘: 초기 3일간은 丙火를 잠시 쓰고 이후 甲木이 왕성합니다.

경칩: 乙木을 쓰지만 미약하고, 춘분에서 乙木이 가장 왕성합니다.

청명: 초기 10일간 乙木, 이후 8일간 癸水가 왕성합니다.

곡우: 전 3일은 戊土가 무성하고 그 중에 土 기세가 왕성합니다.

입하: 戊土를 쓰고, 소만 이후 丙火가 왕성합니다.

망종: 己土가 안정적, 중기 7일간 土 기세가 급증합니다.

하지: 음기가 생성되고 양기는 정점에 이르며, 丙丁火가 왕성하며 土 기운이 확장합니다.

소서: 초기 10일간 丁火가 왕성하고, 이후 3일은 乙木이 꽃을 피우고, 己土는 3일간 왕성합니다.

대서: 己土가 황금기로서 왕성합니다.

입추: 초기 10일간 壬水가 증가, 처서 15일간 庚金이 왕성합니다.

백로: 초기 7일간 庚金이 왕성, 이후 8일간 辛金이 단독 작용합니다.

한로: 초기 7일간 辛金이 왕성, 이후 8일간 丁火와 水가 혼재합니다.

상강: 이후 15일간은 己土가 작용하며 잡기를 허용합니다.

입동: 초기 7일간 癸水가 왕성, 이후 8일간 壬水가 왕성합니다.

소설: 초기 7일간 壬水가 왕성, 이후 8일간 甲木이 생성됩니다.

대설: 초기 7일간 壬水가 왕성, 동지에서는 癸水가 풍부합니다.

소한: 초기 7일간 癸水가 왕성, 이후 8일간 辛金을 丑에 저장합니다.

대한: 초기 10일간 己土가 강하게 작용합니다.

2) 論節氣歌 논절기가

看命先須看日主 八字始能究奧理 假如子上十日壬 中旬下旬方是癸 丑宮九
간명선수간일주 팔자시능구오리 가여자상십일임 중순하순방시계 축궁구

日癸之餘 除却三辛皆屬己 寅宮戊丙各七朝 十六甲木方堪器 卯宮陽木朝初
일계지여 제각삼신개속기 인궁무병각칠조 십육갑목방감기 묘궁양목조초

旬 中下兩旬陰木是 三月九朝仍是乙 三日癸庫餘戊奇 初夏九日生庚金 十
순 중하양순음목시 삼월구조잉시을 삼일계고여무기 초하구일생경금 십

六丙火五戊時 午宮陽火屬上旬 丁火十日九日己 未宮九日丁火明 三朝是乙
육병화오무시 오궁양화속상순 정화십일구일기 미궁구일정화명 삼조시을

餘是己 孟秋己七戊三朝 三壬十七庚金備 酉宮還有十日庚 二十辛金屬旺地
여시기 맹추기칠무삼조 삼임십칠경금비 유궁환유십일경 이십신금속왕지

戌宮九日辛金勝 三丁十八戊土具 亥宮七戊五日甲 餘皆壬旺君須記 須知得
술궁구일신금승 삼정십팔무토구 해궁칠무오일갑 여개임왕군수기 수지득

一擬三分 此訣先賢與驗秘
일의삼분 차결선현여험비

절기가는 월령에 암장된 지장간의 주관하는 일수를 암기하기 쉽게 노래 형식으로 만든 것입니다.

사주 해석은 반드시 일주를 먼저 보고, 이를 기준으로 다른 간지의 영향을 분석합니다. 월령은 매월을 상순, 중순, 하순으로 나누어 오행 기운의 변화를 정밀하게 관찰합니다.

子월: 상순 10일간 壬水 주관, 중순과 하순에는 癸水 주관.
丑월: 초기 9일간 癸水 주관, 다음 3일간 辛金 주관, 이후 己土 주관.
寅월: 초기 7일간 戊土 주관, 다음 7일간 丙火 주관, 이후 16일간 甲木 주관.
卯월: 상순 10일간 甲木 주관, 중순과 하순에는 乙木 주관.
辰월: 초기 9일간 乙木 주관, 다음 3일간 癸水 저장, 이후 戊土 주관.
巳월: 초기 9일간 庚金 생성, 다음 16일간 丙火 주관, 이후 5일간 戊土 주관.
午월: 상순 10일간 丙火 주관, 다음 10일간 丁火 주관, 이후 9일간 己土 주관.
未월: 초기 9일간 丁火 주관, 다음 3일간 乙木 주관, 이후 己土 주관.
申월: 초기 7일간 己土 주관, 다음 3일간 戊土 주관, 다음 3일간 壬水 주관, 이후 17일 庚金 주관.
酉월: 상순 10일간 庚金 주관, 이후 20일간 辛金의 전성기.
戌월: 초기 9일간 辛金 주관, 다음 3일간 丁火 주관, 이후 18일간 戊土 주관.
亥월: 초기 7일간 戊土 주관, 다음 5일간 甲木 주관, 이후 壬水 주관.

3) 地支藏遁歌 지지장둔가

> 子宮癸水在其中 丑癸辛金己土同 寅宮甲木兼丙戊 卯宮乙木獨相逢 辰藏乙
> 자궁계수재기중 축계신금기토동 인궁갑목겸병무 묘궁을목독상봉 진장을
> 戊三分癸 巳中庚金丙戊叢 午宮丁火幷己土 未宮乙己丁共宗 申位庚金壬水
> 무삼분계 사중경금병무총 오궁정화병기토 미궁을기정공종 신위경금임수
> 戊 酉宮辛金獨豐隆 戌宮辛金及丁戊 亥藏壬甲是眞踪
> 무 유궁신금독풍융 술궁신금급정무 해장임갑시진종

지지장둔가는 지지에 암장된 지장간을 암기하기 쉽게 노래 형식으로 만든 것입니다.

지지: 지장간

子: 癸水

丑: 癸水, 辛金, 己土

寅: 甲木, 丙火, 戊土

卯: 乙木

辰: 乙木, 戊土, 癸水

巳: 庚金, 丙火, 戊土

午: 丁火, 己土

未: 乙木, 己土, 丁火

申: 庚金, 壬水, 戊土

酉: 辛金

戌: 辛金, 丁火, 戊土

亥: 壬水, 甲木

17. 四季節사계절 절기

1) 論四季大節訣 논사계대절결

> 今歲要知來年春 但加五日三時辰 立春三日便逢秋 隔岸退位夏更臨 再過三
> 금세요지래년춘 단가오일삼시진 입춘삼일편봉추 격안퇴위하경임 재과삼
> 朝冬又到 六郎又去打春牛
> 조동우도 육랑우거타춘우

절기의 주기성과 계산법으로서 입춘을 기준으로 1년의 주요 절기를 예측하는 비결입니다. 이를 직역으로 해석하면 다음과 같습니다.

올해를 알면 내년 봄을 안다. 다만 5일 3시진(약 6시간)을 더하라. 입춘 후 3일이면 곧 입추를 만난다. 건너편에서 물러나면 입하가 온다. 다시 3일이 지나면 입동이 도착한다. 육랑(6년 주기)로 입춘을 만난다.

올해의 입춘 시각에 5일과 3시진(약 6시간)을 더하면 다음 해의 입춘 시각을 알 수 있습니다. 예를 들어, 2024년 입춘일시는 戊戌일 庚申시입니다. 5일 3시진을 더하면 癸卯일 癸亥시가 됩니다. 실제 2025년 입춘일시는 2월 3일 23시 9분이며, 이는 癸卯일 癸亥시와 일치합니다.

그러나 나머지 절기는 다소 차이가 납니다. 실제 2024년 입춘일은 戊戌, 입추일은 癸卯, 입하일은 己巳, 입동일은 乙亥가 됩니다.

비결대로 계산하면 입추일은 戊戌에서 3일 후인 壬寅이 되고, 입하일은 건너편 戊辰에서 물러나므로 丁卯가 되고, 입동일은 입하일에서 3일 후인 辛未일이 되어야 합니다. 또한 6년 주기로 새해 입춘이 반복되면 2030년 입춘일은 戊戌이 되어야 하지만 실제는 庚午가 됩니다.

지금은 만세력이 과학적인 계산 방법에 의해 정확히 산출되므로, 이러한 계산법이 있었다는 사실만 알고 있으면 될 것입니다.

2) 論未來月朔節氣奧歌 논미래월삭절기오가

月朔原來自古有 前九將來對後九 大月五干連九支 小月四干八支偶 六六之
월삭원래자고유 전구장래대후구 대월오간연구지 소월사간팔지우 육육지
年仔細思 任君走盡風寒路 便做今年立春數 算來又本無差誤 四十七年前有
년자세사 임군주진풍한로 편주금년입춘수 산래우본무차오 사십칠년전유
閏 閏前二月是今逢 分毫不漏眞消息 盡在先生掌訣中 但觀中氣所在 閏前
윤 윤전이월시금봉 분호불루진소식 진재선생장결중 단관중기소재 윤전
之月 中氣在晦 閏後之月 中氣在朔 無中氣則謂之閏月
지월 중기재회 윤후지월 중기재삭 무중기즉위지윤월

이 비결은 음력의 윤달 계산법과 24절기와의 관계를 설명한 것으로, 특히 중기를 기준으로 한 윤달을 판단하는 방법입니다. 이를 직역하면 다음과 같으니 참고 바랍니다.

월삭(음력 초하루)은 옛날부터 존재했다. 앞의 9와 뒤의 9가 대응한다. 큰 달은 5천간 9지지가 연결되고, 작은 달은 4천간 8지지가 짝을 이룬다. 36년을 자세히 생각하면 추운 길을 걸어도 올해 입춘을 계산할 수 있다. 47년 전에 윤달이 있었고 윤달 앞에 2월이 지금이다. 이는 약간의 오차도 없는 진리로서 모두 선생의 손바닥에 있다. 다만 중기의 위치를 살펴라. 윤달 앞의 달은 중기가 그 달 말에 있으며, 윤달 뒤의 달은 중기가 그 달 초에 있다. 중기가 없는 달이 윤달이다.

음력의 한 달 주기(29.5일)와 태양년(365.25일) 사이의 차이를 보정하여 계절과 일치시키기 위해 윤달을 추가합니다.
중기가 없는 달은 윤달로 지정됩니다. 윤달의 전달에는 중기가 월말에 위치하고, 윤달 다음 달에는 중기가 월초에 위치합니다.
예를 들면, 2025년 윤달은 양력 7월 25일부터 8월 22까지이며, 중기가 없습니다. 7월 중기 대서는 22일(음력 6월 28일)에 위치하고, 8월 중기 처서는 7월 23일(음력 7월 1일)에 위치합니다.

3) 論截流年節氣日時刻數要訣 논절류년절기일시각수요결

審詳春日莫他求 時正刻眞節自酬 五時二刻驚蟄是 十時四刻淸明頭 立夏一
심상춘일막타구 시정각진절자수 오시이각경칩시 십시사각청명두 입하일
日三時六 芒種一日九時收 二日二時二小暑 二日七時四刻秋 白露三朝單六
일삼시육 망종일일구시수 이일이시이소서 이일칠시사각추 백로삼조단육
刻 寒露三朝六時週 立冬三朝十一二 大雪四四雨雙流 小寒四時九時六 五
각 한로삼조육시주 입동삼조십일이 대설사사우쌍류 소한사시구시육 오
日三時打春牛 節遇子時加一日 此爲捷法記心頭
일삼시타춘우 절우자시가일일 차위첩법기심두

이 비결은 24절기의 정확한 시간 계산법으로 입춘을 기준으로 각 절기의 시각을 분할 계산하는 공식입니다. 이를 직역하면 다음과 같습니다.

입춘 시각을 정확히 알면 각 절기의 절입 시각을 알 수 있다. 입춘 절입시각에서 5시진 2각을 더하면 경칩이, 10시진 4각을 더하면 청명, 입하는 1일 3시진 6각을 더한다. 망종은 1일 9시진, 소서는 2일 2시진 2각, 입추는 2일 7시진 4각, 백로는 3일 6각, 한로는 3일 6시진, 입동은 3일 11시진 2각, 대설은 4일 4시진, 소한은 4일 9시진 6각, 대한은 5일 3시진을 각각 입춘 시각에 더하면 해당 절기의 절입시각을 구할 수 있다. 절기에 자시가 걸치면 해당 절기는 다음 날로 계산한다.

이 비결은 평균값을 사용하여 계산하지만 현대의 과학적인 계산법과 비교하면 정확성이 떨어집니다. 따라서 현대 천문학에서 실제 태양 황경으로 계산한 결과가 만세력에 수록되어 있으므로 이를 참고하는 것이 좋습니다.

18. 論日爲主 논일위주

일간을 중심으로 간명하는 역사적 배경

> 予嘗觀唐書所載 有李虛中者 取人所生年月日時干支生剋 論命之貴賤壽夭
> 여상관당서소재 유이허중자 취인소생년월일시간지생극 논명지귀천수요
> 之說 已詳之矣 至於宋時 方有子平之說 取日干爲主 以年爲根 以月爲苗
> 지설 이상지의 지어송시 방유자평지설 취일간위주 이년위근 이월위묘
> 以日爲花 以時爲果 以生旺死絶休囚制化 決人生休咎 其理必然矣 復有何
> 이일위화 이시위과 이생왕사절휴수제화 결인생휴구 기리필연의 복유하
> 疑哉
> 의재

　당나라 서적에는 이허중이 사람의 태어난 연월일시와 천간지지의 상생 상극 관계를 활용하여 운명의 귀천과 수명을 논하는 학설을 펼쳤다는 내용이 자세히 기록되어 있습니다.

　송나라 시대에 이르러 자평법이 등장했습니다. 이 방법은 일간을 중심으로 하고, 년주를 뿌리로, 월주를 싹으로, 일주를 꽃으로, 시주를 열매로 보았습니다. 이렇게 사주의 구성 요소를 생명의 성장 과정에 비유하는 것을 근묘화실이라고 합니다.

　자평법에서는 생왕사절과 휴수제화의 이론을 통해 인생의 길흉화복을 판단합니다. 이러한 이론들은 자연의 법칙과 조화를 기반으로 하고 명확한 기준으로 운세 판단을 하므로 신뢰하지 않을 수 없습니다.

일간을 중심으로 간명

以日爲主 年爲本 月爲提綱 時爲輔佐 以日爲主 大要看日加臨於甚度 或身
이일위주 년위본 월위제강 시위보좌 이일위주 대요간일가임어심도 혹신
旺 或身弱 又看地支有何格局 金木水火土之數 後看月令中金木水火土 何
왕 혹신약 우간지지유하격국 금목수화토지수 후간월령중금목수화토 하
者旺 又看歲運有何旺 却次日下消詳 此非是拘之一隅之說也 且如甲子日生
자왕 우간세운유하왕 각차일하소상 차비시구지일우지설야 차여갑자일생
四柱中有個申字 合用子辰爲水局 次看餘辰有何損益 四柱中有何字損 其甲
사주중유개신자 합용자진위수국 차간여진유하손익 사주중유하자손 기갑
子 日主之秀氣 有壞其用神 則要別制之 不要益之 論命者切不可泥之 月令
자 일주지수기 유괴기용신 즉요별제지 불요익지 논명자절불가니지 월령
消詳 故表而出之
소상 고표이출지

　일주를 중심으로 삼고, 년주는 근본이 되며, 월주는 제강 역할을 하고, 시주는 보좌 역할을 합니다. 사주에서 일간이 가장 중요한 요소이며, 년월시가 이를 보좌하는 구조를 형성합니다.

　일간이 어떠한 상태에 놓여있는지를 살피고, 신왕한 일간인지 신약한 일간인지를 분석해야 합니다. 지지에 어떤 격국이 형성되어 있는지, 그리고 金木水火土 오행의 운세를 분석해야 합니다.

　월령에서 金木水火土 중에 어떤 오행이 왕성한지를 살펴야 합니다. 또한 대세운에서 어떤 오행이 왕성한지를 분석하고 유리한 오행과 불리한 오행을 파악합니다. 다음으로 일간이 거느리고 있는 지지를 세밀하게 분석하고 사주 내에서 어떤 영향을 미치는지 손익을 따져 보아야 합니다.

　예를 들어, 甲子일에 태어난 사람이 사주에서 申을 포함하고 있다면, 子와 辰을 활용하여 水局을 형성할 수 있습니다. 이후 다른 지지가 어떤 영향을 미치는지 손익을 분석해야 합니다.

　甲子일주의 기운이 뛰어나도 용신이 손상되었다면 이를 조절하여 균형을

맞춰야 합니다. 용신을 손상시킨 오행을 제어해야 하며 오히려 이롭게 해서는 안 됩니다.

  명리를 논하는 사람은 한 가지 이론에만 집착하지 않고 전체적인 흐름을 분석하는 것이 중요합니다. 또한, 월령을 세밀하게 분석해서 전체적인 조화를 고려해야 합니다.

19. 論月令 논월령

월령의 중요성

> 假令年爲本 帶官星印綬 則蚤年有官 出自祖宗 月爲提綱 帶官星印綬 則慷
> 가령년위본 대관성인수 즉조년유관 출자조종 월위제강 대관성인수 즉강
> 慨聰明 見識高人 時爲輔佐 平生操履 若年月日有吉神 則時歸生旺之處 若
> 개총명 견식고인 시위보좌 평생조리 약년월일유길신 즉시귀생왕지처 약
> 凶神 則要歸時制伏之鄕 時上吉凶神 則年月日吉者生之 凶者制之 假令月
> 흉신 즉요귀시제복지향 시상길흉신 즉년월일길자생지 흉자제지 가령월
> 令有用神 得父母力 年有用神 得祖宗力 時有用神 得子孫力 反此則不得力
> 령유용신 득부모력 년유용신 득조종력 시유용신 득자손력 반차즉부득력

　년주는 근본이 되며, 정관이나 인수를 갖추면 젊은 나이에 벼슬을 얻을 수 있습니다. 이는 가문이나 조상의 영향을 받으며 사회적 출세와 안정적 기반을 형성하는 요소로 작용합니다.

　월주는 제강(월령)으로서 사주 내에서 가장 강력한 영향력을 지니고 있습니다. 정관이나 인수를 갖추면 성격이 강개하고 총명하며 식견이 뛰어납니다. 월간에 길신이 있으면 능력과 지혜를 더욱 탁월하게 발휘합니다.

　시주는 월령을 보좌하며 인생의 흐름을 나타냅니다. 년주, 월주, 일주에 길신이 있으면 시주도 생왕의 자리로 귀결되어 좋은 운이 더욱 강해집니다. 반대로 흉신이 있으면 사주가 이를 제압하는 방향으로 작용하여 균형을 맞추어야 합니다. 시주에 길신이나 흉신이 있으면 년월일주에서 길신은 생조하고, 흉신이 있으면 이를 제어해야 합니다.

　월령에 용신이 있으면 부모의 도움을 받으며, 년주에 용신이 있으면 조상의 도움을 받습니다. 시주에 용신이 있으면 자손으로부터 도움을 받습니다. 반대로 해당 지지에 용신이 없으면 도움을 받기 어렵다고 판단합니다.

20. 論生旺 논생왕

오행의 생왕

> 常法以金生巳 木生亥 水生申 火生寅 土居中央 寄母生 如戊在巳 己在午
> 상법이금생사 목생해 수생신 화생인 토거중앙 기모생 여무재사 기재오
> 又土爲四季 各旺一十八日 共七十二日 幷金木水火土 各七十二日 共得三
> 우토위사계 각왕일십팔일 공칠십이일 병금목수화토 각칠십이일 공득삼
> 百六十日 以成歲功 此良法也
> 백육십일 이성세공 차양법야

    金은 巳에서 생성되고, 木은 亥에서 생성되며, 水는 申에서 생성되고, 火는 寅에서 생성됩니다.

    土는 중앙에 위치하며, 火의 기운을 빌려 생장합니다. 예를 들어, 戊土는 巳에서 힘을 얻어 생장하고, 己土는 午에서 힘을 얻어 생장합니다.

    土는 각 계절마다 18일간 왕성하며, 1년 중 총 72일 동안 강한 기운을 유지합니다. 金木水火土는 각각 72일씩 왕성하며, 이를 모두 합치면 360일이 되어 한 해의 주기를 완성합니다. 이것은 자연의 순환과 균형을 설명하는 핵심적인 이론으로 자연의 법칙입니다.

21. 論五行生旺衰絶吉凶 논오행생왕쇠절길흉

오행의 생왕쇠절에 의한 길흉 판단의 불합리성

觀陰陽家書有曰 生旺有陰死陽生 陽死陰生 假如甲木生於亥而死於午 乙木
관음양가서유왈 생왕유음사양생 양사음생 가여갑목생어해이사어오 을목
生於午而死於亥 餘同此例 故命十有九失 又非之法也 如論命豈可拘於生旺
생어오이사어해 여동차례 고명십유구실 우비지법야 여론명기가구어생왕
之說 且丙寅屬火 而絶於亥 本爲不好 孰不測亥中有木爲印綬 生丙火 丙日
지설 차병인속화 이절어해 본위불호 숙불측해중유목위인수 생병화 병일
亥時 乃多貴格 亦戊屬土而旺於巳 兼又建祿 本則貴格 孰不測巳反生金之
해시 내다귀격 역무속토이왕어사 겸우건록 본즉귀격 숙불측사반생금지
地而傷官星 凡戊日巳時 官終不顯 擧此二例 則論命切不可專泥於生旺而吉
지이상관성 범무일사시 관종불현 거차이례 즉논명절불가전니어생왕이길
衰敗而凶也 又當以活法推之
쇠패이흉야 우당이활법추지

음생양사와 양사음생에 대한 불합리성을 지적하고 있습니다.

음양가의 서적에 따르면, 생왕에는 음사양생과 양사음생이라는 개념이 있다고 말합니다. 예를 들어, 甲木은 亥에서 생하고 午에서 죽으며, 乙木은 午에서 생하고 亥에서 죽는다고 합니다. 나머지도 이와 같이 봅니다.

하지만, 이 이론만으로 명식을 판단하면 십중팔구 오류가 발생합니다. 이는 절대적 법칙이 아니기 때문입니다. 사주를 해석하면서 생왕의 틀에 얽매여서는 안 됩니다.

다음은 생왕지와 쇠절지에 대한 불합리성을 지적하고 있습니다.

丙寅은 火에 속하므로 亥에서 기운이 끊어지는 절지이므로 본래 불길하다고 여깁니다. 그러나 亥속에는 木인수가 숨어 있어 丙火를 생조합니다. 따라서 丙일간의 亥시는 오히려 귀격이 많습니다.

戊土는 巳에서 왕성하고 건록이 되어 귀격이라고 여기지만, 巳는 金의 장생지이며 상관이 됩니다. 그래서 戊일간의 巳시는 관운이 두드러지지 않습니다.

이 사례에서 보듯이 생왕하면 길하고 쇠퇴하면 흉하다는 법칙에 얽매여서는 안 되며, 전체적인 오행의 관계와 흐름을 고려하여 판단해야 합니다. 생왕만으로 운을 판단하기 보다는 명리학의 유동적인 법칙을 통해 상황에 맞게 해석해야 합니다.

22. 論五行墓庫財印 논오행묘고재인

오행의 묘고

> 丙丁生人 以辰庫官 水土庫於辰故也 須年月時中有木 或亥卯未幷寅卻淸
> 병정생인 이진고관 수토고어진고야 수년월시중유목 혹해묘미병인각청
> 如無木 則土奪丙丁之官 則濁卑而不淸亦不顯
> 여무목 즉토탈병정지관 즉탁비이불청역불현

　丙丁일간은 辰을 관성의 창고로 봅니다. 이는 辰에 水와 土의 기운이 저장되어 있기 때문입니다. 辰土는 오행상 土에 속하지만, 습토의 속성을 지니고 있으며, 내부에 乙木, 癸水, 戊土가 암장되어 있습니다.

　특히 辰土는 水기를 포함하고 있기 때문에, 火일간에게 간접적으로 관성 역할을 할 수 있습니다. 이를 조화시켜 관성을 맑게 유지하려면 木인수가 반드시 필요합니다.

　따라서 년월시주에 木기운 또는 亥卯未 木국, 寅이 존재해야 합니다. 만약 木이 없으면, 辰土의 土기가 丙丁火의 기운을 흡수하고 水관성을 극제하므로 관성의 기운이 탁하고 비천해지며 발전하지 못하게 됩니다.

23. 論官殺混雜要制伏 논관살혼잡요제복

관살혼잡의 제복

官星要純不要雜 假如甲木用辛金爲官 若年是辛 月是酉時上亦是辛官 雖多
관성요순불요잡 가여갑목용신금위관 약년시신 월시유시상역시신관 수다
儘不妨 蓋純一儘好 若有金或庚申 則混雜爲殺 以傷其身 要行火鄕制伏 則
진불방 개순일진호 약유금혹경신 즉혼잡위살 이상기신 요행화향제복 즉
發福也 餘倣此也
발복야 여방차야

    정관은 순수해야 하고 혼잡해서는 안 됩니다. 예를 들어, 甲木일간이 辛金을 정관으로 사용하는 경우, 년주에 辛이 있고 월주에 酉가 있고 시주에도 辛이 있다면 비록 정관이 많아도 무방하지만, 대개 순수하려면 정관이 하나만 있어야 좋습니다.

    그러나 庚金이나 庚申이 섞이면 관살혼잡이 되어 칠살로 변하고 일간을 상하게 합니다. 이때 火의 운이 와서 제복해야 발복할 수 있습니다. 나머지도 이와 같이 판단합니다.

24. 論五行生剋制化各有所喜所害例
논오행생극제화각유소희소해례

오행의 생극제화로 얻는 이로움과 해로움

金旺得火 方成器皿 火旺得水 方成相濟 水旺得土 方成池沼 土旺得木 方
금왕득화 방성기명 화왕득수 방성상제 수왕득토 방성지소 토왕득목 방
能疏通 木旺得金 方成棟梁 金賴土生 土多金埋 土賴火生 火多土焦 火賴
능소통 목왕득금 방성동량 금뢰토생 토다금매 토뢰화생 화다토초 화뢰
木生 木多火熾 木賴水生 水多木漂 水賴金生 金多水濁 金能生水 水多金
목생 목다화치 목뢰수생 수다목표 수뢰금생 금다수탁 금능생수 수다금
沈 水能生木 木盛水縮 木能生火 火多木焚 火能生土 土多火埋 土能生金
침 수능생목 목성수축 목능생화 화다목분 화능생토 토다화매 토능생금
金多土變 金能剋木 木堅金缺 木能剋土 土重木折 土能剋水 水多土流 水
금다토변 금능극목 목견금결 목능극토 토중목절 토능극수 수다토류 수
能剋火 火多水熱 火能剋金 金多火熄 金衰遇火 必見銷鎔 火弱逢水 必爲
능극화 화다수열 화능극금 금다화식 금쇠우화 필견소용 화약봉수 필위
熄滅 水弱逢土 必爲淤塞 土衰遇木 必遭傾陷 木弱逢金 必爲砍折 强金得
식멸 수약봉토 필위어색 토쇠우목 필조경함 목약봉금 필위감절 강금득
水 方挫其鋒 强水得木 方泄其勢 强木得火 方化其頑 强火得土 方止其焰
수 방좌기봉 강수득목 방설기세 강목득화 방화기완 강화득토 방지기염
强土得金 方制其害
강토득금 방제기해

　　金이 왕성하면 火를 얻어야 그릇을 만들 수 있고, 火가 왕성하면 水를 얻어야 조화를 이룰 수 있으며, 水가 왕성하면 土를 얻어야 연못을 만들 수 있으며, 土가 왕성하면 木을 얻어야 소통할 수 있고, 木이 왕성하면 金을 얻어야 인재를 만들 수 있습니다.

　　金은 土의 생을 받지만 土가 많으면 金이 흙 속에 묻히고, 土는 火의 생을 받지만 火가 많으면 土가 타버리고, 火는 木의 생을 받지만 木이 많으면 火

는 과열되어 꺼지며, 木은 水의 생을 받지만 水가 많으면 木이 떠다니고, 水는 金의 생을 받지만 金이 많으면 水가 탁해집니다.

金이 水를 생하지만 水가 너무 많으면 金이 가라앉고, 水가 木을 생하지만 木이 너무 왕성하면 水가 줄어들고, 木이 火를 생하지만 火가 너무 많으면 木이 타버리고, 火가 土를 생하지만 土가 너무 많으면 火가 흙 속에 묻혀 불이 꺼져버리고, 土가 金을 생하지만 金이 너무 많으면 土가 변질됩니다.

金이 木을 극하지만 木이 단단하면 金이 부러지고, 木이 土를 극하지만 土가 무거우면 木이 꺾이고, 土가 水를 극하지만 水가 많으면 土가 흘러내리고, 水가 火를 극하지만 火가 많으면 水가 끓게 되며, 火는 金을 극하지만 金이 많으면 火가 꺼집니다.

약한 金이 火를 만나면 녹아버리고, 약한 火가 水를 만나면 불이 꺼지고, 약한 水가 土를 만나면 흐름이 막히고, 약한 土가 木을 만나면 담장이 무너지고, 약한 木이 金을 만나면 잘려 나갑니다.

강한 金은 水를 얻어야 날카로움이 무디어지고, 강한 水는 木을 얻어야 기세가 누설되고, 강한 木은 火를 얻어야 완고함이 변화하고, 강한 火는 土를 얻어야 불꽃이 제어되며, 강한 土는 金을 얻어야 해로움을 제어할 수 있습니다.

25. 二至陰陽相生理 이지음양상생리

동지와 하지에 음양이 상생하는 이치

> 一年之內 細分五行 配合氣候於十二月之中 各主旺相以定用神 其中五行
> 일년지내 세분오행 배합기후어십이월지중 각주왕상이정용신 기중오행
> 又分陰陽爲兩股於一年之中 各主生旺之氣 如冬至一陽 則有木先生旺之理
> 우분음양위양고어일년지중 각주생왕지기 여동지일양 즉유목선생왕지리
> 何則 試以甲乙日干生人 在冬至之前 陽氣未動 木方死絶 其木不甚吉利 若
> 하즉 시이갑을일간생인 재동지지전 양기미동 목방사절 기목불심길리 약
> 甲乙日生人 在冬至之後 陽氣已生 木乘煖氣 其命壽祿皆全 只要用神入格
> 갑을일생인 재동지지후 양기이생 목승난기 기명수록개전 지요용신입격
> 又如丙丁日干生人 在冬至之前 遇水卽滅 若在冬至之後 不甚忌水 蓋丙丁
> 우여병정일간생인 재동지지전 우수즉멸 약재동지지후 불심기수 개병정
> 乘木之生也 夏至一陰生 則有金生水用之理 如官曆所載 夏至後逢庚爲三伏
> 승목지생야 하지일음생 즉유금생수용지리 여관력소재 하지후봉경위삼복
> 蓋謂一陰生後 金生而火囚 明乎此則庚辛生於夏至之後 金畧有氣 不甚忌火
> 개위일음생후 금생이화수 명호차즉경신생어하지지후 금략유기 불심기화
> 其理尤明 學者不可不知矣
> 기리우명 학자불가부지의

오행은 한 해의 12달 속에서 각각 왕성한 시기가 다릅니다. 1년은 12개월로 나뉘며, 각 월마다 오행을 배치하고 기후와 조화를 이루는 왕성한 오행으로 용신을 정해야 합니다. 특히, 1년 중 음양이 각각 생왕의 기운을 주관하는 중요한 시점이 있는데, 동지와 하지는 음양이 교차하며 오행의 흐름에 큰 영향을 미치는 절기입니다.

동지는 양기가 시작되는 시기로, 木이 다시 살아나며 왕성해지기 시작하는 계절입니다. 반면, 하지는 음기가 시작되는 시기로, 金이 살아나고 水를 생조하여 왕성해지는 계절입니다.

예를 들어, 甲乙일간이 동지 이전에 태어났다면 양기가 없어 木이 사절되어 불길하고 이롭지 못하게 됩니다. 하지만 동지 이후에 태어난다면 양기가 생겨 木이 따뜻한 기운을 받아 수명과 복록이 완전하게 됩니다. 물론, 이 경우에도 용신이 격국을 이루는 것이 중요합니다.

마찬가지로, 丙丁일간이 동지 이전에 태어나 강한 水를 만나면 불이 꺼질 가능성이 있으나, 동지 이후에 태어나면 木의 도움을 받아 火기운이 왕성해지므로 水를 크게 두려워하지 않아도 됩니다.

하지 또한 음기가 발생하며 金이 水를 돕는 시기입니다. 하지 이후에 庚을 만나면 삼복(초복, 중복, 말복)이 되는데, 이는 음기가 생긴 후 金이 생성되고 火는 쇠약해지기 때문입니다. 따라서, 庚辛金이 하지 이후에 태어난다면 약간의 기운을 얻어 火를 두려워하지 않습니다.

이처럼 각 계절의 음양 변화와 오행의 흐름을 분석하여 적절한 용신을 설정해야 합니다. 명리학을 깊이 연구하는 사람은 생왕과 기후의 관계를 세밀하게 분석해야 사주팔자를 제대로 해석하고 운명을 판단할 수 있습니다.

26. 神殺論 신살론

신살론은 동아시아에 발달한 점성술에서 비롯되었으며, 점성학, 자미두수, 삼명학과 깊은 연관이 있습니다.

당나라 구순자가 지은 개원점경(開元占經)에 의하면, 점성학에서는 천문현상과 인간의 길흉을 연결했으며, 특히 칠정(일월오성)과 28수를 기반으로 신살을 해석했다고 합니다.

송나라 진희이가 지은 자미두수전서(紫微斗數全書)에 의하면, 자미두수는 북두칠성을 중심으로 한 14주성과 보조신살 체계를 사용했으며, 특히 홍란, 천희, 곡각, 과숙 등 신살의 활용법을 상세히 기록하였습니다.

명나라 만민영이 지은 삼명통회(三命通會)에 의하면 삼명학에서는 신살의 오행적, 음양적 근거를 상세히 설명하고 있으며, 연해자평에서는 신살이 사주에서 작용하는 영향력을 분석했습니다.

청나라 임철초가 지은 적천수(滴天髓)에서는 신살보다 오행 생극을 중시하지만 귀인은 기국을 돕는다고 강조하며 신살의 귀인 작용을 일부 인정하는 것을 볼 수 있습니다.

1) 길신

(1) 論起玉堂天乙貴人 논기옥당천을귀인

> 甲戊庚牛羊 乙己鼠猴鄉 丙丁猪雞位 壬癸兎蛇藏 六辛逢馬虎 此是貴人方
> 갑무경우양 을기서후향 병정저계위 임계토사장 육신봉마호 차시귀인방
> 命中如遇此 定作紫微郎
> 명중여우차 정작자미랑

천을귀인은 북두칠성 주변의 길성과 연결되며, 특히 자미원(북극성)의 영향권에 있습니다. 자미두수에서는 천복귀인으로 사용하며, 천괴와 천월 등

의 길성과 유사한 역할을 합니다.

甲戌庚일간은 丑未, 乙己일간은 子申, 丙丁일간은 亥酉, 壬癸일간은 卯巳, 辛일간은 午寅에 천을귀인이 위치합니다.

옥당은 실권을 가진 고귀한 귀인을 뜻하며, 천을귀인은 권력, 재물, 명예를 부여하는 길성으로 작용합니다.

사주에서 귀인을 만나면 권력자나 재력가의 후원을 받을 수 있으며, 위기를 당할 시 구원자가 등장하여 위기에서 벗어날 수 있습니다. 배우자궁에 귀인이 있으면 배우자가 사회적 지위가 높거나 현명합니다. 대세운에서 귀인을 만나면 직장 승진이나 중요 계약이 성사될 수 있습니다.

단지, 귀인이 형충을 당하면 귀인의 기운이 상실되어 도움을 받지 못하고 어려움이 가중되므로 주의해야 합니다.

(2) 論起天官貴人 논기천관귀인

天官遁甲入羊羣 乙誨靑龍事可陳 丙見巳兮爲官貴 丁見酉兮戊戌尋 己用卯
천관둔갑입양군 을회청룡사가진 병견사혜위관귀 정견유혜무술심 기용묘
兮庚宜亥 辛喜申兮壬愛寅 六癸之人逢見午 必作淸朝顯伐人
혜경의해 신희신혜임애인 육계지인봉견오 필작청조현벌인

천관귀인은 하늘에서 내려와 나타나지 않는 관살을 찾아 귀인으로 쓰는 것입니다.

甲은 未에 내려온 辛金정관을 쓰는데, 이를 辛未에서 찾게 됩니다. 이는 辛金정관이 하늘에서 내려왔다고 하여 천관귀인이라고 합니다. 그러므로 甲은 未에 천관귀인이 숨어있다고 하는 것입니다.

乙은 辰에 내려온 庚金정관을 찾아 쓰고, 丙은 巳에 내려온 癸水정관을 찾아 쓰고, 丁은 酉에 내려온 癸水편관을 찾아 쓰고, 戊는 戌에 내려온 甲木편관을 찾아 쓰고, 己는 卯에 내려온 乙木편관을 찾아 쓰고, 庚은 亥에 내려온 丁火정관을 찾아 쓰고, 辛은 申에 내려온 丙火정관을 찾아 쓰고, 壬은 寅에

내려온 戊土편관을 찾아 쓰고, 癸는 午에 내려온 戊土정관을 찾아 씁니다.

천관이란 하늘에서 내려온 관직을 의미하며, 정직성과 권위를 나타내므로 청렴한 관리를 의미합니다. 천을귀인과 유사하지만 천관귀인은 관직운에 더 강하게 작용하는 특징이 있습니다.

이 귀인이 사주나 대세운에 나타나면 개인의 능력과 노력이 인정받아 직업적으로 큰 성공을 거두거나 고위직에 오를 가능성이 높아집니다. 다만, 귀인이 공망에 해당한다면 실권을 잃을 수 있습니다.

(3) 論太極貴人 논태극귀인

甲乙生人子午中 丙丁雞兎定亨通 戊己兩干臨四季 庚辛寅卯祿盈豊 壬癸巳
갑을생인자오중 병정계토정형통 무기양간임사계 경신인묘록영풍 임계사
申偏喜美 値此應當福氣鐘 更須貴格相扶合 侯封萬戶列三公
신편희미 치차응당복기종 경수귀격상부합 후봉만호렬삼공

甲乙일간은 子午에서 복록을 얻고, 丙丁일간은 卯酉에서 형통하고, 戊己일간은 辰戌丑未에서 복록을 얻고, 庚辛일간은 寅卯에 복록이 풍부하고, 壬癸일간은 巳申에서 특별한 복을 받습니다.

태극귀인은 음양의 조화를 이루는 역할을 합니다. 예를 들면, 甲乙일간은 子와 午를 중심으로 태극이 형성되며 음양의 조화를 이루게 됩니다. 나머지 일간도 이와 같습니다. 태극귀인이 사주에 나타나면 복록이 집중되고, 더욱이 귀격과 조합되어 서로 도우면 고위직의 반열에 오릅니다.

(4) 論三奇貴人 논삼기귀인

> 天上三奇甲戊庚 地下三奇乙丙丁 人中三奇壬癸辛
> 천상삼기갑무경 지하삼기을병정 인중삼기임계신

천상삼귀는 甲戊庚이고, 지하삼기는 乙丙丁이며, 인중삼기는 壬癸辛입니다. 삼기귀인은 천지인 삼재의 특별한 기운을 타고난 길성으로, 비범한 성취력과 위기 극복 능력을 가졌습니다.

천상삼귀는 하늘의 자미원에서 권력을 가진 별자리로서 이들의 보호를 받으며, 지상삼귀는 땅의 문명을 주관하는 별자리로서 이들의 축복을 받고, 인중삼기는 인간이 지닌 지혜와 재능으로 이들를 활용하여 성취를 이룰 수 있습니다.

삼기는 사주에 甲戊庚, 乙丙丁, 壬癸辛이 순서대로 있어야 하며 지지에 뿌리가 있어야 효과를 발휘할 수 있습니다. 삼기는 세 개중 하나라도 빠지면 작용을 하지 못하고, 순서가 뒤집혀도 효과가 반감되는 특성이 있습니다.

단지, 대세운에서 부족한 한 개가 오면 일시적 효과를 볼 수 있으며, 사주에 하나만 있으면 운에서 모두 와도 효과가 없습니다.

(5) 論月德貴人 논월덕귀인

> 寅午戌月在丙 申子辰月在壬 亥卯未月在甲 巳酉丑月在庚
> 인오술월재병 신자진월재임 해묘미월재갑 사유축월재경

寅午戌월생은 丙이 월덕귀인이고, 申子辰월생은 壬이 월덕귀인이며, 亥卯未월생은 甲이 월덕귀인이고, 巳酉丑월생은 庚이 월덕귀인입니다.

월덕은 월지 삼합의 왕성한 기운을 받아 재난을 막고 위기에서 구원을 받을 수 있는 귀인입니다. 이 기운은 인복이 두터워 후원자와 조력가 등이 나타나 도움을 주며, 선한 마음과 덕을 가진 사람에게 강하게 작용하며 심리적 안정을 주는 특성이 있습니다. 월덕귀인이 운에서 오는 경우에는 귀인의 조력을 받을 수 있는 기회가 주어집니다.

(6) 論月德合 논월덕합

> 寅午戌月在辛 申子辰月在丁 亥卯未月在己 巳酉丑月在乙
> 인오술월재신 신자진월재정 해묘미월재기 사유축월재을

寅午戌월은 辛이 월덕귀인 丙과 합을 이루고, 申子辰월은 丁이 월덕귀인 壬과 합을 이루고, 亥卯未월은 己가 월덕귀인 甲과 합을 이루고, 巳酉丑월은 乙이 월덕귀인 庚과 합을 이룹니다.

월덕합은 월덕귀인과 합으로 음양의 조화를 이루는 천간으로서, 월덕귀인의 복을 더욱 안정적이고 조화롭게 만들어줍니다. 합은 협력, 조화, 균형을 의미하며, 월덕합은 월덕귀인의 긍정적인 기운을 부드럽게 확장시키는 역할을 합니다.

예를 들어, 寅월에 태어난 사람이 사주에 辛을 가지고 있다면, 월덕합이 작용하여 월덕귀인 丙의 강한 기운을 부드럽게 조율해줍니다. 또한, 대세운에서 월덕합이 들어오는 시기에는 인간관계와 협력 사업에 특히 유리하게 작용합니다.

(7) 論天德貴人 논천덕귀인

> 正丁二坤中 三壬四辛同 五乾六甲上 七癸八寅同 九丙十歸乙 子巽丑庚中
> 정정이곤중 삼임사신동 오건육갑상 칠계팔인동 구병십귀을 자손축경중

천덕귀인은 寅월에는 丁, 卯월에는 申, 辰월에는 壬, 巳월에는 辛, 午월에는 亥, 未월에는 甲, 申월에는 癸, 酉월에는 寅, 戌월에는 丙, 亥월에는 乙, 子월에는 巳, 丑월에는 庚입니다.

천덕귀인은 하늘의 덕기를 품은 길성으로 생명 보호와 화합 조정 능력을 가지고 있습니다. 월덕귀인과 함께 천월이덕 또는 덕성쌍귀로 불리며 재난을 막고 복록을 증진시켜줍니다.

예를 들어, 사주에서 월지가 寅이고 천간에 丁과 丙이 있으면 천월이덕이

있다고 판단합니다. 이런 사람은 큰 위기에서도 기적적으로 위험을 피하거나, 권위 있는 사람에게 인정을 받고 뜻밖의 출세 기회를 얻는 경우가 많습니다. 사주에 천덕귀인이 없어도 운에서 들어오는 시기에는 그 기간동안 천운이 작용하므로 이 시기를 잘 살펴보는 것이 중요합니다.

(8) 論天廚貴人 논천주귀인

甲丙愛行雙女遊 乙丁獅子己金牛 戊坐木陽庚魚腹 二千石祿坐皇州 癸用天
갑병애행쌍녀유 을정사자기금우 무좌목양경어복 이천석록좌황주 계용천
蝎壬人馬 辛到寶瓶祿自由 此是天廚注天祿 令人福祿兩優游
갈임인마 신도보병록자유 차시천주주천록 령인복록양우유

천주귀인은 甲일간과 丙일간은 巳에, 乙일간과 丁일간은 午에, 己일간은 酉에, 戊일간은 申에, 庚일간은 亥에, 癸일간은 卯에, 壬일간은 寅에, 辛일간은 子에 있습니다.

예를 들어, 甲일간의 식신은 丙이고, 丙의 록은 巳에 있습니다. 따라서 甲일간의 천주귀인은 巳입니다. 마찬가지로 丙일간 식신은 戊이며, 戊의 록도 巳에 있습니다. 따라서 丙일간의 천주귀인 역시 巳입니다. 나머지 일간의 천주귀인 또한 동일한 방식으로 판단합니다.

천주귀인은 하늘의 주방 역할을 하며 식복이 있고 물질적 풍요를 가져다 주는 귀인입니다. 사주에 천주귀인이 포함되어 있다면 평생 굶주리지 않고 풍족하게 살아갈 수 있는 복을 지니게 됩니다. 특히, 천주귀인과 천덕귀인이 모두 있으면 권력과 부를 함께 누릴 가능성이 높아집니다.

(9) 論福星貴人 논복성귀인

> 甲丙相邀入虎鄉 更遊鼠穴最高強 戊猴己未乙丁亥 丙人惟喜戌中藏 庚趁馬
> 갑병상요입호향 경유서혈최고강 무후기미을정해 병인유희술중장 경진마
> 頭辛到巳 壬騎龍背喜非常 更有丁人愛尋酉 癸乙宜牛卯自昌
> 두신도사 임기용배희비상 경유정인애심유 계을의우묘자창

甲일간과 丙일간의 복성귀인은 寅과 子에 있으며, 戊일간은 申, 己일간은 未, 乙일간과 丁일간은 亥, 庚일간은 午, 辛일간은 巳, 壬일간은 辰, 癸일간과 乙일간은 卯과 丑에 있습니다.

특히, 丙일간은 戌에 감춰진 기운을 가장 좋아한다고 말합니다. 이는 丙일간에게 戌은 火기를 보존해주는 창고의 역할을 하기 때문입니다. 따라서, 丙일의 복성귀인은 寅과 子에 해당하지만, 戌을 더욱 소중한 귀인으로 여기는 것입니다.

乙일간은 丁일간과 함께 복성귀인이 亥에 있지만, 동시에 癸일간과 함께 丑과 卯에서 스스로 번창하는 특징이 있습니다.

복성귀인은 행복, 안정, 평온을 가져오는 길신으로, 사주에 포함되어 있다면 삶의 고난이 줄어들고 주변 환경이 순탄해집니다. 특히, 가정에서나 정신적으로 안정감을 얻는데 큰 도움을 주는 길신입니다.

(10) 論三元 논삼원

> 假令甲子以甲木爲天元 子爲地元 子中所藏癸水爲人元
> 가령갑자이갑목위천원 자위지원 자중소장계수위인원

삼원은 천원, 지원, 인원을 뜻합니다. 천간이 천원이며, 지지가 지원, 지장간은 인원에 해당합니다. 예를 들어, 甲子에서는 甲이 천원이고, 子가 지원, 子중 癸水가 인원입니다.

천원은 하늘의 기운으로 외적 성향을 나타내며, 지원은 땅의 기운으로 환경과 기반을 나타내며, 인원은 사람의 기운으로 내면에 잠재된 재능을 나타냅니다.

천지인 삼원은 사주팔자에서 서로 유기적인 관계로 조화를 이루며 사주 팔자를 구성합니다. 예를 들어, 甲寅에서는 甲천원에게 寅지원은 록의 역할을 하며 인원에 있는 甲과 丙과 戊와 연결되어 작용합니다.

(11) 論十干祿 논십간록

> **甲祿在寅 乙祿在卯 丙戊祿在巳 丁己祿在午 庚祿居申 辛祿居酉 壬祿在亥**
> 갑록재인 을록재묘 병무록재사 정기록재오 경록거신 신록거유 임록재해
> **癸祿在子**
> 계록재자

십간록이란 천간이 가장 강한 기운을 받는 지지를 의미합니다. 이를 록이라고 하며 천간의 뿌리이자 에너지의 원천에 해당합니다.

甲의 록은 寅, 乙의 록은 卯, 丙戊의 록은 巳, 丁己의 록은 午, 庚의 록은 申, 辛의 록은 酉, 壬의 록은 亥, 癸의 록은 子입니다.

사주에 록이 없는 경우, 운에서 록운이 들어오는 시기에 자신감이 증가하고 재물과 지위가 향상되며 큰 성과를 거둘 수 있습니다. 다만, 록이 형충을 받게 되면 오히려 불안정함이 생길 수 있습니다.

(12) 論驛馬 논역마

> **申子辰馬在寅 寅午戌馬在申 巳酉丑馬在亥 亥卯未馬在巳**
> 신자진마재인 인오술마재신 사유축마재해 해묘미마재사

申子辰의 역마는 寅에 해당하고, 寅午戌의 역마는 申에 해당하고, 巳酉丑의 역마는 亥에 해당하고, 亥卯未의 역마는 巳에 해당합니다.

역마는 년지 또는 일지를 기준으로 삼합의 첫 자의 충 방향에서 결정됩니다. 주로 여행, 이사, 직업 변화, 해외 진출, 정신적 각성 등과 연결되며 그 작용은 사주의 조합에 따라 길흉이 달라집니다.

길운으로 작용할 경우에는 이동이나 변화가 성공을 이어지고, 활동적 직업에서 두각을 나타낼 수 있습니다.

흉운으로 작용할 경우에는 잦은 이사나 직장 이동 등이 발생하며, 이로 인해 불안정한 삶과 정신적 불안을 겪을 수 있습니다.

(13) 論天赦 논천사

春戊寅 夏甲午 秋戊申 冬甲子
춘무인 하갑오 추무신 동갑자

봄에는 戊寅, 여름에는 甲午, 가을에는 戊申, 겨울에는 甲子가 천사일에 해당됩니다. 戊는 믿음을 주관하고 甲은 인의를 주관하므로 이들이 흉살을 중재하면 조절해주는 역할을 합니다.

천사란 하늘이 죄를 용서하는 날로 결혼, 소송, 계약 등 중대한 일을 시작할 때 흉살을 없애주는 길신입니다. 삼명통회에서는 천사는 천재지변을 피하는 날이라 설명하며 특히 관재와 질병을 막는데 효과적이라고 강조합니다.

(14) 論華蓋 논화개

寅午戌見戌 巳酉丑見丑 申子辰見辰 亥卯未見未
인오술견술 사유축견축 신자진견진 해묘미견미

寅午戌의 화개는 戌, 巳酉丑의 화개는 丑, 申子辰의 화개는 辰, 亥卯未의 화개는 未에 해당합니다.

화개는 주로 종교, 철학, 예술, 독창적인 재능과 연결되며 지혜롭지만 고립되는 경향을 나타냅니다. 화개라는 이름은 본래 황제의 차양에서 유래했으며 고귀하지만 외로운 운명임을 암시합니다. 화개는 년지 또는 일지를 기준으로 삼합의 마지막 지지에서 결정됩니다. 화개가 길운으로 작용하면 천재성과 예술적 재능을 발휘하고 영적 깨달음과 학문적 성취를 이룰 수 있습니다.

그러나 흉운으로 작용할 경우에는 주변과 어울리지 못하고 외톨이가 되기 쉬우며 지나친 이상주의로 실생활에 적응하지 못하고 현실을 도피하고 경제적으로 불안한 상태가 될 수 있습니다.

(15) 論十干學堂 논십간학당

> 金生人見巳 辛巳爲正 木生人見亥 己亥爲正 水生人見申 甲申爲正 土生人
> 금생인견사 신사위정 목생인견해 기해위정 수생인견신 갑신위정 토생인
> 見申 戊申爲正 火生人見寅 丙寅爲正
> 견신 무신위정 화생인견인 병인위정

金일간의 학당은 巳이며, 辛巳가 정학당입니다. 木일간의 학당은 亥이고, 己亥가 정학당입니다. 水일간의 학당은 申이며, 甲申이 정학당입니다. 土일간의 학당 역시 申이며, 戊申이 정학당입니다. 火일간의 학당은 寅이고, 丙寅이 정학당으로 작용합니다.

십간학당은 오행의 장생지에 있습니다. 정학당은 학당의 기운이 최대한 발휘되는 간지이지만 학파마다 다른 간지를 정학당으로 정하기도 합니다.

십간학당은 학문적 지능과 기술적 재능을 나타내는 길신이며 개인의 학습 능력, 창의력, 전문성이 뛰어난 특징이 있습니다. 학당이 사주에 있으면 기억력과 이해력이 뛰어나 시험운에 좋게 작용하며 전문성과 재능으로 해당 분야에서 탁월한 실력을 발휘할 수 있습니다.

(16) 論十干食祿 논십간식록

> 甲食丙 乙食丁 丙食戊 丁食己 戊食庚 己食辛 庚食壬 辛食癸 壬食甲 癸
> 갑식병 을식정 병식무 정식기 무식경 기식신 경식임 신식계 임식갑 계
> 食乙 歌曰 時人欲識食神名 甲人食丙乙人丁 丙食戊兮丁食己 己食辛上戊
> 식을 가왈 시인욕식식신명 갑인식병을인정 병식무혜정식기 기식신상무
> 食庚 庚壬辛癸偏相喜 壬甲癸乙最光榮 若遇食神騎祿馬 必居豪富立功名
> 식경 경임신계편상희 임갑계을최광영 약우식신기록마 필거호부입공명

> **不食空亡羊刃煞 不食休囚抦死絶 食生食旺食貴神 食印食財別優劣 若能推**
> 불식공망양인살 불식휴수병사절 식생식왕식귀신 식인식재별우열 약능추
>
> **究得其眞 祿食天廚無休歇**
> 구득기진 록식천주무휴헐

 甲의 식신은 丙, 乙의 식신은 丁, 丙의 식신은 戊, 丁의 식신은 己, 戊의 식신은 庚, 己의 식신은 辛, 庚의 식신은 壬, 辛의 식신은 癸, 壬의 식신은 甲, 그리고 癸의 식신은 乙입니다.

 십간식록은 사주에서 식신으로서 정해지며, 풍요로운 기운을 불어넣어 재능, 예술, 식복, 자녀운 등을 나타내는 중요한 요소입니다.

 시결에 따르면, 식신이 재관을 타고 있으면 부귀를 누리고 공명을 세울 수 있다고 합니다. 단, 식신은 공망, 양인, 휴수, 사절 등을 만나지 않아야 하며, 왕성한 기운을 지닌 귀한 식신을 만나야 합니다. 또한, 식신과 인수, 식신과 재성을 만나는 경우에는 그 우열을 구별하고, 만약 식신의 본질을 깨닫게 되면 풍성한 식복이 끊임없이 이어집니다.

(17) 論金輿祿 논금여록

> **十干祿前第二位是也 如甲祿在寅辰上是也 餘皆倣此而推**
> 십간록전제이위시야 여갑록재인진상시야 여개방차이추

 금여록은 십간록에서 두 자리 앞에 위치한 지지입니다. 예를 들어, 甲의 록은 寅이고, 두 자리 앞에 있는 辰이 금여록에 해당합니다. 나머지 간지도 동일한 방식으로 금여록을 판단합니다.

 금여록는 황금마차에 비유되며, 금여록을 가진 사람은 귀인의 도움을 받거나 편안하고 여유로운 삶을 살 가능성이 높다고 해석됩니다. 또한, 금여록이 역마와 함께 있으면 호화로운 여행을 할 수 있습니다.

(18) 論拱祿 논공록

> 假如戊辰生人見丙午 丙午生人見戊辰 丁巳生人見己未 己未生人見丁巳 前
> 가여무진생인견병오 병오생인견무진 정사생인견기미 기미생인견정사 전
> 後相拱 只此四位 其餘不是
> 후상공 지차사위 기여불시

　戊辰생이 丙午를 만나거나, 丙午생이 戊辰을 만나면 巳록을 공유합니다. 己未생이 丁巳를 만나거나, 丁巳생이 己未를 만나면 午록을 공유합니다. 공록은 이 네 가지 경우에서만 성립됩니다.

　공록은 두 지지 사이에 록을 공동으로 공유합니다. 공록의 효과로는 예상치 못한 재물과 명예를 얻고, 귀인의 도움을 받아 어려움을 극복할 수 있는 가능성이 있습니다.

　예를 들어, 戊辰년에 태어난 丙午일생은 뜻밖의 승진이나 중역으로 발탁될 가능성이 큽니다. 또한, 丁巳일생의 배우자가 己未년생인 경우, 부부의 협력을 통해 사업에서 성공하고 공동 재산이 증가할 수 있습니다.

(19) 論交祿 논교록

> 假如甲申生人見庚寅 庚寅生人見甲申 是甲祿在寅 庚祿居申 互換往來
> 가여갑신생인견갑인 경인생인견갑신 시갑록재인 경록거신 호환왕래

　예를 들어, 甲申생과 庚寅생이 만나거나, 庚寅생과 甲申생이 만나면 甲의 록은 寅에, 庚의 록은 申에 있습니다. 이 경우 두 사람의 록이 서로 호환되어 왕래하며, 각자의 기운이 조화를 이루어 길한 영향을 미칩니다.

　교록은 사주에서 두 간지가 록을 상호 교환될 때 발생하는 현상으로, 상호 협력, 재물 증진, 인연의 극대화를 이루는 특징이 있습니다. 예를 들어, 甲申일주와 庚寅일주가 부부, 동업자, 친구로 만나게 된다면, 서로의 장점을 보완하며 공동 이익을 창출할 수 있습니다.

(20) 論暗祿 논암록

> 假如甲生人逢亥 是甲祿在寅 寅與亥合 乙生人逢戌 是乙祿在卯 卯與戌合
> 가여갑생인봉해 시갑록재인 인여해합 을생인봉술 시을록재묘 묘여술합
> **是也 其餘倣此**
> 시야 기여방차

　예를 들어, 甲일간은 寅이 록인데, 亥를 만나게 되면 寅亥합으로 암록이 발동합니다. 마찬가지로, 乙일간은 卯가 록인데, 戌을 만나면 卯戌합으로 암록이 발동합니다. 나머지 경우도 동일하게 적용됩니다.
　암록은 사주에서 록지지와 육합 관계에 있는 지지가 만날 때 발생하는 보이지 않는 복신입니다. 이는 육합을 통해 록의 기운을 간접적으로 받는 현상으로, 평생 숨어 있는 재복과 귀인의 도움을 얻게 되는 특징이 있습니다. 암록은 보이지 않는 복주머니처럼 평생 따라다니며 은근한 복을 제공합니다.

(21) 論夾祿 논협록

> 假如甲生人遇丑卯 是甲祿在寅 前有卯 後有丑 乙生人遇寅辰 是乙祿在卯
> 가여갑생인우축묘 시갑록재인 전유묘 후유축 을생인우인진 시을록재묘
> **前有辰 後有寅 他倣此**
> 전유진 후유인 타방차

　예를 들어, 甲일간이 丑과 卯 사이에 있으면 그 사이에 위치한 寅록을 협록이라고 합니다. 乙일간이 寅과 辰 사이에 있으면 그 중간에 자리한 卯록을 협록이라고 합니다. 나머지 경우도 이와 동일하게 적용됩니다.
　협록은 사주에서 앞뒤의 지지가 록을 감싸고 있어, 이를 통해 복록이 보호받고 더욱 강화되는 특징이 있습니다. 이러한 구조는 주변의 지원을 받아 복록의 힘이 극대화되고 안정적으로 성장하도록 돕습니다. 협록은 마치 인생의 안전망처럼 작용한다고 볼 수 있습니다.

(22) 論垣城 논원성

> 其法取日上天干長生是也 如甲日生 長生在亥即亥上是也
> 기법취일상천간장생시야 여갑일생 장생재해즉해상시야

원성은 사주에서 일간의 장생에 해당하는 지지를 의미합니다. 예를 들어, 甲일간의 장생인 亥가 원성이며, 乙일간의 장생인 午가 원성으로 작용합니다. 나머지 경우도 동일하게 적용됩니다.

원성은 안정과 생명력의 근원을 상징합니다. 장생지는 어머니의 자궁과 같아 자신을 보호할 수 있습니다. 원성을 가진 사람은 체력과 정신력이 강하므로 역경을 잘 이겨내고 가정, 직장, 인간관계에서 뿌리 깊은 신뢰를 쌓아 위기 상황에서도 재기할 수 있는 특징이 있습니다.

(23) 論帝座 논제좌

> 其法取時上納音旺處是也 如甲子時納音屬金 金旺於酉 卽酉上是也 其餘倣此
> 기법취시상납음왕처시야 여갑자시납음속금 금왕어유 즉유상시야 기여방차

제좌는 납음오행의 제왕이 자리한 곳을 의미합니다. 예를 들어, 甲子시의 납음오행은 金에 속하며, 金의 제왕은 酉이기 때문에 酉가 제좌로 작용합니다. 나머지 경우도 동일한 원리로 적용됩니다.

제좌는 강력한 기운을 가진 지지로, 권위, 지위, 결정력을 상징합니다. 사주에 제좌가 포함되어 있다면, 리더십이 뛰어나며 관리직이나 전문가로 성공할 가능성이 높습니다.

2) 악살

(1) 論六甲空亡 논육갑공망

> 甲子旬中無戌亥 甲戌旬中無申酉 甲申旬中無午未 甲午旬中無辰巳 甲辰旬
> 갑자순중무술해 갑술순중무신유 갑신순중무오미 갑오순중무진사 갑진순
> **中無寅卯 甲寅旬中無子丑**
> 중무인묘 갑인순중무자축

　甲子순에는 戌亥가 비어 있고, 甲戌순에는 申酉가 비어 있으며, 甲申순에는 午未가 비어 있습니다. 또한, 甲午순에는 辰巳가 비어 있고, 甲辰순에는 寅卯가 비어 있으며, 甲寅순에는 子丑이 비어 있습니다.

　육갑공망은 각 순마다 비어 있는 지지를 뜻하며, 이를 천중살 또는 공망살이라고 부릅니다. 사주에서 공망이 나타나는 자리는 허무함, 불안정, 예측 불가능성을 나타내지만, 영적 성장이나 창의적 활동과 연결되기도 합니다.

　흉운으로 작용하면 계획이 어긋나거나 노력이 헛될 수 있으므로 허탈감과 불안정성으로 작용하며, 인간관계의 단절과 건강 문제 등을 겪을 수 있습니다.

　길운으로 작용하면 현실을 초월한 지혜를 주며 종교 철학에 깊은 이해를 가질 수 있고, 독창적인 예술가로서의 창의성을 발휘할 수 있습니다. 또한 물질적 욕심을 줄여 정신적 자유를 주는 등 집착에서 해방되는 비움의 철학으로 작용하기도 합니다.

(2) 論截路空亡 논절로공망

> 甲己申酉最爲愁 乙庚午未不須求 丙辛辰巳何勞問 丁壬寅卯一場空 戊癸子
> 갑기신유최위수 을경오미불수구 병신진사하노문 정임인묘일장공 무계자
> **丑君須忌 人生値此也多憂 忽然更得胎中遇 白髮盈簪苦未休**
> 축군수기 인생치차야다우 홀연경득태중우 백발영잠고미휴

甲己일간이 申酉를 만나면 근심이 깊어지고, 乙庚일간은 午未를 만나면 구하지 못하며, 丙辛일간은 辰巳를 만나면 어찌하여 힘든 지를 묻고, 丁壬일간은 寅卯를 만나면 만사가 공허함을 느끼고, 戊癸일간은 子丑을 경계해야 합니다.

절로는 길을 끊는다는 뜻이며, 공망은 비어 있다는 뜻입니다. 그러므로 진행 중인 일이 갑자기 중단되거나 예상치 못한 장애물이 나타나는 현상을 의미합니다. 이러한 상황에 처한 인생은 근심이 많아질 수 있으며, 갑자기 태지에서 다시 만나면 평생 고생이 멈추지 않게 됩니다.

일지에 절로공망이 있으면 인생 전반에 예측불가의 변동성이 강하게 나타나며 결혼이나 직업 등 중대사에서 갑작스러운 실패를 경험할 수 있습니다. 월지나 시지에서 나타나면 대세운에서 극적인 전환점이 발생할 수 있으므로 이 시기에는 중요한 결정을 피하는 것이 좋습니다.

(3) 論四大空亡 논사대공망

甲子幷甲午 旬中水絶流 甲寅與甲申 金氣杳難求
갑자병갑오 순중수절류 갑인여갑신 금기묘난구

甲子순과 甲午순에서는 납음오행 중 水의 기운이 단절되며, 甲寅순과 甲申순에서는 납음오행 중 金의 기운이 단절됩니다. 반면, 甲辰순과 甲戌순은 납음오행이 모두 포함되어 있어 사대공망에 해당하지 않습니다.

사대공망은 水나 金의 에너지가 사라지는 현상을 말하며 근본적인 결핍과 극복해야 할 운명적 과제를 의미합니다. 육갑공망이나 절로공망보다 더 근본적이고 장기적인 영향력을 가지며 사주에서 발견될 경우 삶의 특정 영역에서 지속적인 어려움을 야기할 수 있습니다.

사대공망은 운명적 결핍이자 성장의 기회이므로, 외부에서 채우고 내면에서 극복하기 위한 지혜가 필요합니다.

(4) 論十惡大敗日 논십악대패일

> 甲辰乙巳與壬申 丙申丁亥及庚辰 戊戌癸亥加辛巳 乙丑都來十位神 邦國用
> 갑진을사여임신 병신정해급경진 무술계해가신사 를축도래십위신 방국용
> 兵須大忌 龍蛇出穴也難伸 人命若還逢此日 倉庫金銀化作塵
> 병수대기 용사출혈야난신 인명약환봉차일 창고금은화작진

甲辰, 乙巳, 壬申, 丙申, 丁亥, 庚辰, 戊戌, 癸亥, 辛巳, 乙丑의 열 가지 간지는 십악대패일입니다.

십악대패일은 국가에서 군대를 운용하는 데 있어 특별히 경계해야 할 날로, 용과 뱀이 굴에서 나와도 쉽게 몸을 펼치기 어려운 것처럼, 뛰어난 사람도 자신의 능력을 발휘하기 힘든 날입니다.

이 날에 태어난 사람은 고난과 역경을 자주 겪고, 재물이 허무하게 사라질 위험을 경험할 수 있습니다. 따라서 평생 재정 관리를 신중히 해야 하며, 안정적인 삶을 추구하기 위해 미리 계획과 준비를 다지며 더욱 노력해야 할 필요가 있습니다.

십악대패일은 기운이 극히 불안정한 특징을 가지고 있는 일진으로, 재물과 명예를 파괴할 가능성이 있으며, 이 날에 중요한 일을 시작하면 큰 손실이나 실패를 겪을 수 있다는 경고가 담겨 있습니다. 특히 군사 작전, 결혼, 이사, 개업, 계약, 투자, 장례 등과 같은 중요한 일은 피해야 한다고 알려져 있습니다.

(5) 論四廢日 논사폐일

> 春庚申 夏壬子 秋甲寅 冬丙午
> 춘경신 하임자 추갑인 동병오

봄에는 庚申일, 여름에는 壬子일, 가을에는 甲寅일, 겨울에는 丙午일이 사폐일에 해당됩니다.

사폐일은 계절의 기운을 상극하는 날로 모든 일이 순탄하지 않으므로 일

의 성취가 어렵다고 보는 날입니다. 특히, 사업 시작, 결혼, 투자, 중대한 결정을 피해야 하는 날로 경계해야 합니다.

예를 들어, 여름의 壬子일에 결혼식을 하면 부부 간 감정 차이로 신혼 생활이 힘들어질 수 있고, 가을의 甲寅일에 투자하면 손실을 겪을 가능성이 큽니다.

따라서 이 날은 가능한 피하는 것이 좋으며, 더 좋은 날을 선택하는 것이 좋습니다. 부득이 이 날 실행해야 한다면 계절의 기운을 돕는 시간대를 선택해 신중하게 진행해야 합니다.

(6) 論天地轉殺 논천지전살

> 春兎夏馬天地轉 秋雞冬鼠便爲殃 行人在路須憂死 造屋未成先架喪
> 춘토하마천지전 추계동서편위앙 행인재로수우사 조옥미성선가상

봄의 卯와 여름의 午는 천지가 뒤집히는 급격한 변화를 상징하며, 가을의 酉와 겨울의 子는 재앙을 불러오는 기운을 지닙니다. 특히 사주에서 이러한 기운이 강하게 작용할 경우, 여행 중인 사람은 사고 위험이 증가해 생명을 염려해야 하고, 집을 짓는 경우에도 지붕을 완성하기 전에 죽음을 맞이할 가능성이 있습니다.

천지전살은 계절의 강한 기운이 작용하면서 천지의 기운이 뒤틀려 전환되면서 살기가 생기는 현상입니다. 이는 강한 기운으로 인해 자연의 균형이 깨져 불안정한 기운이 작용하기 때문입니다.

이로 인해 생명의 위협, 갑작스러운 사고, 중대한 실패 등 심각한 결과를 초래할 수 있습니다. 따라서 천지전살이 작용하는 시기에는 각별히 주의하며, 새로운 시작보다는 신중한 계획과 내부 성찰에 집중하는 것이 중요합니다.

(7) 論天羅地網 논천라지망

> 辰爲天羅 戌爲地網 又爲魁剛所占 天乙不臨之地也
> 진위천라 술위지망 우위괴강소점 천을불임지지야

　辰은 천라, 戌은 지망으로, 괴강의 영향을 받은 영역에 해당합니다. 이는 천을귀인의 기운이 닿지 않는 지역으로 여겨집니다.

　천라지망은 사주에서 辰과 戌이 만들어내는 불길한 기운으로, 이는 하늘과 땅에서 드리운 그물에 걸려 속박을 받는 운세를 의미합니다. 그물은 사람의 운명을 가로막는 인생의 장애물에 비유할 수 있습니다. 이 신살이 작용하면 감금, 소송, 질병, 인간관계에서 족쇄를 경험하게 됩니다.

　더구나 辰과 戌은 괴강의 강한 기운을 지니고 있어 고집과 갈등을 유발하기 쉬운 특성을 가지고 있으며, 천을귀인은 괴강도 어찌하지 못하므로 귀인의 보호를 받지도 못합니다. 따라서 위험에 노출되는 경우에는 스스로 이를 해소하기 위한 노력이 반드시 필요합니다.

(8) 論羊刃 논양인

> 甲生人羊刃在卯酉飛刃 乙生人羊刃在辰戌飛刃 丙生人羊刃在午子飛刃 丁
> 갑생인양인재묘유비인　을생인양인재진술비인　병생인양인재오자비인　정
> 生人羊刃在未丑飛刃 戊生人羊刃在午子飛刃 己生人羊刃在未丑飛刃 庚生
> 생인양인재미축비인　무생인양인재오자비인　기생인양인재미축비인　경생
> 人羊刃在酉卯飛刃 辛生人羊刃在戌辰飛刃 壬生人羊刃在子午飛刃 癸生人
> 인양인재유묘비인　신생인양인재술진비인　임생인양인재자오비인　계생인
> 羊刃在丑未飛刃
> 양인재축미비인

일간	甲	乙	丙	丁	戊	己	庚	辛	壬	癸
양인	卯	辰	午	未	午	未	酉	戌	子	丑
비인	酉	戌	子	丑	子	丑	卯	辰	午	未

양인은 사주에서 강한 살기를 지닌 흉성으로, 이는 날카로운 칼날에 비유됩니다. 강한 칼날은 과도한 에너지로 인해 폭발적인 갈등과 충돌을 발생시키며 피해를 주게 됩니다.

양인이 강하면 성격이 급하고 사고, 갈등, 예기치 못한 사건에 휘말리기 쉽습니다. 비인이 양인과 충돌하면 갑작스러운 사고가 발생합니다.

양인은 흉살이지만, 긍정적으로 작용하면 에너지와 리더십이 강해 군인, 운동선수, 경쟁직업에서 성공할 수 있는 가능성이 있습니다. 그러나 부정적인 측면에서 성급하고 폭력적인 성향으로 인해 인간관계에서 갈등을 유발하고 사고, 수술, 법적 문제 등과 연관될 수 있습니다.

양인이 강한 사람은 양인의 에너지를 활용한 직업을 선택해야 성공 가능성이 크며, 지나치게 예민한 직업은 피하는 것이 상책입니다. 특히, 비인이 작용하는 시기에는 갑작스러운 사고가 발생하기 쉬우므로 중요한 일정을 잡지 않는 것이 좋습니다.

비인은 양인의 반대 지지로, 예상치 못한 사고와 변화의 에너지를 일으킬 수 있습니다. 양인과 칠살이 함께 작용할 경우 극한의 위기를 맞을 수도 있지만, 반대로 극적인 성공을 이루는 운을 경험할 수도 있습니다.

양인은 칼날과 같아서 잘 다루면 성공의 무기가 되지만, 함부로 쓰면 상처를 입히므로 극히 주의해야 합니다. 더구나 비인과 맞부딪치면 상상도 하지 못할 피해가 예상되므로 더욱 조심해야 합니다.

淵海子平

第二篇 격국론 格局論

1. 격국 용어 해설

1) 論正官 논정관

정관의 본질

夫正官者 甲見辛之類 乃陰見陽爲官 陽見陰爲官 陰陽配合成其道也 大抵
부정관자 갑견신지류 내음견양위관 양견음위관 음양배합성기도야 대저
要行官旺鄕 月令是也 月令者提綱也 看命先看提綱 方看其餘 旣曰正官 運
요행관왕향 월령시야 월령자제강야 간명선간제강 방간기여 기왈정관 운
復行得官旺之鄕 或是有成局 又行不得傷官之地 幷金財旺之鄕 皆是作福之處
복행득관왕지향 혹시유성국 우행부득상관지지 병금재왕지향 개시작복지처

정관은 일간을 극하는 오행 중 일간과 음양이 다른 관성입니다. 예를 들어, 양일간인 甲의 정관은 음의 관성인 辛이 되며, 음일간의 경우에는 양의 관성인 庚이 정관이 됩니다. 이는 음양의 배합으로 인한 조화를 이루는 원리입니다.

사주에서 정관이 왕성한 곳은 월령입니다. 월령은 태어난 달의 기운을 의미하며 제강이라고도 합니다. 간명할 때는 월령을 먼저 살피고 난 후에 나머지를 살피며 분석합니다.

정관이 운에서 왕성하게 흐르고 격국을 이루었으면, 상관운으로 흐르지 않고 재성이 왕성한 운으로 흐르면 모두 복을 지을 수 있습니다.

정관의 특성

正官乃貴氣之物 大忌刑沖破害 及于年月時于 皆有官星隱露 恐福渺矣 又
정관내귀기지물 대기형충파해 급우년월시우 개유관성은로 공복묘의 우
須看年時上別有何者入格 作福去處 方可斷其吉凶 苟一途而執取之 則不能
수간년시상별유하자입격 작복거처 방가단기길흉 구일도이집취지 즉불능
通變 必有差毫釐 謬千里之患 經日通變以爲神者是也
통변 필유차호리 류천리지환 경왈통변이위신자시야

정관은 사주에서 귀한 기운으로 형충파해의 영향을 받는 것을 크게 꺼려합니다. 년월시의 지지에 정관이 숨겨져 있다면 복이 희미해질 가능성이 있습니다. 또한 년주와 시주에서 어떤 다른 요소가 격국을 이루고 있는지 살펴서, 복을 이루는 방식이 무엇인지 확인해야 합니다.

  이렇게 해야만 길흉을 정확하게 판단할 수 있습니다. 만일 사주를 해석할 때 한 가지 원칙만을 고집하여 판단하면, 변화의 원리를 이해하지 못하게 됩니다. 사소한 차이가 천리만큼의 큰 오차를 초래할 수 있습니다.

  이에 따라 경전에서 변화를 통찰하는 것이야 말로 신묘한 지혜라고 말하는 것처럼, 사주의 해석에서는 융통성을 갖고 종합적으로 판단하는 것이 중요합니다.

정관의 순수성

> 正官或多 反不爲福 何以言之 蓋人之命宜得中和之氣 太過與不及同 中和
> 정관혹다 반불위복 하이언지 개인지명의득중화지기 태과여불급동 중화
> 之氣爲福厚 偏黨之剋爲災殃 旣用提綱作正官 年時支干位或有一偏官 便雜
> 지기위복후 편당지극위재앙 기용제강작정관 년시지간위혹유일편관 편잡
> 矣 不可不仔細以輕重推測也 又曰 于月令得之是也 喜身旺印綬 如甲用辛
> 의 불가불자세이경중추측야 우왈 우월령득지시야 희신왕인수 여갑용신
> 官 喜土生官 最怕刑沖破害 羊刃七殺爲貧命 如時干逢殺 乃官殺混雜 蓋四
> 관 희토생관 최파형충파해 양인칠살위빈명 여시간봉살 내관살혼잡 개사
> 柱有刑沖破害 皆未爲貴命看 官來剋我 我去剋官不爲害 一位若兩官不妨
> 주유형충파해 개미위귀명간 관래극아 아거극관불위해 일위약량관불방
> 若月令中有正官 時干支有偏官 便難以正言之
> 약월령중유정관 시간지유편관 편난이정언지

  정관이 많다고 반드시 복이 되는 것은 아닙니다. 그 이유는 무엇일까? 사람의 운명은 중화된 기운을 얻는 것이 가장 좋기 때문입니다.

  기운이 너무 과하거나 부족하면 같은 문제를 초래하며, 중화된 기운은 복을 두텁게 하지만 치우친 극을 재앙을 부를 수 있습니다.

이미 월령에서 정관을 사용하고 있는데, 년주나 시주의 지지나 간지에서 편관이 하나라도 있으면 정관과 혼잡해질 수 있습니다. 이러한 경우에는 반드시 신중하게 경중을 따져서 판단해야 합니다.

월령에서 정관을 얻으면 바람직하고, 신왕한 일간과 인수가 있는 것이 유리합니다. 예를 들어, 甲일간이 辛을 정관으로 사용할 때는 土의 기운이 辛 정관을 생해주는 것이 좋습니다. 하지만 형충파해를 가장 조심해야 하며, 양인이나 칠살이 있으면 빈곤한 운세를 초래할 수 있습니다.

만약 시주에서 칠살을 만나면 정관과 칠살이 혼잡한 상태가 됩니다. 또한 사주에서 형충파해가 많으면 귀한 운명으로 보기 어렵습니다.

정관이 일간을 극하러 오거나, 일간이 정관을 극하는 것은 해롭지 않습니다. 한 자리에 두 개의 정관이 있는 것은 큰 문제가 되지 않지만, 월령에 정관이 있고 시주에 편관이 있다면 정관의 역할이 불분명하게 되므로 신중한 판단이 필요합니다.

정관과 일간의 왕성한 기세

且如甲用辛爲官 生于八月中氣之後 金旺在酉 故謂之正官 如天干不透
차여갑용신위관 생우팔월중기지후 금왕재유 고위지정관 여천간불투
出辛字 那地支有巳酉丑 雖不能於八月中氣之後 亦可官 宜大要身旺 時辰
출신자 나지지유사유축 수불능어팔월중기지후 역가관 의대요신왕 시진
歸甲木旺處 如歲時透出正官 地支又有官格 却不拘八月中氣之後 大率官星
귀갑목왕처 여세시투출정관 지지우유관격 각불구팔월중기지후 대솔관성
須得印綬身旺則發 若無傷官破印 身不弱者 便爲貴命 如命中有官星 而行
수득인수신왕즉발 약무상관파인 신불약자 편위귀명 여명중유관성 이행
傷官之運 則不吉 必待印綬 官星旺運可發 必得官
상관지운 즉불길 필대인수 관성왕운가발 필득관

예를 들어, 甲일간이 辛을 정관으로 쓰는데, 酉월 중기 이후에 태어나면 金기운이 왕성한 정관이라고 합니다.

만약 천간에 辛정관이 투출하지 않아도 지지에 巳酉丑을 이루면, 비록 酉월 중기 이후가 아니더라도 왕성한 정관으로 쓸 수 있습니다.

이때 중요한 것은 일간이 왕성해야 합니다. 시주에 甲木이 왕성한 지지가 있어야 합니다. 특히 년주나 시주에 정관이 투출되고, 지지에도 정관격을 형성하고 있다면, 반드시 酉월 중기 이후가 아니어도 왕성한 정관으로 쓸 수 있습니다.

정관은 모름지기 인수의 도움을 받고 신왕해야 발복할 수 있습니다. 만약 정관을 손상하거나 인수를 파괴하는 것이 없고 일간이 신약하지 않다면 귀한 명이 됩니다.

사주에 정관이 있고 상관운을 만나게 되면 불길하지만, 인수가 있거나 관왕운으로 흐르면 발복하고 관직을 얻을 수 있습니다.

정관이 태과한 경우

如壬癸生人 四柱是辰戌丑未巳午 天干不露官星與殺 則官殺暗藏於中爲多
여임계생인 사주시진술축미사오 천간불로관성여살 즉관살암장어중위다
若四柱元有 制伏爲好 若無制伏 須行木運與三合木局亦好 大凡官星多則雜
약사주원유 제복위호 약무제복 수행목운여삼합목국역호 대범관성다즉잡
務要除而淸之 乃可發福 若官星多又行官運 亦不濟事
무요제이청지 내가발복 약관성다우행관운 역부제사

壬癸일주가 사주에 辰戌丑未巳午와 같은 지지가 있으면, 천간에서 정관이나 칠살이 드러나지 않더라도 지지에 암장된 정관과 칠살이 많은 것입니다. 사주 자체에 이미 제복하는 기운이 있다면 좋지만, 제복하는 기운이 없다면 木운으로 흐르거나 삼합으로 木국을 이루어야 좋습니다.

일반적으로 정관이 많아지면 그 기운이 혼잡한 것이므로 반드시 제압해야 맑아지며 발복할 수 있습니다. 만약 정관이 이미 많은데도 정관운으로 흐르게 된다면 오히려 일이 뜻대로 이루지 않게 됩니다.

2) 論偏官 논편관

편관의 본질

> 夫偏官者 蓋甲木見庚金之類 陽見陽陰見陰 乃謂之偏官 不成配偶 猶如經
> 부편관자 개갑목견경금지류 양견양음견음 내위지편관 불성배우 유여경
> 言 二女不能同居 二男不可並處是也 偏官即七殺 要制伏 蓋偏官七殺即小
> 언 이녀불능동거 이남불가병처시야 편관즉칠살 요제복 개편관칠살즉소
> 人 小人無知多凶暴 無忌憚 乃能勞力以養君子 而服役護禦君子者 小人也
> 인 소인무지다흉폭 무기탄 내능로력이양군자 이복역호어군자자 소인야
> 惟是不懲不戒 無術以控制之 則不能馴伏而爲用 故楊子曰 禦得其道 則馴
> 유시불징불계 무술이공제지 즉불능순복이위용 고양자왈 어득기도 즉순
> 伏或作使 禦失其道 則狙詐或作敵 小人有狙詐也 要控禦得其道矣 若失控
> 복혹작사 어실기도 즉저사혹작적 소인유저사야 요공어득기도의 약실공
> 禦 小人得權 則禍立見矣
> 어 소인득권 즉화립견의

편관은 대개 甲일간이 庚을 만나는 것처럼 양일간이 양의 관성을 만나고, 음일간이 음의 관성을 서로 만나는 관계입니다. 이러한 만남은 음양의 짝을 이루지 못하는 관계로서, 이는 경전에서 두 여자가 함께 살 수 없고, 두 남자가 함께 있을 수 없다는 원리와 같습니다.

편관은 칠살과 같으며 반드시 제복해야 합니다. 편관과 칠살은 소인에 비유되는데 지혜가 부족하고 성질이 거칠며 두려움 없이 행동합니다. 하지만 소인을 다스리면 군자를 위해 보호하고 봉사하는 역할을 합니다. 다만 소인을 적절하게 다스리고 통제할 방법이 없다면 그를 길들여 유용하게 활용할 수 없게 됩니다.

양자가 말하기를, 다스리는 방법을 알면 편관의 기운을 복종시키고 유용하게 쓸 수 있을 것이고, 다스리지 못하면 편관은 소인처럼 교활한 행동으로 군자를 속이고 적대적인 존재가 될 수 있다고 경고합니다. 그러므로 소인을 길들이는 올바른 방법을 찾아야 하며, 이를 길들이지 못하면 소인이 권력을 잡게 되어 재앙을 일으킬 것입니다.

편관의 제어 필요성

> 經曰 人有偏官 如抱虎而眠 雖權其威足以攝群畜 稍失關防 必爲其噬臍 不
> 경왈 인유편관 여포호이면 수권기위족이섭군축 초실관방 필위기서제 불
> 可不慮也 如遇三刑俱全 羊刃在日及時 又有六害 複遇魁罡相沖 如是人之
> 가불려야 여우삼형구전 양인재일급시 우유육해 복우괴강상충 여시인지
> 凶不可具術 制伏得位 運複經行制伏之鄕 此大貴之命也 苟於前者 凶神俱
> 흉불가구술 제복득위 운복경행제복지향 차대귀지명야 구어전자 흉신구
> 聚 運遊殺旺之鄕 凶害有不可言者 可知也 如有一殺 而制伏有二三 複行制
> 취 운유살왕지향 흉해유불가언자 가지야 여유일살 이제복유이삼 복행제
> 伏之運 反不作福 何以言之 蓋盡法無法 雖猛如狼 不能制伏矣 是又不可專
> 복지운 반불작복 하이언지 개진법무법 수맹여랑 불능제복의 시우불가전
> 言制伏 要須輕重得所 不可太甚 亦不可不及 須仔細審詳而言 則禍福如影
> 언제복 요수경중득소 불가태심 역불가불급 수자세심상이언 즉화복여영
> 響矣
> 향의

경전에서 말하기를, 편관을 가진 사람은 마치 호랑이를 안고 잠을 자는 것과 같다고 했습니다. 이는 편관이 강한 기운을 지녔지만 제대로 통제하지 못하면 반드시 큰 위험을 초래할 수 있다는 경고입니다.

비록 강한 권위로 많은 것을 다스릴 수 있다고 해도 한 순간의 방심이 치명적인 결과를 초래할 수 있으므로 항상 신중해야 합니다.

만약 삼형살이 갖춰져 있고 양인이 일주와 시주에 있으며 여기에 육해가 있고 다시 괴강이 상충하면 이 사람의 운명은 매우 흉해지며 험난해질 가능성이 큽니다.

하지만 강한 편관을 제복하여 통제하고, 이에 더해 제복운으로 흐르면 크게 귀한 명이 됩니다. 반면, 앞에서 언급한 흉신이 모두 모이고 살왕운으로 흐르면 극심한 재앙을 피하기 어렵게 됩니다.

만약 사주에 하나의 칠살이 있지만 이를 제복하는 요소가 두세 개 있고, 다시 제복운으로 흐른다면 오히려 복이 되지 못합니다. 그 이유는 제복이

너무 강해서 균형을 잃게 만들기 때문입니다.

  이는 법을 지나치게 적용하면 오히려 법이 없는 것과 같은 이치입니다. 아무리 늑대처럼 강한 칠살이라도 그를 다스리는 법이 적절하지 않다면 제어할 수 없습니다. 그렇기에 무조건 제어하는 것이 답이 아니라 상황에 맞게 경중을 조절하는 것이 중요합니다.

  따라서 제복이 지나쳐도 안 되며 부족해도 안 됩니다. 반드시 신중하게 분석하고 판단해야 하며, 이를 세심하게 검토한다면 길흉은 그림자처럼 따라올 것입니다.

편관과 칠살의 관계

> 又云 有制伏則爲偏官 無制伏則爲七殺 譬諸小人 御之得其道則可使 失其
> 우운 유제복즉위편관 무제복즉위칠살 비제소인 어지득기도즉가사 실기
> 道則難敵 在吾控御之道何如耳 凡見此殺 勿便言凶 殊不知帶此殺者 多有
> 도즉난적 재오공어지도하여이 범견차살 물편언흉 수불지대차살자 다유
> 貴命 如遇三刑六害 或羊刃魁罡相沖 如是之凶 不可謂之制伏 但運行制伏
> 귀명 여우삼형육해 혹양인괴강상충 여시지흉 불가위지제복 단운행제복
> 此貴人命也 苟如前凶神俱聚 其運複行殺旺之鄕 禍不可言
> 차귀인명야 구여전흉신구취 기운복행살왕지향 화불가언

  제복이 이루어지면 편관이 되고, 제복이 없으면 칠살로 작용하게 됩니다. 이는 소인을 다스리는 것과 같아서, 올바르게 통제하면 유용하게 쓰일 수 있지만 통제하지 못하면 강력한 적이 될 수 있습니다. 결국 이것을 다스리는 방식이 어떠한 지에 따라 운명이 달라집니다.

  따라서 칠살을 가진 사람을 무조건 흉하다고 판단해서는 안 됩니다. 오히려 칠살을 가진 사람 중에서도 귀한 운명을 가진 경우가 많습니다. 하지만 삼형살, 육해, 양인, 괴강이 충돌하는 경우, 이와 같은 흉살은 제복으로는 통제하기 어렵게 됩니다.

  다만 운이 제복하는 방향으로 흐르면 오히려 귀한 운명을 가진 사람으로

발전할 수 있습니다. 그러나 앞에서 언급한 모든 흉신이 모여 있고 운세가 다시 칠살이 왕성해지는 운으로 흐르면 그 재앙은 이루 말할 수 없을 정도로 커질 수 있습니다.

편관과 칠살의 활용

大抵偏官七殺 最喜身旺 可制伏爲妙 元有制伏 可行殺旺之運 元無制伏 可
대저편관칠살 최희신왕 가제복위묘 원유제복 가행살왕지운 원무제복 가
行制伏之運 身旺化之得爲偏官 身弱無制伏則爲七殺 制伏複行制伏運謂之
행제복지운 신왕화지득위편관 신약무제복즉위칠살 제복복행제복운위지
太運 則爲偏官無餘者矣 月中之氣怕沖與羊刃 其本身弱 若殺强則恐難制
태운 즉위편관무여자의 월중지기파충여양인 기본신약 약살강즉공난제
如身强殺淺 則是假殺爲權刃 或七殺不怕刑沖 宜詳之
여신강살천 즉시가살위권인 혹칠살불파형충 의상지

대체로 편관과 칠살은 신왕한 상태를 가장 좋아하며, 제대로 제복이 이루어지면 더욱 좋은 운세가 됩니다. 원래 제복할 수 있는 구조라면 칠살이 강한 운으로 흘러도 문제가 되지 않습니다. 반대로 제복할 수 없는 구조라면 반드시 제복하는 운을 만나야 합니다.

일간이 신왕하면 편관으로 작용하지만, 신약하고 제복할 힘이 없다면 칠살로 작용합니다. 만약 제복하고 있는데 제복운을 다시 만나게 되면 이를 태운(제복이 태과한 운)이라고 합니다. 이 경우에는 편관이 완전히 통제되어 남은 기운이 없으므로 더 이상 문제가 되지 않습니다.

월령에 있는 편관의 기운은 충과 양인을 두려워하며, 일간이 신약한데 살성이 강하면 제복이 어려워집니다. 일간이 신강하고 살성이 약하면 이는 가살위권이 되어 칠살을 권력으로 활용할 수 있는 여건을 만들 수 있습니다.

또한 칠살은 반드시 형충을 두려워하는 것은 아니므로, 사주의 전체적인 균형을 고려하여 신중하게 판단해야 합니다.

3) 論七殺 논칠살

편관과 칠살의 관계 해석

> 夫七殺者 亦名偏官 喜身旺合殺 喜制伏 喜羊刃 忌身弱 忌見財 忌無制 身
> 부칠살자 역명편관 희신왕합살 희제복 희양인 기신약 기견재 기무제 신
> 旺有氣爲偏官 身弱無制爲七殺 凡有此殺 不可便言凶 有正官不如有偏官
> 왕유기위편관 신약무제위칠살 범유차살 불가편언흉 유정관불여유편관
> 多有巨富大貴之人 惟其身旺合殺爲妙 如甲以庚爲七殺 喜丙丁制之 乙合之
> 다유거부대귀지인 유기신왕합살위묘 여갑이경위칠살 희병정제지 을합지
> 謂之貪合忘殺 七殺却宜制伏 亦不要制之太過 蓋物極則反爲禍矣
> 위지탐합망살 칠살각의제복 역불요제지태과 개물극즉반위화의

칠살은 편관으로도 불립니다. 일간이 신왕하고 합살이 있어 조화를 이루어야 바람직합니다. 제복할 수 있으면 유리하며, 양인이 있으면 강한 에너지와 조화되므로 좋습니다. 반면, 일간이 신약한데 제복할 힘이 없으면 칠살은 위험한 요소로 작용합니다. 재성이 있으면 칠살을 생하여 일간을 위협하므로 조심해야 합니다. 제복하는 것이 없어도 불리합니다.

일간이 신왕하고 기세가 있으면 편관이 되지만, 신약하고 제복이 없다면 칠살로 작용합니다. 따라서 칠살이 있다고 무조건 흉하다고 단정할 수 없습니다. 오히려 정관보다 편관이 많은 사람들이 크게 부유하거나 귀한 사람이 많기 때문입니다. 그러나 칠살은 반드시 신왕하고 합살이 있어야 그 효과를 제대로 발휘합니다.

예를 들어, 甲일간의 경우 庚이 칠살로 작용할 때, 丙이나 丁이 이를 제복하여 조화를 이루면 매우 좋습니다. 또한 乙이 庚과 합하면 탐합망살이 되어 칠살의 강한 기운이 완화됩니다.

하지만 칠살은 반드시 적절한 수준에서 제복해야 하며, 과도하게 제어하면 오히려 문제가 생길 수 있습니다. 어떤 것도 지나치면 화를 부를 수 있다는 말처럼 균형을 유지하면서 칠살을 활용하는 것이 가장 중요합니다.

칠살의 본질

身旺又行身旺之運爲福 如身弱又行身弱之鄕 禍不旋踵 四柱中元有制伏 喜
신왕우행신왕지운위복 여신약우행신약지향 화불선종 사주중원유제복 희
行七殺運 元無制伏 七殺出爲禍 如行年于鄕 更有羊刃 貴不可言 且忌財旺
행칠살운 원무제복 칠살출위화 여행년우향 갱유양인 귀불가언 차기재왕
財能生殺故也 歲運臨之 身旺亦多災 弱尤甚 甲申乙酉丁丑戊寅己卯辛未癸
재능생살고야 세운림지 신왕역다재 약우심 갑신을유정축무인기묘신미계
未 此七日生主殺 性急伶俐 心巧聰明 如見殺多者 主人凶夭貧薄
미 차칠일생주살 성급령리 심교총명 여견살다자 주인흉요빈박

일간이 신왕한데 신왕한 운을 만나면 복이 되고, 일간이 신약한데 신약한 운을 만나면 즉시 화를 입게 됩니다. 사주에서 이미 제복하고 있다면 칠살 운이 좋게 작용하지만, 제복이 없는 상태에서 칠살이 나타난다면 재앙을 피하기 어려워집니다.

만약 세운에서 칠살운을 만나고 또한 양인도 있으면 말로 다할 수 없을 정도로 귀하게 됩니다. 하지만 재성이 왕성하면 문제가 될 수 있는데 이는 재성이 칠살을 생하여 강하게 만들기 때문입니다. 또한 대세운에서 재성이 오면, 신왕해도 역시 재앙을 피하기 어렵고, 신약한 경우에는 그 재앙이 더욱 심각해집니다. 특히 甲申, 乙酉, 丁丑, 戊寅, 己卯, 辛未, 癸未일생들은 칠살의 영향을 강하게 받으며, 이러한 사람들은 성격이 급하고 영리하며 교묘하고 총명한 특성이 있습니다. 그러나 칠살의 기운이 과도하게 많아지면 흉하게 작용하여 요절하거나, 가난하고 박복한 삶을 살게 됩니다.

칠살이 시주에 있는 경우

月見之重 時見之輕 何謂曰 七殺只一位見之 如年時再見 殺多爲禍 却要制
월견지중 시견지경 하위왈 칠살지일위견지 여년시재견 살다위화 각요제
伏之鄕 又要身旺 有制伏爲權 最怕沖與羊刃大凶 時七殺只一位 要本身旺
복지향 우요신왕 유제복위권 최파충여양인대흉 시칠살지일위 요본신왕

> 如年月時三處有制伏爲福 却要行殺旺運 三合得地亦發 若無制伏 則要行制
> 여년월시삼처유제복위복 각요행살왕운 삼합득지역발 약무제복 즉요행제
> 伏爲福 行殺旺運無制伏則禍 作時上七殺 却不怕羊刃 而亦不畏冲
> 복위복 행살왕운무제복즉화 작시상칠살 각불파양인 이역불외충

월령에 칠살이 나타나면 그 영향력은 매우 크지만, 시주에 칠살이 나타나면 그 영향은 상대적으로 가볍습니다.

칠살은 한 자리에만 있어야 조화를 이루는데, 년주와 시주에 중복되어 나타나면 칠살이 많아져 위험할 수 있습니다. 이 경우 반드시 제어가 필요하며 일간이 왕성해야 합니다.

칠살을 제어할 힘이 있으면 칠살은 권력으로 작용하지만, 형충이나 양인이 함께 있으면 큰 흉이 될 수 있습니다.

시주에 칠살이 단 한 자리만 있는 경우, 일간이 신왕하면 문제없이 활용할 수 있으며, 년월시 세 곳에서 제어할 수 있으면 길한 운이 됩니다. 칠살의 기운이 왕성한 운으로 흐르면서 삼합을 이루어 지지에서 자리를 잡으면 좋은 결과를 얻을 수 있습니다.

하지만 제어할 힘이 없다면 반드시 제어할 수 있는 운을 만나야 복이 되며, 칠살이 왕성한 운으로 흐르면서 제어가 없다면 큰 재앙을 당할 수 있습니다. 다만, 시주의 칠살은 양인과 충을 두려워하지 않으며 형충도 크게 문제가 되지 않습니다. 이는 시주의 칠살은 다른 기운의 영향을 덜 받기 때문입니다.

칠살의 사주 분석

> 如辛丑乙未乙卯丙子 此命身旺 生于六月之中 歲干透出辛丑爲七殺 喜得丙
> 여신축을미을묘병자 차명신왕 생우육월지중 세간투출신축위칠살 희득병
> 子合辛丑之殺 乃貴而有權 又如甲午丙寅庚子丙子 此命身弱 見火局又有月
> 자합신축지살 내귀이유권 우여갑오병인경자병자 차명신약 견화국우유월
> 令丙寅七殺 時又見丙子 火剋庚金 金死于子 身弱殺旺 又無制伏 宜乎帶病
> 령병인칠살 시우견병자 화극경금 금사우자 신약살왕 우무제복 의호대병

貧薄 如丁巳戊申壬子戊申 此命身旺 見二戊爲七殺 引歸於巳 丁與壬合 戊
빈박 여정사무신임자무신 차명신왕 견이무위칠살 인귀어사 정여임합 무
與癸合 金又長生於巳 戊祿在巳 乃壬戊二字俱旺 所以貴也
여계합 금우장생어사 무록재사 내임무이자구왕 소이귀야

시	일	월	년
丙子	乙卯	乙未	辛丑

이 사주는 일간이 신왕하며 未월 중기에 태어났습니다. 년간에 辛칠살이 투출했으나, 丙子가 辛丑과 합을 이루어 칠살을 조화롭게 만들었기 때문에 귀한 운명으로 권력을 가질 수 있습니다.

시	일	월	년
丙子	庚子	丙寅	甲午

이 사주는 신약한데 寅午로 火칠살국을 이루고, 월령에서 丙寅이 칠살로 작용합니다. 또한 시주에도 丙子가 있어 火가 庚金일간을 극하고, 더구나 庚金일간은 子에서 사지에 해당하여 일간이 신약합니다.
　일간이 신약하고 칠살이 왕성한데 제복할 힘이 없으므로 병약하고 가난하게 살았습니다.

시	일	월	년
戊申	壬子	戊申	丁巳

이 사주는 壬子일주가 申월에 태어나 신왕합니다. 두 개의 戊칠살도 巳에서 이끌어 왕성합니다. 丁과 壬이 합하고, 戊와 癸가 합하여 조화를 이루며, 巳에서 金의 기운이 장생하고 戊의 록이 자리하여, 壬일간과 戊칠살이 모두 왕성하므로 귀하게 살았습니다.

4) 論印綬 논인수

인수의 본질

所謂印生我者 卽印綬也 經曰 有官無印 卽非眞官 有印無官 反成其福 何
소위인생아자 즉인수야 경왈 유관무인 즉비진관 유인무관 반성기복 하
以言之 大抵人生得物以相助相生相養 使我得萬物之見成 豈不妙乎 故主人
이언지 대저인생득물이상조상생상양 사아득만물지견성 기불묘호 고주인
多智慮兼豐厚
다지려겸풍후

인수는 사주에서 일간을 생해주고 지원해주는 역할을 합니다. 경전에서 말하길, 정관이 있어도 인수가 없다면 진정한 정관이 아니라고 하며, 인수가 있으면 정관이 없어도 오히려 복이 된다고 하였습니다.

그 이유는 대체로 사람은 주어진 환경 속에서 서로 돕고, 서로 생하고, 서로 기르며 성장하는 존재이기 때문입니다. 따라서 인수를 가진 사람은 지혜가 풍부하고 깊은 생각과 넉넉한 마음을 지닌 경우가 많습니다.

인수의 특성

蓋印綬畏財 主人括囊 故四柱中及運行官貴 反成其福 蓋官鬼能生印 只畏
개인수외재 주인괄낭 고사주중급운행관귀 반성기복 개관귀능생인 지외
其財 而財能反傷我 此印綬之妙者 多是受父母之蔭 承父母貲財 見成安享
기재 이재능반상아 차인수지묘자 다시수부모지음 승부모자재 견성안향
之人 若又以兩三命相併 當以印綬多者爲上 又主一生少病能飮食 或若財多
지인 약우이량삼명상병 당이인수다자위상 우주일생소병능음식 혹약재다
乘旺 必多淹留 雖喜官鬼而官鬼多或入格 又不可專以印綬言之 假如甲乙日
승왕 필다엄류 수희관귀이관귀다혹입격 우불가전이인수언지 가여갑을일
得亥子月生 丙丁日得寅卯月生 戊己日得巳午月生 庚辛日得辰戌丑未月生
득해자월생 병정일득인묘월생 무기일득사오월생 경신일득진술축미월생
壬癸日得申酉月生者是也 其餘以類言之 最怕行印綬死絶運或運臨死絶 復
임계일득신유월생자시야 기여이류언지 최파행인수사절운혹운림사절 복

有物以竊之 卽入黃泉 不可疑也
유물이절지 즉입황천 불가의야

    인수는 재성을 두려워하는데 이는 주머니를 닫는 것과 같기 때문입니다. 사주에 정관이 있고 관성운으로 흐르면 오히려 복이 됩니다. 정관과 칠살은 인수를 생할 수 있지만 재성은 오히려 일간을 손상시킬 수 있기 때문입니다. 이것이 인수의 묘한 점입니다.

    인수가 많은 사주는 대개 부모의 은덕을 많이 받으며, 부모의 재산을 이어 받아 안정적이고 풍요로운 삶을 누릴 수 있습니다. 특히, 여러 명의 사주를 비교할 때 인수가 많은 사주가 상격의 명이 됩니다.

    인수가 강한 사주는 비교적 병이 적고 음식을 잘 섭취하며, 안정적인 삶을 살게 됩니다. 그러나 재성이 많고 왕성해지면 운이 정체되거나 장애를 겪을 수 있습니다.

    인수는 관살을 좋아하지만, 관살이 지나치게 많아지거나 격국을 이루면 오히려 문제가 있으므로, 오직 인수만으로 판단해서는 안 됩니다.

    甲乙일간이 亥子월생이거나, 丙丁일간이 寅卯월생이거나, 戊己일간이 巳午월생이거나, 庚申일간이 辰戌丑未월생이거나, 壬癸일간이 申酉월생이면 인수의 기운이 강합니다.

    가장 염려되는 것은 인수가 사절운을 만나면 상당히 위험합니다. 만약 운이 사절지로 흐르고 더불어 인수의 기운을 빼앗는 것이 있으면 황천길로 들어가는 길이므로 이를 의심하지 않아도 됩니다.

인수의 작용

夫印綬者 生我之謂也 亦名生氣 以陽見陰 以陰見陽謂之正印 陽見陽陰見
부인수자 생아지위야 역명생기 이양견음 이음견양위지정인 양견양음견

陰 謂之偏印 喜官星生印 忌財旺破印 如甲人見亥子月中 水爲印 忌火傷官
음 위지편인 희관성생인 기재왕파인 여갑인견해자월중 수위인 기화상관

忌土破印 要行生旺之鄉 怕行死絕 若行死絕之地 或有物以傷之 則危矣 印
기토파인 요행생왕지향 파행사절 약행사절지지 혹유물이상지 즉위의 인
綬之人智慮 一生少病 能飽食豐厚 享見成財祿 若兩三命相併 當以印綬多
수지인지려 일생소병 능포식풍후 향견성재록 약량삼명상병 당이인수다
者取之 最忌財來乘旺 必生淹滯 若官鬼多或入別格 又不可專以印綬論
자취지 최기재래승왕 필생엄체 약관귀다혹입별격 우불가전이인수론

인수는 사주에서 일간을 생해주는 중요한 기운이며, 생기를 의미합니다. 인수는 양일간이 음의 인수를 만나거나 음일간이 양의 인수를 만나면 정인으로 작용합니다. 양일간이 양의 인수를 만나거나 음일간이 음의 인수를 만나면 편인으로 작용합니다.

인수는 정관이 생해주는 것을 좋아하며, 반대로 재성이 왕성하면 인수를 파괴하므로 조심해야 합니다. 예를 들어, 甲일간이 亥子월에 태어나면 水가 인수로 작용합니다. 이 경우 火가 상관으로 작용해 정관을 해치거나, 土재성이 인수를 파괴하면 좋지 않습니다. 따라서 운세는 생왕운으로 흘러야 유리하며, 반대로 사절운으로 흐르면 위험해질 수 있습니다. 또한, 다른 기운이 인수를 손상하는 경우도 위험해질 수 있습니다.

인수를 가진 사람은 지혜가 깊고 신중한 판단을 할 줄 압니다. 평생 건강이 비교적 양호하고 충분한 음식과 재물을 누릴 가능성이 높습니다, 여러 명조를 비교할 때 인수가 많은 사람이 더욱 유리합니다.

하지만 재성이 너무 왕성하면 문제가 됩니다. 이는 재성이 인수를 극하여 운의 흐름을 막기 때문입니다. 또한, 관살이 많거나 다른 격국을 이루면 인수만으로 판단해서는 안 됩니다.

인수의 중요성

大凡月與時上見者爲妙 而月上最爲緊要 先論月氣之後有生氣 必得父母之
대범월여시상견자위묘 이월상최위긴요 선론월기지후유생기 필득부모지
力 年下有生氣 必得祖宗之力 有時上見之有生氣 必得子孫之力 壽元耐久
력 년하유생기 필득조종지력 유시상견지유생기 필득자손지력 수원내구

> 晚景優遊 如帶印綬 須帶官星 謂之官印兩全 必爲貴命 若官星雖見成得父
> 만경우유 여대인수 수대관성 위지관인양전 필위귀명 약관성수견성득부
> 母力 爲福亦厚也 須行官運便發 或行印綬運亦發 若用官不顯 用印綬爲妙
> 모력 위복역후야 수행관운편발 혹행인수운역발 약용관불현 용인수위묘
> 最怕四柱中歲運臨財鄕以傷其印 若傷印主破家 離祖出贅 又臨死絶之地 若
> 최파사주중세운림재향이상기인 약상인주파가 리조출췌 우림사절지지 약
> 非除官失職 必夭其壽
> 비제관실직 필요기수

월주와 시주에 인수가 보이면 길하며, 특히 월주에 있는 인수의 역할이 가장 중요합니다.

월주에 인수가 있으면 부모의 도움을 얻고, 년주에 인수가 있으면 조상의 도움을 받습니다. 시주에 인수가 있으면 자손의 복을 누릴 수 있으며, 수명이 길고 만년에 편안한 삶을 누릴 수 있습니다.

인수는 정관과 함께 하고 양쪽이 모두 온전하면 반드시 귀한 명이 되며 이를 관인양전이라 합니다. 설령 정관이 희미하더라도 부모의 힘을 받아 크게 발복할 수 있습니다. 정관이 사주에서 강하지 않다면 인수를 활용하는 것이 더 유리할 수 있습니다.

가장 두려운 것은 사주에 재성이 있거나 대세운에서 재성으로 흘러 인수를 손상시키는 것입니다. 만약 인수가 손상되면, 집안이 흩어지거나 조상을 떠나야 할 수 있으며, 혹은 자신의 기반을 잃고 데릴사위로 들어가는 경우도 발생합니다. 더불어, 인수가 사절운에 이르면 관직을 잃거나 요절할 수 있으므로 신중하게 분석해야 합니다.

인수 사주 사례 분석

> 且如戊戌庚申癸酉庚申 此命癸日生於七月中氣之後 月時皆是庚申 自坐金
> 차여무술경신계유경신 차명계일생어칠월중기지후 월시개시경신 자좌금
> 庫 所以印綬 歲干又透出戊官 謂之官印兩全 極爲貴命 且如癸亥癸亥甲寅
> 고 소이인수 세간우투출무관 위지관인양전 극위귀명 차여계해계해갑인

甲子 此日用癸爲印 印却旺 緣無財星相助 發福不厚也 且如甲寅庚午戊戌
갑자 차일용계위인 인각왕 연무재성상조 발복불후야 차여갑인경오무술

壬子 此日戊用丁爲印綬 有寅午戌火局爲好 不合時上壬子水旺 財能沖印
임자 차일무용정위인수 유인오술화국위호 불합시상임자수왕 재능충인

所以失明 生氣是丙丁火 屬眼故也 且如己卯丁卯丙辰壬辰 此命用卯爲印
소이실명 생기시병정화 속안고야 차여기묘정묘병진임진 차명용묘위인

癸爲官 年月在卯 日時在辰 所以官印兩全 少年淸要 至四十二三歲 癸亥運
계위관 년월재묘 일시재진 소이관인양전 소년청요 지사십이삼세 계해운

亦不妨 至庚申年 水七殺生於申 乃被庚申破印 故不吉也
역불방 지경신년 수칠살생어신 내피경신파인 고불길야

시	일	월	년
庚申	癸酉	庚申	戊戌

이 사주는 癸일간이 申월 중순 이후에 태어난 인수격입니다. 월주와 시주에 庚申이 위치하고, 일지는 金의 기운을 보유한 酉가 인수에 해당합니다. 년간에 戊정관이 투출하여 관인양전을 이루며 정관과 인수가 모두 온전하므로 귀한 운명이 되었습니다.

시	일	월	년
甲子	甲寅	癸亥	癸亥

이 사주는 甲일간이 癸인수를 활용하고 있으며, 인수가 지나치게 왕성한 상태입니다. 하지만 재성이 없어 인수의 지나친 왕성함을 제복하지 못하므로 복이 두텁지 않습니다.

시	일	월	년
壬子	戊戌	庚午	甲寅

戊일간은 丁인수를 용신으로 삼고, 寅午戌의 火국을 이루므로 인수가 매우 강합니다. 하지만 시주에 있는 壬子가 왕성한 재성으로 인수를 손상하므로 실명하였습니다. 丙丁火는 눈에 속한 기운이기 때문입니다.

시	일	월	년
壬辰	丙辰	丁卯	己卯

卯를 인수로 활용하고 癸를 정관으로 사용하는 명조입니다. 년주와 월주에 卯가, 일주와 시주에 辰이 위치하여 관인이 모두 완전합니다.

따라서 젊은 시기에는 요직을 얻으며 비교적 안정적인 삶을 유지하고, 중년 42-43세에 癸亥운에도 무난하게 살았습니다. 하지만, 庚申년에 접어들며 壬水칠살이 申에서 장생을 얻고, 庚申이 인수를 파괴하므로 운세가 불길해지며 힘들게 살았습니다.

5) 論正財 논정재

정재의 본질

何謂之正財 猶如正官之意 是陰見陽財 陽見陰財 大抵正財 吾妻之財也 人
하위지정재 유여정관지의 시음견양재 양견음재 대저정재 오처지재야 인
之女貴財以事我 必精神康強 然後可以享用之 相吾身方 且自萎懦而不振
지녀귀재이사아 필정신강강 연후가이향용지 상오신방 차자위나이부진
雖妻財豐厚 但能目視 終不可一毫受用 故財要得時 不要財多 若財多 則自
수처재풍후 단능목시 종불가일호수용 고재요득시 불요재다 약재다 즉자
家日本有力 可以勝任 當化作官 天元一氣羸弱 貧薄難治 是樂於身旺 不要
가일본유력 가이승임 당화작관 천원일기리약 빈박난치 시악어신왕 불요
行剋制之鄉 剋制之官鬼也 又怕所生之月令 正吾衰病之地 又四柱無父母以
행극제지향 극제지관귀야 우파소생지월령 정오쇠병지지 우사주무부모이
生之 反則又有見財 謂之財多喜 力不任財 禍患百出
생지 반즉우유견재 위지재다희 역불임재 화환백출

정재는 정관과 같은 원리로, 음일간이 양의 재성을 만나거나 양일간이 음의 재성을 만날 때 형성됩니다. 정재는 처의 재물로 비유되며, 처의 부친이 딸을 나에게 시집을 보내면서 귀한 재물을 나에게 보낸 것입니다.

처로부터 귀한 재물을 얻고 이를 누리기 위해 반드시 정신적으로 건강하고 강인해야 합니다. 만약 몸이 쇠약하고 의지가 약하다면, 아무리 처의 재물이 풍부해도 바라보기만 할 뿐, 결코 한 푼도 쓸 수 없게 됩니다.

재성은 적절한 시기를 만나야 유리합니다. 재성이 너무 많으면 오히려 부담이 될 수 있으며, 이를 감당할 힘이 있어야 합니다. 일간이 충분히 신왕하면 재성을 소화할 수 있으며 나아가 관직을 만들 수도 있습니다.

그러나 일간이 신약하고 재성이 많으면 오히려 가난과 어려움을 극복하기 어렵게 됩니다. 따라서 일간은 신왕해야 하며 재성을 지나치게 극제하는 운을 만나지 않아야 합니다. 이는 정관이나 칠살을 지나치게 극제하는 것과 같은 원리입니다.

또한 월령이 일간의 쇠병지에 해당하거나, 사주 내에서 인수의 생조가 없으면 오히려 재성이 도움이 되지 않습니다. 반면 재성이 많다면 기쁘지만 이를 감당할 힘이 부족하면 오히려 여러 가지 재난을 초래할 수 있습니다.

재성운의 길흉 작용

雖少年經休囚之位 故不如意 多事頻併 或中年或末年複臨父母之鄉 或三合
수소년경휴수지위 고불여의 다사빈병 혹중년혹말년복림부모지향 혹삼합
可以助我者 則勃而興 不可禦也 倘少年乘旺 老在脫局 不惟窮途悽惶 兼且
가이조아자 즉발이흥 불가어야 당소년승왕 노재탈국 불유궁도처황 겸차
是非紛起 蓋財者 起爭之端也 若或四柱相生 別帶貴格 不值空亡 又行旺運
시비분기 개재자 기쟁지단야 약혹사주상생 별대귀격 불치공망 우행왕운
三合財生 是皆貴命 其餘福之淺深 皆隨入格輕重而言之 財多生官 要須身
삼합재생 시개귀명 기여복지천심 개수입격경중이언지 재다생관 요수신
健 財多盜氣 本自身柔 年運又或傷財 必生奇禍 或帶刑併七殺 凶不可言也
건 재다도기 본자신유 년운우혹상재 필생기화 혹대형병칠살 흉불가언야

젊은 시절에 사주가 휴수한 기운을 지니면 뜻대로 되지 않거나 여러 어려움을 겪을 수 있습니다. 하지만 중년이나 말년에 인수운을 다시 만나거나 삼합의 도움을 받는다면 크게 일어날 수 있습니다. 이런 경우 운세가 강하게 상승하며 쉽게 막을 수 없는 흐름이 됩니다.

반면에 젊은 시절에 운이 너무 왕성하면 오히려 노년에 쇠약해질 가능성이 큽니다. 이런 경우 궁지에 몰리고 시비와 분쟁이 끊이지 않을 수 있습니다. 이는 재물이 분쟁의 근원이 되기 때문입니다.

사주가 상생하는 구조를 이루고 귀격이 형성되면 좋은 운명이 됩니다. 공망이 없으며 신왕운을 만나고 삼합으로 재성을 생하면 모두 귀한 명조가 됩니다. 복의 깊고 얕음은 격국의 경중에 따라 달라집니다.

재성이 많으면 정관을 생하지만 일간이 반드시 강건해야 합니다. 재성이 많으면 일간은 기운을 빼앗겨 본래 신약해질 수 있습니다. 세운에서 재성이 손상되면 뜻밖의 재난을 당할 수 있습니다. 특히 형과 칠살이 함께 작용하면 그 흉함은 감당하기 어렵게 됩니다.

정재의 특징

又云 正財者 喜身旺印綬 忌官星 忌倒食 忌身弱 比肩劫財 不可傷官星 盜
우운 정재자 희신왕인수 기관성 기도식 기신약 비견겁재 불가상관성 도

財之氣也 喜印綬者能生 主身弱故也 且如甲日用己爲正財 如身弱 其禍立
재지기야 희인수자능생 주신약고야 차여갑일용기위정재 여신약 기화립

至 凡人命帶財下生須出富豪 不螟蛉必庶出 或沖父母 身旺無劫財 無官星
지 범인명대재하생수출부호 불명령필서출 혹충부모 신왕무겁재 무관성

爲妙 若命中有官星得地 運行喜財星多生官 無有財星得地 運行忌見官星
위묘 약명중유관성득지 운행희재성다생관 무유재성득지 운행기견관성

恐 尅其身怕 身弱也
공 극기신파 신약야

정재는 신왕하고 인수가 조화롭게 작용해야 길하며, 정관은 정재의 기운을 설기하므로 꺼리고, 도식은 식신을 극하여 정재를 생하지 못하게 하므로 꺼리며, 신약하면 정재가 역할을 제대로 할 수 없게 되므로 꺼리게 됩니다. 또한 비견과 겁재가 있으면 정관이 손상되면 안 되는데, 이는 재성의 기운을 도둑맞을 수 있기 때문입니다.

인수는 일간을 생해주므로 신약한 사람에게 유리합니다. 예를 들어, 甲일간이 己를 정재로 사용할 때, 신약하면 즉시 재앙이 닥칠 수 있습니다.

사주에서 재성을 갖고 태어난 사람은 부잣집 출신일 가능성이 높지만, 경우에 따라 양자로 들어가거나 서출로 태어나거나, 부모와 충돌할 수 있습니다. 일간이 신왕하면 겁재가 없어야 합니다.

정관이 없으면 기묘하지만, 사주에서 정관이 득지하면 운에서 재성으로 정관을 생해주면 좋게 됩니다. 반면에 재성이 득지하고 정관운으로 흐르면 위험할 수 있는데, 이는 정관이 일간을 극하여 신약해지기 때문입니다.

재성과 인수 사주 사례 분석

大抵財不論偏正 皆喜印綬 必能發福 如辛丑丁酉丁巳丁未 此命丁日身坐財
대저재불론편정 개희인수 필능발복 여신축정유정사정미 차명정일신좌재
之地 又見巳酉丑金局 故也財旺 蓋金得木庫居未 能生丁火 故身旺 能當其
지지 우견사유축금국 고야재왕 개금득목고거미 능생정화 고신왕 능당기
身 運行東南方 宜乎巨富 丁用壬官 用庚金爲財生壬官 身入旺鄉必能發福
신 운행동남방 의호거부 정용임관 용경금위재생임관 신입왕향필능발복

재성은 정재든 편재든 가리지 않고 모두 인수와의 조화를 선호하며, 인수가 있으면 반드시 복을 누릴 수 있습니다.

시	일	월	년
丁未	丁巳	丁酉	辛丑

이 사주는 丁일간이 巳酉丑 金국으로 재성이 왕성한 자리에 앉아 있습니다. 대개 金은 木의 고지인 未에 머물면 丁火를 생조하기 때문에 일간이 왕성해지고 재성을 감당할 수 있는 능력이 생기게 됩니다.

동남방 木火운으로 흐르므로 큰 부자가 되었습니다. 丁일간은 壬을 정관으로 삼으며, 庚재성이 壬정관을 생합니다. 그러므로 일간이 신왕운으로 흐르면서 복을 누릴 수 있었습니다.

재성과 신강약 사주 분석 사례

> 凡用財不見官星爲妙 如庚申乙酉丙申丙申 此命丙日見三申爲財 豈不美哉
> 범용재불견관성위묘 여경신을유병신병신 차명병일견삼신위재 기불미재
> 丙用癸官 用辛爲財 見三申一酉 爲財故旺 蓋緣日弱 火病申死酉 乃爲氣無
> 병용계관 용신위재 견삼신일유 위재고왕 개연일약 화병신사유 내위기무
> 運行西方金鄕 身弱太甚 財旺生鬼 敗剋其身 故不能勝其財 所以貧也 又如
> 운행서방금향 신약태심 재왕생귀 패극기신 고불능승기재 소이빈야 우여
> 乙卯癸未辛酉戊子 此命辛日坐酉 年乙坐卯 身與財俱旺 又得癸未食神 戊
> 을묘계미신유무자 차명신일좌유 년을좌묘 신여재구왕 우득계미식신 무
> 子印綬助之 宜乎巨富貴也
> 자인수조지 의호거부귀야

재성을 쓸 때는 정관을 만나지 않아야 좋습니다.

시	일	월	년
丙申	丙申	乙酉	庚申

이 명은 丙일간이 세 개의 申과 하나의 酉가 있어 재성이 매우 왕성합니다.

丙일간은 癸를 정관으로 삼고 辛을 정재로 활용합니다. 재성은 강하게 구성된 구조이므로 재물운이 왕성해질 수 있습니다. 그러나 丙火일간이 신약한데 이는 申은 병지이고 酉는 사지이기 때문입니다.

운이 서방 金방향으로 흐르면서 일간의 신약함이 더 심해지고 있습니다.

그러나 재성은 오히려 왕성해지고 칠살을 생하며 신약한 일간을 손상시키게 됩니다. 재성이 왕성해도 이를 감당할 힘이 부족하면, 재성으로 인해 오히려 가난하고 어려운 삶을 살게 됩니다.

시	일	월	년
戊子	辛酉	癸未	乙卯

이 사주는 辛일간이 酉에 앉아 있고, 년주에 乙卯가 있어 일간과 재성이 모두 왕성합니다. 또한 월주에서 癸未식신을 얻고, 시주에서 戊子인수가 조화롭게 돕고 있습니다. 이러한 구조를 가진 명조는 부귀한 삶을 살 수 있습니다.

상관이 재성을 생하는 사주 사례 분석

又如戊子丁巳甲辰丙寅 此命甲日生于四月下旬 並透出丙丁火生其月中之戊
우여무자정사갑진병인 차명갑일생우사월하순 병투출병정화생기월중지무

土 時又臨祿于寅 故財旺矣 然甲木身亦旺 早年行戊午己未運迤邐 行辛酉
토 시우임록우인 고재왕의 연갑목신역왕 조년행무오기미운이리 행신유

運 乃見官星則凶 壬戌運有壬剋丙 傷官食神之中 失官去財 死喪合家 値五
운 내견관성즉흉 임술운유임극병 상관식신지중 실관거재 사상합가 치오

十九歲入癸亥身旺運 稍可安逸 六十五歲逢壬辰年死矣 初運傷官見財 格取
십구세입계해신왕운 초가안일 육십오세봉임진년사의 초운상관견재 격취

戊土爲財 所以戊午己未二運大旺 生土故財厚矣 及至庚申辛酉西方見官 故
무토위재 소이무오기미이운대왕 생토고재후의 급지경신신유서방견관 고

凡事費力 雖癸亥爲甲木之印綬 然亦忌火沖水 亥中又有壬水 壬辰透出壬水
범사비력 수계해위갑목지인수 연역기화충수 해중우유임수 임진투출임수

運中命中元有之辰 死無疑矣 凡傷官見財格見官星 若財格要見 大忌壬水
운중명중원유지진 사무의의 범상관견재격견관성 약재격요견 대기임수

剋火 則火不能生甲木之土財也
극화 즉화불능생갑목지토재야

시	일	월	년
丙寅	甲辰	丁巳	戊子

　이 사주는 甲일간이 巳월 하순에 태어나 丙丁火가 투출하고, 巳중 戊土 재성을 생하는 상관생재의 격국을 이루고 있습니다. 시주 寅시에 록이 있으므로 재성이 왕성하고 甲일간도 신왕합니다.

　젊은 시절에는 戊午와 己未운을 지나면서 재성이 강하게 작용하여 재물이 두터워집니다. 그러나 辛酉운에 이르러 상관생재의 격국이 정관을 만나면서 흉하게 됩니다.

　壬戌운에서는 壬水가 丙火를 극하여 상관과 식신의 균형이 깨지고, 결국 관직을 잃고 재물을 상실하게 됩니다. 이로 인해 가족 전체가 어려움을 겪었습니다.

　다행히 59세에 癸亥운으로 들어가면서 甲木의 인수운이므로 신왕운을 만나 일시적인 안정을 찾습니다. 그러나, 65세 壬辰년에 壬水가 투출하고 일지와 운에서 辰土가 움직이니, 결국 큰 재앙으로 이어져 죽음을 맞이하게 됩니다.

　이를 분석하면 다음과 같습니다.

　초년 운에 상관이 재성을 보는 격국을 이루면 반드시 재성이 왕성한 운이 필요합니다. 그래서 戊午운과 己未운에서는 재성이 왕성하게 작용하여 부유하게 살았습니다.

　그러나 庚申운과 辛酉운은 서방운으로서 상관생재의 격국에서 정관을 만나니 매사에 헛된 노력만 하며 어려움을 겪게 됩니다. 癸亥운에서는 甲木의 인수가 왕성하지만, 水火가 충돌하여 불리한 운이 됩니다.

　亥중에는 壬水가 존재하고, 壬辰운에서도 壬水가 다시 드러나고 사주에 있는 辰土와 겹치면서 결국 죽음을 맞이하게 된 것입니다.

　일반적으로 상관이 재성을 만나는 격국에서는 반드시 정관을 만나지 않아야 하며, 재성이 왕성하여 정관을 생할 때는 더욱 조심해야 합니다. 특히

壬水가 火식상을 극하면, 火식상은 정상적으로 일간 甲木의 재성을 생할 수 없게 됩니다.

6) 論偏財 논편재

편재의 본질

何謂之偏財 蓋陽見陽財 陰見陰財也 然而偏財者 乃衆人之財也 只恐兄弟
하위지편재 개양견양재 음견음재야 연이편재자 내중인지재야 지공형제
姊妹有奪之 則福不全 若有官星 禍患百出 故曰 偏財好出 亦不懼藏 惟怕
자매유탈지 즉복불전 약유관성 화환백출 고왈 편재호출 역불구장 유파
有以分奪 反空亡耳 有一於此 官將不成 財將不住 經曰 背祿逐馬 守窮途
유이분탈 반공망이 유일어차 관장불성 재장불주 경왈 배록축마 수궁도
而悽惶也 財弱亦待曆旺鄉而發榮 財盛無鬼住而不妙 且恐身勢無力耳
이처황야 재약역대력왕향이발영 재성무귀주이불묘 차공신세무력이

편재는 양일간이 양의 재성을 만나거나, 음일간이 음의 재성을 만나는 경우를 의미합니다. 편재는 일반적인 재물과 달리 여러 사람의 재물이라는 특징을 지닙니다. 즉, 편재는 개인이 소유하기 어려운 재물이므로 경쟁이 많을 수 있습니다.

형제자매가 많으면 재물을 나누어 가져야 하므로 복이 온전하지 않게 됩니다. 만약 정관이 존재하면 오히려 재앙이 발생할 수 있습니다.

편재는 유동성이 많아 밖으로 나가는 성향이 강하며, 재물이 감춰져 있다고 해서 불리하지는 않습니다. 다만, 분쟁이나 경쟁으로 인해 재물이 빠르게 사라지는 것은 피해야 합니다.

만약 한 가지라도 잘못되면 관직은 이루어지지 않고 재물도 안정적으로 머물지 못하게 됩니다. 경전에서 이를 배록축마라고 하며, 이는 안정적인 재물을 유지하지 못하고 궁핍해질 가능성이 높아진다고 합니다.

재성이 약하면 반드시 왕성한 운을 만나면 복을 누릴 수 있습니다. 반대

로 재성이 지나치게 왕성하지만 칠살이 없으면 오히려 불리할 수 있습니다. 이는 결국 일간의 힘이 부족하여 재성을 감당하지 못하기 때문입니다.

편재의 작용

偏財主人慷慨 不甚又恐 太旺兄弟不止 財豐亦能官旺 何以言之 蓋財盛自
편재주인강개 불심우공 태왕형제불지 재풍역능관왕 하이언지 개재성자
生官矣 但等行官鄉偏多詐 蓋財能利己 亦能招誨 運行旺相 福祿俱臻 只復
생관의 단등행관향편다사 개재능리기 역능초회 운행왕상 복록구진 지복
被官之剋 必多破亦不美 財多須看財 與我之日干壞于強弱相等 行官鄉便可
피관지극 필다파역불미 재다수간재 여아지일간괴우강약상등 행관향편가
發祿 若財盛而身弱 運至官鄉是既被財之盜氣 復被官之剋身 非惟不發祿
발록 약재성이신약 운지관향시기피재지도기 복피관지극신 비유불발록
亦防禍患 如命四柱中元帶官星 便作好命看 若四柱中兄弟輩出 縱入官鄉
역방화환 여명사주중원대관성 편작호명간 약사주중형제배출 종입관향
發祿必渺矣 故曰要在識其變通矣
발록필묘의 고왈요재식기변통의

편재를 가진 사람은 대체로 너그럽고 통이 크지만, 지나치게 강하면 형제들과의 재물 경쟁이 많아질 수 있습니다.

재물이 풍부하면 정관이 왕성해질 수 있는데, 이는 재성이 정관을 생하기 때문입니다. 그러나 편재가 지나치게 강한 경우에는 정관운으로 흐르면 문제가 많아질 수 있습니다. 이는 편재가 자신에게 이익을 가져오기도 하지만, 동시에 일간의 기운을 소모시키고 정관을 생하여 일간을 극제할 수 있으므로 위험을 초래할 수 있기 때문입니다.

운이 왕상하고 조화를 이루면 복록이 충분하지만, 정관에 의해 극제되면 재물이 손실될 수 있습니다.

재성이 왕성하면 반드시 일간의 강약을 비교해야 합니다. 만약 재성이 왕성한데 일간이 신약하면, 정관운으로 흐를 때 극심한 재물 손실과 위기를

초래할 수 있습니다.

사주 내에서 정관이 있으면 좋은 명으로 볼 수 있습니다. 반면 형제가 많으면 정관운으로 흐르더라도 부귀가 제대로 이루어지기 어려울 수 있으므로, 운세를 정확히 파악하고 그 변화에 따라 유연하게 판단하는 것이 중요합니다.

7) 論食神 논식신

식신의 본질

食神者 生我財神之謂也 如甲屬木 丙屬火 名盜氣 故謂之食神 何也 殊不
식신자 생아재신지위야 여갑속목 병속화 명도기 고위지식신 하야 수불
知丙能生我戊土 甲食丙之戊財 故以此名之也 命中帶此者 主人財厚食豐
지병능생아무토 갑식병지무재 고이차명지야 명중대차자 주인재후식풍
腹量寬洪 肌體肥大 優遊自足 有子息 有壽考 恒不喜見官星 忌倒食 恐傷
복량관홍 기체비대 우유자족 유자식 유수고 항불희견관성 기도식 공상
其食神 喜財食神相生 獨一位同之 則爲福人 然終亦不淸 却喜身旺 不喜印
기식신 희재식신상생 독일위동지 즉위복인 연종역불청 각희신왕 불희인
綬 亦恐傷其食神也 如運得地 方可發福 大概與財神相似
수 역공상기식신야 여운득지 방가발복 대개여재신상사

식신은 일간의 재성을 생하는 역할을 합니다. 예를 들어, 甲木일간이 丙火를 만나면 丙은 戊재성을 생하므로 식신이라고 합니다. 즉, 甲은 丙이 기른 戊재성을 음식으로 먹을 수 있기 때문입니다. 이로 인해 丙은 甲일간의 식신으로 불립니다. 따라서 식신은 재성을 만드는 중요한 역할을 합니다.

사주에 식신이 있으면 재물이 풍부하고 음식이 넉넉한 삶을 누릴 수 있습니다. 마음이 너그럽고 안정적인 생활을 추구하며 신체가 튼튼하고 편안한 삶을 즐길 수 있습니다. 자녀가 많을 가능성이 있으며 장수할 수 있는 운명을 지니게 됩니다.

정관이 강하게 작용하면 식신의 순수한 기운이 손상될 수 있습니다. 도식이 형성되면 식신을 극제하여 불리한 운을 초래하게 됩니다. 재성과 식신이 한 자리에서 조화를 이루면 좋은 운명이지만, 지나치게 많으면 결국 탁해지며 불안정하게 됩니다.

일간이 신왕해야 길하며, 인수가 왕성하면 오히려 식신의 기운이 약해질 수 있습니다. 운에서 득지하면 복을 누릴 가능성이 큽니다. 대체로 운의 변화는 재성과 유사한 특징을 가집니다.

식신 사주의 사례 분석

如己未己巳丁未辛丑 丁見己爲食神 有一丑巳合起金局 得之爲財 又喜身不
여기미기사정미신축 정견기위식신 유일축사합기금국 득지위재 우희신불
弱 所以有官亦有壽也 如乙巳乙酉癸酉乙卯 此命見三乙爲食神 見巳酉丑合
약 소이유관역유수야 여을사을유계유을묘 차명견삼을위식신 견사유축합
金局爲印綬 又有三乙化爲傷官 癸用乙爲食神 被金局來剋乙木 再被三乙並
금국위인수 우유삼을화위상관 계용을위식신 피금국래극을목 재피삼을병
卯旺剋我官 所以名利都無成也
묘왕극아관 소이명리도무성야

시	일	월	년
辛丑	丁未	己巳	己未

이 사주는 丁일간에게 己土가 식신으로 작용하며, 巳丑이 합하여 金재성국을 이루고 있습니다. 식신이 金재성국을 생하고 일간 또한 신약하지 않으므로, 재성을 감당할 수 있는 기반이 형성됩니다. 이러한 조화로 인해 관운도 있고, 수명도 길며 안정된 삶을 살 수 있었습니다.

시	일	월	년
乙卯	癸酉	乙酉	乙巳

이 사주는 癸일간이 세 개의 乙木을 식신으로 삼고 있습니다. 그러나 巳酉丑이 합하여 金국을 형성하면서 인수로 작용하고, 또한 세 개의 乙木이 상관으로 변화되고 있습니다.

癸水일간이 乙木을 식신으로 삼는데, 金국에 의해 乙木이 극을 당하고 있습니다. 더구나 세 개의 乙木은 卯의 왕성한 기운으로 나와 정관을 극하므로, 결국 명예와 재물이 모두 이루어지지 않았습니다.

8) 論倒食 논도식

도식의 본질

夫倒食者 沖財神之謂也 一名吞啗煞 用財神大忌見之 用食神亦忌見之 倒
부도식자 충재신지위야 일명탄담살 용재신대기견지 용식신역기견지 도
食者 如甲見壬之類 如甲見丙爲食神 能生土財 然壬剋丙火 丙火不能生甲
식자 여갑견임지류 여갑견병위식신 능생토재 연임극병화 병화불능생갑
木之土財 所謂甲用食神大忌見之 凡命中帶此二者 主福淺壽薄 又見庚爲七
목지토재 소위갑용식신대기견지 범명중대차이자 주복천수박 우견경위칠
殺 得丙火制之 怕見水反爲禍矣 凡命中犯此者 猶尊長之制我身 不得自由
살 득병화제지 파견수반위화의 범명중범차자 유존장지제아신 부득자유
也 做事進退悔懶 有始無終 財源屢成屢敗 容貌敧斜 身品矮小 膽怯心慌
야 주사진퇴회라 유시무종 재원루성루패 용모기사 신품왜소 담겁심황
百事無成也
백사무성야

도식은 재성을 손상시키는 작용을 하며 식신을 삼켜 먹는다고 하여 일명 탄담살이라고 불립니다. 이는 재성을 활용하거나 식신을 사용하는 데에 가장 불리한 요소로 작용합니다.

예를 들어, 甲일간이 壬을 만나면 도식의 형태가 형성됩니다. 甲일간이 丙식신을 통해 土재성을 생하더라도, 도식으로 작용하는 壬이 丙을 극하면 丙이 정상적으로 재성을 생할 수 없습니다. 따라서 명조에서 식신을 사용할

때 도식을 만나면 불리한 결과를 초래할 수 있습니다.

사주에서 도식을 가진 사람은 운세가 박복하여 복이 두텁지 않고 수명이 짧아질 가능성이 큽니다. 또한 사주에 庚칠살이 있으면 丙火식신이 이를 제어할 수 있지만, 水도식을 만나면 오히려 큰 화를 초래할 수 있습니다.

도식이 강하게 작용하면 마치 윗사람에게 제압당한 것처럼 자유롭지 못한 삶을 살 수 있습니다. 일을 할 때 결단력이 부족하고 쉽게 후회하며 끝맺음을 잘하지 못하는 성향을 가질 수 있습니다.

재물운도 들쭉날쭉하며 외모가 비뚤어지거나 키가 작아질 수 있으며, 겁이 많고 마음이 불안정하여 소심하고 두려움이 많으며 쉽게 좌절하는 경향이 강합니다.

도식 사주의 사례 분석

如丁未丁未己亥丁卯 此命己亥日 己臨亥上 身弱于亥 加以亥卯未木局剋身
여정미정미기해정묘 차명기해일 기림해상 신약우해 가이해묘미목국극신

年月時透出三丁食己 幼年行南方運 賴火生土 身猶旺 才交乙巳運 爲己之
년월시투출삼정식기 유년행남방운 뢰화생토 신유왕 재교을사운 위기지

七殺 引出亥卯未木局 歲運癸亥 所以死矣 此命非但倒食七殺之禍 而癸亥
칠살 인출해묘미목국 세운계해 서이사의 차명비단도식칠살지화 이계해

年與生殺壞印之說同義也 如甲戌丙寅甲戌壬申 此命甲戌日 甲見丙食 生于
년여생살괴인지설동의야 여갑술병인갑술임신 차명갑술일 갑견병식 생우

正月 甲木旺 身與食神俱旺 本是貴命 不合時上壬申 壬水傷其丙火 申金沖
정월 갑목왕 신여식신구왕 본시귀명 불합시상임신 임수상기병화 신금충

其寅木 又申中有庚七殺 所以利名無成 行己巳運 金生之地 見庚子年 庚金
기인목 우신중유경칠살 소이리명무성 행기사운 금생지지 견경자년 경금

爲七殺 又見子水 死於非命
위칠살 우견자수 사어비명

시	일	월	년
丁卯	己亥	丁未	丁未

이 명조는 己일간이 亥에서 신약합니다. 亥卯未 木국이 형성되어 일간을 극하고, 년주와 월주, 시주에서 丁火 도식이 세 개나 투출하고 있습니다. 어린 시절에는 남방운을 만나 火가 土를 생조하여 일간이 왕성해지므로 무난하게 지냈습니다.

乙巳운에 접어들면서 乙칠살이 亥卯未 木국의 강한 힘을 인출해서 일간을 심하게 극하므로 결국 癸亥년에 죽었습니다. 이 명은 비단 도식과 칠살의 재난과 더불어, 癸亥년에 왕성한 재성이 칠살을 생하고 인수를 파괴하는 생살괴인의 이치가 작용하였기 때문입니다.

시	일	월	년
壬申	甲戌	丙寅	甲戌

이 명조는 甲戌일주가 월상에서 丙火식신을 보고 있으며, 寅월에 태어나 甲일간과 丙식신이 모두 왕성하여 본래 귀한 명입니다.

그러나 문제가 되는 것은 壬水가 丙火를 극하여 식신을 손상시키며, 申金이 寅木을 충하는 구조입니다. 게다가 申중에 庚칠살이 숨어 있어 칠살의 기운이 왕성하게 작용하므로 부귀를 이루지 못하였습니다.

특히, 己巳운에서 庚칠살이 장생지에 이르고, 庚子년에 접어들면서 庚칠살과 子水가 함께 작용해 비명횡사하는 흉운을 맞이했습니다.

9) 論傷官 논상관

상관의 본질

傷官者 其驗如神 傷官務要傷盡 傷之不盡 官來乘旺 其禍不可勝言 傷官見
상관자 기험여신 상관무요상진 상지부진 관래승왕 기화불가승언 상관견
官 爲禍百端 倘月令在傷官之位 及四柱次合作事 皆在傷官之處 又行身旺
관 위화백단 당월령재상관지위 급사주차합작사 개재상관지처 우행신왕

鄉 俱貴人也 傷官主人多才藝 傲物氣高 當以天下之人不如己 而貴人亦憚
향 구귀인야 상관주인다재예 오물기고 당이천하지인불여기 이귀인역탄
之 衆人亦惡之 運一逢官 禍不可言 或有吉神可 解必生惡疾以殘其軀 不然
지 중인역악지 운일봉관 화불가언 혹유길신가 해필생악질이잔기구 불연
遭官事 如運行剝官 財神不旺 皆是安享之人 仔細推詳 萬無一失矣
조관사 여운행박관 재신불왕 개시안향지인 자세추상 만무일실의

상관은 마치 신과 같은 매우 강력한 기운으로 작용하며, 그 효과가 신기할 정도로 영험한 면이 있습니다.

상관은 반드시 인수로 제거(상진)해야 합니다. 만약 상진되지 않고 상관이 정관을 만나게 되면 백 가지 재앙이 생긴다고 할 정도로 흉하게 작용하며 그 흉함을 말로 다할 수 없을 정도입니다.

상관이 월령에 존재하고, 사주 전체가 이곳을 지원하거나 조화를 이루며 신왕운을 만나면 귀인의 위치에 오르게 됩니다.

상관을 가진 사람은 일반적으로 다재다능하며, 뛰어난 능력을 발휘합니다. 그러나 동시에 오만한 기질이 강해 자신을 천하의 중심이라 여기며, 귀인조차 이들을 꺼리고 주변 사람들도 이러한 태도를 싫어합니다.

상관이 정관을 만나면 말할 수 없는 재앙으로 이어집니다. 혹시 길신이 있어 해결한다고 해도 반드시 악질로 인한 신체 손상이나 관재소송에 휘말릴 수 있습니다. 반면, 정관이 쇠약한 운으로 흐르고 재성이 왕성하지 않다면 편안한 삶을 누릴 수 있으므로 자세히 판단하면 전혀 실수하지 않을 것입니다.

상관의 작용

又云 傷官者 我生彼之謂也 以陽見陰 陰見陽 亦名盜氣 印綬事傷盡 不留
우운 상관자 아생피지위야 이양견음 음견양 역명도기 인수사상진 불류
一點 身弱忌官星 不怕七殺 如甲用辛官 如丁火旺 能生土財 最忌見官星
일점 신약기관성 불파칠살 여갑용신관 여정화왕 능생토재 최기견관성

> 亦要身旺 若傷官不盡 四柱有官星露 歲運若見官星 其禍不可勝言 若傷官
> 역요신왕 약상관부진 사주유관성로 세운약견관성 기화불가승언 약상관
> 傷盡 四柱不留一點 又行旺運及印綬運 却爲貴也 如四柱中雖傷盡官星 身
> 상진 사주불류일점 우행왕운급인수운 각위귀야 여사주중수상진관성 신
> 雖旺 若無一點財氣 只爲貧薄 如遇傷官者 須見其財爲妙 是財能生官也 如
> 수왕 약무일점재기 지위빈박 여우상관자 수견기재위묘 시재능생관야 여
> 用傷官格者 支干歲運都要不見官星 如見官星 謂之傷官 見官爲禍百端 用
> 용상관격자 지간세운도요불견관성 여견관성 위지상관 견관위화백단 용
> 傷官格局 見財方可用
> 상관격국 견재방가용

상관은 일간이 생하는 기운으로 도기라고도 불립니다. 이는 일간의 기운을 소모하는 기운이기 때문입니다. 양일간이 음의 식상을 만나거나 음일간이 양의 식상을 만날 때 상관이 형성됩니다.

인수의 역할로 상관을 완전히 손상시키는 것이 중요하며, 그 기운이 조금이라도 남아있지 않도록 완전히 제거해야 합니다. 신약한 경우 정관을 극도로 조심해야 하지만, 칠살은 상대적으로 덜 위험합니다.

예를 들어, 甲木일간에게 辛金은 정관인데, 丁火상관이 왕성하면 土재성을 생할 수 있지만, 정관이 있으면 가장 주의해야 하며 반드시 일간이 신왕해야 합니다.

만약 상관을 상진하지 못하였는데, 사주에서 정관이 드러나고 대세운에서 정관을 만나면 그 재앙을 말로 다할 수 없습니다. 상관이 상진되어 사주에 상관의 기세가 조금도 남아있지 않고 신왕운이나 인수운으로 흐르면 도리어 귀하게 됩니다.

사주에서 비록 상관이 상진되어도 신왕하고 재성이 조금도 없으면 가난하고 박복할 가능성이 큽니다. 상관을 만나면 재성을 보는 것이 기묘한데 이는 재성이 정관을 생할 수 있기 때문입니다.

상관격을 사용할 때는 사주의 간지와 대세운에서 정관을 만나지 않아야

합니다. 만약 정관을 만나면 이를 상관견관이라 하여 심각한 재앙을 초래할 수 있습니다. 상관격을 사용할 때는 재성을 만나야 비로소 쓸 수 있습니다.

상관의 살성

傷官之殺 甚如傷身七殺 其驗如神 年帶傷官 父母不令 月帶傷官 兄弟不完
상관지살 심여상신칠살 기험여신 년대상관 부모불령 월대상관 형제불완
時帶傷官 子息爲頑 日帶傷 官妻妾不完 其餘傷官 務要傷盡則吉 見財方可
시대상관 자식위완 일대상 관처첩불완 기여상관 무요상진즉길 견재방가
輕則運富之災 重則刑大之難 傷官有戰 其命難有 若月令在傷官之處 及四
경즉운부지재 중즉형대지난 상관유전 기명난유 약월령재상관지처 급사
柱相合皆在傷官之處 如行身旺卽貴也 傷官之人 多節才傲物 常以他人不如
주상합개재상관지처 여행신왕즉귀야 상관지인 다절재오물 상이타인불여
己 君子惡之小人畏之
기 군자악지소인외지

상관의 살성은 마치 일간을 상하게 하는 칠살과 유사하며, 그 효과는 강력하고 뚜렷하게 나타납니다.

년주에 상관이 있으면 부모의 말을 듣지 않고, 월주에 상관이 있으면 형제가 불화하고, 시주에 상관이 있으면 자식이 반항적일 수 있으며, 일주에 상관이 있으면 배우자와의 관계가 순탄하지 않을 수 있습니다.

상관은 반드시 상진해야만 길한 작용을 할 수 있으며, 재성을 만나면 비로소 좋아질 수 있습니다. 살성이 가벼워도 재물로 인해 재난을 초래할 수 있으며, 살성이 심한 경우에는 형벌과 큰 재난을 초래할 수 있습니다. 상관은 전투적 성향을 가지므로 운세가 어려워지게 됩니다.

만약 월령에 상관이 존재하고 사주 전체가 상관을 중심으로 구성되어 있으면 반드시 신왕운으로 흘러야 귀한 운명을 가질 수 있습니다.

상관을 가진 사람은 대체로 재능이 뛰어나고 독창적이지만, 자존심이 강하고 다른 사람을 낮춰보는 경향이 있습니다. 귀한 운명을 가진 사람도 그를 꺼리며 일반사람들도 가까이하기를 두려워합니다.

정관을 만나는 경우

逢官運無財救 必主大災 不然主暗昧惡疾 以殘其身 或運遭官刑矣 如四柱
봉관운무재구 필주대재 불연주암매악질 이잔기신 혹운조관형의 여사주
雖傷盡官星 身若逢財運發福 是爲傷官見財 仔細推詳 萬無一失 又云 四柱
수상진관성 신약봉재운발복 시위상관견재 자세추상 만무일실 우운 사주
有官而被禍重 四柱無官而被禍則淺 大凡四柱見官者 或見傷官而取其財 財
유관이피화중 사주무관이피화즉천 대범사주견관자 혹견상관이취기재 재
行得地則發 行敗財之地必死 如運支內無財 運干虛露亦可也 如乙亥己丑丁
행득지즉발 행패재지지필사 여운지내무재 운간허로역가야 여을해기축정
亥庚戌 丁以壬爲官 丑戌本爲傷官 只是丑爲金庫 又時上有庚字作財 此人
해경술 정이임위관 축술본위상관 지시축위금고 우시상유경자작재 차인
行申酉限如意 入金脫氣遂死矣 大抵傷了官星 行官運則災連 太歲亦然
행신유한여의 입금탈기수사의 대저상료관성 행관운즉재연 태세역연

정관운을 만났을 때 재성이 없으면 큰 재난이 발생할 수 있습니다. 이 경우 신체적 손상이나 질병으로 이어질 수 있습니다. 또한 운에서 형을 만나면 관재소송 등 형벌로 어려움을 초래할 수 있습니다.

사주에서 비록 상관이 상진되어도 재성운을 만나면 복을 누릴 수 있습니다. 이것은 상관이 재성을 만났기 때문이며 세부적으로 분석하면 실수 없이 제대로 된 판단을 할 수 있습니다.

또 말하기를, 사주에 정관이 있는 경우에는 상관이 정관을 극하므로 재앙이 무겁지만, 사주에 정관이 없는 경우에는 상관이 정관을 극하지 못하므로 재앙의 정도가 가벼운 편입니다.

대체로 사주에 정관이 있고 상관이 있으면 재성을 취하고, 재성이 득지하는 운으로 흐르면 발복하지만, 재성이 패하는 운으로 흐르면 생명에 위험이 따릅니다. 운의 지지에 재성이 없거나 운의 천간에 허약하게 나타나도 역시 마찬가지로 해석합니다.

시	일	월	년
庚戌	丁亥	己丑	乙亥

丁일간에게 壬이 정관으로 작용하며, 丑과 戌은 상관으로 작용합니다. 丑은 金의 창고 역할을 하며, 시지에서 庚金이 재성으로 작용합니다.

이 사람은 申酉재성운으로 흐르며 정관을 생하므로 비교적 안정적인 삶을 살았으나, 金재성의 기운이 완전히 빼앗기는 壬午운에 들어서며 결국 죽음을 맞이하였습니다. 대체로 정관이 손상되었는데 정관운으로 흐르면 재앙이 따르며, 세운에서도 역시 마찬가지입니다.

10) 論劫財 논겁재

겁재의 본질과 작용

> 如乙見甲爲劫財 乙以庚爲夫 見丙剋庚 故剋夫 男命則剋妻 五陽見五陰爲
> 여을견갑위겁재 을이경위부 견병극경 고극부 남명즉극처 오양견오음위
> 敗財 主剋妻害子 五陰見五陽爲劫財 主破耗 防小人 不剋妻 乙以戊己爲財
> 패재 주극처해자 오음견오양위겁재 주파모 방소인 불극처 을이무기위재
> 甲見奪己壞戊 丁以庚辛爲財 丙奪能辛破庚 類如此也 兄見弟 弟能敗兄之
> 갑견탈기괴무 정이경신위재 병탈능신파경 류여차야 형견제 제능패형지
> 財奪兄之妻 弟見兄 兄能劫弟之財 而不敢娶弟之妻 財者人之所欲 方令弟
> 재탈형지처 제견형 형능겁제지재 이불감취제지처 재자인지소욕 방령제
> 兄見之 多有爭競 如夷齊能幾人 男命見劫財多剋妻 女命見傷官多剋夫 此
> 형견지 다유쟁경 여이제능기인 남명견겁재다극처 여명견상관다극부 차
> 極論也
> 극론야

乙일간이 甲을 만나면 겁재입니다. 여명의 경우, 乙일간은 庚을 남편으로 삼는데, 丙상관이 나타나서 庚을 극하면 남편을 극하게 됩니다. 남명의 경우에는 처를 극하는 것으로 해석합니다.

일간이 양간일 때, 같은 오행의 음간은 패재로 작용하며 양간의 처를 극하고 자식을 해롭게 할 수 있습니다. 일간이 음간일 때, 같은 오행의 양간은 겁재로 작용하며 음간의 재물을 손상시키고 소인으로 인한 피해를 조심하

며 음간의 처를 극하지는 않습니다.

예를 들면, 乙일간은 戊己를 재성으로 삼는데 甲겁재가 나타나면 己편재를 빼앗고 戊정재를 무너뜨립니다. 丁일간은 庚辛을 재성으로 삼는데 丙겁재는 辛편재를 빼앗고 庚정재를 깨뜨립니다.

이러한 작용으로, 형이 아우를 만날 때 아우는 형의 재물이나 처를 빼앗을 수 있습니다. 반면 아우가 형을 만날 때 형은 아우의 재물을 빼앗기는 하지만 아우의 처에게는 감히 손대지 않습니다.

재물은 사람들에게 욕망과 경쟁을 불러일으키는 요소입니다. 형제 간에도 재물을 놓고 다툼이 자주 발생할 수 있으며, 백이와 숙제처럼 의리를 지키는 경우는 극히 드뭅니다.

남명에서 겁재가 많으면 대부분 처를 극하고, 여명에서 상관이 많으면 대부분 남편을 극할 가능성이 높다고 말합니다. 그러나 이는 극단적인 논리로, 사주의 전체적인 조화와 운의 흐름을 함께 고려해야 합니다.

11) 論羊刃 논양인

양인의 본질

夫羊刃者 號天上之凶星 作人間之惡殺 以祿前一位是也 如甲祿在寅 卯爲
부양인자 호천상지흉성 작인간지악살 이록전일위시야 여갑록재인 묘위

羊刃 喜偏官七殺 喜印綬 忌反伏吟 忌魁罡 忌三合 何謂羊刃 甲丙戊庚壬
양인 희편관칠살 희인수 기반복음 기괴강 기삼합 하위양인 갑병무경임

五陽有刃 乙丁己辛癸五陰無刃 故名陽刃
오양유인 을정기신계오음무인 고명양인

양인은 하늘의 흉성으로 불리며, 인간 세계에서는 악살로 작용합니다. 양인은 사주에서 록이 위치한 곳의 바로 다음 자리에 위치하는 지지입니다. 예를 들어 甲의 록은 寅에 위치하고, 卯가 양인으로 작용합니다.

양인은 편관과 칠살을 좋아하고, 인수를 좋아합니다. 하지만 반음(충돌하

는 기운)과 복음(중복되는 기운)은 꺼리며, 괴강과 삼합은 흉성이 강하므로 꺼립니다.

양인은 양간(甲丙戊庚壬)에만 존재하고, 음간(乙丁己辛癸)에는 양인이 없습니다. 따라서 양인(陽刃)이라고 부릅니다.

양인의 특징

如命中有刃 不可便言凶 大率與七殺相似 凡有刃者 多主富貴人 却喜偏財
여명중유인 불가편언흉 대솔여칠살상사 범유인자 다주부귀인 각희편재
七殺 然殺無刃不顯 刃無殺不威 刃殺俱全 非常人有之 大要身旺 運行身旺
칠살 연살무인불현 인무살불위 인살구전 비상인유지 대요신왕 운행신왕
之鄕 不要見傷官刃旺運 若命中元有殺刃 歲運又逢之 其禍非常 若命有刃
지향 불요견상관인왕운 약명중원유살인 세운우봉지 기화비상 약명유인
無殺 歲運逢殺旺之鄕 乃轉生而反成厚福 如傷官財旺 身弱殺旺最可忌也
무살 세운봉살왕지향 내전생이반성후복 여상관재왕 신약살왕최가기야

양인이 있다고 해서 반드시 흉한 것은 아닙니다. 양인은 칠살과 비슷한 성격을 가집니다. 양인이 있는 사람은 부귀한 삶을 살 가능성이 높습니다. 특히 편재와 칠살이 함께 있을 때 좋은 영향을 받을 수 있습니다.

칠살은 양인이 없으면 위력을 발휘하지 못하며, 양인은 칠살이 없으면 위엄을 잃습니다. 양인과 칠살이 함께 있을 때 보통 사람과는 다른 강한 힘을 발휘합니다.

신강해야 양인의 힘을 제대로 활용할 수 있습니다. 운이 신왕한 곳으로 흐르면 좋지만 상관과 양인이 왕성한 운은 주의해야 합니다.

양인과 칠살이 모두 있는 사람이 대세운에서 다시 칠살과 양인을 만나면 큰 재앙이 발생할 수 있습니다. 사주에 양인만 있고 칠살이 없다면, 칠살이 왕성한 대세운을 만나 오히려 복으로 전환되기도 합니다.

상관과 재성이 왕성한 상태에서 일간이 신약하고 칠살이 강하면 매우 흉하게 작용하므로 가장 조심해야 합니다.

양인의 사주 사례 분석

如庚申己卯甲寅 此命甲日見卯爲刃 庚爲七殺 七殺本傷身 却藉卯中乙木以
여경신기묘갑인 차명갑일견묘위인 경위칠살 칠살본상신 각자묘중을목이

配合 其殺有情 則殺不能傷身 正是甲以乙妹妻庚之義 其身旺南方運 所以
배합 기살유정 즉살불능상신 정시갑이을매처경지의 기신왕남방운 소이

爲貴 如戊午戊午戊午甲寅 此命刃殺 全而又以午火爲印 所以爲貴 喜忌篇
위귀 여무오무오무오갑인 차명인살 전이우이오화위인 소이위귀 희기편

云 戊日午月 勿作刃看 歲時火多 却爲印綬 又如辛酉甲午戊午甲寅 此命殺
운 무일오월 물작인간 세시화다 각위인수 우여신유갑오무오갑인 차명살

刃全而有印綬 不合年干傷官透出 運行辛卯 犯傷官元有之辰 壬爲財 是壬
인전이유인수 불합년간상관투출 운행신묘 범상관원유지진 임위재 시임

辰歲因事 投水而死壬水剋火印 又生甲之七殺 謂之生殺壞印 即此命見辛爲
진세인사 투수이사임수극화인 우생갑지칠살 위지생살괴인 즉차명견신위

傷官 運行辛卯忌見官 午中丁火爲印綬 最忌傷官與財相見 緣水生木剋身也
상관 운행신묘기견관 오중정화위인수 최기상관여재상견 연수생목극신야

又如 癸未乙卯甲子己巳 此命卯刃癸印 不合時上己巳破印 運行辛亥 亥卯
우여 계미을묘갑자기사 차명묘인계인 불합시상기사파인 운행신해 해묘

未合起羊刃 辛酉年 辛金又旺於酉沖 起卯刃 二辛則太過 金多見甲 身雖貴
미합기양인 신유년 신금우왕어유충 기묘인 이신즉태과 금다견갑 신수귀

亦遭刑也 然雖見辛爲貴 所忌羊刃 不可一合一沖也
역조형야 연수견신위귀 소기양인 불가일합일충야

시	일	월	년
	甲寅	己卯	庚申

이 사주는 甲일간에게 卯가 양인이고, 庚은 칠살로 작용합니다. 칠살은 원래 일간을 상하게 하는 흉신이지만, 卯의 乙木이 庚金과 조화를 이루면서 칠살이 유정해지며 일간을 해치지 않게 되었습니다.

이는 甲에게 乙은 누이지만 庚의 처가 되었다는 의미로 설명됩니다. 신왕하고 남방운으로 흐르면서 귀하게 발복하게 됩니다.

시	일	월	년
甲寅	戊午	戊午	戊午

이 명은 午가 양인으로 작용하며, 甲이 칠살로 작용합니다. 양인과 칠살이 모두 존재하는 구조이며, 한편으로 午火가 많아 인수로 작용하며 일간을 생조합니다. 이를 통해 귀한 명조가 되었습니다.

희기편(喜忌篇)에서는 戊일간이 午월에 태어난 경우, 午를 양인으로 보지 않고, 년주와 시주에 火가 많을 때는 양인이 아니라 인수로 작용한다고 합니다.

시	일	월	년
甲寅	戊午	甲午	辛酉

이 명조는 칠살과 양인이 모두 있으며, 인수도 포함되어 있습니다. 하지만 년간에 투출한 辛상관이 문제를 일으킵니다. 辛卯운에서 년주를 충하여 손상시키고, 壬辰년에 壬재성이 甲칠살을 생조하는 한편, 火인수를 파괴하는 생살괴인 현상이 발생하므로 물에 빠져 죽었습니다.

辛상관이 辛卯운에 정관을 만나고, 상관이 재성을 생하여 午중 丁火인수를 파괴한 것이 가장 큰 문제가 됩니다. 결국 수생목으로 일간을 극하니 물에 빠져 죽은 것입니다.

시	일	월	년
己巳	甲子	乙卯	癸未

卯가 양인이고 癸가 인수로 작용하지만, 시주 己巳가 인수를 파괴하니 좋지 않습니다. 辛亥운에 亥卯未합으로 양인이 강해지고, 辛酉년에 辛이 酉에서 왕성한데 酉와 卯의 충으로 卯양인이 활성화됩니다.

대세운에서 두 개의 辛정관이 태과한 金의 기세로 甲일간을 극하니, 비록 辛정관으로 귀하게 되어도 강한 양인과 충이 발생하니 형벌을 피하기 어려운 것입니다. 따라서 양인은 합과 충이 동시에 발생하면 주의해야 합니다.

12) 論刑合 논형합

형합의 본질

刑合者 刑中有帶合者是也 如人命犯之 多因酒色喪家成病 至於耽迷不省
형합자 형중유대합자시야 여인명범지 다인주색상가성병 지어탐미불성
乃神迷之也 如十八格中有合祿合格者 何謂也 是乃癸用戊官 戊祿在巳 不
내신미지야 여십팔격중유합록합격자 하위야 시내계용무관 무록재사 불
見巳字 但見寅刑 但巳酉丑合 此乃見不見之 刑所以貴也 如此者 皆見於前
견사자 단견인형 단사유축합 차내견불견지 형소이귀야 여차자 개견어전
所以凶也
소이흉야

형합이란 형과 합이 동시에 존재하는 경우를 의미합니다.

사람의 운명에서 형합이 있으면 주색으로 인해 패가망신하고 질병에 걸리는 경우가 많습니다. 심한 경우에는 정신적으로 혼미해질 수도 있습니다.

18격 중에 합록격이 있는데, 이는 합을 통해 록을 얻는 것입니다. 예를 들어, 癸일간이 戊정관을 쓰는데, 戊의 록인 巳가 사주에 없어도 寅巳형이나 巳酉丑 삼합을 이루어 보이지 않는 가운데 형이 작용하므로 귀하게 되지만, 이것이 보이면 모두 흉하게 작용합니다.

형합의 사주 사례 분석

且如丙子辛卯丙子辛卯 此命年月日時俱帶刑合 爲子水沖丙火兼身又弱 二
차여병자신묘병자신묘 차명년월일시구대형합 위자수충병화겸신우약 이
十六交甲午 三十一交丙午年 太歲併在羊刃之上 有二子沖午 其刃刑俱合
십륙교갑오 삼십일교병오년 태세병재양인지상 유이자충오 기인형구합
所以因酒淫決而亡也 又如己巳己巳甲寅己巳 此命身旺 財旺身入長生 故爲
소이인주음결이망야 우여기사기사갑인기사 차명신왕 재왕신입장생 고위
入格 不合帶刑合太重 交癸亥沖巳 而飮酒耽色 遂患痼疾而死 又如乙卯癸
입격 불합대형합태중 교계해충사 이음주탐색 수환고질이사 우여을묘계

未戌戌癸丑 此命女人 戌戌日生于六月中旬 歲干透出乙字 戌日見之爲官
미무술계축 차명여인 무술일생우륙월중순 세간투출을자 무일견지위관
地支亥卯未木局 生戌中之火 爲戌之印綬 官印兩全 只不合癸丑時 癸水沖
지지해묘미목국 생술중지화 위술지인수 관인양전 지불합계축시 계수충
戌中之火 丑中之金傷官兼刑合重 爲戌用乙官在歲干旺矣
술중지화 축중지금상관겸형합중 위무용을관재세간왕의

시	일	월	년
辛卯	丙子	辛卯	丙子

이 명조는 년월일시에 모두 형합이 보이고 있으며, 子水가 丙火를 충하므로 신약합니다. 26세에 甲午운으로 바뀌고, 31세 丙午년에 두 개의 午가 두 개의 子와 충하여 양인과 형합이 강하게 작용합니다. 결국 주색으로 인해 몰락하고 죽었습니다.

시	일	월	년
己巳	甲寅	己巳	己巳

이 명조는 신왕하고 재성도 왕성한 사주로서, 일간이 장생의 기운으로 격국을 이룰 수 있습니다. 하지만 형합이 보이며 너무 강하게 작용합니다. 癸亥운에서 일간의 장생인 亥와 巳가 충을 일으키고, 이로 인해 주색에 빠지고 결국 고질병을 앓다가 죽었습니다.

시	일	월	년
癸丑	戊戌	癸未	乙卯

여인의 사주입니다. 戊戌일주가 未월 중순에 태어났습니다. 년간에 乙정관이 투출하고, 卯未 木국이 戌중 火인수를 생하므로 정관과 인수가 모두 완전합니다.

단지 癸丑시가 문제인데, 癸水가 戌중 火인수를 충하고, 丑중의 金상관이 乙정관을 극하므로 형합이 보이며 강하게 작용합니다.

戌일간은 년간에서 왕성한 乙정관을 활용하여 귀한 운명을 가질 수 있지만, 동시에 형합이 드러나 정관과 인수의 조화가 깨지므로 어려움을 겪게 됩니다.

13) 論福德秀氣 논복덕수기

乙일간과 丁일간의 복덕수기

福德秀氣 專用其主也 且如乙巳乙酉乙丑是也 乙用庚官 露出殺喜制 喜印
복덕수기 전용기주야 차여을사을유을축시야 을용경관 노출살희제 희인
綬 不喜生于八月之中 恐露其殺 却喜行印綬官旺運 便能發福 苟四柱中露
수 불희생우팔월지중 공로기살 각희행인수관왕운 편능발복 구사주중로
出辛殺須制伏 如丁巳丁酉丁丑 是壬爲官 喜金旺生水 亦不喜生于八月 因
출신살수제복 여정사정유정축 시임위관 희금왕생수 역불희생우팔월 인
火死在酉 却喜行官旺運 便可發福 亦不要露雜其官 爲壽不耐久
화사재유 각희행관왕운 편가발복 역불요로잡기관 위수불내구

복덕수기는 복과 덕이 뛰어나고 기운이 맑은 기운으로서, 오로지 일주에서 활용합니다.

乙巳, 乙酉, 乙丑일주에서 乙일간은 庚을 정관으로 쓰는데, 칠살이 드러나면 제복해야 합니다. 인수가 있으면 좋아합니다. 酉월생은 칠살이 드러나면 좋지 않지만, 인수운이나 정관운을 만나면 복을 얻을 수 있습니다. 만약 사주에서 辛칠살이 투출하면 반드시 제복해야 합니다.

丁丑, 丁酉, 丁巳일주에서는 丁일간은 壬水를 정관으로 쓰는데, 왕성한 金으로 壬정관을 생하면 좋은 영향을 받을 수 있습니다. 그러나 酉월에 태어나면 火에게 酉는 사지로서 쇠약해지므로 좋지 않게 됩니다. 정관이 왕성한 운을 만나면 복을 얻을 수 있지만, 정관이 잡다하게 드러나면 수명이 짧아질 수 있습니다.

己일간과 癸일간의 복덕수기

己巳己酉己丑 是用甲木爲官 巳酉丑金局 皆傷其官 亦名盜氣 何以爲吉 雖
기사기유기축 시용갑목위관 사유축금국 개상기관 역명도기 하이위길 수
然喜得金局 能生水財 亦不要四柱見火 恐傷金局 却喜行財運便發 癸巳癸
연희득금국 능생수재 역불요사주견화 공상금국 각희행재운편발 계사계
酉癸丑 是用金神爲印 見巳酉丑金局能生 癸水不喜生于四月 水絶于巳 雖
유계축 시용금신위인 견사유축금국능생 계수불희생우사월 수절우사 수
然金生在巳 以金能生水 亦不能絶 得官印運便能發福 最不喜火財 恐傷金
연금생재사 이금능생수 역불능절 득관인운편능발복 최불희화재 공상금
也 大抵與印綬相似 各有例于後
야 대저여인수상사 각유례우후

    己丑, 己酉, 己巳일주에서는 己일간은 甲木을 정관으로 씁니다. 巳酉丑 金국은 상관국은 정관을 손상시키므로 도기라고 합니다. 그래도 金국이 水재성을 생하여 재물을 형성할 수 있으므로 길하게 작용합니다. 단지 사주에서 火인수가 있으면 金국을 손상시킬 수 있으므로 주의해야 합니다. 이때는 재성운으로 흘러야 발복할 수 있습니다.

    癸丑, 癸酉, 癸巳일주에서는 癸일간은 金을 인수로 쓰는데 巳酉丑 金국이 癸水일간을 생하여 인수의 역할을 강화합니다. 하지만 癸水는 巳월에 태어나면 水는 巳에서 절지에 해당하므로 좋아하지 않습니다.

    그래도 金은 巳에서 장생하여 金이 水를 지속적으로 생하므로 水기가 완전히 끊어지지 않습니다. 정관운과 인수운을 만나면 복을 누릴 수 있으며 火재성이 나타나면 金국이 손상될 수 있으므로 주의해야 합니다. 정관과 인수는 복록을 누리게 해주므로 잘 활용하는 것이 중요합니다.

14) 論雜氣 논잡기

잡기의 본질

> 雜氣者 蓋謂辰戌丑未之位也 辰中有乙癸戊字 戌中有辛丁戊字 丑中有癸辛
> 잡기자 개위진술축미지위야 진중유을계무자 술중유신정무자 축중유계신
> 己字 未中有丁乙己字 此四者 天地不正之氣也 且如甲則鎮於寅位 陽木之
> 기자 미중유정을기자 차사자 천지불정지기야 차여갑즉진어인위 양목지
> 垣 乙專鎮於卯 皆司春令 而奪東方之氣 辰爲東南之隅及春夏交接之界 受
> 원 을전진어묘 개사춘령 이탈동방지기 진위동남지우급춘하교접지계 수
> 氣不純 禀命受不一 故名雜氣也 丑戌未亦然 雖看六甲何如以論 之假日干
> 기불순 품명수불일 고명잡기야 축술미역연 수간륙갑하여이론 지가일간
> 是甲 而得丑月 貴既在中 辛則正官 癸爲之印綬 己則爲正財 不知用何者爲
> 시갑 이득축월 귀기재중 신즉정관 계위지인수 기즉위정재 부지용하자위
> 福 要在四柱中看透出是何字 隨其所出而言其吉凶 有如前說法
> 복 요재사주중간투출시하자 수기소출이언기길흉 유여전설법

잡기는 辰戌丑未로서 이곳에 여러가지 기운을 포함하고 있어 순수한 기운이 아니라 혼합된 기운을 가집니다.

辰에는 乙癸戊, 戌에는 辛丁戊, 丑에는 癸辛己, 未에는 丁乙己의 기운을 포함하고 있습니다. 이러한 기운은 천지의 정돈된 기운이 아니라 혼합된 기운이므로 잡기라고 불립니다.

예를 들면, 甲은 寅에 자리하여 양목의 기운을 지니며, 乙은 卯에 자리하여 순수한 음목의 기운으로서 동방에서 봄의 기운을 주관합니다.

이에 반해, 辰은 동남쪽의 경계이며, 봄과 여름이 교차하는 지점으로 기운이 혼합되어 순수하지 않습니다. 이러한 이유로 잡기로 분류되며, 丑戌未 또한 동일한 특징을 가집니다.

甲일간이 丑월에 태어난 경우, 丑중에는 辛정관, 癸인수, 己정재의 귀한 기운이 포함되어 있습니다. 하지만 어떤 기운을 활용해야 복이 되는지는 사주의 전체적인 구조를 보고 판단해야 합니다.

즉, 사주에서 어떤 글자가 드러나는지에 따라 길흉이 결정되므로 이를 어떻게 활용하는가에 따라 운명이 달라질 수 있습니다.

잡기의 활용

但庫中物皆閉藏 須待有以開其局鑰 方言發福 所以開局鑰者 何物也 乃刑
단고중물개폐장 수대유이개기경약 방언발복 소이개경약자 하물야 내형
沖破害耳 且如四柱中元有刑沖破害 復行此等運氣 則刑沖破害多反傷其福
충파해이 차여사주중원유형충파해 부행차등운기 즉형충파해다반상기복
大抵雜氣要財多 便是貴命 若年時別入他格 當以他格例斷之 蓋此乃天地之
대저잡기요재다 편시귀명 약년시별입타격 당이타격례단지 개차내천지지
雜氣 不能統一 故少力耳 別格專於時年乃重事 看命須審輕重 以取禍福 先
잡기 불능통일 고소력이 별격전어시년내중사 간명수심경중 이취화복 선
論重者 次言輕者 百發百中矣 其他當以此言類之
론중자 차언경자 백발백중의 기타당이차언류지

잡기에 들어있는 지장간은 창고에 있는 물건으로 비유됩니다. 이를 활용하려면 형충파해로 지장간을 열어야 합니다. 이는 마치 잠겨 있는 창고의 자물쇠를 여는 열쇠와 같은 역할을 합니다.

사주에 이미 형충파해가 있는 상태에서 다시 형충파해의 운을 만나게 되면, 기운이 지나치게 활성화되어 오히려 복이 손상될 위험이 있습니다.

대체로 잡기는 여러 기운이 혼합된 상태를 의미하며, 재성이 많으면 귀한 명조로 발전하게 됩니다. 만약 년주와 시주에서 다른 격국이 포함되어 있다면, 그 격국을 기준으로 우선적으로 판단해야 합니다. 잡기는 혼잡된 기운이며 순수하지 않으므로 힘이 약하기 때문입니다.

사주를 해석할 때는 년주와 시주에서 먼저 중요한 요소를 우선적으로 판단하고, 그 다음으로 덜 중요한 요소를 살펴야 합니다. 이러한 과정은 사주의 경중을 정확히 분석하고, 이를 통해 길흉을 백발백중으로 판단할 수 있습니다.

15) 論日貴 논일귀

일귀의 본질

> 日貴者 又卽甲戊庚牛羊之類 止有四日 丁酉丁亥癸巳癸卯耳 最怕刑沖破害
> 일귀자 우즉갑무경우양지류 지유사일 정유정해계사계묘이 최파형충파해
> 經曰 崇爲寶也 命爲貴也 所以貴人怕三刑六害也 貴人要聚於日 運行怕空
> 경왈 숭위보야 명위귀야 소이귀인파삼형륙해야 귀인요취어일 운행파공
> 亡及運行太歲 如會不要魁罡 主人純粹有仁德 有姿色不傲物 或犯前刑則貧
> 망급운행태세 여회불요괴강 주인순수유인덕 유자색불오물 혹범전형칙빈
> 賤 刑沖太甚 貴人生怒 反成其禍 不可不察 日貴有時法類同 須分晝夜貴
> 천 형충태심 귀인생노 반성기화 불가불찰 일귀유시법류동 수분주야귀
> 日要日貴 夜要夜貴矣
> 일요일귀 야요야귀의

 일귀는 甲戊庚일간에서 丑未 지지가 천을귀인으로 작용합니다. 특정한 날에 태어난 丁酉, 丁亥, 癸巳, 癸卯일주에만 해당되고 형충파해를 가장 두려워합니다. 경전에서는 이를 보배를 숭상하고 팔자를 귀하게 여기는 귀인이라고 하며, 삼형과 육해를 두려워한다고 합니다.

 귀인은 일지에서 취하며, 대세운에서 공망이나 태세와 겹치며 흐르는 것을 두려워하고 괴강과 함께 있으면 귀한 운이 흉하게 작용합니다.

 일귀를 가진 사람은 순수하고 인덕이 많고 외모가 뛰어나지만 교만하지 않고 겸손한 성격을 지닙니다. 하지만 일귀가 형충파해를 받으면 그 기운이 손상되어 가난하고 천한 삶으로 이어지게 됩니다.

 형충이 너무 심하면 귀인이 노하여 오히려 재앙을 초래할 수 있으니 자세히 살펴보아야 합니다. 일귀는 낮과 밤을 구분하여 낮에는 일귀가 중심이 되며, 밤에는 야귀가 중심이 되어 작용합니다.

16) 論日德 논일덕

일덕의 본질

> 日德有五 甲寅戊辰丙辰庚辰壬戌日是也 其福要多而忌刑沖破害 惡官星 憎
> 일덕유오 갑인무진병진경진임술일시야 기복요다이기형충파해 악관성 증
> 財旺加臨會合 但空亡而忌魁罡 此數者乃格之大忌也 大抵日德主人性格慈
> 재왕가림회합 단공망이기괴강 차수자내격지대기야 대저일덕주인성격자
> 善 日德俱多福必豐厚 運行身旺 大是奇絶 若有財官加臨 別尋他格 正能免
> 선 일덕구다복필풍후 운행신왕 대시기절 약유재관가림 별심타격 정능면
> 非橫之禍 若旺氣已衰 運至魁罡 其死必矣 或未發福 運至魁罡 休囚卽好
> 비횡지화 약왕기이쇠 운지괴강 기사필의 혹미발복 운지괴강 휴수즉호
> 防生禍患 一脫於此 必能再發 終力微矣 不可不知也
> 방생화환 일탈어차 필능재발 종력미의 불가불지야

　일덕은 甲寅, 戊辰, 丙辰, 庚辰, 壬戌의 특정 일주에만 해당되며, 많은 복을 누릴 수 있습니다. 하지만 형충파해를 만나면 운이 불안정해집니다. 또한 정관을 싫어하고 왕성한 재성의 회합도 싫어하며 공망과 괴강을 두려워하며, 이러한 운수를 지닌 격국을 크게 경계합니다.

　일덕을 가진 사람은 성격이 온화하고 자비롭고, 풍부한 복을 누리게 됩니다. 신왕운을 만나면 크게 성공하지만, 재관이 추가로 있으면 별도로 다른 격국을 찾아야 뜻밖의 재난을 피할 수 있습니다.

　이미 일덕의 왕기가 쇠약한 상태에서, 운에서 괴강을 만나면 생명을 잃게 됩니다. 복을 얻기 전에 운에서 괴강을 만나면, 휴수된 상태에서 오히려 좋아질 수 있지만 여전히 재앙에 대비해야 합니다.

　한 번 위기에서 벗어나면 다시 발복 할 수 있지만, 시간이 지남에 따라 기운이 약해질 수 있음을 반드시 알아야 합니다.

17) 論日刃 논일인

일인의 본질

> 日刃與羊刃同 日刃有戊午丙午壬子也 與陽刃同法 不喜刑沖破害 不喜會合
> 일인여양인동 일인유무오병오임자야 여양인동법 불희형충파해 불희회합
> 兼愛七殺 要行官鄉便爲貴命 若四柱中一來會合 必主奇禍 其人目大鬚長
> 겸애칠살 요행관향편위귀명 약사주중일래회합 필주기화 기인목대수장
> 性剛果毅 無惻隱惠慈之心 有刻剝不恤之意 三刑自刑魁罡全 發跡疆場 如
> 성강과의 무측은혜자지심 유각박불휼지의 삼형자형괴강전 발적강장 여
> 或無情或財旺 則主其凶 或有救神 要先審察 如刑害俱全 類皆得地 貴不可
> 혹무정혹재왕 즉주기흉 혹유구신 요선심찰 여형해구전 류개득지 귀불가
> 言也 安得不擧
> 언야 안득불거

일인은 戊午, 丙午, 壬子일주에만 해당하며 양인과 동일한 법칙을 따릅니다. 형충파해를 매우 두려워하며 회합을 싫어합니다.

일인은 칠살을 좋아하고, 관성운을 만나면 귀한 명조로 복을 누릴 수 있습니다. 하지만 사주에서 회합이 한 번이라도 오면 의외의 재앙을 만날 수 있습니다.

일인이 있는 사람은 눈이 크고 수염이 길며 강직하고 결단력 있는 성격을 가지고 있으나, 어질고 자비로운 마음이 부족하며 냉정한 성향으로 가혹하여 불쌍하게 여기는 배려심이 적은 면모가 있습니다.

삼형, 자형, 괴강이 모두 갖춰지면 강한 운을 가질 수 있지만, 재성이 무정하고 지나치게 왕성하면 흉하게 작용하므로, 이로부터 구조해주는 신이 있는지 먼저 살펴야 합니다. 형과 해를 모두 갖추고 득지하면 매우 귀하게 되지만, 위험이 따를 수 있으니 주의해야 합니다.

양인의 특징

獨陽刃以時言之 四柱中不要入財鄉 怕沖陽刃 且如戊日刃在午 忌行子正財
독양인이시언지 사주중불요입재향 파충양인 차여무일인재오 기행자정재
運 壬刃在子 忌行午正財運 庚刃在酉 忌行卯正財運 甲日行巳午並辰戌丑
운 임인재자 기행오정재운 경인재유 기행묘정재운 갑일행사오병진술축
未財運不妨 忌酉運 丙日刃在午 行申酉庚辛丑不妨 忌子運 大抵陽刃要身
미재운불방 기유운 병일인재오 행신유경신축불방 기자운 대저양인요신
旺 喜有物以去之 經日 人有鬼人物有鬼物 逢之不安 去之爲福 且如葛參政
왕 희유물이거지 경왈 인유귀인물유귀물 봉지불안 거지위복 차여갈참정
命 壬申壬子戊午乙卯 戊日刃在午 喜得乙卯時 正官制伏去了 所以爲福也
명 임신임자무오을묘 무일인재오 희득을묘시 정관제복거료 소이위복야

단독으로 양인만을 말할 때는, 사주에서 재성운으로 흐르면 안 되는데, 양인은 충을 두려워하기 때문입니다. 예를 들어 戊일간에게 午가 양인인데 子정재운에서 충을 두려워합니다. 壬일간에게 子가 양인인데 午정재운에서 충을 두려워합니다. 庚일간에게 酉가 양인인데 卯정재운에서 충을 두려워합니다.

甲일간은 卯가 양인인데 巳午운과 辰戌丑未운은 무방하나, 酉운에서 충을 두려워합니다. 丙일간은 午가 양인인데 申酉庚辛丑운은 무방하나, 子운에서 충을 두려워합니다. 대체로 양인은 신왕해야 제대로 작용하며, 양인의 강한 기운을 제어할 수 있는 기운이 있어야 복을 누릴 수 있습니다.

경전에서는 사람에게는 귀신이 있고, 물건에는 귀물이 있어, 이를 만나면 불안해지므로 이를 제거해야 복을 얻을 수 있다고 합니다.

시	일	월	년
乙卯	戊午	壬子	壬申

이 명조는 갈참정의 사주입니다. 戊일간의 양인이 午에서 작용하는데, 乙卯시에서 정관이 양인을 제복하여 복을 얻을 수 있었습니다.

18) 論魁罡 논괴강

괴강의 본질

夫魁罡者有四 壬辰庚戌戊戌庚辰日是也 如日位加臨者衆 必是福運行身旺
부괴강자유사 임진경술무술경진일시야 여일위가림자중 필시복운행신왕
發福百端 一見財官 禍患立至 主人性格聰明 文章撥發 臨事有斷 惟是好殺
발복백단 일견재관 화환립지 주인성격총명 문장철발 림사유단 유시호살
若四柱有財及官或帶刑殺 禍不可測 倘日獨處 沖者太衆 必是小人 刑責不
약사주유재급관혹대형살 화불가측 당일독처 충자태중 필시소인 형책불
已 窮必徹骨 運臨財官旺處 亦防奇禍
이 궁필철골 운림재관왕처 역방기화

괴강은 壬辰, 庚戌, 戊戌, 庚辰일주에만 해당됩니다. 이러한 일주가 사주에서 강하게 작용하고 신왕운으로 흐르면 반드시 발복하게 됩니다. 하지만 재성과 정관을 만나면 흉한 결과를 초래합니다.

괴강 사주는 성격이 총명하고, 문장이 뛰어나며, 일 처리 능력이 뛰어나고 흔들림 없는 결단력을 보여줍니다.

괴강은 강한 살기를 가지고 있으므로, 재성이나 정관이 있거나, 형살이 결합되면 재앙을 예측하기 어려울 정도로 심해집니다.

괴강 일주가 단독으로 충을 너무 많이 받으면 기운이 심하게 약화되어 반드시 소인이 되는 운명으로 흐르고, 형벌이나 가난과 같은 극단적인 흉사를 겪을 수 있습니다.

재관이 왕성하게 작용하는 운으로 흐를 경우, 괴강의 기운과 충돌하여 의외의 재앙을 초래할 수 있으니 이에 대한 주의가 필요합니다.

19) 論金神 논금신

금신의 본질

夫金神者 只有三時癸酉己巳乙丑 金神乃破敗之神 要制伏 入火鄕爲勝 如
부금신자 지유삼시계유기사을축 금신내파패지신 요제복 입화향위승 여
四柱中更帶七殺陽刃 眞貴人也 大抵威猛者 以人暴爲能威 苟不專 人得以
사주중경대칠살양인 진귀인야 대저위맹자 이인폭위능위 구불전 인득이
侮 故必狠暴如虎動 羣獸旣懾 威德行矣 然太剛必折 不有以制之 則寬猛
모 고필한폭여호동 군수기섭 위덕행의 연태강필절 불유이제지 즉관맹
不濟 何以上履中和之道 故曰有剛者 在馴伏調致其和 福祿踵至 雖然 其人
불제 하이상리중화지도 고왈유강자 재순복조치기화 복록종지 수연 기인
有剛斷明敏之才 屈强不可馴伏之志 運行火鄕 四柱有火局 便爲貴命懼水鄕
유강단명민지재 굴강불가순복지지 운행화향 사주유화국 편위귀명구수향
則非福矣
즉비복의

금신은 癸酉, 己巳, 乙丑시에만 나타나는 신으로, 파괴와 실패를 불러일으킬 수 있는 강한 힘을 가지고 있기 때문에 반드시 제어해야 합니다. 火기운을 만나면 그 힘이 더욱 강해지며, 사주에 칠살과 양인이 함께 있으면 강한 힘을 발휘할 수 있어 참으로 귀한 사람이 될 수 있습니다.

금신은 위엄이 넘치고 강한 성격을 가지며, 때로는 폭력적인 면모로 그 위엄을 드러내기도 합니다. 하지만 그 힘이 통제되지 않으면 사람들이 쉽게 업신여길 수 있으므로, 호랑이처럼 강하고 사납게 행동하여 군중을 압도하는 것이 중요합니다. 그러나 너무 강하면 부러질 수 있기 때문에, 적절히 제어되지 않으면 강함과 유연함이 조화를 이루지 못합니다. 중화의 도를 이루기 위해서는 강한 자를 길들여서 조화를 이루어야 합니다. 이렇게 하면 복록이 자연스럽게 따르게 됩니다.

금신을 지닌 사람은 강단 있고 명민한 재능과 굽히지 않는 강한 의지를 가지고 있습니다. 火운으로 흐르고 사주에 火국이 있으면 귀한 명이 되지만, 水기운을 조심해야 하는 데 이는 복이 되지 않기 때문입니다.

20) 論時墓 논시묘

시묘의 본질

> 夫時墓之論 謂財官之墓 時論之也 要刑沖破害以開局鑰 其人必難發於少年
> 부시묘지론 위재관지묘 시론지야 요형충파해이개경약 기인필난발어소년
> 經曰 少年不發墓中人也 怕有物以壓之 如丁用辰爲墓官 別有戊辰之 類制
> 경왈 소년불발묘중인야 파유물이압지 여정용진위묘관 별유무진지 류제
> 之則不能官矣 如此難作好命 必乃有物以破其戊 雖得之發福也淺 經曰 鬼
> 지즉불능관의 여차난작호명 필내유물이파기무 수득지발복야천 경왈 귀
> 入墓中 危疑者甚 若觸類而長才亦如之 此是秘言不可輕泄之也
> 입묘중 위의자심 약촉류이장재역여지 차시비언불가경설지야

시묘란 재물과 관직을 나타내는 재관이 시주에서 묘지에 들어간 상태를 의미합니다. 재관의 기운을 제대로 발휘하기 위해서는 형충파해의 열쇠 작용으로 묘지의 문을 열어야 합니다.

묘지를 열지 못하면 젊은 시절에 출세하거나 발전하기 어렵게 됩니다. 경전에서는 젊어서 출세하지 못하는 사람은 묘지 속에 갇힌 재관이 억눌려 있기 때문이라고 합니다.

예를 들어, 丁일간에게 辰은 정관의 묘지인데, 만약 戊辰이 있어 정관의 기운을 억제한다면 정관이 제 역할을 하지 못하여 좋은 운명을 가지기 어렵게 됩니다. 비록 戊를 파괴하는 것을 얻어서 발복해도 그 복이 깊지 않게 됩니다.

또한, 경전에서는 칠살이 묘지 속에 들어가면 매우 위험하고 의심스러운 상황이 심화된다고 경고하며, 이와 유사한 경우에는 재능을 개발하려 해도 많은 어려움을 겪게 된다고 합니다.

이러한 내용은 매우 비밀스러운 것으로, 함부로 누설해서는 안 됩니다.

2. 內十八格 내십팔격

1) 正官格 정관격

> 官星宜露 豈可藏之 似乎爲官者 顯揚威德 則用之國家者 方爲大丈夫 豈受
> 관성의로 기가장지 사호위관자 현양위덕 즉용지국가자 방위대장부 기수
> 人之壓伏者 則爲臣下之臣 豈非小人
> 인지압복자 즉위신하지신 기비소인

정관은 반드시 드러나야 좋으며 숨겨져 있으면 그 역할을 제대로 수행할 수 없습니다. 정관격의 사주를 가진 사람은 위엄과 덕을 드러내며 국가에서 중요한 역할을 할 수 있으며, 진정한 대장부가 될 수 있습니다. 반대로 정관이 억눌리거나 숨겨지면 남의 지배를 받는 신하의 운명이 될 것입니다.

정관격 예시 명조

이 명조들은 모두 월령의 정기에 정관이 포함되어 있습니다.

예를 들어 엽승상의 명조에서 寅월에는 己土일간의 정관인 甲木이 정기로 들어있어 정관의 기운이 매우 왕성합니다.

명주	시	일	월	년
엽승상	壬申	己卯	壬寅	壬寅
진사승	戊子	辛未	辛巳	乙酉
설상공	戊寅	乙巳	壬申	甲子
범태전	丙寅	己巳	壬寅	丁丑
왕지부	丙寅	甲子	乙酉	乙未
김승상	庚寅	丙子	戊子	乙卯
김장원	庚戌	丁未	丁亥	乙卯
진시랑	壬子	戊寅	乙卯	癸未
이지부	甲辰	壬寅	丙午	丁酉
주랑중	丙寅	甲辰	癸酉	己卯
시동지	戊辰	甲辰	辛酉	戊寅

2) 雜氣財官格 잡기재관격

> 辰戌丑未是也 經曰 財官印綬全備 藏蓄於四季之中 辰戌丑未是爲之 如官
> 진술축미시야 경왈 재관인수전비 장축어사계지중 진술축미시위지 여관
> 露印露財露則不妨也 如辰宮則有乙木癸水戊土 戌宮則有辛金丁火戊土 丑
> 로인로재로즉불방야 여진궁즉유을목계수무토 술궁즉유신금정화무토 축
> 宮則有癸水辛金己土 未宮則有乙木丁火己土也
> 궁즉유계수신금기토 미궁즉유을목정화기토야

辰戌丑未를 잡기재관이라고 합니다. 경전에서는 사계절에 있는 辰戌丑未에는 재성, 정관, 인수가 모두 갖추어져 있어 잡기라고 하며, 이를 저장하고 간직하는 역할을 한다고 말합니다.

정관, 인수, 재성 중 어느 것이 드러나도 각각의 기운이 충분히 발휘될 수 있으므로 문제가 되지 않으며, 이를 어떻게 활용하는지에 따라 길흉이 결정됩니다.

辰궁에는 乙木, 癸水, 戊土가 포함되어 있고, 戌궁에는 辛金, 丁火, 戊土가 포함되어 있으며, 丑궁에는 癸水, 辛金, 己土가 포함되어 있고, 未궁에는 乙木, 丁火, 己土가 포함되어 있습니다.

아래 예시 명조에는 모두 월령에 辰戌丑未가 있습니다. 예를 들어 이유제의 명조에서 丑월에 들어있는 辛金이 시간에 투출되어 丁火일간의 재성으로 쓰이고 있습니다.

잡기재관격 예시 명조

명주	시	일	월	년
이유제	辛亥	丁未	乙丑	戊子
황장원	壬申	己卯	甲辰	壬子
양화정	壬子	庚戌	丁未	壬子
왕상서	丁丑	乙卯	壬戌	戊子
임시랑	戊辰	己酉	癸丑	丁丑
장참정	戊子	辛酉	戊戌	丙寅

왕태위	庚子	丁酉	甲辰	壬寅
선참정	辛亥	壬寅	辛未	己卯
진용강	庚寅	丙寅	丁丑	己卯
등지부	癸巳	丙午	丙辰	癸巳
진태사	壬午	乙卯	己丑	庚午
풍전사	丙子	乙卯	戊辰	甲子
왕희지	辛丑	壬子	癸未	乙卯

3) 月上偏官格 월상편관격

喜身旺 怕沖多 爲人性重 剛執不屈 時偏官多者亦然 喜見陽刃殺 月上偏官
희신왕 파충다 위인성중 강집불굴 시편관다자역연 희견양인살 월상편관
用地支 只要一位 要行偏官運 若有甲子 年時上又有之 却要行偏官旺運 亦
용지지 지요일위 요행편관운 약유갑자 년시상우유지 각요행편관왕운 역
不要行官鄕 歲君亦然 爲大過而反成其禍 須要行制伏得地之運方發 與時偏
불요행관향 세군역연 위대과이반성기화 수요행제복득지지운방발 여시편
官相似
관상사

편관은 신왕함을 반기며, 충이 지나치게 많은 것을 두려워합니다. 편관을 가진 사람들은 강한 성격을 가지며 결단력이 뛰어납니다. 시주에 편관이 있어도 마찬가지이며 양인살을 함께 있는 것을 좋아합니다.

월상편관은 반드시 하나의 지지에만 있어야 좋습니다. 편관운을 만나면 귀한 기운이 발휘됩니다. 예를 들어 甲子가 있고, 년주와 시주에도 있다면 편관이 왕성한 운을 만나야 합니다. 반면에 정관운을 만나면 오히려 재앙을 초래할 수 있습니다. 이는 세운에서도 동일하게 적용됩니다.

편관의 기운이 지나치게 강해지면 오히려 재앙을 일으키므로, 제복운을 만나야 발복할 수 있습니다. 이는 시상편관격과도 유사한 특징을 가지고 있습니다.

왕진무 사주 분석

王鎭撫此格 殺神太重 喜行東方運 身衰八字 火多水微 獨喜寅宮火旺 乃是
왕진무차격 살신태중 희행동방운 신쇠팔자 화다수미 독희인궁화왕 내시
一年之火 運行卯合戌火局 何亦又係濕木 不生無焰火 則木自旺不能火 譬
일년지화 운행묘합술화국 하역우계습목 불생무염화 즉목자왕불능화 비
如橫水木於門爐之 此火縱旱力 亦無由得盛 是以運丁卯運中而死 即六丙生
여횡수목어문로지 차화종한력 역무유득성 시이운정묘운중이사 즉륙병생
人亥子多
인해자다

명주	시	일	월	년
왕진무	戊子	丙申	癸亥	戊寅

왕진무 명조는 亥월생으로 월상편관격인데 申子의 기운도 있어 편관의 살성이 지나치게 강하므로, 이를 설기하는 동방운을 반깁니다.

일간이 쇠약하기 때문에 火기운이 많고 水기운이 적은 것이 좋습니다. 이 명조는 특히 寅宮의 왕성한 火를 반기지만, 명조에는 년주에 하나만 자리하고 있습니다.

卯운을 만나면 卯와 戌이 합하여 火국을 이루게 됩니다. 하지만 습목은 불에 타지 않으므로 火기운이 충분히 일어나지 못합니다. 이는 마치 화로에 젖은 나무를 얹어 놓은 것과 같아, 불이 아무리 타려 해도 왕성하게 타오를 수 없는 상태와 비슷합니다. 결국, 왕진무는 丁卯운에 생애를 마감합니다. 이는 丙일간의 사주에서 亥子가 많기 때문입니다.

월상편관격 예시 명조

아래 명조는 모두 월주에 들어있는 편관의 기운이 왕성합니다.

예를 들어 심랑중의 명조는 午월에 태어나 午중 丁火가 辛金일간의 편관이 됩니다.

명주	시	일	월	년
심랑중	辛卯	辛亥	甲午	丙子
하참정	辛丑	壬戌	戊戌	丙寅
마장사	庚申	戊辰	庚寅	丙寅
악총제	甲辰	壬寅	丁巳	癸卯
장상원	乙丑	己巳	乙卯	癸卯
복왕	壬寅	壬戌	癸巳	丙辰
조시랑	丁卯	甲寅	丙申	丙午
유운사	庚寅	丙戌	乙亥	甲寅
황시랑	庚寅	丙申	辛亥	丁亥

4) 時上偏財格 시상편재격

> 如時上偏財與時上偏官相似 只要時上一位 不要多而三處 不要再見財 却怕
> 여시상편재여시상편관상사 지요시상일위 불요다이삼처 불요재견재 각파
> 沖 與月上偏官一同 偏財要行財旺運
> 충 여월상편관일동 편재요행재왕운

　시상편재격과 시상편관격은 매우 유사한 특징을 가지고 있습니다. 시주에 반드시 하나만 자리해야 좋으며, 많거나 세 곳에 겹쳐 있으면 안 되고 다른 지지에서 재성을 다시 만나는 것도 안 됩니다.
　충을 두려워하는 점에서는 월상편관격과 동일하며, 편재는 재성이 왕성한 운을 만나야 그 기운을 충분히 발휘할 수 있습니다.

시상편재격 예시 명조

명주	시	일	월	년
이참정	戊辰	甲子	乙酉	庚寅
오상공	壬午	乙未	乙卯	癸亥
중참정	庚寅	丙申	甲申	乙未

진상서	辛丑	丁丑	戊午	癸卯
증지부	壬子	戊申	辛酉	戊子
형사령	癸酉	己未	丁丑	甲午
고시랑	甲申	庚子	壬寅	壬午
후지부	辛卯	辛卯	己卯	乙酉
유중서	丙午	壬申	戊申	丁亥
왕보사	丁巳	癸卯	戊子	庚午

5) 時上一位貴格 시상일위귀격

夫一位貴者 惟只時上只見一位方爲貴 或年月日又有 反爲辛苦勞役之人也
부일위귀자 유지시상지견일위방위귀 혹년월일우유 반위신고로역지인야
如時上一位七殺 要本身自旺 而三處有制伏多 則行七殺旺運 或三合得地可
여시상일위칠살 요본신자왕 이삼처유제복다 즉행칠살왕운 혹삼합득지가
發 若無制伏 則要行制伏之運可發 或遇殺旺而無以制之 則禍生矣 月上偏
발 약무제복 즉요행제복지운가발 혹우살왕이무이제지 즉화생의 월상편
官却怕沖 與陽刃同 時上偏官不怕沖 與陽刃同 又要本身生日自旺 如甲乙
관각파충 여양인동 시상편관불파충 여양인동 우요본신생일자왕 여갑을
日在正二月生是也 時偏官爲人性重 剛執不屈 月偏官多者亦然
일재정이월생시야 시편관위인성중 강집불굴 월편관다자역연

　　시상일위귀격이란, 오직 시주에만 하나의 귀한 신이 있어야 귀하게 됩니다. 만약 같은 기운이 년월일에도 있다면, 오히려 고생하며 살아가는 명조가 될 수 있습니다.
　　시주에 칠살이 하나만 있다면 신왕해야 합니다. 연월일 세 곳에서 제복이 많으면 칠살운에 발복할 수 있으며, 삼합이 형성되면 운이 더욱 좋아집니다. 그러나 제복이 없다면 반드시 제복하는 운을 만나야 복을 얻을 수 있습니다. 칠살의 기운이 지나치게 왕성한데 제복이 없다면 재앙을 초래할 수 있으니 주의해야 합니다.

월주에 편관이 있으면 충을 두려워하지만, 시주에 편관이 있으면 충을 받아도 두려워하지 않는 것은 양인과 마찬가지입니다. 양인 역시 월주상에서는 충을 두려워하지만, 시주에서는 충을 두려워하지 않습니다.

편관이 있다면 일간은 신왕해야 안정적입니다. 예를 들어, 甲乙일간은 寅卯월에 태어날 경우 신왕합니다.

시주에 편관이 있으면 성품이 무겁고 강직하며 굽히지 않는 특징이 있으며, 이는 월주에 편관이 많아도 같은 성향을 가지게 됩니다.

시상일위귀격 예시 명조

아래 명조는 모두 시간에 편관을 포함하고 있습니다. 예를 들어 첨승상의 명조에서 시간의 庚金편관이 자리잡고 있습니다.

명주	시	일	월	년
첨승상	庚午	甲午	庚戌	壬午
사위왕	辛巳	乙卯	丙寅	甲申
이승상	壬辰	丙午	丁卯	己巳
정상서	甲寅	戊寅	壬午	庚寅
송상서	甲寅	戊戌	丙戌	庚辰
장상서	乙亥	己卯	辛丑	辛巳
유시랑	乙亥	己丑	癸丑	壬寅
류도통	辛巳	乙巳	乙未	丁亥
루참정	己未	癸卯	壬子	己巳
하판국	己未	癸亥	丁亥	庚辰

6) 飛天祿馬格 비천록마격

此格以庚壬二日 用子字多沖午中丁己爲官 星要四柱中有寅字 並未字或戌
차격이경임이일 용자자다충오중정기위관 성요사주중유인자 병미자혹술
字 得一字可合爲妙 如六庚日六壬日 以子沖午字 庚日以子沖午中丁火爲官
자 득일자가합위묘 여륙경일육임일 이자충오자 경일이자충오중정화위관

> 星 若四柱中有丁字並午字 則減分數 歲君亦忌 如六壬日以子沖午中己土爲
> 성 약사주중유정자병오자 즉감분수 세군역기 여육임일이자충오중기토위
> 官星 若四柱中有己字並午字 則減分數 歲君大運亦須忌之 又格 以辛癸日
> 관성 약사주중유기자병오자 즉감분수 세군대운역수기지 우격 이신계일
> 用亥字沖巳中丙戊爲官星 要四柱有申字 並酉字或丑字 得一字可合爲妙 假
> 용해자충사중병무위관성 요사주유신자 병유자혹축자 득일자가합위묘 가
> 令六癸日以亥沖巳 若四柱有戌字 則亥不能去沖矣 歲君大運亦忌 如六辛日
> 령육계일이해충사 약사주유술자 즉해불능거충의 세군대운역기 여육신일
> 以亥沖巳中丙字爲官星 若四柱中有丙字並巳字 則減分數 歲君大運亦忌 運
> 이해충사중병자위관성 약사주중유병자병사자 즉감분수 세군대운역기 운
> 重太歲輕 再見巳字有禍矣
> 중태세경 재견사자유화의

 이 격국은 庚일간과 壬일간 명조에서 子가 많을 경우, 午를 충하여 午 중 丁火와 己土를 정관으로 사용합니다. 사주에 寅이 있고 未나 戌 중 하나를 함께 얻어 합한다면 더욱 좋습니다.
 庚일간은 子로 午를 충하여 午 중 丁火를 정관으로 삼습니다. 하지만 사주에 丁이나 午가 자리하면 복이 줄어들며, 대세운에서도 이를 꺼리는 운으로 작용합니다.
 壬일간은 子로 午를 충하여 午 중 己土를 정관으로 삼습니다. 그러나 사주에 己나 午가 자리하면 복이 감소하며, 대세운에서도 동일한 영향을 받습니다.
 비천록마격은 辛일간과 癸일간에도 적용됩니다. 亥로 巳를 충하여 巳 중 丙火와 戊土를 정관으로 사용하며, 사주에 申이 자리하고 酉나 丑 중 하나를 얻으면 더욱 적합합니다.
 癸일간은 亥로 巳를 충합니다. 하지만 사주에 戌이 있으면 亥가 巳를 제대로 충하지 못하게 됩니다. 이와 같은 상황은 대세운에서도 역시 꺼리는 운으로 작용합니다.
 辛일간은 亥로 巳를 충하여 巳 중 丙火를 정관으로 삼습니다. 그러나 사주에 丙이나 巳가 자리하면 복이 감소되며, 대세운에서도 동일한 영향을 받

습니다. 특히 대운이 세운보다 더 중요한 영향을 끼칩니다. 만약 사주에 巳가 다시 나타나게 되면 재앙을 초래할 수 있습니다.

비천록마격 예시 명조

명주	시	일	월	년
교승상	丙子	庚子	丁酉	丙子
채귀비	丙子	庚子	丙子	己未
정사	壬寅	壬子	壬子	壬子
양승상	癸丑	癸亥	癸卯	丁未
조랑중	壬子	癸亥	辛亥	壬申
걸빈	丙午	壬子	壬子	壬子

걸빈은 거지의 명으로서 시지에 午火가 있어 복을 누리지 못했습니다.

7) 倒沖格 도충격

凡四柱中元無官星 方用此格 以丙日爲主 用午字沖子中癸水 丙日得官星
범사주중원무관성 방용차격 이병일위주 용오자충자중계수 병일득관성
不論合 若四柱有未字 則午不能去沖矣 大忌癸字並子字 則減分數 歲君大
불론합 약사주유미자 즉오불능거충의 대기계자병자자 즉감분수 세군대
運亦然 又格 此以丁日爲主 用巳沖亥宮壬水爲丁之官星 不論合 若四柱中
운역연 우격 차이정일위주 용사충해궁임수위정지관성 불론합 약사주중
有辰字 則巳不能沖矣 大忌四柱中有壬字並亥字 則減分數 歲君大運亦同
유진자 즉사불능충의 대기사주중유임자병해자 즉감분수 세군대운역동
運重歲君輕 再見亥字 則禍作矣
운중세군경 재견해자 즉화작의

사주에 원래 정관이 없을 때 이 격국을 사용합니다. 丙일간의 사주에서 午로 子를 충하고, 子 속에 있는 癸水를 정관으로 삼습니다. 하지만 사주에 未가 포함되어 있으면 午가 子를 제대로 충하지 못합니다. 사주에 癸나 子가 포함되어 있으면 정관의 복이 줄게 되므로 크게 꺼리며, 대세운에서도 동일하게 적용됩니다.

또한, 丁일간의 사주에서 巳로 亥를 충하고, 亥 속에 있는 壬水를 정관으로 삼습니다. 하지만 사주에 辰이 있다면 巳가 亥를 충하지 못합니다. 더불어, 사주에 壬과 亥가 있을 경우 정관의 복이 감소합니다. 대세운에서도 동일하게 나타나며, 대운이 세운보다 더 중요한 영향을 미칩니다. 특히, 운에서 亥가 다시 나타나는 경우 재앙이 발생할 수 있습니다.

도충격 예시 명조

명주	시	일	월	년
유제학	戊戌	丙戌	壬午	庚寅
조지부	癸巳	丙午	庚寅	丙午
시판원	乙巳	丁巳	癸巳	辛酉
악총관	乙巳	丁未	甲午	辛巳
교편수	乙巳	丁巳	丁巳	癸卯

8) 乙巳鼠貴格 을사서귀격

> 此格如月內有官星則不用之 大怕午字沖之 丙子時 丙字爲妙 謂之聚貴也
> 차격여월내유관성즉불용지 대파오자충지 병자시 병자위묘 위지취귀야
>
> 或曰 柱中有庚字辛字並申字酉字丑字 內有庚辛金則減分數 歲君大運亦然
> 혹왈 주중유경자신자병신자유자축자 내유경신금즉감분수 세군대운역연
>
> 又曰 四柱中元無官星 方用此格
> 우왈 사주중원무관성 방용차격

이 격국은 사주에서 월주에 이미 정관이 있다면 사용할 수 없습니다. 특히 午의 충을 크게 두려워합니다.

丙子시에 있는 丙자가 특이한 작용을 하는데, 귀한 운이 모이기 때문입니다. 이는 丙의 록인 巳를 불러와 巳중 庚을 정관으로 삼기 때문입니다.

만약 사주에 庚辛과 申酉丑의 글자가 있다면, 이들은 金의 기운을 나타내며 복이 감소되는 요인이 됩니다. 대세운에서도 동일하게 적용됩니다.

사주에 원래 정관이 없는 경우에만 이 격을 사용할 수 있습니다.

을사서귀격 예시 명조

명주	시	일	월	년
원판원	丙子	乙亥	戊辰	甲寅
소어대	丙子	乙未	癸亥	戊子

9) 六乙鼠貴格 육을서귀격

六乙鼠貴格 此格以子暗合巳 巳動合申庚祿居申 則用庚官 得引出庚金用事
육을서귀격 차격이자암합사 사동합신경록거신 즉용경관 득인출경금용사
喜子亥卯時爲妙 忌巳刑寅 無沖害傷破子乙二字 無反則官 卽六乙日子時
희자해묘시위묘 기사형인 무충해상파자을이자 무반즉관 즉육을일자시
元有官星論 忌寅午戌沖 忌巳刑寅見庚辛申酉丑字 有一位則減分數 歲君同
원유관성론 기인오술충 기사형인견경신신유축자 유일위즉감분수 세군동
亦忌月通財官 六格不用 大運同
역기월통재관 육격불용 대운동

이 격국은 사주에서 子가 巳와 암합하고, 이어서 巳가 申과 합을 이루어 庚을 乙일간의 정관으로 삼는 구조입니다. 申에는 庚의 록이 자리하고 있으므로, 이 庚金을 乙일간의 정관으로 삼게 됩니다. 시주에 子亥卯가 있으면 매우 좋습니다.

다만, 巳가 寅을 형하면 좋지 않게 됩니다. 또한 子와 乙 두 글자가 손상되거나 충이 없어야 합니다.

乙일간이 子시생일 경우 원래 정관이 있는 것으로 간주하므로 사주에서 정관이 있으면 안 됩니다. 따라서 寅午戌의 충을 꺼리며, 庚辛申酉丑의 글자가 있다면 복이 감소됩니다. 세운에서도 동일하게 적용됩니다.

월주에 재성과 정관이 있으면 이 격국을 사용할 수 없으며, 대운 또한 마찬가지입니다.

10) 合祿格 합록격

此格以六戊日爲主 以庚申時合卯中乙木爲戊官 四柱有甲乙字丙字巳字刑壞
차격이륙무일위주 이경신시합묘중을목위무관 사주유갑을자병자사자형괴

了申 丙傷庚字 則減分數 歲君大運亦然 又格 六癸日爲主 喜逢庚申時 用
료신 병상경자 즉감분수 세군대운역연 우격 육계일위주 희봉경신시 용

申時合巳中戊土 癸日得官星 若四柱中有戊字並巳字 刑壞了申時或丙字及
신시합사중무토 계일득관성 약사주중유무자병사자 형괴료신시혹병자급

傷庚申時 則減分數 歲君大運亦然
상경신시 즉감분수 세군대운역연

이 격국은 戊일간의 사주에서 庚申시를 사용하여 卯와 합을 이루고, 卯 속에 있는 乙木을 정관으로 삼습니다.

하지만 사주에 甲乙丙巳의 글자가 있으면 申을 형파하여 손상될 수 있습니다. 특히 丙이 庚을 손상시키면 복이 감소하게 됩니다. 이러한 영향은 대세운에서도 동일하게 적용되므로 주의가 필요합니다.

또한 癸일간의 사주에서 庚申시를 사용하여 巳와 합을 이루고, 巳중에 있는 戊土를 정관으로 삼습니다.

그러나 사주에 戊와 巳의 글자가 있으면 申을 형파하여 손상될 수 있습니다. 특히 丙이 庚申시를 손상시키면 복이 줄어들게 됩니다. 이러한 내용은 대세운에서도 동일하게 적용됩니다.

합록격 예시 명조

명주	시	일	월	년
황춘방	庚申	戊午	己酉	壬午
황시랑	庚申	戊戌	丙子	己未
정지부	庚申	戊寅	辛亥	壬申
감태위	庚申	戊午	己丑	庚午
이무익	庚申	戊申	庚子	丙申

정동지	庚申	癸丑	乙丑	癸酉
서전원	庚申	癸酉	乙卯	癸酉
조승상	庚申	癸未	癸未	乙酉
양안무	庚申	癸丑	庚戌	壬午

11) 子遙巳格 자요사격

此格以二甲子 子中癸水逢合巳中戊土 戊來合丙 丙來合酉中辛 金甲子日得
차격이이갑자 자중계수봉합사중무토 무래합병 병래합유중신 금갑자일득

官星 則巳酉丑三合官祿 要行官旺鄕運 忌四柱中有庚申七殺 辛金官星 並
관성 즉사유축삼합관록 요행관왕향운 기사주중유경신칠살 신금관성 병

申酉丑字絆住 則子不能去遙矣 若有午字沖子 則減分數 歲君大運亦然
신유축자반주 즉자불능거요의 약유오자충자 즉감분수 세군대운역연

이 격국은 두 개의 甲子에 있는 子중 癸水가 巳중 戊土와 합하고, 戊는 丙을 불러와 酉중 辛과 합하게 하여 甲일간의 정관으로 사용합니다. 巳酉丑의 삼합으로 관록을 형성하며 관왕운으로 흘러야 귀하게 됩니다.

사주에 庚과 申칠살이 있으면 꺼리고, 辛金정관과 申酉丑의 글자가 있는 경우에는 子가 巳를 불러올 수 없습니다.

만약 사주에 午가 있어 子를 충하게 된다면 복이 감소됩니다. 이러한 영향은 대세운에서도 동일하게 나타납니다.

자요사격 예시 명조

명주	시	일	월	년
전승상	甲子	甲子	乙亥	己巳
조지부	甲子	甲子	壬辰	丙寅
평상인	甲子	甲子	甲戌	己丑

평상인 명은 년지에서 丑이 子를 합하므로 귀하게 되지 못했습니다.

12) 丑遙巳格 축요사격

> 此格只有辛丑癸丑二日 用丑字多遙合巳中丙戊 辛癸日得官星 丑字多爲妙
> 차격지유신축계축이일 용축자다요합사중병무 신계일득관성 축자다위묘
> 若四柱中有子字絆住 則丑不能去遙矣 要四柱中有申字並酉字 得一字爲妙
> 약사주중유자자반주 즉축불능거요의 요사주중유신자병유자 득일자위묘
> 如辛丑日若四柱中有丙丁字並巳字午字 則減分數 歲君大運同 癸丑日亦不
> 여신축일약사주중유병정자병사자오자 즉감분수 세군대운동 계축일역불
> 要見戊字己字巳字丁字
> 요견무자기자사자정자

이 격국은 辛丑일과 癸丑일에만 해당됩니다. 丑이 많으면 巳중 丙과 戊를 불러와 정관으로 사용합니다.

그러나 사주에 子가 있다면, 子가 丑을 묶으므로 정관을 불러오지 못합니다. 반면, 사주에 申이나 酉의 글자가 하나라도 있다면 丑의 기운을 강화할 수 있습니다.

辛丑일주는 사주에 丙丁巳午의 글자가 있을 경우 복이 감소됩니다. 이러한 조건은 대세운에서도 동일하게 적용됩니다. 癸丑일주의 경우에는 戊己巳丁의 글자가 없어야 합니다.

축요사격 예시 명조

명주	시	일	월	년
장통제	庚寅	辛丑	辛丑	辛丑
정추밀	戊子	辛丑	乙丑	辛丑
엽시랑	乙卯	癸丑	己丑	乙丑

13) 壬騎龍背格 임기용배격

> 此格以辰多者貴 寅多者富 壬日坐辰土 以丁爲財 以己爲官 壬日以辰冲戌
> 차격이진다자귀 인다자부 임일좌진토 이정위재 이기위관 임일이진충술
> 中丁戌 壬辰日得財官 而寅午戌三合 或壬日坐寅 却要年月時上多聚辰字
> 중정무 임진일득재관 이인오술삼합 혹임일좌인 각요년월시상다취진자
> 方可用 若壬辰日有年月時上 皆在寅字 只爲富命 以有午戌爲財得地 若年
> 방가용 약임진일유년월시상 개재인자 지위부명 이유오술위재득지 약년
> 月時上辰字多 則冲出財來 所以貴也
> 월시상진자다 즉충출재래 소이귀야

이 격국은 壬일간에게 辰이 많으면 귀하게 되고, 寅이 많으면 부유하게 되는 특징을 가집니다.

壬辰일주는 丁火를 재성으로, 己土를 정관으로 삼습니다. 또한, 辰으로 戌을 충하여 戌중에 있는 丁火와 戊土를 재관으로 삼습니다. 寅午戌의 삼합을 이루면 더욱 강한 재관을 얻게 됩니다.

壬寅일주의 경우, 년주, 월주, 시주에 辰이 많이 모여야 이 격국을 사용하여 부유하게 될 수 있습니다.

壬辰일주에서 년주, 월주, 시주에 寅이 모두 있으면 부유하게 됩니다. 이는 午戌로써 재성이 득지하는 구조를 이루기 때문입니다.

壬辰일주에서 년주, 월주, 시주에 辰이 많은 경우에는 辰이 戌을 충하여 재성을 끌어내어 귀하게 됩니다.

임기용배격 예시 명조

명주	시	일	월	년
왕추밀	壬寅	壬辰	甲辰	壬辰
제갈판원	甲辰	壬辰	庚申	戊寅
왕거부	壬寅	壬辰	壬寅	壬寅

14) 井欄叉格 정란차격

此格庚申庚子庚辰三處 須要四柱中申子辰三位全 不必三個庚字 若有三庚
차격경신경자경진삼처 수요사주중신자진삼위전 불필삼개경자 약유삼경
尤妙 只要庚日生申 年月時或戊子戊辰不妨 且得支是申子辰全也 若時遇丙
우묘 지요경일생신 년월시혹무자무진불방 차득지시신자진전야 약시우병
子 則是偏官 若時是申時 則是歸祿格 而非井欄叉矣 此格四柱中見寅午戌
자 즉시편관 약시시신시 즉시귀록격 이비정란차의 차격사주중견인오술
三字 則沖壞矣 庚用丁爲官 以申子辰三合沖寅午戌火局 庚日得官星 行運
삼자 즉충괴의 경용정위관 이신자진삼합충인오술화국 경일득관성 행운
如重氣 若行東方財地或南方皆好 若四柱中有巳字丙丁字則減分數 歲君大
여중기 약행동방재지혹남방개호 약사주중유사자병정자즉감분수 세군대
運亦然
운역연

이 격국은 庚申, 庚子, 庚辰일주에 해당하며, 사주에서 申子辰을 모두 갖추어야 합니다. 세 개의 庚이 반드시 있어야 하는 것은 아니지만, 만약 세 개의 庚이 포함되어 있다면 더욱 좋습니다.

庚申일주가 년월시에 戊子나 戊辰이 있어도 무방하지만 申子辰을 모두 갖추고 있어야 합니다. 만약 시주가 丙子라면 편관격이고, 申시라면 귀록격에 해당하며 정란차격이 아닙니다.

이 격국은 사주에 寅午戌의 글자가 있으면 충으로 격국이 파괴됩니다.

庚일간은 丁을 정관으로 삼는데, 申子辰의 水국으로 寅午戌의 火국을 충하여 정관을 얻고 운에서도 강한 기가 흘러야 합니다. 동방의 재성운이나 남방의 정관운으로 흐르면 모두 좋습니다. 다만, 사주에 巳丙丁의 글자가 있으면 복이 감소되고, 대세운에서도 동일하게 적용됩니다.

정란차격 예시 명조

아래 예시 명조에서 송대부 명은 시지에 午가 있어 午년에 관직과 처를 잃었습니다.

명주	시	일	월	년
곽통제	庚辰	庚申	庚申	戊申
대조	庚辰	庚子	庚申	癸巳
송대부	壬午	庚申	庚辰	庚子

15) 歸祿格 귀록격

此格假令六甲日生人 得寅時謂之歸祿 蓋甲祿在寅 餘皆倣此 但四柱全不宜
차격가령육갑일생인 득인시위지귀록 개갑록재인 여개방차 단사주전불의
見官殺 見之則難歸矣
견관살 견지즉난귀의

이 격국은 甲일간이 寅시에 태어나면 귀록격에 해당합니다. 대개 甲의 록이 寅에 있으며 나머지도 마찬가지입니다.

다만, 사주에 정관과 칠살이 전혀 없어야 합니다. 만약 관살이 있다면, 귀록격이 성립되기 어려워집니다.

귀록격 예시 명조

명주	시	일	월	년
전참정	丙寅	甲子	癸巳	甲午
임추밀	己卯	乙亥	甲寅	戊子
이상시	丙午	丁未	甲戌	甲午

16) 六陰朝陽格 육음조양격

此格以六辛日爲主 用丙火爲正官 喜逢戊土 戊來動丙 辛日得官星 子字則
차격이육신일위주 용병화위정관 희봉무토 무래동병 신일득관성 자자즉
要一位 多則不中 若四柱中有丙字丁字午字 則沖子不中 減分數 大運亦同
요일위 다즉부중 약사주중유병자정자오자 즉충자부중 감분수 대운역동

제2장 격국론격국론 / 169

이 격국은 辛일간이 丙火를 정관으로 사용하고 戊土를 반깁니다. 戊土는 丙火를 움직여 데려오면 辛일관이 정관을 얻게 됩니다.

子는 사주에서 한 글자만 필요하며, 많아지면 격국을 이루지 못합니다. 또한, 사주에 丙丁午의 글자가 있을 경우, 子가 충을 받아 격국이 깨지고 복이 감소하며, 대운에서도 동일하게 나타납니다.

육음조양격 예시 명조

명주	시	일	월	년
장지원	戊子	辛酉	辛酉	戊辰
왕대위	戊子	辛丑	辛酉	戊辰

17) 형합격 刑合格

此格以六癸日生人爲主 用戊土爲正氣官星 喜逢甲寅時 甲寅刑巳中戊土 癸
차격이육계일생인위주 용무토위정기관성 희봉갑인시 갑인형사중무토 계
日得官星 如庚寅刑不成 惟甲寅時是 行運與飛天祿馬同 若四柱中有戊字巳
일득관성 여경인형불성 유갑인시시 행운여비천록마동 약사주중유무자사
字則減分數 又怕庚寅傷甲字 刑巳字忌申字 則減分數 歲君大運亦忌
자즉감분수 우파경인상갑자 형사자기신자 즉감분수 세군대운역기

이 격국은 癸일간에서 戊土가 정기 정관으로 작용합니다. 甲寅시를 만나면 좋아하는데, 甲寅은 巳를 형하고 癸일간은 巳중의 戊土정관을 얻기 때문입니다.

만약 시주가 庚寅이라면 형을 이루지 못하며, 오직 甲寅시일 때만 가능합니다. 운의 용법은 비천록마격과 유사한 방식으로 작용합니다.

다만, 사주에 戊나 巳의 글자가 포함되어 있으면 복이 감소됩니다. 또한, 庚寅이 甲을 손상시키거나 巳를 형하면 운이 불안정해지고, 申이 있으면 꺼리는데 이는 복이 줄어들기 때문입니다. 대세운에서도 동일하게 작용합니다.

형합격 예시 명조

명주	시	일	월	년
절도사	甲寅	癸亥	癸未	乙未
심로분	甲寅	癸卯	癸卯	丁亥
진시랑	甲寅	癸酉	甲戌	甲戌
방간변	甲寅	癸卯	甲申	庚午

18) 拱祿格 공록격

此格只有五日 忌塡實 最怕沖了日時拱位 又怕四柱中有傷日干遇殺皆拱不
차격지유오일 기전실 최파충료일시공위 우파사주중유상일간우살개공불
住 則減分數 歲君大運同 經云 拱祿拱貴 塡實則凶 此格有五日 丁巳日見
주 즉감분수 세군대운동 경운 공록공귀 전실즉흉 차격유오일 정사일견
丁未 己未日見己巳 戊辰見戊午 癸丑見癸亥 癸亥見癸丑
정미 기미일견기사 무진견무오 계축견계해 계해견계축

이 격국은 丁巳일 丁未시, 己未일 己巳시, 戊辰일 戊午시, 癸丑일 癸亥시, 癸亥일 癸丑시 등 오직 다섯 가지 일주에만 해당됩니다.

이 격국은 특히 전실을 꺼리며, 일주와 시주의 공록을 충하는 것을 가장 두려워합니다.

사주에서 일간을 상하게 하는 칠살을 만나면, 공록격을 유지하지 못하고 복이 감소하며, 대세운에서도 동일하게 나타납니다. 경전에서도 공록과 공귀는 전실이 흉하다고 합니다.

아래 예시 명조에서 백의인은 보통사람이란 뜻으로서 일시의 巳와 未사이에 있는 午를 丁일간의 록으로 쓰는데 년지 子의 충으로 공록격을 이루지 못하여 귀하게 되지 못했습니다.

공록격 예시 명조

명주	시	일	월	년
유지부	戊午	戊辰	癸亥	癸卯
백의인	丁未	丁巳	丁未	壬子

19) 拱貴格 공귀격

貴人大忌塡實貴位 怕刑沖了日時拱位 又怕四柱有官 沖身七殺之類 皆拱不
귀인대기전실귀위 파형충료일시공위 우파사주유관 충신칠살지류 개공불
住 則減分數 歲君大運亦然 范都事命不合年月丑字塡實只爲白衣
주 즉감분수 세군대운역연 범도사명불합년월축자전실지위백의

 귀인은 특히 전실을 가장 꺼립니다. 일시에서 형성된 공귀가 형이나 충을 받는 경우, 사주에서 정관이 포함되거나 칠살이 일간을 충하는 경우 등을 두려워합니다. 이러한 경우 모두 공귀가 머물지 못하며, 결과적으로 복이 감소하게 됩니다. 대세운에서도 동일하게 적용됩니다.
 아래 범도사의 명은 년주와 월주에 丑귀인이 있어 전실이 되므로 귀하게 되지 못하고 일반인에 머물렀습니다.

공귀격 예시 명조

명주	시	일	월	년
응랑중	甲子	甲寅	丙午	丁巳
범도사	甲子	甲寅	辛丑	辛丑

20) 印綬格 인수격

> 此格大要生旺 忌死絶 要四柱中有官星爲妙 月上印綬最緊 行官印運便發
> 차격대요생왕 기사절 요사주중유관성위묘 월상인수최긴 행관인운편발
> 見財運破印反爲貪財壞印 不利也 雜氣印綬格辰戌丑 未也亦忌財要行官運
> 견재운파인반위탐재괴인 불리야 잡기인수격진술축 미야역기재요행관운

이 격국은 반드시 생왕해야 하며, 사절의 상태를 꺼립니다. 사주에 정관이 있으면 더욱 좋습니다. 특히 월주에 인수가 있을 경우 가장 좋으며, 정관운이나 인수운을 만나면 발복합니다. 반면, 재성운을 만나면 탐재괴인이 되어 인수를 파괴하므로 불리하게 작용합니다.

잡기인수격은 辰戌丑未를 중심으로 형성되며, 월지에서 투출한 인수를 사용하며 인수격과 마찬가지로 판단합니다.

인수격 예시 명조

명주	시	일	월	년
조지부	甲子	甲寅	戊子	乙亥
왕시랑	辛亥	壬寅	丙申	辛酉
우감부	丙辰	癸亥	乙酉	庚寅

잡기인수격 예시 명조

명주	시	일	월	년
심상서	乙亥	甲辰	壬辰	辛未
황운사	戊寅	庚戌	庚戌	壬申
정안부	戊子	辛卯	癸丑	丁丑
주종부	辛丑	壬寅	己丑	丙寅

3. 外十八格 외십팔격

1) 六壬趨艮格 육임추간격

> 且如壬水日主 多見寅字 則用寅中甲木 暗邀己土爲壬日之官星 丙火邀辛金
> 차여임수일주 다견인자 즉용인중갑목 암요기토위임일지관성 병화요신금
> 爲壬日印綬 怕午字申字沖之 忌財官塡實 喜身旺地 歲運同推 寅爲艮土之
> 위임일인수 파오자신자충지 기재관전실 희신왕지 세운동추 인위간토지
> 方 故曰趨艮 謂壬祿在亥 寅與亥合 又謂之合祿 亦忌破害 運行申沖壞寅字
> 방 고왈추간 위임록재해 인여해합 우위지합록 역기파해 운행신충괴인자
> 不吉
> 불길

　壬水일주에서 寅을 많이 만나면, 寅중의 甲木이 己土를 암합하여 정관을 얻고, 寅중의 丙火가 辛金을 암합하여 인수를 얻게 됩니다.

　壬水일주는 午와 申의 충을 특히 두려워하며, 재성과 정관의 전실을 꺼립니다. 또한, 신왕운을 반기고 대세운에서도 마찬가지로 적용됩니다.

　寅은 간방(艮, 동북방)에 속하므로 이를 추간격이라고 부릅니다. 壬의 록이 亥에 위치하며, 寅과 亥가 합을 이루므로 합록이라고도 합니다. 역시 파해를 꺼리고, 申운에서 寅을 충파하면 불길해집니다.

2) 六甲趨乾格 육갑추건격

> 且如六甲日生 柱中要亥字多 乃爲天門之位 北極之垣 甲木賴之以長 如人
> 차여육갑일생 주중요해자다 내위천문지위 북극지원 갑목뢰지이장 여인
> 以甲日生亥字多者 自然富貴矣 忌巳沖之 此論甲祿在寅 寅與亥合 謂之合
> 이갑일생해자다자 자연부귀의 기사충지 차론갑록재인 인여해합 위지합
> 祿 忌見財星及寅巳二字 歲運亦同
> 록 기견재성급인사이자 세운역동

　이 격국은 甲일간이 사주에 亥자가 많아야 성립됩니다. 亥는 하늘의 문이

자 북극성의 영역이며, 건방(乾, 북서방)에 속하므로 추건격이라고 부릅니다. 또한 亥는 甲木이 성장하는 장생지에 해당합니다. 따라서 甲일간이 사주에 亥를 많이 가지면 자연스럽게 부귀한 삶을 누립니다.

그러나 巳가 亥를 충하면 매우 꺼립니다. 甲의 록은 寅에 존재하며, 寅과 亥가 합을 이루므로 합록이라고 부릅니다. 다만, 사주에 재성이나 寅과 巳의 글자가 있으면 격국을 이루기 어렵고, 복이 줄어들게 됩니다. 이러한 조건은 대세운에서도 동일하게 적용됩니다.

육갑추건격 예시 명조

명주	시	일	월	년
신안백	乙丑	甲子	癸亥	戊辰

3) 勾陳得位格 구진득위격

此格以戊己日爲勾陳 遇亥卯未木局爲官 申子辰水局爲財地是也 正是戊寅
차격이무기일위구진 우해묘미목국위관 신자진수국위재지시야 정시무인
戊子戊申 己卯己亥己未日是也 忌刑沖 殺旺則反生災矣 歲君大運亦然
무자무신 기묘기해기미일시야 기형충 살왕즉반생재의 세군대운역연

戊일주와 己일주는 구진에 해당하며, 이 격국은 亥卯未의 木局을 정관으로 삼고, 申子辰의 水局을 재성으로 삼는 구조를 형성합니다.

이 격국에 해당하는 일주는 戊寅, 戊子, 戊申, 己卯, 己亥, 己未이며, 형충을 특히 꺼립니다. 또한, 사주에서 칠살이 왕성하면 오히려 재앙이 발생하고, 대세운에서도 동일한 영향이 나타납니다.

구진득위격 예시 명조

명주	시	일	월	년
정도독	戊辰	己卯	丁亥	丁亥

4) 玄武當權格 현무당권격

> 且如壬癸二日生 値寅午戌火局爲財 辰戌丑未爲官是也 正是壬寅壬午壬戌
> 차여임계이일생 치인오술화국위재 진술축미위관시야 정시임인임오임술
> 癸巳癸未癸丑是也 忌沖破 身弱則不吉 壬癸屬水 故爲玄武 但得火局 故曰
> 계사계미계축시야 기충파 신약즉불길 임계속수 고위현무 단득화국 고왈
> 當權 無非水火旣濟之理而已矣 夫何異哉 得斯道者 主人性格溫和 有智慧
> 당권 무비수화기제지리이이의 부하이재 득사도자 주인성격온화 유지혜
> 有禮貌 面帶赤黑威而不猛 遇刑沖或歲運見之 則不利矣
> 유례모 면대적흑위이불맹 우형충혹세운견지 즉불리의

　壬癸일생이 寅午戌의 火局을 재성으로 삼고, 辰戌丑未를 정관으로 삼아 격국을 형성합니다.

　壬寅, 壬午, 壬戌, 癸巳, 癸未, 癸丑의 일주가 이 격국에 해당하며, 충파를 꺼리고, 신약하면 불길합니다. 壬癸는 水기운을 가지므로 현무라고 하며, 火국을 얻어 당권하면 水火가 조화를 이루어 격국이 더욱 높아집니다. 이 원리는 수화기제의 이치와 같다고 볼 수 있습니다.

　이 격국을 가진 사람은 온화한 성품과 지혜, 그리고 예의를 갖추고 있습니다. 얼굴색은 붉고 검으며, 위엄은 있으나 사납지 않은 특징을 보입니다. 그러나 형충을 만나거나 대세운에서 만나면 불리한 결과를 초래할 수 있습니다.

현무당권격 예시 명조

명주	시	일	월	년
이도독	辛亥	壬寅	壬午	庚戌

5) 炎上格 염상격

> 且如丙丁二日 見寅午戌全或巳午未全亦是 但忌水鄕金地 喜行東方運 怕沖
> 차여병정이일 견인오술전혹사오미전역시 단기수향금지 희행동방운 파충

> 要身旺 歲運同 炎上者 火之勢急 又得火局 渾然成勢 火爲文明之象直之者
> 요신왕 세운동 염상자 화지세급 우득화국 혼연성세 화위문명지상직지자
> 當爲朱紫之貴 蓋非尋常之命也
> 당위주자지귀 개비심상지명야

　　이 격국은 丙丁일간이 寅午戌의 火局이나 巳午未의 火局을 전부 갖춰야 성립됩니다. 火의 기운을 중심으로 격국을 형성하며, 사주에서 水와 金의 기운은 꺼리게 됩니다. 동방운을 만나게 되면 사주가 더욱 강해지고 발복할 수 있는 조건을 갖추게 됩니다.

　　충은 이 격국에 가장 해로운 요인으로 작용하며, 사주의 신왕함이 유지될 때 격국이 안정됩니다. 이러한 특징은 대세운에서도 동일하게 적용됩니다.

　　염상은 火의 기세가 강하고 급한 상태를 나타내며, 火局이 잘 구성되어 있으면 혼연일체로 성세를 이루는 격국이 됩니다. 火는 문명을 상징하는 기운으로, 이 격국을 가진 사람은 고위직에 오르고 부귀와 번영을 누리는 삶을 살 가능성이 높아 일반 격국하고는 다릅니다.

염상격 예시 명조

명주	시	일	월	년
장태보	甲午	丙午	辛巳	乙未

6) 潤下格 윤하격

> 且如壬癸日 要申子辰全或亥子丑全是也 忌辰戌丑未官鄉 喜西方運 不宜東
> 차여임계일 요신자진전혹해자축전시야 기진술축미관향 희서방운 불의동
> 南 怕沖剋 歲運同 此命得申子辰全 亥子丑水鄉渾然 庚辛又生 湛然福量
> 남 파충극 세운동 차명득신자진전 해자축수향혼연 경신우생 담연복량
> 福量廣闊 眞富貴之人也 潤下者 天干地支渾是水 如湖海汪洋 澣以無際 主
> 복량광활 진부귀지인야 윤하자 천간지지혼시수 여호해왕양 완이무제 주

> 人淸秀量洪 倘遇土運 必主淹滯 若生於冬月者 又爲奇特者也
> 인청수량홍 당우토운 필주엄체 약생어동월자 우위기특자야

　이 격국은 壬癸일간이 申子辰의 水局이나 亥子丑의 水局을 전부 갖춰야 성립됩니다. 辰戌丑未 관운을 꺼리며, 서방운을 만나면 발복하기에 좋습니다. 반대로 동남방운은 불리한 영향을 미칠 수 있습니다. 또한, 충극이 발생하는 상황을 매우 꺼리고, 이러한 조건은 대세운에서도 동일합니다.

　이 명이 申子辰을 전부 득하고 亥子丑 水운과 혼연일체가 되며, 또한 庚辛이 생하면 복이 넓고 진정한 부귀를 누리는 사람이 됩니다.

　윤하격은 천간과 지지가 온통 水로 되어 있어 마치 호수나 바다처럼 넓고 깊은 조화를 이룹니다. 이 격국을 가진 사람은 성품이 맑고 품위 있으며 넓은 아량과 풍부한 복을 가진 특징을 보입니다.

　그러나 土운을 만나면 일이 막히고 답답한 상황을 겪을 수 있습니다. 특히 겨울철에 태어나는 경우에는 더욱 독특하고 특별한 운명을 보여줍니다.

윤하격 예시 명조

명주	시	일	월	년
만종인	辛亥	壬申	庚辰	庚子

7) 從革格 종혁격

> 此格以庚辛日 見巳酉丑金局全 或申酉戌全者是也 忌南方火運 喜庚辛旺運
> 차격이경신일 견사유축금국전 혹신유술전자시야 기남방화운 희경신왕운
> 見亥卯未者 爲之金木間革也 忌沖刑庫破運 歲運同 此命得申酉戌全 月令
> 견해묘미자 위지금목간혁야 기충형고파운 세운동 차명득신유술전 월령
> 有戊土生金 得從其類 主義權衡之職
> 유무토생금 득종기류 주의권형지직

이 격국은 庚辛일간이 巳酉丑의 金국이나 申酉戌의 金국을 전부 갖춰야 성립됩니다. 남방 火운은 꺼리며, 庚辛이 왕성한 운은 반깁니다.

또한, 亥卯未의 木국을 만나게 되면 金과 木간의 혁신이 일어나며, 충형으로 고를 파괴하는 운을 꺼리며 대세운에서도 동일합니다.

종혁격 예시 명조

명주	시	일	월	년
양태위	辛巳	庚申	戊戌	辛酉

이 명조는 申酉戌을 모두 갖추었으며, 월령에 戊土가 있어 金을 생하는 구조로 종혁격을 이루므로 사법의 직책을 수행했습니다.

8) 稼穡格 가색격

> 以戊己日生 値辰戌丑未全者是也 忌東方運及北方財運 此格喜行西南 惟忌
> 이무기일생 치진술축미전자시야 기동방운급북방재운 차격희행서남 유기
> 東北 所謂稼穡者 俱從於土支干重見則爲土之一類 深有培養之功 主人多信
> 동북 소위가색자 구종어토지간중견즉위토지일류 심유배양지공 주인다신
> 人品重厚豊肥 生財有道 斯爲富貴人矣 此命辰戌丑未俱全 得水爲財又無木
> 인품중후풍비 생재유도 사위부귀인의 차명진술축미구전 득수위재우무목
> 剋 是以爲福
> 극 시이위복

이 격국은 戊己일간이 辰戌丑未를 모두 갖추었을 때 성립됩니다. 사주에서 동방운과 북방 재성운은 꺼리고, 서남방운을 만날 때 발복할 가능성이 높아집니다. 가색격은 간지와 지지가 모두 土로 이루어진 구조를 의미하며, 만물을 기르는 공덕이 깊은 격국입니다.

이 격국을 가진 사람은 신뢰가 많고 인품이 중후하며, 재물을 만들고 관리하는 데 뛰어난 능력을 가지고 있어 부귀한 삶을 누릴 수 있습니다.

가색격 예시 명조

명주	시	일	월	년
장진인	癸丑	戊辰	己未	戊戌

이 명조는 辰戌丑未를 모두 갖추었으며, 水를 재성으로 얻고 木이 없어 土를 극하지 않는 구조를 통해 복을 누릴 수 있었습니다.

9) 曲直格 곡직격

> 此格以甲乙日干 取地支寅卯辰 或亥卯未木局 要不見辛庚之氣 見庚辛即官
> 차격이갑을일간 취지지인묘진 혹해묘미목국 요불견신경지기 견경신즉관
> 殺 非此格也 只要木運論 故曰曲直 運喜東方 北方有水 木賴水生 故從其
> 살 비차격야 지요목운론 고왈곡직 운희동방 북방유수 목뢰수생 고종기
> 類 主人多仁 忌西方運
> 류 주인다인 기서방운

이 격국은 甲乙일간이 지지에서 寅卯辰이나 亥卯未로 이루어진 木국을 전부 갖추어야 성립됩니다. 특히, 庚과 辛의 기운이 사주에 없어야 하며, 만약 있다면 관살로 인해 격국을 이루지 못합니다.

오직 木의 기운으로만 격국을 이루므로 곡직격이라고 부릅니다. 따라서 동방운을 만나면 격국이 강해지고, 북방운에서 水의 생을 받아 木이 강해지므로 따르게 됩니다. 반대로, 서방운은 金이 木을 극하므로 꺼리게 됩니다. 이 격국을 가진 사람은 인자한 성품과 너그러운 마음씨를 가지게 됩니다.

곡직격 예시 명조

명주	시	일	월	년
이총병	丙子	乙未	丁卯	甲寅

10) 日德秀氣格 일덕수기격

> 要天干三個乙字 地支巳酉丑全 更有丙子壬子辛卯丁酉日 亦是秀氣 怕沖剋
> 요천간삼개을자 지지사유축전 경유병자임자신묘정유일 역시수기 파충극
> 大運同
> 대운동

이 격국은 천간에 세 개의 乙이 있고, 지지에서 巳酉丑을 완전히 갖추어야 성립됩니다. 丙子, 壬子, 辛卯, 丁酉의 일주는 우수한 기운을 갖추고 있어 이 격국에 해당합니다. 이 격국에서는 충극을 특히 꺼리며, 이러한 특징은 대운에서도 동일하게 적용됩니다.

11) 福德格 복덕격

> 此格只要己丑日主 地支巳酉丑全者是 忌火鄕官鄕 嫌沖破
> 차격지요기축일주 지지사유축전자시 기화향관향 혐충파

이 격국은 오직 己丑일주에만 해당되며, 지지에서 巳酉丑을 모두 갖추었을 때 성립됩니다. 火의 기운과 관성운을 꺼리며, 충이나 파를 당하는 상황 또한 반드시 피해야 합니다.

12) 棄命從財格 기명종재격

> 假如乙日見辰戌丑未 財神極旺 乙木四柱無依 則舍而從之 主其人平生懼內
> 가여을일견진술축미 재신극왕 을목사주무의 즉사이종지 주기인평생구내
> 爲塡房贅繼之人 財者妻也 身無所托倚妻成立 故爲此論
> 위전방췌계지인 재자처야 신무소탁의처성립 고위차론

이 격국은 예를 들어, 乙일간이 辰戌丑未를 만나면 재성이 매우 왕성하게 됩니다. 乙木이 사주에서 의지할 곳이 없게 되면 乙木은 자신을 버리고 재성을 따르게 됩니다.

종재격을 가진 사람은 평생 처를 두려워하는 경향이 있으며, 재혼하거나 사위, 혹은 양자로 들어가는 경우가 많습니다. 자신이 의지할 곳이 없어 처에 기대어 살아가는 운명이라고 말합니다.

13) 傷官生財格 상관생재격

> 且如乙日生 地支見寅午戌全 則自能戊己爲財 要行火鄕財運 身旺運 怕官
> 차여을일생 지지견인오술전 즉자능무기위재 요행화향재운 신왕운 파관
> 鄕 忌刑冲 倒則不吉
> 향 기형충 도즉불길

이 격국은 예를 들어, 乙일간이 지지에서 寅午戌의 火국을 완전히 갖추고 戊土와 己土 재성을 활용할 수 있어야 격국이 성립됩니다.
火운과 재성운, 그리고 신왕운을 만나면 좋지만, 관성운을 두려워하고 형충은 격국을 깨뜨려 불길하게 되므로 꺼립니다.

14) 棄命從殺格 기명종살격

> 且如乙日 見巳酉丑金局大盛 又無制殺 身主無氣 只得捨身而從之 要行殺
> 차여을일 견사유축금국대성 우무제살 신주무기 지득사신이종지 요행살
> 旺及財鄕 忌日主有根及比肩之地
> 왕급재향 기일주유근급비견지지

예를 들어, 乙일간이 지지에 巳酉丑의 金국이 매우 왕성할 경우, 이는 칠살로 작용합니다. 이때 일간이 신약하여 기운이 약하다면, 스스로 강한 칠살을 제어할 수 없어 자신을 버리고 살성을 따르게 됩니다.
종살격은 칠살이 왕성한 운과 재성운을 만나면 발복할 가능성이 커집니다. 반면, 일간이 뿌리가 있거나 비견이 있으면 일간의 힘이 강해져 살성을 따르지 않으므로 종살격이 성립하지 않습니다.

15) 傷官帶殺格 상관대살격

> 且如甲乙日生 寅午戌地支全 若干頭有庚辛 則藉庚辛爲權 火制之爲福 最
> 차여갑을일생 인오술지지전 약간두유경신 즉자경신위권 화제지위복 최
> 要行旺運 忌見財 得中和爲貴
> 요행왕운 기견재 득중화위귀

예를 들어, 甲乙일간이 지지에 寅午戌 火局을 완전히 갖추고, 천간에 庚과 辛이 있다면, 이들을 권력으로 활용할 수 있습니다. 이때 火로 庚辛칠살을 제어하면 복이 됩니다.

신왕한 운이 가장 좋으며, 재성은 꺼립니다. 또한, 사주의 기운이 균형을 이루는 중화를 얻어야 귀하게 됩니다.

16) 歲德扶殺格 세덕부살격

> 且如甲日見庚年是也 正如年爲君位 日爲臣位 臣得君權 然又以年爲祖 日
> 차여갑일견경년시야 정여년위군위 일위신위 신득군권 연우이년위조 일
> 爲己身 七殺有制 則祖上曾有要職也
> 위기신 칠살유제 즉조상증유요직야

예를 들면, 甲일간이 년주에서 庚의 칠살을 만나면, 년주는 군주이고 일주는 신하로서, 신하가 군주의 권력을 얻게 되는 구조를 보여줍니다.

또한, 년주는 조상을 나타내고, 일주는 자신을 나타내므로, 칠살이 제복되면 조상이 고위직을 지낸 것을 의미합니다. 이는 사주에서 가문의 위상이나 명예로운 역할을 해석될 수 있습니다.

17) 歲德扶財格 세덕부재격

> 且如甲日見戊己年是也 若財命有氣則主其人得祖上物業 身弱者則不僅業也
> 차여갑일견무기년시야 약재명유기즉주기인득조상물업 신약자즉불근업야

예를 들면, 甲일간이 년주에서 戊己 재성을 만났을 때 성립됩니다. 재성과 일주가 모두 강한 기운을 가지고 있다면, 이 격국을 가진 사람은 조상의 재산이나 물질적인 유산을 얻을 가능성이 높습니다.

반면, 신약한 상태에서 재성이 왕성하면 조상으로부터 물질적인 유산을 조금도 얻지 못하는 경우가 생길 수 있습니다.

18) 夾丘格 협구격

> 此格用日支與時支 共拱其財 且如甲寅日甲子時 虛拱丑宮己土爲財庫 又如
> 차격용일지여시지 공공기재 차여갑인일갑자시 허공축궁기토위재고 우여
> 乙卯日丁巳時 甲午日壬申時 癸酉日癸亥時是也 要虛拱 不要填實 及有牽
> 을묘일정사시 갑오일임신시 계유일계해시시야 요허공 불요전실 급유견
> 絆 則拱不得 更要日主自旺 或財旺運皆吉
> 반 즉공불득 경요일주자왕 혹재왕운개길

이 격국은 일지와 시지 사이에 있는 재성을 끌어내어 사용합니다.

예를 들어, 甲寅일 甲子시의 경우, 가운데에 丑이 허공으로 존재하며 己土 재성의 창고 역할을 하게 됩니다. 또한, 乙卯일 丁巳시, 甲午일 壬申시, 癸酉일 癸亥시 역시 이러한 구조를 가집니다.

허공이란 실제로 존재하지 않고 끌어내는 재성을 의미하므로, 재성이 전실되거나 기반되는 경우에는 이 격국이 성립되지 못합니다. 따라서 일주는 반드시 신왕해야 하며, 재성이 왕성한 운을 만나면 발복할 가능성이 높아집니다.

협구격 예시 명조

명주	시	일	월	년
김승상	癸亥	癸酉	戊子	庚戌
장상서	癸亥	癸酉	辛卯	丙辰
유총관	癸亥	癸酉	癸酉	甲子

19) 兩干不雜格 양간부잡격

此格乃謂年月日時 連占兩干 統一而不雜也 取兩字不亂之類是也 又謂之兩
차격내위년월일시 연점양간 통일이부잡야 취양자불란지류시야 우위지양

干連珠格 經云 兩干不雜利名齊 其斯之謂與
간연주격 경운 양간불잡리명제 기사지위여

이 격국은 년월일시의 천간이 두 글자만으로 구성되어 통일성을 이루고 혼잡하지 않은 구조를 가지고, 천간의 두 글자가 서로 조화를 이루고 있습니다. 또한 이를 구슬처럼 연결되었다고 하며 양간연주격이라고도 합니다. 경전에서는 양간부잡격은 명예로운 삶과 물질적 풍요를 함께 누릴 수 있다고 합니다.

양간부잡격 예시 명조

명주	시	일	월	년
명조1	乙丑	甲戌	乙亥	甲子
명조2	丁卯	丙辰	丁酉	丙寅

20) 五行俱足格 오행구족격

> 此格取年月日時胎 帶金木水火土全者是也 此二格 亦不論官殺 只取五行爲
> 차격취년월일시태 대금목수화토전자시야 차이격 역불론관살 지취오행위
> 全 自有生生不絶之義 化化無窮之理 是亦罕有矣
> 전 자유생생불절지의 화화무궁지리 시역한유의

이 격국은 년월일시의 납음오행(金木水火土)을 모두 갖추어야 성립되며, 정관과 칠살을 논하지 않고 오직 오행의 완전함을 취합니다.
이 격국은 오행의 상생 원리를 따라 끊어지지 않고 변화와 성장이 지속되는 구조를 가지며, 매우 드물며 귀하게 여겨지는 명조입니다.

오행구족격 예시 명조

구분	태	시	일	월	년
명조1	己未	丁未	丁巳	戊辰	甲子
납음오행	火	水	土	木	金
명조2	癸酉	丙申	辛未	壬午	乙酉
납음오행	金	火	土	木	水

21) 干支一氣格 간지일기격

> 支辰一字 此取年月日時支辰不雜爲貴 天元一氣 此取干辰年月日時 鳳凰池
> 지신일자 차취년월일시지신불잡위귀 천원일기 차취간진년월일시 봉황지
> 干支皆同
> 간지개동

(1) 支辰一字 지신일자

이 격국은 년월일시의 지지가 모두 동일한 글자로 이루어진 귀한 명조입니다.

격국	시	일	월	년
지신일자격	戊寅	庚寅	丙寅	甲寅

(2) 天元一氣 천원일기

이 격국은 년월일시의 천간이 모두 동일한 글자로 이루어져야 성립됩니다. 천간의 통일성과 단일한 흐름이 사주를 더욱 강하게 만들며, 권위와 안정성을 상징하는 명조입니다.

격국	시	일	월	년
천원일기격	乙酉	乙亥	乙酉	乙丑
	甲子	甲寅	甲戌	甲子

(3) 鳳凰池 봉황지

이 격국은 년월일시의 천간과 지지가 모두 동일한 글자로 이루어진 구조를 가지고 있습니다. 봉황지격은 간지의 일치된 조화를 통해 사주의 완성도를 극대화하며, 매우 희귀하고 귀한 명조입니다.

격국	시	일	월	년
봉황지격	戊午	戊午	戊午	戊午

第三篇 육친론 六親論

1. 六親論 육친론

1) 六親總論 육친총론

육친의 개념

夫六親者 父母兄弟妻財子孫是也 用日干爲主 正印正母 偏印偏母及祖父也
부육친자 부모형제처재자손시야 용일간위주 정인정모 편인편모급조부야
偏財是父 乃母之夫星也 亦爲偏妻 正財爲妻 偏財爲妾爲父是也 比肩爲兄
편재시부 내모지부성야 역위편처 정재위처 편재위첩위부시야 비견위형
弟姉妹也 七殺是男 正官是女 食神是男孫 傷官是女孫及祖母也 婦人命取
제자매야 칠살시남 정관시녀 식신시남손 상관시녀손급조모야 부인명취
六親與男命不同 取官星爲夫星 七殺是偏夫 食神是男 傷官是女 經云 男取
육친여남명부동 취관성위부성 칠살시편부 식신시남 상관시녀 경운 남취
剋干爲嗣 女取干生爲子息及奴婢也 年爲祖上 月爲父母伯叔兄弟門戶 日爲
극간위사 여취간생위자식급노비야 년위조상 월위부모백숙형제문호 일위
妻妾己身
처첩기신

    육친이란 부모, 형제, 배우자, 자식 등 가족 관계를 해석하는 용어이며, 사주의 분석에서 중요한 역할을 합니다. 이를 분석할 때 일간을 기준으로 삼아 아래와 같은 관계를 도출합니다.
    정인은 모친이며, 편인은 계모나 조부입니다.
    편재는 부친이며, 모친의 남편성이고 남명에서는 첩이기도 합니다.
    정재는 남명에서 처입니다.
    비견은 형제와 자매입니다.

    남명에서 칠살은 아들이고, 정관은 딸입니다. 식신은 손자이고, 상관은 손녀와 조모입니다.
    여명에서 정관은 남편성이며, 칠살은 혼인외 남편이고, 식신은 아들이고,

상관은 딸입니다.

경전에서 남명은 일간을 극하는 천간을 자식으로 삼고, 여명은 일간이 생하는 천간을 자식과 노비로 삼는다고 합니다.

년주는 조부모나 선조를 의미하며, 월주는 부모, 백부, 숙부, 형제 및 가문을 나타냅니다. 일주는 배우자와 자신입니다.

육친의 극과 합에 따른 길흉

且如六親受剋何如 印綬見財 剋母及祖母也 見比劫羊刃 剋妻妾及父也 官
차여육친수극하여 인수견재 극모급조모야 견비겁양인 극처첩급부야 관
殺多者 難爲兄弟 傷官食神多 難爲子息 梟印傷孫 剋祖母也 譬如正印作合
살다자 난위형제 상관식신다 난위자식 효인상손 극조모야 비여정인작합
母不正 財作合妻不正 官作合女不正 偏財作合妾不正 比肩作合姊妹不正
모부정 재작합처부정 관작합녀부정 편재작합첩부정 비견작합자매부정
傷官作合祖母不正 食神作合孫女不正
상관작합조모부정 식신작합손녀부정

육친이 극을 받는 경우, 인수가 재성을 극하면 모친과 조모에게 해로움을 끼치고, 비겁과 양인이 재성을 극하면 처와 부친에게 영향을 미칩니다. 관살이 많은 경우에는 형제간의 관계가 어렵고, 상관과 식신이 많은 경우에는 자식 관계에 장애가 생깁니다. 효신의 영향을 받는 경우 손자와 조모에게 부정적인 영향을 미칩니다.

육친이 합을 이루는 경우, 정인의 합은 모친의 행실이 바르지 못하고, 정재의 합은 처의 행실에 문제가 있고, 정관의 합은 딸의 행실이 바르지 못하고, 비견의 합은 자매의 행실에 영향을 미치고, 식신의 합은 손녀의 행실에 문제가 있을 수 있습니다.

육친 관계 분석

> 假如甲日爲主 見癸爲母 見戊辰戌爲父及妾 見己丑未午字 則與戊字相爭奪
> 가여갑일위주 견계위모 견무진술위부급첩 견기축미오자 즉여무자상쟁탈
> 又傷癸水 剋母之義明矣 見甲寅字剋父及妾 見庚申字主剋兄姐也 見乙卯字
> 우상계수 극모지의명의 견갑인자극부급첩 견경신자주극형저야 견을묘자
> 剋弟妹 見丙巳字剋子女也 餘倣此 此必以歲運見何字 則剋何人 更將沖剋
> 극제매 견병사자극자녀야 여방차 차필이세운견하자 즉극하인 경장충극
> 衰旺向背 將來者進 功成者退 兼有孤神寡宿 旬中有空亡者忌 二三反吉金
> 쇠왕향배 장래자진 공성자퇴 겸유고신과숙 순중유공망자기 이삼반길금
> 空則鳴 火空則發 水空則流 木空則朽 土空則崩 當以本生年起 剋害無疑也
> 공즉명 화공즉발 수공즉류 목공즉후 토공즉붕 당이본생년기 극해무의야

甲일간에게 癸는 모친이고, 戊와 辰戌은 부친과 첩입니다. 己와 丑未午를 만나면 戊와 다투고, 癸를 해치게 되어 모친을 극하는 의미가 분명하게 드러납니다.

甲일간이 甲과 寅을 만나면 부친과 첩을 극하고, 庚과 申을 만나면 형과 누나를 극하고, 乙과 卯를 만나면 동생을 극하고, 丙과 巳를 만나면 자녀를 극하게 됩니다. 나머지도 이와 같습니다.

이러한 극의 영향은 대세운에서 어떤 글자를 만나는가에 따라 누구를 극하는지가 결정되며, 충극쇠왕의 흐름을 고려해야 합니다. 이는 장차 나아가는 기운은 더 강해지고 이미 공을 이룬 기운은 퇴조하게 되는 자연스러운 흐름을 뜻합니다.

고신과숙이 있는 경우 주의가 필요하며, 공망이 포함되면 더욱 조심해야 합니다. 공망에 따른 반응은 다음과 같습니다. 金공망이면 소리가 나고, 火공망이면 드러나고, 水공망이면 흐르고, 木공망이면 썩고, 土공망이면 무너지게 됩니다.

이 모든 요소는 사주의 생년을 기준으로 극과 해의 영향을 명확히 분석해야 합니다.

2) 六親捷要歌 육친첩요가

첩요는 필수적인 요소를 압축한 것으로, 육친을 보는 비법을 노래 형식으로 정리되어 술사들이 암기하기 쉽게 구성된 내용입니다. 여기서 각 육친에 대한 관계와 영향을 정리하면 다음과 같습니다.

육친을 보는 비법

分祿須傷主饋人 比肩重疊損嚴親 正財剋母偏財父 夫婦相刑値退神 食神有
분록수상주궤인 비견중첩손엄친 정재극모편재부 부부상형치퇴신 식신유
壽妻多子 偏官多女少麒麟 乘旺傷官嗣必絶 中和印綬自榮身
수처다자 편관다녀소기린 승왕상관사필절 중화인수자영신

겁재는 일간에 해를 끼치고 처를 해롭게 하며, 비견이 중첩되면 부친을 비방합니다.
정재는 모친을 극하고, 편재는 부친을 의미합니다.
부부가 서로 형을 이루게 되면 가정이 어려움에 처할 수 있습니다.
식신이 있으면 수명이 길며, 처는 자식이 많게 됩니다.
편관이 많으면 딸이 적고 재주가 뛰어난 아들을 둡니다.
상관이 지나치게 왕성한 경우 자손이 끊길 위험이 있습니다.
인수가 중화 상태를 이루면 자신이 영화롭고 번영할 가능성이 높아집니다.

3) 論父 논부

偏財是父 印綬之官星也 如甲日以戊爲父 再見甲寅字或木局全 或臨死絶沖
편재시부 인수지관성야 여갑일이무위부 재견갑인자혹목국전 혹림사절충
刑之地 主剋父也 不然主離異不睦或疾病殘傷 若得庚字申字救 庶無大害
형지지 주극부야 불연주리이불목혹질병잔상 약득경자신자구 서무대해
如甲旺戊衰 亦主有疾少靠 如戊臨生旺 貴人天月德 亦主有貴 更得丙丁生
여갑왕무쇠 역주유질소고 여무림생왕 귀인천월덕 역주유귀 경득병정생

> 助 享父之福無窮 如臨殺地 父死他鄉 如居衰敗受制之處 墓絶之地 主父平
> 조 향부지복무궁 여림살지 부사타향 여거쇠패수제지처 묘절지지 주부평
> 常 不得父力也
> 상 부득부력야

편재는 부친을 의미하며, 인수의 정관으로 모친의 남편성이 됩니다. 예를 들어, 甲일간에게 戊는 부친이 됩니다. 甲寅의 글자가 다시 나타나거나 木국이 완전한 경우, 또는 사절충형의 자리에 있으면 부친을 극합니다. 극하지 않는 경우에도 부친과 불화하거나 떨어져 살며, 질병이나 장애를 겪을 수 있습니다. 그러나 庚이나 申 글자를 얻어 구하면 해로움을 방지할 수 있어 큰 해가 발생하지 않습니다.

甲일간이 왕성하고 戊가 쇠약하면 부친이 질병을 앓으며 의지하기 어려울 가능성이 있습니다. 반대로 戊가 생왕하고 귀인과 천월덕이 있으면 부친이 귀한 역할을 맡게 됩니다. 丙과 丁의 생조를 만나게 되면 부친의 복을 풍부하게 누릴 수 있습니다.

편재가 살지에 있으면 부친은 타향에서 사망할 수 있습니다. 쇠패지에서 극제를 받거나 묘절지에 있으면, 부친이 평범한 삶을 살며 도움을 주기 어렵게 됩니다.

4) 論母 논모

> 正印者 乃生我之身也 如甲日以癸爲母 遇己丑未主剋母 見多主母嫁二夫
> 정인자 내생아지신야 여갑일이계위모 우기축미주극모 견다주모가이부
> 一戊失地或被剋 主母傷前夫 戊字受生或印臨桃花沐浴 母有外情 如印長生
> 일무실지혹피극 주모상전부 무자수생혹인림도화목욕 모유외정 여인장생
> 主母慈淑壽長 益夫和子 母如臨羊刃殺地 或値絶墓孤寡 主母不賢 或有殘
> 주모자숙수장 익부화자 모여림양인살지 혹치절묘고과 주모불현 혹유잔
> 疾不睦 須以理推 無不驗矣
> 질불목 수이리추 무불험의

정인은 사주에서 나를 낳아준 기운으로 모친에 해당합니다.

예를 들어, 甲일간에게 癸는 모친이 되며 己와 丑未의 글자를 만나게 되면 모친이 극을 받습니다. 이들을 많이 만나면 모친이 재혼하고 두 남편을 섬길 수 있습니다.

하나의 戊편재가 약하거나 극을 받는 경우, 모친이 전 남편을 손상시킬 수 있습니다. 戊편재가 생을 받거나, 인수가 도화와 목욕지의 기운을 가지면 모친이 불륜을 저지를 가능성이 있습니다.

인수가 장생지에 위치하면 모친은 자상하고 덕이 있으며 장수합니다. 이는 남편과 자식에게 이로움을 주고 가정이 화목한 구조를 형성합니다.

정인이 양인이나 살지, 절지, 묘지 또는 고신과숙에 있으면 모친이 신체적으로 약하거나 불화의 기운을 나타낼 수 있습니다. 이 경우 모친은 현명하지 못하거나, 신체적 장애가 있거나, 가족 간의 화목을 깨트리는 상황이 발생할 수 있습니다.

이 모든 해석은 사주의 흐름과 이치를 바탕으로 분석하면 정확한 판단을 할 수 있습니다.

5) 論妻妾 논처첩

正財爲正妻 偏財妾也 甲木見己土爲正財 戊土爲偏財 又見乙木局傷妻 甲
정재위정처 편재첩야 갑목견기토위정재 무토위편재 우견을목국상처 갑
寅剋妻也 更主妻不正 財衰敗墓絶 主妻有疾不賢 否則年高再嫁 見癸字則
인극처야 경주처부정 재쇠패묘절 주처유질불현 부즉년고재가 견계자즉
妾不正 見己土丑未字 則主自安 比肩分奪 財臨沐浴桃花 主妻妾私通 日下
첩부정 견기토축미자 즉주자안 비견분탈 재림목욕도화 주처첩사통 일하
月下坐財者 主妻多內助 更得妻財 偏財得位 妾勝於妻 正財自旺 妻不容妾
월하좌재자 주처다내조 경득처재 편재득위 첩승어처 정재자왕 처불용첩
官殺重見 妻招幹蠱可畏 財官並美 爲人怕妻 見殺尤忌 財多身弱 妻反勝夫
관살중견 처초간고가외 재관병미 위인파처 견살우기 재다신약 처반승부
財命有氣 妻妾和順 是得妻力 日坐空亡 難爲妻妾 又看孤鸞之日 陽錯陰錯
재명유기 처첩화순 시득처력 일좌공망 난위처첩 우간고란지일 양착음착

> **主剋妻或因親致眷 寒房冷娶 入贅塡房 女人犯此 主父母家陵替或致訟事**
> 주극처혹인친치권 한방냉취 입췌전방 여인범차 주부모가릉체혹치송사
> **餘倣此例**
> 여방차례

남명에게 정재는 본처를, 편재는 첩에 해당합니다. 예를 들어, 甲일간에게 己는 본처(정재), 戊는 첩(편재)으로 작용합니다. 乙이나 木국이 강하면 처에게 해로움을 끼치고, 甲寅이 있으면 처를 극하며 처의 행실이 바르지 못할 가능성이 있습니다.

재성이 쇠패지나 묘절지에 있으면 처는 질병을 앓거나 현명하지 못하게 됩니다. 그렇지 않으면 나이들어 재혼하게 됩니다. 만약 戊가 癸를 만나면 첩의 행실이 바르지 못할 수 있지만, 己土나 丑未를 보면 안정이 됩니다.

비견이 쟁탈하거나 재성이 목욕이나 도화지에 있으면 처첩이 불륜의 가능성이 있습니다. 일지나 월지에 재성이 있으면 처의 내조가 많고, 재산을 얻을 수 있습니다. 편재가 득위하면 첩이 처보다 낫게 여겨지며, 정재가 왕성한 경우 처가 첩을 용납하지 않습니다.

관살이 거듭 나타나면 배우자가 자식을 잘못 가르칠 수 있어 걱정스럽고, 재관이 모두 좋으면 다른 사람들이 처를 두려워하며, 칠살을 보면 더욱 꺼리게 됩니다. 재다신약이면 처가 남편을 이기고 재성이 명에서 기세가 있으면 처첩이 온순하며 처의 힘을 얻게 됩니다.

일지가 공망이면 처첩을 두기 어렵고, 고란살이나 음양차착살을 보면 처를 극하거나 별거, 처가살이, 재혼 등 가정의 불안정한 상황이 나타날 수 있습니다. 여명이 이와 같은 조건을 가지면 친정집이 몰락하거나 관재소송을 겪을 수 있습니다.

6) 論兄弟姉妹 논형제자매

比肩者 兄弟也 且如甲見甲爲兄 乙爲弟妹 寅卯亦然 見庚則剋兄 見辛則傷
비견자 형제야 차여갑견갑위형 을위제매 인묘역연 견경즉극형 견신즉상
弟 甲木旺 主兄姐爭財 甲乙寅卯旣多 則兄弟姐妹奪財不和 爭鬥是非 見己
제 갑목왕 주형저쟁재 갑을인묘기다 즉형제저매탈재불화 쟁두시비 견기
合甲 兄姐不正 見庚弟妹不正 如見殺多 乙木得局 是殺合會乙木而傷甲 此
합갑 형저부정 견경제매부정 여견살다 을목득국 시살합회을목이상갑 차
兄不若弟之福 借弟之力而加恃 甲木寅月 乙木受制 主兄旺弟 衰其餘和順
형불약제지복 차제지력이가시 갑목인월 을목수제 주형왕제 쇠기여화순
不睦 但以八字休旺死絶之推 無不應驗矣
불목 단이팔자휴왕사절지추 무불응험의

비견은 형제입니다. 예를 들면, 甲이 甲을 보면 형이고, 乙을 보면 동생입니다. 寅과 卯도 마찬가지입니다.

庚을 보면 형을 극하고, 辛을 보면 동생을 해칩니다. 甲이 왕성하면 형제자매 간에 재물 쟁탈전을 벌입니다. 甲乙과 寅卯가 많으면 형제자매가 재산 쟁탈전으로 불화하고 다툼과 시비가 끊이지 않습니다.

甲己합을 하면 형과 누나의 행실이 바르지 않으며, 庚을 보면 남동생과 여동생의 행실이 바르지 않습니다.

만약 칠살이 많고 乙이 국을 이루면 칠살과 乙이 합하여 甲을 해칩니다. 이는 형이 동생의 복을 따르지 못하고, 동생의 힘을 빌려 의지하게 됩니다. 甲이 寅月에 태어났는데 乙이 제압을 받으면 형은 왕성하고 동생은 쇠약해집니다. 그 외에 화목하고 화목하지 않은 것은 단지 팔자의 휴왕사절로 판단하면 틀림이 없습니다.

7) 論子息 논자식

七殺者子也 如甲見庚申是子 辛酉是女 若見丙火午寅 或殺臨羊刃殺宮 主
칠살자자야 여갑견경신시자 신유시녀 약견병화오인 혹살림양인살궁 주

剋子 不然疾病不肖 遇戊己土得令 則子得力和順 見丙巳字 女不正 若臨沐
극자 불연질병불초 우무기토득령 즉자득력화순 견병사자 여불정 약림목

浴桃花 更兼暗合 食神多者 其女私通 若殺臨長生月德天德所臨之地 貴人
욕도화 경겸암합 식신다자 기녀사통 약살림장생월덕천덕소림지지 귀인

祿馬 食神財鄉 言有强父貴子 要稟中和 陽日陽時男見重 陽日陰時 先男後
록마 식신재향 언유강부귀자 요품중화 양일양시남견중 양일음시 선남후

女 陰日陰時女見重 陰日陽時 先女後男 傷官見官子孫凶頑 時上傷官及空
녀 음일음시녀견중 음일양시 선녀후남 상관견관자손흉완 시상상관급공

亡難爲子息 女命取傷官是子 食神是女若 見印綬梟神 難得子也
망난위자식 여명취상관시자 식신시녀약 견인수효신 난득자야

男命官殺得地而稟中和者 言其有子 將生成之 數斷之生旺倍加 死絕減半
남명관살득지이품중화자 언기유자 장생성지 수단지생왕배가 사절감반

太過不及不以此斷 太過有子而多剋夭或凶頑 不及則少生養 官殺得地而有
태과불급불이차단 태과유자이다극요혹흉완 불급즉소생양 관살득지이유

扶助吉曜多者 其子忠孝賢明 居休囚死絕 破敗衰病 勾絞元凶空虛之地 則
부조길요다자 기자충효현명 거휴수사절 파패쇠병 구교원흉공허지지 즉

子當不肖貧賤疾病之 子更兼孤神寡 宿主孤苦伶仃
자당불초빈천질병지 자경겸고신과 숙주고고령정

남명에게 칠살은 자식입니다. 예를 들어, 甲일간이 庚과 申을 보면 아들이며 辛과 酉는 딸입니다.

甲일간이 丙이나 午寅을 보거나 칠살이 양인궁이나 칠살궁에 있으면 자식을 극하고, 그렇지 않으면 질병이 있거나 불효합니다.

戊나 己가 득령하면 자식이 힘을 얻고 화목합니다. 丙이나 巳를 보면 딸의 행실이 바르지 못하고, 목욕도화에 있고 암합하거나 식신이 많으면 딸이 불륜을 저지릅니다.

칠살이 장생, 월덕, 천덕에 있거나 귀인, 록마가 있고 식신과 재성향에 있

으면, 부친이 강하고 자식이 귀하게 됩니다. 이때는 중화를 갖추어야 합니다. 양일간 양시이면 아들을 많이 낳고, 양일간 음시이면 먼저 아들을 낳고 나중에 딸을 낳습니다. 음일간 음시이면 딸을 많이 낳고, 음일간 양시이면 먼저 딸을 낳고 나중에 아들을 낳습니다.

상관견관이면 자손이 흉악하고 완고하며, 시주에 상관과 공망이 있으면 자식을 얻기 어렵습니다. 여명에서는 상관은 아들이고 식신은 딸인데, 인수와 효신을 보면 자식을 얻기 어렵습니다.

남명에서 관살이 득지하고 중화를 이루면 자식이 있습니다. 장차 낳을 수 있는 자식의 수는 생왕하면 자식을 두 배나 낳고, 사절하면 반으로 줄어듭니다. 태과하면 자식이 많아도 대부분 요절하거나 흉악하고, 불급하면 자식을 적게 낳습니다.

관살이 득지하고 도와주는 길신이 많으면, 그 자식은 충효하고 현명합니다. 관살이 휴수사절되거나 파패쇠병이나 구교, 흉살, 공망에 있으면, 자식은 불효하며 가난하고 질병이 있으며, 고신과숙이 있으면 고독하고 궁핍합니다.

자식이 많고 적음의 판단

且如甲子之日 甲子之時 庚死于子 死中至老沒兒郎 入墓之時難保雙 受氣
차여갑자지일 갑자지시 경사우자 사중지로몰아랑 입묘지시난보쌍 수기
絶中一箇子 胎中頭女有姑娘 養中三子只留二 長生之位旬中半合主七箇之
절중일개자 태중두녀유고낭 양중삼자지류이 장생지위순중반합주칠개지
子也 沐浴一雙保吉康 冠帶臨官三子位 旺中五子自成行 衰中二子病中一
자야 목욕일쌍보길강 관대림관삼자위 왕중오자자성행 쇠중이자병중일
自巳數至亥病中一 依此推之
자사수지해병중일 의차추지

甲子일 甲子시에 태어나면 庚에게 子는 사지이므로 늙어서도 자식이 없습니다. 입묘하면 두 자식도 남기 어렵습니다. 절지이면 자식이 1명입니다. 태지이면 장녀를 낳습니다.

양지이면 자식이 3명 중 2명이 남습니다. 장생지이면 자식이 7명입니다. 목욕지에는 한 쌍의 자식이 건강합니다.

관대지와 임관지이면 자식이 3명입니다. 왕지이면 자식이 5명입니다. 쇠지이면 자식이 2명입니다. 병지이면 자식이 1명입니다.

이처럼 자식성의 쇠왕에 따라, 왕성하면 자식이 많고 쇠약하면 자식이 적다고 판단하면 착오가 없게 됩니다.

자식운

且如八字中若無子星 時上又不生旺 運行官殺旺鄕主有子 運過却無 如柱中
차여팔자중약무자성 시상우불생왕 운행관살왕향주유자 운과각무 여주중
有官殺而行傷食休衰絶弱之運 傷損其子 運過方存 八字有一殺一子 二殺二
유관살이행상식휴쇠절약지운 상손기자 운과방존 팔자유일살일자 이살이
子 無殺無子 如柱中身殺兩停 而殺逢旺鄕就作多子斷之 亦看財神何如 逐
자 무살무자 여주중신살량정 이살봉왕향취작다자단지 역간재신하여 축
時增減 多寡推之 無不驗矣
시증감 다과추지 무불험의

팔자에 자식성이 없고 시주가 생왕하지 않으면 관살이 왕성한 운을 만나야 자식을 얻을 수 있고, 운이 지나면 자식이 없습니다. 사주에 관살이 있지만 식상이나 휴수쇠절의 쇠약한 운을 만나면 자식을 해치고, 운이 지나야 자식이 괜찮아집니다.

팔자에 칠살이 하나이면 자식이 1명이고, 두 개이면 자식이 2명이고, 칠살이 없으면 자식이 없습니다. 사주에서 신강하고 칠살이 균형을 이루고 칠살이 왕성한 운으로 흐르면 자식이 많다고 판단합니다. 이때 재성의 상태에 따라 자식 수를 증감하여 판단하면 틀림이 없습니다.

2. 婦人小兒論 부인소아론

1) 論婦人總訣 논부인총결

여명의 분석과 특성

> 推婦人之命與男命大不同 草堂丁進士先生作元神趣八法 照返鬼伏屬類從化
> 추부인지명여남명대부동 초당정진사선생작원신취팔법 조반귀복속류종화
> 女命八法 純和淸貴濁亂娼淫 取官爲夫 財爲福星 財旺生官則夫納福 印綬
> 여명팔법 순화청귀탁란창음 취관위부 재위복성 재왕생관즉부납복 인수
> 食神爲名貴有稱呼 生氣印綬難爲子息 印綬財官必生於富貴之家 才貌賢淑
> 식신위명귀유칭호 생기인수난위자식 인수재관필생어부귀지가 재모현숙
> 甲日見辛酉是正夫 丁午字傷正夫 庚申是偏夫 如庚申辛酉重見 乃傷夫再嫁
> 갑일견신유시정부 정오자상정부 경신시편부 여경신신유중견 내상부재가

여성의 사주를 분석하는 방법은 남성의 사주와는 크게 다릅니다. 초당 정진사 선생이 지은 원신취팔법에 의하면 팔자는 "조반귀복속류종화(照返鬼伏屬類從化)"으로 구분되지만, 여명은 "순화청귀(純和淸貴)"와 "탁란창음(濁亂娼淫)"으로 구분한다고 합니다.

여성의 사주에서 정관은 남편을 나타내고, 재성은 복으로 봅니다. 재성이 왕성할 경우 정관을 생하게 되어 남편이 복을 받을 수 있습니다. 또한, 인수와 식신이 있으면 귀한 칭호를 얻을 수 있지만, 인수의 생기가 식상을 극제하므로 자녀를 얻기가 어려울 수 있습니다.

만약 인수와 재관이 조화를 이루고 있다면, 이는 부귀한 집안에서 태어나고 재색을 겸비한 현숙한 여성을 나타냅니다.

甲일간의 여명을 예를 들면, 辛과 酉를 남편으로 보며, 丁과 午는 남편에게 해를 입힐 수 있습니다. 庚과 申은 주로 혼인 외의 남편을 나타냅니다. 만약 庚申辛酉의 글자가 사주에서 중복된다면, 이는 남편에게 해를 끼치고 재혼할 가능성을 시사합니다.

여명에서 상관과 재성의 작용

若財太多 官殺太旺 乃明暗夫集 多淫而且濫 財多而淫 故女人要財薄 旺夫
약재태다 관살태왕 내명암부집 다음이차람 재다이음 고녀인요재박 왕부
益子 如官得地 七殺受傷 食神干旺 印綬天月二德 夫榮子貴 封贈之命 婦
익자 여관득지 칠살수상 식신간왕 인수천월이덕 부영자귀 봉증지명 부
人八字 傷官官殺混雜 食神財旺身衰 爲人妬害 好色貪婪 凶頑可畏 傷官見
인팔자 상관관살혼잡 식신재왕신쇠 위인투해 호색탐람 흉완가외 상관견
官 剋夫再嫁 身心勞役 雖不傷夫 亦有病患 平生欠福 多主不安 大忌年上
관 극부재가 신심로역 수불상부 역유병환 평생흠복 다주불안 대기년상
傷官 主産厄帶疾 否則傷壽 傷官主人聰明 美貌秀氣 傷官見財者富 無財者
상관 주산액대질 부즉상수 상관주인총명 미모수기 상관견재자부 무재자
貧 劫財敗財 傷官身旺 貧賤下格 以上十五格皆是 沖官逢合 俱有傷官之忌
빈 겁재패재 상관신왕 빈천하격 이상십오격개시 충관봉합 구유상관지기
雖是富貴 不免淫濫之風
수시부귀 불면음람지풍

여성의 사주에서 재성이 지나치게 많거나 관살이 너무 왕성하면, 명암부집(明暗夫集)이 되어 남편과 정부가 많아져 음란하고 방탕한 성향을 보일 수 있습니다. 재성이 많으면 음란한 경향이 생기기 때문에, 여명에서는 재성이 적당해야 남편을 돕고 자식에게 이로운 역할을 하게 됩니다.

정관이 득지하고 칠살이 손상을 받고, 식신이 천간에서 왕성하고 인수가 천월이덕을 갖추고 있다면 남편은 영화롭고 자식은 귀하게 되어, 책봉을 받는 명이 될 수 있습니다.

여명에서 상관과 관살이 혼잡하고 식신과 재성이 왕성하지만 신약한 경우, 사람을 시기하고 해치며, 탐욕스럽고 흉악한 성향은 두려울 지경입니다.

상관이 정관을 만나게 되면 남편에게 해를 끼치고 재혼할 수 있습니다. 이 경우 심신이 고달프며, 남편을 해치지 않더라도 질병이 생기거나 평생 복이 부족하고 대체로 불안한 삶을 살게 됩니다.

특히 년주에 상관이 있는 경우, 출산 시 위험을 겪거나 질병에 시달릴 가

능성이 높으며, 그렇지 않다면 수명이 짧아지게 됩니다.

상관을 가진 여성은 총명하고 아름다우며, 재성이 있으면 부자가 되지만 재성이 없으면 가난하게 살아가게 됩니다. 겁재나 패재가 있고 상관과 신왕이 겹치면 빈천한 하격이 됩니다.

이상의 열다섯 가지 격국은 모두 정관을 충하고 합을 만난 것으로, 모두 상관의 기운을 꺼리는 특징이 있습니다. 비록 부귀를 누릴지라도 음란한 성향을 피하기 어려운 운세가 될 수 있습니다.

여명에서 칠살과 정관의 작용

七殺正官 只要一位者良 殺多則夫多 官殺被合 乃婢妾姊妹爭權 且如甲用
칠살정관 지요일위자량 살다즉부다 관살피합 내비첩자매쟁권 차여갑용
辛官 丙合是也 乙用庚官 見丁是也 戊用乙官 見辛是也 此是被剋取之 餘
신관 병합시야 을용경관 견정시야 무용을관 견신시야 차시피극취지 여
皆倣此 主婦人招嫁不定 八字中傷官及官星死絶 孤神寡宿 日時空亡 乃孤
개방차 주부인초가부정 팔자중상관급관성사절 고신과숙 일시공망 내고
剋之命 如天干透出官殺 地支無官殺 更臨休囚死絶退氣之地 乃女絶其 夫
극지명 여천간투출관살 지지무관살 경림휴수사절퇴기지지 내녀절기 부
之氣 當作偏房婢妾推之 命若有天月德 無産厄血光之患 亦無淫濫之氣 女
지기 당작편방비첩추지 명약유천월덕 무산액혈광지환 역무음람지기 여
命只要身弱 主性純粹而溫柔 能奉公姑 助益夫主 身强欺夫 不孝公姑 是非
명지요신약 주성순수이온유 능봉공고 조익부주 신강기부 불효공고 시비
生事 性多恐 雖身弱爲病 身强亦然
생사 성다공 수신약위병 신강역연

칠살과 정관은 명조에서 오직 하나만 자리해야 좋습니다. 칠살이 지나치게 많으면 남편이 여러 명일 수 있고, 관살이 합을 만나면 자매 간에 다투는 일이 생길 수 있습니다.

예를 들어, 甲일간에서는 辛이 정관인데 丙과 합이 이루어지는 경우이며, 乙일간에서는 庚이 정관인데 丁과 함께 있을 때 해당되며, 戊일간에서는 乙

이 정관인데 辛과 함께 있을 때 해당됩니다. 나머지 일간의 경우도 이와 같이 판단합니다.

　여성의 혼인운이 불안정하다면, 이는 팔자에 상관이 있고 정관이 사절지에 있거나, 고신과 과숙이 자리하거나, 일주와 시주가 공망에 들면 고독한 운명을 나타내기 때문입니다.

　천간에서 관살이 투출되었으나 지지에는 관살이 없고, 휴수사절 또는 퇴기하는 지지에 머물러 있다면, 이는 여성에게 남편의 기운이 끊어진 것으로 첩이나 시녀로 판단할 수 있습니다.

　여명에서 천월이덕이 자리하면 출산에 대한 위험이나 피해를 피할 수 있으며, 음란한 기운도 없는 청귀한 사주가 됩니다. 여명이 신약할 경우, 성품이 순수하고 온화하며, 시부모를 잘 모시고 남편에게 도움이 되는 성향을 보입니다.

　신강할 경우에는 남편을 업신여기며 시부모에게 불효하고, 시비를 일으키거나 두려운 성격을 보일 수 있습니다. 신약하면 질병이 발생할 수 있지만, 신강하더라도 마찬가지로 문제가 생길 수 있습니다.

운의 길흉

八字喜貴 不宜驛馬咸池 要純和柔弱 不宜剛健太强 歲運亦同 外有陰錯陽
팔자희귀 불의역마함지 요순화유약 불의강건태강 세운역동 외유음착양
差 孤鸞之日 不利嫁娶 皆無花燭 成親因親至眷 塞房孝娶 婚姻轉摺 孤鸞
차 고란지일 불리가취 개무화촉 성친인친지권 새방효취 혼인전접 고란
煞云 木虎孀無婿 金豬豈有郎 赤黃馬獨臥 黑鼠守空房 主女寡而男孤 時中
살운 목호상무서 금저기유랑 적황마독와 흑서수공방 주녀과이남고 시중
併沖 女則難爲夫嗣 加以空亡 時日孤尅 不待言而可知 八字官殺俱皆 却行
병충 여즉난위부사 가이공망 시일고극 불대언이가지 팔자관살구개 각행
官殺財運 乃夫星得地則孤 八字財官俱有 運行傷官劫財之 地難爲夫宮 運
관살재운 내부성득지즉고 팔자재관구유 운행상관겁재지 지난위부궁 운
過方嫁 細推甚驗
과방가 세추심험

팔자에서 귀인을 반기고, 역마나 함지는 좋지 않으며, 순수하고 온화한 기운이 좋고 강건한 기운이 지나치게 강하면 오히려 좋지 않게 됩니다. 이러한 특징은 대세운에서도 동일하게 나타납니다.

외부에 음양차착살이나 고란살이 있는 날은 혼인에 불리한 영향을 주므로, 대개 결혼식 없이 가정을 이루고 살다가 주변 사람들의 권유나 가문의 체면에 의해 결혼하지만, 결혼 생활이 순탄하지 않게 됩니다. 고란살에 의하면, 甲寅일주는 과부의 운명을 나타냅니다.

辛亥일주는 남편이 있다고 말하기 어렵고, 丙午일주는 혼자 잠을 자며, 壬子일주는 독수공방을 하는 명으로 여성은 과부가 되고, 남성은 홀아비가 될 수 있습니다.

시주가 충을 당하게 되면 여성은 남편과 자식을 얻기 어려워지고, 공망이 일시에 자리하면 고독한 운명임은 말하지 않아도 알 수 있습니다.
팔자에서 관살이 모두 있고 관살운이나 재성운을 만나 남편성이 득지하게 되면 고독한 삶을 살게 됩니다.

팔자에서 재관이 모두 있는 경우, 상관운이나 겁재운을 만나면 결혼이 어렵고 운이 지나가야 결혼할 수 있게 됩니다.

이러한 혼인운은 세부적으로 살펴보면 매우 정확하게 판단할 수 있습니다.

2) 陰命賦 음명부

凡觀陰命 先觀夫主之盛衰 次論身榮 要見子息之强弱 夫榮子旺定知富貴榮
범관음명 선관부주지성쇠 차론신영 요견자식지강약 부영자왕정지부귀영
華子死夫衰 只是孤窮下賤 有夫有子而貧寒者 蓋因身在衰鄕 無夫無子而昌
화자사부쇠 지시고궁하천 유부유자이빈한자 개인신재쇠향 무부무자이창
盛者 亦是身居旺地 若貴人少者不富亦昌 合貴神非妓卽尼 論淫賤者 四柱
성자 역시신거왕지 약귀인소자불부역창 합귀신비기즉니 론음천자 사주
傷官 暗招財損 招婿者 夫顯于門戶之中 偏夫者 夫旺于時日之上 夫衰身旺
상관암초재손 초서자 부현우문호지중 편부자 부왕우시일지상 부쇠신왕

> 主爲廉潔之人 鬼旺身衰 必作孤寒之婦 凡觀陰命之五行 要精詳于明辨矣
> 주위렴결지인 귀왕신쇠 필작고한지부 범관음명지오행 요정상우명변의

　　음명이란 여명을 일컫는 것입니다. 여명을 분석하려면 먼저 남편성의 성쇠를 살펴보고, 이어서 일간의 강약과 자식성의 강약을 살펴야 합니다.

　　남편성이 흥성하고 자식성이 왕성하면 부귀영화를 누릴 수 있지만, 자식성이 사지에 있고 남편성이 쇠약하면 외롭고 가난하며 하천한 명조입니다.

　　남편성과 자식성이 있는데도 가난한 경우는 일간이 쇠약하기 때문입니다. 반대로 남편성과 자식성이 없어도 흥성하면 일간이 왕성한 곳에 자리하기 때문입니다.

　　귀인이 적으면 부유하지 않더라도 번성할 수 있지만, 귀인과 합을 이루게 되면 기생이나 비구니로 보며 음란하고 천한 운명으로 판단합니다.

　　사주에 상관이 있는 경우 여자 집안에서 암암리에 재물을 써서 사위로 맞아들이고, 남편의 기운이 가문에서 빛나게 됩니다. 혼인 외 남편을 맞이하게 되면 남편성이 일주와 시주에서 왕성하게 나타나기 때문입니다.

　　남편성이 쇠약하고 신왕하면 청렴결백한 사람으로 보며, 칠살이 왕성하고 신약하면 외롭고 가난한 사람의 부인이 됩니다.

　　여명의 오행은 반드시 정밀하고 상세하게 살펴 분명하게 판단해야 합니다.

3) 女命富貴貧賤篇 여명부귀빈천편

여명의 판단 기준

> 欲推女命 先看官星 官帶殺而貧賤 官得令以安榮 傷官太重必妨夫 且是爲
> 욕추녀명 선간관성 관대살이빈천 관득령이안영 상관태중필방부 차시위
> 人性重 倒食重逢須減福 那堪更犯孤辰 殺重須奪貴室 合多定損貞名 坐祿
> 인성중 도식중봉수감복 나감경범고신 살중수탈귀실 합다정손정명 좌록
> 乘輿而穩厚 沖身動步以輕浮 若乃桃花浪滾 淫奔之恥不堪言 日祿歸時 貴
> 승여이온후 충신동보이경부 약내도화랑곤 음분지치불감언 일록귀시 귀

> 重爲人所敬 天月二德以爲本命 如逢印綬 貴當兩國之封 時日羊刃 本是凶
> 중위인소경 천월이덕이위본명 여봉인수 귀당량국지봉 시일양인 본시흉
> 神 旣不利於夫主之宮 兼損壞乎平生之性
> 신 기불리어부주지궁 겸손괴호평생지성

여명을 판단하려면 먼저 정관의 상태를 살펴야 합니다. 정관이 칠살과 함께 자리하면 빈천한 삶을 살게 되며, 정관이 득령하면 안락하고 영화를 누리게 됩니다.

상관이 너무 강하면 남편에게 해가 되며, 성격이 강하고 고집스러운 특징을 보입니다. 도식이 중복되면 복이 줄어들며, 고신살이 추가되면 상황이 더 불리해집니다. 칠살이 지나치게 강하면 귀한 권위를 빼앗길 수 있고, 합이 많으면 정절을 잃기 쉽게 됩니다.

일간이 록지에 앉아 있고 금여를 타고 있다면 편안한 삶을 살지만, 일간이 충을 받으면 불안정해지고 경박한 성향이 나타날 수 있습니다. 도화가 강할 경우 음란하고 방탕한 기운으로 인해 말로 표현할 수 없을 정도의 수치스러운 삶을 살게 됩니다.

일록귀시격은 주변으로부터 존경을 받습니다. 천월이덕이 사주에 포함되어 있고 인수를 만나면 귀한 작위를 받게 됩니다.

일시에 양인이 자리한다면 이는 본래 흉신으로 작용하여 남편궁에 불리할 뿐만 아니라, 평생 동안 인격에 손상을 입힐 수 있습니다.

여명에서 식신과 관살의 작용

> 身干主禎祥 時犯食神建旺 要觀八字之强 專食子榮 忌偏印竊身之勝 守閨
> 신간주정상 시범식신건왕 요관팔자지강 전식자영 기편인절신지승 수규
> 門而正靜 必有陰日守中和 待夫婿以經營 此乃陽干時旺甚 大抵欣逢正祿
> 문이정정 필유음일수중화 대부서이경영 차내양간시왕심 대저흔봉정록
> 怕犯咸池 淸貴得長生之輔 雜濁以敗氣之歸 四柱敗多 大忌冲身而犯合一
> 파범함지 청귀득장생지보 잡탁이패기지귀 사주패다 대기충신이범합일

> 生忙甚 若非娼妓即爲媒 印壞與公姑相妒 食專得子嗣之宜 官殺重逢 須防
> 생망심 약비창기즉위매 인괴여공고상투 식전득자사지의 관살중봉 수방
> 淫亂 姊妹透出 便見爭夫 魁罡有靈變之機 日貴有安常之福 即以干支分定
> 음란 자매투출 편견쟁부 괴강유령변지기 일귀유안상지복 즉이간지분정
> 官殺勝而無制伏 不爲娼妓 定作尼姑
> 관살승이무제복 불위창기 정작니고

일간의 길하고 복된 조짐은 시주에 식신이 건왕한 경우이며, 반드시 팔자의 강약을 함께 살펴보아야 합니다.

식신이 왕성하면 자식이 영화롭지만, 편인이 강한 것을 경계해야 합니다. 안방을 지키고 정숙하면 음일간이 중화를 유지한 것이고, 남편과 함께 가정을 꾸리면 양일간의 시주가 매우 왕성하기 때문입니다.

대체로 정록을 만나길 바라고 함지는 두려워합니다. 장생지의 도움을 받으면 맑고 귀한 운명을 가지며, 혼잡하고 탁한 운명은 쇠퇴하는 기운으로 이어집니다.

사주에 패지가 많다면 충을 크게 꺼리며 합을 하면 일생 동안 바쁜 삶을 살게 되고, 기생이나 중매인이 될 수 있습니다.

인수가 손상되면 시어머니와 서로 질투하게 되고, 식신이 왕성하면 자식이 잘 됩니다. 관살이 중복되면 음란함을 조심해야 하며, 비겁이 투출되면 자매들과 남편을 차지하려고 다투게 됩니다.

괴강은 강하고 독립적인 기운을 가지며, 일귀는 안정적인 복을 제공합니다. 간지에서 관살이 강한데 제복되지 않는 경우, 기생이 되거나 비구니의 운명이 될 수 있습니다.

4) 女命貴賤格 여명귀천격

여명의 귀격 조건

正氣官星 財官兩旺 印綬天德 獨殺有制 傷官生財 坐祿逢財 官星帶合 日
정기관성 재관양왕 인수천덕 독살유제 상관생재 좌록봉재 관성대합 일
貴逢財 官貴逢官 官星坐祿 官星桃花 食神生旺 食神生財 殺化印綬 二德
귀봉재 관귀봉관 관성좌록 관성도화 식신생왕 식신생재 살화인수 이덕
扶身 三奇合局 羊刃有制 拱祿拱貴 歸祿逢財
부신 삼기합국 양인유제 공록공귀 귀록봉재

정관이 정기를 갖추고, 재관이 모두 왕성하며, 인수와 천덕이 있고, 칠살이 하나만 있고 이를 제복하고, 상관이 재성을 생조하는 경우.

일간이 록지에 앉아 재성을 만나며, 정관이 합을 이루고, 일귀가 재성과 만나고, 정관의 귀인이 정관을 만나고, 관성이 록에 앉아 있으며, 정관이 도화와 연결되거나 식신이 생왕한 경우.

식신이 재성을 생조하고, 칠살이 인수로 화하며, 이덕이 일간을 돕고, 삼기가 합국을 이루며, 양인을 제복하고, 공록과 공귀가 있고, 귀록이 재성을 만나는 경우 등은 모두 귀격으로 판단됩니다.

여명의 천격 조건

官殺混雜 官殺無制 殺星太重 傷官太重 貪財壞印 比肩犯重 無官見合 無
관살혼잡 관살무제 살성태중 상관태중 탐재괴인 비견범중 무관견합 무
印見殺 傷官帶殺 帶合桃花 八字刑沖 財多身弱 羊刃沖刑 金神帶刃 多官
인견살 상관대살 대합도화 팔자형충 재다신약 양인충형 금신대인 다관
多合 倒插桃花 身旺無依 傷官見官 財官遇印 印綬遇劫
다합 도삽도화 신왕무의 상관견관 재관우인 인수우겁

관살이 혼잡하고, 관살을 제복하는 기운이 없고, 살성이 지나치게 강하고, 상관이 과도하게 강하고, 재성을 탐하고 인수를 파괴하며, 비견이 중첩되어 있는 경우.

정관이 없는데 합을 이루고, 인수가 없는데 칠살을 만나고, 상관이 칠살과 동행하고, 도화와 합하여 작용하고, 팔자에 형충이 있고, 재성이 많은데 신약한 경우.

양인을 형충하고, 금신이 양인을 대동하고, 정관이 많거나 합이 많고, 도삽도화의 기운이 강하고, 신왕하여 의지할 곳이 없고, 상관이 정관을 만나고, 재관이 인수를 만나며, 인수가 겁재와 만나는 경우 등은 모두 천격으로 판단합니다.

5) 滾浪桃花 곤랑도화

女命用官爲夫 或殺只喜一位 多者剋夫 如命滿盤官星爲忌 滿柱殺星爲福反
여명용관위부 혹살지희일위 다자극부 여명만반관성위기 만주살성위복반
吉 傷官不爲貴 傷官運復行剋夫 傷官有制 身絶女命傷官 刑子剋夫爲決 女
길 상관불위귀 상관운부행극부 상관유제 신절여명상관 형자극부위결 여
命官星多者 傷夫主賤 傷官桃花 爲妓女命 或主剋子息 若見貴人一位 或帶
명관성다자 상부주천 상관도화 위기녀명 혹주극자식 약견귀인일위 혹대
榮神 或犯絶地 多富貴貞潔 祿馬相隨 桃花帶貴 咸池遇馬多淫 妨夫破家
영신 혹범절지 다부귀정결 록마상수 도화대귀 함지우마다음 방부파가
有辰無戌命孤 晚景寂寞 戌多無辰 初年勞碌中年好 不妨夫不剋子 風流而
유진무술명고 만경적막 술다무진 초년로록중년호 불방부불극자 풍류이
淫 辰戌全則淫亂破家 傷夫剋子 夭壽殘疾
음 진술전즉음란파가 상부극자 요수잔질

곤랑도화란 도화의 기운이 물결치듯 음란한 성향을 말합니다.

여명에서 정관은 남편을 삼으며, 칠살은 반드시 한 개만 있어야 좋습니다. 칠살이 많으면 남편을 극하게 됩니다. 사주에 정관이 가득하면 불리하지만, 칠살이 가득할 경우 오히려 복이 되며 길하게 됩니다.

상관은 귀하지 않은 기운이며, 상관운을 다시 만나면 남편을 극하게 되

므로 상관은 제복되어야 합니다. 일간이 절지에 있는 여명에서 상관이 있으면, 이는 남편과 자식을 형극하여 힘들게 합니다. 여명에서 정관이 많을 경우 남편에게 해를 끼치고 천하게 됩니다.

상관과 도화가 함께 있으면 기생의 운명을 가지거나 자식을 극하게 됩니다. 귀인이 하나라도 있거나 길신을 대동한다면 절지에 있더라도 부귀하고 정결하게 됩니다.

재관이 서로 따르고 도화가 귀인과 함께 있어도, 역마를 만나게 되면 음란한 기운이 작용하여 남편에게 해를 끼치고 가정을 깨뜨리게 됩니다.

사주에서 辰이 있고 戌이 없는 명은 고독하고 만년에 외롭고, 戌이 많고 辰이 없는 명은 젊어서 고생해도 중년에는 좋아지며, 남편을 해치거나 자식을 극하지는 않지만 풍류를 즐기고 음란한 성향을 보입니다.

辰과 戌이 모두 있는 경우 음란한 기운이 가정을 망치고, 남편을 해치고 자식을 극하며, 요절하거나 불구로 고생하게 됩니다.

6) 女命總斷歌 여명총단가

擇婦須沉靜	細說與君聽	夫主要強宮	身主要強甚	官星若不合	夫主無所依
택부수침정	세설여군청	부주요강궁	신주요강심	관성약불합	부주무소의
合絶莫合貴	此法少人推	專以日爲主	此法少人傳	帶祿入生旺	產死教人謗
합절막합귀	차법소인추	전이일위주	차법소인전	대록입생왕	산사교인방
驛馬帶貴人	終久落風塵	有辰休見戌	有戌休見辰	辰戌若相見	多是淫賤人
역마대귀인	종구락풍진	유진휴견술	유술휴견진	진술약상견	다시음천인
有殺不怕合	無殺却怕合	合神若是多	非妓亦謳歌	貴人一座正	兩三作寵定
유살불파합	무살각파합	합신약시다	비기역구가	귀인일좌정	양삼작총정
羊刃帶傷官	駁雜事多端	滿盤多是印	揖子必須定	二德坐正財	富貴自然來
양인대상관	박잡사다단	만반다시인	손자필수정	이덕좌정재	부귀자연래
四柱俱休囚	封贈福祿壽	金水若相逢	必招美麗容	寅申巳亥全	孤淫復便便
사주구휴수	봉증복록수	금수약상봉	필초미려용	인신사해전	고음복편편
子午逢卯酉	定是隨人走	辰戌逢丑未	婦道之大忌	兩貴一位殺	權家富貴說
자오봉묘유	정시수인주	진술봉축미	부도지대기	양귀일위살	권가부귀설

財官若藏庫 沖破豈不富 天干一字連 孤破禍綿綿 地字連一字 兩度成婚事
재관약장고 충파기불부 천간일자련 고파화면면 지자련일자 량도성혼사

　부인을 선택할 때는 차분하고 조용한 성격을 가진 여성이 적합합니다. 남편궁은 강해야 하고, 일간도 강해야 합니다. 만약 정관이 조화를 이루지 못한다면 남편이 의지할 곳이 없게 됩니다.
　절지는 합하여도 귀인은 합하면 안 된다고 하며, 이와 같은 법으로 판단하는 사람들은 일부입니다. 오직 일주를 중심으로 살펴야 하며, 이러한 법을 소수의 사람에게만 전합니다.
　록이 생왕지에 들어가면 출산 중 위험을 겪을 수 있으며, 사람들의 비난을 받게 됩니다. 역마가 귀인을 만나면 결국 고난이 따르게 됩니다.
　辰이 있으면 戌을 피해야 하고, 戌이 있으면 辰을 피해야 합니다. 辰과 戌이 서로 만나면 음란한 기운이 강하여 천한 삶을 살게 됩니다.
　칠살이 있으면 합을 두려워하지 않아도 되지만, 칠살이 없다면 합을 두려워합니다. 합이 많으면 기생이나 가수가 됩니다. 귀인이 한 자리에 있으면 정실부인이지만, 두세 개 자리하면 총애를 받는 첩이 됩니다.
　양인이 상관과 만나면 다양하고 복잡한 일이 많아집니다. 사주에 인수가 가득하면 자식을 잃을 수 있습니다. 천월이덕이 정재에 자리하면 자연스럽게 부귀를 누리게 됩니다.
　金水가 만나면 미인이 되고, 寅申巳亥가 모두 있으면 고독하면서도 음란한 삶을 살 수 있습니다. 子午가 卯酉를 만나면 항상 남을 따라다니는 삶을 살게 되고, 辰戌이 丑未를 만나면 부녀자의 도리에 맞지 않는 삶을 살게 됩니다.
　두 개의 귀인과 하나의 칠살이 자리하면 권세와 부귀를 누릴 수 있으며, 재관이 고지에 암장된 후 이를 충파하면 부자가 될 수 있습니다. 천간에서 같은 글자가 이어지면 고독과 파멸이 끊이지 않으며, 지지에서 같은 글자가 이어지면 재혼하게 됩니다.

7) 論小兒 논소아

소아명의 특징

凡小兒命見財多必庶出螟蛉 剋父母也 若幼年行運於財旺之鄉亦然 甲側生
범소아명견재다필서출명령 극부모야 약유년행운어재왕지향역연 갑측생
頂不正 有胎衣遮 丁偏生雙頂 乾生有依 應有剋刑 辰復生 背父易生易養
정부정 유태의차 정편생쌍정 건생유의 응유극형 진부생 배부역생역양
申有聲 寅遲滯 未吉 辰有胎衣包 仰生有驚
신유성 인지체 미길 진유태의포 앙생유경

소아명에서 재성이 많으면 대개 서출이거나 양자로 자라며, 부모에게 해를 끼칠 수 있고 어린 시절에 재왕운을 만나도 마찬가지입니다.

甲일생은 머리가 한쪽으로 기울어져 태어나며, 태반이 얼굴을 가리는 경우가 있습니다. 丁일생은 정수리가 두 개로 갈라져 태어나는 경우가 있습니다. 戌일생은 의지할 곳이 있으나 형극을 당할 수 있고, 辰일생은 부친이 등을 돌려도 쉽게 태어나고 쉽게 기를 수 있습니다.

申일생은 목소리가 크며, 寅일생은 성장이 더딘 특징을 보입니다. 未일생은 길하게 됩니다. 辰일생은 태반이 몸을 덮은 상태로 태어나거나, 엎드려 태어나는 경우가 많아 쉽게 놀라기도 합니다.

소아명의 주요 판단 기준

夫小兒命大要身旺 最喜印綬生之 無財剋之 則易生災少 不要官星七殺羊刃
부소아명대요신왕 최희인수생지 무재극지 즉역생재소 불요관성칠살양인
傷官太旺 身旺亦多災 身弱則難養 如見所畏之辰 切不要行運歲君助之 大
상관태왕 신왕역다재 신약즉난양 여견소외지신 절불요행운세군조지 대
畏財旺 不庶出必螟蛉 剋父母也 更不要行運早 蓋氣難敵也
외재왕 불서출필명령 극부모야 경불요행운조 개기난적야

소아명에서 가장 중요한 요소는 신왕해야 하며, 인수가 일간을 생해주면 좋아합니다. 재성이 없어 인수를 극하지 못하면 아이가 쉽게 성장하며 재앙도 적게 발생합니다.

정관, 칠살, 양인, 상관이 지나치게 왕성한 경우에는 신왕하더라도 재앙이 많아지며, 신약한 경우에는 아이를 기르기 어렵게 됩니다. 두려운 기운이 있는 경우, 이들을 돕는 대세운을 절대로 만나지 않아야 합니다.

재성이 왕성한 명조는 특히 주의가 필요합니다. 이 경우 서출로 태어나거나 양자가 되는데 이는 부모를 극하기 때문입니다. 더욱이 어린 시절에 재성운을 일찍 만나게 되면 기운을 감당하기 어렵기 때문에 이러한 운은 피해야 합니다.

소아명의 사주 사례 분석

庚子戊寅戊子丁巳 生月中之後 月逢七殺 賴有丁火爲印綬 寅爲長生之地
경자무인무자정사 생월중지후 월봉칠살 뢰유정화위인수 인위장생지지
能生戊土 不合見庚子 巳字金長生 其二子之水爲財 剋丁火生氣 反生月中
능생무토 불합견경자 사자금장생 기이자지수위재 극정화생기 반생월중
七殺 七殺來剋身 身弱難敵 故當年十一月 其子死矣 此爲生殺壞印之禍也
칠살 칠살래극신 신약난적 고당년십일월 기자사의 차위생살괴인지화야
又如癸酉癸亥己丑乙亥 此命四柱財重 自分免幾乎俱亡 未歲餘父母亦亡 乃
우여계유계해기축을해 차명사주재중 자분면기호구망 미세여부모역망 내
過房繼養 其他倣此 無疑也
과방계양 기타방차 무의야

시	일	월	년
丁巳	戊子	戊寅	庚子

寅월 중기에 태어난 이 명조는 월령에 甲칠살이 있으므로 丁火 인수에 의지합니다. 寅은 장생지로서 일간인 戊土를 생조하지만, 庚子가 조화를 이루지 못하여 균형이 깨집니다.

巳는 金의 장생지로 작용하며, 두 개의 子는 재성으로 丁火를 극하고, 오히려 월령의 甲칠살을 생조하는 역할을 합니다.

결과적으로 신약한 일간은 칠살의 극을 감당하지 못하므로 태어난 해의 子월에 아기가 사망하게 됩니다. 이는 재성이 칠살을 생하고 인수를 파괴하는 생살괴인의 결과로 재앙이 발생한 사례입니다.

시	일	월	년
乙亥	己丑	癸亥	癸酉

이 명조는 水재성이 과도하게 많아 균형이 깨졌습니다. 자신은 살아남았지만, 가족들이 대부분 사망하였습니다. 未년에는 부모가 사망하고 결국 양자로 들어가 다른 가정에서 자라게 되었습니다.

다른 사주도 이와 같이 판단하면 의심하지 않게 됩니다.

8) 論小兒關殺例 논소아관살예

소아관살의 특성

小兒之命 當論時辰爲主 先看關煞 次看格局 日主強 財官旺 有關無煞 日
소아지명 당론시진위주 선간관살 차간격국 일주강 재관왕 유관무살 일
干弱 財官少 常病可養 日干弱 財官多 有關有煞 又有三合 聚煞者難養 不
간약 재관소 상병가양 일간약 재관다 유관유살 우유삼합 취살자난양 불
見刑沖者 聲音響亮 夜啼急性 八字有財官 生於富貴之家 偏官生於平常之
견형충자 성음향량 야제급성 팔자유재관 생어부귀지가 편관생어평상지
家 傷官劫財生於貧賤之家 偏官偏印偏財 主偏生庶出 不然第三四胎
가 상관겁재생어빈천지가 편관편인편재 주편생서출 불연제삼사태

소아의 명은 시주를 중심으로 논의하며, 먼저 관살(關殺)을 살피고 그다음으로 격국을 분석합니다.

신강하고 재관이 왕성하면 관(關)은 존재하더라도 살(殺)의 영향을 받지

않습니다. 신약하고 재관이 적으면 병약하지만 기를 수 있는 명조로 판단합니다. 신약하고 재관이 많으면 관(關)과 살(殺)이 모두 존재하며, 또한 삼합이 이루어지고 살(殺)이 모이면 아이를 기르기 어렵게 됩니다.

형충을 만나지 않으면 목소리가 크고 밝은 성격을 가지며, 밤에 자주 울면 급한 성격을 나타냅니다.

팔자에서 재관이 있으면 부귀한 집안에서 태어나며, 편관이 자리하면 보통 사람의 집안에서 태어나고, 상관과 겁재가 있으면 가난한 집안에서 태어납니다. 편관과 편인, 편재가 있는 경우에는 서출로 태어나거나 가족 내에서 서너 번째 아이로 태어납니다.

소아관살에 해당하는 나이 계산법

子平之法 偏官爲關 偏財爲煞 取生辰之數斷之 水一火二木三金四土五 且
자평지법 편관위관 편재위살 취생진지수단지 수일화이목삼금사토오 차
如甲日庚殺 乃四九歲 如丙見壬殺 一六歲 戊日甲殺 三八歲 庚日丙殺 二
여갑일경살 내사구세 여병견임살 일륙세 무일갑살 삼팔세 경일병살 이
七歲 壬見戊殺 五十歲見之 至於陰干亦如此 無不驗矣
칠세 임견무살 오십세견지 지어음간역여차 무불험의

자평법에 따르면 편관은 관(關)을, 편재는 살(殺)을 의미합니다. 이를 바탕으로 태어난 일진과 연령을 계산할 수 있으며, 水는 1, 火는 2, 木은 3, 金은 4, 土는 5에 해당합니다.

甲일간에서 庚칠살을 만나면 4세와 9세에 해당하고, 丙일간에서 壬칠살을 만나면 1세와 6세에 해당하고, 戊일간에서 甲칠살을 만나면 3세와 8세에 해당하고, 庚일간에서 丙칠살을 만나면 2세와 7세에 해당하고, 壬일간에서 戊칠살을 만나면 5세와 10세에 해당합니다. 이 규칙은 음간(陰干)에서도 동일하게 적용되며, 모두 검증된 사례입니다.

3. 性情疾病論 성정질병론

1) 論性情 논성정

> 性情者 乃喜怒哀樂愛惡欲之所發 仁義禮智信之所布 父精母血而成形 皆金
> 성정자 내희노애악애악욕지소발 인의례지신지소포 부정모혈이성형 개금
> 木水火土之關係也 且如木曰曲直 味酸主仁 惻隱之心 慈祥愷悌 濟物利民
> 목수화토지관계야 차여목왈곡직미산주인 측은지심 자상개제 제물리민
> 恤孤念寡 恬靜淸高 人物淸秀體長 面色靑白 故云木盛多仁 太過則折 執物
> 휼고념과 념정청고 인물청수체장 면색청백 고운목성다인 태과즉절 집물
> 性偏 不及少仁 心生妬意 火曰炎上 味苦主禮 辭讓之心 恭敬威儀 質重淳
> 성편 불급소인 심생투의 화왈염상 미고주례 사양지심 공경위의 질중순
> 樸 人物面上尖下貝 印堂窄鼻露竅 精神閃爍 言語辭急 意速心焦 面色或靑
> 박 인물면상첨하원 인당착비로규 정신섬삭 언어사급 의속심초 면색혹청
> 赤 坐則搖膝 太過則鞠恭聰明 性燥須赤 不及則黃瘦 尖愣妬毒 有始無終
> 적 좌즉요슬 태과즉국공총명 성조수적 불급즉황수 첨릉투독 유시무종

성정은 인간의 희로애락애오욕(喜怒哀樂愛惡欲)이 발현된 상태로, 인의예지신(仁義禮智信)의 덕목을 통해 펼쳐지게 됩니다. 이는 부모의 정기와 혈기로 형체를 이루며, 모두 金木火水土의 상호작용에 의해 결정됩니다.

木의 성정

木의 성정은 곡직(曲直)으로 곧고 휘어지는 성질을 가지며, 신맛과 어질 인(仁)을 주관합니다. 측은한 마음을 가지고 자상하고 온화하며, 형제간에 우애를 잘 이루며, 남을 돕고 백성을 이롭게 하며 고아나 과부를 돌보는 따뜻한 마음을 지닙니다.

맑고 수려한 외모를 가지며 체격이 길고, 얼굴색은 청백색으로 나타납니다. 木이 왕성하면 어질 인이 많지만, 태과하면 고집이 세어지고, 불급하면 시기와 질투가 생기는 모습을 보일 수 있습니다.

火의 성정

火의 성정은 염상(炎上)으로 위로 타오르는 성질을 가지며, 쓴맛과 예(禮)를 주관합니다. 사양하고 양보하는 마음을 가지며, 공경과 위엄을 보이는 성격입니다. 성품이 무겁고 순박한 특징을 보입니다.

외모는 얼굴이 위는 뾰족하고 아래는 둥근 형태를 가지며, 이마가 좁고 콧구멍이 드러나고, 얼굴색은 청적색으로 나타나며, 앉아서 무릎을 흔드는 특징이 있습니다.

火가 태과하면 공손하고 총명하지만 성격이 급해지고 붉은 빛을 띠게 됩니다. 火가 불급하면 얼굴이 누렇게 마르고 성격이 날카로워지며, 질투가 많고 시작은 있으나 끝이 없는 모습이 나타납니다.

金曰從革 味辛辣也 主義 羞惡之心 仗義疏財 敢勇豪傑 知廉恥 主人中庸
금왈종혁 미신랄야 주의 수오지심 장의소재 감용호걸 지렴치 주인중용
骨肉相應 方面白色 眉高眼深 鼻高耳仰 聲音清響 剛毅有決 太過則自無仁
골육상응 방면백색 미고안심 비고이앙 성음청향 강의유결 태과즉자무인
心 好貪開欲 不及則多三思 少果決慳吝 作事挫志 水曰潤下 味鹹主智 是
심 호탐한욕 불급즉다삼사 소과결간린 작사좌지 수왈윤하 미함주지 시
非之心 志足多謀 機關深遠 文學聰明 謑詐飄蕩 無力傾覆 陰謀好惡 太過
비지심 지족다모 기관심원 문학총명 휼사표탕 무력경복 음모호악 태과
則孤介硬吝 不得衆情 沉毒狼戾 失信顚倒 不及則膽小無謀反 主人物瘦小
즉고개경린 부득중정 침독랑려 실신전도 불급즉담소무모반 주인물수소
土曰稼穡勾陳 味甘主信 誠實之心 敦厚至誠 言行相顧 好敬神佛 主人背圓
토왈가색구진 미감주신 성실지심 돈후지성 언행상고 호경신불 주인배원
腰闊 鼻大口方 眉目清秀 面如牆壁而色黃 處事不輕 度量寬厚 太過則愚朴
요활 비대구방 미목청수 면여장벽이색황 처사불경 도량관후 태과즉우박
古執如痴 不及則顏色似憂 鼻低面偏 聲重濁 朴實執拘 且如日干弱則退縮
고집여치 불급즉안색사우 비저면편 성중탁 박실집구 차여일간약즉퇴축
怕羞 日干强則妄誕 執一自傲 以上自以輕重言之 萬無一失
파수 일간강즉망탄 집일자방 이상자이경중언지 만무일실

金의 성정

金의 성정은 종혁(從革)으로 개혁을 따르며, 매운맛과 의(義)를 주관합니다. 수치심과 미움을 아는 마음이 있어 의리를 지키고 재물을 아끼지 않으며 용감하고 호걸스러운 특성을 보입니다. 염치를 알고 중용을 지키며, 뼈와 살이 조화를 이루는 모습입니다.

얼굴은 네모지고 희며, 눈썹이 높고 눈이 깊고 코가 높으며 귀는 위로 향하는 특징이 있습니다. 음성은 맑고 강인하며 결단력이 뛰어납니다.

金의 기운이 태과하면 인자한 마음이 없어지고 탐욕스럽고 게을러질 수 있습니다. 金의 기운이 불급하면 망설임이 많고 결단력이 부족하며 인색해지고 뜻이 쉽게 꺾입니다.

水의 성정

水의 성정은 윤하(潤下)로 적시며 아래로 흐르는 성질을 지니고, 짠맛과 지혜를 주관합니다. 옳고 그름을 아는 마음이 있으며, 뜻이 높고 꾀가 많으며 계획이 깊고 원대합니다. 학문에 밝고 총명하지만 간사하고 방탕한 성향이 나타날 수 있습니다. 힘이 없으면 무너질 가능성이 있으며 음모를 좋아하고 악한 마음을 품을 때가 있습니다.

水의 기운이 태과하면 고집이 세고 인색하며, 사람들의 마음을 얻지 못하고 독하고 포악한 경향이 있습니다. 기운이 불급하면 소심하고 꾀가 없으며 반항적이고 체격이 마르고 작을 수 있습니다.

土의 성정

土의 성정은 가색과 구진(稼穡勾陳)으로 농사와 밀접한 성질을 지니며, 단맛과 믿음(信)을 주관합니다. 성실한 마음으로 인정이 두텁고 후하며, 언행이 일치하고 신이나 부처를 공경하는 태도를 보입니다.

등의 모양이 둥글고 허리가 넓으며, 코가 크고 입이 사각형이고 눈썹과 눈이 수려한 외모를 가지고, 얼굴은 벽처럼 단단하며 누런 색입니다.

함부로 일을 처리하지 않고 도량이 넓으며 후덕한 성품을 보입니다. 태과하면 고집이 세고 어리석으며, 불급하면 안색이 어두워지고 코가 낮으며 목소리가 탁하고 고집이 강한 모습을 보입니다.

일간이 약하면 움츠러들고 부끄러워하며, 일간이 강하면 터무니없이 고집을 부리는 경우가 있습니다.

이상과 같이 경중으로 판단하면 전혀 실수하지 않게 됩니다.

2) 論疾病 논질병

질병과 오행의 상관성

夫疾病者 乃精神氣血之所主 各有感傷 內曰臟腑外曰肢體 八字干支五行生
부질병자 내정신기혈지소주 각유감상 내왈장부외왈지체 팔자간지오행생
剋之義 取傷重者而斷之 五行干支太旺不及俱病 金主刀刃刑傷 水乃溺舟而
극지의 취상중자이단지 오행간지태왕불급구병 금주도인형상 수내닉주이
死 木乃懸樑自縊虎啖蛇嗔 火則夜眠顚倒蛇傷燒焚 土乃山崩石壓泥陷墻崩
사 목내현량자액호담사진 화즉야면전도사상소분 토내산붕석압니함장붕

질병은 정신과 기혈이 주관하는 곳에서 손상을 느끼는 것입니다. 내부적으로는 장부와 관련되며, 외부적으로는 팔다리와 몸체와 연결됩니다.

팔자에서 천간지지와 오행의 생극 관계를 분석하여 가장 심한 손상을 주는 부분을 중심으로 판단합니다. 오행과 천간지지가 지나치게 왕성하거나 부족하면 모두 질병의 원인이 됩니다.

金은 칼날에 의한 상처와 관련되고, 水는 익사하는 위험과 관련되고, 木은 목매달아 자살하거나 호랑이나 뱀에게 물리는 상황과 관련되고, 火는 불면증이나 뱀에 물리거나 불에 타는 사건과 관련되고, 土는 산사태로 돌에 깔리거나 진흙에 빠지고 담장이 무너지는 재난과 관련됩니다.

간지에 해당하는 신체와 내장

且如生命 天干內腑所屬 詩曰甲肝乙膽 丙小腸丁心 戊胃己脾鄕 庚是大腸
차여생명 천간내부소속 시왈갑간을담 병소장정심 무위기비향 경시대장
辛屬肺 壬是膀胱癸腎臟 天干外肢所屬 甲頭乙項 丙肩求丁心 戊脇己屬腹
신속폐 임시방광계신장 천간외지소속 갑두을항 병견구정심 무협기속복
庚係人臍辛爲股 壬脛癸足自來求 子疝氣 丑肚腹 寅臂肢 卯目手 辰背胸
경계인제신위고 임경계족자래구 자산기 축두복 인비지 묘목수 진배흉
巳面齒 午心腹 未脾胸 申咳疾 酉肝肺 戌背肺 亥頭肝 肝乃腎家苗 腎乃肝
사면치 오심복 미비흉 신해질 유간폐 술배폐 해두간 간내신가묘 신내간
之主 腎通於眼 膽藏魂 肝藏魄 腎藏精 心藏神 脾藏氣
지주 신통어안 담장혼 간장백 신장정 심장신 비장기

사주에서 천간은 내장과 외부 신체에 모두 연결됩니다. 이를 통해 오행의 균형과 신체 및 내장의 건강을 분석할 수 있습니다.

시결에 다음과 같이 말합니다. 甲은 간이고, 乙은 담이며, 丙은 소장이고, 丁은 심장이며, 戊는 위장이고, 己는 비장이며, 庚은 대장이고, 辛은 폐이며, 壬은 방광이고, 癸는 신장입니다.

천간과 신체의 관계로 甲은 머리이고, 乙은 목이며, 丙은 어깨이고, 丁은 가슴이며, 戊는 옆구리이고, 己는 복부이며, 庚은 배꼽이고, 辛은 허벅지이며, 壬은 정강이고 癸는 발입니다.

지지와 신체의 관계로 子는 생식기이고, 丑은 복부이며, 寅은 팔다리이고, 卯는 눈과 손이며, 辰은 등과 가슴이고, 巳는 얼굴과 치아이며, 午는 심장과 복부이고, 未는 비장과 허리이며, 申은 기침이고, 酉는 간과 폐이며, 戌은 등과 폐이고, 亥는 머리와 간입니다.

간은 신장의 싹이며, 신장은 간의 주인으로 눈과 연결되어 정(精)을 저장합니다. 담은 혼을 저장하고, 심장은 신(神)을 저장하며 비장은 기(氣)를 저장합니다.

木명에서 金의 영향으로 발생하는 질병

> 木命見庚辛申酉多者 肝膽病 內則驚精虛怯 癆瘵嘔血 頭眩目暗 痰喘頭風
> 목명견경신신유다자 간담병 내즉경정허겁 로채구혈 두현목암 담천두풍
> 脚氣 左癱右瘓 口眼歪斜 風症筋骨疼痛 外則皮膚乾燥 眼目之疾 髮鬚疎少
> 각기 좌탄우탄 구안왜사 풍증근골동통 외즉피부건조 안목지질 발수소소
> 顚撲手足 損傷之患 女生墮胎 血氣不調 小兒急慢驚風 夜啼咳嗽 經云 筋
> 전박수족 손상지환 여생타태 혈기부조 소아급만경풍 야제해수 경운 근
> 骨疼痛 蓋因木被金傷
> 골동통 개인목피금상

木의 명에 庚辛申酉가 많을 경우, 간과 담과 관련된 질병이 발생하기 쉬운데, 이는 木이 金의 기운에 상하기 때문입니다.

내부적인 영향으로 발생하는 질병은 정력이 부족하고 허약해지며, 놀라기 쉽습니다. 폐결핵으로 인해 피를 토하거나 어지럼증과 눈이 침침해지는 증상이 나타나고 가래, 천식, 두통, 각기병 등의 증상이 동반됩니다. 중풍으로 인해 좌우 마비가 발생하며, 입과 눈이 비뚤어지는 증상이 나타나고, 풍증으로 인해 근육과 뼈의 통증이 발생합니다.

외부적인 영향으로 발생하는 질병은 피부가 건조해지고, 눈병이 자주 발생합니다. 머리카락과 수염이 적어지고, 넘어지거나 다치는 경우가 많습니다. 여인에게는 유산과 생리 불순이 나타나고, 소아에게는 급만성 경기(경풍) 증상과 함께 밤에 자주 우는 증상 및 기침이 동반됩니다.

경전에서는 근육과 뼈의 통증은 대개 木이 金의 기운에 상한 것이라고 설명하며, 木과 金의 불균형이 주요 원인임을 강조합니다.

火명에서 水와 亥子의 영향으로 발생하는 질병

火命見水及亥子旺地 主小腸心經之患 內則顚啞 口心疼痛 急緩驚風 禿舌
화명견수급해자왕지 주소장심경지환 내즉전아 구심동통 급완경풍 독설
口咽啞 潮熱發狂 外則眼暗失明 小腸腎氣痕毒膿血 小兒痘疹癬瘡 婦女乾
구인아 조열발광 외즉안암실명 소장신기흔독농혈 소아두진선창 부녀건
血淋漓 火主燥面色紅赤 經云 眼暗目昏 多是火遭水剋
혈림리 화주조면색홍적 경운 안암목혼 다시화조수극

火의 명조에 水와 亥子가 왕성할 경우, 소장과 심장과 관련된 질병이 발생하기 쉬운데, 이는 火가 水에 의해 극을 당하기 때문입니다.

내부적인 영향으로 발생하는 질병은 정신 이상과 말을 못하는 증상이 나타나고, 입과 가슴에 통증이 발생하며, 급성과 만성을 오가는 경련 증상이 동반됩니다. 혀가 마르고 목소리가 쉬며 말을 못하고, 열이 자주 나며, 미친 듯한 증상이 나타납니다.

외부적인 영향으로 발생하는 질병은 눈이 침침해지며 실명을 초래하고, 소장과 신장에 독이 차고 피와 고름이 흐르게 됩니다. 소아의 경우 천연두, 두드러기, 피부명과 같은 피부질환이 발생하고, 여성에게는 생리불순과 혈액 관련 문제(생리불순)가 나타날 수 있습니다.

火는 건조함을 주관하며 얼굴색이 붉은 특성을 보입니다. 경전에서는 눈이 침침한 것은 火가 水에 의해 극을 당했기 때문이라고 합니다.

土명에서 木과 寅卯의 영향으로 발생하는 질병

土命見木及寅卯旺鄉 主脾胃經受傷 內主膈食翻胃氣噎 蠱脹泄瀉黃腫不能
토명견목급인묘왕향 주비위경수상 내주격식번위기일 고창설사황종불능
飮食 吃物揀擇 嘔吐脾傷 外則左手口腹有疾 皮膚燥澀 小兒疳病脾黃 土主
음식 흘물간택 구토비상 외즉좌수구복유질 피부조삽 소아감병비황 토주
溫 多淹滯 面色痿黃 經云 土虛乘木旺之鄉 脾傷定論
온 다엄체 면색위황 경운 토허승목왕지향 비상정론

土의 명조에 木과 寅卯가 왕성할 경우, 비장과 위장에 병이 발생하기 쉬운데, 이는 土가 약하고 木이 지나치게 강하기 때문입니다.

내부적인 영향으로 발생하는 질병은 구역질과 구토로 인해 기도가 막히고, 기생충으로 인해 배가 더부룩하고 설사, 황달 등의 증상이 동반되며, 음식 섭취가 어려워지며 가려 먹게 됩니다. 비장이 약해지면 구토 증상이 나타나게 됩니다.

외부적인 영향으로 발생하는 질병은 왼손, 입, 복부 등에 질환이 생기고, 피부가 건조하고 거칠어지며, 소아에게는 영양실조로 인한 황달이 발생합니다.

土는 따뜻하며 자주 막히게 되는데 얼굴이 누렇게 변하고 힘이 없어지는 경향이 있습니다. 경전에서는 土가 약한데 木이 왕성한 곳에 있으면 비장이 상한다는 점을 명확히 언급하고 있습니다.

金명에서 火와 巳午의 영향으로 발생하는 질병

金命見火及巳午旺處 主大腸肺經受病 內則咳嗽喘吐 腸風痔漏 魑魅失魂
금명견화급사오왕처 주대장폐경수병 내즉해수천토 장풍치루 리매실혼
勞怯之症 外則皮膚枯燥 瘋鼻赤疽癰 皆膿血之咎 經云 金弱遇火炎之地 血
로겁지증 외즉피부고조 풍비적저옹 개농혈지구 경운 금약우화염지지 혈
疾無疑
질무의

金의 명조에서 火와 巳午가 왕성한 경우, 대장과 폐와 관련된 질병이 발생하는데, 이는 金의 기운이 약하고 火의 기운이 강하기 때문입니다.

내부적인 영향으로 발생하는 질병은 기침과 천식 증상이 심화되고, 치질과 치루 같은 증상이 있으며, 혼이 빠진 것처럼 노곤하고 허약해지는 증상을 보입니다.

외부적인 영향으로 발생하는 질병은 피부가 건조하고, 코가 붉어지고 종기가 생기며 피와 고름이 동반된 질환이 발생할 수 있습니다.

경전에서는 金이 약하고 火가 강하면 혈액 질병이 발생하는 것은 의심의 여지가 없다고 강조하고 있습니다.

水명에서 土와 辰戌丑未의 영향으로 발생하는 질병

水命見土及四季旺月 主膀胱腎經受病 內則遺精白濁 盜汗鬼交 虛損耳聾
수명견토급사계왕월 주방광신경수병 내즉유정백탁 도한귀교 허손이롱
傷寒感冒 外則牙痛疝氣 偏墜腰疼 腎氣淋瀝 吐瀉疼痛之病 女人主胎崩漏
상한감모 외즉아통산기 편추요동 신기림력 토사동통지병 여인주태붕루
白帶 水主寒 面赤黧黑 經云 下元冷疾 只緣水値土傷
백대 수주한 면적려흑 경운 하원랭질 지연수치토상

水의 명조에서 土가 왕성하고 辰戌丑未월에 해당할 경우, 방광과 신장과 관련된 질병이 발생하는데, 이는 水가 土에 의해 상하기 때문입니다.

내부적인 영향으로 발생하는 질병은 정액이 저절로 흐르거나 소변이 탁해지며, 식은땀이 나고, 오래된 병으로 인해 기력이 허약해지며 귀가 잘 들리지 않고, 감기에 걸릴 수도 있습니다.

외부적인 영향으로 발생하는 질병은 치통과 생식기 질환이 발생하며, 한쪽 고환이 부어 통증이 생기고, 허리가 아프며 소변을 자주 보고, 구토와 설사가 동반하며, 여성에게는 자궁출혈과 냉대하 증상이 나타날 수 있습니다.

水는 추위를 주관하며, 얼굴이 붉거나 검게 되는 경우가 많습니다. 경전에서는 하체 냉증은 水가 土에 의해 상한 것이라고 합니다.

第四篇

통변론 通辯論

1. 看命入式 간명입식

사주를 해석하는 방식

五行提綱 凡看命排下八字 以日干爲主 取年爲根 爲上祖財産 知世波之盛
오행제강 범간명배하팔자 이일간위주 취년위근 위상조재산 지세파지성
衰 取月爲苗 爲父母 則知親蔭之有無 日干爲己身 日支爲妻妾 則知妻妾之
쇠 취월위묘 위부모 즉지친음지유무 일간위기신 일지위처첩 즉지처첩지
賢淑 時爲花實 爲子息 方知嗣續之所歸 法分月氣深淺 得令不得令 年時露
현숙 시위화실 위자식 방지사속지소귀 법분월기심천 득령부득령 년시로
出財官 須要身旺 如身衰財旺 但多反破財傷妻 身旺財多財亦旺 財多稱意
출재관 수요신왕 여신쇠재왕 단다반파재상처 신왕재다재역왕 재다칭의
若無財官 次看印綬得何局勢 吉凶斷之 學者不可拘執 如不知通變也
약무재관 차간인수득하국세 길흉단지 학자불가구집 여부지통변야

　사주팔자를 해석할 때, 오행과 제강은 해석의 핵심이 되는 기본적인 틀입니다. 팔자를 배열한 뒤 일간을 중심으로 모든 분석을 진행합니다.

　년주는 사주의 뿌리로서 조상의 재산과 가문의 흥망성쇠를 나타냅니다. 월주는 싹으로 부모를 나타내며, 부모의 덕이 있는지 없는지를 알 수 있습니다. 일간은 자신을 나타내며, 일지는 배우자를 의미합니다. 이를 통해 배우자의 성격과 현숙함을 판단할 수 있습니다. 시주는 꽃과 열매를 의미하며, 자식과 후손의 운명을 판단하는 데 중요한 지표가 됩니다.

　사주를 간명하는 법은 월령에서 왕쇠와 득령 여부를 구분하는 것이 중요합니다. 년주와 시주에 재관이 드러날 경우, 일간이 왕성해야 합니다.

　신약하고 재성이 왕성하면 재산을 잃고 처에게 해로울 수 있습니다. 신왕하고 재성이 왕성하면 재산이 많아 풍요로운 삶이 됩니다. 재관이 없다면 인수를 중심으로 격국을 분석하여 사주의 길흉을 판단합니다.

　학자는 고정된 관념에 얽매여서는 안 되며, 통변을 모르면 사주를 해석할 수 없습니다.

2. 子平擧要歌 자평거요가

자평거요가는 자평학의 간명 비결에 대한 주요 요점을 암기하기 쉽도록 시형식으로 전해지는 비결입니다.

자평학의 간명 비결

造化先須詳日主 坐官坐印衰旺取 天時月令號提綱 大抵官星要純粹 正偏雜
조화선수상일주 소관좌인쇠왕취 천시월령호제강 대저관성요순수 정편잡
亂反無情 露官藏殺方爲福 露殺藏官是禍胎 殺官俱露將何擬 混雜財官取財
란반무정 로관장살방위복 로살장관시화태 살관구로장하의 혼잡재관취재
議 官旺怕官忌刑沖 官輕見財爲福利 年上傷官最可嫌 重怕傷官不可鐲 傷
의 관왕파관기형충 관경견재위복리 년상상관최가혐 중파상관불가견 상
官傷財乃爲福 財絶官衰福亦然 貪合忘官榮不足 貪合忘殺爲已福 堪差身弱
관상재내위복 재절관쇠복역연 탐합망관영불족 탐합망살위이복 감차신약
怕財多 更歷官鄕禍相逐 財多身弱食神來 食神殺必爲災會 合天合地有刑剋
파재다 경력관향화상축 재다신약식신래 식신살필위재회 합천합지유형극
更宜達士細推裁
경의달사세추재

명의 조화는 일주를 중심으로 상세히 살핍니다. 일간이 정관이나 인수에 앉아 있는지 살피고 쇠왕을 판단합니다.

월령에서 계절의 절기를 제강이라고 부르며 오행이 사주에 있거나 없거나 왕성하고 강하다고 거론합니다

대개 정관은 순수해야 하며, 관살이 혼잡하면 오히려 무정하게 작용합니다. 정관이 투출하고 칠살이 암장되면 복이 되지만, 반대로 칠살이 투출하고 정관이 암장이면 화근이 됩니다.

정관과 칠살이 모두 투출해서 혼잡할 경우, 재성을 취할지 여부를 논의해야 합니다. 정관이 왕성하면 정관을 두려워하고 형충을 꺼리며, 쇠약하면 재성을 만나야 복이 됩니다.

년주에 상관이 있으면 경계해야 하며, 특히 상관이 중복되면 재앙이 될 수 있습니다. 정관이 손상되고 재성이 손상되어도 복이 될 수 있으며, 재성이 끊어지고 정관이 쇠약해도 복이 만들어질 수 있습니다.

탐합망관(貪合忘官)은 영화롭지 못하지만 탐합망살(貪合忘殺)은 자신에게 복이 될 수 있습니다.

매우 신약한 상태에서 재성이 많으면 걱정거리가 생기고, 왕성한 정관운을 만나면 재앙이 따르게 됩니다. 재다신약(財多身弱) 상태에서 식신이 들어오면 흉살이 되어 재앙이 될 수 있습니다.

천간이 합당하고 지지가 합당해도 형극이 있으므로, 현명한 학자는 이러한 복잡성을 세밀하게 분석하여 판단해야 합니다.

3. 詳解定眞論 상해정진론

　상해정진론은 자평학의 핵심적인 논리와 사주 해석의 근본 원리를 상세히 설명하는 이론입니다. 이 이론에서는 일주를 중심으로 사주를 분석하며, 이를 바탕으로 길흉을 판단합니다.

자평학의 진정한 논리

> 夫生日爲主者 行君之令 法運四時 陰陽剛柔之情 內外否泰之道 進退相傾
> 부생일위주자 행군지령 법운사시 음양강유지정 내외비태지도 진퇴상경
> 動靜相伐 取固亨出入之緩急 求濟復散歛之巨微
> 동정상벌 취고형출입지완급 구제복산렴지거미

　자평학은 생일을 사주의 주체로 하여 군주의 명령을 이행하고, 사계절 변화에 따른 음양과 강유의 성질을 분석하여 사주와 운의 길흉을 판단하는 법칙입니다.
　달이 차고 기울듯이 기세의 진퇴를 살피고, 동적인 요소와 정적인 요소가 서로 대립하면서 균형과 변화가 발생하는 것을 살핍니다.
　기세의 견고함과 형통함을 관찰하고, 운의 흐름에 따라 빠르고 느린 변화가 조화를 이루는지 파악하고, 크고 작은 기세가 흩어지고 모이는 과정을 반복하며 운세의 균형을 이루는지 살핍니다.

자평법의 세 가지 요점

> 擇日之法有三要 以干爲天 以支爲地 支中所藏者 爲人元乃分四柱 以年爲
> 택일지법유삼요 이간위천 이지위지 지중소장자 위인원내분사주 이년위
> 根 月爲苗 日爲花 時爲果 又擇四柱之中 以年爲祖上 則知世代宗派盛衰之
> 근 월위묘 일위화 시위과 우택사주지중 이년위조상 즉지세대종파성쇠지
> 理 月爲父母 則知親廕名利有無之類
> 리 월위부모 즉지친음명리유무지류

일간을 중심으로 하는 간명법에서는 세 가지 요점이 있습니다. 천간은 하늘이고, 지지는 땅이며, 지지에 있는 지장간은 사람입니다.

사주의 네 가지 기둥을 구분하면 다음과 같습니다.

년주는 뿌리이며, 조상과 세대의 흥망성쇠를 나타냅니다.

월주는 싹이고, 부모의 은덕과 부귀의 유무를 알 수 있습니다.

일주는 꽃이며, 사주의 중심이자 자신의 삶과 본질을 나타냅니다.

시주는 열매이며, 자식과 후손의 운명과 결실을 보여줍니다.

일간 중심의 사주 해석

以日爲己身 當推其干 搜用八字 爲內外生剋取舍之源 干弱則求氣旺之藉
이일위기신 당추기간 수용팔자 위내외생극취사지원 간약즉구기왕지자

有餘則欲不足之營 干同以爲兄弟 如乙以甲爲兄 忌庚重也 甲以乙爲弟 畏
유여즉욕불족지영 간동이위형제 여을이갑위형 기경중야 갑이을위제 외

辛多也 干剋以爲妻財 財多干旺則稱意 若干衰則反禍矣 干與支同 損財傷
신다야 간극이위처재 재다간왕즉칭의 약간쇠즉반화의 간여지동 손재상

妻男取剋干爲嗣 女取干生爲子 存失皆例 以時分野 當推貧賤富貴之區
처남취극간위사 여취간생위자 존실개례 이시분야 당추빈천부귀지구

사주에서 일간을 자신으로 삼아 팔자 전체를 대조하여 내외에서 생극을 취하고 버리는 근원으로 삼게 됩니다. 이는 일간을 중심으로 조화를 이루는지 여부에 따라 길흉을 판단하는 근거가 됩니다.

일간의 강약을 분석하고, 일간이 약하면 왕성한 기운을 찾아서 보완해야 합니다. 일간이 강하고 기운이 넘치면 부족한 곳을 채우는 방식으로 균형을 맞춥니다.

일간과 같은 오행은 형제가 됩니다. 예를 들어 乙일간은 甲을 형으로 보며, 庚이 많은 것을 꺼립니다. 甲일간은 乙을 동생으로 보며, 辛이 많음을 두려워합니다. 일간이 극하는 오행은 처와 재물로 삼습니다.

재성이 많고 일간이 왕성하면 재물과 처가 뜻대로 잘 풀립니다. 그러나

일간이 쇠약하면 재물이 오히려 재난이 될 수 있습니다.

일간과 일지가 같은 오행이면 간여지동이라고 하며, 이는 재물을 잃고 처를 해치는 운명이 될 수 있습니다.

남명은 일간을 극하는 오행을 자식으로 삼고, 여명은 일간이 생하는 오행을 자식으로 삼습니다. 자식의 유무와 빈부귀천은 시주를 기반으로 구분하고 해석합니다.

삼명학의 간명 오류

理愚歌云 五行眞假少人知 知時須是泄天機是也 俗以甲子作海中 金卽婁景
이우가운 오행진가소인지 지시수시설천기시야 속이갑자작해중 금즉루경

之前 未知金在海中之論 或以年爲主者 則可知萬億富貴相同者 以甲子年生
지전 미지금재해중지론 혹이년위주자 즉가지만억부귀상동자 이갑자년생

便可爲本命忌日之戒 以月爲兄弟 如火命生酉戌亥子月 言兄弟不得力之斷
편가위본명기일지계 이월위형제 여화명생유술해자월 언형제불득력지단

以日爲妻 如在空刑剋殺之地 言剋之斷 以時爲子息 臨死絶之鄕 言子少之
이일위처 여재공형극살지지 언극지단 이시위자식 임사절지향 언자소지

斷 蓋此論之 皆非人之所爲 造物陰陽之所致 傾世術士 不知斯理 而潛亂於
단 개차논지 개비인지소위 조물음양지소치 경세술사 부지사리 이잠란어

俗 不可以言傳 當攷幽微之妙
속 불가이언전 당고유미지묘

이우가(理愚歌)에서는 오행의 진실과 허구를 아는 사람이 드물다고 말합니다. 오행의 진가를 알아야만 천지의 이치를 터득할 수 있습니다.

현재 세속에서는 甲子를 해중금(海中金)으로 간주하는데, 이는 진정한 이치에 맞지 않습니다. 한나라 루경 선생 이전에는 金이 해중금이라는 논리 자체가 존재하지 않았습니다.

삼명학에서는 보통 년주를 중심으로 해석하는데, 이러한 관점은 생년이 같은 사람은 모두 부귀가 동일하다고 여기는 오류를 범합니다. 또한, 甲子년생이

甲子일을 본명에서 꺼리고 경계하라는 주장은 편협하고 제한적인 논리입니다.

월주는 형제를 나타내며, 예를 들어 火일간이 酉戌亥子월에 태어났다면, 형제가 사절지를 만났다는 이유로 형제의 도움을 받기 어렵다고 판단하는 것은 잘못된 해석입니다.

일지는 배우자를 나타내며, 만약 일지가 공망이나 형극살의 영향을 받는다고 해서 배우자를 해친다는 해석도 오류입니다. 시주는 자식이 되며 사절지에 있다면 자식이 적다는 판단 역시 잘못된 것입니다.

대체로 이러한 논리는 인간의 의지로 만들어지는 것이 아니라, 음양의 조화에 따른 자연적 결과입니다. 세속의 술사들이 이러한 이치를 제대로 알지 못하고 속세를 혼란스럽게 하는 것을 말로 다 표현할 수 없습니다.

따라서 마땅히 깊고 오묘한 이치를 연구하며, 그 속의 미묘함을 탐구해야 할 것입니다.

4. 喜忌篇 희기편

사주 간명시 주의해야 할 점

四柱排定 三才次分 專以日上天元 配合八字支干 有見不見之形 無時不有
사주배정 삼재차분 전이일상천원 배합팔자지간 유견불견지형 무시불유
神煞相絆 輕重較量 若乃時逢七煞 見之未必爲凶 月制干强 其殺反爲權印
신살상반 경중교량 약내시봉칠살 견지미필위흉 월제간강 기살반위권인
財官印綬全備 藏蓄於四季之中 官星財氣乃生 鎭居於寅申巳亥 庚申時逢戊
재관인수전비 장축어사계지중 관성재기내생 진거어인신사해 경신시봉무
日 名食神干旺之方 歲月犯甲丙卯寅 此乃遇而不遇
일 명식신간왕지방 세월범갑병묘인 차내우이불우

사주를 배정하고 천간, 지지, 지장간으로 삼재를 차례로 나누며, 일간을 중심으로 팔자의 간지에 배합하여 분석합니다.

사주에서는 드러난 형상과 숨겨진 형상이 있으며, 이는 항상 존재하며 길신과 악살은 서로 얽혀 있으므로 경중을 비교하여 신중히 판단해야 합니다.

시주에 칠살이 나타나는 경우, 이를 단순히 흉성으로 간주해서는 안 됩니다. 월주가 칠살을 제복하고 신강하면, 칠살이 오히려 권력과 명예를 가져오는 좋은 작용을 할 수 있습니다.

재관과 인수는 사계절인 辰戌丑未 속에 저장되어 있으며, 정관과 재성의 기운은 寅申巳亥에서 발현됩니다.

예를 들어, 庚申시가 戊일간과 만나면 강한 기운의 식신격을 이루며 좋은 사주의 구성으로 작용합니다. 그러나 년월주에 甲丙卯寅이 포함되어 있다면, 이는 강한 식신을 만나도 만나지 않은 것과 같아 격국의 조화를 이루지 못하게 됩니다.

일주의 희기 판단

月生日干無天財乃印綬之名 日祿居時沒官星 號靑雲得路 陽水疊逢辰位 是
월생일간무천재내인수지명 일록거시몰관성 호청운득로 양수첩봉진위 시

壬騎龍背之鄕 陰木獨遇子時 爲六乙鼠貴之地 庚日全逢潤下 忌壬癸巳午之
임기용배지향 음목독우자시 위육을서귀지지 경일전봉윤하 기임계사오지

方 時遇子申 其福減半 若逢傷官月建 如凶處未必爲凶 內有正倒祿飛 忌官
방 시우자신 기복감반 약봉상관월건 여흉처미필위흉 내유정도록비 기관

星亦嫌羈絆 六癸日時逢寅位 歲月怕戊己二方 甲子日再逢子時 畏庚辛申酉
성역혐기반 육계일시봉인위 세월파무기이방 갑자일재봉자시 외경신신유

丑午 辛癸日多逢丑地 不喜官星 歲時逢子巳二宮 虛名虛利
축오 신계일다봉축지 불희관성 세시봉자사이궁 허명허리

월령이 일간을 생하고 천간에 재성이 없으면 이는 인수격입니다.

일록이 시주에 있으면 정관이 없어야 출세하여 성공할 수 있습니다.

壬水일간 사주에 辰이 반복적으로 나타나면 이는 임기용배격입니다.

乙木일간이 단독으로 子시를 만나게 되면 육을서귀격입니다.

庚일간 사주에 申子辰 水국을 완전히 갖추면 壬癸와 巳午운을 싫어하고 시주에 子申이 있으면 복이 절반으로 줄어듭니다.

상관이 월건을 만나는 경우, 흉한 자리라고 해도 반드시 흉하다고 단정할 수 없습니다.

내격에 정비천록마와 도비천록마가 있으며, 정관을 꺼리고 기반을 싫어합니다.

癸일간 寅시는 형합격이 되며, 년주와 월주에 戊己관살이 포함되면 격국을 이루지 못하므로 조심해야 합니다.

甲子일주가 子시를 다시 만나면 자요사격이 되지만, 만약 庚辛申酉丑午가 사주에 있으면 이를 꺼리게 됩니다.

辛일주와 癸일주가 丑을 많이 만나면 이는 축요사격이 되며, 정관을 싫어하고 년주와 시주에서 子와 巳를 만나면 부귀가 허망해집니다.

격국의 희기 판단

拱祿拱貴 塡實則凶 時上偏財 別宮忌見 六辛日逢戊子 嫌午未位 運喜西方
공록공귀 전실즉흉 시상편재 별궁기견 육신일봉무자 혐오미위 운희서방
五行遇月支偏官 歲月時中亦宜制伏 類有去官留殺 亦有去殺留官 四柱雜有
오행우월지편관 세월시중역의제복 유유거관류살 역유거살류관 사주잡유
制 定居一品之尊 略有一位正官 官殺混雜反賤 戊日午月 勿作刃看 時歲火
제 정거일품지존 약유일위정관 관살혼잡반천 무일오월 물작인간 시세화
多 却爲印綬 月令雖逢建祿 切忌會殺爲凶 官星七殺交差 却以合殺爲貴 柱
다 각위인수 월령수봉건록 절기회살위흉 관성칠살교차 각이합살위귀 주
中官星太旺 天元羸弱之名 日干旺甚無依 若不爲僧卽道 印綬生月 歲時忌
중관성태왕 천원리약지명 일간왕심무의 약불위승즉도 인수생월 세시기
見財星 運入財鄕 却宜退身避位 刼財羊刃 切忌時逢 歲運併臨 災殃立至
견재성 운입재향 각의퇴신피위 겁재양인 절기시봉 세운병임 재앙입지
十干背祿 歲時喜見財星 運至比肩 號曰背祿逐馬
십간배록 세시희견재성 운지비견 호왈배록축마

공록격과 공귀격은 귀록이 전실되면 흉한 결과를 초래합니다.

시상편재격은 사주에 별도로 편재가 있는 경우 이를 꺼립니다.

辛일간 戊子시이면 육음조양격이 성립하며, 午未를 피해야 하고 서방운을 좋아합니다.

월지에 편관이 포함되면 년월시의 제복이 필요한데 관살에 따라 거관류살 또는 거살류관이 이루어집니다. 사주에 관살혼잡이 제복되면 고위직에 오를 수 있지만, 하나의 정관이 존재하는데 관살이 혼잡하면 오히려 천해질 수 있습니다.

戊土일간 午월생이 시주와 년주에 火가 많이 있으면 이를 양인격으로 보지 않고 오히려 인수격으로 해석합니다.

월령이 건록을 만난 경우라도 살성을 만나면 흉한 결과를 초래할 수 있습니다. 정관과 칠살이 혼잡되었어도 이를 잘 제어하며 합살하면 오히려 귀하게 됩니다.

사주에서 정관이 지나치게 왕성하면 일간이 허약해집니다.

일간이 지나치게 강해 의지할 곳이 없다면 승려나 수행자가 됩니다.

인수가 월주에 있는 경우 년주와 시주에 재성이 나타나는 것을 꺼리고 재성운에 들어서면 물러나 피신하는 것이 오히려 유리합니다.

시주에 겁재와 양인이 있으면 매우 꺼려야 하며, 특히 대세운에서 이들과 겹치면 즉각적인 재앙이 발생합니다.

십간이 배록하는 경우 년주와 시주에 재성이 나타나면 좋아합니다. 그러나 비견운에서 만나면 배록축마 되었다고 합니다.

오행의 조화에 의한 희기 판단

五行正貴 忌沖刑剋破之宮 四柱干支 喜三合六合之地 日干無氣 時逢羊刃
오행정귀 기충형극파지궁 사주간지 희삼합육합지지 일간무기 시봉양인
不爲凶 官殺兩停 喜者存之 憎者棄之 地支天干合多 亦云貪合忘官 四柱殺
불위흉 관살양정 희자존지 증자기지 지지천간합다 역운탐합망관 사주살
旺運純 身旺爲官淸貴 凡見天元太弱 內有弱處復生 柱中七殺全影 身旺極
왕운순 신왕위관청귀 범견천원태약 내유약처복생 주중칠살전영 신왕극
貧 無殺女人之命 一貴可作良人 貴衆合多 定是師妮娼婢 偏官時遇 制伏太
빈 무살여인지명 일귀가작양인 귀중합다 정시사니창비 편관시우 제복태
過 乃是貧儒 四柱傷官運入官鄕必破 五行絕處 卽是胎元 生日逢之 名曰受
과 내시빈유 사주상관운입관향필파 오행절처 즉시태원 생일봉지 명왈수
氣 是以陰陽罕測 不可一例而推 務要稟得中和之氣 神分貴賤 略敷古聖之
기 시이음양한측 불가일례이추 무요품득중화지기 신분귀천 약부고성지
遺書 縱約以今賢之博覽 若通此法參詳 鑒命無差無誤矣
유서 종약이금현지박람 약통차법참상 감명무차무오의

오행에서 바르고 귀한 기운은 충형극파의 자리를 기피합니다. 사주의 간지는 삼합과 육합의 지지를 만나면 길합니다.

일간이 쇠약한 경우에도, 시주에 양인이 있다면 이는 흉하지 않습니다. 정관과 칠살이 균형을 이루는 사주는 희신을 남기고 기신을 제거해야 합니다. 지지와 천간에서 합이 많으면 탐합망관이라고 합니다.

사주에서 칠살이 왕성하더라도, 운이 순수하고 일간이 신왕하다면 맑고 귀한 관직을 얻게 됩니다.

일간이 매우 약해도 절처봉생(絶處逢生)으로 다시 살아날 수 있습니다.

사주에 칠살이 가득하면 비록 신왕하더라도 극도로 가난한 삶으로 이어질 수 있습니다.

여명의 경우, 살성이 없고 귀인이 하나만 있으면 선량한 사람이고, 귀인이 많아도 합이 많으면, 여승, 기생, 하녀의 삶을 살게 됩니다.

시주에 편관이 있을 경우, 그 기운을 너무 과도하게 제복하면 가난한 학자가 됩니다.

사주에 상관이 있는데 관성운에 들어서면 반드시 파멸합니다.

오행에서 절처의 위치는 태원으로서, 일지에 존재하면 우수한 기운으로 작용합니다.

이처럼 음양의 조화는 매우 미묘하여 쉽게 측량하기 어렵기 때문에, 단 하나의 사례로만 전체를 판단하는 것은 옳지 않습니다. 반드시 중화의 기운을 잘 갖춰야 귀천을 정확히 분별할 수 있습니다.

옛 성현들이 남긴 가르침을 간략히 설명하고 현명한 학자들의 깊이 있는 글을 요약하여 이치를 전달하니, 이러한 사주 이치를 통달하면 운명을 판단함에 있어 어떠한 착오나 오류도 없을 것입니다.

5. 繼善篇 계선편

　명심보감 계선편에서 삶의 본분을 본받으라고 하듯이, 연해자평 계선편은 명리의 본분을 본받으라는 뜻이 있습니다.

사주해석의 요점

人稟天地 命屬陰陽 生居覆載之內 盡在五行之中 欲知貴賤 先觀月令乃提
인품천지 명속음양 생거복재지내 진재오행지중 욕지귀천 선관월령내제
綱 次斷吉凶 專用日干爲主本 三元要成格局 四柱喜見財官 用神不可損傷
강 차단길흉 전용일간위주본 삼원요성격국 사주희견재관 용신불가손상
日主最宜健旺 年傷日干 名爲主本不和 歲月時中 大怕官殺混雜 取用憑于
일주최의건왕 년상일간 명위주본불화 세월시중 대파관살혼잡 취용빙우
生月 當推究于淺深 發覺在于日時 要消詳于强弱
생월 당추구우천심 발각재우일시 요소상우강약

　사람은 천지의 기운을 받아 태어나며, 모든 운명은 음양의 조화 속에서 살아갑니다. 이는 하늘과 땅, 그리고 우주를 구성하는 오행의 원리에 기반합니다.

　귀천을 알고자 한다면, 가장 먼저 월령을 살펴야 하며, 이는 사주 해석에서 핵심이 되는 제강입니다. 다음으로 길흉을 판단하는데 오직 일간을 중심으로 삼고 천지인의 삼원이 조화를 이루어 격국을 형성해야 합니다.

　사주에서 재성과 정관이 나타나야 반갑고, 용신이 손상되지 않아야 합니다. 또한, 일주는 강건하고 왕성한 기운을 갖는 것이 가장 좋습니다.

　년주가 일간을 손상시키면 조상과 화목하지 못하며, 특히 년월시에서 정관과 칠살이 혼잡하게 작용하는 경우 매우 주의가 필요합니다.

　용신은 태어난 월에서 취하며, 기운의 깊이와 얕음을 심도 있게 분석하고, 일주와 시주에서 나타나는 기운의 강약을 세심하게 살펴야 합니다.

정관의 역할

官星正氣 忌見刑沖 時上偏財 怕逢兄弟 生氣印綬 利官運畏見財鄉 七殺偏
관성정기 기견형충 시상편재 파봉형제 생기인수 리관운외견재향 칠살편
官 喜制伏不宜太過 傷官復行官運 不測災來 羊刃沖合歲君 悖然禍至 富而
관 희제복불의태과 상관복행관운 불측재래 양인충합세군 발연화지 부이
且貴 定因財旺生官 非夭則貧 必是身衰遇鬼 六壬生臨午位 號曰祿馬同鄉
차귀 정인재왕생관 비요즉빈 필시신쇠우귀 육임생림오위 호왈록마동향
癸日生向巳宮 乃其財官雙美 財多身弱 正爲富屋貧人 以殺化權 定顯寒門
계일생향사궁 내기재관쌍미 재다신약 정위부옥빈인 이살화권 정현한문
貴客 登科甲第 官星臨無破之宮 納粟湊名 財庫居生旺之地 官貴太盛 纔臨
귀객 등과갑제 관성림무파지궁 납속주명 재고거생왕지지 관귀태성 재림
旺處必傾 印綬被傷 倘若榮華不久
왕처필경 인수피상 당약영화불구

   정관은 바르고 귀한 기운으로서, 형충을 매우 꺼립니다. 시주에 편재가 있을 경우, 비겁의 작용을 조심해야 하며, 생기를 가진 인수는 정관운과 만나야 이롭고, 재성운을 만나면 주의해야 합니다. 칠살과 편관은 적절히 제복되어야 좋지만, 지나치게 제복하면 오히려 해롭게 됩니다.

   상관이 정관운으로 다시 흐르면 예측하기 어려운 재앙이 닥치게 됩니다. 양인이 세운과 충합되면 재앙이 갑작스럽게 발생합니다.

   부귀를 모두 이루는 운명은 재성이 왕성하여 정관을 생해주는 조화를 이룰 때 나타납니다. 요절하거나 가난한 운명은 신약한 상태에서 칠살을 만날 때 형성됩니다.

   壬일간이 午火 위치에 있으면 록마동향(祿馬同鄉)이라고 하며, 재성과 정관이 함께 작용합니다. 癸일간이 巳火에 있으면 재성과 정관이 아름다운 조화를 이룹니다.

   재다신약(財多身弱)한 경우, 이는 부자집에 사는 가난한 사람처럼 만족하지 못하는 삶을 살게 됩니다.

   칠살이 권력으로 화하면 가난한 집 출신이라 하더라도 귀한 사람이 될 수

있습니다. 장원급제는 정관이 파괴되지 않은 궁에서 나타납니다. 재물을 헌납하여 직책을 얻으려면 재고가 생왕한 곳에 있어야 합니다.

정관이 지나치게 왕성할 경우, 왕성한 곳에서 반드시 균형이 깨져 실패하게 됩니다. 인수가 손상되면 비록 영화를 누려도 오래 지속되지 못합니다.

정관과 인수의 작용

有官有印 無破作廊廟之材 無官無印 有格乃朝庭之用 名標金榜 須還身旺
유관유인 무파작랑묘지재 무인무관 유격내조정지용 명표금방 수환신왕
逢官 得佐聖君 貴旺沖官逢合 非格非局 見之爲得爲奇 身弱遇官 得後徒然
봉관 득좌성군 귀왕충관봉합 비격비국 견지언득위기 신약우관 득후도연
費力 小人命內亦有正印官 君子格中也犯七殺羊刃 爲人好殺 羊刃必犯于偏
비력 소인명내역유정인관 군자격중야범칠살양인 위인호살 양인필범어편
官 素食慈心 印綬逢於天德 生平少病 日主高強 一世安然 財命有氣 官
관 소식자심 인수수봉어천덕 생평소병 일주고강 일세안연 재명유기 관
刑不犯 印綬天德同宮 少樂多憂 蓋因日主自弱 身強殺淺 假殺爲權 殺重身
형불범 인수천덕동궁 소락다우 개연일주자약 신강살천 가살위권 살중신
輕 終身有損 衰則變官爲鬼 旺則化鬼爲官
경 종신유손 쇠즉변관위귀 왕즉화귀위관

정관과 인수가 있고 파손되지 않으면 국가의 중요한 일을 담당할 수 있는 인재입니다. 정관과 인수가 없더라도 격국이 성립하면 조정에서 유용한 인재로 쓰입니다.

과거 시험에서 급제하려면 신왕하면서 정관을 만나야 하며, 군주를 보필하려면 귀한 기운이 왕성하고 정관과 충하는 기운을 합해야 합니다.

격도 아니고 국도 아닌 사주는 특별한 운명을 기대하기 어렵습니다. 신약한 상태에서 정관을 만나면 헛된 노력만 하게 됩니다.

소인의 사주에도 인수와 정관이 존재할 수 있으며, 군자의 격국에서도 칠살과 양인이 나타날 수 있습니다.

성격이 난폭하고 살기가 강한 사람은 양인과 편관이 동시에 있는 경우가

많습니다. 소식하고 자비로운 마음을 가진 사람은 인수와 천덕이 조화를 이룬 경우가 많습니다.

평생 병이 적은 사람은 일주가 고강해야 하며, 재성과 명의 기운이 강해야 평생 안락한 삶을 누릴 수 있습니다. 관청의 형벌을 피하려면 인수와 천덕이 함께 있어야 하며, 신약한 사람은 즐거움이 적고 근심이 많게 됩니다.

일간이 신강하면서 칠살이 쇠약하면 칠살을 권력으로 변화시켜 활용할 수 있지만, 칠살이 강하고 일간이 신약하면 평생 손해를 보기 쉽습니다. 일간이 신약하면 정관이 칠살로 변하고, 일간이 신왕하면 칠살이 정관으로 변하게 됩니다.

대세운의 작용

月生日干 行運行不喜財鄕 日主無依 却喜運行財地 時歸日祿 生平不喜官
월생일간 행운행불희재향 일주무의 각희운행재지 시귀일록 생평불희관
星 陰若朝陽 切忌丙丁離位 太歲乃衆殺之主 入命未必爲災 若遇鬪戰之鄕
성 음약조양 절기병정리위 태세내중살지주 입명미필위앙 약우전두지향
必主刑于本命 歲傷日干 有禍必輕 日犯歲君 災殃必重 五行有救 其年反必
필주형우본명 세상일간 유화필경 일범세군 재앙필중 오행유구 기년반필
爲財 四柱無情 故論名爲剋歲庚辛來傷甲乙 丙丁先見無危 丙丁反剋庚辛
위재 사주무정 고론명위극세경신래상갑을 병정선견무위 병정반극경신
壬癸遇之不畏 戊己愁逢甲乙 干頭須要庚辛 壬癸慮遭戊己 甲乙臨之有救
임계우지불외 무기수봉갑을 간두수요경신 임계려조무기 갑을림지유구
壬來剋丙 須要戊字當頭 癸去傷丁 却喜己來相制 庚得壬男制丙 夭作長年
임래극병 수요무자당두 계거상정 각희기래상제 경득임남제병 요작장년
甲以乙妹妻庚 凶爲吉兆
갑이을매처경 흉위길조

월령이 일간을 생조할 경우, 재성운을 오히려 좋아하지 않으며, 일주가 의지할 곳이 없다면 오히려 재성운으로 흐르면 좋아합니다.

일록귀시격은 평생 동안 정관을 반기지 않으며, 육음조양격에서는 丙丁火를 절대로 꺼리게 됩니다.

세운은 모든 흉살을 주관하지만, 흉살이 사주에 들어왔다고 해서 항상 재앙을 초래하지는 않습니다. 전투가 일어나면 본명에서 형벌을 받게 됩니다.

세운이 일간을 상하면 재앙이 비교적 가벼울 수 있지만, 일간이 세운을 공격하면 재앙은 훨씬 무거워집니다. 오행이 세운을 구원하게 되면 재앙으로 예상되던 해에 오히려 복록이 찾아옵니다. 사주가 무정하면 이를 세운을 극한다고 합니다.

예를 들어, 庚辛이 오면 甲乙을 상하게 할 수 있지만, 丙丁이 먼저 나타나면 위험하지 않습니다. 丙丁이 庚辛을 극해도, 壬癸를 만나도 걱정할 필요가 없습니다. 戊己가 甲乙과 만나면 걱정이 생기지만 천간에 庚辛이 있으면 해결책이 됩니다. 壬癸가 戊己를 만나면 걱정이 되지만 甲乙이 있다면 구원받을 수 있습니다.

壬이 와서 丙을 극할 때는 戊가 천간에 있어야 구할 수 있습니다. 癸가 丁을 손상하고 제거하는 경우에는 己가 있어야 구합니다. 庚이 壬자식으로 丙을 제압하면, 요절하지 않고 장수하게 됩니다. 甲은 乙누이가 庚의 처가 되면 본래의 흉함이 길함으로 변하게 됩니다.

일간의 왕쇠에 의한 작용

天元雖旺 若無依倚是常人 日主太柔 縱遇財官爲寒士 女人無煞帶二德 作
천원수왕 약무의의시상인 일주태유 종우재관위한사 여인무살대이덕 작
兩代之封 男命身強遇三奇 爲一品之貴 甲逢己而生旺 定懷中正之心 丁遇
양대지봉 남명신강우삼기 위일품지귀 갑봉기이생왕 정회중정지심 정우
壬而太過 必犯淫訛之亂 丙臨申位 逢陽水難獲延年 己入亥宮 見陰木終爲
임이태과 필범음와지란 병림신위 봉양수난획연년 기입해궁 견음목종위
損壽 庚値寅而遇丙 主旺無危 乙遇巳而見辛 身衰有禍 乙逢庚 旺常存仁義
손수 경치인이우병 주왕무위 을우사이견신 신쇠유화 을봉경 왕상존인의
之心 丙合辛生 鎭掌權威之職
지심 병합신생 진장권위지직

일간이 신왕하더라도 의지할 곳이 없으면 평범한 사람이며, 일간이 신약하면 재성과 정관을 만나도 가난한 선비에 머물게 됩니다.

여명의 경우, 살성이 없고 천월이덕을 지닌다면 남편과 자식이 고위직에 오르게 됩니다. 남명이 신강하며 삼기를 모두 충족하면 높은 직위에 올라 일품의 귀한 존재가 됩니다.

甲일간이 己土를 만나 생왕하면 중정한 마음을 품게 됩니다. 丁일간이 壬水를 만남이 지나치면 음란하고 복잡한 문제에 휘말리게 됩니다. 丙申일주가 壬水를 만나면 오래 살지 못합니다. 己亥일주가 乙木을 만나면 수명이 단축됩니다.

庚寅일주가 丙를 만난 경우, 일간이 왕성하다면 위태로움 없습니다. 乙巳일주가 辛을 보게 되면 신약해지고 재앙이 발생합니다. 乙일간이 庚을 만나고 왕성하면 항상 인의지심(仁義之心)을 품게 됩니다. 丙일간이 辛과 합을 이루면 권위 있는 직책을 장악하게 됩니다.

오행의 중화

一木重逢火位 名爲氣散之文 獨水三犯庚辛 號曰體全之象 水歸冬旺 生平
일목중봉화위 명위기산지문 독수삼범경신 호왈체전지상 수귀동왕 생평
樂自無憂 木向春生 處世安然必壽 金弱遇火炎之地 血疾無疑 土虛逢木旺
낙자무우 목향춘생 처세안연필수 금약우화염지지 혈질무의 토허봉목왕
之鄕 脾傷定論 筋疼骨痛 蓋因木被金傷 眼昏目暗 必是火遭水剋 下元冷疾
지향 비상정론 근동골통 개인목피금상 안혼목암 필시화조수극 하원랭질
必是水値火傷 金逢辰而遇土 號曰還魂 水入巽而見金 名不絶 土臨卯位 未
필시수치화상 금봉진이우토 호왈환혼 수입손이견금 명불절 토림묘위 미
中年便作灰心 金遇火鄕 雖少壯必然挫志 金木交差刑戰 仁義俱無 水火遇
중년편작회심 금우화향 수소장필연좌지 금목교차형전 인의구무 수화우
相傷 是非日有木從水養 水盛而木則漂流 金賴土生 土厚而金遭埋沒 是以
상상 시비일유목종수양 수성이목즉표류 금뢰토생 토후이금조매몰 시이
五行不可偏枯 務稟中和之氣 更須絶慮忘思 鑒命無差誤矣
오행불가편고 무품중화지기 갱수절려망사 감명무차오의

하나의 木이 火의 자리를 거듭 만나면 기산지문(氣散之文)이라 합니다. 하나의 水가 庚辛을 세 번 만나면 체전지상(體全之象)이라 부릅니다.

水일간이 겨울로 돌아가 왕성하면 평생 동안 근심 없이 즐겁게 삽니다. 木이 봄에 태어나면 조화롭고 편안한 삶을 살며 장수합니다. 金이 약한데 火가 왕성한 곳을 만나면 혈액 질환을 일으키게 됩니다. 土가 허약한 상태에서 木이 왕성한 곳을 만나면 반드시 비장이 상합니다.

木이 金에게 상하면 근육과 뼈에 통증이 나타나며, 火가 水의 극을 받으면 눈이 침침하고 어두워지는 증상이 발생합니다. 水가 火에게 상하면 하체에 냉증이 생깁니다.

金은 辰土에서 다시 소생하는 기운을 얻습니다. 水가 巳의 자리에 들어가면 金의 기운을 보므로 기가 끊어지지 않고 지속됩니다. 土가 卯에 있으면 중년 이전에 쉽게 의기소침해지고, 金이 火운을 만나면 비록 젊은 나이에도 불구하고 좌절을 경험하게 됩니다.

金과 木이 상호 교차하며 대립하면 인의(仁義)가 모두 부족한 상태를 나타내며, 水와 火가 서로 손상하면 시비와 갈등이 끊임없이 지속됩니다. 木은 水가 기르는 원리를 따르지만, 왕성한 水는 木을 표류시키며 안정성을 잃게 합니다. 金은 土가 생조하지만, 土가 지나치게 두터우면 金이 매몰되어 그 기능을 잃게 됩니다.

따라서 오행의 기운이 어느 한쪽으로 치우치지 않도록 주의해야 하며, 반드시 중화의 기운을 유지해야 합니다. 나아가 불필요한 고민과 집착을 내려놓고 조화로운 사고로 사주를 분석하면 어떠한 착오도 없이 정확히 운명을 판단할 수 있습니다.

6. 大歲運論 대세운론

1) 論大運 논대운

대운의 본질

> 夫大運者 以天干曰五運 地支曰六氣 故名範氣 子平之法 大運看支 歲君看
> 부대운자 이천간왈오운 지지왈육기 고명범기 자평지법 대운간지 세군간
> 干 交運同接木 何也 且干支二字 六十甲子之說 用花字 若天干地支得其時
> 간 교운동접목 하야 차간지이자 육십갑자지설 용화자 약천간지지득기시
> 則自然開花結子盛矣 月令者天元也 今運就月上起 譬之樹苗 樹之見苗 則
> 즉자연개화결자성의 월령자천원야 금운취월상기 비지수묘 수지견묘 즉
> 知名 月之用神 則知其格 故謂交運如同接木 然命有根苗花實者何 正合此
> 지명 월지용신 즉지기격 고위교운여동접목 연명유근묘화실자하 정합차
> 意也 豈不宜矣
> 의야 기불의의

대운이란 천간으로는 오운(五運)이라 하고, 지지로는 육기(六氣)라 하여 이를 총칭해 범기(範氣)라 부릅니다. 자평법에서는 대운을 살필 때 주로 지지를 중점으로 보고, 세운을 살필 때는 천간을 중심으로 판단합니다.

대운이 바뀌는 교운을 나무에 접목을 하는 것과 유사하다고 표현합니다. 천간과 지지라는 두 글자는 육십갑자의 논리를 따르며, 적합한 시기를 만나면 마치 꽃이 피고 열매가 맺히고 풍요로운 결과를 가져옵니다.

월령은 하늘의 근원입니다. 현재 운세를 해석하려면 월령을 기준으로 시작하며, 이는 묘종으로 비유될 수 있습니다. 나무에서 묘종의 상태를 보면 나무의 이름이나 종류를 알 수 있듯이, 월령의 용신을 이해하면 그 격국을 명확히 파악할 수 있습니다. 따라서 대운이 바뀌는 변화와 흐름은 나무를 접목하는 과정과 비슷합니다.

사주에는 근묘화실이라는 개념이 존재합니다. 이는 사주의 근본, 발전의

과정, 그리고 최종적인 결실을 의미하며, 이 모든 과정이 나무의 성장에 비유한 이론과 정확히 부합합니다.

대운 전환의 이해

出癸入甲 如返汗之人 且如甲戌接癸亥 此乃干支接木 丑運交寅 辰交巳 未
출계입갑 여반한지인 차여갑술접계해 차내간지접목 축운교인 진교사 미
交申 戌交亥 此乃轉角接木 東南西北四方轉角 謂之接木 格局凶者死 格局
교신 술교해 차내전각접목 동남서북사방전각 위지접목 격국흉자사 격국
善者災 寅卯辰一氣 申酉戌一氣 亥子丑一氣 氣之相連 皆非接木之說
선자재 인묘진일기 신유술일기 해자축일기 기지상련 개비접목지설

癸운에서 甲운으로 이동하는 과정은 마치 땀이 식었다가 다시 돌아오는 것과 같은 회복의 흐름을 보여줍니다. 예를 들어, 甲戌이 癸亥를 이어지는 것을 나무를 접목하는 행위에 비유한 것입니다.

전각접목(轉角接木)이라는 개념은 대운이 전환되는 과정에서 나타납니다. 이는 丑운에서 寅운으로, 辰운에서 巳운으로, 未운에서 申운으로, 戌운에서 亥운으로 변하는 것을 의미합니다. 이러한 흐름은 동서남북으로 전환되는 사방의 변화로 접목에 비유하는 것으로 설명됩니다. 격국이 흉하면 죽음을 초래하고, 선한 경우에는 재앙만을 동반합니다.

寅卯辰, 巳午未, 申酉戌, 亥子丑은 동일한 기운이 이어지는 방합의 구조로, 이는 접목과는 다른 개념입니다.

대운의 통변

且如甲乙得寅卯運 名曰劫財敗財 主剋父母及剋妻 破財爭鬥之事 行丙丁巳
차여갑을득인묘운 명왈겁재패재 주극부모급극처 파재쟁두지사 행병정사
午運 名傷官 主剋子女 訟事囚繫 庚辛申酉七殺官鄕 主得名發越 太過則災
오운 명상관 주극자녀 송사수계 경신신유칠살관향 주득명발월 태과즉재
病惡疾 行壬癸亥子生氣印綬運 主吉慶增産 辰戌丑未戊己財運 主名利皆通
병악질 행임계해자생기인수운 주길경증산 진술축미무기재운 주명리개통

> 此乃死法譬喻 須隨格局喜忌推之 不可執一 妙在識其通變 拙說如神
> 차내사법비유 수수격국희기추지 불가집일 묘재식기통변 졸설여신

　　甲乙일간이 寅卯운을 만나면 이는 겁재와 패재운으로, 재물을 잃거나 다툼이 발생하며 부모나 처와의 관계가 악화됩니다. 丙丁巳午운은 상관운으로 작용하여 자녀와의 관계가 틀어지고, 소송이나 구속과 같은 법적 문제에 연루될 수 있습니다.

　　庚辛申酉운은 관살운으로 명예를 득하고 성공을 가져옵니다. 그러나 지나치게 강하면 질병이나 악질이 발생합니다. 壬癸亥子운을 만나면 생기 인수운으로 경사스러운 일이 생기며 재산이 늘어나고 전반적으로 좋은 운세를 형성합니다. 辰戌丑未운은 재성운으로 명예와 이익이 동시에 통하는 시기입니다.

　　그러나 이러한 해석 방식은 죽은 법(死法)에 해당합니다. 반드시 사주의 격국에 따라 희신과 기신을 분석하고, 한 가지 방법에만 의존하지 않고 통변하면 정확하고 신통한 결과를 얻게 됩니다.

대운의 길흉

> 干旺宜行衰運 干弱宜旺運 正乃干弱則求氣旺之藉 有餘則不足之營 須要通
> 간왕의행쇠운 간약의왕운 정내간약즉구기왕지자 유여즉부족지영 수요통
> 變 更兼孤害空亡勾絞喪門吊客宅墓病死官符白虎諸殺推之 其驗如神 又一
> 변 경겸고해공망구교상문적객댁묘병사관부백호제살추지 기험여신 우일
> 法 羊刃桃花伏吟返吟休囚死絶衰敗者凶運 帝旺臨官祿馬貴人生養冠帶庫者
> 법 양인도화복음반음휴수사절쇠패자흉운 제왕림관록마귀인생양관대고자
> 吉 如空者凶 凶空者返吉 吉者返凶 大運不宜與太歲相剋相沖者凶 更刑沖
> 길 여공자흉 흉공자반길 길자반흉 대운불의여태세상극상충자흉 경형충
> 相剋者亦忌 歲沖剋運者吉 運剋歲者凶 格局不吉者死 歲運相生者吉 祿馬
> 상극자역기 세충극운자길 운극세자흉 격국불길자사 세운상생자길 록마
> 貴人合交互者亦吉宜審細推之 無有不應驗者矣
> 귀인합교호자역길의심세추지 무유불응험자의

신왕하면 쇠약한 운을 만나야 조화가 이루어지고, 신약하면 왕성한 운을 만나야 안정된 균형을 이룰 수 있습니다. 신약할 때는 왕성한 기운의 도움을 받고, 신왕할 때는 부족한 기운을 도와주어야 합니다.

또한 고해(孤害), 공망(空亡), 구교(勾絞), 상문(喪門), 적객(吊客), 댁묘(宅墓), 병사(病死), 관부(官符), 백호(白虎) 등 신살도 함께 고려해야 합니다. 이들은 각각 흉한 영향을 줄 수 있으므로, 이를 종합적으로 분석해야 예측의 정확도를 높일 수 있습니다.

흉운은 양인(羊刃), 도화(桃花), 복음(伏吟), 반음(返吟), 휴수(休囚), 사절(死絶), 쇠패(衰敗) 등의 경우입니다. 길운은 제왕(帝旺), 임관(臨官), 록마(祿馬), 귀인(貴人), 생양(生養), 관대(冠帶), 고(庫) 등의 경우입니다.

길운이 공망에 빠지면 흉운이 되고, 반대로 흉운이 공망에 빠지면 길운으로 변하게 됩니다.

대운과 세운이 서로 상극하거나 상충하면 흉하게 됩니다. 따라서 형충과 상극은 반드시 피해야 합니다. 세운이 대운을 충극하면 길하고, 대운이 세운을 극하면 흉하다고 봅니다. 격국이 좋지 않으면 죽을 수도 있으며, 세운과 대운이 상생하면 길하게 됩니다.

록마와 귀인이 서로 합하여 조화를 이루는 운세는 길한 결과를 가져옵니다. 이러한 판단은 종합적으로 세밀하게 분석해야 하며, 이를 통해 운세 예측의 정확도를 높일 수 있습니다.

2) 論太歲吉凶 논태세길흉

세운의 본질

太歲乃年中天子 故不可犯 犯之則凶 經云 日犯歲君 災殃必重 五行有救
태세내년중천자 고불가범 범지즉흉 경운 일범세군 재앙필중 오행유구
其年反必招財 且如甲日見戊土太歲是也 剋重者死 甲乙若寅卯亥未日時者
기년반필초재 차여갑일견무토태세시야 극중자사 갑을약인묘해미일시자

> 犯剋歲君 決死無疑 有救則吉 乃八字庚辛巳酉丑金局也 經云 戊己愁逢甲
> 범극세군 결사무의 유구즉길 내팔자경신사유축금국야 경운 무기수봉갑
> 乙 干頭須要庚辛 或丙丁火局焚木 有災勿咎 效此推之 或得己合甲亦解之
> 을 간두수요경신 혹병정화국분목 유재물구 효차추지 혹득기합갑역해지

태세는 세운으로 하늘의 군주와 같은 역할을 하며, 이를 절대로 공격해서는 안 됩니다. 만약 태세를 공격하면 흉하게 됩니다.

경전에서는 일간이 태세를 범하면 재앙이 매우 심각하다고 경고합니다. 그러나 오행에 구원이 있다면 그 해에는 오히려 재물을 얻게 됩니다.

예를 들어, 甲木일간이 戊土태세를 극하면 흉운으로 이어지며, 극이 심하면 죽음에 이를 수도 있습니다. 甲乙일간이 寅卯亥未일시에 태세를 극하면 반드시 흉운이 발생하며 죽는 것을 의심하지 않게 됩니다. 그러나 세운을 구해주는 오행이 있을 경우에는 길합니다. 즉 팔자에 庚辛이나 巳酉丑 金국이 있어 甲乙을 제어하며 동시에 戊己를 도와 재앙을 예방할 수 있습니다.

경전에서는 戊己태세가 甲乙일간을 만날 경우 어려움을 겪을 수 있다고 말하며, 이 경우 천간에 庚辛이 있거나 丙丁火국이 木을 불살라버리면 비록 재앙이 발생하더라도 큰 문제가 되지 않는다고 합니다. 이와 같이 해석하며, 또한 己土가 甲木과 합을 이루어도 역시 해소할 수 있습니다.

세운의 길흉

> 大抵太歲不可傷之 相生者吉 乃五行有救 其年反必爲財 犯歲君者 其年必
> 대저태세불가상지 상생자길 내오행유구 기년반필위재 범세군자 기년필
> 主凶喪 剋妻妾及破財是非 犯上之悔 加以勾絞空亡咸池宅墓病符死符白虎
> 주흉상 극처첩급파재시비 범상지회 가이구교공망함지댁묘병부사부백호
> 羊刃諸殺倂臨 禍患百出 神煞加臨 輕重推之 日干雖不剋歲 猶恐運剋歲君
> 양인제살병림 화환백출 신살가림 경중추지 일간수불극세 유공운극세군
> 若加歲運沖刑 羊刃沖合 主破耗喪事 倘有貴人祿馬解之稍吉 八字有救無虞
> 약가세운충형 양인충합 주파모상사 당유귀인록마해지초길 팔자유구무우

> 故云 太歲乃衆殺之主 入命未必爲災 若遇戰鬥之鄕 必主刑於本命
> 고운 태세내중살지주 입명미필위재 약우전두지향 필주형어본명

　세운을 상하게 하면 안 됩니다. 세운과 상생하면 길운으로 작용하고, 특히 오행의 구원이 있으면 그 해에는 반드시 재물을 얻게 됩니다.

　반대로 세운을 범하면 해당 해에는 흉사가 발생하며, 처첩과의 관계 악화, 재물 손실, 혹은 시비와 갈등이 잦아지게 됩니다. 이는 윗사람을 거역하여 후회스러운 결과를 초래하는 것과 비슷합니다.

　신살이 나타날 경우 상황은 더욱 복잡해집니다. 예를 들어, 구교(勾絞), 공망(空亡), 함지(咸池), 댁묘(宅墓), 병부(病符), 사부(死符), 백호(白虎), 양인(羊刃) 등과 같은 신살이 겹치면 재앙이 끊이지 않으므로, 신살의 경중을 면밀히 분석하여 판단하는 것이 중요합니다.

　일간이 세운을 직접 극하지 않더라도 대운이 세운을 극하면 어려움을 당하게 됩니다. 만약 대운과 세운이 형충이 발생하고 양인이 충합하면 재산손실과 초상을 당하게 됩니다. 이 경우 귀인과 록마가 있으면 조금은 길하고, 팔자에서 구하면 큰 걱정은 필요하지 않습니다.

　그러므로 모든 신살을 주관하는 세운이 사주에 들어온다고 반드시 흉사로 이어지는 것은 아닙니다. 하지만 싸움이 일어나면 본명이 형벌과 같은 법적 문제나 사회적 갈등을 겪을 수 있음을 염두에 두어야 합니다.

3) 論征太歲 논정태세

세운과의 싸움

> 征者戰也 如臣觸其君 乃下犯上之意 日干支沖剋太歲曰征 運支干傷沖太歲
> 정자전야 여신촉기군 내하범상지의 일간지충극태세왈정 운지간상충태세
> 亦曰征 太歲干支沖日干支者亦曰征 但看八字有無救助 仔細推詳 百發百中
> 역왈정 태세간지충일간지자역왈정 단간팔자유무구조 자세추상 백발백중

日干支合太歲干支曰晦 歲運合歲干亦然 遇此者主晦氣 一年反覆 欲速不達
일간지합태세간지왈회 세운합세간역연 우차자주회기 일년반복 욕속불달
假如乙丑乙亥壬申乙巳 運行辛未 丙寅年 日干之壬 剋太歲之丙 日支申庚
가여을축을해임신을사 운행신미 병인년 일간지임 극태세지병 일지신경
剋太歲之寅甲 又且寅刑巳 巳刑申 申刑寅 行辛未運合太歲之 木局傷官 皆
극태세지인갑 우차인형사 사형신 신형인 행신미운합태세지 목국상관 개
不爲吉 其年甲午月火旺 戰剋己土 乙木生所爲戰 故死於非命矣
불위길 기년갑오월화왕 전극기토 을목생소위전 고사어비명의

정(征)은 전쟁을 뜻하는 것으로, 이는 신하가 군주를 범한 것처럼 아래가 위를 범하는 하극상을 의미합니다.

일주 간지가 세운을 충극하면 이를 정(征)이라 하고, 대운 간지가 세운을 충극해도 정(征)이며, 세운 간지가 일주 간지를 충극해도 역시 정(征)이라고 합니다.

이러한 정(征)이 발생할 경우, 반드시 사주 팔자에서 구제할 수 있는 요소가 있는지를 면밀히 분석해서 판단하면 백발백중으로 정확하게 운명을 예측할 수 있습니다.

일주 간지가 세운 간지와 합을 이루게 되면 이를 회(晦)라고 하며, 대운이 세운의 천간과 합을 이루어도 회(晦)가 됩니다. 이 회(晦)가 발생하게 되면 회(晦)의 기운으로 인해 한 해 동안 일이 반복되는 경향이 생기며, 아무리 속도를 내려고 해도 목표를 이루는 데 어려움을 겪게 됩니다.

시	일	월	년
乙巳	壬申	乙亥	乙丑

辛未 대운 丙寅년에, 壬일간이 세운 丙을 극하며, 일지 申에 암장된 庚이 세운 寅에 암장된 甲을 극합니다. 또한, 寅이 巳를 형하고, 巳가 申을 형하며, 申이 寅을 형하는 형태가 나타납니다.

辛未 대운에는 세운 丙과 합하고, 未 또한 木국 상관을 이루는 회(晦)작용을 하므로 불길한 기운으로 작용합니다.

그 해 甲午월에는 火가 왕성한데 己土를 극하면서 乙木이 전쟁을 일으키므로 비명횡사하였습니다.

7. 論運化氣 논운화기

오운의 화기와 조화 원리

> 夫五運化氣者 甲己化土 乙庚金 丁壬化木盡成林 丙辛化水分清濁 戊癸南方
> 부오운화기자 갑기화토 을경금 정임화목진성림 병신화수분청탁 무계남방
> 火燄侵 甲己化土 中正之合 辰戌丑未全 曰稼穡勾陳得位 乙庚化金 仁義之
> 화염침 갑기화토 중정지합 진술축미전 왈가색구진득위 을경화금 인의지
> 合 巳酉丑全 曰從革 戊癸化火 無情之合 得火局 曰炎上 丙辛化水 得申子
> 합 사유축전 왈종혁 무계화화 무정지합 득화국 왈염상 병신화수 득신자
> 辰水局 曰潤下 丁壬化木 得亥卯未全 曰曲直仁壽
> 진수국 왈윤하 정임화목 득해묘미전 왈곡직인수

 오운(五運)이 화기(化氣)를 이루는 과정은 각 천간의 조화로운 합과 그 결과로 나타나는 오행적 특성을 기반으로 합니다.

 甲木과 己土가 합하여 土의 기운으로 변화하며, 이를 중정지합(中正之合)이라 합니다. 辰戌丑未가 모두 갖추어지면 가색(稼穡)이라 하며, 구진(勾陳)이 제자리를 잡았다고 합니다.

 乙木과 庚金이 합하여 金으로 변화하며, 이를 인의지합(仁義之合)이라 부릅니다. 巳酉丑 金의 기운이 완전히 구성되면 종혁(從革)이라 하여 변혁적이고 강력한 가세를 나타냅니다.

 戊土와 癸水가 합하여 火로 변화하며, 이를 무정지합(無情之合)이라 합니다. 寅午戌 火의 기운이 완전하게 모이면 염상(炎上)이라고 하여 상승하는 강렬한 에너지를 나타냅니다.

 丙火와 辛金이 합하여 水로 변화하며, 申子辰 水국이 형성되면 이를 윤하(潤下)라 하며, 맑고 깨끗한 물의 흐름이 강한 기세를 나타냅니다.

 丁火와 壬水가 합하여 木으로 변화하며, 亥卯未 木의 기운이 완전하면 이를 곡직인수(曲直仁壽)라 하며 바르고 곧은 기세를 나타냅니다.

합화의 조화

> 天干化合者秀氣 地支合局者福德 化之眞者名公巨卿 化之假者 孤兒異姓
> 천간화합자수기 지지합국자복덕 화지진자명공거경 화지가자 고아이성
> 逢龍卽化 變作龍飛在天 利見大人 月令生旺養庫臨官之地方化 陰陽得合
> 봉룡즉화 변작룡비재천 리견대인 월령생왕양고림관지지방화 음양득합
> 夫婦匹配 中和之氣而化 太過不及 皆不能化 有夫從妻化 妻從夫化 正化偏
> 부부필배 중화지기이화 태과불급 개불능화 유부종처화 처종부화 정화편
> 化 日下自化 轉角化 乃未坤申丑艮寅 經云 東北喪朋 西南得朋
> 화 일하자화 전각화 내미곤신축간인 경운 동북상붕 서남득붕

천간이 화합하면 우수한 기운, 즉 수기(秀氣)가 생기고, 지지가 합국을 이루면 복덕을 얻게 됩니다. 이 화합이 진실되면 진화(眞化)라 불리며 고위직에 오르게 됩니다. 화합이 거짓되면 가화(假化)라 하여 고아가 되거나 다른 성씨를 가지게 됩니다.

辰을 만나 화합이 이루어지면 이는 마치 용이 하늘을 나는 것처럼 강력한 변화를 나타내며 대인을 만나야 이롭게 발전할 수 있습니다. 월령이 생, 왕, 양, 고, 임관지에 있을 때 화합이 이루어집니다.

음양이 합을 하면 이는 부부가 서로 배필이 되는 것과 같습니다. 중화의 기운을 가져야 화할 수 있으며, 지나치거나 부족한 기운은 화할 수 없습니다.

음양의 합은 남편이 부인을 따라 합화하거나, 부인이 남편을 따라 합화하는 형태와 같습니다. 바른 화합과 치우친 화합이 있으며, 일간이 스스로 화합하는 경우도 있습니다.

전각화(轉角化)는 未坤申(서남방)과 丑艮寅(동북방)에서 이루어집니다. 경전에 따르면 동북방에서는 친구를 잃는다고 하며, 반대로 서남방에서는 친구를 얻는다고 합니다. 이는 음양의 조화를 의미합니다.

화격의 이해

> 甲日見己字化土 己見甲亦然 乃化之眞 謂之正化 化之眞者 名公巨卿 乃富
> 갑일견기자화토 기견갑역연 내화지진 위지정화 화지진자 명공거경 내부
> 貴之格 化之假者 孤兒異姓 或爲僧道之類 十干效此推之 但戊癸化 火南不
> 귀지격 화지가자 고아이성 혹위승도지류 십간효차추지 단무계화 화남불
> 化午 北不化子 午乃少陰君火 所以不化 寅申乃少陽火乃化 經云 化之格局
> 화오 북불화자 오내소음군화 소이불화 인신내소양화내화 경운 화지격국
> 玄中又玄妙中又妙不可俱述 當觀天元神趣八法返照鬼伏類屬從化 仔細推詳
> 현중우현묘중우묘불가구술 당관천원신취팔법반조귀복류속종화 자세추상

　甲일간이 己를 보면 土로 화하고 己일간이 甲을 보아도 마찬가지입니다. 진실로 화하면 이를 정화(正化)라 합니다.

　화합이 진실하면 고위직에 오르고 부귀를 누리는 격국이 됩니다. 화합이 거짓으로 이루어지면 고아가 되거나 다른 성씨를 가지며 수행자와 같은 삶을 살아가게 됩니다.

　戊癸는 火로 화하는데, 남방 午에서는 화하지 않으며, 북방 子에서도 마찬가지입니다. 이는 午가 소음군화(少陰君火)로서 화합에 적합하지 않기 때문입니다. 寅申은 소양화(少陽火)로서 화합이 가능합니다.

　경전에 따르면, 화격은 깊고 오묘하며, 그 원리를 모두 설명하기는 어렵다고 합니다. 따라서 이를 제대로 판단하기 위해서는 천원신취팔법(天元神趣八法)인 반조귀복류종화(返照鬼伏類屬從化)에 의거하여 자세히 분석해야 합니다.

8. 化氣十段錦 화기십단금

甲己합화의 작용

甲從己合 賴土所生 遇乙兮妻財暗損 逢丁兮衣祿成空 貴顯高門 蓋辛金之
갑종기합 뢰토소생 우을혜처재암손 봉정혜의록성공 귀현고문 개신금지
力 家殷大富 皆因戊土之功 見癸兮平生發福 逢壬兮一世飄蓬 遇金家徒四
력 가은대부 개인무토지공 견계혜평생발복 봉임혜일세표봉 우금가도사
壁 時逢丙火 祿享千鍾 己能化甲 秀在於寅 逢丁兮他人淩辱 遇乙兮自己遭
벽 시봉병화 록향천종 기능화갑 수재어인 봉정혜타인릉욕 우을혜자기조
迍 陽水重重 奔走紅塵之客 庚金銳銳 孤寒白屋之人 丙內藏辛 必得其貴
둔 양수중중 분주홍진지객 경금예예 고한백옥지인 병내장신 필득기귀
戊中隱癸 不至于貧 若要官職榮遷 先須見癸 家殷巨富 務要逢辛
무중은계 부지우빈 약요관직영천 선수견계 가은거부 무요봉신

甲木이 己土를 만나 합화하면 土의 기운에 의존하며 성장합니다. 그러나 乙木을 동반하면 처와 재물이 암암리에 손상되고, 丁火를 만나면 관직을 이루어도 허무하게 됩니다.

辛金의 힘을 얻으면 부자가 되는데 이는 戊土의 공이 있기 때문입니다. 癸水를 만나면 평생 복을 누리지만, 壬水를 만나면 평생 방황하며 떠돌게 됩니다. 金을 만나면 집안은 가난해져 사방이 텅 빈 환경이 됩니다. 그러나 丙火를 만나는 시기에는 부귀를 누릴 수 있습니다.

己土는 甲木을 합화시킬 수 있으며, 寅의 자리에서 우수한 기운이 발현됩니다. 丁火를 만나면 다른 사람에게 모욕을 당하거나 존중을 받지 못합니다. 乙木을 만나면 자신이 곤경에 빠지게 되고, 壬水가 많으면 세속의 삶을 떠돌며 분주하게 살아갑니다.

庚金이 날카로우면 외롭고 가난하게 살아가고, 丙火가 辛金을 암합하면 귀하고 존경받는 위치에 오르게 됩니다. 戊土가 癸水를 암합하면 가난에 이르지는 않게 됩니다. 만약 고위직에 오르려면 먼저 癸水를 만나야 하며, 부자가 되려면 반드시 辛金을 만나야 합니다.

乙庚합화의 작용

乙從庚化氣禀西方 蹇難兮生逢丙位 榮華兮長生壬鄕 丁火當權似春花之笑
을종경화기품서방 건난혜생봉병위 영화혜장생임향 정화당권사춘화지소
日 辛金指世若秋草之逢霜 最喜己臨滿堂金玉 偏宜甲向麻麥盈倉 日日勞神
일 신금지세약추초지봉상 최희기림만당금옥 편의갑향마맥영창 일일로신
蓋爲勾陳作亂 時時費力玄武爲殃 庚從乙化金質彌堅 最忌辛金暗損 偏嫌丙
개위구진작란 시시비력현무위앙 경종을화금질미견 최기신금암손 편혐병
火相煎 遇丁官兮似蛟龍之得雲雨 逢己卯兮若鵬鶚之在秋天 癸水旺兮田園
화상전 우정관혜사교룡지득운우 봉기묘혜약붕악지재추천 계수왕혜전원
漂蕩 壬水盛兮財祿增遷 遇戊相侵兮不成巨富 逢壬助力兮永保長年
표탕 임수성혜재록증천 우무상침혜불성거부 봉임조력혜영보장년

　乙木이 庚金을 따라 金으로 합화하면 서방의 기운을 받아 강하고 단단한 성질을 지니게 됩니다.

　丙火의 장생지인 寅에 있으면 고난과 장애를 겪지만, 壬水의 장생지인 申에 있으면 영화와 번영을 누립니다.

　丁火가 당권하면 봄의 꽃이 활짝 피는 것과 같습니다. 辛金이 강하게 작용하면 가을풀이 서리를 맞아 쇠퇴하듯 불리하게 됩니다.

　己土가 자리를 잡으면 집안이 금은보화로 가득 차게 됩니다. 甲木을 만나면 곡식을 창고에 가득 채우고 번영하지만, 土가 혼란스럽고 난잡하면 매일 힘든 삶을 살아야 하며, 水가 재앙을 초래할 경우 지속적인 고생이 따르게 됩니다.

　庚金이 乙木과 합화하여 金으로 화할 경우, 金의 성질은 더욱 단단하고 견고해집니다. 辛金을 만나게 되면 암암리에 손상되므로 가장 경계해야 합니다. 丙火를 만나면 金이 녹을까 염려하지만, 丁火를 만나면 마치 용이 비를 만나 승천하듯 크게 성공하는 운명을 이루게 됩니다.

　己卯를 만나면 붕새가 가을 하늘을 힘차게 날듯이 원대한 뜻을 실현할 수 있습니다. 癸水가 왕성하면 논밭이 떠내려가는 곤경에 처하지만, 壬水가 왕성하면 재물과 녹봉이 증가합니다. 戊土가 침범하면 부자가 되는 길이 막히고, 壬水가 도우면 오랫동안 안정된 삶을 누릴 수 있습니다.

丙辛합화의 작용

丙爲陽火化水逢辛 有福兮戊土在位 成名兮乙木臨身 官爵遷榮生逢癸巳 家
병위양화화수봉신 유복혜무토재위 성명혜을목림신 관작천영생봉계사 가
門顯達長在庚寅 強橫起於甲午 禍敗發於壬辰 屢遇陰丁縱富貴能有幾日 重
문현달장재경인 강횡기어갑오 화패발어임진 루우음정종부귀능유기일 중
逢己土雖榮華一似浮雲 辛能化水得丙方成 四柱最宜見戊 一生只喜逢庚 見
봉기토수영화일사부운 신능화수득병방성 사주최의견무 일생지희봉경 견
己兮何年發福 逢壬兮何日成名 癸水旺兮縱困而不困 甲木旺兮須榮而不榮
기혜하년발복 봉임혜하일성명 계수왕혜종곤이불곤 갑목왕혜수영이불영
富貴榮華重重見乙 傷殘窮迫疊疊逢丁
부귀영화중중견을 상잔궁박첩첩봉정

丙火는 양화로서, 辛金을 만나면 水로 화합하여 완전히 다른 기운으로 변합니다. 戊土를 만나면 복을 누리고, 乙木이 조합되면 명성을 얻게 됩니다.

癸巳와 함께 하면 고위직으로 올라갑니다. 庚寅과 함께 하면 가문이 현달하고 발전합니다. 甲午와의 만남은 강하고 난폭한 기운을 불러일으키며 불안정하게 작용합니다.

壬辰과의 조합은 재앙과 실패로 발전하고, 丁火를 자주 만나면 부귀를 누려도 오래 지속되지 않습니다. 己土를 반복해서 만나면 부귀영화가 구름처럼 덧없이 사라집니다.

辛金은 丙火와 만나서 水로 화합할 수 있습니다. 사주에 戊土가 포함된 경우가 가장 이상적입니다. 庚金을 만나면 평생 동안 기쁨과 만족을 누리지만, 己土를 만나면 복을 누리는 시기를 명확히 알 수 없습니다.

壬水를 만나도 명성을 얻는 시점을 알 수 없지만, 癸水가 왕성하면 곤경 속에서도 어려움을 느끼지 않고 안정감을 유지할 수 있습니다.

甲木이 왕성하면 겉으로는 영화를 누릴 것 같지만 실제로는 이를 완전히 누리지 못합니다. 乙木을 자주 만나면 부귀영화를 지속적으로 누리고, 丁火를 자주 만나면 불구가 되거나 가난에 빠지게 됩니다.

丁壬합화의 작용

丁屬陰火 喜遇陽壬 見丙兮百年安逸 逢辛兮一世優遊富貴雙全 喜甲臨於天
정속음화 희우양임 견병혜백년안일 봉신혜일세우유부귀쌍전 희갑림어천
秤 祿封雙美 欣己共於金牛 活計消疏 皆因戊敗 生涯寂寞 蓋爲癸因 乙木
칭 록봉쌍미 흔기공어금우 활계소소 개인무패 생애적막 개위계인 을목
重重 財祿決無成就 庚金燦燦功名切莫妄求 壬從丁化秀在東方 遇甲兮多招
중중 재록결무성취 경금찬찬공명절막망구 임종정화수재동방 우갑혜다초
僕馬 逢辛兮廣置田庄 丙火相逢 乃英雄之豪傑 癸水相會 爲辛苦之經商 佩
복마 봉신혜광치전장 병화상봉 내영웅지호걸 계수상회 위신고지경상 패
印乘軒己臨官位 飄逢落泊戊帶殺官 皓首無成皆 爲庚金乘旺 靑年不遇 蓋
인승헌기림관위 표봉락박무대살관 호수무성개 위경금승왕 청년불우 개
因乙木爲殃
인을목위앙

丁火는 음화에 속하며, 壬水와 만나면 기운이 조화를 이루어 기쁨을 느낍니다. 丙火를 만나면 평생 동안 안락한 삶을 누리게 됩니다. 辛金과의 만남은 유유자적하며 부귀한 삶을 살게 됩니다.

甲木이 亥에 자리하면 고위직으로 성공합니다. 己土가 辛丑 자리에 있으면 만족스럽게 살지만, 戊土와 만나면 생활의 어려움을 겪고 실패합니다. 癸水와 조합되면 고독하고 쓸쓸하게 살게 됩니다.

乙木이 지나치게 많으면 재물과 녹봉을 이루는 데 실패하며, 庚金이 강렬히 빛나게 되면 공명을 함부로 추구해서는 안 됩니다.

壬水가 丁火를 따라 합화하면 동방에서 우수한 기운이 발현됩니다. 甲木을 만나면 권세를 누리는 삶을 살 수 있고, 辛金을 만나면 넓은 논밭과 재산을 얻게 됩니다. 丙火와 만나면 영웅호걸이 될 수 있습니다.

癸水를 만나면 어려움을 겪는 장사꾼의 삶을 살고, 己土가 정관의 위치에 자리하면 고위직에 오르지만, 戊土가 관살을 대동하면 떠돌이 생활을 하게 됩니다. 庚金이 지나치게 왕성하면 늙어도 성공하지 못하고, 乙木이 재앙을 일으키면 젊은 시절에 좋은 기회를 만나지 못합니다.

戊癸합화의 작용

戊從癸合火化成功 見乙兮終能顯達 逢壬兮亦自豐隆 衆祿拱持喜 丁臨於巳
무종계합화화성공 견을혜종능현달 봉임혜역자풍륭 중록공지희 정림어사

位 六親不睦緣 甲旺於寅 宮丙火炎炎 難行福祿 庚金燦燦 易見亨通 妻子
위 육친불목연 갑왕어인 궁병화염염 난행복록 경금찬찬 역견형통 처자

損兮 皆因己旺 謀爲損兮 蓋爲辛雄 癸從戊合化火當臨 丙內藏辛 一世多成
손혜 개인기왕 모위손혜 개위신웅 계종무합화화당림 병내장신 일세다성

多敗 甲中隱己 百年勞力勞心 倉庫豐肥欣逢丁火 田財殷實喜得庚金 官爵
다패 갑중은기 백년로력로심 창고풍비흔봉정화 전재은실희득경금 관작

陞榮連綿見乙 貲財富貴上下逢壬 財源得失兮緣辛金之太 旺仕途蹭蹬兮蓋
승영련면견을 자재부귀상하봉임 재원득실혜연신금지태 왕사도층등혜개

己土之相侵
기토지상침

　戊土는 癸水를 따라 火로 합화합니다. 乙木을 만나면 결국 출세하게 되며, 壬水를 만나면 풍요롭고 번영하는 삶을 자연스럽게 누립니다.

　丁巳가 자리에 있으면 복록이 누리는 삶을 삽니다. 甲木이 寅에서 왕성하게 작용하면 육친 간에 불화가 생기고, 丙火가 지나치게 강하면 복록을 온전히 누리기 어렵게 됩니다. 庚金이 빛나면 일이 순조롭게 풀리고, 己土가 왕성하면 처와 자식에게 해로움을 끼치고, 辛金이 지나치게 강하면 도모하던 계획들이 어려움을 겪게 되는 결과를 초래하게 됩니다.

　癸水가 戊土를 따라 火로 합화하고 있는데, 丙火가 辛金과 암합하면 일생동안 성공과 실패를 반복합니다. 甲木이 己土를 암합하면 평생 몸과 마음이 고단한 삶을 살게 됩니다.

　丁火를 만나면 재물을 풍성하게 해주며, 庚金과의 만남은 토지와 재산이 풍부해집니다.

　乙木을 자주 만나면 관직에서 오랫동안 승진과 명예를 유지할 수 있으며, 壬水와 조화를 이루면 부귀와 영화를 누리는 삶으로 이어집니다.

　辛金이 태왕하면 재물의 얻음과 잃음이 반복되며 불안정하게 됩니다. 己土가 지나치게 침범하면 벼슬길이 험난해집니다.

9. 神趣八法 신취팔법

신취팔법은 사주의 다양한 유형과 패턴을 분석하는 중요한 도구로서, 류상(類象), 속상(屬象), 종상(從象), 화상(化象), 반상(返象), 조상(照象), 귀상(鬼象), 복상(伏象)이라는 여덟 가지 법칙이 있습니다.

1) 류상

> 類象者 乃天地一類也 如春生人 甲乙天干 地支寅卯辰全 無間斷破壞 謂之
> 류상자 내천지일류야 여춘생인 갑을천간 지지인묘진전 무간단파괴 위지
> 奪東方 一片秀氣 最怕引至時 爲死絶之鄕 謂之破了秀氣 運至死絶則不吉
> 탈동방 일편수기 최파인지시 위사절지향 위지파료수기 운지사절즉불길
> 或時上年上引生旺 爲之秀氣加臨 十分大美
> 혹시상년상인생왕 위지수기가림 십분대미

류상이란 천간과 지지가 한가지 기운으로 형성되는 종류를 뜻합니다. 예를 들어, 봄에 태어난 사람의 사주에 천간에 甲乙이 있고 지지에 寅卯辰이 모두 포함되며, 이러한 구성이 중간에 끊기거나 파괴되지 않았다면, 이는 동방의 우수한 기운(秀氣)을 가진 것입니다.

이 기운이 사절지에 이르면, 그 우수한 기운이 손실되었다고 보아 불길하다고 판단합니다. 시주나 년주에 생왕한 기운이 추가되면, 이는 우수한 기운이 더해져 매우 길한 운세로 해석됩니다.

2) 속상

> 屬象者 乃天干甲乙木 地支亥卯未全者是也
> 속상자 내천간갑을목 지지해묘미전자시야

　속상이란 천간과 지지가 한 가지 기운에 속하는 구성을 뜻합니다. 예를 들어, 천간에 甲乙木이 있고 지지에 亥卯未가 모두 있다면, 이를 속상이라고 합니다.
　류상은 지지가 방합으로 형성되었지만, 속상은 지지가 삼합으로 형성된 것을 볼 수 있습니다.

3) 종상

> 從象者 如甲乙日主無根 地支全金 謂之從金 四柱純土 謂之從土 四柱純水
> 종상자 여갑을일주무근 지지전금 위지종금 사주순토 위지종토 사주순수
> 謂之從水 四柱純木 謂之從木 只有秀氣者 吉無秀氣者不吉 或天干有甲己
> 위지종수 사주순목 위지종목 지유수기자 길무수기자불길 혹천간유갑기
> 字 或有根者不吉 其從火者 大旺運吉 死絶地凶
> 자 혹유근자불길 기종화자 대왕운길 사절지흉

　종상이란 사주에서 특정 오행이 강할 때, 다른 오행이 이에 종속되는 것을 뜻합니다. 예를 들어, 일간이 甲乙木인데 뿌리가 없고 지지가 모두 金으로 이루어졌다면, 이는 金의 기세를 따르는 종격 사주로 해석됩니다.
　사주가 순수하게 土로 이루어지면 土에 종하고, 사주가 순수하게 水로 이루어지면 水에 종하며, 사주가 순수하게 木으로 이루어지면 木에 종하게 됩니다.
　종상에서는 우수한 기운(秀氣)이 있으면 길하지만 없으면 불길합니다. 만약 천간에 甲己 등의 글자가 있거나 뿌리가 있다면 길하지 않게 됩니다. 火에 종하는 경우에는 火운에서는 길하지만 사절지에서는 흉합니다.

4) 화상

化象者 乃甲乙日生人 在辰戌丑未月 天干有一己字合甲字 謂之甲己化土
화상자 내갑을일생인 재진술축미월 천간유일기자합갑자 위지갑기화토
喜行火運 如逢甲乙木生旺運 化不成 反爲不吉己字中露出二甲字 謂之爭合
희행화운 여봉갑을목생왕운 화불성 반위불길기자중로출이갑자 위지쟁합
有一個乙字露出 謂之妒合 爲破格不成
유일개을자로출 위지투합 위파격불성

화상이란 천간의 합화를 통해 특정한 기운을 이루는 유형입니다. 예를 들어, 甲乙일간이 辰戌丑未월에 태어나고 천간에 己가 하나 있어 甲과 합화하면, 이를 甲己가 土로 화한다고 합니다. 이 경우 화상은 火운에서 가장 길하게 작용합니다.

甲乙木이 생왕운을 만나면 합화가 이루어지지 않고 오히려 길하게 되지 않습니다. 하나의 己에 두 개의 甲이 드러나는 경우를 쟁합이라 하며, 乙이 드러나면 투합이라 합니다. 이러한 경우에는 격국이 파괴되어 합화가 성립하지 않습니다.

5) 조상

照象者 如丙日巳午未 年月日遇時上一位卯木 謂之木火相照 甚吉 如壬癸
조상자 여병일사오미 년월일우시상일위묘목 위지목화상조 심길 여임계
日申子辰全屬象者 遇時上一位金 謂之金水相照 大吉 年干有照者 亦吉也
일신자진전속상자 우시상일위금 위지금수상조 대길 년간유조자 역길야

조상이란 천간과 지지의 상호작용을 통해 기운이 서로 비추고 조화를 이루는 유형입니다. 예를 들어, 丙일간이 巳午未가 있고 시주에 하나의 卯木이 있다면, 이를 木火가 서로 비춰준다고 하여 목화상조(木火相照)라고 하며 매우 길하게 됩니다.

壬癸일간이 申子辰이 완전한 속상을 이루고, 시주에 하나의 金이 있다면

이를 金水가 서로 비춰준다고 하는 금수상조(金水相照)라고 하며 크게 길하게 됩니다. 연간에 비추는 기운이 있어도 역시 길한 운세가 됩니다.

6) 반상

> 返象者 乃所謂値月令用神 引至時上一位 爲絶之鄕 謂之用之不用 皆爲返
> 반상자 내소위치월령용신 인지시상일위 위절지향 위지용지불용 개위반
> 運 又遇返之太甚 則不吉
> 운 우우반지태심 즉불길

반상이란 월령의 용신이 시상일위의 절지에 이끌리는 현상을 말합니다. 이는 용신으로 사용하려 하나 쓸 수 없는 상태로 해석됩니다. 이러한 반상은 운세를 반대로 돌리는 힘을 가질 수 있으며, 과도하게 나타나게 되면 불길한 결과를 초래합니다.

7) 귀상

> 鬼象者 乃秋月生甲乙日 地支四位純金 謂之鬼象 只要鬼生旺運皆吉 怕見
> 귀상자 내추월생갑을일 지지사위순금 위지귀상 지요귀생왕운개길 파견
> 至死絶之鄕 而又身旺則不吉
> 지사절지향 이우신왕즉불길

귀상이란 가을에 태어난 甲일간이나 乙일간이 지지 네 곳에 순수한 金이 있으면 이를 귀상이라 합니다. 귀상에서는 생왕운을 만나야 모두 길하게 됩니다. 사절지에 이르면 두려워하고, 신왕운에도 길하지 않습니다.

8) 복상

> 伏象者 乃寅午戌三合全 又値午月生逢壬日 而天干無丁字透露 壬水又無根
> 복상자 내인오술삼합전 우치오월생봉임일 이천간무정자투로 임수우무근
> 乃取午中有丁火 合壬水而伏之 所謂伏象 運至木火之鄕皆 吉只愁水旺之鄕
> 내취오중유정화 합임수이복지 소위복상 운지목화지향개 길지수수왕지향
> 則不利也
> 즉불리야

　복상이란 예를 들어, 寅午戌의 삼합이 완전하고 午월에 태어난 壬일간은 천간에 丁火가 투출하지 않고, 壬水도 뿌리를 없어야 합니다.

　이 경우 午의 지지에서 丁火를 끌어와 壬水와 합화시키면 복상으로 작용하며, 木火운에서 길하지만, 水가 왕성한 운에서는 불리합니다.

10. 論格局生死引用 논격국생사인용

격국으로 생사를 판단하는 법

夫格局者 自有定論 今略而述之 印綬見財行財運 又兼死絶 必入黃泉 如有
부격국자 자유정론 금략이술지 인수견재행재운 우겸사절 필입황천 여유
比肩 庶幾有解 正官見殺及傷官 刑沖破害 歲運相併必死 正財偏財見比肩
비견 서기유해 정관견살급상관 형충파해 세운상병필사 정재편재견비견
分奪 劫財羊刃又見歲運沖合必死 傷官之格 財旺身弱官殺重見混雜沖刃 歲
분탈 겁재양인우견세운충합필사 상관지격 재왕신약관살중견혼잡충인 세
運又見必死 活則殘傷 拱祿拱貴塡實 又見官空亡沖刃 歲運重見卽死 日祿
운우견필사 활즉잔상 공록공귀전실 우견관공망충인 세운중견즉사 일록
歸時 刑沖破害 見七殺官星空亡沖刃必死 殺官大忌 歲運相併必死 其餘諸
귀시 형충파해 견칠살관성공망충인필사 살관대기 세운상병필사 기여제
格 倂忌殺及塡實 歲運倂臨必死 會諸凶神惡煞勾絞空亡吊客墓病死宮諸煞
격 병사살급전실 세운병림필사 회제흉신악살구교공망적객묘병사궁제살
十死九生 官星太歲 財多身弱 犯七殺 身輕有救則吉 無救則凶 金多夭折
십사구생 관성태세 재다신약 범칠살 신경유구즉길 무구즉흉 금다요절
水盛飄流 木旺則夭 土多癡呆 火多頑愚 太過不及 作此論 一不可拘 二須
수성표류 목왕즉요 토다치매 화다완우 태과불급 작차론 일부가구 이수
敢斷 必須理會推之 求其生死決矣
감단 필수리회추지 구기생사결의

격국생사인용은 격국으로 생사를 판단하는 방법입니다. 이미 확립된 논리에 따라 간략히 설명하면 다음과 같습니다.

인수격에서 재성을 만나거나 재성운과 사절운이 겹치면 반드시 죽게 됩니다. 만약 비견이 있으면 그로 인해 죽음을 면하게 됩니다.

정관격에서 칠살과 상관을 만나거나 형충파해가 대세운에서 중복되면 반드시 죽게 됩니다. 정재와 편재가 비견에게 재물을 빼앗기고, 겁재와 양인의 기운이 대세운에서 충합되면 반드시 죽게 됩니다.

상관격에서 재다신약인데 관살이 강하고 혼잡한데 양인을 충하고, 대세

운에서 다시 보면 반드시 죽거나 불구가 됩니다.

공록 및 공귀격에서 전실되고 정관이 공망이고 양인이 충을 받고 대세운에서 중복되면 죽게 됩니다. 일록귀시격에서 형충파해를 받고 칠살과 정관이 공망이고 양인의 충을 받으면 죽게 됩니다. 칠살과 정관을 크게 꺼리는데 대세운에서 겹칠 때 죽음을 초래합니다.

나머지 격국에서는 칠살이 전실되고 대세운에서 겹치면 죽게 됩니다. 또한 흉신과 악살, 구교, 공망, 적객, 묘병사궁 등이 모여 있으면 대부분 치명적 결과를 초래하며, 극소수만이 살아남을 수 있습니다.

정관 세운에 재다신약인데 칠살이 나타날 경우, 신약함을 구제하면 길할 수 있으나, 구제가 없다면 매우 흉하게 됩니다.

金이 많으면 요절하고, 水가 왕성하면 떠돌아다니고, 木이 왕성하면 요절하고, 土가 많으면 치매에 걸리고, 火가 많으면 고집스럽고 어리석게 됩니다. 이는 태과와 불급에서 비롯됩니다.

결론적으로, 이러한 격국 생사 판단은 첫째로 고정된 논리에 집착하지 않아야 하며, 둘째로 과감하고 통찰력 있는 판단이 요구됩니다. 반드시 이치를 깊이 이해하고 상황에 맞게 분석해야만 정확하게 생사를 결정할 수 있습니다.

第五篇 비결론 秘訣論

1. 雜論口訣 잡론구결

재성과 정관의 중요성

看子平之法 專論財官 以月上財官爲緊要 發覺在於日時 要消詳於强弱 論
간자평지법 전론재관 이월상재관위긴요 발각재어일시 요소상어강약 론
官星不論格局 論格局不論官星 入格者非富即貴 不入格者非夭即貧 官怕傷
관성불론격국 론격국불론관성 입격자비부즉귀 불입격자비요즉빈 관파상
財怕劫 印綬見財 愈多愈災 傷官見官 爲禍百端 若非疾病傷軀 必當官訟囚
재파겁 인수견재 유다유재 상관견관 위화백단 약비질병상구 필당관송수
繫 子喪妻傷 傷官見官 元有者重 元無者輕 傷官見官 重則遷徙 輕則刑責
계 자상처상 상관견관 원유자중 원무자경 상관견관 중즉천사 경즉형책
傷官見官 心地勾曲 詭譎多詐 傲物氣高 常以天下之人不如 己貴人憚之 小
상관견관 심지구곡 궤휼다사 오물기고 상이천하지인불여 기귀인탄지 소
人惡之
인악지

자평법은 오로지 재성과 정관을 중심으로 논합니다. 이 법에서는 특히 월주의 재성과 정관이 핵심적인 요소로 작용하며, 일주와 시주에서 발현되므로 강약을 세밀히 분석해야 합니다.

정관을 논할 때는 격국을 따지지 않고, 격국을 논할 때는 정관을 따지지 않습니다. 격국에 들면 그 사람은 부유하지 않으면 귀한 신분에 오르며, 격국에 들지 못하면 요절하거나 가난하게 됩니다.

정관은 상관을 두려워하며, 재성은 겁재를 두려워합니다. 인수가 재성을 만나면 재난을 많이 겪게 됩니다.

상관이 정관을 만나게 되면 이를 상관견관이라고 하여 백 가지 재앙이 발생하며, 질병으로 인해 신체적 상해를 입거나, 관재, 법적 문제와 더불어 처자식을 잃을 수 있습니다.

상관견관은 사주에 있으면 무겁고 사주에 없으면 가볍습니다. 만약 상관견관이 무겁다면 좌천되고 가벼우면 형벌을 받게 됩니다.

상관견관을 가진 사람은 마음이 비뚤어지고 교활한 성격을 지니며 오만하고 기개가 높아 세상 사람들을 깔보게 되는 경향이 있습니다. 이러한 태도는 귀인이 이를 꺼리게 하고, 소인은 미워합니다.

상관의 작용

傷官用財者富 傷官劫財者貧 年上傷官 富貴不久 月上傷官 父母不完 日上
상관용재자부 상관겁재자빈 년상상관 부귀불구 월상상관 부모불완 일상
傷官 難爲妻妾 時上傷官 子孫無傳 歲月傷官劫財 生於貧賤之家 日下時中
상관 난위처첩 시상상관 자손무전 세월상관겁재 생어빈천지가 일하시중
有財官 先貧後富 歲月財官印綬 生於富貴之家 故日時傷官劫財 先富後貧
유재관 선빈후부 세월재관인수 생어부귀지가 고일시상관겁재 선부후빈
傷損子息 無晩福 故傷官見官 官殺混雜 爲人好色多淫 作事小巧寒賤 乙木
상손자식 무만복 고상관견관 관살혼잡 위인호색다음 작사소교한천 을목
巳上爲太乙 亥上登明 男好色 女淫濫
사상위태을 해상등명 남호색 여음람

상관이 재성을 활용하면 부자가 되지만, 상관이 겁재를 만나면 가난해집니다. 년주에 상관이 자리하면 부귀가 지속되지 못하고, 월주에 상관이 있으면 부모와의 관계가 온전하지 못하며, 일주에 상관이 있으면 처첩과의 관계에 어려움을 겪으며, 시주에 상관이 있으면 자손이 대를 잇기 어렵게 됩니다.

년월주에 상관과 겁재가 함께 있으면 주로 가난하고 천한 집안에서 태어나며, 일주와 시주에서 재성과 정관이 존재하면 초기에는 가난하더라도 점차 부유하게 됩니다.

년월주에 재성, 정관, 인수가 있으면 부귀한 집안에서 태어나지만, 일시에 상관과 겁재가 있으면 초기에는 부유하더라도 시간이 지나면서 가난해지고 자식을 잃어 만년에 복이 없게 됩니다.

상관견관이 나타나고 관살이 혼잡하면 성격이 방탕하고 음란하며, 사소한 일에만 능숙한 한편 천한 일로 생계를 유지하게 됩니다.

乙木이 巳에 있으면 태을이라 하고, 亥에 있으면 등명이 되며, 남명은 색을 탐하게 되고 여명은 음란한 성향을 보이게 됩니다.

재성의 작용

官殺混雜 有財者吉 無財印者凶 但看財命有氣 縱背祿而不貧 財絶命衰 縱
관살혼잡 유재자길 무재인자흉 단간재명유기 종배록이불빈 재절명쇠 종
建祿而不富 劫財敗財 心高下賤 見者主貪婪 鬼中逢官須逼迫 彼剋我兮貴
건록이불부 겁재패재 심고하천 견자주탐람 귀중봉관수핍박 피극아혜귀
我剋彼兮富 彼兮我生以仗母力 長我精神 我生彼兮常懷逼迫 財入月令 勤
아극피혜부 피혜아생이장모력 장아정신 아생피혜상회핍박 재입월령 근
儉慳吝 柱有劫財比刃多者 刑父傷妻 不聚財也 路伎商賈 須觀落地之財
검간린 주유겁재비인다자 형부상처 불취재야 로기상가 수관락지지재
宰相須看得時正祿
재상수간득시정록

관살이 혼잡하면서도 재성이 있다면 길하지만, 재성과 인성이 없으면 흉하게 됩니다. 재성과 명에 기운이 있다면 비록 록을 잃더라도 크게 가난해지지는 않습니다. 그러나 재성이 절지에 있고 명이 쇠약하면, 비록 록이 있더라도 부유함을 이루기 어렵습니다.

겁재와 패재가 겹친 사주에서는 마음은 높지만 실제로는 천박하고 탐욕스러운 태도를 지닙니다. 칠살이 있으면서 정관을 만나면 핍박을 당하거나 억압받게 됩니다.

관살이 나를 극하면 귀하게 되고, 내가 재성을 극하면 부유하게 됩니다. 인수가 나를 생해주면 모친의 도움을 받아 정신적으로 강해지며, 내가 식상을 생하면 핍박을 받게 됩니다.

재성이 월령에 자리하면 근면하고 검소하며 인색하게 됩니다. 사주에 겁재, 비견, 양인이 많으면 부친과 처에게 해로움을 끼치며, 재물을 모이지 않게 됩니다. 노점상은 바닥에 떨어진 재물을 살펴야 하며, 재상은 반드시 시기에 맞는 록을 얻어야 합니다.

칠살의 작용

七殺梟重 走遍他鄉之客 傷官劫財 瞞心負賴之徒 重犯財官者貴 重犯亡神
칠살효중 주편타향지객 상관겁재 만심부뢰지도 중범재관자귀 중범망신
者夭 七殺宜制 獨立爲强 明殺合去 五行和氣春風 暗殺合來 刑傷害己 時
자요 칠살의제 독립위강 명살합거 오행화기춘풍 암살합래 형상해기 시
殺喜沖喜刃 無制女多産厄 男犯刑名 二德無破 女必賢良 男多忠孝 傷官用
살희충희인 무제녀다산액 남범형명 이덕무파 여필현량 남다충효 상관용
印去財 方可馳名 傷官用財 傷官處須當發福
인거재 방가치명 상관용재 상관처수당발복

칠살과 효신이 강하면 객지에서 떠도는 삶을 살게 되며, 상관과 겁재가 있으면 속임수와 배신을 일삼고, 재성과 정관이 자주 반복되면 귀하게 되고, 공망이 반복되면 요절할 수 있습니다.

칠살은 반드시 제복해야 하고, 독립적으로 강하게 작용해야만 좋습니다. 칠살이 드러나 투출하고 합거되면 오행의 기운이 조화를 이루어 평화로운 봄바람처럼 좋은 결과를 가져오지만, 암암리에 칠살이 합하여 오면 자신에게 해를 끼치게 됩니다.

시주에 칠살이 자리할 때는 충과 양인을 반기며, 제대로 제살하지 못하면 여명은 출산 시 재앙을 경험하고, 남명은 형벌을 받게 됩니다. 천월이덕이 무너지지 않으면, 여명은 어질고 따뜻한 성품을 가지게 되고, 남명은 충효를 실천하며 사회적으로 존경받는 인물이 됩니다.

상관이 인성을 쓰면 재성을 제거해야 비로소 명성을 얻게 됩니다. 상관이 재성을 쓰면 상관운에서 발복할 수 있습니다.

격국의 조화

入格淸奇者富 入格不成者貧 一格二格 非卿即相 三格四格 財官不純 非隸
입격청기자부 입격불성자빈 일격이격 비경즉상 삼격사격 재관불순 비례

> 卒多是九流 六陰朝陽 季月只作印看 吉神惟怕破害 凶神不喜刑沖 財官印
> 졸다시구류 육음조양 계월지작인간 길신유파파해 흉신불희형충 재관인
> 食 定顯慈祥之德 傷官劫刃 難逃寡惡之名 沖天無合 乃飄流之徒 六壬趨艮
> 식 정현자상지덕 상관겁인 난도과악지명 충천무합 내표류지도 육임추간
> 逢亥月者貧 馬落空亡 操心落魄之人
> 봉해월자빈 마락공망 조심락백지인

　　격국이 맑고 기이하면 부유하고 귀한 신분에 오르게 되지만, 격국을 이루지 못하면 가난하거나 천한 삶을 살게 됩니다.

　　한두 개의 격국을 제대로 이루면 높은 직위를 얻으며, 격국이 서너 개로 분리되고 재성과 정관의 조화가 순수하지 못하면 주로 천한 직업이나 사회의 하층 계층에 해당하는 삶을 살게 됩니다.

　　육음조양격은 辰戌丑未월에 태어나면 단지 인성으로 작용합니다. 길신은 파해를 두려워하고, 흉신은 형충을 싫어합니다. 재관인식은 자상하고 길한 덕을 나타내며, 상관겁인은 오명을 피하기 어렵게 됩니다.

　　천간이 충하고 합이 없으면 이는 떠돌며 사는 사람입니다. 육임추간격이 亥월과 만나면 가난하게 됩니다. 재성이 공망에 떨어지면 초조하고 의기소침한 사람입니다.

합충형의 작용

> 離祖月合 逢沖過房 殺帶三刑 母明父暗 多是偸生 財印偏官 庶出已定 干
> 리조월합 봉충과방 살대삼형 모명부암 다시투생 재인편관 서출이정 간
> 頭滅烈 蓋伯牛怨於蒼天 時日沖刑 難免卜商莊子之嘆 刑多者爲人不義 合
> 두멸렬 개백우원어창천 시일충형 난면복상장자지탄 형다자위인불의 합
> 多者疏者亦親 合多主晦 沖多主凶 辰多好鬥 戌多好訟 辰戌魁罡 多凶少吉
> 다자소자역친 합다주회 충다주흉 진다호두 술다호송 진술괴강 다흉소길
> 時日空亡 難爲妻子 交馳驛馬 別土離鄕
> 시일공망 난위처자 교치역마 별토리향

월령이 합을 이루면 조상과의 인연이 끊어지고, 충을 만나게 되면 양자로 들어갑니다. 칠살이 삼형을 동반하면 모친은 분명하지만 부친의 존재는 알 수 없어, 주로 몰래 낳은 자식으로 해석됩니다.

재성과 인수가 편관을 만나면 서출이 이미 정해졌다고 판단합니다.

천간이 파괴되면 공자가 제자 염백우의 병을 보고 하늘을 원망한 사례처럼 운명이 좌절되거나 막히게 됩니다. 시일이 형충을 이루면 공자의 제자 복상이 자식을 잃고, 장자가 처를 잃고 한탄한 것과 같습니다.

형이 많으면 사람의 본성이 의롭지 못하며, 합이 많으면 혈연이나 인연이 얕은 사람도 친해질 수 있습니다. 합이 많으면 판단이 흐려져 어리석은 선택을 하게 되며, 충이 많으면 주로 흉하게 됩니다.

사주 내 辰이 많으면 싸움을 좋아하는 성향이 강해지고, 戌이 많으면 송사를 즐기는 성격을 보이게 됩니다. 辰戌괴강은 대부분 흉한 기운이 많고 길한 기운이 적은 편입니다. 시일이 공망에 해당하면 처자를 두기 어렵고, 역마살이 많으면 고향을 떠나게 됩니다.

종화격의 작용

食神干旺 勝似財官 順食者食前方丈 倒食者簞食豆羹 食衰梟旺 不死也災
식신간왕 승사재관 순식자식전방장 도식자단식두갱 식쇠효왕 불사야재
水潤下兮 文學顯達 土稼穡兮富貴 經商 金水雙淸而爲道 火土混濁而爲僧
수윤하혜 문학현달 토가색혜부귀 경상 금수쌍청이위도 화토혼탁이위승
子午最嫌巳亥 卯酉切忌寅申 己入亥宮見陰木 終爲損壽 時逢丙寅則冠帶簪
자오최혐사해 묘유절기인신 기입해궁견음목 종위손수 시봉병인즉관대잠
纓 五行絶處 卽是胎元 生日逢之 名曰受氣 化者有十日 甲申乙酉庚寅辛卯
영 오행절처 즉시태원 생일봉지 명왈수기 화자유십일 갑신을유경인신묘
壬午癸未丙子丁丑戊午己丑 八字雖不入格 富貴亦是盈餘 另有福德秀氣 各
임오계미병자정축무오기축 팔자수불입격 부귀역시영여 령유복덕수기 각
有天地神祇 論化之格 化之眞者 名公巨卿 化之假者孤兒異姓 逢龍卽變化
유천지신기 론화지격 화지진자 명공거경 화지가자고아이성 봉룡즉변화

飛龍在天 利見大人 又有冬逢炎熱 夏草逢霜 陰鼠棲水 神龜宿火 有合無合
비룡재천 리견대인 우유동봉염열 하초봉상 음서서수 신구숙화 유합무합

後學難知
후학난지

　　식신이 천간에서 왕성하면 재성과 정관보다 중요한 힘을 발휘합니다. 식신이 순조로우면 풍족하고, 도식은 가난한 삶을 살게 됩니다. 식신이 쇠약하고 효신이 왕성하면 죽지 않으면 재난을 겪게 됩니다.

　　水가 윤하를 이루면 학문을 통해 출세하고, 土가 가색을 이루면 농사와 상업으로 부귀를 얻게 됩니다. 金水가 맑아 조화를 이루면 도를 깨닫는 경지로 나아갈 수 있지만, 火土가 혼탁한 경우에는 스님이 됩니다.

　　子午는 巳亥를 가장 꺼리며, 卯酉는 寅申을 절대 피해야 합니다. 己亥일주가 乙木을 만나면 수명이 줄어들고, 시주에서 丙寅을 만나면 고위직에 오르게 됩니다.

　　오행의 절처는 태아의 기운이 시작되는 곳으로, 생일에서 이를 만나면 우수한 기운을 이어받게 됩니다. 절처에서 화하여 우수한 기운으로 변화하는 일주로는 10개이며, 甲申, 乙酉, 庚寅, 辛卯, 壬午, 癸未, 丙子, 丁丑, 戊午, 己丑가 있습니다.

　　화격이 진화격에 해당하면 고위직에 오르며, 가화격은 고아나 다른 성씨로 살아가게 됩니다. 辰을 만나 변화하면 비룡재천(飛龍在天)이라 하며 대인을 만나야 이롭게 됩니다.

　　겨울에 뜨거운 열기를 만나거나, 여름의 초목이 서리를 만나고, 쥐가 물에서 살거나, 거북이가 불에서 자는 것처럼 이러한 합화의 원리는 후학들에게는 이해하기 어려운 고난도의 통변 이치입니다.

통변의 통찰

> 得一分三 前賢不載 且夫論格局者 明有定例 撮口訣者 略舉一二 當謂諸賢
> 득일분삼 전현불재 차부론격국자 명유정례 촬구결자 략거일이 당위제현
>
> 經旨 無合取用 庶可易運 道合無窮 學無止法 經云 更能絶慮忘思 鑑命無
> 경지 무합취용 서가역운 도합무궁 학무지법 경운 경능절려망사 감명무
>
> 差無誤矣
> 차무오의

하나를 얻으면 셋을 알 수 있지만 선현들이 이를 기록하지 않았으므로, 격국을 논하는 사람들이 명확한 규칙을 가지고 일정한 법칙으로 구결을 정리하고 몇 가지 예를 들어 설명했습니다.

학자들의 이론을 따르면서 반드시 원칙을 고집할 필요는 없으며 쉽게 해석해야 합니다. 도는 끝이 없으며 학문에는 정해진 법칙이 없습니다. 명리학은 끊임없이 연구하고 발전해야 합니다.

경전에서는 생각을 끊고 망념을 버리면 운명을 감정하는데 있어 오류가 없다고 합니다.

2. 羣興論 군흥론

군흥이란 당흥(當興), 굴기(崛起), 취흥(聚興), 중흥(中興), 말흥(末興)을 말하며, 이는 흥성해지는 시기로서 다섯 단계로 나누어 설명합니다.

1) 당흥(當興)

夫人生有秉富貴之榮而當興 富貴而 且亨享福 而保其終身 其何故也 蓋四
부인생유병부귀지영이당흥 부귀이 차형향복 이보기종신 기하고야 개사

柱中身主專旺 而其所用吉神 或爲財 或爲官 或爲印綬 或爲食神 俱各帶祿
주중신주전왕 이기소용길신 혹위재 혹위관 혹위인수 혹위식신 구각대록

權得令不偏不雜 又無刑沖傷剋害 方爲富貴 本源之不雜也 他日能成才
권득령불편부잡 우무형충상손극해 방위부귀 본원지부잡야 타일능성재

振耀前人之基業 成當代之功名 不招譏謗 不致傷害 又在途上步步皆吉 四
진요전인지기업 성당대지공명 불초참방 불치상해 우재도상보보개길 사

柱益加吉利 是謂源淸流潔 故能享福以過人 保其中而無悔也 皆由命運一路
주익가길리 시위원청류결 고능향복이과인 보기중이무회야 개유명운일로

滔滔 生旺而然非辜也 乃命也 可不辯乎
도도 생왕이연비고야 내명야 가불변호

당흥은 태어나면서부터 부귀와 영화를 타고나는 운명을 가진 사람입니다. 이들은 부귀를 누리며 그 복이 평생 유지됩니다.

이러한 사람들은 사주에서 신왕하며, 용신이 길신이며 재성, 정관, 인수, 식신 중 하나에 해당합니다. 이들은 모두 록을 지니고 득령하며 균형을 이루고 있습니다. 또한, 형충이 없고 극해로 인해 손상을 받지 않아야 비로소 부귀하게 됩니다.

이러한 사람은 사주의 근원이 매우 맑고 순수합니다. 이들은 타고난 재능을 발휘하여 선조의 기업을 더욱 빛내고, 당대에 공명과 업적을 이루며, 남들로부터 비방이나 상해를 입지 않고, 삶의 과정에서 모든 일이 순탄하게 풀리는 길운을 따라갑니다.

사주의 구성에서 길운이 점점 더해지면, 이는 사주의 근원이 맑고 흐름이 깨끗함을 의미합니다. 이러한 사람은 남다른 복을 누리며 평생 후회없이 복을 유지할 수 있습니다.

이와 같이 복된 운명은 모두 명과 운이 한 줄기로 흘러 생왕의 기운을 발휘하기 때문입니다. 이는 우연이 아닌 타고난 명운에 의해 정해진 것입니다.

2) 굴기(崛起)

夫人之生 又有窮餓其身 愁苦孤寒 顚倒無何 一旦逢時 興然而起 或當營財
부인지생 우유궁아기신 수고고한 전도무하 일단봉시 흥연이기 혹당영재
滿屋 白手莊田 或至君澤民 獨步台鼎 斯人也 前後異見 其故何如 蓋因柱
만옥 백수장전 혹지군택민 독보태정 사인야 전후이견 기고하여 개인주
中日主生氣未旺 所用貴神 悉皆得位而成旺 又且合格 奈何日主無力 不能
중일주생기미왕 소용귀신 실개득위이성왕 우차합격 내하일주무력 불능
勝任其福 亦勞困偃蹇 忽逢運扶 其日干得其强健 用神出虎嘯風生 元命用
승임기복 역로곤언건 홀봉운부 기일간득기강건 용신출호소풍생 원명용
神 方爲我用 我其乘之 則勃然最興 是偏氣乘和 衰以遇旺 故迎吉而能崛起
신 방위아용 아기승지 즉발연최흥 시편기승화 쇠이우왕 고영길이능굴기
若夫建業創功 有大小之不同 當於所 遭命之輕重 辯之可也
약부건업창공 유대소지불동 당어소 조명지경중 변지가야

어떤 사람은 태어나면서부터 가난과 굶주림, 근심과 외로움으로 불안정한 삶을 살다가 일단 적절한 시기를 만나 갑자기 번영하며 일어납니다. 어떤 사람은 재물을 모아 집에 가득 채우고, 맨손으로 농지를 일구어 부를 쌓게 됩니다.

또 다른 사람은 군주의 은혜를 받아 백성을 다스리는 고위직에 올라 조정에서 독보적인 위치에 서게 되며 사회적 명성을 얻습니다. 이처럼 굴기에 속하는 사람은 운명적으로 전후의 모습이 크게 달라질 수 있습니다. 그러나 이러한 변화의 근본적인 이유는 무엇일까요?

굴기의 본질은 사주 내에서 일간의 생기가 아직 왕성하지 못하기 때문입니

다. 사주에서 귀한 용신이 모두 득위하여 왕성하고 또한 격국에 부합되어도, 일주가 무력하면 주어진 복을 감당하지 못하고 고난과 어려움을 겪게 됩니다.

그러나 대운에서 도움이 작용하게 되면, 일간은 강건해지고 용신이 활발하게 기능합니다. 이때, 원래의 명과 용신이 비로소 자신의 것으로 자리 잡으며 갑작스럽게 운명이 바뀌면서 크게 흥성하게 됩니다

굴기는 한쪽으로 기울어진 기운이 조화를 이루는 순간에 발생합니다. 쇠약했던 기운이 왕성한 기운과 만나 길하게 작용하는 과정을 통해 업적을 세우고 공을 이루는 정도는, 명의 경중이 크고 작음을 결정하는 중요한 역할을 하므로 잘 판단해야 합니다.

3) 취흥(聚興)

> 又有日主強 則四柱五行 殺純不雜 身殺俱旺 則根本元無制伏 富貴不成 惟
> 우유일주강 즉사주오행 살순부잡 신살구왕 즉근본원무제복 부귀불성 유
> 待運來制伏殺神 則化爲權 方此出興 才德爲公卿 功名顯達 出類超群羣 是
> 대운래제복살신 즉화위권 방차출흥 재덕위공경 공명현달 출류초군군 시
> 其身旺殺神 逢制化爲權 也制神力旺 發神非常 安得其人不顯達 以至極品
> 기신왕살신 봉제화위권 야제신력왕 발신비상 안득기인불현달 이지극품
> 之尊貴乎 實有其命 又要行其運以扶 方見勃興也 如或運不至 即常人耳
> 지존귀호 실유기명 우요행기운이부 방견발흥야 여혹운부지 즉상인이

취흥은 운명 속에서 여러 요소가 모여 흥성의 길로 나아가는 과정을 말합니다. 이 경우에는 사주에서 일간이 강하고 사주의 오행이 순수하고 혼잡하지 않아야 합니다.

일간과 칠살이 모두 왕성한 상태에서는 제복이 이루어지지 않아 부귀와 번영을 이루지 못합니다. 대운에서 도움을 받아 칠살을 제복하게 되면 칠살은 권력으로 변하여 비로소 흥성하게 되며, 재덕을 갖춘 고위직에 올라 공명을 이루며 뛰어난 능력을 발휘하게 됩니다.

이는 신왕한 일간이 칠살을 제복함으로써 권력을 얻게 되고, 그 영향력으

로 비상한 능력을 발휘하였으니 그 사람이 어찌 성공하지 않겠는가?

    최고 수준의 존귀한 지위에 도달하려면 타고난 운명이 있어야 가능하며 또한 운이 따르며 도와주어야 비로소 성공할 수 있습니다. 만약 운이 따라주지 않으면 결국 평범한 사람에 머물게 됩니다.

4) 중흥(中興)

> 又要四柱中 日主健旺 用神亦旺 各相停均 爲富屋朱門 貴命之賢子也 及其
> 우요사주중 일주건왕 용신역왕 각상정균 위부옥주문 귀명지현자야 급기
> 長大 成立豐隆 一逢惡曜運 加臨元命 見其財而奪之 因其官而傷之 臨其印
> 장대 성립풍륭 일봉악요운 가림원명 견기재이탈지 인기관이상지 림기인
> 而壞之 逢其食而損之 遭逢此運 禍不勝言 所以中年見傾而不發 如其惡運
> 이괴지 봉기식이손지 조봉차운 화불승언 소이중년견경이불발 여기악운
> 一去 又逢好運扶身 使我用神一新 譬如枯苗得雨 勃然而興 豐隆遇風 飄然
> 일거 우봉호운부신 사아용신일신 비여고묘득우 발연이흥 풍륭우풍 표연
> 而擧 不可禦也
> 이거 불가어야

    중흥은 운명의 흐름이 중간에 기울어지거나 침체되었다가 다시 흥성하는 과정을 의미합니다.

    이는 사주에서 일간이 건왕하고 용신도 왕성하여 서로 균형을 이루면, 이러한 사람은 부유한 집안에서 태어나 귀한 자식으로 성장하게 됩니다. 성장한 뒤에는 번영과 풍요를 이루고, 당대에 이름을 떨치게 됩니다.

    그러나, 악운을 한번이라도 만나면 재성이 손실되어 재물이 파괴되고, 정관이 손상되어 명예와 권위에 흠집이 나며, 인수가 파괴되어 안정감을 잃고, 식신이 손상되어 성장의 발판이 약해집니다.

    이러한 악운은 삶에 큰 재앙을 가져오며, 중년기에 이르면 쇠퇴하고 발전하지 못하게 됩니다. 이는 운명의 흐름이 잠시 동안 내리막길로 접어드는 시점이라고 볼 수 있습니다.

악운이 지나간 뒤 좋은 운이 다시 찾아오게 되면, 일간은 강건해지고 용신은 새로운 기운을 얻게 됩니다. 이때 용신이 활발하게 작용하여 운명이 새롭게 변화하고, 마치 말라 있던 묘목이 비를 맞고 다시 살아나는 것처럼 갑작스럽게 흥성합니다. 이 시점에서 번영은 마치 바람을 타고 날아오르듯 자연스럽게 이루어지며, 그 성장은 막을 수 없는 흐름으로 이어지게 됩니다.

5) 말흥(末興)

又有人生五行身旺 羊刃比肩 俱各爭旺 惟有財官殺神等物 虛浮輕少 無力
우유인생오행신왕 양인비견 구각쟁왕 유유재관살신등물 허부경소 무력
成功名矣 出門行運 又非作福之地 所以一生飢寒 勞苦落剝 有志無成 或至
성공명의 출문행운 우비작복지지 소이일생기한 로고락박 유지무성 혹지
中年晚景 頓逢殺運 假殺爲權 制伏羊刃 或得權貴以顯揚 或招貲財而發福
중년만경 돈봉살운 가살위권 제복양인 혹득권귀이현양 혹초자재이발복
當隨五行淸濁 以遇其運而別之 是一生窮困 忽然興起於中年晚景也 故知此
당수오행청탁 이우기운이별지 시일생궁곤 홀연흥기어중년만경야 고지차
元命用財官 平生無氣 卽至運到 方成富貴 一一興利 故末興者 乃得運而然
원명용재관 평생무기 즉지운도 방성부귀 일일흥리 고말흥자 내득운이연
也 學者可不勉乎
야 학자가불면호

말흥은 인생의 말기에 이르러 비로소 흥성하는 운명의 변화입니다.

어떤 사람은 신왕하고 양인과 비견이 모두 왕성하지만, 사주에서 재성이나 관살이 허약하거나 적을 경우 공명을 이루는 데 부족합니다.

이러한 경우 일생 동안 운에서 복을 만들어주지 못하므로 굶주리고 고생하며 뜻은 있어도 이루지 못하는 궁핍한 삶을 살게 됩니다.

그러나 중년이나 말년에 이르러 운명이 갑자기 변하면서 칠살운을 만나게 되면 상황이 달라집니다. 칠살은 적절히 제복되면 권력으로 작용하여 고위직에 오르는 기회를 얻게 됩니다. 양인을 제복하여 안정된 기운이 형성되면 이로 인해 재물을 모아 복을 누리기도 합니다.

이러한 변화는 오행의 청탁에 따라 조화와 균형을 이루는 운을 만났을 때 달라집니다. 평생 곤궁하던 사람이 운의 도래로 인해 중년이나 말년에 갑작스럽게 흥성하는 경우를 보여줍니다.

　이러한 사람은 평생 재관을 쓰고자 해도 기운이 부족하여 그 성과를 얻지 못하지만, 운이 도래하면 비로소 부귀를 이루고 하나씩 이익을 얻게 됩니다. 따라서 말년에 흥하는 사람은 운에서 도와준 덕택에 가능해진 결과입니다.

　학자들은 이러한 운명을 통해 운명과 사주를 깊이 탐구하며, 역학에 대해 꾸준히 공부하고 탐구해야 함을 알 수 있습니다. 말흥은 운명이 완성되는 마지막 흐름을 의미합니다.

3. 論興亡 논흥망

흥망이란 흥성하고 망한다는 뜻이 있습니다.

재성과 정관의 중요성

夫人生柱中有純殺爲用也 殺神未制 則爲白屋窮途之人 或一豪門營干之士
부인생주중유순살위용야 살신미제 즉위백옥궁도지인 혹일호문영간지사
故要逢制殺運 假殺而起 進用朝廷 操權威福 而不可脫制伏運 一入財鄕 則
고요봉제살운 가살이기 진용조정 조권위복 이불가탈제복운 일입재향 즉
能黨殺 便興禍患 如此官旺 殺旺運元恐失計 所以命黨殺運 倘來生凶 偶然
능당살 편흥화환 여차관왕 살왕운원공실계 소이명당살운 당래생흉 우연
遇流年財殺少旺 殺神相黨 併合興殃 身主孤寒剋害 輕則傾家徒配 重則刑
우류년재살소왕 살신상당 병합흥앙 신주고한극해 경즉경가도배 중즉형
棄其身 故其殺神倂合 凶亡之可畏也 有如此殺刃者 一一難免禍福焉
기기신 고기살신병합 흉망지가외야 유여차살인자 일일난면화복언

사주에서 순수한 칠살을 용신으로 사용할 수 있지만, 이를 제복하지 않는다면 가난하고 고단한 삶을 살게 됩니다. 이러한 경우, 남의 밑에서 일하게 하며 안정된 지위나 복을 누리기 어려운 삶을 살게 됩니다.

칠살이 강할 때 제살운을 만나게 되면 칠살은 권력으로 변화하여 고위직에 올라 권위와 복을 누리게 됩니다. 하지만 이러한 제복이 제대로 유지되지 못하고, 재성운으로 들어서게 된다면 칠살은 다시 강해져 재난을 일으키게 됩니다.

정관과 칠살이 모두 왕성하면 운에서 일을 그르칠까 두려우며, 사주와 칠살이 작당하면 흉한 재난이 발생합니다.

재성과 칠살이 조금이라고 왕성해지는 세운을 만나면 칠살과 결탁하여 힘을 합쳐 재앙을 일으킵니다. 가벼운 경우 일간은 고독하고 가난한 삶을 살게 되며, 심한 경우 형벌을 받거나 생명을 잃게 됩니다.

칠살과 양인을 가진 사람은 운명의 흐름 속에서 화와 복을 쉽게 면하기 어렵습니다.

정관에 의한 흥망

又有柱中月令 正氣官星 爲一生富貴 惟逢印運則利 蓋官星喜逢財旺以生之
우유주중월령 정기관성 위일생부귀 유봉인운즉리 개관성희봉재왕이생지
印旺以護之 故令其人能行仁布德 緯國經邦 權重爵高 所以貴也 後遇殺神
인왕이호지 고령기인능행인포덕 위국경방 권중작고 소이귀야 후우살신
旺鄕 殺神祿位 歲殺倂臨 官化爲鬼 喪身必矣 不行殺運 或逢傷官運 又無
왕향 살신록위 세살병림 관화위귀 상신필의 불행살운 혹봉상관운 우무
印綬治之 傷官得地 祿遭傷損 喪妻剋子 剝職生災 立可見矣 更遇流年 儻
인수치지 상관득지 록조상손 상처극자 박직생재 립가견의 경우류년 당
他損官受剋 必致亡爲慘惡 故欲官祿逢傷 而免剝戮者 不其難之乎 如有高
타손관수극 필치망위참악 고욕관록봉상 이면박륙자 불기난지호 여유고
見明識 知進退存亡之機 而保其身者 官祿逢傷 六親免禍 亦當自己受惡疾
견명식 지진퇴존망지기 이보기신자 관록봉상 륙친면화 역당자기수악질
而終者矣 又有四柱中所專用神 無官殺氣 惟偏財正財當旺而已 財神當道
이종자의 우유사주중소전용신 무관살기 유편재정재당왕이이 재신당도
隱隱興隆 積財聚寶 但少貴矣 欲知且看行運如何 若財逢官祿旺之鄕 又成
은은흥륭 적재취보 단소귀의 욕지차간행운여하 약재봉관록왕지향 우성
富貴之局 設有不幸 財神脫局 羊刃相逢 財傾福敗 多患其凶 及流年沖合羊
부귀지국 설유불행 재신탈국 양인상봉 재경복패 다환기흉 급류년충합양
刃 財神盡傷 元命衰絶 羊刃生凶 敗亡極矣
인 재신진상 원명쇠절 양인생흉 패망극의

정관이 월령에 순수하게 자리하면 평생 부귀를 누리게 됩니다. 그러나 이러한 운명은 반드시 인수운을 만나야 이롭습니다. 정관은 왕성한 재성이 생해주고, 왕성한 인수가 보호해주는 것을 좋아합니다.

이러한 사주는 어진 마음으로 덕을 베풀며, 고위직에 올라 나라를 다스리는 삶을 살아갑니다. 나중에 칠살이 왕성한 곳을 만나고 칠살이 록위에 있

고 세운에서 칠살을 함께 만나면 정관이 귀신으로 변하여 반드시 죽음을 면치 못하게 됩니다.

칠살운으로 흐르지 않아도 상관운을 만나거나 인수가 없어 상관을 다스릴 수 없으면, 상관이 득지하여 강해지며 록이 손상되면 처자를 잃고 직위를 잃거나 비참한 재난을 겪게 됩니다.

세운을 만나 정관이 극을 받아 손상되면 반드시 비참하고 참혹한 변을 당하게 됩니다. 따라서, 정관이 상관을 만나면 화를 면하기가 매우 어렵습니다.

만약 식견이 높고, 진퇴와 존망의 기미를 정확히 판단하여 자신을 보호할 수 있다면, 정관이 상관을 만나더라도 육친은 화를 면할 수 있습니다. 그러나 이 경우에도 자신은 악질로 인해 생명을 잃게 됩니다.

사주에서 전용하는 용신이 정관과 칠살이 없고, 오직 편재와 정재가 왕성하면 재성을 통해 은은히 번영하며 재물을 쌓아도 귀함이 적지만, 행운의 흐름이 어떠한지 자세히 살펴야 알 수 있습니다.

만약 재성이 정관이 왕성한 곳을 만나면 부귀의 격국을 이루게 됩니다. 그러나 불행하게도 재성이 격국을 벗어나거나 양인을 만나게 되면 재물이 기울고, 복록이 손상되며 많은 흉사가 발생합니다.

특히 세운이 양인과 충합되면 재성에 심각하게 손상되며, 사주가 쇠절지에 있으면 패망이 극에 이르게 됩니다.

4. 寶法 보법

1) 第一寶法 제1보법

夫稟陰陽而生天地間 故造化之賦於人也 稟造化而生 物亦如之 莫不由陰陽
부품음양이생천지간 고조화지부어인야 품조화이생 물역여지 막불유음양
變化 是故 推人吉凶休咎 斯理昭著 然術家之法固多 究徵索子平之外未有
변화 시고 추인길흉휴구 사리소저 연술가지법고다 구징색자평지외미유
矣 子平一法 專以日干爲主 而取提綱所用之物爲 令次及年月時支以表其端
의 자평일법 전이일간위주 이취제강소용지물위 령차급년월시지이표기단
凡格用月令提綱 勿於傍求年日時爲格 今人多不知其法 於此百法百失 譬如
범격용월령제강 물어방구년일시위격 금인다불지기법 어차백법백실 비여
月令 以金木水火土爲要 但有一事而定言之 若於傍求 則有失誤 取其月令
월령 이금목수화토위요 단유일사이정언지 약어방구 즉유실오 취기월령
實事 則以遍求輕重淺深 格局破沖可也
실사 즉이편구경중천심 격국파충가야

　　인간은 음양의 기운을 받아 천지간에 태어나며, 이는 만물에게도 동일하게 적용됩니다. 모든 존재는 음양의 변화에 의해 이루어지며, 이를 바탕으로 길흉화복을 판단하는 이치는 명확합니다.
　　술가의 비법은 다양하게 존재하지만, 자평법 이외에는 아직 이치를 연구하고 탐구하는 법을 찾아보지 못했습니다.
　　자평법은 오직 일간을 중심으로 하고 월령에서 사용하는 육신을 취합니다. 다음으로 년지, 월지, 시지에 나타나는 단서를 살펴봅니다. 격국은 월령을 활용하여 이루고, 년간이나 시지 등 다른 요소에서 격국을 억지로 구하면 안 됩니다. 요즘 사람들은 이 법을 알지 못하니 모든 법이 소용없게 됩니다.
　　월령은 金木水火土를 중요시합니다. 단지 한 가지 사안을 정하여 말해야 하며, 방도를 구하면 잘못된 판단을 할 수 있습니다. 월령에 실제 있는 사안에 대한 경중과 깊고 얕음을 찾아야 하며 격국이 충으로 깨지는 것을 판단할 수 있습니다.

서산 역감 선생의 통변법

西山易鑑先生得其變通 將十格分爲六格爲重 曰官 曰印 曰財 曰殺 曰食神
서산역감선생득기변통 장십격분위륙격위중 왈관 왈인 왈재 왈살 왈식신
曰傷官 而消息之 無不驗矣 其法曰 逢官看財 逢殺看印 逢印看官 斯有奧
왈상관 이소식지 무불험의 기법왈 봉관간재 봉살간인 봉인간관 사유오
妙不傳之法 取四者不偏不倚 生剋制化 而遇破休囚爲下運 有生有去爲福
묘불전지법 취사자불편불의 생극제화 이우파휴수위하운 유생유거위복
有助有剝爲禍 其理深長 最宜消詳切當 不昧庸術 假熟讀幸加勉焉
유조유박위화 기리심장 최의소상절당 불매용술 가숙독행가면언

서산 역감 선생이 터득한 통변법은 10가지 격국을 6가지로 요약하여 중점을 두었습니다. 이 6가지 격국은 정관격, 인수격, 재격, 칠살격, 식신격, 상관격입니다. 이들을 분석하면 사주의 변화를 명확하게 관찰하고, 그 결과를 정확히 판단할 수 있습니다.

통변의 핵심 원칙은 정관을 만날 경우에는 재성을 살피고, 칠살을 만날 경우에는 인수를 살피고, 인수를 만날 경우에는 정관을 살핍니다. 이 비법은 매우 오묘하고 전수되지 않는 비법으로 알려져 있습니다.

생극제화의 역할로서, 생(生)은 조화를 이루어 복을 만들어내고, 극(剋)은 불필요한 기운을 통제하거나 제한하며, 제(制)는 균형을 유지하도록 조정하며, 화(化)는 조화롭게 전환하여 긍정적 영향을 만듭니다.

격국이 파괴되거나 휴수 상태에 있으면 이는 수준이 낮은 운을 의미합니다. 격국을 제대로 생하거나 제거된다면 복을 누릴 수 있으며, 돕거나 설기하면 화를 초래합니다. 이러한 이치는 매우 깊고 가장 적절하므로, 이를 철저히 분석하고 정밀하게 해석해야 합니다.

2) 第二寶法 제2보법

子平之法 以日爲主 先看提綱爲重 次用年日時支 合成格局 方可斷之 皆以
자평지법 이일위주 선간제강위중 차용년일시지 합성격국 방가단지 개이
月令爲用 不可以年取格 凡看子平之數 取格不定 十有九差 惟易鑑先生之
월령위용 불가이년취격 범간자평지수 취격부정 십유구차 유역감선생지
法 月令用金只用金 用火只用火 八字水多却取水 不來取火 況此差矣 以法
법 월령용금지용금 용화지용화 팔자수다각취수 불래취화 황차차의 이법
斷之 誤其大半 是西山易鑑參透 玄機十八格內取六格爲重 用相生 定格合
단지 오기대반 시서산역감참투 현기십팔격내취륙격위중 용상생 정격합
局 仍用年日下以推輕重淺深 萬無一失 六格法曰 逢官看財 逢財看殺 逢殺
국 잉용년일하이추경중천심 만무일실 육격법왈 봉관간재 봉재간살 봉살
看印 逢印看官 如用印不怕殺 是殺拘印 印拘身 還作上格取之 如四柱逢印
간인 봉인간관 여용인불파살 시살구인 인구신 환작상격취지 여사주봉인
看七殺 但有官殺在 運行官殺鄕 亦作貴格 月令通官 柱中遇財 財生官妙矣
간칠살 단유관살재 운행관살향 역작귀격 월령통관 주중우재 재생관묘의
乃富貴之格 柱中見財 要入財旺 至興發福矣 但見一殺 則以殺爲重 不可又
내부귀지격 주중견재 요입재왕 지흥발복의 단견일살 즉이살위중 불가우
行財旺之鄕 乃財生殺旺 當作貧賤之格 凡格當以殺官言之
행재왕지향 내재생살왕 당작빈천지격 범격당이살관언지

　자평법은 일간을 중심으로 삼고, 월령을 중점적으로 살피고, 다음으로 년지, 일지, 시지를 통해 격국을 완성해야만 비로소 사주를 온전히 이해하고 판단할 수 있게 됩니다.

　자평법에서 월령은 반드시 용신으로 삼아야 하며, 년주나 시주에서 격국을 임의로 정해서는 안 됩니다. 격국 설정이 잘못되면 해석에서 십중팔구는 오류가 발생하기 때문에, 월령을 중심으로 한 분석이 매우 중요합니다.

　역감 선생의 통변법에 의하면, 월령에서 金을 용신으로 삼으면 오직 金만을 사용하고, 火를 용신으로 삼으면 오직 火만을 사용해야 한다고 말합니다. 팔자에 水가 많다면 이를 용신으로 삼아야 하며, 火를 선택하면 해석에 큰 오류가 발생할 수 있습니다. 이러한 원칙을 지키지 않으면 잘못된 해석

으로 이어지기 쉽다는 점을 강조합니다.

서산 역감 선생은 자평법의 원리를 깊이 연구하여, 18개의 격국 중에서 여섯 가지를 중점적으로 활용하여 상생의 원리를 통해 격국을 완성하고, 이를 바탕으로 년주와 일주에 있는 요소들의 경중과 깊이를 분석하여 올바른 해석을 함으로써 만에 하나라도 실수하지 않았습니다.

6격법에서는 정관을 만나면 재성을 살피고, 재성을 만나면 칠살을 살피며, 칠살을 만나면 인수를 살피고, 인수를 만나면 정관을 살핍니다.

만약 인수를 용신으로 사용한다면 칠살을 두려워할 필요가 없는데, 이는 칠살이 인수를 생하고 인수가 일간을 생하므로 도리어 격국을 상격으로 변화시키기 때문입니다.

사주에서 인수를 만나면 칠살을 살펴야 합니다. 사주 내 정관과 칠살이 있고, 관살운을 만나면 귀격이 됩니다.

월령이 정관과 통하고 사주에 재성이 자리하면, 재성이 정관을 생하며 부귀한 격국을 형성합니다. 사주에서 재성을 보면 재성운이 왕성해야 비로소 번영과 복을 누릴 수 있습니다.

다만, 칠살이 하나만 있어야 합니다. 칠살이 강하면 재성이 왕성한 곳을 만나면 안 되는데, 이는 재성이 칠살을 생하여 칠살이 더욱 강해지므로 빈천한 격국으로 만들기 때문입니다.

일반적으로 격국은 칠살과 정관을 중심으로 해석합니다.

5. 寸金搜髓論 촌금수수론

촌금수수란 작은 금덩이를 얻으려고 뼛속까지 샅샅이 뒤진다는 뜻이며 비결을 찾는다는 의미가 있습니다.

재성과 정관의 작용

造化先須看日主 後把提綱看次第 四柱專論一財官 身旺財官多富貴 若還身
조화선수간일주 후파제강간차제 사주전론일재관 신왕재관다부귀 약환신
旺財官損 只是朝求暮討而 財官旺時日主映 紫袍金帶有何疑 財官旺而日主
왕재관손 지시조구모토이 재관왕시일주영 자포금대유하의 재관왕이일주
弱 運行身旺最爲奇 日主旺而財官弱 運入財官名利馳 日主坐下有財官 月
약 운행신왕최위기 일주왕이재관약 운입재관명리치 일주좌하유재관 월
令相逢貴不難 富貴財官爲總論 早年富貴祿高攀
령상봉귀불난 부귀재관위총론 조년부귀록고반

사주의 조화는 먼저 일주를 살피고 다음으로 월령을 차례대로 살펴야 합니다. 사주에서는 오로지 재성과 정관을 논하는데, 신왕하고 재관이 많으면 부귀를 누립니다. 만약 신왕해도 재성과 정관이 손상되면 하루 벌어 하루 먹고 사는 어려운 삶을 살게 됩니다.

재성과 정관이 왕성할 때 일간이 왕성하면 고위직에 오르는 것을 의심할 필요가 없습니다. 재성과 정관이 왕성해도 신약하면 신왕운을 만나야 크게 흥성해질 수 있습니다. 신왕한데 재성과 정관이 약하면 재성과 정관이 왕성한 운을 만나야 성공할 수 있습니다.

일지에 재성과 정관을 지니고 월령에서 적합한 조화를 이루는 경우, 귀하게 되는 것은 어렵지 않습니다.

부귀는 전부 재관으로 논하며, 특히 젊은 시절에 부귀를 누리고 높은 명성을 얻게 됩니다.

일간이 왕성한 경우

身旺無依更遷祖 不遷居死在外地 身旺無倚 損財傷妻 或是外家冷落 或過
신왕무의경천조 불천거사재외지 신왕무의 손재상처 혹시외가랭락 혹과
房入舍 身旺印旺 破財不聚 有財只好善破 或置物創屋 或門大而倉廩虛 內
방입사 신왕인왕 파재불취 유재지호선파 혹치물창옥 혹문대이창름허 내
不足而外有餘 官喜露 露則淸高 財要藏 藏則豊厚 殺藏官露 惡隱善揚 人
부족이외유여 관희로 로즉청고 재요장 장즉풍후 살장관로 악은선양 인
生遇此 名振鄕邦 官殺太重身更强 一逢制伏作賢良 殺官拱印貴非輕 烜赫
생우차 명진향방 관살태중신경강 일봉제복작현량 살관공인귀비경 훤혁
威揚定振名
위양정진명

일간이 왕성한데 의지할 곳이 없으면, 고향을 떠나 다른 곳으로 가야 하며, 거처를 옮기지 않더라도 타지에서 죽음을 맞게 됩니다. 일간이 왕성하여도 의지할 곳이 없으면 처와 재물을 잃기 쉬우며, 외가에서 냉대를 받거나 양자로 들어가게 됩니다.

일간과 인수가 모두 왕성하면 재물이 모이지 않고, 재물이 있어도 소비하기 좋아하고 물건을 쌓아 두기를 좋아합니다. 이 경우 집의 문이 크고 외관상 풍족해 보일 수 있지만, 내부적으로는 비어 있으며 외형적으로 여유롭게 보일 뿐입니다.

정관은 드러나는 것이 좋으며, 드러나면 청렴하고 고결한 기운을 나타내며, 재성은 감추어져야 풍요로움을 유지하게 됩니다. 칠살은 감추고 정관은 드러날 때 악한 기운은 숨겨지고 선한 기운이 드러나게 됩니다. 이러한 사주를 가진 사람은 지역에서 명성이 높고 영향력을 발휘합니다.

만약 정관과 칠살의 기운이 지나치게 강하고 일간도 신강한 경우, 제복운을 만나야 덕을 갖춘 인물로 성장하게 됩니다. 칠살과 정관이 인수를 받치고 있으면, 뛰어난 명예와 존귀한 지위를 얻을 수 있습니다. 이러한 사주는 명성과 권위를 드높이며, 사회적으로 두드러진 위치에 서게 됩니다.

계절적 환경과 오행의 상호작용

身居凡夏火土多 相逢水濟貴中和 水火元來要旣濟 管敎名利振山河 生居三
신거범하화토다 상봉수제귀중화 수화원래요기제 관교명리진산하 생거삼
冬 水冷金寒 得火相扶 莫作等閒 火勢炎炎如無水 運行水鄕亦是美 水勢滔
동 수랭금한 득화상부 막작등한 화세염염여무수 운행수향역시미 수세도
滔若無火 運入火鄕亦爲奇 南方火炎 利入北方水運 北方水寒 利入南方火
도약무화 운입화향역위기 남방화염 리입북방수운 북방수한 리입남방화
運 東方木多 宜入西方金運 西方金旺 宜入東方木運 水火看旣濟之功 金木
운 동방목다 의입서방금운 서방금왕 의입동방목운 수화간기제지공 금목
有成名之論 五行得其相濟 威名榮振九天
유성명지론 오행득기상제 위명영진구천

여름에 태어난 경우, 火와 土가 많으면 水의 도움을 받아 균형이 이루어질 때 귀한 삶을 살게 됩니다. 水와 火의 조화는 매우 중요하며, 이 둘이 적절히 어우러질 때 명예와 이익을 얻으며 지역을 다스리는 인물이 될 수 있습니다.

겨울에 태어난 사람의 경우, 水가 차고 金이 차가워 火의 도움이 필요합니다. 이때 火가 있어야 균형이 이루어지고 평범한 삶에서 벗어날 수 있습니다. 火의 기운이 강하고 水의 운이 함께하면 이상적이며, 水가 넘쳐 흐르고 火가 없는 상황에서는 火운을 만나야 더 나은 운명을 이루게 됩니다.

남방은 火가 강하고 북방은 水가 강하기 때문에, 남방에서는 북방의 水운을 만나야 이롭고, 북방에서는 남방의 火운을 만나야 이롭습니다.

동방은 木이 많고 서방은 金이 강하므로, 동방에서는 서방의 金운을 만나야 좋으며, 서방에서는 동방의 木운을 만나야 좋습니다.

水와 火는 상호 보완하여 조화를 이루는 기제의 공을 살펴야 金과 木이 명성을 이룰 수 있다는 논리가 있습니다. 오행이 서로 보완하여 조화를 이루어야 큰 명예와 권위를 얻고 세상에 이름을 떨칠 수 있습니다.

육친의 통변

三丘五行 辰戌丑未 若是重見 骨肉刑悲 父母不足 兄弟異離 親戚情疏 更
삼구오행 진술축미 약시중견 골육형비 부모부족 형제이리 친척정소 경

虧妻子 沖破提綱 多虧父母 或是刑 或是離異 身旺比肩坐驛馬 兄弟飄逢好
휴처자 충파제강 다휴부모 혹시형 혹시리이 신왕비견좌역마 형제표봉호

消酒 八字四馬總交馳 身榮勞碌任東西 倘有官閑心不定 動則風流靜則悲
소주 팔자사마총교치 신영로록임동서 당유관한심부정 동칙풍류정즉비

財星入庫主聚財 財星入庫妻慳吝 謹守貲財不作人 若是財星坐四馬 妻賢無
재성입고주취재 재성입고처간린 근수자재불작인 약시재성좌사마 처현무

處不欣欣 官殺重重不帶財 妻能內助不和諧 公姑不敬妻無禮 奪却夫權命所
처불흔흔 관살중중불대재 처능내조불화해 공고불경처무례 탈각부권명소

排 官星若也逢生旺 更得長生旺在時 子息聰明多俊秀 兒孫箇箇着緋衣
배 관성약야봉생왕 경득장생왕재시 자식총명다준수 아손개개착비의

比劫傷官旺 傷妻更損兒 養子多不孝 乞養總非宜 日主七殺帶梟神 妻主虛
비겁상관왕 상처경손아 양자다불효 걸양총비의 일주칠살대효신 처주허

胎小産多 血氣不調成血疾 更看行運又何如 男子梟食重重見 身弱多因癆病
태소산다 혈기불조성혈질 경간행운우하여 남자효식중중견 신약다인로병

隨 女人梟食非爲吉 産難驚人病亦危 女人官旺兼財旺 招得賢夫更好兒 若
수 여인효식비위길 산난경인병역위 여인관왕겸재왕 초득현부경호아 약

是財官俱受損 傷夫剋子守空幃 印綬旺身身更旺 爲人刑剋主孤貧 若之不顯
시재관구수손 상부극자수공유 인수왕신신경왕 위인형극주고빈 약지불현

財又顯 亦爲超邁貴人扶 惹是招非 只緣水火相剋 或是目昏眼暗 女命若也
재우현 역위초매귀인부 야시초비 지연수화상극 혹시목혼안암 여명약야

傷官旺 坐下傷官會罵夫 朝暮喃喃口不絶 百年終見帶刑孤
상관왕 좌하상관회매부 조모남남구불절 백년종견대형고

　　삼구오행인 辰戌丑未의 기운이 중첩되어 나타날 경우, 가족 구성원 간의 관계에 균열이 생기게 됩니다. 이는 부모와의 인연이 부족하거나 형제 간에 멀어지며, 친척 간의 정이 약해지고 처와 자녀의 운세도 손상을 입는 결과로 이어지게 됩니다. 특히, 월령과 일간의 충돌로 인해 부모와의 이별 또는 형벌적인 운명이 나타나게 됩니다.

신왕한데 비견이 역마살을 동반하는 경우, 형제가 방탕하고 술을 좋아합니다. 팔자에 네 개의 역마가 모두 교차해 배치된 경우, 명예는 얻었지만 수고스럽고 떠돌며 고된 삶을 살게 됩니다. 관직에 있어도 마음이 안정되지 못하고 활동할 때는 자유롭고 활동적이지만 정체되어 있을 때는 우울함을 느끼게 됩니다.

　재성이 입고되면 재물을 모으지만, 처는 인색하고 재물을 지키려고만 하므로 정작 재물을 만들지 못합니다. 재성이 네 개의 역마에 앉아 있으면 처는 뛰어난 인품을 가지며 어떤 환경에서도 기쁨을 찾는 성향이 강합니다.

　정관과 칠살이 중첩되어 있으나 재성이 없는 경우, 처는 내조를 잘하지만 처가 시부모를 공경하지 않고 예의가 없으며 남편의 권위를 빼앗게 됩니다. 만약 사주의 정관이 왕성해지고 생지나 장생운에 도달하게 되면, 이는 자녀의 지능이 뛰어나고 재능이 돋보이게 됩니다. 특히 자녀와 손주들이 높은 지위를 얻어 존경받는 삶을 살게 됩니다.

　비겁과 상관이 강한 경우, 처와 자식에게 해를 끼치고, 자녀의 성품이 불효로 나타나며 입양을 하더라도 좋은 결과를 얻기 어렵습니다. 일간이 칠살을 포함하고 효신을 함께 가진 경우, 처는 허약하여 유산하거나 출산 시 어려움을 겪게 되며, 혈기가 불균형하여 혈액 질환으로 이어지므로 운의 흐름을 잘 살펴야 합니다.

　효신과 식신이 강하게 작용하면, 남명은 일간이 약할 때, 병약함으로 인해 고생하게 됩니다. 특히 폐와 관련된 질환에 취약합니다. 여명은 출산이 어려워 사람을 놀라게 하며 질병으로 위험해집니다. 여명이 정관과 재성이 왕성하면 어진 남편을 만나고 좋은 자녀를 얻게 됩니다. 그러나 재성과 정관이 손상될 경우, 남편과 자녀를 잃고 독수공방 신세가 됩니다.

　인수가 강하고 일간이 강할 경우, 이러한 사람은 형벌과 충돌의 기운이 강하여 외로움과 빈곤함을 겪게 됩니다. 정관이 나타나지 않거나 재성이 나타나면 귀인의 도움을 받아 성공적인 삶을 살게 됩니다. 말썽을 일으키고 시비를 초래함은 水火가 서로 충돌하기 때문입니다.

여명에서 상관이 왕성하고 일지에 상관이 있는 경우, 남편을 향해 잦은 불만을 토로하며 가정 내에서 갈등을 일으키고, 사주에서 형벌의 기운을 동반하며, 고독하고 외로운 삶을 살게 됩니다.

일주의 특성

且如乙巳戊辰庚午辛未 日干帶之 權貴之妻也 更主賢妻亦主貴 更看四柱又
차여을사무진경오신미 일간대지 권귀지처야 경주현처역주귀 경간사주우
何如又如 丙子丁丑戊寅己卯生人 遇此皆因前道 辛巳壬午甲申乙酉 俱是坐
하여우여 병자정축무인기묘생인 우차개인전도 신사임오갑신을유 구시좌
下財官 逢之富貴不少 丁亥戊子並庚寅 日主逢之福不輕 辛卯丙申丁酉位
하재관 봉지부귀불소 정해무자병경인 일주봉지복불경 신묘병신정유위
財官內隱顯聲名 己亥甲申見庚戌 印綬財官內裡藏 更得丙辰壬戌至 四時符
재관내은현성명 기해갑신견경술 인수재관내리장 경득병진임술지 사시부
印不非常 甲子丙寅與丁卯 己巳壬辰癸巳同 若是身同強月令 虛名虛利任飄
인불비상 갑자병인여정묘 기사임진계사동 약시신동강월령 허명허리임표
蓬 乙亥庚申並己巳生下財官並無有 妻宮子女帶虛花 東西南北是身家 甲午
봉 을해경신병기사생하재관병무유 처궁자녀대허화 동서남북시신가 갑오
戊戌並庚子 女剋丈夫男剋子 乙巳丙午丁未同重重 壬子主孤窮 甲寅乙卯與
무술병경자 여극장부남극자 을사병오정미동중중 임자주고궁 갑인을묘여
戊午 支干同類子不足 己未庚申及癸亥 月令更旺成禍害 月主財官印綬全
무오 지간동류자불족 기미경신급계해 월령경왕성화해 월주재관인수전
月時符合福綿綿 干支同類併身旺 剋子刑妻破祖田 好將四柱分強弱 莫犯陰
월시부합복면면 간지동류병신왕 극자형처파조전 호장사주분강약 막범음
陽執一言 此是五行真妙訣 不逢智者莫虛傳 此印淨禪師之言也
양집일언 차시오행진묘결 불봉지자막허전 차인정선사지언야

乙巳일, 戊辰일, 庚午일, 辛未일주는 고위직의 처입니다. 현명하고 귀한 처인지는 사주가 어떠한지 살펴야 합니다.

丙子일, 丁丑일, 戊寅일, 己卯일주도 앞의 일주와 같습니다.

辛巳일, 壬午일, 甲申일, 乙酉일주는 일지에 재성과 정관이 자리 잡고 있으므로 부귀가 적지 않습니다.

丁亥일, 戊子일, 庚寅일주는 복이 가볍지 않습니다.

辛卯일, 丙申일, 丁酉일주는 재성과 정관이 숨어있어도 명성은 드러나게 됩니다.

己亥일, 甲申일, 庚戌일주는 인수와 재관이 암장되어 있으며, 만약에 丙辰운이나 壬戌운을 만나면 사계절의 기운이 부합되어 매우 특별한 변화를 가져오게 됩니다.

甲子일, 丙寅일, 丁卯일, 己巳일, 壬辰일, 癸巳일주는 일간과 월령이 강하지만, 헛된 부귀를 추구하고 떠돌아다니게 됩니다.

乙亥일, 庚申일, 己巳일주는 일지에 재성과 정관이 없으므로 처궁과 자녀궁에 허약한 기운이 나타나기 때문에 사방으로 떠돌게 됩니다.

甲午일, 戊戌일, 庚子일주는 여명은 남편을 극하거나, 남명은 자녀를 해치게 됩니다.

乙巳일, 丙午일, 丁未일주도 같으며 壬子가 중복될 때 고독과 빈곤한 삶을 살게 됩니다.

甲寅일, 乙卯일, 戊午일주는 간지가 같으므로 자녀가 부족하게 됩니다.

己未일, 庚申일, 癸亥일주는 월령의 기운이 지나치게 왕성하면 재앙과 해로움을 초래합니다.

월주에서 재성, 정관, 인수가 완전하게 갖추어지고 월과 시주에 부합되면 복록이 끊임없이 이어집니다.

간여지동이거나 사주가 신왕하면 자녀에게 해로움을 끼치고 배우자와의 갈등이 일어나며 조상의 재산과 유산을 소모하게 됩니다.

사주를 해석할 때, 사주의 강약을 적절히 구분하고 음양의 균형을 유지해야 합니다. 잘못된 해석으로 인해 음양이 조화를 잃는다면 운명 해석에 오류가 발생할 수 있습니다.

이 글에서 오행의 원리가 얼마나 정밀하고 신비로운지 지적하며 이를 올바르게 이해할 수 있는 지혜로운 사람만이 이러한 이치를 제대로 해석하고 활용할 수 있음을 강조합니다. 인정선사가 명리학의 진리를 이해하는 데 있어 깊은 지혜와 성찰이 필요함을 가르치는 글입니다.

6. 論命細法 논명세법

　명세법은 명을 세부적으로 해석하는 법으로 순나라 스님 인정선사가 정리하고 전했습니다.

개인의 운명과 가족 관계

過房七殺帶三刑 母明父暗是偸生 我明我暗從化象 父死之時不送靈 庚金化
과방칠살대삼형　모명부암시투생　아명아암종화상　부사지시불송령　경금화
成火相時 父亡見血不須疑 比肩三合族人害 三刑零落及離妻 比肩暗損及門
성화상시　부망견혈불수의　비견삼합족인해　삼형령락급리처　비견암손급문
房 兄弟無情被罔欺 如帶比肩成別象 弟兄不睦報君知 妻帶三合及坐妻 妻
방　형제무정피망기　여대비견성별상　제형불목보군지　처대삼합급좌처　처
曾認得是親支 坐妻透妻成別象 定主離妻再娶妻 多透妻財須怕婦 妻歸絶地
증인득시친지　좌처투처성별상　정주리처재취처　다투처재수파부　처귀절지
不生兒 化成別象剋正夫 必主欺夫禮義疏 旺食强亦如此 食明旺相憎然殂
불생아　화성별상극정부　필주기부례의소　왕식강역여차　식명왕상몽연조
陽母專位主傷生 母來父上受其驚 天時地利生過月 七殺兼刑頂上偏 印歸殺
양모전위주상생　모래부상수기경　천시지리생과월　칠살겸형정상편　인귀살
地母有病 丙丁雙者頂雙靈 日祿歸時須應夢 小兒無乳食沖刑 壬子乙酉對偏
지모유병　병정쌍자정쌍령　일록귀시수응몽　소아무유식충형　임자을유대편
生 丙戌丁丑妻獲靈 背父而生甲乙卯 此時須要記分明 假令申子辰從水也
생　병술정축처획령　배부이생갑을묘　차시수요기분명　가령신자진종수야
不然五月無水有火 不從也 戊癸化火巳午 天干地支從火也 又將坐日甲木論
불연오월무수유화　불종야　무계화화사오　천간지지종화야　우장좌일갑목론

　양자의 사주는 칠살이 삼형을 대동하면, 모친과의 관계는 명확하지만, 부친이 불분명하여 사생아로 태어날 운명입니다. 내가 사생아인지 아닌지는 화상을 따르며, 부친의 임종을 보지 못합니다. 庚金이 화하고 火를 만나는 시기에 부친이 피를 흘리며 죽는 것은 의심할 필요가 없습니다.

　비견이 삼합을 이루는 경우, 친족에게 해를 입히고, 삼형이 있으면 가족

이 흩어지고 처와 이별하게 됩니다.

비견이 암암리에 손상을 입히면 형제가 은밀히 가문에 손해를 끼치고 형제가 무정하고 속임수가 발생합니다. 만약 비견이 별도로 상을 이루면 형제가 서로 뜻이 맞지 않음을 알게 됩니다.

재성이 삼합하고 처궁에 위치하고 있을 때 처와 친해집니다. 처궁에 있는 처성이 투출하여 별도의 상을 이루면 이혼하고 재혼하게 됩니다.

처성이 많이 투출하면 부인을 두려워하며, 처성이 절지에 있으면 자녀를 낳기 어렵게 됩니다. 처성이 화하여 별도의 상을 이루면 남편을 극하거나 남편을 속이며 무시하게 됩니다.

신왕하고 식신이 강해도 이와 같으며 식신이 뚜렷하게 왕상하면 결국 넋을 잃고 죽게 됩니다.

편인만 있으면 생모를 해치고 계모가 오게 되며, 계모가 부친 위에서 군림하니 부친이 놀라게 됩니다.

예정일이 지나 태어난 경우, 칠살과 형살이 겸해지면 짱구머리가 될 수 있습니다. 또한 인수가 살지에 있으면 모친이 병약하게 됩니다.

丙丁이 모두 있으면 머리에 쌍가마가 나타납니다. 일록이 시주에 위치하면 꿈이 잘 맞게 됩니다. 어릴 때 젖을 제대로 먹지 못한 경우는 식신이 충형을 받았기 때문입니다.

壬子와 乙酉는 배우자가 사생아일 가능성이 있습니다. 丙戌과 丁丑은 처가 직감적이고 신령적인 기운을 가질 수 있습니다. 부친이 사망하고 태어나면 甲乙卯생이므로 이때를 분명히 기억해야 합니다.

申子辰은 水를 따르지만, 午月에 水가 없고 火가 있으면 水를 따르지 않습니다. 戊癸가 巳午에서 火로 화하는 경우, 천간과 지지는 火를 따르며 장차 일주는 甲木을 논하게 됩니다.

낙녹자가 말하기를

珞琭子云 學釋則離宮修定 是如此取用也 杜老先生教鏡鐔僧判 將此爲例
낙록자운 학석즉리궁수정 시여차취용야 두노선생교경탄승판 장차위례
此日參詳 朝暮苦想 似此半年 忽然間得此時入處 公云初學 進退了幾番 後
차일참상 조모고상 사차반년 홀연간득차시입처 공운초학 진퇴료기번 후
獲此法 非與他陰陽也 此別家幽微之經也 又論心印口訣 雙頂者 只可言八
획차법 비여타음양야 차별가유미지경야 우론심인구결 쌍정자 지가언팔
字 有雙丙丁者是也 若只一丙一丁 下有刑沖者 可言歪頂無失也 又一法 言
자 유쌍병정자시야 약지일병일정 하유형충자 가언왜정무실야 우일법 언
人兒女麻面者 是戊己被甲乙剋之 不然面主有疤痕 戊己見乙巳乙卯乙亥是
인아녀마면자 시무기피갑을극지 불연면주유파흔 무기견을사을묘을해시
矣 如此遞相貫穿天干地支 往來相剋 化合之氣 死生破敗 皆此所主也 其干
의 여차체상관천천간지지 원래상극 화합지기 사생파패 개차소주야 기간
支萬變 如此化 病源此中出 成敗此中出 命之幽微 莫不由於此 而假外來哉
지만변 여차화 병원차중출 성패차중출 명지유미 막불유어차 이가외래재
更於此看得到處 不須歸家多說
경어차간득도처 불수귀가다설

불교를 배우는 과정을 수행에 비유하듯이 명리학에서도 비슷한 원리를 적용해야 함을 강조합니다. 이는 단순히 지식 습득이 아닌 깊이 있는 탐구와 성찰을 필요로 함을 말합니다.

또한, 두노 선생은 경탄승판을 가르치며, 이를 학문의 예시로 들고 하루 종일 고민하고 고심하였으며, 아침저녁으로 명리학의 이치를 깊이 생각한 끝에 반 년 후 갑작스럽게 깨달음을 얻었다고 합니다. 이는 학문의 본질과 원리를 깨닫기 위해서는 지속적인 노력과 시간이 필요하며, 그 과정이 순탄치 않다는 점을 보여줍니다.

선생이 언급하기를, 초학자는 여러 번의 시행착오를 겪어야만 이 법을 터득할 수 있다고 하며, 이 법이 단순한 음양론이나 다른 학문과는 차별화된 특별한 경전임을 강조합니다. 이는 매우 심오하고 섬세한 내용을 담고 있는 학파의 가르침으로, 깊은 통찰과 수련이 필요하다고 합니다.

심인구결에서 논하기를, 쌍가마를 가진 사람은 사주에 丙丁이 쌍으로 존재하는 경우가 많고, 만약 하나 씩만 있는 상태에서 형충이 발생하면 머리의 형상이 비대칭적일 가능성이 높다고 합니다.

여자 아이가 얼굴에 곰보나 흉터가 생기는 이유는 戊己가 甲乙에 극을 받을 때입니다. 또한, 乙巳, 乙卯, 乙亥를 만나면 얼굴에 뚜렷한 흉터가 나타나게 됩니다.

이와 같이 천간과 지지가 상호작용하여 상극과 화합하는 기운이 오고 가며 삶과 죽음, 성공과 실패를 결정합니다. 이는 운명의 본질적인 구조를 설명하며, 천간과 지지의 모든 변화가 질병, 성공과 실패의 원인이 된다고 보고 있습니다.

이러한 사주의 깊고 그윽한 이치는 외부 환경의 영향을 받지 않으며, 모든 근원적인 변화는 내부의 천간과 지지의 상호작용에서 기인한다는 점을 강조합니다. 따라서 이를 통해 운명의 깊고 미묘한 원리를 이해하면 더 이상의 외부의 잡다한 이론은 필요하지 않습니다.

대세운의 작용

四柱支中元有忌者 切忌運中透出病 運中忌財作凶財 歲戰便爲災 凡坐殺者
사주지중원유기자 절기운중투출병 운중기재작흉재 세전편위재 범좌살자
不可行殺旺運 身旺又加旺運 歲運倂來傷殺 重我無情者是 印綬怕行財運
불가행살왕운 신왕우가왕운 세운병래상살 중아무정자시 인수파행재운
主惡死或血疾 印綬多母衆 或食衆乳 或寄養外人家 如四柱有官星流氣 太
주악사혹혈질 인수다모중 혹식중유 혹기양외인가 여사주유관성류기 태
歲沖官星必因官訟 如遇比肩故者 言比肩之人救助無事 流氣轉生財官者 凡
세충관성필인관송 여우비견고자 언비견지인구조무사 류기전생재관자 범
識生財傷官有三 傷之不盡 多出吏道 元有物氣 傷官運及印綬歲 復見官星
식생재상관유삼 상지부진 다출리도 원유물기 상관운급인수세 부견관성
者多凶 化氣怕逢返本 不化有變局 如化不成者 可只用本日干斷 且如己土
자다흉 화기파봉반본 불화유변국 여화불성자 가지용본일간단 차여기토

> 用癸水爲妾 運逢辰庫 主妾與自家人私通 丙用乙爲母 遇庚申母多外情 丙
> 용계수위첩 운봉진고 주첩여자가인사통 병용을위모 우경신모다외정 병
> 用庚爲父 遇寅丙多主父弱 戊用癸爲妻 若坐酉宮 或主好酒 本元無財官 運
> 용경위부 우인병다주부약 무용계위처 약좌유궁 혹주호주 본원무재관 운
> 逢財官者主凶 他人發財發官 火入水鄕 主血疾 壬癸引歸寅卯主陽不興 時
> 봉재관자주흉 타인발재발관 화입수향 주혈질 임계인귀인묘주양불흥 시
> 歸敗絶 老後無成 日干與流氣合 主晦氣入門
> 귀패절 노후무성 일간여류기합 주회기입문

　사주에서 기신이 있으면 대운에서 병으로 작용하므로 경계해야 합니다. 특히 대운에서 재성이 흉작용을 하며, 세운과 충돌할 때 재난으로 이어지게 됩니다.

　사주에 살성이 강한 경우에 살왕운을 만나지 않는 것이 중요하며, 신왕 사주에 강한 신왕운이 겹치고 대세운에서 상관과 칠살이 함께 오면 무정해집니다.

　인수는 재성운을 두려워하는데 이를 만나면 죽거나 혈병에 걸리게 됩니다. 인수가 많은 경우에는 모친이 많거나 여러 사람의 젖을 먹거나 외가에서 자라게 됩니다.

　사주에 정관의 기운이 흐를 경우, 세운이 정관을 충하면 소송이나 관재의 위험이 생깁니다. 그러나 비견의 도움을 받으면 무사히 해결되며 재관을 생하는 기운으로 전환됩니다.

　일반적으로 재성을 생하는 상관의 기운은 세 가지가 있습니다. 상관이 상진되지 못하면 하급 관리로 나가며, 원래 상관이 재성을 생하는 기운이 있는데, 상관운에 인수 세운을 만나고, 다시 정관을 보면 대부분 흉한 작용이 나타납니다.

　화하는 기는 본래의 기로 돌아오는 것을 두려워하는데 이는 화하지 못하여 변국이 되기 때문입니다. 만약 화격이 이루어지지 않으면 오직 본래의 일간만으로 판단해야 합니다.

己土일간이 癸水를 첩으로 삼는 경우, 辰운을 만나면 첩이 집안사람과 불륜을 저지를 수 있습니다. 丙일간은 乙을 모친으로 삼는데, 庚申운을 만나면 모친이 불륜을 저지를 수 있습니다. 丙일간은 庚을 부친으로 삼는데, 寅이나 丙이 많으면 부친이 쇠약해집니다. 戊일간은 癸를 처로 삼는데, 처가 酉에 있으면 술을 좋아하게 됩니다.

사주에 재관이 없을 경우, 재관운을 만나면 흉운이 발생합니다. 이는 다른 사람이 재물을 얻거나 관직에 진출하기 때문입니다.

火가 水운에 들어가면 주로 혈병을 앓게 됩니다. 壬癸가 寅卯에 위치할 경우 양기가 일어나지 못합니다. 시주가 패절하면 노후에 성공하지 못하며, 일간이 흐르는 기운과 합하면 불운이 들어옵니다.

육친과의 관계

假令六甲日 以偏陽土爲父 陰土爲妻 陽金子 陰金女 陽木陰木同法 餘皆倣
가령육갑일 이편양토위부 음토위처 양금자 음금녀 양목음목동법 여개방
此 妻星入敗地 主妻不正 如己酉庚午癸酉丁丑 是財入敗地也 寅申巳亥乃
차 처성입패지 주처부정 여기유경오계유정축 시재입패지야 인신사해내
四長生 必得聰明妻 財官印得氣爲妙 元見財官 商旅農家 財多印陷 少年剋
사장생 필득총명처 재관인득기위묘 원견재관 상려농가 재다인함 소년극
母母 不貞潔 必重嫁 女人之命 日干同者 若我旺他衰 我爲正 他旺我衰 他
모모 부정결 필중가 여인지명 일간동자 약아왕타쇠 아위정 타왕아쇠 타
爲正 壬癸之水盛者 聰明多智 女多淫濫 時上見財者 必須入舍 支中有官無
위정 임계지수성자 총명다지 여다음람 시상견재자 필수입사 지중유관무
刑破者 因妻發官 支中有殺無制 因妻致禍
형파자 인처발관 지중유살무제 인처치화

甲일간의 경우, 戊土를 부친으로 삼고, 己土를 처로 삼고, 庚金은 아들로 삼고, 辛金은 딸로 삼으며 나머지 천간도 같은 방식으로 적용합니다.

처성이 패지에 들어가면 처가 불륜을 저지르거나 불안정한 관계를 유지하게 됩니다. 己酉년 庚午월 癸酉일 丁丑시생은 재성 丁火가 午패지에 들어

가 있습니다. 寅申巳亥 장생을 가지면 총명한 처를 얻게 됩니다.

　　재성과 정관과 인수의 기운을 얻으면 사주가 매우 좋은 작용을 합니다. 사주에 재관이 있면 상인이나 농부일 가능성이 많습니다. 재성이 많고 인수가 약해지면 어린 나이에 모친과의 인연이 단절되거나, 모친이 정결하지 못하고 반드시 재혼하게 됩니다.

　　여인의 명에 비견이 함께 있을 경우, 일간이 왕성하고 비견이 쇠약하면 일간이 주도적인 역할을 합니다. 비견이 왕성하고 일간이 쇠약할 경우, 비견이 중심 역할을 하게 됩니다. 壬癸水가 왕성하면 총명하고 지혜롭지만, 여명은 대체로 음란한 성향을 보이게 됩니다.

　　시주에 재성이 있으면 반드시 여유롭게 삽니다. 지지에 정관이 있고 형파가 없으면 처로 인해 출세하고, 지지에 있는 칠살을 제복하지 못할 경우 처로 인해 재난을 당할 수 있습니다.

壬癸일간의 역행운과 순행운 분석

假令壬癸日 運逆行者 生於正月 二月取戊己土爲官 故爲祿絶 此爲背祿 取
가령임계일 운역행자 생어정월 이월취무기토위관 고위록절 차위배록 취
丙丁火爲財 四柱不透出財神 此爲背祿不貧也 寅卯暗藏三陽四陽之火爲財
병정화위재 사주불투출재신 차위배록불빈야 인묘암장삼양사양지화위재
如行子丑運 遇比肩分奪 交亥運木長生而助火 主發財 戌運亦然 酉運火死
여행자축운 우비견분탈 교해운목장생이조화 주발재 술운역연 유운화사
水敗 主破財 如壬癸生寅卯月 順運者 巳午運發財福 亦忌財神透露 歲運亦
수패 주파재 여임계생인묘월 순운자 사오운발재복 역기재신투로 세운역
然 如遇財神透出 四柱元有羊刃比肩 因妻致禍 忌申酉二運
연 여우재신투출 사주원유양인비견 인처치화 기신유이운

　　壬癸일간이 대운이 역행하고 寅卯월에 태어났다면 戊己土관성의 기운이 약화되면서 관록이 끊어지게 됩니다. 이를 배록(背祿)이라고 합니다. 그러나 사주에 丙丁火의 재성이 투출하지 않더라도 寅卯 지지에는 삼양과 사양의

기운을 가진 火가 암장되어 있어 기본적인 재물운이 유지되므로 가난하지는 않습니다.

만약 子丑운을 만나면 비견이 빼앗아 나눠가지므로 재물의 손실을 초래하고, 亥운은 木의 장생운으로 火재성이 강해지고 이를 통해 재물을 얻게 되며, 戌운도 마찬가지입니다. 酉운은 火의 사지이고 水의 패지이므로 재물이 손실되므로 재산이 파괴되는 위험이 있습니다.

만약 壬癸일간이 寅卯월에 태어나 운이 순행하면 巳午운에서는 재물과 복이 생깁니다. 재성의 투출은 대세운에서 모두 경계해야 합니다. 특히 재성이 투출되고 사주에 양인과 비견이 있으면 처로 인해 재난을 당할 가능성이 크기 때문에 申酉운을 매우 주의해야 합니다.

제반 요소의 통변

> 如四柱元有印者 百物更改 革故鼎新 如流年遇殺者凶 酉逢裸形沐浴 劫煞
> 여사주원유인자 백물경개 혁고정신 여류년우살자흉 유봉라형목욕 겁살
> 主死 如丙子丁丑戊寅辛卯壬辰癸巳丙午丁未戊申辛酉戌癸亥 時犯之多因
> 주사 여병자정축무인신묘임진계사병오정미무신신유술계해 시범지다인
> 孝病中成親 如用子女之法 不喜入墓庫 如子女入庫 主無子女 庚日用甲爲
> 효병중성친 여용자녀지법 불희입묘고 여자녀입고 주무자녀 경일용갑위
> 偏財爲父 坐甲行西地 爲財臨殺位 父死不歸家 陽干女命 食神多者爲娼 陰
> 편재위부 좌갑행서지 위재림살위 부사불귀가 양간녀명 식신다자위창 음
> 干女命 食傷官多者爲妓 有物去之爲良 火至天干 多主癆瘵 地支多時生瘡
> 간녀명 식상관다자위기 유물거지위량 화지천간 다주라력 지지다시생창
> 用殺返輕 多爲僧道之首
> 용살반경 다위승도지수

사주에 인수가 있으면 모든 것을 개혁하고 혁신하며 새로운 것으로 만들고자 합니다.

세운에서 칠살을 만나게 되면 흉운이 강하게 작용하며, 특히 酉지지에 나형목욕 상태가 나타날 경우 겁살로 인해 죽을 수 있습니다.

丙子, 丁丑, 戊寅, 辛卯, 壬辰, 癸巳, 丙午, 丁未, 戊申, 辛酉, 壬戌, 癸亥시주는 음양차착살로 대부분 부모가 병중에 있을 때 효도하기 위해 혼인을 합니다. 자녀를 보는 법에서 자녀가 묘고에 들어가면 좋지 않은 결과가 나타나는데, 이는 자녀가 입고되면 자식이 없기 때문입니다.

庚일간의 경우, 甲편재가 부친에 해당합니다. 만약 甲이 서방으로 흐르면 재성이 살지에 임한 것으로 부친이 객지에서 죽게 됩니다.

양간의 여명에게 식신이 많으면 창녀가 되며, 음간의 여명에게 식상이 많으면 기생이 될 수 있지만 이를 제거하면 괜찮습니다.

火가 천간에 많으면 임파선 결핵에 걸리고, 지지에 많으면 종기가 생길 수 있습니다. 칠살을 가볍게 활용하면 대부분 수행하는 승도의 우두머리가 될 수 있습니다.

7. 傷官說 상관설

상관의 작용

傷官若傷盡 却喜見官星 傷官若論財 見禍不輕來 傷官若用印 剋殺不如刑
상관약상진 각희견관성 상관약론재 견화불경래 상관약용인 극살불여형
傷官若說財 帶合有聲名 傷官用財 不宜印鄕 傷官見官 印運不妨 雜氣財官
상관약설재 대합유성명 상관용재 불의인향 상관견관 인운불방 잡기재관
印俱不忌 兩戊合一癸 得再嫁 妻財受剋 生子無百 印綬比肩 不忌財鄕 印
인구불기 양무합일계 득재가 처재수극 생자무백 인수비견 불기재향 인
綬多根 身旺必帶 印綬被傷剋父母 官殺混雜剋父母 財多身弱剋父母 干與
수다근 신왕필대 인수피상극부모 관살혼잡극부모 재다신약극부모 간여
支同剋妻 辛卯戊寅不怕殺多 女命比肩即姉妹 貪合多謊詐 財有却不怕官
지동극처 신묘무인불파살다 여명비견즉자매 탐합다황사 재유각불파관
殺 殺火命人最好 月支屬火 干頭有木提出火矣 癸酉弱格 見殺必凶 官貴太
살 살화명인최호 월지속화 간두유목제출화의 계유약격 견살필흉 관귀태
盛 旺處必傾 土命不論胞胎 只論日時 不怕官殺混雜 陽干方論 陰干不取
성 왕처필경 토명불론포태 지론일시 불파관살혼잡 양간방론 음간불취
子怕寅 午火不怕水 寅木不怕金 巳金不怕火 己土不怕木 午火不怕水 未
자파인 오화불파수 인목불파금 사금불파화 기토불파목 오화불파수 미
同申金不怕水 己土戌土不怕木 卯木怕酉金 辰土怕寅木 乙日五月不怕殺
동신금불파수 기토술토불파목 묘목파유금 진토파인목 을일오월불파살
四柱元有病 要去病 不去病不發
사주원유병 요거병 불거병불발

　상관이 상진되어 완전히 소멸되거나 제압된 경우에는 오히려 정관을 보는 것이 좋습니다. 그러나 상관이 재성을 생한다면 재난이 가볍지 않게 발생합니다.

　상관이 인수를 활용하게 되면 칠살을 제압하는 것보다는 형을 다루는 것이 더 효과적입니다. 그렇지만 상관이 재성을 생하면서도 합을 대동하면 명성을 얻게 됩니다.

상관이 재성을 사용할 때는 인수는 피해야 하며, 정관과 연결될 경우 인수운에도 무방합니다. 잡기재관일 때는 인수를 꺼릴 필요가 없습니다.

두 개의 戊가 하나의 癸와 합하면 재혼할 수 있습니다. 처성이 극을 받으면 자식을 낳아도 생후 백일을 넘기기 어렵게 됩니다.

인수가 비견과 함께 있을 때는 재성을 두려워할 필요가 없습니다. 인수의 뿌리가 많고 신왕하면 명예나 지위를 얻게 됩니다. 인수가 손상되면 부모에게 해롭고, 관살이 혼잡하거나 재다신약의 경우에도 부모와의 관계에서 어려움을 겪게 됩니다.

일간과 일지가 같은 오행이면 처를 해롭게 합니다. 辛卯와 戊寅일주일 경우, 살성이 많아도 이를 두려워할 필요가 없습니다. 여명에게 비견은 자매인데 탐합이 많으면 거짓말을 잘합니다. 재성이 있으면 오히려 관살을 두려워하지 않아도 됩니다.

살성이 火인 명조가 가장 좋습니다. 월지가 火에 속할 경우, 천간에 木이 있으면 火를 더욱 강하게 만듭니다.

癸酉일주는 격국이 약한 상태에서 살성을 보면 반드시 흉하게 됩니다. 정관의 귀한 기운이 지나치게 왕성하면 왕성한 곳에서는 반드시 무너지게 됩니다.

土명은 포태를 논하지 않고, 오직 일주와 시주를 중심으로 해석하며, 관살이 혼잡하더라도 두려워할 필요가 없습니다. 이는 양간에 해당하며 음간의 경우는 다르게 해석됩니다.

子는 寅을 두려워하지만, 午火는 水를 두려워하지 않습니다. 寅木은 金을 두려워하지 않고, 巳중 金은 火를 두려워하지 않습니다. 己土는 木을 두려워하지 않고, 午火는 水를 두려워하지 않습니다.

未와 申은 水를 두려워하지 않고, 己土와 戊은 木을 두려워하지 않습니다. 卯木은 酉金을 두려워하고, 辰土는 寅木을 두려워하며, 乙일간 午월생은 살성을 두려워하지 않습니다. 사주에 병이 있으면 병을 제거해야 하고, 병을 제거하지 않으면 발전하지 못합니다.

8. 心鏡歌 심경가

심경이란 마음의 거울이란 뜻으로, 이는 명리학적 비결을 자신의 내면에 비추어 마음 속 깊은 곳에서 진실을 발견한다는 의미가 있습니다.

사주의 해석

人生富貴皆前定 術士須詳論 天上星辰有可加 此論更無差 時加月建逢命位
인생부귀개전정 술사수상론 천상성진유가가 차론경무차 시가월건봉명위
正是福元取 壽元合處是其眞 此說不虛陳 官祿貴馬見合刑 一舉便成名 日
정시복원취 수원합처시기진 차설불허진 관록귀마견합형 일거편성명 일
逢貴地見祿馬 壯歲登科甲 時日若逢祿馬位 爲官必淸貴 五行時日無相雜
봉귀지견록마 장세등과갑 시일약봉록마위 위관필청귀 오행시일무상잡
爲官多顯達 羊刃重重又見殺 大貴登科甲
위관다현달 양인중중우견살 대귀등과갑

인생의 부귀는 사주를 통해 이미 정해진 것이며, 이를 해석하는 술사는 사주의 깊은 원리를 상세히 분석해야 합니다. 사주와 명리학은 하늘의 별자리와 연결된 운명적 요소를 포괄하며, 명리학적 해석은 검증된 이론이므로 차이가 없습니다.

사주 해석에서 월건과 시주는 개인의 복과 수명의 근원이 되는 중요한 요소이며, 이러한 해석은 허구가 아닌 진실에 기반합니다.

재관이 합형을 이루면 큰 성공과 명성을 약속합니다. 일주가 귀인을 만나고 재관을 보면 젊은 나이에 과거에 급제합니다. 시주와 일주에 재관이 있으면 고위직에 올라 청렴하고 귀한 관직을 맡게 됩니다.

사주 내 오행이 시주와 일주에서 혼잡하지 않으면 고위직에 오르게 됩니다. 양인이 중복되거나 칠살을 만나면 과거에 급제하고 크게 귀하게 됩니다.

직위의 귀천

若逢三奇連祿馬 名譽滿天下 日坐食支又合干 九卿三公看 甲子己巳有一說
약봉삼기련록마 명예만천하 일좌식지우합간 구경삼공간 갑자기사유일설
天德得合訣 丙子癸巳與前觀 官職三公卿 木若逢金主不傷 兩府坐中堂 火
천덕득합결 병자계사여전관 관직삼공경 목약봉금주불상 양부좌중당 화
若逢水主將權 爲將鎭戍邊 金若逢火主大權 方面刺史官 水若逢土入官局
약봉수주장권 위장진수변 금약봉화주대권 방면자사관 수약봉토입관국
宜作侍從下 土若逢木爲正祿 八座三台福 年得月祿不爲喜 日貴取爲主 生
의작시종하 토약봉목위정록 팔좌삼태복 년득월록불위희 일귀취위주 생
逢貴人値孤寡 決定爲僧也 空亡官祿遇貴人 淡服作高僧 五行無氣守孤寡
봉귀인치고과 결정위승야 공망관록우귀인 담복작고승 오행무기수고과
必定作行者 空亡刑害又逢囚 爲僧及裏頭
필정작행자 공망형해우봉수 위승급과두

    삼기가 재성과 정관과 연결되면 천하에 명성이 가득하게 퍼집니다. 일간이 식신의 지지 위에 앉아 천간과 합을 이루면, 이는 삼경공과 같은 고위 관직에 오르게 됩니다.

    甲子와 己巳는 천덕과 합하면 길하며, 丙子와 癸巳 역시 삼공경과 같은 관직에 오르게 됩니다.

    木이 金을 만나 상하지 않으면 재상이고, 火가 水를 만나면 국경을 지키는 장군이며, 金이 火를 만나면 지방관서장이고, 水가 土를 만나면 관직에 들어가 시종의 역할을 합니다. 土가 木정관을 만나 정록의 자리와 연결되면 고위직의 복을 누리게 됩니다.

    년주가 월록을 얻더라도 반드시 기뻐할 필요는 없으며, 일귀를 중심으로 해석해야 합니다. 만약 귀인을 만나면서도 고신과 과숙 운이 겹칠 경우 승려라고 판단합니다. 공망에 위치한 관록은 귀인을 만나도 고승이 될 운명입니다.

    오행의 기운이 부족한 경우, 고신과 과숙을 지키면 수행자의 운명이 됩니다. 공망과 형해가 함께 나타나고 휴수를 만나면, 이는 승려나 무속인으로 볼 수 있습니다.

권력과 형벌의 판단

欲知人命主有權 食神旺必全 相沖羊刃再殺傷 必主上法場 的殺若逢盤足坐
욕지인명주유권 식신왕필전 상충양인재살상 필주상법장 적살약봉반족좌

惡鬼死刑獄 麥田相逢共帝星 徒流定分明 大害當權多夭折 少年逢刃殺 日
악귀사형옥 맥전상봉공제성 도류정분명 대해당권다요절 소년봉인살 일

逢官鬼見重刑 惡死甚分明 刃神劫煞兩頭居 早歲夢夭衢 祿馬俱逢行絶地
봉관귀견중형 악사심분명 인신겁살량두거 조세몽천구 록마구봉행절지

勞困難逃避 月若逢時與刑沖 根基定一空 時遇官星生旺位 子孫成行序 向
로곤난도피 월약봉시여형충 근기정일공 시우관성생왕위 자손성행서 향

祿臨財官更期貴 顯官家賢 日月純官無財位 反主無官貴 卯刑子位子刑卯
록림재관경기귀 현관가현 일월순관무재위 반주무관귀 묘형자위자형묘

癸乙相刑貴 子來沖午未刑戌 甲乙逢申顯 祿馬但絶又發財 人元剋出來 得
계을상형귀 자래충오미형술 갑을봉신현 록마단절우발재 인원극출래 득

一分三緣何議 祿馬飛天是
일분삼연하의 록마비천시

사람이 권력을 가지려면 식신이 왕성하고 온전한 상태를 유지해야 합니다. 양인이 충되고 칠살이 겹치면 법적 분쟁을 피할 수 없습니다.

칠살이 표적이 되어 형충이 발동하면 극단적인 불운에 처하거나 옥살이를 하거나 형벌로 생을 마치게 됩니다. 사주에서 칠살이 고립된 상태에서 제왕을 만나면 도망치거나 유배형이 분명합니다.

기신이 권력을 잡으면 대부분 요절하는데 이는 젊은 시기에 양인과 칠살을 만났기 때문입니다. 일주에 칠살과 형살을 반복적으로 만나면 고통스럽게 죽는 것이 분명합니다. 양인과 겁살이 일간 양쪽에 위치할 경우, 젊은 나이에 실현되기 어려운 큰 꿈과 희망을 품게 됩니다.

재관이 절지운을 만나면 고난과 역경을 피하기 어렵습니다. 월주와 시주가 형충하면 삶의 기반이 무너지고 재산과 지위를 잃게 됩니다. 시주가 정관의 생왕지를 만나면 자손이 번성하고 대를 잇게 됩니다.

관직을 추구하는 사람은 재관이 있고 기회를 얻으면 고위직에 오를 수 있

습니다. 일주와 월주에 순수한 정관만 있고 재성이 없으면 오히려 관운이 약해져 귀한 직위에 오르기 어렵습니다.

卯와 子가 형하는 자리에서, 子가 卯를 형하면 癸와 乙이 서로 형을 받아 귀하게 됩니다. 子가 午를 충하고, 未가 戌을 형하고, 甲乙일간이 申을 만나면 의외의 성공을 할 수 있습니다.

사주에서 재관이 모두 단절되어도 재물을 얻을 수 있는데, 이는 지장간을 극해서 투출했기 때문입니다. 이를 하나를 얻어 세 개를 이루는 록마비천이라고 합니다.

대세운의 작용

歲合時日分兩頭 切須仔細求 君子若逢主奏對 常人主災晦 心懷悔退成何事
세합시일분량두 절수자세구 군자약봉주주대 상인주재회 심회회퇴성하사
重犯剝官位 柱中有祿運逢財 金玉自天來 官前能說貴與賤 亦須看大運 大
중범박관위 주중유록운봉재 금옥자천래 관전능설귀여천 역수간대운 대
凡行運逢祿馬 發跡爲官也 天月二德爲救解 百災不爲害 向祿臨財甚希奇貴
범행운봉록마 발적위관야 천월이덕위구해 백재불위해 향록림재심희기귀
顯主官貴 命中祿馬同貴人 福祿進珠珍 貴人君子坐刑煞 名成少年發 陰陽
현주관자 명중록마동귀인 복록진주진 귀인군자좌형살 명성소년발 음양
貴財宜消息 熟曉於胸臆 日時身命許多般 一訣通變看
귀재의소식 숙효어흉억 일시신명허다반 일결통변간

세운이 시주와 일주에 동시에 영향을 미치는 경우, 두 가지 측면에서 매우 세심한 분석이 필요합니다.

군자가 이러한 경우 고위직에 올라 출세할 수 있지만, 일반 사람이 이러하면 재앙이나 불운을 겪게 될 위험이 있습니다. 이로 인해 후회하며 물러나 성공하기 어렵고, 심지어 중범죄로 인해 관직에서 박탈당합니다.

사주에 정관이 자리하고 대운에서 재성을 만나게 되면 부귀가 하늘에서 내려오는 행운을 맞이할 수 있습니다. 관운의 귀천을 판단하기 위해서는 반

드시 대운을 세밀히 분석해야 하며, 일반적으로 대운에서 재관을 만나면 입신출세의 길이 열리게 됩니다. 특히 천월이덕이 있으면 모든 재앙을 구제할 수 있는 방어력을 제공합니다.

관직을 추구하는 경우, 재성을 만나는 것은 매우 좋은 결과를 가져오며 성공적인 관직 생활과 재물을 축적할 수 있습니다. 만약 사주에 재관이 귀인과 함께하면 복록이 더욱 빛나며, 귀인과 군자가 형살을 만나면 젊은 나이에 명성을 얻게 됩니다.

재관과 귀인의 조화는 음양의 균형을 이루어야 하며, 이를 심층적으로 이해하고 가슴 속에 깊이 새기는 것이 중요합니다.

사주팔자는 일주, 시주, 그리고 일간의 조합에 따라 매우 다양한 형태를 보여주므로 하나의 핵심 비결로 통변해야 합니다.

9. 妖祥賦 요상부

요상이란 화복(禍福)으로서 복과 재앙을 의미합니다.

화복의 징후

> 命理深微 子平可推 先要取其日干 次則詳其月令 年時共表其吉凶 妖祥不
> 명리심미 자평가추 선요취기일간 차즉상기월령 년시공표기길흉 요상불
> 忒于歲月 通參於成敗 禍福無遺 或有不見之形 須當審究 更有分抽之緒 後
> 특우세월 통참어성패 화복무유 혹유불견지형 수당심구 경유분추지서 후
> 學難知
> 학난지

명리학은 매우 심오하고 복잡한 학문이지만 자평법으로 이를 판단하면 충분히 통변할 수 있습니다. 먼저 일간을 기준으로 하고, 다음으로 월령의 기운을 상세히 분석하는 것이 핵심입니다.

사주에서는 년주와 시주를 통해 길흉이 나타납니다. 이를 통해 세월의 흐름에 따라 화복(禍福)과 성패(成敗)를 분석하면 틀림없는 해석이 가능합니다. 사주에는 모든 화복의 징후가 빠짐없이 반영되지만, 때로는 눈에 보이지 않는 형상으로 나타날 수도 있습니다.

따라서 이러한 경우에는 더욱 세밀한 연구와 분석이 필요하며, 세부적인 요소를 추출해 판단해야 합니다. 이러한 이유로 명리학은 후학들이 쉽게 이해하기 어려운 학문으로 여겨집니다.

화복의 성패

天淸地濁 自然稟一氣之生 五行正貴 忌刑沖剋破之鄕 四柱支干 喜三合六
천청지탁 자연품일기지생 오행정귀 기형충극파지향 사주지간 희삼합육
合之地 寅申巳亥 乃財官印綬長生 辰戌丑未 係祿馬印星奇庫 日貴時貴 大
합지지 인신사해 내재관인수장생 진술축미 계록마인성기고 일귀시귀 대
忌刑沖剋破 拱祿拱貴 最怕塡實刑沖 觀無合有合逢凶不凶 傷官之於年 運
기형충극파 공록공귀 최파전실형충 관무합유합봉흉불흉 상관지어년 운
到官鄕不喜 羊刃沖合歲君運臨而禍至 辰戌魁罡 忌官星怕逢七殺 金神日刃
도관향불희 양인충합세군운림이화지 진술괴강 기관성파봉칠살 금신일인
喜七殺而忌刑沖 時上偏官要制伏 弱身强官 專殺莫逢鬼旺 亦要制伏爲强
희칠살이기형충 시상편관요제복 약신강관 전살막봉귀왕 역요제복위강
但看本有本無 遇而不遇要稟中和
단간본유본무 우이불우요품중화

　하늘은 맑고 땅은 탁하며, 자연은 하나의 기운으로 생겨났습니다. 오행이 바르면 귀하므로 형충극파를 경계해야 합니다. 사주 간지는 삼합과 육합을 좋아합니다. 寅申巳亥는 재관인수가 장생하는 곳이고, 辰戌丑未는 재관인수의 귀한 창고입니다.

　일귀격과 시귀격은 형충극파를 크게 경계해야 합니다. 공록격과 공귀격은 전실과 형충을 가장 두려워하며, 합이 없는 경우에는 반드시 합을 찾아 조화를 이루어야 합니다. 반면 합이 존재한다면 흉운이 들어와도 그 영향이 완화될 수 있습니다.

　상관이 년주에 있고 정관운에 이르면 좋지 않고, 양인이 충합을 이루는 세운이 닥치면 재난을 당하게 됩니다. 辰戌괴강은 정관과 칠살을 경계해야 하며, 금신격과 일인격은 칠살을 반기지만 형충을 경계해야 합니다. 시주에 편관이 있으면 제복해야 합니다.

　신약하고 정관이 강하면 칠살이 왕성한 운을 만나지 않아야 하며, 이를 강하게 제복해야 합니다. 단지 본래 기운이 있는지 없는지를 철저히 살피고, 설사 만나더라도 만나지 않는 것처럼 중화를 유지해야 합니다.

화복의 통변

辛癸多逢丑地 怕塡實不喜官星 甲子日再逢子時 嫌丑午 亦畏庚辛 壬癸亥
신계다봉축지 파전실불희관성 갑자일재봉자시 혐축오 역외경신 임계해
子祿馬飛天 離巽丙丁聚巳午 倒沖天祿 壬騎龍背 辰多沖戌官星 乙用丙子
자록마비천 리손병정취사오 도충천록 임기룡배 진다충술관성 을용병자
聚貴聲名 嗟夫 財命有氣 背祿而不貧 絶財命衰 縱建祿而不富 癸到艮山
취귀성명 차부 재명유기 배록이불빈 절재명쇠 종건록이불부 계도간산
怕庚辛忌逢戊土 壬逢丑地忌 戊己怕見庚金 庚遇申子辰 乃井欄叉殺 又謂
파경신기봉무토 임봉축지기 무기파견경금 경우신자진 내정란차살 우위
之入局 忌丙丁 愁巳午 戊見申時 怕甲丙亦忌寅卯 辛金己土若遇 謂之從格
지입국 기병정 수사오 무견신시 파갑병역기인묘 신금기토약우 위지종격
名爲秀氣 四柱火傷又無救 是災迍邅 辛日戊子時 忌子多怕 日相沖陽水逢
명위수기 사주화상우무구 시재둔전 신일무자시 기자다파 일상충양수봉
辰見戊己 災臨難避 甲見己時 偏財運喜財鄕 丁日辛年號歲財 運逢戊貴
진견무기 재림난피 갑견기시 편재운희재향 정일신년호세재 운봉무귀
乙逢申位 忌見刑沖 日時歸祿 官逢有禍 另有天衝地擊 陰錯陽差 貪合忘官
을봉신위 기견형충 일시귀록 관봉유화 령유천충지격 음착양차 탐합망관
劫先財後 名難成貴 貪合忘殺 身旺時福祿增加 官藏殺見有制伏 亦自輝煌
겁선재후 명난성귀 탐합망살 신왕시복록증가 관장살견유제복 역자휘황
官見殺藏 身弱後終見波查 身弱喜逢旺運 身弱最愛殺鄕 將來者進 功成者
관견살장 신약후종견파사 신약희봉왕운 신약최애살향 장래자진 공성자
退 富貴喜重犯奇 宜通變而推 訣無差矣
퇴 부귀희중범기 의통변이추 결무차의

辛일간과 癸일간이 丑을 자주 만나면 전실을 두려워하고 정관을 좋아하지 않게 됩니다. 甲子일주가 다시 子시를 만나게 되면 丑午를 싫어하고 庚辛을 두려워하게 됩니다.

壬癸일간이 亥子를 만나면 록마비천격으로 해석하며, 巳午에 모인 丙丁이 정관을 도충합니다. 임기용배격은 많은 辰으로 戌을 충하여 정관을 얻게 됩니다. 乙일간은 丙子를 써서 귀인을 모아 명예를 얻게 됩니다.

사주에 재성의 기운을 갖고 있다면 배록이라 하더라도 가난하지 않습니

다. 그러나 재성이 절지에 있고 사주가 쇠약하면 비록 록을 세운다고 해도 부유하지 않게 됩니다.

癸일간이 丑寅을 만나면 庚辛을 두려워하며 戊土를 극도로 꺼리게 됩니다. 壬일간이 丑을 만나면 戊己를 피하고 庚金을 두려워합니다. 庚일간이 申子辰을 만나면 정란차격을 이루며 丙丁과 巳午를 꺼리게 됩니다. 戊일간이 申시를 만나면 甲丙을 두려워하고 寅卯를 경계합니다.

辛金이 己土를 만나면 이는 종격에 해당하며 이를 우수한 기라고 부릅니다. 사주에서 火가 상하고 이를 구제할 기운이 없으면 재앙과 곤경에 빠질 수 있습니다. 辛일간 戊子시에 子가 과도하게 많거나 일주와 충을 이루면 경계해야 합니다.

壬水가 辰을 만나고 戊己를 보면 재난을 피하기 어렵게 됩니다. 甲일간이 己시를 만나면 편재운과 재성지를 반깁니다. 丁일간에게 辛년은 재성 세운이며, 대운에서 戊를 만나면 귀하게 됩니다. 乙일간이 申을 만나면 형충을 꺼려야 합니다.

일시귀록격은 정관을 만나면 재난을 당할 수 있습니다. 천충지격, 음양차착, 탐합망관 등이 있거나, 겁재가 먼저 나타나고 재성이 뒤따를 경우 명예를 얻기 어렵게 됩니다.

탐합망살은 신왕할 때 복록이 증가합니다. 정관이 암장되고 칠살이 나타날 경우, 이를 제복해야 스스로 빛나게 됩니다. 정관이 투출되고 칠살이 암장된 상태에서 신약하게 되면 어려움을 겪을 수 있습니다. 신약하면 왕성한 운을 반기고 신강하면 칠살운을 가장 좋아합니다.

앞으로 나아가는 자는 진보하고, 공을 이룬 자는 물러나듯이 부귀는 거듭하여 도전하고 모험해야 성공을 가져올 수 있습니다. 따라서 신중하고 정확한 통변을 해야 오차가 없게 됩니다.

10. 絡繹賦 낙역부

낙역이란 왕래가 끊이지 않는다는 뜻으로 명리학의 이치가 끊임없이 이어진다는 의미가 있습니다.

명리학의 이치

參天地之奧妙 測造化之幽微 別人生之貴賤 取法則於干支 決生死之吉凶
참천지지오묘 측조화지유미 별인생지귀천 취법즉어간지 결생사지길흉

推得失之玄妙 甲乙之木 最喜春生 壬癸之水 偏宜冬旺 丙丁火而夏明 庚辛
추득실지현묘 갑을지목 최희춘생 임계지수 편의동왕 병정화이하명 경신

金而秋銳 戊己兩干之土 要旺四季之期 日乃自身 須究强弱 年爲本主 宜細
금이추예 무기량간지토 요왕사계지기 일내자신 수구강약 년위본주 의세

推詳 年干父兮支母 日干己兮支妻 月干兄兮支弟 時支女兮干兒 後殺剋年
추상 년간부혜지모 일간기혜지처 월간형혜지제 시지녀혜간아 후살극년

父母早喪 前殺剋後 子息必虧 馬入妻宮 必得能家之婦 殺臨子位 必招悖逆
부모조상 전살극후 자식필휴 마입처궁 필득능가지부 살림자위 필초패역

之兒 祿入妻宮 食妻之祿 印臨子位 受子之榮 梟居子位 破祖之基 財官月
지아 록입처궁 식처지록 인림자위 수자지영 효거자위 파조지기 재관월

旺 得父貲財 所忌財傷 祿薄最嫌鬼旺身衰 原其剋彼爲財 生我爲印 食神暗
왕 득부자재 소기재상 록박최혐귀왕신쇠 원기극피위재 생아위인 식신암

見 人物豐肥 梟印重生 祖財漂蕩 鹹池財露主淫奢 凶殺合年防自刃 土剋水
견 인물풍비 효인중생 조재표탕 함지재로주음사 흉살합년방자인 토극수

而成腹臟之疾 火鍛金以患癆瘵之災 桃花會祿 酒色亡身
이성복장지질 화단금이환로채지재 도화회록 주색망신

명리학은 천지의 조화와 섭리를 바탕으로 개인의 운명을 분석합니다. 천지의 기운은 인간의 귀천을 구별하는 기준이 되며, 간지의 법칙을 통해 생사의 길흉과 득실의 현묘함을 판단할 수 있습니다.

甲乙木은 봄에 태어나야 가장 조화롭습니다. 壬癸水는 겨울에 왕성하며, 丙丁火는 여름에 빛을 발하며, 庚辛金은 가을에 날카로움을 지니고, 戊己土

는 사계절에서 왕성한 기운을 가지고 있습니다.

일간은 자신을 나타내므로 강약을 살피고, 년주는 근본이므로 상세히 살핍니다. 년간은 부친이고, 년지는 모친이며, 일간은 자신이고, 일지는 배우자이며, 월간은 형이고, 월지는 동생이며, 시지는 딸이고, 시간은 아들을 의미합니다.

월일시주에 있는 살성이 년주를 극하는 경우, 부모를 일찍 잃게 됩니다. 년월일주에 있는 살성이 시주를 극하면 자식이 손상되거나 어려움을 겪게 됩니다.

재성이 처궁에 위치하면 유능한 부인을 얻게 됩니다. 살성이 자식궁에 있으면 자식이 불효하거나 반항적이 됩니다. 록이 처궁에 들어가면 처의 복록을 함께 누리게 됩니다.

인수가 자식궁에 있으면 자식이 부모의 영예를 물려받고 높은 성취를 이루게 됩니다. 효신이 자식궁에 있으면 집안의 기반이 무너지거나 조상의 재산이 흩어질 수 있습니다.

재관이 월주에서 왕성하면 부모의 재산을 물려받지만, 재성이 손상되고 복록이 약한 것을 경계해야 합니다. 가장 두려운 것은 칠살이 왕성하고 일간이 쇠약한 것입니다.

내가 극하면 재성이고, 나를 생해주면 인수입니다. 식신이 암장되어 있을 경우, 풍만한 체격과 안정적인 기운이 나타납니다. 정편인이 중복될 경우, 조상의 재산이 흩어집니다. 함지에서 재성이 투출되면 이는 음란하고 사치스러운 성향을 나타냅니다. 흉살이 합하는 해에는 자살과 같은 극단적인 일이 발생할 수 있습니다.

土가 水를 극하면 복부와 장기에 질병이 발생할 수 있으며, 火가 金을 녹이면 폐와 관련된 질병 특히 결핵을 앓을 수 있습니다. 도화가 록이 만나는 경우, 이는 주색으로 패가망신할 위험을 초래합니다.

재관의 조화

財旺身衰 因財喪命 觀乎財生官者 用賄求官 財壞印者 貪財卸職 財旺生官
재왕신쇠 인재상명 관호재생관자 용회구관 재괴인자 탐재사직 재왕생관
自身榮顯 財生殺黨 夭折童年 獨殺沖破廢閒人 諸殺逢刑凶狠輩 天干多兮
자신영현 재생살당 요절동년 독살충파폐한인 제살봉형흉한배 천간다혜
見干年須當夭折 地支多兮見支年 必見凶災 財生官 官生印 印生身 富貴雙
견간년수당요절 지지다혜견지년 필견흉재 재생관 관생인 인생신 부귀쌍
全 干黨財 財黨殺 殺攻身 凶窮兩逼 酉寅刑害繼傷婚 巳卯風雷多性急 殺
전 간당재 재당살 살공신 흉궁양핍 유인형해계상혼 사묘풍뇌다성급 살
官混雜 乃技藝之流 財祿生馬 爲經商之客 馬落空亡 遷居飄流 祿遭沖破
관혼잡 내기예지류 재록생마 위경상지객 마락공망 천거표유 록조충파
別土離鄕 陰多利於女人 陽盛宜于男子 陰盛于陽 主女興家 陽勝于陰 男當
별토이향 음다리어여인 양성의유남자 음성어양 주여흥가 양성어음 남당
建府 純陽則男必孤寒 純陰則女當寡困 官貴生年 伏凶煞而名垂萬古 貴忌
건부 순양즉남필고한 순음즉여당과곤 관귀생년 복흉살이명수만고 귀기
乎多 祿宜乎少 絶慮忘思 無差無誤
호다 록의호소 절려망사 무차무오

재성이 왕성하고 신약할 경우 재물로 인해 목숨을 잃을 수 있습니다. 재성이 정관을 생할 경우 뇌물을 주고 관직을 얻으려고 하며, 재성이 인수를 손상시키면 재물 욕심으로 인해 직위나 명예를 잃을 수 있습니다.

재성이 정관을 왕성하게 생하면 자신의 명예가 뛰어나며, 재성이 칠살과 결합할 경우에는 어린 시절 요절할 수 있습니다.

홀로 있는 칠살이 충파되면 한량이고, 여러 칠살이 형을 만나면 흉한 무뢰한이 될 수 있습니다. 천간이 많을 경우 천간이 나타나는 세운에 요절하게 되며, 지지가 많을 경우 지지에 나타나는 세운에 반드시 재난을 당하게 됩니다.

재성이 정관을 생하고, 정관이 인수를 생하며, 인수가 일간을 생하면 부귀가 완전합니다. 천간에 재성이 무리를 이루었는데 재성이 칠살을 돕고 칠살이 일간을 공격하면 흉악하고 가난하게 됩니다.

酉와 寅이 형해되면 혼인관계가 손상되어 계속 이어지지 못하고, 巳와 卯가 바람과 번개이므로 급한 성격적 특성이 보입니다.

살성과 정관이 혼잡되며 예술과 기술 분야에서 활동하는 사람이고, 재성과 복록이 역마의 기운을 통해 나타나면 장사꾼이며, 역마가 공망에 떨어지면 이사를 하며 떠돌게 되고, 록이 충파되면 고향을 떠나 다른 지역으로 이동하는 삶을 나타냅니다.

음의 기운이 많으면 여성에게 유리하고, 양의 기운이 강하면 남성에게 유리합니다. 음이 양보다 강하면 여성이 가정을 일으키고, 양이 음보다 강하면 남성이 가문을 세우게 됩니다.

순수한 양만 있으면 남성은 외롭고 궁핍하게 되고, 순수한 음만 있으면 여성은 과부가 되어 어려움을 겪게 됩니다.

정관과 귀인이 년주에 있고 흉살을 제압하면 영원히 기억될 명성을 얻을 수 있습니다.

귀한 기운이 지나치게 많거나, 복록이 지나치게 적을 경우에는 걱정과 번뇌를 내려놓고 마음을 비울 때 실수나 오류 없이 정확한 판단을 내릴 수 있습니다.

11. 相心賦 상심부

상심이란 서로의 마음을 이해한다는 뜻입니다.

십신의 성정

人居六合 心相五行 欲曉一生 辯形察性 官星愷悌 貴氣軒昻 性優遊而仁慈
인거육합 심상오행 욕효일생 변형찰성 관성개제 귀기헌앙 성우유이인자
寬大 懷豁達而和暢聲音 豊姿美而秀麗 性格敏而聰明 印綬主多智慧 豊身
관대 회활달이화창성음 풍자미이수려 성격민이총명 인수주다지혜 풍신
自在心慈 食神善能飮食 體厚而喜謳歌 偏官七殺 勢壓三公 喜酒色而偏爭
자재심자 식신선능음식 체후이희구가 편관칠살 세압삼공 희주색이편쟁
好鬪 愛軒昻而扶弱欺强 情性如虎 急躁如風 梟印當權 使心機而始勤終怠
호두 애헌앙이부약기강 정성여호 급조여풍 효인당권 사심기이시근종태
好學藝而多學少成 偏印劫刃 出祖離家 外象謙和尙義 內實狠毒無知 有刻
호학예이다학소성 편인겁인 출조리가 외상겸화상의 내실한독무지 유각
剝之意 無慈惠之心 偏正財露 輕財好義 愛人趨奉 好說是非 嗜酒貪花 亦
박지의 무자혜지심 편정재로 경재호의 애인추봉 호설시비 기주탐화 역
係如此 傷官傷盡 多藝多能 使心機而傲物氣高 多譎詐而侮人志大 顴高骨
계여차 상관상진 다예다능 사심기이오물기고 다휼사이모인지대 권고골
俊 眼大眉粗
준 안대미조

　　사람은 천지간에 살아가며 마음의 상태는 오행의 성정과 밀접한 연관이 있습니다. 한 사람의 일생을 명확히 이해하려면 사주와 오행의 상호작용을 깊이 연구하고, 인간의 형상과 본성을 분석하면 외형적 특징뿐만 아니라 내면적인 성격과 운명의 흐름을 면밀히 살펴보아야 합니다.

　　정관은 온화하고 관대하며 고귀한 기상이 넘치고, 성격은 여유롭고 갈등을 피하며 자비롭고 너그러우며, 마음이 열리고 긍정적이며 말이 유창하고 목소리가 맑으며 아름다운 용모를 갖추고 총명합니다.

인수는 지혜를 주관하며 체격은 풍만하고 건강하며 마음이 평온하고 자비롭고 배려심이 많은 성격을 지니고 있습니다.

식신은 음식을 잘 즐기고 체격이 단단한 근육질이며 노래와 음악을 즐기는 성격을 지니고 있습니다.

편관과 칠살이 강하게 작용하면 삼공의 세력을 압도할 정도로 강한 권세를 나타냅니다. 주색을 밝히고 논쟁과 경쟁에서 물러나지 않는 강한 성격을 보이기도 합니다. 이들은 약자를 돕고 강자를 억누르는 정의로운 기질을 가지지만, 성격이 급하고 강렬합니다. 이는 마치 호랑이처럼 날카로우며 바람처럼 성급한 특성을 나타냅니다.

효신이 권력을 가지면 매우 계산적이고 전략적인 성향을 보이며, 처음에는 노력하지만 끝내는 의욕을 잃고 성과를 유지하지 못하는 경우가 많습니다. 예술적 재능은 있지만 완성도가 낮거나 지속성이 부족하여 많은 것을 배우려 하지만 성과를 이루기 어렵습니다.

편인과 겁재와 양인이 있으면 집안을 떠나 독립적으로 살아가며, 외형적으로는 온화하고 의로운 모습을 드러내지만, 내면적으로는 단호하고 강한 성격으로 독설이나 냉정함을 드러냅니다.

편재와 정재가 드러날 경우, 사람은 재물을 가볍게 여기며 의리를 중시하고, 타인의 관심과 인기를 좋아하며, 논쟁을 즐기고 주색을 탐하게 됩니다.

상관이 상진되면 재능이 풍부하고 다양한 능력을 지닌 사람이 되며, 마음 씀이 오만하고 기개는 높으나, 간사한 면이 있고 남을 업신여기며 큰 야망을 품습니다. 또한, 광대뼈가 높고 뼈대가 준수하며, 눈이 크고 눈썹이 굵은 외형을 가집니다.

격국의 성정

日德心善 穩厚而作事慈祥 魁罡性嚴有操持 而爲人聰敏 日貴夜貴 朝榮暮
일덕심선 온후이작사자상 괴강성엄유조지 이위인총민 일귀야귀 조영모
榮爲人 純粹而有姿色 作仁德而不驕奢 金神貴格 火地奇哉 有剛斷明敏之
영위인 순수이유자색 작인덕이불교사 금신귀격 화지기재 유강단명민지
才無刻剝欺瞞之心 乙巳鼠貴 遇午沖貧如顏子 壬騎龍背 逢丁破慾比申棖
재무각박기만지심 을사서귀 우오충빈여안자 임기룡배 봉정파욕비신정
井欄飛天 其心傲物 刑合趨艮 智足多仁 六甲趨乾 主仁慈而剛介心平 五陰
정란비천 기심오물 형합추간 지족다인 육갑추건 주인자이강개심평 오음
會局 爲人佛口蛇心 二德印生 作事施恩布德 五行有化 看何氣而推 四柱無
회국 위인불구사심 이덕인생 작사시은포덕 오행유화 간하기이추 사주무
情 取元干而論也 且火炎土燥 必聲洪而好禮 水淸潤下 主言悟而施仁 金白
정 취원간이론야 차화염토조 필성홍이호례 수청윤하 주언오이시인 금백
水淸 質黑肥圓 土氣厚重 信在四時 彙合如然 失時反此 事則擧其大略 須
수청 질흑비원 토기후중 신재사시 휘합여연 실시반차 사즉거기대략 수
要察其細微 欲識情理 學者用心於此
요찰기세미 욕식정리 학자용심어차

일덕은 마음이 착하며 성품이 온후하여, 일을 세심하고 자상하게 처리합니다. 괴강은 성격이 엄격하고 절제력이 있으며, 지혜롭고 총명함을 나타냅니다.

일귀와 야귀를 지닌 사람은 아침저녁으로 영화롭고 존귀하며, 순수한 마음과 아름다움을 가지고, 덕을 베풀되 교만하거나 사치하지 않습니다.

금신은 귀한 격을 나타내며, 火의 영향을 받아 기이한 재능을 발휘합니다. 이들은 강단 있고 명민한 재주를 지니며, 남을 해치거나 속이는 마음이 전혀 없습니다.

을사서귀격은 午의 충을 만나게 되면, 공자의 제자 안자처럼 가난하지만 평안한 삶을 살게 됩니다. 임기룡배격은 丁을 만나게 되면 파격을 이루며, 이러한 사람은 공자의 제자인 신정처럼 욕심이 많습니다.

정란차격과 비천록마격을 가진 사람들은 심성이 오만합니다. 형합격과

추간격을 가진 사람들은 지혜가 풍부하며 인자한 성품을 지닙니다. 육갑추간격의 사람들은 인자하고 강직하며 마음이 평화롭습니다.

오음이 회국하면 그 사람은 겉으로는 부처처럼 너그럽고 자비로운 말을 하지만, 속마음은 뱀과 같이 간사한 면을 갖습니다. 이덕이 인수를 생하면 이러한 사람은 일을 하면서 은혜를 베풀고 덕을 쌓습니다.

오행이 화할 경우, 반드시 기운이 어떠한지 잘 살펴야 판단이 가능합니다. 사주가 무정할 때는 천간을 기준으로 논의해야 합니다.

화염토조의 명은 火가 치열하고 土가 메말라, 목소리가 크고 예의를 좋아하는 특징을 지닙니다. 윤하격은 水가 맑고 아래로 흐르며, 이러한 사람은 말을 잘 이해하고 인덕을 베풀 줄 압니다.

금백수청의 명은 金과 水가 맑고 깨끗하며, 피부가 검고 몸체는 둥글며 풍만한 체격을 가집니다. 土의 기운이 두껍고 무거운 명은 신뢰가 있으며 언제나 믿음직스럽습니다.

위 모든 격국은 때를 놓치면 정반대로 나타날 수 있기에 주의가 필요합니다. 대략적으로 서술했지만, 세세한 부분까지도 면밀히 살펴야 하며, 이치를 제대로 이해하고자 한다면 학자는 정성을 다하여 깊이 탐구해야 할 것입니다.

12. 玄機賦 현기부

현기란 깊고 오묘한 이치라는 뜻입니다.

太極判爲天地 一氣分有陰陽 日干爲主 專論財官 月支取格 有格不正者敗
태극판위천지 일기분유음양 일간위주 전론재관 월지취격 유격부정자패
無格有用者成 有官莫尋格局 有格局不喜官星 官印財食 無破淸高 殺傷梟
무격유용자성 유관막심격국 유격국불희관성 관인재식 무파청고 살상효
刃 用之爲吉 善惡相交 喜去殺而從善 吉凶混雜 忌害吉以向凶 有官有殺
인 용지위길 선악상교 희거살이종선 길흉혼잡 기해길이향흉 유관유살
宜身旺制殺爲奇 有官有印 畏財興 助財爲禍 身强殺淺 殺運無妨 殺重身輕
의신왕제살위기 유관유인 외재흥 조재위화 신강살천 살운무방 살중신경
制鄕爲福 身旺印多 喜行財地 財多身弱 畏入財鄕
제향위복 신왕인다 희행재지 재다신약 외입재향

    태극이 나뉘어 천지가 형성되고, 하나의 기운이 음양으로 갈라지면서 우주의 근본 원리를 설명합니다. 이는 모든 존재가 음양의 조화로 이루어졌음을 나타냅니다.

    일간을 중심으로 재성과 정관을 논합니다. 월지를 기준으로 격국을 설정하며, 격국이 바르지 않으면 실패하고, 격국이 없어도 유용한 기운이 존재하면 성공할 수 있습니다. 정관이 있을 경우에는 별도로 격국을 찾지 않아도 되며, 격국이 존재한다면 정관을 선호하지 않습니다.

    정관, 인성, 재성, 식신이 훼손되지 않으면 격국은 맑고 높아지며, 칠살, 상관, 효신, 양인을 적절히 활용하면 길한 결과를 얻을 수 있습니다.

    선과 악이 교차하면 칠살을 제거하고 선을 따르는 것이 좋습니다. 길함과 흉함이 혼재된 경우에는 길함을 해치고 흉함으로 이어질 수 있으므로 이를 경계해야 합니다.

    정관과 칠살이 함께 있을 경우, 신왕하고 칠살을 제압하면 좋습니다. 정관과 인수가 함께할 때는 재성이 강해지는 것을 경계해야 하며, 재성이 도

움을 주면 오히려 재난을 초래할 수 있습니다.

　신강하고 칠살이 약하면 칠살운에서 큰 문제가 없지만, 칠살이 강하고 신약하면 제살운을 만나야 복을 얻을 수 있습니다. 신왕하고 인수가 많으면 재성운을 선호하며, 재성이 많고 신약할 경우에는 재성운을 두려워해야 합니다.

男逢比劫傷官 剋妻害子 女犯傷官偏印 喪子刑夫 幼失雙親 財星太重 爲人
남봉비겁상관 극처해자 여범상관편인 상자형부 유실쌍친 재성태중 위인
孤剋 身旺無依 年沖月令 離祖成家 日破提沖 弦斷再續 時日對沖 傷妻剋
고극 신왕무의 년충월령 리조성가 일파제충 현단재속 시일대충 상처극
子 日通月令 得祖安身 是以木遇春長 遇庚辛反假爲權 火歸夏生 見壬癸能
자 일통월령 득조안신 시이목우춘장 우경신반가위권 화귀하생 견임계능
爲福厚 土逢辰戌丑未 木重成名 金坐申酉 之中火鄕發福 水居亥子 戊己難
위복후 토봉진술축미 목중성명 금좌신유 지중화향발복 수거해자 무기난
侵 身坐休囚 平生未濟 身旺喜逢祿馬 身弱忌見財官 得時俱爲旺論 失令便
침 신좌휴수 평생미제 신왕희봉록마 신약기견재관 득시구위왕론 실령편
作衰看 四柱無根 得時爲旺 日干無氣 遇劫爲强 身弱喜印 主旺宜官 財官
작쇠간 사주무근 득시위왕 일간무기 우겁위강 신약희인 주왕의관 재관
印綬 破則無功 殺傷梟劫 去之爲福
인수 파즉무공 살상효겁 거지위복

　남명이 비겁과 상관을 만나면 처자식을 해치는 일이 발생할 수 있습니다. 여명의 경우, 상관과 편인을 만나면 자식을 잃거나 남편과의 관계에서 어려움을 겪으며, 어린 시절에 부모를 잃을 가능성도 존재합니다.

　재성이 지나치게 강하면 고독한 삶을 살게 되고, 신왕한 경우 의지할 곳이 없게 됩니다.

　년주와 월령이 충하면 고향을 떠나 독립적으로 가정을 이루게 되며, 일주와 월령이 충하면 실패와 재기를 반복하게 됩니다. 시주와 일주가 충하면 처자식에게 해를 미칠 가능성이 높으며, 일주와 월령이 조화를 이루면 조상의 재산을 물려받아 안정된 삶을 살게 됩니다.

木은 봄에 성장하며, 庚辛을 만나게 되면 오히려 권력을 얻습니다. 火는 여름에 강세를 띠고, 壬癸를 만나면 복을 두텁게 받습니다. 土는 辰戌丑未에서 강해지고, 木이 많으면 명성을 얻게 됩니다.

金이 申酉에 위치하면 火운에 복을 누리며, 水가 亥子에 있으면 戊己가 침범하기 어렵습니다.

일간이 휴수에 있으면 평생 성취를 이루기 어려우며, 신왕하면 재관을 선호하고, 신약하면 재관을 경계합니다. 때를 얻으면 모든 것이 왕성해지나, 때를 잃으면 쇠약해지게 됩니다. 비록 사주에 뿌리가 없어도 때를 얻으면 왕성해질 수 있습니다.

일간에 기운이 없더라도 비겁을 만나면 강해지며, 신약할 경우 인수를 환영하고, 신왕할 경우 정관을 반깁니다. 재관인수가 파괴되면 아무런 소용이 없으며, 칠살, 상관, 효신, 겁재를 제거할 경우 복을 얻게 됩니다.

甲乙秋生金透露 水木火運榮昌 丙丁冬降水汪洋 火土木方貴顯 戊己春生
갑을추생금투로 수목화운영창 병정동강수왕양 화토목방귀현 무기춘생

西南方有救 庚辛夏長 水土運無傷 壬癸逢於土旺 金木宜榮 身弱有印 殺旺
서남방유구 경신하장 수토운무상 임계봉어토왕 금목의영 신약유인 살왕

無傷 忌行財地 傷官傷盡 行官運以無妨 傷官用印宜去財 傷官用財宜去印
무상 기행재지 상관상진 행관운이무방 상관용인의거재 상관용재의거인

是或傷官財印俱彰 將何發福 身旺者用財 身弱者用印 用財去印 用印去財
시혹상관재인구창 장하발복 신왕자용재 신약자용인 용재거인 용인거재

方發彌福 正所謂喜者存之 憎者去之 財多身弱 身旺運以爲榮 身旺財衰 財
방발미복 정소위희자존지 증자거지 재다신약 신왕운이위영 신왕재쇠 재

旺鄕而發福 重犯官星 只宜制伏 食神疊見 須忌官鄕 頑金無火 大用不成
왕향이발복 중범관성 지의제복 식신첩견 수기관향 완금무화 대용불성

强木無金 淸名難著 水多得土財多蓄 火焰逢波祿位高 有官有印 無破爲榮
강목무금 청명난저 수다득토재다축 화염봉파록위고 유관유인 무파위영

無印無官 有格取貴
무인무관 유격취귀

甲乙일간은 가을에 태어나 金이 투출하면 水木火운에서 번영을 누리고, 丙丁일간이 겨울에 태어나 水가 왕성하면 火土木운에서 귀하게 됩니다.

戊己일간은 봄에 태어나면 서방운에서 도움을 받아 번영합니다. 庚辛일간은 여름에 성장하며 水土운에서는 손상되지 않습니다. 壬癸일간이 왕성한 土를 만나면 金木운에서 번영하게 됩니다.

신약한 경우에도 인수가 있다면 칠살이 왕성해도 손상을 입지 않지만 재성운을 경계해야 합니다. 상관이 상진하면 정관운을 만나더라도 큰 문제가 없습니다. 상관이 인수를 쓰면 재성을 제거해야 하며, 상관이 재성을 쓰면 인수를 제거해야 합니다.

상관, 재성, 인수가 모두 드러나면 복을 누리기 어렵습니다. 신왕한 경우에는 재성을 사용하고, 신약한 경우에는 인수를 사용하는 것이 유리합니다. 재성을 사용할 경우 인수를 제거하고, 인수를 사용할 경우 재성을 제거해야 복을 누릴 수 있습니다. 이는 좋으면 남기고 싫으면 제거하라는 원리를 따르는 것입니다.

재성이 많고 신약한 경우에는 신왕운에서 번영하고, 신왕한 경우에는 재성이 쇠약한운에서 복을 누립니다. 정관이 중복되는 경우에는 이를 제압해야 좋고, 식신이 중복되는 경우에는 관성운을 경계해야 합니다.

金이 강하지만 火를 만나지 못하면 크게 쓰일 수 없고, 木이 강하지만 金을 만나지 못하면 명성을 얻기가 어렵습니다. 水가 많을 경우 土를 얻으면 부유해질 수 있으며, 치열한 火가 水를 만나면 고위직에 오를 수 있습니다.

정관과 인수는 파괴되지 않아야 번영하며, 인수와 정관이 없어도 격국이 있는 경우 귀하게 될 수 있습니다.

羊刃格喜偏官 金神最宜制伏 雜氣財官 刑沖則發 官貴太盛 旺處必傾 身太
양인격희편관 금신최의제복 잡기재관 형충즉발 관귀태성 왕처필경 신태
旺喜見財官 主太柔不宜祿馬 旺官旺印與旺財 入墓有禍 傷官食神並身旺
왕희견재관 주태유불의록마 왕관왕인여왕재 입묘유화 상관식신병신왕
遇庫興災 運貴在於支取 歲重向乎干求 印多者 行財而發 財旺者 遇比何妨
우고흥재 운귀재어지취 세중향호간구 인다자 행재이발 재왕자 우비하방
格淸局正 富貴榮華 印旺官旺 聲名特達 合官非爲貴取 合殺莫作凶推 桃花
격청국정 부귀영화 인왕관왕 성명특달 합관비위귀취 합살막작흉추 도화
帶殺喜淫奔 華蓋逢空多刻剝 平生不發 八字休囚 一世無權 身衰遇鬼 身旺
대살희음분 화개봉공다각박 평생불발 팔자휴수 일세무권 신쇠우귀 신왕
者則宜泄宜傷 身衰者則喜扶喜助 稟中和 莫令太過不及 若遵此法推詳 禍
자즉의설의상 신쇠자즉희부희조 품중화 막령태과불급 약준차법추상 화
福驗如影響
복험여영향

양인격은 편관을 반기며, 금신격은 제복을 통해 가장 좋은 결과를 얻게 됩니다. 잡기재관격은 형충을 만나야 발복할 수 있습니다. 정관이 지나치게 강하면 왕성한 운에서 오히려 기울어집니다.

일간이 태왕하면 재관을 반기고, 일간이 태약하면 재관을 반기지 않습니다. 정관, 인수, 재성이 왕성한 경우 입묘하면 재난을 겪게 됩니다. 상관과 식신과 더불어 일간이 왕성하고 고를 만나면 재난이 발생합니다.

대운에서의 귀함은 지지에서 찾고, 세운의 중요성은 천간을 통해 확인합니다. 인수가 많으면 재성운에서 발복하며, 재성이 왕성하면 비겁운을 만나도 해를 입지 않습니다.

격국이 맑고 정직하면 부귀영화를 누리고, 인수가 왕성하고 정관이 왕성하면 명성을 얻게 됩니다. 정관을 합한다고 반드시 귀하게 된다고 하면 안 되고, 칠살을 합한다고 반드시 흉하다고 판단해서는 안 됩니다.

도화에 칠살이 있으면 음란한 경향이 생기며, 화개가 공망을 만나면 고립되고 박탈감을 느끼게 됩니다. 팔자가 휴수에 있으면 평생 발복하지 못하

며, 신약한 경우 칠살을 만나면 권력을 잃게 됩니다.

　신왕한 기운은 설기하거나 극상해야 좋으며, 신약한 기운은 도움을 받아야 좋은 결과를 얻을 수 있습니다. 중화를 유지하며 태과불급을 피해야 합니다. 이러한 법칙에 따라 상세히 분석하면 화복을 정확하게 판단할 수 있습니다.

13. 幽微賦 유미부

유미란 그윽하고 정교한 명리의 심오한 이치란 뜻입니다.

天地陰陽二氣 降於春夏秋冬 各生其時 有用者則吉 無用者則凶 是以泄天
천지음양이기 강어춘하추동 각생기시 유용자즉길 무용자즉흉 시이설천
機之妙理 談大道之玄微 天既生人 人各有令 所以早年富貴 八字運限咸和
기지묘리 담대도지현미 천기생인 인각유령 소이조년부귀 팔자운한함화
中主孤單 五行逢死絶敗 過房入舍 年月中分 隨母從夫 偏財空而印旺 早歲
중주고단 오행봉사절패 과방입사 년월중분 수모종부 편재공이인왕 조세
父亡 偏財臨死絶殺宮 幼歲母離 只爲財多印死 比肩多而兄弟無情 羊刃多
부망 편재림사절살궁 유세모리 지위재다인사 비견다이형제무정 양인다
而妻宮有損 官逢死氣之方 子招難得 若見傷官太盛 子亦難留
이처궁유손 관봉사기지방 자초난득 약견상관태성 자역난류

천지의 음양 두 기운이 춘하추동에 내려와 각각의 기운을 만들고, 그 기운이 유용하면 길한 일이 생기지만, 쓸모없는 기운이라면 흉한 결과를 초래합니다. 이로써 하늘의 오묘한 이치를 드러내고, 큰 도리의 정교하고 깊은 이치를 설명하고자 합니다.

하늘이 사람을 창조하면서 각자에게 고유한 명을 부여했습니다. 젊은 나이에 부귀를 누리는 사람은 팔자와 운이 조화를 이루었기 때문이며, 중년에 고독해지는 사람은 오행의 사절패지를 만났기 때문입니다.

양자로 들어가는 사람은 년과 월이 중간에서 분리되었기 때문이며, 모친이 재가하여 남편을 섬기면 편재가 공망되고 인수가 왕성하기 때문입니다. 어려서 부친을 잃으면 편재가 사절지와 칠살궁에 임한 것이고, 어려서 모친과 헤어지면 재성이 많고 인수가 사지에 있기 때문입니다.

비견이 많으면 형제 간에 정이 없으며, 양인이 많으면 처궁이 손상되어 처와 관계에서 어려움을 겪게 됩니다. 정관이 사지에 있으면 자식은 얻기 어려우며, 상관이 지나치게 강하면 자식을 데리고 있기 어렵습니다.

如遇沖破提綱 定主離於祖業 再見空亡 三番四廢 印綬逢生 母當賢貴 偏財
여우충파제강 정주리어조업 재견공망 삼번사폐 인수봉생 모당현귀 편재
歸祿 父必峥嶸 官星臨祿旺之鄉 子當榮顯 七殺遇長生之位 女招貴夫 自身
귀록 부필쟁영 관성림록왕지향 자당영현 칠살우장생지위 여초귀부 자신
借宮所生 必是依人過活 妻星失令 半路拋離 若乃借宮所生 亦是他人義女
차궁소생 필시의인과활 처성실령 반로포리 약내차궁소생 역시타인의녀
酒色猖狂 只是桃花帶殺 慈祥敏慧 天月二德聚來 印綬旺而子少息稀 正官
주색창광 지시도화대살 자상민혜 천월이덕취래 인수왕이자소식희 정관
旺而女多男況 梟神興早年折夭 食神旺老壽而高
왕이녀다남황 효신흥조년절요 식신왕로수이고

월령이 충파되면 가문을 떠날 운명이 되며, 공망을 다시 만나게 되면 여러 번 실패를 경험하게 됩니다.

인수가 생을 받으면 어머니는 현숙하고 귀한 분이 되고, 편재가 록을 얻게 되면 아버지는 뛰어난 인재로 존경받습니다.

정관이 록왕지에 있으면 자식은 출세하게 되고, 칠살이 장생지를 만나면 딸은 귀한 남편을 만나게 됩니다.

일간이 다른 궁을 빌려 태어나면 반드시 다른 사람에게 의지하며 살아가게 됩니다. 처성이 실령하면 중도에 배우자를 잃게 되며, 다른 궁을 빌려 태어나면 남의 수양딸입니다.

주색에 빠져 방탕한 삶을 살게 되는 이유는 도화가 살성을 동반하기 때문입니다. 반대로 자상하고 민첩하며 지혜로운 경우는 천덕과 월덕이 함께 모여 있기 때문입니다.

인수가 왕성하면 자식이 적고, 정관이 왕성하면 딸이 많고 아들은 적은 경우가 많습니다. 효신이 강하게 작용하면 어린 나이에 요절할 수 있으며, 식신이 왕성한 경우 장수하는 삶을 살아가게 됩니다.

偏財逢敗 父主風流 子曜若臨 破家蕩産 自身逢敗 早歲興衰 妻入墓不得妻
편재봉패 부주풍류 자요약림 파가탕산 자신봉패 조세흥쇠 처입묘불득처
財 父臨庫父當先死 比肩逢祿 兄弟名高 食神多而好食食 正官旺而受沾滋
재 부림고부당선사 비견봉록 형제명고 식신다이호식식 정관왕이수첨자
身臨沐浴之年 恐愁水厄 生入門剋之年 必逢火炎 女帶桃花坐殺 定主淫布
신림목욕지년 공수수액 생입두극지년 필봉화염 여대도화좌살 정주음포
傷多而印綬被剋 母當淫蕩 年月沖者 難爲祖業 日時沖者 妻子招遲 若見天
상다이인수피극 모당음탕 년월충자 난위조업 일시충자 처자초지 약견천
元刑戰 父母難靠 如遇地支所生 凶中成吉 日主弱 水火相戰 而招是非 甲
원형전 부모난고 여우지지소생 흉중성길 일주약 수화상전 이초시비 갑
太衰 逢金旺 而無仁無義 此乃男命之玄機
태쇠 봉금왕 이무인무의 차내남명지현기

편재가 패지를 만나면 부친이 풍류를 즐기는 성향을 가지게 되고, 자식성이 패지에 있으면 가산을 탕진하고 집안이 파탄에 이르게 됩니다. 일간이 패지를 만나면 어린 시절부터 흥망성쇠를 반복하며 기복이 심한 삶을 살게 됩니다.

처성이 입묘하면 처와 재산을 얻지 못하며, 부친성이 고지에 있으면 부친을 먼저 여의게 됩니다.

비견이 록을 만나면 형제가 이름을 날리며 명성을 얻게 됩니다. 식신이 많은 사람은 미식가적인 성향을 보이며, 정관이 왕성하면 타인으로부터 은혜를 받게 됩니다.

세운에서 일간이 목욕운을 만나면 물과 관련된 재해를 염려해야 하고, 일지가 충극하는 세운에서는 화재를 조심해야 합니다. 여성이 도화와 살성을 동시에 가지면 반드시 음란한 행동을 하며, 상관이 많고 인수가 극을 당하면 모친이 방탕한 성향을 보입니다.

년주와 월주가 충돌하게 되면 가업을 유지하기 어려워지고, 일주와 시주가 충돌하면 처와 자식을 늦게 맞이하게 됩니다. 천간에서 형충이 발생하면 부모에게 의지하기 어렵고, 지지에서 생을 만나면 흉 중에서도 길하게 됩니다.

일간이 약한 상태에서 水火가 서로 충돌하면 갈등과 시비가 끊이지 않으며, 甲이 쇠약하고 金이 강할 경우 인의가 결여된 성향을 보이게 됩니다. 이는 남명에서 나타날 수 있는 깊고 신비로운 이치에 해당합니다.

畧說女人之奧妙 純粹在於八字 純有富貴者 一官生旺 四柱休囚 必爲貴者
약설녀인지오묘 순수재어팔자 순유부귀자 일관생왕 사주휴수 필위귀자
濁淫者五行沖旺 娼淫者官殺交義 命主多合 此爲不良 滿柱殺多 不爲剋制
탁음자오행충왕 창음자관살교의 명주다합 차위불량 만주살다 불위극제
印綬多而老無子 傷官旺而幼傷夫 荒淫之慾 食神太過 四柱不見夫星 未爲
인수다이로무자 상관왕이유상부 황음지욕 식신태과 사주불견부성 미위
貞潔 官星絶遇休囚 孤孀獨宿 清潔源流 金豬相遇 木虎相見 四柱三夫 土
정결 관성절우휴수 고상독숙 청결원류 금저상우 목호상견 사주삼부 토
羨重疊 水火逢蛇 夫宮早喪 食神一位逢生旺 招子須當拜聖明 父母之宮 男
이중첩 수화봉사 부궁조상 식신일위봉생왕 초자수당배성명 부모지궁 남
命同斷 若見此書 藏之如寶 若何高士 對鏡分明 依其此法 萬無一失
명동단 약견차서 장지여보 약하고사 대경분명 의기차법 만무일실

여명의 오묘한 이치를 간략하게 설명하면 순수한 팔자에 있습니다. 순수하게 부귀를 누리면 정관이 생왕하기 때문이며, 사주가 휴수해도 반드시 귀한 사람이 됩니다.

음란한 성향은 오행이 충이 왕성하기 때문에 나타나며, 음탕한 성향은 관살이 혼잡하고 사주에 합이 많아서 생깁니다. 사주에 칠살이 많지만 이를 극제하지 못하면 선량하지 못한 사람으로 여겨질 수 있습니다.

인수가 많으면 늙어서도 자식이 없을 가능성이 크며, 상관이 왕성하면 어린 나이에 남편과 사별하고 홀로 살아가게 됩니다. 음란한 욕구는 식신이 태과하기 때문이고, 사주에 남편성이 보이지 않는 경우 정조를 지키기 어렵습니다. 정관이 절지에 놓이고 휴수 상태가 되면 독수공방하며 살아가게 됩니다.

맑고 고결한 성품은 金이 亥를 만난 것이고, 木이 寅을 만난 사주는 남편

이 셋이며, 土가 중첩되고 水와 火가 巳를 만나면 남편과 일찍 사별하게 됩니다. 하나의 식신이 생왕운을 만나게 되면 자식을 얻기 위해 기도해야 합니다. 부모궁은 남성과 동일하게 판단합니다.

  이 책을 보물처럼 간직하고 고수가 거울을 보듯 분명히 판단하면 절대 실수하지 않을 것입니다.

14. 五行元理消息賦 오행원리소식부

오행원리소식이란 오행이 끊임없이 변화하고 순환하는 원리입니다.

> 詳其往聖 鑒以前賢 論生死全憑鬼谷 推消息端的徐公 陽生陰死 陽死陰生
> 상기왕성 감이전현 론생사전빙귀곡 추소식단적서공 양생음사 양사음생
> 循環逆順 變化見矣 夫陽木生亥死午 雖存亡易見 陽木跨馬逢豬 則吉凶可
> 순환역순 변화견의 부양목생해사오 수존망역견 양목과마봉저 즉길흉가
> 知 艮生丙而遇雞死 兌生丁而逢虎傷 戊藏寅而西方沒 己生酉而艮中亡 庚
> 지 간생병이우계사 태생정이봉호상 무장인이서방몰 기생유이간중망 경
> 逢蛇而崢嶸 而見鼠亦難當 辛生子死在巽地 壬生申藏於震方 兔生癸水衣祿
> 봉사이쟁영 이견서역난당 신생자사재손지 임생신장어진방 토생계수의록
> 足 運行猴地見災殃 十干生死同斷 造化依此推詳
> 족 운행후지견재앙 십간생사동단 조화의차추상

　옛 성인들의 가르침을 자세히 살펴보고, 이전 현자들의 지혜를 거울로 삼아야 합니다. 생사에 대한 논의는 귀곡자의 이론에 의존하고, 길흉화복에 대한 판단은 서자평의 방법을 따르는 것이 적절합니다.

　양생음사와 음생양사는 역행과 순행이 순환하며 변화의 모습을 나타낸 것입니다. 예를 들어, 甲은 亥에서 태어나고 午에서 죽으므로 생사의 흐름을 쉽게 파악할 수 있으며, 甲이 午를 넘어 亥를 만나면 그 속에서 길흉의 단서를 찾을 수 있습니다.

　丙은 寅에서 생을 시작하고 酉에서 끝나며, 丁은 酉에서 시작하여 寅에서 종료됩니다. 戊는 寅에 숨어 있다가 서방에서 자취를 감추며, 己는 酉에서 시작하여 寅에서 소멸됩니다. 庚은 巳를 만나면 재능이 빛나지만, 子를 마주하면 감당하기 어렵습니다. 辛은 子에서 생을 얻고 巳에서 소멸됩니다. 壬은 申에서 생을 얻고 辰에 저장됩니다. 癸는 卯에서 생을 시작하며 복록이 풍부하지만, 申운에 들어서면 재앙을 만날 수 있습니다.

　십간의 생사는 이와 같이 판단하고 조화를 상세히 해석해야 합니다.

> 又詳權刃雙顯停均 位至侯王 中途或喪或危 運扶官旺 平生爲富爲貴 身殺
> 우상권인쌍현정균 위지후왕 중도혹상혹위 운부관왕 평생위부위귀 신살
> 兩停 夫貴者用財而不用官 當權者用殺而不用印 印賴殺生 官因財旺 食居
> 양정 부귀자용재이불용관 당권자용살이불용인 인뢰살생 관인재왕 식거
> 先殺居後 功名兩全 酉破卯 卯破午 財名雙美 享福五行歸祿 壽彌八字相停
> 선살거후 공명양전 유파묘 묘파오 재명쌍미 향복오행귀록 수미팔자상정

　칠살과 양인이 함께 나타나 균형을 이루면 왕의 지위에 오르게 됩니다. 중도에 죽거나 위태로워지면 운에서 정관이 왕성하게 돕기 때문이며, 평생 부귀를 누리게 되면 일간과 칠살이 균형을 이루었기 때문입니다.

　대개 귀한 사람은 재성을 활용하고 정관은 사용하지 않으며, 권력을 가진 사람은 칠살을 활용하고 인수는 사용하지 않습니다. 인수는 칠살에 의지하여 생함을 받고, 정관은 재성으로 인해 왕성하게 됩니다.

　식신이 앞에 있고 칠살이 뒤에 있으면 공명과 명예를 모두 얻습니다. 酉가 卯를 충파하고, 卯가 午를 충파하면 부귀를 누립니다. 오행이 귀록에 도달하면 복을 누리게 되며, 팔자가 균형을 이루면 장수하게 됩니다.

晦火無光於稼穡 盜木絶氣於丙丁 火虛有焰 金實無聲 水泛木浮者活木 土
회화무광어가색 도목절기어병정 화허유염 금실무성 수범목부자활목 토
重金埋者陽金 水盛則危 火明則滅 陽金得煉太過 變格奔波 陰木歸垣失令
중금매자양금 수성즉위 화명즉멸 양금득련태과 변격분파 음목귀원실령
終爲身弱 土重而掩火無光 逢木反爲有用 水盛則木無定 若好土運方榮 五
종위신약 토중이엄화무광 봉목반위유용 수성즉목무정 약호토운방영 오
行不可太甚 八字須得中和 土止水流全福壽 土虛木盛必傷殘 運會元辰 須
행불가태심 팔자수득중화 토지수류전복수 토허목성필상잔 운회원진 수
當夭折 木盛多仁 土薄寡信 水旺居垣須有智 金堅主義却能爲 金水聰明而
당요절 목성다인 토박과신 수왕거원수유지 금견주의각능위 금수총명이
好色 水土混雜必多愚 遐齡得於中和 夭折喪於偏枯 辰戌剋制倂冲 必犯刑
호색 수토혼잡필다우 하령득어중화 요절상어편고 진술극제병충 필범형
名 子卯相刑門戶 全無禮德
명 자묘상형문호 전무례덕

火는 土의 영향을 받아 빛이 없어져 어두워지고, 木은 丙과 丁에 의해 기운이 끊겨 약해집니다. 火가 허약하면 불꽃만 있고 실속이 없으며, 金이 실하면 소리가 들리지 않습니다. 水가 넘치면 木은 물 위에 떠다니는 활목이 되고, 土가 많아 金이 묻히는 것은 庚입니다.

水의 기운이 너무 왕성하면 위태로움이 따르며, 火가 지나치게 밝으면 결국 꺼지고 맙니다. 庚이 지나치게 녹으면 격국이 변하며 불안정해지고, 乙이 자신의 자리에 있어도 실령하면 결국 신약하게 됩니다.

土가 많아지면 火를 덮어 빛을 잃게 하지만, 木과 만나면 오히려 유용하게 변합니다. 水가 지나치면 木이 안정되지 못하고 떠다니지만, 土운을 만나게 되면 오히려 번영할 수 있습니다.

오행의 기세는 너무 강성해도 안 되며, 팔자는 반드시 중화를 이루어야 복과 안정이 따릅니다. 土가 水의 흐름을 막으면 복과 장수를 누리게 되지만, 土가 허약하고 木이 지나치게 왕성하면 신체의 장애를 초래하며, 水운을 만나면 요절할 수 있습니다.

木이 왕성하면 인자함이 많고, 土가 약하면 신의가 부족해집니다. 水가 왕성하면 지혜로워지고, 金이 견고하면 의지와 능력을 가집니다. 金水가 있으면 총명하지만 여색을 좋아하고, 水土의 혼잡은 어리석어집니다.

장수를 하려면 반드시 중화를 이루어야 하며, 편고하면 요절하게 됩니다. 辰과 戌이 서로 충돌하면 형벌을 피하기 어렵고, 子와 卯가 형을 이루면 집안에서 예의와 덕을 전혀 찾아볼 수 없습니다.

棄印就財明偏正 棄財就殺論剛柔 傷官無財可恃 雖巧必貧 食神制殺逢梟
기인취재명편정 기재취살론강유 상관무재가시 수교필빈 식신제살봉효
不貧則夭 男多羊刃必重婚 女犯傷官須再嫁 貧賤者皆因旺處遭刑 孤寡者只
불빈즉요 남다양인필중혼 여범상관수재가 빈천자개인왕처조형 고과자지
爲財神被劫 去殺留官方論福 去官留殺有威權 逢傷官反得夫星 乃財命有氣
위재신피겁 거살류관방론복 거관류살유위권 봉상관반득부성 내재명유기
遇梟神而喪子息 福薄無後而孤 三戌沖辰禍不淺 兩干不雜利名齊 丙子辛卯
우효신이상자식 복박무후이고 삼술충진화불천 양간불잡리명제 병자신묘
相逢 荒淫滾浪 子午卯酉全備 酒色昏迷 天干殺顯無制者賤 地支財伏暗生
상봉황음곤랑 자오묘유전비 주색혼미 천간살현무제자천 지지재복암생
者奇 因財致福 羊刃與歲運併臨 貪食乖疑 命用梟食因有病 姪男爲嗣 義女
자기 인재치복 양인여세운병림 탐식괴의 명용효식인유병 질남위사 의녀
爲妻 日時相逢卯酉 始生必主迂移 平生敬信神祖造 化因逢戌亥
위처 일시상봉묘유 시생필주우이 평생경신신조조 화인봉술해

인수를 버리고 재성을 취하려면 편재와 정재를 명확히 구분해야 하며, 재성을 버리고 칠살을 취하려면 강함과 유약함을 논해야 합니다.

상관이 있으나 재성이 없다면 의지할 곳이 없어서, 비록 재능이 있다 하더라도 가난에서 벗어나기 어렵습니다. 식신이 칠살을 제압하고 효신을 만나게 되면 가난하지 않으면 요절할 위험이 있습니다.

남명의 경우 양인이 많다면 재혼하고, 여명의 경우 상관이 있으면 재혼합니다. 빈천한 삶을 사는 자들은 모두 왕성한 곳에서 형벌을 만나기 때문이며,

고독한 삶을 사는 이들은 재성이 겁탈을 당했기 때문입니다.

　칠살을 제거하고 정관을 남기면 복을 누릴 수 있으며, 정관을 제거하고 칠살을 남기면 위엄과 권세를 가질 수 있습니다. 상관을 만나더라도 오히려 남편을 얻을 수 있는데, 이는 재성과 명에 기운이 있기 때문입니다. 효신을 만나면 자식을 잃게 되고 복이 적어지며, 대를 이어 나가지 못하고 고독한 삶을 살게 됩니다.

　세 개의 戌과 辰이 충돌하면 재난이 깊어질 수 있습니다. 두 개의 천간이 혼잡하지 않으면 부귀를 누리며, 丙子와 辛卯가 서로 만나면 음란하고 방탕하게 됩니다. 또한, 子午卯酉가 모두 있는 사주는 주색에 빠져 삶의 중심을 잃게 됩니다.

　천간에 드러난 칠살을 제압하지 못하면 천해지게 되며, 지지에 있는 재성이 암암리에 생조해주면 기이한 방식으로 재복을 얻게 됩니다. 양인이 세운과 함께 오면 식신을 탐하며 의심이 많아집니다.

　사주에서 효신과 식신을 함께 사용하면 건강에 문제가 생기거나 병에 걸릴 가능성이 있으며, 조카를 통해 대를 잇고 양녀를 처로 맞이하는 경우도 있습니다. 일주와 시주에서 卯酉가 서로 충돌하면 고향을 떠나 멀리서 삶을 영위하게 됩니다.

　평생 동안 신과 조상을 공경하고 믿는 삶을 살면 戌亥를 만나는 운에서 이러한 경향이 더욱 뚜렷하게 나타날 수 있습니다.

陰剋陰 陽剋陽 財神有用 官多無官 大旺傾危 殺多無殺 反爲不害 財多無
음극음 양극양 재신유용 관다무관 대왕경위 살다무살 반위불해 재다무

財 運逢化殺生災 印多無印 運忌比劫旺地 八字得局失垣 平生不遇 四柱歸
재 운봉화살생재 인다무인 운기비겁왕지 팔자득국실원 평생불우 사주귀

垣得令 早歲軒昂 木逢類象 榮貴高遷 命用梟神 富貴營辦 財官俱敗者死
원득령 조세헌앙 목봉류상 영귀고천 명용효신 부귀영판 재관구패자사

食神逢梟者凶 龍藏亥卯 經商利路絲綿 丁巳孤鸞 合作聰明看女 日犯裸形
식신봉효자흉 용장해묘 경상리로사면 정사고란 합작총명간녀 일범라형

沐浴 濁濫淫娼 日祿歸時見財 則淸高富貴 歸祿有財而獲福 無財歸祿必須
목욕 탁람음창 일록귀시견재 즉청고부귀 귀록유재이획복 무재귀록필수
貧 財印混雜 終爲困窮 偏正濁亂 必致傷殘
빈 재인혼잡 종위곤궁 편정탁란 필치상잔

음이 음을 극하고 양이 양을 극하면 재성을 사용할 수 있으며, 정관이 많으면 정관이 없는 것과 같으며, 태왕한 기운은 오히려 위태롭게 작용합니다. 칠살이 많으면 살성이 없는 것과 같아 해롭지 않을 수 있고, 재성이 지나치게 많아도 재성이 없는 것과 같으며, 운에서 칠살로 화하면 재난이 발생합니다.

인수가 많아지면 인수가 없는 것과 같아지고, 비겁이 왕성한 기운을 만나면 불리한 영향을 받게 됩니다.

팔자에서 격국을 갖추었다고 하더라도 근본을 잃으면 평생 불우하게 됩니다. 반면, 사주가 근본으로 돌아가고 득령하면 젊은 나이에 출세할 가능성이 높아집니다.

木이 木국을 만나면 고위직으로 진출하여 부귀영화를 누리게 됩니다. 사주에 효신을 사용하면 부귀를 이루고 일을 훌륭히 처리할 수 있는 능력을 갖추게 됩니다. 재관이 모두 패하면 생명이 위태로워질 수 있으며, 식신이 효신을 만나면 흉한 결과가 나타납니다. 亥卯 木국을 가진 경우에는 사업에서 큰돈을 벌 수 있습니다.

丁巳는 고란살과 합작할 경우 총명한 여성으로 봅니다. 일주가 나형목욕을 가지면 음란한 성격을 띠게 됩니다.

일록귀식격이 재성을 만나면 맑고 고귀하며 부귀를 누립니다. 귀록격에서 재성이 있으면 복을 누리게 되며, 재성이 없으면 가난해지게 됩니다. 재성과 인수가 혼잡하면 결국 가난하게 되고, 편재와 정재가 혼잡하면 불구가 될 가능성이 높습니다.

太歲忌逢戰鬥 羊刃不喜刑沖 癸從戊合 少長無情 多有不仁 庚逢丙擾 時歸
태세기봉전두 양인불희형충 계종무합 소장무정 다유불인 경봉병요 시귀
敗絶 老後無終 豈知遇正官却無俸祿 蓋祿逢七殺乃有聲名 不從不化 淹留
패절 노후무종 기지우정관각무봉록 개록봉칠살내유성명 불종불화 엄류
仕路之人 從化得從 顯達功名之士 化成祿旺者生 化成祿絶者死 處僧道之
사로지인 종화득종 현달공명지사 화성록왕자생 화성록절자사 처승도지
首 用殺反輕 受憲臺之職 偏官得地 生地相逢 壯年不祿 時祿敗絶 老壽無
수 용살반경 수헌대지직 편관득지 생지상봉 장년불록 시록패절 노수무
終 丁逢卯木遇己土 梟食之人 亥乃神漿 遇酉金嗜盃之客 財逢旺地人多福
종 정봉묘목우기토 효식지인 해내신장 우유금기배지객 재봉왕지인다복
官遇長生命必榮 丁生酉金 丙辛遇之絶嗣 財臨殺地 父死而不歸家 八專日
관우장생명필영 정생유금 병신우지절사 재림살지 부사이불귀가 팔전일
支同類 殺年殺運生災 若能觀覽熟讀 詳玩貴賤 萬無一失
지동류 살년살운생재 약능관람숙독 상완귀천 만무일실

　세운은 전투와 같은 충돌을 꺼리며, 양인은 형충을 반기지 않습니다. 癸가 戊와 합을 이루면 크고 작은 정이 없고 어질지 못하며, 庚이 丙을 만나 방해를 받고 시주가 패절되면 노후를 제대로 마치지 못합니다.

　정관을 만나더라도 봉록을 얻지 못하는 경우가 있으며, 록이 칠살을 만나 명성을 얻게 되는 경우도 있습니다.

　종하거나 화하지 않는다면 한 직위에 머물러야 하지만, 종하거나 화하면 성공과 명예를 잡을 수 있습니다. 화격이 이루어지고 록이 왕성하면 살 수 있으나, 화격이 이루어지고 록이 끊어지면 죽을 수 있습니다.

　승려나 도인의 우두머리는 칠살을 약하게 사용하는 특징이 있으며, 판검사 같은 직업에서는 편관이 득지해야 적합합니다. 생지를 만나게 되면 장년이 되어도 이루는 것이 없으며, 시주에서 록이 패절되면 노년까지 이루지 못하게 됩니다.

　丁이 卯를 만나고 己를 더하면 효신과 식신을 가진 사람입니다. 亥는 신으로 여겨지며 酉를 만나게 되면 술을 즐기는 성향이 생깁니다.

재성이 왕성한 기운과 만나게 되면 복이 많아지고, 정관이 장생의 기운을 만나게 되면 반드시 영화를 누리게 됩니다.
　丁이 酉에서 태어나 丙辛을 만나게 되면 후사가 끊어지며, 재성이 살지에 이르면 부친이 죽어도 집에 돌아오지 못하게 됩니다.
　팔자가 일지와 같은 오행으로 가득 차 있다면, 칠살이 작용하는 대세운에서는 재난이 생기게 됩니다.
　이 글을 면밀히 숙독한다면 부귀와 빈천을 깊이 이해하고 실수 없이 통변할 수 있습니다.

15. 金玉賦 금옥부

금옥부는 보석과 같은 이치를 상징합니다.

오행의 생성소멸의 조화

> 數體洪範 法遵子平 命天地之奧妙 聽空穀之傳聲 一氣流行 則冬寒而夏暑
> 수체홍범 법준자평 명천지지오묘 청공곡지전성 이기유행 즉동한이하서
> 三陽生發 自春長以秋成 竊聞既生有滅 若虧則盈 造化歸源 盡返寅申巳亥
> 삼양생발 자춘장이추성 절문기생유멸 약휴즉영 조화귀원 진반인신사해
> 五行藏蓄 各居四季丘陵 生長有時 自春夏秋冬之屬 旺衰有數 察貧賤富貴
> 오행장축 각거사계구릉 생장유시 자춘하추동지속 왕쇠유수 찰빈천부귀
> 之機
> 지기

　사주팔자 이론은 홍범의 원리를 기반으로 하며, 자평의 법칙을 따릅니다. 이를 통해 인간의 운명은 자연의 깊은 원리와 조화를 이루며 전통적인 지혜로 이해될 수 있습니다.

　운명은 하나의 기가 순환하는 과정에서 계절의 변화를 따릅니다. 겨울은 춥고 여름은 더우며, 삼양(寅)은 봄에 발생하여 성장을 이룬 후 가을에 결실을 맺습니다. 모든 존재는 생겨남이 있으면 반드시 사라짐이 뒤따르며, 이지러짐이 있으면 다시 가득 차는 변화의 과정을 거칩니다.

　조화는 근원으로 돌아가는 법칙을 따르듯이, 오행의 기세가 소진되면 다시 寅申巳亥로 되돌아가며, 각각 辰戌丑未에 저장됩니다. 만물은 생장하는 시기를 가지며, 이는 자연히 춘하추동의 순환 속에서 이루어집니다. 오행의 왕성함과 쇠퇴를 통해 인간의 운명을 살피며, 부귀와 빈천의 기미를 읽어낼 수 있습니다.

사주팔자 분석의 핵심

搜尋八字 專論財官 次究五行 須詳氣候 論財官之輕重 察氣候之淺深 推向
수심팔자 전론재관 차구오행 수상기후 론재관지경중 찰기후지천심 추향
背財官之得失 論當生格局之高低 他來剋我爲官鬼 身旺當權 我去剋他爲妻
배재관지득실 론당생격국지고저 타래극아위관귀 신왕당권 아거극타위처
財官强則富 年傷身主 乃父與子而不親 時剋日辰 是子不遵於父命 年剋日
재 관강즉부 년상신주 내부여자이불친 시극일진 시자불준어부명 년극일
兮上能陵下 日剋年兮 下去犯上 若得有物制日干 則可化惡爲祥 更要本主
혜상능릉하 일극년혜 하거범상 약득유물제일간 즉가화악위상 경요본주
逢喜神 則將凶而變吉 喜神慶會 當知資産豐隆
봉희신 즉장흉이변길 희신경회 당지자산풍륭

팔자를 분석하려면 먼저 재성과 정관을 중심으로 논해야 하며, 다음으로 오행을 연구하고 기후의 영향을 자세히 살펴야 합니다. 재성과 정관의 경중을 평가하고, 기후의 강약을 파악하여 운명을 분석합니다. 재성과 정관의 득실을 판단하며, 사주의 격국의 높고 낮음을 논의해야 합니다.

일간을 극하는 오행은 관살이며, 일간이 왕성하면 권력을 잡게 됩니다. 반면, 일간이 극하는 오행은 재성이며, 정관이 강하면 부유한 삶을 살 수 있습니다.

년주가 일간을 극하면 부모와 자식 간의 관계가 소원해질 수 있으며, 시주가 일간을 극하면 자식이 부모의 명령을 따르지 않게 됩니다. 년주가 일주를 극하면 윗사람이 아랫사람을 업신여기고, 일주가 년주를 극하면 아랫사람이 윗사람을 무시하거나 반항합니다.

일간을 극제할 수 있는 오행이 있다면 악이 선으로 변화하여 길한 결과를 가져옵니다. 일간이 희신을 만나면 흉한 일이 길함으로 변화하며, 희신이 강하면 경사스러운 일과 풍족한 재산을 얻을 수 있습니다.

오행의 상호작용과 격국

四柱無情 定見禍端並作 或見本主相沖 三刑重疊 歲運欺陵 必招橫事 純粹
사주무정 정견화단병작 혹견본주상충 삼형중첩 세운기릉 필초횡사 순수
五行入格 臺閣風淸 身强七殺降伏 藩垣鎭守 無財官而有格局 靑雲得路 無
오행입격 대각풍청 신강칠살강복 번원진수 무재관이유격국 청운득로 무
格局而有財官 黃門成名 財官格局俱損 不貧寒而功名蹭蹬之人 日干月令俱
격국이유재관 황문성명 재관격국구손 불빈한이공명층등지인 일간월령구
强 非窮困必草茅永逸之士 丙丁坐南離而無制 是不遵禮法兇暴之徒 壬癸遇
강 비궁곤필초모영일지사 병정좌남리이무제 시불준례법흉폭지도 임계우
戊己之相應 乃懷德抱才聰慧之士 辛逢乙木於南墓 雖富而不仁 丙逢辛金於
무기지상응 내회덕포재총혜지사 신봉을목어남묘 수부이불인 병봉신금어
北鎭 縱貧而有德
북진 종빈이유덕

사주가 무정한 경우에는 반드시 재난이 발생하는 일이 함께 나타납니다. 일주가 상충하거나 삼형이 중첩되며, 대세운에서 기만을 당하면 예기치 않은 재난을 맞이하게 됩니다.

순수한 오행이 격국에 포함되면 고위직으로 순조롭게 오르고, 신강한 상태에서 칠살을 제압하면 변방의 장수가 될 운을 지니게 됩니다.

재관이 없더라도 격국이 있으면 벼슬길이 열리며, 격국이 없더라도 재관이 있다면 명성을 떨칠 수 있습니다. 하지만 재관과 격국이 모두 손상되면 가난하지는 않더라도 성공은 어렵습니다.

일간과 월령이 모두 강하면 가난하지 않지만 초야에서 조용히 지내는 삶을 살게 됩니다.

丙과 丁이 남방에 자리 잡고 제어되지 못하면 흉폭한 무뢰한이며, 壬癸가 戊己를 만나면 덕과 재능을 겸비한 총명한 사람이 됩니다. 辛이 乙을 火의 묘지에서 만나면 비록 부유해도 어질지 못하며, 丙이 북방에서 辛을 만나게 되면 비록 가난하더라도 덕을 갖춘 사람입니다.

길성과 흉살의 조화와 대립

> 年時月令有偏印 凶吉未明 大運歲君逢壽星 災殃立至 幼年乏乳 食神遭刑
> 년시월령유편인 흉길미명 대운세군봉수성 재앙립지 유년핍유 식신조형
> 剋之宮 壯歲崢嶸 乃財官居純粹之位 陽日食神得地 無沖損則暗合官星 陰
> 극지궁 장세쟁영 내재관거순수지위 양일식신득지 무충손즉암합관성 음
> 日食神無破虧 雖契合則自親 印綬偏財 能益壽延年 羊刃七殺 善奪財化鬼
> 일식신무파휴 수계합즉자친 인수편재 능익수연년 양인칠살 선탈재화귀
> 財星有破 費祖風別立他鄕 印綬被傷 失宗業抛離故里 人命以貴神爲福 遭
> 재성유파 비조풍별립타향 인수피상 실종업포리고리 인명이귀신위복 조
> 剋陷則凶禍不祥 五行會凶曜爲災 喜合殺並食神爲貴 命虧殺旺 要天赦二德
> 극함즉흉화불상 오행회흉요위재 희합살병식신위귀 명휴살왕 요천사이덕
> 呈祥 身弱財豐 喜羊刃兄弟爲助 月令値食神健旺 善飮食而姿質豐滿 四柱
> 정상 신약재풍 희양인형제위조 월령치식신건왕 선음식이자질풍만 사주
> 有吉曜相扶 堆金積玉 五行無凶殺侵犯 名顯聲揚 寅申巳亥疊犯 有聰明生
> 유길요상부 퇴금적옥 오행무흉살침범 명현성양 인신사해첩범 유총명생
> 發之心 子午卯酉重逢 害酒色荒淫之志
> 발지심 자오묘유중봉 해주색황음지지

년주, 시주, 월령에 편인이 있으면 길흉이 분명하지 않으며, 대세운에서 식신을 만나게 되면 재난이 즉시 찾아올 수 있습니다. 어려서 젖이 부족했던 이유는 식신이 형극을 받는 궁에 머물러 있었기 때문입니다. 장년이 되어 출세하려면 재관이 순수한 자리에 위치해야 합니다.

양일간의 경우, 식신이 득지를 하고 충으로 인해 손상되지 않으면 정관과 암합이 이루어집니다. 음일간의 경우, 식신이 파손되지 않으면 비록 합을 하더라도 자연히 친밀한 관계를 형성하게 됩니다.

인수와 편재가 함께 있는 경우 장수를 누리며, 양인과 칠살이 있으면 재물을 빼앗는 악귀로 변합니다. 재성이 파괴되면 조상을 떠나 타향에서 자립하게 되고, 인수가 손상되면 가업을 잃고 고향을 떠나게 됩니다.

사람의 명에서 귀한 육신은 복을 가져오지만, 극을 만나 파손되면 흉한

재난이 생깁니다. 오행이 흉신과 모이면 재난이 발생하며, 반대로 식신이 합살하면 귀한 운명을 얻을 수 있습니다.

사주가 무너지고 칠살이 왕성하더라도 천사와 이덕이 있으면 길한 징조가 나타나게 됩니다. 신약하고 재성이 많으면 양인과 비견의 도움을 필요로 합니다. 월령에 식신이 건왕하면 음식을 좋아하며, 체격이 풍만해지는 특징을 보입니다.

사주에서 길성이 서로 돕게 되면 부유한 삶을 누리게 되고, 오행에 흉살이 침범하지 않으면 명성을 얻습니다. 寅申巳亥가 중첩되면 총명함과 발전적인 마음을 가지게 되며, 반면, 子午卯酉가 중첩되면 주색에 빠져 방탕한 삶을 살 가능성이 높습니다.

여명의 통변

女人無殺 一貴何妨 喜逢天月德神 忌見殺官混雜 貴衆則舞裙歌扇 合多則
여인무살 일귀하방 희봉천월덕신 기견살관혼잡 귀중즉무군가선 합다즉

暗約偸期 五行健旺 不遵禮法而行 官殺互逢 定是風聲之配 迴眸倒插 泛水
암약투기 오행건왕 불준례법이행 관살호봉 정시풍성지배 회모도삽 범수

桃花 沐浴裸形 螟蛉重見 多爲奴妾娼妓 少有三貞九烈 雙魚雙女號淫星 不
도화 목욕나형 명령중견 다위노첩창기 소유삼정구렬 쌍어쌍녀호음성 불

宜多犯 官星七殺曰夫主 忌見重逢 寅申互見性荒淫 巳亥相逢心不已 或有
의다범 관성칠살왈부주 기견중봉 인신호견성황음 사해상봉심불이 혹유

傷官之位 不遠嫁定主剋夫 臨沖梟印之神 非孤離終須死別 四柱有官鬼入墓
상관지위 불원가정주극부 임충효인지신 비고리종수사별 사주유관귀입묘

使夫星久入黃泉 歲運臨夭絶之宮 俾鴛配分飛異路 要知女命難婚 運入背夫
사부성구입황천 세운림요절지궁 비원배분비이로 요지여명난혼 운입배부

之位 欲識男兒早娶 定是運合財鄉 子剋重重 殺沒官衰傷食重 傷妻疊疊 財
지위 욕식남아조취 정시운합재향 자극중중 살몰관쇠상식중 상처첩첩 재

輕身旺弟兄多 若不如斯 定是刑沖妻妾位 暗合財星妻妾衆 虛朝財位主妻多
경신왕제형다 약불여사 정시형충처첩위 암합재성처첩중 허조재위주처다

財星入墓 必定刑妻 支下伏神 偏房寵妾 妻星明朗 喬木相求 大運流年 三
재성입묘 필정형처 지하복신 편방총첩 처성명랑 교목상구 대운류년 삼

> 合財鄕 必主紅鸞吉兆 或臨財敗之宮 家貲淩替 傷妻損妾 婚配難成 妻星失
> 합재향 필주홍란길조 혹림재패지궁 가자릉체 상처손첩 혼배난성 처성실
> 位在何宮 要求端的
> 위재하궁 요구단적

여명에서 칠살이 없고 하나의 정관만 있으면 큰 문제가 없으며, 천월덕을 만나면 더욱 좋으나, 관살이 혼잡되면 안 좋습니다. 귀한 기운이 많은 경우 화려한 삶을 누리며, 합이 지나치게 많으면 불륜과 같은 문제를 야기할 수 있습니다. 오행이 건왕하면 예법을 따르지 않고 행동하며, 관살이 혼잡하면 풍류객과 염문을 뿌리게 됩니다.

도삽도화가 넘치며 눈웃음을 자주 치고, 목욕도화와 나형도화가 중첩되면 바람둥이 성향이 드러납니다. 이런 운이 강한 사람들은 노비, 첩, 또는 창녀로 살아갈 가능성이 많으며, 정절과 고결함을 지키는 사람은 드뭅니다. 亥와 巳는 음란한 별로 지나치게 많으면 좋지 않습니다.

관살은 남편이며, 중복되면 좋지 않습니다. 寅申이 서로 만나면 음탕한 성향이 생기고, 巳亥가 만나면 마음이 불안정하게 됩니다. 상관의 자리에 있으면 남편을 극하며, 재혼할 가능성이 높아집니다.

효인을 충하게 되면 독수공방하거나 사별하게 되는 운명이 따릅니다. 사주에 관살이 입묘하면 남편이 일찍 사망하며, 세운이 요절의 궁에 이르면 이혼하게 됩니다.

결혼이 어려운 여명은 남편성을 배반하는 운에 놓여 있으며, 남명이 일찍 결혼하게 되는 경우는 재성운과의 합이 되었기 때문입니다. 자식이 극을 많이 받는 경우 칠살이 없고 정관이 쇠약하며 식상이 강하기 때문입니다. 처를 거듭 잃는 경우는 재성이 약하고 신왕하며 비겁이 많거나, 처궁이 형충을 받기 때문입니다.

재성을 암합하면 첩이 많아지고, 재성의 자리가 비어 있으면 처가 많아집니다. 재성이 입묘하면 처에게 불리하며, 지지에 암장되어 있으면 첩을 총애

하고, 재성이 밝으면 훌륭한 처를 만나게 됩니다.

대세운이 삼합하는 재성운을 만나면 혼인이 길하나, 재성이 패지에 있으면 가산을 탕진하고 처를 잃게 됩니다. 혼인이 잘 이루어지지 않는 경우 처성이 어느 궁에서 제자리를 잃었는지 정확히 살펴보아야 합니다.

번영과 쇠퇴 분석

官祿天廚居甚位 須察根源 有格局純粹 忽遇惡物相沖 亦主死亡 無財祿或
관록천주거심위 수찰근원 유격국순수 홀우악물상충 역주사망 무재록혹

逢財祿旺相 亦當驟發 日求升合 食神旺處劫財多 或逢偏印剋食神 非貧夭
봉재록왕상 역당취발 일구승합 식신왕처겁재다 혹봉편인극식신 비빈요

壽 須知乞化 要審榮枯得失 當究輕重淺深 官祿殺强 無制則夭 日衰財重
수 수지걸화 요심영고득실 당구경중천심 관록살강 무제즉요 일쇠재중

黨殺則窮 更看歲運 何凶何吉 身宮冲破無依倚 不離祖必出他鄕 乾坤艮巽
당살즉궁 경간세운 하흉하길 신궁충파무의의 불리조필출타향 건곤간손

互換朝 好馳騁則心無定主 柱中若逢華蓋 犯二德淸貴之人 官星七殺落空亡
호환조 호치빙즉심무정주 주중약봉화개 범이덕청귀지인 관성칠살락공망

在九流任虛閒之職 五行剋戰 非傷日主不爲災 歲運倂臨 若損用神皆有禍
재구류임허한지직 오행극전 비상일주불위재 세운병림 약손용신개유화

관록과 천주귀인이 어느 자리에 위치해 있는지를 근원적으로 자세히 살펴보아야 합니다. 사주에 격국이 순수하더라도, 갑자기 악한 기운과 충돌하게 되면 생명이 위태로울 수 있습니다.

재관이 없거나 재관이 왕성한 시기를 만나게 되면 갑자기 큰 성공을 빠르게 이루게 됩니다.

신약한 상태에서 식신이 왕성한 곳에 겁재가 많거나, 편인이 식신을 극제하면 가난하거나 요절하고 거지가 될 운명도 따를 수 있습니다.

번영과 쇠퇴를 얻고 잃음은 이를 결정하는 오행의 경중과 강약을 분석해야 합니다. 관살이 강하지만 제압되지 않으면 요절할 위험이 따르며, 신약한 상태에서 재성이 많고 칠살과 결탁하면 궁핍한 삶으로 이어집니다. 대세

운이 어떠한 길흉을 가지고 있는지도 세심히 살펴야 합니다.

일주가 충파되면 의지할 곳을 잃고 고향을 떠나 타향으로 이주하게 됩니다. 寅申巳亥가 혼재하면 마음의 안정감을 잃고 방황하게 됩니다.

사주에 화개가 있으며 천덕과 월덕의 조화를 이루는 경우 맑고 귀한 성품을 가진 인물이 됩니다. 관살이 공망에 빠지게 되면 하찮은 직책을 맡게 될 운명이 따릅니다.

오행이 서로 극하고 싸우더라도 일주가 손상되지 않는다면 큰 재난은 없으나, 대세운이 동시에 용신을 손상하면 재난이 필연적으로 발생할 수 있습니다.

오행과 건강의 상관관계

木逢金剋 定主腰脅之災 火被水傷 必是眼目之疾 三合火神旺盛剋庚辛 損
목봉금극 정주요협지재 화피수상 필시안목지질 삼합화신왕성극경신 손
頭面及膿血之疾 如傷日干及財官太盛 折肢體有眷戀之災 心肺喘滿 亦本金
두면급농혈지질 여상일간급재관태성 절지체유권련지재 심폐천만 역본금
火相刑 脾胃損傷 蓋因土木戰剋 支水干頭有火遭水剋 必主腹肨心朦 支火
화상형 비위손상 개인토목전극 지수간두유화조수극 필주복비심몽 지화
干頭有水遇火旺 則內障睛盲 火土煩焦蒸四曜 則髮禿眼昏 潤下純潤充氣
간두유수우화왕 즉내장정맹 화토번초증사요 즉발독안혼 윤하순윤충기
返神淸骨秀 熒惑乘旺臨離巽 風中失音 太白堅利合兌坤 兵箭落魄
반신청골수 형혹승왕림리손 풍중실음 태백견리합태곤 병전락백

木이 金의 극을 받으면 허리와 옆구리가 아프고, 火가 水에 의해 상하면 눈병이 발생할 수 있습니다. 火삼합국이 왕성한 상태에서 庚과 辛을 극하게 되면 머리와 얼굴에 피고름이 차오르는 질병이 생깁니다.

일간이 손상되거나 재관이 지나치게 왕성하면 팔다리가 부러지거나 불구가 됩니다. 심장과 폐에 관련된 질환으로 인해 호흡이 어려워지는 경우, 이는 金과 火가 서로 형을 이루기 때문입니다. 또한, 비위와 관련된 문제는 土와 木

의 극과 충돌로 인해 나타납니다.

지지에 水가 있고 천간에 火가 존재하는 상황에서 水가 火를 극하면 복부와 심장에 질환이 생깁니다.

지지에 火가 있고 천간에 水가 있을 경우, 火가 지나치게 왕성하면 백내장이나 시각적인 문제로 눈이 어두워질 수 있습니다.

火와 土의 과도한 열기로 인해 머리카락이 빠지고 시야가 흐려지는 증상이 나타나게 됩니다.

水의 순수한 기운이 충만하면 정신이 맑아지고 뼈가 튼튼해집니다. 그러나 火가 巳午에서 왕성한 상태라면 풍으로 인해 말을 하지 못하는 증상이 나타납니다. 金이 申과 酉에서 강해지면 총칼에 의한 외상이 발생하며, 의기가 소침해집니다.

격국과 운의 길흉

財星入墓 少許刑沖必發 傷官傷盡 或見官星則凶 十有八格 當從善惡推求
재성입묘 소허형충필발 상관상진 혹견관성즉흉 십유팔격 당종선악추구
總繫五行 各取旺衰消息 身旺何勞印綬 身衰不喜財官 中和爲福 偏黨爲災
총계오행 각취왕쇠소식 신왕하로인수 신쇠불희재관 중화위복 편당위재
但見貴神朝拱 祿馬飛天 遙合虛邀 不得沖格 逢合皆忌 七殺官星 各嫌羈絆
단견귀신조공 록마비천 요합허요 부득충격 봉합개기 칠살관성 각혐기반
塡實則凶 忽然運到官鄉 當以退身避職 馬瘦官破 困守窮途 祿旺財豐 崢嶸
전실즉흉 홀연운도관향 당이퇴신피직 마수관파 곤수궁도 록왕재풍 쟁영
仕路 如臨喜處以得禍 是三合而隱凶星 或逢凶處而返祥 乃九宮而露吉曜
사로 여림희처이득화 시삼합이은흉성 혹봉흉처이반상 내구궁이로길요
要知職品高低 當求運神向背 淸奇則早歲成名 玷缺則晚年得地 運行則一宮
요지직품고저 당구운신향배 청기즉조세성명 점결즉만년득지 운행즉일궁
十載 流年乃逐歲推移 津路通亨 權高爵顯 程途偃蹇 祿薄官卑
십재 류년내축세추이 진로통형 권고작현 정도언건 록박관비

재성이 입묘하고 약간의 형충을 겪으면 발복할 수 있으며, 상관은 상진되어야 하며, 상관이 정관을 만나면 흉한 결과가 따릅니다.

팔자에 포함된 18격국은 선악에 따라 해석되며, 이는 모두 오행의 균형에 달려 있습니다. 각각의 오행이 왕성과 쇠퇴를 어떻게 변화시키는지 면밀히 분석해야 합니다.

신강한 경우에는 인수를 필요로 하지 않고, 신약한 경우에는 재성과 정관이 좋지 않은 영향을 미치게 됩니다. 중화를 이루는 것은 복을 가져오지만 치우치면 재난을 초래할 가능성이 큽니다.

공귀격, 녹마비천격, 요합격과 같은 격국은 충돌을 피해야 하며, 합을 만나더라도 신중하게 처리해야 합니다. 정관과 칠살은 기반을 싫어하며, 전실되면 흉한 결과로 이어질 수 있습니다. 갑작스레 관성운을 만나게 된다면 직책을 내려놓고 신중히 행동하는 것이 바람직합니다.

재성이 약해지고 정관이 파괴되면 가난이 지속되며, 반대로 재성과 정관이 왕성하면 출세의 길이 열립니다. 희신이 위치한 곳에서 재난이 발생한다면 삼합에 흉성이 숨겨져 있는 경우이며, 반대로 흉신이 있는 곳에서 오히려 좋은 일이 발생하면 숨어있던 길성이 드러났기 때문입니다.

직책의 높고 낮음을 알고자 한다면 반드시 운의 흐름과 방향을 주의 깊게 살펴야 합니다. 운이 맑고 특별한 경우에는 젊어서 성공을 이루고, 결점이 있는 경우에는 나이가 들어서 직책을 얻게 됩니다.

대운은 10년 단위로 변화하며, 세운은 매년 점진적으로 이동합니다. 운이 순조롭게 열리면 높은 직위와 영예를 누리게 되고, 운이 험난하면 낮은 직위에서 머무르게 됩니다.

자식과 형제의 통변

推尋子位 先看妻宮 死絶者嫡庶難存 太旺者別門求覓 妻星顯露 子息必多
추심자위 선간처궁 사절자적서난존 태왕자별문구멱 처성현로 자식필다

刑害嗣宮 男女罕得 若問兄弟多寡 細檢四柱干支 月令雖強 更看運神向背
형해사궁 남녀한득 약문형제다과 세검사주간지 원령수강 경간운신향배

死絶刑傷 雁行失序 相生喜慶 棣蕚聯榮 兄弟身旺 父命有虧 財帛旺多 母
사절형상 안행실서 상생희경 체악련영 형제신왕 부명유휴 재백왕다 모

年早剋 若見官鬼出見 母反長年 如逢脫氣排運 父還有壽 壬臨午位 癸坐巳
년조극 약견관귀출견 모반장년 여봉탈기배운 부환유수 임림오위 계좌사

宮 稟中和兮 祿馬同鄕 遇休囚也胎元絶地 丙臨申位 庚坐燕寅 己入巽乾
궁 품중화혜 록마동향 우휴수야태원절지 병림신위 경좌연인 기입손건

乙臨雙女 金乘火位 甲坐坤宮 名曰休囚 最嫌剋制 七殺忌逢言喪魄 壽星欣
을림쌍녀 금승화위 갑좌곤궁 명왈휴수 최혐극제 칠살기봉언상백 수성흔

遇日還魂
우왈환혼

자식의 운명을 판단하려면 먼저 처궁을 살펴야 합니다. 처궁이 사절되면 자식이 살아남기가 어려우며, 태왕할 경우 양자를 구해야 할 필요가 있습니다. 처성이 뚜렷하게 드러나면 자식을 많이 얻을 수 있지만, 자식궁이 형해를 당하면 자식을 얻기가 어려워질 수 있습니다.

형제의 수를 알고 싶으면 사주의 간지를 세밀히 검토해야 합니다. 월령이 비록 강하더라도 운의 방향을 추가적으로 고려해야 합니다. 형제궁이 사절되고 형을 당하면 형제 간의 질서가 흐트러지며, 반대로 상생할 경우 화목하며 경사스러운 일이 생깁니다. 형제가 지나치게 강하면 부친의 명이 약해질 수 있습니다.

재성이 왕성하고 많은 경우, 모친을 일찍 잃을 가능성이 높지만, 관살이 드러나면 오히려 모친이 오래 살게 됩니다. 또한, 재성의 기운을 빼앗는 운을 만나게 되면 부친이 오래 살 가능성도 높아집니다.

壬이 午의 자리에 임하고 癸가 巳궁에 위치하면 중화를 이루어 길한 기운

을 얻습니다. 이는 록마동향에서 태어난 기운으로, 휴수지와 절지를 만나 길함을 이루는 것입니다.

천간이 휴수지에 위치한 丙申, 庚寅, 己巳, 乙巳, 庚午, 甲申은 극제를 가장 싫어합니다. 칠살을 만나면 혼이 흩어질 수 있으며, 식신을 만나면 혼이 돌아오는 길한 기운을 얻게 됩니다.

홍범의 운명 원리

天命能施智力 難出網羅 造化幽微 乃除功妙 貧寒將盡 能令白屋出公卿 奢
천명능시지력 난출망라 조화유미 내제공묘 빈한장진 능령백옥출공경 사
侈太過 反使朱門生餓殍 家貲將廢 定生不肖之兒男 婚媾多刑 必娶無壽之
치태과 반사주문생아표 가자장폐 정생불초지아남 혼구다형 필취무수지
妻妾 四宮背祿 不可妄求 官將不成 財當見廢 八字無財 須求本分 越外若
처첩 사궁배록 불가망구 관장불성 재당견폐 팔자무재 수구본분 월외약
貪 必招凶事 噫甘貧養拙 非原憲之不才 鼓腹吹簫 使伍員之挫志 順則行
탐 필초흉사 희감빈양졸 비원헌지불재 고복취소 사오원지좌지 순즉행
逆則棄 知命樂天 困窮合義 洪範數終 淵源骨髓
역즉기 지명악천 곤궁합의 홍범수종 연원골수

하늘은 인간에게 지혜와 능력을 부여하지만, 운명은 하늘의 법칙과 속박에서 벗어나기 어렵습니다. 천지의 조화는 매우 미묘하고 심오한 원리로 이루어져 있어 이를 제대로 이해하고 활용하는 것은 특별한 통찰력과 노력이 요구됩니다.

가난이 극에 달하면 오히려 가난한 집에서도 고위직의 인물이 배출되며, 지나친 사치와 탐욕은 부유한 가문에서조차 굶주림과 비극을 초래할 수 있습니다. 집안이 쇠락하면 불효한 자식이 태어나고, 혼인에 형충이 많으면 단명한 처를 만날 가능성이 높습니다.

사주에서 록을 등지게 되면 욕심을 부리지 말아야 합니다. 관운이 제대로 이루어지지 않으면 재물도 사라지게 됩니다. 팔자에 재물이 부족하다면 본분

에 충실해야 하며, 지나치게 탐욕스러우면 흉한 일을 불러올 수 있습니다.

　가난을 긍정적으로 받아들이고 겸허히 자신을 기르는 자세는 공자의 제자였던 원헌처럼 재능 부족이 아니라 가치를 깨닫는 일입니다. 배를 두드리고 피리를 부는 모습은 오원이 실패한 뜻을 위로하며 삶을 버텨내는 것과 같은 맥락입니다.

　순리를 따르면 행하고, 역리에 처하면 내려놓는 것이 진정한 지혜입니다. 운명을 알고 천명을 즐기며 가난한 상황에서도 의리를 지키는 삶은 가치롭게 됩니다.

　홍범의 운명 원리는 매우 깊고 심오하며, 그 근원은 뼛속 깊은 곳까지 스며드는 것처럼 이해하기 어렵지만 중요한 의미를 담고 있습니다.

16. 碧淵賦 벽연부

벽연이란 옥처럼 깊고 그윽한 이치를 내포하고 있다는 의미입니다.

천명과 인명의 원리

> 嘗謂分二氣以定三才 播四時而成萬物 皆由命令也 斯令者 寓四時而立四極
> 상위분이기이정삼재 파사시이성만물 개유명령야 사령자 우사시이립사극
> 專以日主 以定三元 命乃無令而不行 令乃無命而不立 信知命令之相參 猶
> 전이일주 이정삼원 명내무령이불행 령내무명이불립 신지명령지상참 유
> 知天地之全體也 或雲 子罕言命 皆天命而非人命歟 天命關乎氣數 人命稟
> 지천지지전체야 혹운 자한언명 개천명이비인명여 천명관호기수 인명품
> 乎五行 氣數五行何以殊 天命人命何以異 誠哉是理 可得而議矣
> 호오행 기수오행하이수 천명인명하이이 성재시리 가득이의의

태초에 음양의 두 기운이 나뉘어 천지인 삼재를 결정하고, 사계절을 펼쳐 만물을 이루었습니다. 이 모든 것은 하늘의 명령에 의해 이루어지는 원리입니다.

이 명령은 사계절에 깃들어 사방에 극을 세우고, 오직 일주를 중심으로 천간, 지지, 지장간으로 삼원을 정하는 원리를 따릅니다.

운명은 명령이 없으면 실행되지 않고, 명령은 운명이 없으면 존재할 수 없습니다. 명령과 운명이 서로 상호작용한다는 것을 진정으로 이해한다면, 천지의 전체적인 질서를 알게 되는 것과 같은 이치입니다.

혹자는 공자가 가끔 '명'을 언급했지만, 그것은 모두 천명을 지칭한 것으로 인명을 뜻한 것은 아니라고 주장합니다. 천명은 기운과 운수에 관련되어 있으며, 인명은 오행을 기반으로 태어납니다.

그렇다면 기운, 운수, 오행은 어떻게 다르며, 천명과 인명은 어떤 차이가 있을까요? 이는 참으로 심오한 진리이며, 이에 대한 논의가 이루어질 필요가 있습니다. 천명은 하늘의 운명이며, 인명은 사람의 운명입니다.

인명의 본질

> 然而人命榮枯得失 盡在五行生剋之中 富貴貧窮 不出乎八字中和之外 先觀
> 연이인명영고득실 진재오행생극지중 부귀빈궁 불출호팔자중화지외 선관
> 氣節之淺深 後看財官之向背 人之命內 皆不離乎財官 諸格局中 只要虛邀
> 기절지천심 후간재관지향배 인지명내 개불리호재관 제격국중 지요허요
> 祿馬 先賢已成矜式 後學須要變通 太過無剋制者貧賤 不及無生扶者夭折
> 록마 선현이성긍식 후학수요변통 태과무극제자빈천 불급무생부자요절
> 宜向之而運背 決之貧賤 宜背之而運向 斷之困窮 喜生而逢生 貴而堪斷 愛
> 의향지이운배 결지빈천 의배지이운향 단지곤궁 희생이봉생 귀이감단 애
> 剋而値剋 吉亦可言 逢官而看財 見財而富貴 逢殺而看印 遇印以榮華 逢印
> 극이치극 길역가언 봉관이간재 견재이부귀 봉살이간인 우인이영화 봉인
> 看官 而遇官十有八貴 逢財忌殺而有殺 十有九貧
> 간관 이우관십유팔귀 봉재기살이유살 십유구빈

　사람의 운명에서 성공과 실패, 득실은 모두 오행의 생극 작용에서 비롯되며, 부귀와 빈천은 팔자의 중화를 벗어나지 않습니다. 우선 절기의 기운 강약을 살피고, 그 다음에 재성과 관성의 방향성을 확인하는 것이 중요합니다.

　인명의 본질은 재성과 정관과 밀접한 관계를 맺고 있으며, 선현들은 재성과 정관을 격국의 중심 요소로 삼는 법칙을 세워왔습니다. 후학들은 이러한 전통적 원리를 현대적 상황에 맞게 변통하여 해석해야 합니다.

　기운이 태과하나 극제를 받지 못하면 빈천한 삶을 살게 되고, 기운이 불급한데 생조하지 못하면 요절할 가능성이 높습니다. 마땅히 향하는 운이 거스르는 방향으로 흐르면 빈천해지며, 거스르는 운이 옳은 방향으로 흐르면 곤궁을 벗어나게 됩니다. 생조를 좋아하는 자가 생조를 만나면 귀할 수 있고, 극제를 좋아하는 자가 극제를 만나면 길한 삶을 누릴 수 있습니다.

　정관을 만나면 재성을 살펴야 하며, 재성이 함께하면 부귀를 얻게 됩니다. 칠살을 만나면 인수를 살펴야 하며, 인수를 만나면 부귀영화를 누릴 수 있습니다. 인수를 만나면 정관을 살펴야 하고, 정관이 함께하면 십중팔구 귀한 사람이 됩니다. 재성을 만나면 칠살의 작용을 경계해야 하며, 칠살이 있으면 십중팔구 가난한 삶을 살게 됩니다.

오행과 삼합의 조화

蓋木盛逢金 造作棟樑之器 水多遇土 修防隄岸之功 火煆秋金 鑄作劍鋒之
개목성봉금 조작동량지기 수다우토 수방제안지공 화하추금 주작검봉지
器 木疏季土 培成稼穡之禾 火炎有水 名爲旣濟之文 水淺金多 號爲體全之
기 목소계토 배성가색지화 화염유수 명위기제지문 수천금다 호위체전지
象 甲乙運入西方 身旺功名可許 壬癸路經南域 主健財貴堪圖 劫殺不須逢
상 갑을운입서방 신왕공명가허 임계로경남역 주건재귀감도 겁살불수봉
旺地 食神最喜劫財鄕 亥卯未逢於甲乙 富貴無疑 寅午戌遇於丙丁 榮華有
왕지 식신최희겁재향 해묘미봉어갑을 부귀무의 인오술우어병정 영화유
準 庚辛局全巳酉丑 位重權高 壬癸格得申子辰 學優才足 戊己局全四季 榮
준 경신국전사유축 위중권고 임계격득신자진 학우재족 무기국전사계 영
冠諸曹 更値德秀三奇 名揚四嶽
관제조 경치덕수삼기 명양사악

대체로 木이 왕성할 때 金을 만나게 되면 뛰어난 인재가 됩니다. 水가 많을 때 土와 만나게 되면 둑을 쌓는 능력을 발휘하게 되며, 火가 가을의 金을 단련하면 창칼과 같은 날카로운 도구를 만들어냅니다. 木은 辰戌丑未의 기운과 조화를 이루며 농작물을 잘 재배합니다.

火의 기운이 치열할 때 水가 조화를 이루면 완벽한 균형을 이루고, 水가 부족하고 金이 많으면 체전지상과 같은 완벽한 격국을 형성합니다.

甲乙일간이 서방운으로 흘러도 신강하다면 공명을 이룰 수 있습니다. 壬癸일간이 남방운을 지나갈 때 신강하면 부귀를 누릴 가능성이 높습니다. 겁살은 왕지에서 만나지 않아야 하며, 식신은 겁재가 있는 곳을 가장 좋아합니다.

亥卯未 木국이 甲乙과 만나면 부귀를 이루며, 寅午戌 火국이 丙丁과 조화를 이루면 부귀영화로 이어집니다. 庚辛이 巳酉丑 金국을 모두 갖추게 되면 높은 권세의 자리를 얻습니다. 壬癸가 申子辰 水국과 조화를 이루면 학문과 재능에서 뛰어난 능력을 발휘할 것입니다. 戊己가 辰戌丑未국을 모두 갖추게 되면 다양한 분야에서 명성을 얻게 되고, 덕수삼기(乙丙丁)를 만나면 명성이 사방에 울려 퍼질 것입니다.

방합과 기운의 조화

木全寅卯辰之方 功名自有 金備申酉戌之地 富貴無虧 水歸亥子丑之源 榮
목전인묘진지방 공명자유 금비신유술지지 부귀무휴 수귀해자축지원 영
華之客 火臨巳午未之域 顯達之人 木旺宜火之光輝 秋闈可試 金堅愛水之
화지객 화림사오미지역 현달지인 목왕의화지광휘 추위가시 금견애수지
相涵 文學堪誇 用火愁水 用木愁金 春木重重 休爲太旺無依 夏火炎炎 莫
상함 문학감과 용화수수 용목수금 춘목중중 휴위태왕무의 하화염염 막
作太剛有厭 秋金銳銳最爲奇 冬水汪汪眞可美 削之剝之爲奇 生我扶我爲忌
작태강유염 추금예예최위기 동수왕왕진가미 삭지박지위기 생아부아위기

木일간이 寅卯辰 방합을 모두 갖추면 공명을 이루게 됩니다. 金일간이 申酉戌 방합을 모두 갖추면 부귀를 얻으며, 水일간이 亥子丑 방합을 모두 갖추면 부귀영화를 누리게 됩니다. 火일간이 巳午未 방합을 모두 갖추면 출세하여 이름을 드높이는 삶을 살게 됩니다.

木이 왕성할 때 火의 빛을 받으면 과거 시험에서 합격할 운이 생기며, 金이 견고할 때 水가 적셔주면 학문적 재능을 자랑하게 됩니다. 그러나 火를 사용할 때는 水를 걱정해야 하고, 木을 사용할 때는 金과의 충돌을 주의해야 합니다.

봄의 木이 지나치게 강하면 의지할 곳이 없어지며, 여름의 火가 지나치게 치열하면 곧 싫증과 피로가 생길 수 있습니다. 가을의 金이 날카로운 기운을 가지면 기이한 길함이 나타나고, 겨울의 水가 바다처럼 넓으면 아름다운 일이 생깁니다.

극하고 설기하여 기운을 억제하면 오히려 길함이 나타날 수 있고, 생조하여 기운을 돕는 것이 때로는 해로울 수도 있습니다.

계절적 기운의 운용

丙丁生於冬月 貴乎戊己當頭 庚辛産於夏天 妙乎壬癸得局 甲乙秋生 貴宜
병정생어동월 귀호무기당두 경신산어하천 묘호임계득국 갑을추생 귀의
玄武 庚辛夏長 妙用勾陳 丙丁水多嫌北地 逢戊己反作貴推 庚辛火旺怕南
현무 경신하장 묘용구진 병정수다혐북지 봉무기반작귀추 경신화왕파남
方 遇戊己反成榮斷 甲乙秋生透丙丁 莫作傷看 戊己夏産露庚辛 當爲貴論
방 우무기반성영단 갑을추생투병정 막작상간 무기하산로경신 당위귀론
火帶水多 貴行木運 土逢木旺 榮入火鄕 庚逢水重 水冷金寒喜炎熱 戊遇酉
화대수다 귀행목운 토봉목왕 영입화향 경봉수중 수랭금한희염열 무우유
多 身衰氣銳愛熒煌 不及喜生扶 太過宜脫剝
다 신쇠기예애형황 불급희생부 태과의탈박

丙丁이 겨울에 태어나고 천간에 戊己가 앞에 있으면 귀한 운명을 누리게 됩니다. 庚辛이 여름에 태어나고 壬癸가 격국으로 조화를 이루면 매우 적합합니다. 甲乙이 가을에 태어나면 水를 귀중하게 여겨 운명을 조화롭게 만듭니다. 또한, 庚辛이 여름에 성장하려면 土의 기운을 활용하는 것이 운명에 유리합니다.

丙丁은 水가 과다하면 북방운을 꺼리게 되지만, 戊己를 만나게 되면 오히려 귀하게 됩니다. 庚辛은 火가 지나치게 강하면 남방운을 두려워하지만, 戊己와 만나면 영광과 명예를 얻습니다.

甲乙이 가을에 태어나고 丙丁이 투출되면 상관으로 간주하면 안 됩니다. 戊己가 여름에 태어나고 庚辛이 드러나면 귀하게 여겨야 합니다.

火가 水를 많이 가졌다면 木운을 만나야 귀한 운명이 되고, 土가 왕성한 木을 만나면 火운에서 영화를 누립니다. 庚이 많은 水를 만나면 金水가 차가운 기운을 가지므로, 따뜻한 火기를 통해 균형을 맞추는 것이 중요합니다. 戊가 酉를 많이 만나면 신약하고 날카로운 기운이 강하므로 火기를 통해 균형을 맞추는 것이 유리합니다. 불급할 경우 생조를 통해 보완하고, 태과할 경우 억제와 극제를 통해 적절히 조화시키는 것이 중요합니다.

관살의 조화

官殺混雜 身弱則貧 官殺相停 合殺爲貴 年月官星 早年出仕 日時正貴 晚
관살혼잡 신약즉빈 관살상정 합살위귀 년월관성 조년출사 일시정귀 만
歲成名 胞胎逢印綬 祿享千鍾 財氣遇長生 肥田萬頃 秋冬官星逢刃傷 存金
세성명 포태봉인수 록향천종 재기우장생 비전만경 추동관성봉인상 존금
去火貴無疑 臘月傷官喜見官 破印重傷禍而死 財旺生官者 乃貴少而富多
거화귀무의 랍월상관희견관 파인중상화이사 재왕생관자 내귀소이부다
傷官見貴者 又官高而財 足無傷不貴 有病者奇 理明於後 何必他求 雖始用
상관견귀자 우관고이재 족무상불귀 유병자기 리명어후 하필타구 수시용
之爲奇 宜終去之爲美 審其輕重 毋取一途 如水少火炎遇庚辛 休作身旺官
지위기 의종거지위미 심기경중 무취일도 여수소화염우경신 휴작신왕관
輕而取 或木絕而坐金 重逢殺印 難爲身弱氣旺之斷
경이취 혹목절이좌금 중봉살인 난위신약기왕지단

관살이 혼잡하고 신약한 경우 빈곤한 삶을 살 가능성이 높습니다. 그러나 관살이 균형을 이루고 칠살을 합하면 귀한 운명을 얻게 됩니다. 년월에 정관이 자리하면 젊은 나이에 출세할 수 있으며, 일시에 정관이 있으면 만년에 이름을 떨치게 됩니다.

포태지에서 인수를 만나면 부귀를 누리게 되고, 재성이 장생과 조화를 이루면 부유함이 더해집니다. 가을과 겨울철에 정관이 양인과 충돌할 경우 손상을 입기 쉬우므로, 金을 보존하고 火의 기운을 제거하면 귀한 운명을 유지할 수 있습니다.

丑월에 상관이 정관과 조화를 이루면 좋은 운이 따르지만, 인수가 파괴되고 상관이 중첩되면 재난을 겪거나 죽음에 이를 수 있습니다. 재성이 왕성하여 정관을 생조하는 경우 귀한 운명은 적지만 부유함은 많아질 것입니다. 상관이 정관을 만나면 관직이 높아지고 재물이 풍족해집니다.

손상이 없으면 귀한 운명을 누릴 수 없으며, 운명에 병의 기운이 있을 때 오히려 기이한 성과를 얻게 됩니다. 이는 후에 명백하게 밝혀진 것이므로 다른 곳에서 구할 필요가 없습니다. 비록 처음에는 특이하게 사용해도 결국

제거하는 것이 가장 이상적이며, 운명의 경중을 세심히 평가하며 한 가지 방법에만 집착하지 않아야 합니다.

만약 水가 부족하고 火의 기운이 강하며 庚辛을 만난다면, 신강하고 약한 정관에 지나치게 의존해서는 안 됩니다. 木이 金절지에 자리하며 칠살과 인수를 다시 만나게 되면, 신약한 상태에서 기운이 왕성하다고 판단하기 어렵습니다.

직책의 고하 판단

財輕勿經劫地 頻見妻災 劫財羊刃有官殺 臺閣之臣 歸祿倒沖行刃傷 廊廟
재경물경겁지 빈견처재 겁재양인유관살 대각지신 귀록도충행인상 랑묘
之士 身旺有殺行印綬 權斷之官 身強主弱 無印綬遇財星 尋常之輩 羊刃偏
지사 신왕유살행인수 권단지관 신강주약 무인수우재성 심상지배 양인편
官有制 膺職掌於兵權 正官正印無傷 出仕牧於庶士 潤下稼穡 給賞之官 子
관유제 응직장어병권 정관정인무상 출사목어서사 윤하가색 급상지관 자
午爲尊位 黃門之客 癸日癸時兼亥丑 魁名及第入翰林 壬日壬時疊壬辰 高
오위존위 황문지객 계일계시겸해축 괴명급제입한림 임일임시첩임진 고
爵承恩登禦闕 日德見魁罡 遇刑沖貧寒之士 魁罡見財星 總得地祿食之人
작승은등어궐 일덕견괴강 우형충빈한지사 괴강견재성 총득지록식지인

재성이 약한 상태에서 겁재운을 만나면 배우자에게 자주 재앙이 발생할 수 있습니다.

겁재와 양인, 관살이 함께 있는 경우 높은 관직에 오를 가능성이 큽니다. 귀록이 도충하며 양인과 상관운으로 흐를 경우 역시 고위직을 얻을 운명이 따릅니다.

신왕하고 칠살이 있으며 인수운이 따라 흐르면 권력을 쥘 수 있는 고관이 될 가능성이 있습니다. 신강하거나 신약하여 인수가 없고 재성을 만나게 되면 평범한 삶을 살게 됩니다.

양인과 편관이 제복되는 경우 병권을 장악하는 군직이 가능하며, 정관과 정인이 손상되지 않은 경우 지방 관서에서 관직을 맡게 됩니다.

윤하격과 가색격은 상을 주는 고위 관직이며, 子午는 중앙에서 존엄한 지위를 나타냅니다.

癸일간이 癸시에 亥丑과 조화를 이루면 장원급제하여 한림원의 고위 자리에 오를 수 있습니다. 壬일간이 壬시에 壬辰과 중첩되는 경우 궁궐의 고위직에 오를 수 있습니다.

일덕격에서 괴강을 보고 형충을 만난 경우에는 가난한 선비이며, 괴강이 재성을 만나게 되면 풍족한 삶을 이루며 토지를 하사 받게 됩니다.

귀천의 판단

傷官見官 妙入印財之地 財星破印 宜逢比劫之鄕 命逢財 運逢殺 吉亦堪陳
상관견관 묘입인재지지 재성파인 의봉비겁지향 명봉재 운봉살 길역감진
命逢殺 運逢財 凶而可決 女遇傷官 歸祿得之極貴 男逢羊刃 身弱隨之爲奇
명봉살 운봉재 흉이가결 여우상관 귀록득지극귀 남봉양인 신약수지위기
金神飛祿傷官 女命逢之最忌 羊刃傷官七殺 男命値之得權 金神入火逢刃殺
금신비록상관 여명봉지최기 양인상관칠살 남명치지득권 금신입화봉인살
貴而無疑 歸祿無官逢食傷 榮而有權 正印無官 居官不顯 羊刃七殺 出仕馳
귀이무의 귀록무관봉식상 영이유권 정인무관 거관불현 양인칠살 출사치
名 身旺無依 僧道之命 桃花滾浪 女妓之流 金弱火絶 土木消磨之匠 身强
명 신왕무의 승도지명 도화곤랑 여기지류 금약화절 토목소마지장 신강
財淺 金火陶冶之流
재천 금화도야지류

상관이 정관과 만나면서 인성과 재성운으로 흐르면 운이 좋아집니다. 재성이 인성을 파괴할 경우, 비겁운을 만나야 좋습니다. 사주에 재성이 있으며 운에서 칠살과 만나면 길함으로 이어지지만, 사주에 칠살이 있고 운에서 재성을 만나면 흉한 결과가 따를 수 있습니다.

여명이 상관과 만나면서 귀록을 얻으면 극히 귀하게 됩니다. 남명이 양인을 만나고 신약하면 독특한 특성을 발휘하게 됩니다.

금신격과 비천록마격에 상관이 나타나는 경우, 특히 여명은 이를 경계해

야 합니다. 양인, 상관, 칠살이 조화를 이루면 남명은 권세를 누리게 됩니다. 금신격이 火운에서 양인과 칠살을 만나면 귀하게 됩니다.

귀록격에서 정관이 없으나 식상을 만나면 영화롭고 권세를 얻게 됩니다. 정인이 있으나 정관이 없으면 관직에 있어도 두드러진 성취를 이루기 어렵습니다. 양인과 칠살이 함께 있으면 관직에 나아가 이름을 떨칠 운이 있습니다.

신왕하면서도 의지할 곳이 없으면 승려나 도인의 운명이 따릅니다. 도화살이 강할 경우 기생이 될 수 있습니다. 金이 약하고 火가 절지에 있다면 토목을 다루는 장인이 되고, 신강하나 재성이 약하면 쇠와 불을 다루는 직업적 특성을 가집니다.

가문의 흥망

財輕勿經劫地 頻見妻災 劫財羊刃有官殺 臺閣之臣 歸祿倒沖行刃傷 廊廟
재경물경겁지 빈견처재 겁재양인유관살 대각지신 귀록도충행인상 랑묘
之士 身旺有殺行印綬 權斷之官 身强主弱 無印綬遇財星 尋常之輩 羊刃偏
지사 신왕유살행인수 권단지관 신강주약 무인수우재성 심상지배 양인편
官有制 膺職掌於兵權 正官正印無傷 出仕牧於庶士 潤下稼穡 給賞之官 子
관유제 응직장어병권 정관정인무상 출사목어서사 윤하가색 급상지관 자
午爲尊位 黃門之客 癸日癸時兼亥丑 魁名及第入翰林 壬日壬時疊壬辰 高
오위존위 황문지객 계일계시겸해축 괴명급제입한림 임일임시첩임진 고
爵承恩登禦闕 日德見魁罡 遇刑沖貧寒之士 魁罡見財星 總得地祿食之人
작승은등어궐 일덕견괴강 우형충빈한지사 괴강견재성 총득지록식지인

상관이 재성을 만나면 자식을 두게 되고, 칠살이 제복되면 자식이 많아지게 됩니다. 인수가 손상을 입으면 어린 나이에 모친을 잃고, 재성의 근원이 빼앗기면 부친을 먼저 잃게 됩니다. 남명에서 상관이 강하면 자식을 잃을 수 있으며, 여명에서 상관이 강하면 남편을 극하게 됩니다.

년월에 재관이 있고 신왕하면 부친의 번영과 함께 자신도 출세하게 됩니다. 일시에 재관이 장생과 조화를 이루면 배우자가 현명하고 자식도 귀하게

태어납니다.

　월주에 귀록이 있지만 재관이 없으면 부친이 타향에서 사망하고, 년주에 재관이 있지만 충파되면 조부가 타향에서 생을 마감할 수 있습니다. 일주에 재성이 있고 시주에 겁재가 있으면 처가 출산 중에 생명을 잃을 수 있습니다. 년주에 칠살이 있고 월주에 상관이 있으면 형제 간에 불화가 잦아집니다.

　정관이 음착살과 만나게 되면 외가가 몰락하며, 재성이 양착살을 만나면 시부모가 친부모인지 양부모인지 불분명해질 수 있습니다. 년월에 있는 칠살이 형해를 만나면 조부와 부친이 잇달아 다칠 수 있습니다. 일주가 정관을 등지고 재성의 도움을 받지 못하면 처자식과 헤어질 수 있습니다.

가정의 길흉

正財偏財見合 妻妾姦淫 傷官正官有剋破 夫妻刑倂 旺妻傷子 必因食宿遭
정재편재견합 처첩간음 상관정관유극파 부처형병 왕처상자 필인식숙조
傷 旺子傷夫 乃是官星失位 女逢財旺生官 夫權必奪 男遇財多身弱 妻話偏
상 왕자상부 내시관성실위 여봉재왕생관 부권필탈 남우재다신약 처화편
聽 差錯居日 外家冷淡 建刃伏年 祖基微淺 財官生時 逢財旺生官 助國興
청 차착거일 외가냉담 건인복년 조기미천 재관생시 봉재왕생관 조국흥
家之子 正官重見 多生女子少生男 出現偏財 少愛正妻偏愛妾 財星得位 因
가지자 정관중견 다생녀자소생남 출현편재 소애정처편애첩 재성득위 인
妻致富成家 官祿歸垣 顯己增榮祖業 年正官 月傷官 公强父弱 日値財 時
처치부성가 관록귀원 현기증영조업 년정관 월상관 공강부약 일치재 시
劫財 父興子敗
겁재 부흥자패

　정재와 편재가 합을 이루는 경우 처첩의 간음이 발생할 수 있습니다. 상관이 정관을 극파하는 경우 부부가 형벌을 받게 됩니다.

　처성이 왕성하여 자식성이 손상을 입게 되면 자식이 살기 어렵고, 반대로 자식성이 왕성하여 남편성이 손상되면 남편이 역할을 제대로 수행하지 못

하게 됩니다. 왕성한 재성이 정관을 생조하면 남편의 권위를 빼앗기며, 남명에서 재성이 많은데 신약하면 처의 말만 편향적으로 듣게 됩니다.

음양차착살이 일주에 있으면 처가와의 관계가 원만하지 않습니다. 양인이 년주에 숨겨져 있다면 조상의 기반이 약합니다. 재관이 시주에서 생조하며 왕성한 재성이 정관을 생조하게 되면, 국가를 도와 가문을 번영시킬 자손입니다. 정관이 중첩되면 딸이 많고 아들이 적게 됩니다.

편재가 나타나면 본처보다 첩을 더 좋아하게 되며, 재성이 득위하면 처로 인해 부유해지고 가문을 일으키게 됩니다. 정관이 본래 자리로 돌아오면, 개인의 명예가 드높아지고 가문을 더욱 빛내게 됩니다.

년주에 정관이 있고 월주에 상관이 있다면 조부가 강하고 부친이 약하다고 판단합니다. 일주에 재성이 있고 시주에 겁재가 있을 경우, 부친은 번성하지만 자식의 실패할 가능성이 있습니다.

부귀의 운명

靑龍全從革之金 且貧且賤 白虎備潤下之水 日富曰貴 春木榮而水淺 補衲
청룡전종혁지금 차빈차천 백호비윤하지수 왈부왈귀 춘목영이수천 보납
之僧 夏火炎而金衰 簪冠之道 勾陳全備潤下 奔流之輩 朱雀三合玄武 窮窘
지승 하화염이금쇠 잠관지도 구진전비윤하 분류지배 주작삼합현무 궁군
之徒 金剛木弱 行商坐賈之人 土凝水竭 破祖離鄕之客 金生秋月土重重 貧
지도 금강목약 행상좌가지인 토응수갈 파조리향지객 금생추월토중중 빈
無寸鐵 火長夏天金疊疊 祿有千鍾 春木水多 貧賤之輩 冬水金盛 顚弱之人
무촌철 화장하천금첩첩 록유천종 춘목수다 빈천지배 동수금성 전약지인
辰戌丑未遇刑沖 無人不發 子午卯酉帶刑合 多者淫訛 夏金疊火 秋木重金
진술축미우형충 무인불발 자오묘유대형합 다자음와 하금첩화 추목중금
非貧則賤 季木盛金 春金多火 不夭則貧 季木無根從妻福 祿位高崇 夏火失
비빈즉천 계목성금 춘금다화 불요즉빈 계목무근종처복 록위고숭 하화실
色配夫榮 功名顯達 火向春林逢水旺 好去求名 土臨季地見金重 將來出仕
색배부영 공명현달 화향춘림봉수왕 호거구명 토림계지견금중 장래출사
甲乙夏榮土氣厚 功名半許足田莊 丙丁冬旺水源 淸爵位全備榮錦綺
갑을하영토기후 공명반허족전장 병정동왕수원 청작위전비영금기

木이 전적으로 金의 기운을 따르면 가난하고 천한 삶을 살게 될 수 있으며, 金이 水의 기운을 구비하면 부와 명예를 누릴 수 있습니다.

봄 木은 왕성하지만 水가 부족하다면 헌 옷을 입은 승려와 같은 삶을 살게 됩니다. 여름의 火가 치열하고 金이 쇠약하면 도인의 삶과 같은 삶을 살게 됩니다. 土가 水의 기운을 완전히 갖추면 방랑자의 삶을 살게 되며, 火가 水삼합을 만나면 가난하고 궁핍하게 살게 됩니다.

金의 기운이 강하고 木이 약하면 장사를 업으로 삼을 가능성이 높고, 土가 응결되고 水가 고갈된 운명에서는 고향을 떠날 운명이 따릅니다. 가을의 金에 土가 많으면 극심한 가난이 이어질 수 있지만, 여름의 火가 金과 중첩되면 부귀를 누릴 수 있습니다.

봄木이 水를 과도하게 만나면 가난하고 천한 삶을 살게 되고, 겨울 水가 金의 기운을 왕성하게 만든다면 약하고 불안정한 운명이 됩니다.

辰戌丑未가 형충을 만나면 누구나 성공할 수 있으며, 子午卯酉가 형합을 이루면 음란하거나 속이는 일이 자주 발생할 수 있습니다.

여름 金이 火와 중첩되거나, 가을 木에 金이 많으면 가난하거나 천한 삶을 살게 됩니다. 환절기의 木에게 왕성한 金이 있고, 봄의 金이 火가 많으면 요절하지 않으면 가난하게 됩니다. 환절기의 木이 뿌리가 없으면 처의 복을 받아 높은 지위에 오를 수 있습니다.

여름 火가 빛을 잃으면 남편의 번영으로 인해 명예가 드러납니다. 火가 봄의 木과 조화를 이루고 水가 왕성하면 명성을 구하기에 이상적입니다.

土가 辰戌丑未에 있고 金이 많으면 미래에 성공할 가능성이 높습니다. 甲乙이 여름에 무성하며 土가 두터우면 명성은 적어도 재산은 풍족할 것입니다. 丙丁이 겨울에 왕성하고 水의 근원이 맑으면 고위직에서 영화로운 삶을 누리게 됩니다.

격국의 조화

專祿帶食傷 權掌閫外 羊刃入官殺 威震邊疆 拱祿夾祿拱貴 爵祿豐榮 倒冲
전록대식상 권장곤외 양인입관살 위진변강 공록협록공귀 작록풍영 도충
遙巳欄叉 功名顯達 壬趨乾 甲趨艮 淸朝之士 辛朝陽 乙鼠貴 文學之臣 局
요사란차 공명현달 임추건 갑추간 청조지사 신조양 을서귀 문학지신 국
全風虎 良將之才 柱備雲龍 大人之德 四庫全備龍變化 逢大海爲九五之尊
전풍호 량장지재 주비운룡 대인지덕 사고전비룡변화 봉대해위구오지존
三奇局秀鳳騰翔 遇天門乃三六之主 旺財官而致富 暗祿馬以榮 華入格以貴
삼기국수봉등상 우천문내삼륙지주 왕재관이치부 암록마이영 화입격이귀
而推 破局以貧而斷 究一理而察萬端 明片言以通萬物 後學術士 毋怠於斯
이추 파국이빈이단 구일리이찰만단 명편언이통만물 후학술사 무태어사

　전록격에 식상이 자리하면 변방의 권력을 장악할 수 있습니다. 양인이 관살에 들어가면 변방에서 그 권위를 떨치며, 공록격, 협록격, 공귀격에 해당되는 경우 직위가 풍족하고 영화를 누리게 됩니다. 도충격, 자요사격, 정란차격은 명성을 널리 퍼뜨리고, 육임추간격과 육갑추간격은 청렴한 관리자가 됩니다. 육신조양격과 육을서귀격에 해당되면 높은 학문적 성취를 가진 대신이 됩니다.
　木국을 완전하게 갖추면 장군으로서의 재능을 발휘하며, 水국을 사주에 갖춘 경우 대인의 덕을 보여줍니다.
　辰戌丑未를 완벽히 구비한 상태에서 용의 변화가 水국과 조화를 이루게 되면 제왕으로서의 위상을 얻게 됩니다.
　삼기가 자리 잡아 격국이 우수하다면 봉황처럼 하늘로 도약하는 운명을 가지며, 戌亥의 천문을 만나게 되면 제왕의 상으로 이어지게 됩니다.
　재관이 왕성하면 부귀한 삶이 따르고, 암장된 재관이 있어도 영화를 누릴 수 있습니다. 격국이 성립되면 귀한 운명을 가진다고 판단하며, 격국이 파괴되면 가난한 삶이라고 판단합니다. 하나의 이치를 깊이 탐구하여 만 가지의 단서를 살피고, 짧은 한마디로도 만물에 통달할 수 있는 능력이 후학들에게 요구됩니다. 학문을 게을리하지 않음으로써 이 길을 찾는 것이 가장 중요한 덕목입니다.

17. 造微論 조미론

조미란 정교하고 미묘한 이치를 뜻합니다.

사주의 해석

兩儀肇闢 六甲攸生 將三元而作三才 建四時而爲四柱 干爲祿本 定一生職
양의조벽 육갑유생 장삼원이작삼재 건사시이위사주 간위록본 정일생직
位高低 支作命基 佈三限壽元終始 年生爲根 月建爲苗 日管經營 斷中年之
위고저 지작명기 포삼한수원종시 년생위근 월건위묘 일관경영 단중년지
休咎 時爲結果 定晚歲之榮枯 先推胎息之由 次入變通之化 爲官爲貴 緣上
휴구 시위결과 정만세지영고 선추태식지유 차입변통지화 위관위귀 연상
下以鹹和 多滯多危 本根元而相剋 是故格淸局正 當爲臺閣之臣 印旺官生
하이함화 다체다위 본근원이상극 시고격청국정 당위대각지신 인왕관생
必作鈞衡之任 馬頭帶劍 鎭壓邊疆 印綬逢華 尊居翰苑
필작균형지임 마두대검 진압변강 인수봉화 존거한원

음양이 열리고 육십갑자가 생성되었으며, 천지인 삼원으로 삼재를 구성하고, 사계절을 통해 사주가 완성되었습니다. 천간은 록의 근본으로 평생 직위의 높고 낮음을 결정하고, 지지는 명의 기반으로서 수명의 기한을 정합니다.

년주는 뿌리를 상징하며 인생의 기초가 되는 역할을 합니다. 월건은 싹을 나타내며 성장의 단계를 표현합니다. 일주는 중년의 운명을 관장하며 삶의 경영을 대표합니다. 시주는 말년의 성공과 실패를 결정하며 인생의 결과를 나타냅니다.

태어난 순간의 기운은 초기의 운명을 설명하며, 이후 변통과 조화를 통해 운명이 변화합니다.

관직과 귀함은 천간과 지지가 조화를 이루며 얻어지는 결과입니다. 어려움과 위험은 근본적인 기운이 서로 상극하여 발생합니다.

격이 맑고 국이 바르게 형성되면 고위직에 오를 운명을 가지며, 왕성한

인성이 정관을 생조하면 중요한 직책을 맡게 됩니다. 날카로운 양인을 지니면 변방을 진압하는 장수로서의 능력을 의미하며, 인수가 화개를 만나면 학문과 문장을 통해 명성을 얻는 길을 엽니다.

부귀화복의 원인

祿雖多而有害 福不爲祥 殺雖重而無傷 刑當不禍 三奇忽遇 才高立解成名
록수다이유해 복불위상 살수중이무상 형당불화 삼기홀우 재고립해성명
六合正逢 家富又能增業 空亡親於寡宿 孤獨躘踵 長生陷於空亡 貧寒偃蹇
육합정봉 가부우능증업 공망친어과숙 고독롱종 장생함어공망 빈한언건
桃花若臨帝座 因色亡身 鹹池更會日宮 緣妻致富 根源淺薄 逢生旺而不榮
도화약림제좌 인색망신 함지경회일궁 연처치부 근원천박 봉생왕이불영
本主興榮 遇休囚而反吉 羊刃臨於五鬼 定須重配流徒 勾絞疊於三刑 應是
본주흥영 우휴수이반길 양인림어오귀 정수중배류도 구교첩어삼형 응시
頻遭編配 是以登仕途者 莫逢吞陷 爵祿虧停 當兵權者 勿遇天中 身權退失
빈조편배 시이등사도자 막봉탄함 작록휴정 당병권자 물우천중 신권퇴실

정관이 많아도 해로우면 복으로 이어지지 않으며, 칠살이 중첩되어도 손상이 없다면 형벌을 받더라도 큰 재난이 되지는 않습니다.

삼기를 갑자기 만나면 재능이 드러나며 이름을 날릴 기회를 얻습니다. 육합을 만나게 되면 집안이 부유해지고 재산이 증가합니다.

공망이 과숙과 함께 있다면 고독한 삶을 살 가능성이 크며, 장생이 공망에 빠지면 가난하고 고달픈 운명이 따릅니다.

도화살이 제왕의 자리에 있으면 여색으로 인해 몸을 망칠 수 있으며, 함지가 일지와 회합하면 배우자로 인해 부유함을 얻을 수 있습니다.

근원이 쇠약하면 생왕을 만나더라도 번영하지 못하고, 반대로 일주가 왕성할 때 휴수를 만나면 오히려 길한 운세가 될 수 있습니다.

양인이 오귀살과 조화를 이루면 유배와 같은 형벌을 받을 수 있으며, 구교살이 삼형과 중첩되면 자주 처벌을 받는 일이 생깁니다.

관직에 있는 자가 탐함살을 만나면 정직을 당하고, 병권을 가진 자가 공망을 만나면 권력을 잃고 물러나는 상황이 발생할 수 있습니다.

오행의 조화

胸襟澄澈 蓋因水濟江湖 學問淵源 本是水居壬癸 慈祥愷悌 木乘甲乙之鄉
흉금징철 개인수제강호 학문연원 본시수거임계 자상개제 목승갑을지향
眊燥炎陽 火盛丙丁之地 名高祿重 乾金早會庚辛 貫朽粟陳 鎭土重親戊己
모조염양 화성병정지지 명고록중 건금조회경신 관후속진 진토중친무기
木繁而無金斷削 縱榮而末歲孤窮 火炎而無水淘溶 縱發而早年夭折 粵若水
목번이무금단삭 종영이말세고궁 화염이무수도용 종발이조년요절 월약수
之浮泛 惟憑土以隄防 土重而無木疏通 遂歸愚濁 金堅而無火煅煉 終是兇
지부범 유빙토이제방 토중이무목소통 수귀우탁 금견이무화하련 종시흉
頑 至若金脆火炎 多則損己 木柔金重 利則傷身 水清而不假土多 土弱而不
완 지약금취화염 다즉손기 목유금중 리즉상신 수청이불가토다 토약이불
禁木盛 火强燥而微眇 水畧濟以寬和 須將勻配爲佳 亦以均調爲上
금목성 화강조이미묘 수략제이관화 수장균배위가 역이균조위상

마음이 맑고 깨끗하면 水가 이롭게 작용하기 때문이며, 학문이 깊은 경우에는 壬癸水가 그 뿌리를 이루고 있습니다. 자상하고 온화한 성품은 甲乙木의 영향이며, 성격이 급한 경우는 丙丁火의 강한 지지 때문입니다. 명성이 높고 복록이 많으면 庚辛金의 영향을 받으며, 재물이 풍부하면 戊己土가 역할을 합니다.

木이 번성하더라도 金으로 다듬지 못하면 비록 번영해도 말년에는 외롭고 가난하게 됩니다. 火가 치열하고 水가 부족하다면 비록 발전해도 젊어서 요절할 위험이 있습니다. 水가 과다할 경우 土의 도움을 받아야 안정됩니다.

土가 많으나 木과 소통하지 못한다면 어리석음에 빠질 수 있습니다. 金이 강하지만 火로 단련되지 못하면 결과적으로 흉악해질 수 있습니다. 金이 약하고 火가 치열하다면 자신을 손상하며, 木이 약하고 金이 강하면 날카로운 기운으로 인해 몸이 상할 수 있습니다.

水가 맑더라도 土가 과다하면 균형이 깨지고, 土가 약한데 木이 지나치게 강하면 제어가 어려워집니다. 火가 강하고 메마른 상황에서 미약한 水로 구제를 해주면 너그러움과 온화함을 얻을 수 있습니다.

결론적으로, 오행의 균형이 중요하며 고르게 배합하여 조화를 이루어야 상격으로 판단할 수 있습니다.

운명의 조화

大顯者貴守深隱 大屈者貴守卑伸 壽極年高 皆是祿臨帝旺 職崇位顯 爲緣
대현자귀수심은 대굴자귀수비신 수극년고 개시록림제왕 직숭위현 위연
馬會官星 華蓋逢空 偏宜僧道 學堂遇貴 惟利師儒 五行若也蕭索 五命因而
마회관성 화개봉공 편의승도 학당우귀 유리사유 오행약야소색 오명인이
低弱 日逢空寡 其妻多致生離 時値孤虛 其子多饒不肖 絶宮爲鼓盆之殺 胎
저약 일봉공과 기처다치생리 시치고허 기자다요불초 절궁위고분지살 태
宮爲白虎之神 天空臨嗣息之宮 末歲損成家之子 運逢吉宿無本主 則未足歡
궁위백호지신 천공림사식지궁 말세손성가지자 운봉길숙무본주 즉미족환
娛 限守凶神有根苗 則不須畏懼 歲君若臨惡曜 一歲迍邅 生時若値休囚 一
오 한수흉신유근묘 즉불수외구 세군약림악요 일세둔전 생시약치휴수 일
生愁嘆 源淸者 其流必遠 本濁者 所作無成 八字超羣 不貴則當大富 五行
생수탄 원청자 기류필원 본탁자 소작무성 팔자초군 불귀즉당대부 오행
駁雜 居安可不慮危 休囚者 身性卑微 旺相者 名位壯實 先強後弱 必先吉
박잡 거안가불려위 휴수자 신성비미 왕상자 명위장실 선강후약 필선길
而後凶 始弱終強 亦始凶而終吉 若乃運限所臨之 地憑流年星辰凶吉 以定
이후흉 시약종강 역시흉이종길 약내운한소림지 지빙류년성진흉길 이정
禍福
화복

크게 뛰어난 사람이 귀하게 되는 이유는 깊고 은밀하게 자신의 본질을 지키기 때문이며, 크게 굽히는 사람이 귀하게 되는 이유는 낮은 자세로 겸손을 유지하기 때문입니다.

수명이 길고 삶이 안정된 사람은 록이 제왕의 자리에 있기 때문이며, 직위가 높은 사람은 재관이 조화를 이루어 모인 결과입니다.

화개가 공망을 만나면 승도나 도인으로서의 삶을 살게 되며, 학당이 귀인을 만나면 스승이나 학자로서의 업적을 쌓게 됩니다.

오행의 생기가 부족한 경우 명이 허약하며, 일주에 공망이나 과숙이 자리하면 이혼의 위험이 있습니다.

시주에서 공망이 충하는 고허살을 가지면 자식이 많아도 불효하며, 절지는 극처살의 자리이고, 태지는 백호신이라 불리며 위험을 내포합니다. 공망이 자식궁에 있으면 말년에 자식을 잃는 경우가 많습니다.

운에서 길신을 만나도 사주에 머물지 않으면 기쁨을 누리기 어렵고, 흉신이 머물러도 근본이 강하면 두려워할 필요가 없습니다. 세운에서 흉신과 마주치면 해당 해에는 막힘이 생길 가능성이 있으며, 생시가 휴수에 걸리면 평생 걱정과 근심이 따를 수 있습니다.

근원이 맑으면 성공과 번영이 멀리 이어지지만, 근원이 탁하면 이루는 일이 없을 것입니다. 뛰어난 팔자는 반드시 귀하거나 부유해질 운명을 가지며, 오행이 혼잡하면 평안할 때에도 항상 위험을 염두에 두어야 합니다.

휴수 상태에서는 성품이 비천해지고, 왕상 상태에서는 지위가 굳건해집니다. 처음에 강하고 나중에 약하면, 초반에는 길하지만 끝에 가서는 흉한 운명을 맞을 수 있습니다. 반대로 처음에 약하고 나중에 강하면, 초반에 흉했더라도 끝에는 길한 운명으로 돌아설 가능성이 있습니다.

대운의 지지를 분석하고, 세운에서 나타나는 육신의 길흉을 통해 화복을 예측하며 운명을 판단해야 합니다.

18. 人鑑論 인감론

인감은 사람의 운명을 거울에 비추어 본다는 의미를 내포합니다.

운명의 이치

洪濛肇判 甲子攸生 幽顯而變通莫測 沉潛於二理尤深 二十四字之精神妙用
홍몽조판 갑자유생 유현이변통막측 침잠어이리우심 이십사자지정신묘용
萬凶萬吉人之灼知 日生爲主 年長爲君 先論根本 察貴賤之由易見 假使粗
만흉만길인지작지 일생위주 년장위군 선론근본 찰귀천지유역견 가사조
識深藏之體 孰得而知 蓋貴者難吉 賤由不易 森列三才 勢有權衡輕重 包羅
식심장지체 숙득이지 개귀자난길 천유불역 삼렬삼재 세유권형경중 포라
八卦 自存規矩方圓 天道尙有盈虧 人事豈無反覆 或先貧而終富 或先敗而
팔괘 자존규구방원 천도상유영휴 인사기무반복 혹선빈이종부 혹선패이
後興
후흥

  천지가 열리고 육십갑자가 생성되었으며, 보이지 않는 변화들은 예측할 수 없어도 음양의 이치에 깊게 잠겨 있어, 천간과 지지로 구성된 24자의 정신과 묘한 작용으로 사람의 길흉의 원인을 명확히 파악할 수 있게 합니다.
  일주는 주인으로 삼고 년주는 군주로 삼아, 먼저 근본을 살피고 귀천의 이유를 밝히는 것이 가장 쉽게 운명을 파악하는 방법입니다. 깊이 감춰진 이치를 대략적으로 이해한다고 하더라도, 그 본질을 완벽히 이해하는 것은 어렵습니다. 대체로 귀한 자는 길운을 만나기 어려워도 길하게 되지만, 천한 자는 그 이유를 쉽게 변화시키지 못합니다.
  천지인 삼재가 늘어서면 그 균형과 경중이 생겨나며, 팔괘를 포괄하면 규칙과 원리가 자연히 존재합니다. 하늘의 이치가 항상 차고 이지러지는 달의 모습과 같다면, 인간사 또한 변화와 반복 없이 이어지지 않을 것입니다. 가난으로 시작했으나 결국 부유해지거나, 실패로 출발했으나 나중에 성공에 이르는 것도 이런 이치에서 비롯됩니다.

장단점의 조화

當捨短而從長 毋取彼而捨此 四柱俱嫌其一字 大醇亦求其小疵 詳察其源
당사단이종장 무취피이사차 사주구혐기일자 대순역구기소자 상찰기원
毋輕以斷 官在祿鄉 伊尹負阿衡之任 時居貴地 傳說興作相之臣 生逢貴格
무경이단 관재록향 이윤부아형지임 시거귀지 부열흥작상지신 생봉귀격
入仕爲臺閣之尊 重疊鬼生 樂道有山林之興 是知居官居貴 五行醇而不疵
입사위대각지존 중첩귀생 악도유산림지흥 시지거관거귀 오행순이불자
多滯多憂 八字雜而又戰 根甘橘苦 賈誼屈於 長沙源濁流淸 太公興於渭水
다체다우 팔자잡이우전 근감귤고 가의굴어 장사원탁류청 태공흥어위수

단점은 버리고 장점을 따르되, 단점을 취하고 장점을 포기하는 일은 피해야 합니다. 사주에서 한 글자라도 부정적인 요소가 있다면, 비록 전반적으로 양호하다 할지라도 그 근원을 면밀히 살펴야 하며 가벼운 판단을 피해야 합니다.

정관이 록지에 있다면 상나라의 이윤처럼 재상의 자리에 오를 수 있습니다. 시주에 정관이 있다면 상나라 재상 부열처럼 노예 상태에서도 발탁되어 성공을 이룰 수 있습니다. 정관격을 갖추게 되면 고위직에 오르게 되고, 칠살이 중첩될 경우 은거하여 도를 즐기며 여유로운 삶을 살 수 있습니다.

고위직에 오르는 운명은 오행의 구성 요소가 순수하고 결점이 없음을 전제로 하며, 팔자가 혼잡하거나 상극이 많으면 근심과 어려움이 지속될 수 있습니다. 사주팔자가 좋다 하더라도 운이 나쁘다면, 후한 시대의 가의처럼 장사에서 굴욕을 겪게 됩니다. 사주팔자가 탁해도 운이 좋으면 강태공처럼 위수에서 낚시하며 기회를 기다리다가 큰 성공을 이룰 수도 있습니다.

성취와 기회

祿馬同鄉 而會君臺閣 殺印重旺 而早入科名 兄多逢弟 宜嗟范子之貧 父疊
록마동향 이회군대각 살인중왕 이조입과명 형다봉제 의차범자지빈 부첩
生身 可比老彭之壽 夾官夾貴日時値 而峻宇雕樑 劫財奪馬歲時逢 而蓬門
생신 가비로팽지수 협관협귀일시치 이준우조량 겁재탈마세시봉 이봉문

甕牖 嗣位剋絶 鵲之巢而鳩占之 妻位犯傷 鸞之孤而鳳無匹偶 行運背祿 昔
옹유 사위극절 작지소이구점지 처위범상 란지고이봉무필우 행운배록 석
日富而今日貧 命遇旺身 昨日悲而今日笑 四柱坐學堂之上 回也不愚 三元
일부이금일빈 명우왕신 작일비이금일소 사주좌학당지상 회야불우 삼원
助墓庫之中 丘也好學 年逢官貴 才高立解成名 時值偏財 家富又添好業 庚
조묘고지중 구야호학 년봉관귀 재고립해성명 시치편재 가부우첨호업 경
行丙地 禱爾於祇 壬入戌鄉 胡不遄死
행병지 도이어지 임입술향 호불천사

재성과 정관이 동시에 지지에 존재하면 고위직에 오를 가능성이 크며, 칠살과 인성이 왕성하면 과거에 일찍 합격하게 됩니다.

비겁이 많으면 춘추시대의 학자 범수처럼 가난을 한탄할 운명을 가질 수 있습니다. 인수가 중첩되어 일간을 생조하게 되면 노팽처럼 오랜 장수를 누릴 수 있습니다.

협관과 협귀가 일시에 있으면 부귀한 집안에서 살게 되고, 겁재와 재성이 년시에 있다면 가난한 환경에서 성장하게 됩니다.

자손궁이 극절되면 양자로 대를 잇게 되며, 배우자궁이 손상되면 외로운 삶이 따를 수 있습니다.

행운에서 정관이 약화되면 과거에는 부유했어도 현재는 가난한 삶이 될 가능성이 있습니다. 반면, 신왕하면 어제는 슬펐더라도 오늘은 미소 짓는 운명을 만날 수 있습니다.

사주에 학당귀인이 자리하면 공자의 제자인 안회처럼 지혜롭고 배우기를 멈추지 않는 삶을 살며, 묘고(辰戌丑未)와 조화를 이루면 공자처럼 학문을 사랑하게 됩니다.

년주에 정관이 있으면 높은 재능을 발휘하며 이름을 날리고, 시주에 편재가 있으면 부유함과 더불어 사업적인 역량을 보이게 됩니다.

庚일간이 丙운을 만나게 되면 기도하는 신앙심 깊은 성격을 보일 수 있고, 壬일간이 戌운에 들어가면 수명이 짧아질 수도 있습니다.

사주와 운의 조화

伯牛有疾 緣戰剋以交差 司馬多憂 蓋比和而無位 身中衰弱 逢吉運以爲凶
백우유질 연전극이교차 사마다우 개비화이무위 신중쇠약 봉길운이위흉
命坐堅牢 遇禍年而反福 殺須重而多合 何傷日月之明 祿雖多而有破 難際
명좌견뢰 우화년이반복 살수중이다합 하상일월지명 록수다이유파 난제
風雲之會 遇而不遇 庚辛在壬癸之鄕 憂而不憂 甲乙行丙丁之地 或若生逢
풍운지회 우이불우 경신재임계지향 우이불우 갑을행병정지지 혹약생봉
絕敗 鄭谷歸耕 祿馬病衰 馮唐皓首
절패 정곡귀경 록마병쇠 풍당호수

공자의 제자 백우처럼 병이 생기는 원인은 충극으로 인해 내적인 갈등과 충돌이 반복되기 때문입니다. 서한의 사마천처럼 근심이 많은 운명은 돕는 비견이 약해서 균형을 이루지 못하는 데서 기인합니다.

신약한 경우에는 길운을 만나도 흉한 일이 생기게 되며, 사주가 견고하면 흉한 세운 속에서도 오히려 복을 누릴 수 있습니다.

칠살이 중첩되더라도 다양한 합을 이루면 길운이 유지되며 일월의 빛을 잃지 않지만, 정관이 많더라도 파손되면 출세의 기회를 잡기가 어렵습니다.

기대만큼의 성취가 없는 것은 庚辛이 壬癸운에 놓였기 때문이며, 걱정할 필요가 없는 것은 甲乙이 丙丁운으로 흐르기 때문입니다.

장생이 절패지에 들어가면 당나라 시인 정곡처럼 벼슬을 내려놓고 고향으로 돌아가 조용한 삶을 추구하게 됩니다. 재관이 병쇠지에 속하면 서한의 풍당처럼 늙어서도 큰 뜻을 이루기 어렵습니다.

운명의 핵심

九宮旺相 難逃邀我桑中 四柱合和 未免題詩葉上 西施美貌 自身多帶長生
구궁왕상 난도요아상중 사주합화 미면제시엽상 서시미모 자신다대장생
綠珠墜樓 凶惡又逢七殺 孤鸞入命 妻哭夫而夫哭婦 烟花絆身 女求男而男
록주추루 흉악우봉칠살 고란입명 처곡부이부곡부 연화반신 여구남이남

求女 頭目陷 而肢體相虧 財有耗 而田宅有害 生時若遇刑沖 一生屢乏 歲
구녀 두목함 이지체상휴 재유모 이전댁유해 생시약우형충 일생루핍 세

月若臨劫奪 百歲孤寒 財入財窠 不貴卽當大富 殺居太歲 居安不可慮危 乃
월약림겁탈 백세고한 재입재과 불귀즉당대부 살거태세 거안불가려위 내

若官星透露 未可便作貴推 殺星下攻 曷可便爲凶兆 大抵歸祿喜逢於印綬
약관성투로 미가편작귀추 살성하공 갈가편위흉조 대저귀록희봉어인수

刑殺宜値於濟和 是以當憂不憂 聞喜不喜 考其根而明其實 論其始而究其終
형살의치어제화 시이당우불우 문희불희 고기근이명기실 론기시이구기종

故知失其本而忘其末 不救其實而義有餘
고지실기본이망기말 불구기실이의유여

사주가 왕성하고 기운이 강하면 유혹을 피하기 어려우며, 사주가 합화되면 나뭇잎에 시를 쓰는 것처럼 일시적인 기쁨에 그칠 수 있습니다. 월나라 미인 서시가 아름다웠던 것은 장생의 기운을 많이 가졌기 때문이고, 진나라 미인 녹주가 정조를 지키려 자결한 이유는 흉운 속에서 칠살을 만났기 때문입니다.

고란살이 사주에 들어오면 배우자와 사별하고, 도화가 일주와 합하면 여성은 남성을 탐하고 남성은 여성을 탐하는 기질이 나타납니다.

천간과 지지가 무너지면 신체의 결함이 생기며, 재산이 줄어들고 집안이 해로워질 수 있습니다. 시주에서 형충을 만나면 가난과 결핍이 계속되며, 년월에 겁재를 만나면 평생 고독하고 가난한 운명을 따를 가능성이 있습니다.

재성이 재고에 들어가면 귀하지 않아도 큰 부자가 될 수 있으며, 칠살이 년주에 있으면 집안이 평안하면 걱정하지 않아도 됩니다.

정관이 투출된다고 무조건 귀하다 단정할 수 없고, 칠살이 지지를 공격한다고 흉조로만 볼 수도 없습니다. 귀록격은 인수를 만나면 귀하고 안정된 삶을 살게 되며, 형살은 조화를 이루는 상태를 선호합니다.

결국, 걱정할 일이 있어도 지나치게 걱정하지 않으며, 기쁜 일이 있어도 섣불리 기뻐하지 않는 것이 중요합니다. 모든 운명의 핵심은 그 뿌리를 면밀히 살피고, 실체를 명확히 이해하며, 시작과 끝을 논하고 연구하는 데 있

습니다. 근본을 잃거나 결과를 간과하면 실체를 이해하지 못한 채, 단지 뜻만 남게 될 것입니다.

운명의 득실

是以妻宮有剋 少年無少娶之人 鬼位逢傷 末歲損成家之子 生平不已 而壽
시이처궁유극 소년무소취지인 귀위봉상 말세손성가지자 생평불이 이수
算松椿 財祿帶多 而福姿蒲柳 源淸者 其流必遠 本壯者 其葉必榮 三命冠
산송장 재록대다 이복자포류 원청자 기류필원 본장자 기엽필영 삼명관
羣 不貴卽當大富 九宮弱陷 怕凶運大忌凶年 千條萬緖 當求不見之形 百派
군 불귀즉당대부 구궁약함 파흉운대기흉년 천조만서 당구부견지형 백파
一源 貴得彌身之地 詳陳本末 備察盈虧 澄神定慮 深曒沉機 可考而知 不
일원 귀득미신지지 상진본말 비찰영휴 징신정려 심략침기 가고이지 부
言而喩 後之君子 鑒以前賢 言術者十常八九 造首者百無一二 辭簡而意微
언이유 후지군자 감이전현 언술자십상팔구 조수자백무일이 사간이의미
言近而指遠 爲之賢乎已 鑒命無忽諸
언근이지원 위지현호이 감명무홀제

사주에서 처궁이 극을 받게 되면 젊은 시기에 결혼하지 못하고, 칠살이 있는 지지가 손상되면 말년에 가정을 이룬 자식을 잃게 됩니다.

평생 생함의 운이 지속되면 수명이 소나무처럼 길지만, 재관이 지나치게 많으면 갯버들처럼 박복한 삶을 살게 됩니다. 근원이 맑으면 그 흐름은 반드시 멀리까지 이어지며, 근본이 튼튼하면 그 결과로서 무성한 잎과 같은 영화를 누리게 됩니다.

사주가 뛰어나다면 귀하지 않아도 큰 부자가 되고, 사주가 약하거나 무너지면 흉한 대세운을 두려워해야 합니다. 많은 경우에 보이지 않는 형상과 이치를 구하고, 수많은 물길도 하나의 근원에서 시작되듯이, 일간을 감싸는 지지를 얻어야 귀하게 됩니다. 처음과 끝을 명확히 하고, 운명의 득과 실을 종합적으로 살피며 마음을 맑게 하고 깊은 사고와 연구를 통해 진리를 깨달아야

합니다.

　후학들은 앞선 현명한 이들의 통찰을 본받아야 합니다. 명리학적 지식을 논하는 술사들은 많지만, 진정으로 학문의 본질을 통달한 사람은 극히 드문 것이 현실입니다. 간단한 말 속에도 깊은 뜻이 담겨 있으며, 가까운 말을 통해 멀리 있는 지혜를 이해하는 태도가 필요합니다. 이를 위해 현명한 자는 스스로 명을 살핌에 소홀히 하지 않는다면, 삶의 의미와 균형을 더욱 깊이 이해할 수 있습니다.

19. 愛憎賦 애증부

애증은 좋고 싫음을 포함한 감정의 복잡한 교차를 의미하며, 운명과 사주의 기운 역시 그러한 균형과 상극을 담고 있습니다.

사주의 조화

富莫富於純粹 貧莫貧於戰爭 貴莫貴於秀實 賤莫賤於反傷 文辭備辨貴馬會
부막부어순수 빈막빈어전쟁 귀막귀어수실 천막천어반상 문사비변귀마회
於學堂 錦繡文章火木合於性情 深謀遠慮德性居沉靜之宮 術業精微帝座守
어학당 금수문장화목합어성정 심모원려덕성거침정지궁 술업정미제좌수
文章之館 吉福生旺祿馬全要精神 魁罡有靈變之機離坎乃聰明之戶 貴人祿
문장지관 길복생왕록마전요정신 괴강유령변지기리감내총명지호 귀인록
馬宜逢劫刃空亡可遠 長生招君子之可愛 衰敗遇小人之慨嫌 四柱鬪亂兮不
마의봉겁인공망가원 장생초군자지가애 쇠패우소인지개혐 사주투란혜불
仁不義 五行相生兮爲孝爲忠 印綬在刑沖之內 心亂身忘 日時居墓庫之中憂
인불의 오행상생혜위효위충 인수재형충지내 심란신망 일시거묘고지중우
多樂少
다락소

부유함은 순수함보다 더 부유한 것이 없고, 가난함은 전쟁보다 더 가난한 것은 없습니다. 귀함은 훌륭한 실천에서 비롯되며, 천함은 다른 이를 해치는 행동에서 발생합니다.

재관이 학당에 모이면 문장과 언변이 뛰어나게 되며, 火木의 성정에 맞는 아름다운 글이 나타납니다. 깊은 사고와 원대한 계획은 덕성이 고요히 머무는 곳에서 실현됩니다.

재관이 생왕하며 정신이 온전하면 길하고 복된 운명을 누릴 수 있습니다. 괴강이 있으면 변화가 많고 역동적이며, 水火가 조화를 이루면 총명한 지혜가 발현됩니다.

귀인과 재관은 만나야 좋고, 겁재, 양인, 공망은 멀리해야 좋습니다. 장생

은 군자의 사랑을 가져오며, 쇠패는 소인의 혐오를 불러옵니다.

사주가 혼란스럽게 싸우면 어질지 못하며 의로움을 잃습니다. 오행이 상생하면 효도와 충성하는 운명으로 이어집니다.

인수가 형충되면 마음이 혼란스러워지고 신체가 손상을 입을 위험이 있으며, 일주가 묘고에 자리하면 걱정이 많고 즐거움은 줄어들게 됩니다.

사주와 운명의 흐름과 균형

日干旺而災咎寡 財命衰而惆悵多 衣食奔波旺處遭刑 利名成敗貴地逢傷 平
일간왕이재구과 재명쇠이추창다 의식분파왕처조형 리명성패귀지봉상 평
生禍福賴於一時 一世吉凶憑於氣運 福有氣而變通陞遷 歲剋運凶無氣而人
생화복뢰어일시 일세길흉빙어기운 복유기이변통승천 세극운흉무기이인
離散 大運凶而生百福 流年吉而除千殃 無絶至絶財命危傾 本主得生利名稱
리산 대운흉이생백복 류년길이제천앙 무절지절재명위경 본주득생리명칭
遂 三合六合逢之吉重禍輕 七殺四凶遇之禍深福淺 加官進職定因祿會之年
수 삼합육합봉지길중화경 칠살사흉우지화심복천 가관진직정인록회지년
廣置根基必是合財之地
광치근기필시합재지지

일간이 왕성하면 재난과 허물이 적어지고 안정된 삶을 누리고, 재성과 명이 쇠약하면 근심과 슬픔이 많아지고, 어려움이 뒤따르게 됩니다.

삶이 분주하여 바쁘게 움직이면 왕성한 곳에서 형벌을 만났기 때문이고, 귀지에서 손상을 입으면 재물과 명예의 성패에 영향을 미칩니다.

평생의 화복은 한 시기의 운세에 크게 의존하며, 일생의 길흉은 기운와 조화에 따라 달라집니다. 복이 기세를 타고 변화하면 승진과 발전의 기회가 열리며, 세운을 극하고 대운이 흉하고 기세가 없으면 인간관계가 멀어지고 흩어질 수도 있습니다.

대운이 흉해도 많은 복이 생길 수 있으며, 세운이 길하면 모든 재난이 소멸될 수 있습니다.

사주에 절지가 없더라도 절지운을 만나게 되면 재산과 생명의 위기가 닥칠 가능성이 있습니다. 일주가 생을 얻으면 재물과 명성을 손에 넣을 수 있습니다.

삼합과 육합이 조화롭게 만나면 길운이 더 강해지고 재난은 줄어듭니다. 칠살, 효신, 겁재, 상관과 같은 사흉신을 만나면 재난이 깊어지고 복이 약해질 수 있습니다.

승진은 록이 모이는 해에 이루어지며, 재성을 합하는 위치에서 기반을 넓혀갈 수 있습니다.

운세의 조화

歲君沖壓主凶災 大運受傷殊少吉 歲宜生運運喜生身 三位相生一生稱意 財
세군충압주흉재 대운수상수소길 세의생운운희생신 삼위상생일생칭의 재
官俱旺應顯達於仕途 財食均榮豈淹留於白屋 祿入聚生之地富貴可知 馬奔
관구왕응현달어사도 재식균영기엄류어백옥 록입취생지지부귀가지 마분
祿旺之鄕榮華可斷 欲取交關利息須尋六合相扶 財官帶祿朝元定主安然獲福
록왕지향영화가단 욕취교관리식수심륙합상부 재관대록조원정주안연획복
月衰時旺早歲豐肥 木重土輕終身漂蕩 慣取市廛之利必因人處逢財 忽然顯
월쇠시왕조세풍비 목중토경종신표탕 관취시전지리필인왕처봉재 홀연현
達成家定是刑沖見貴 主本當時得女以扶持 貴祿有情因男子而升吉 南商北
달성가정시형충견귀 주본당시득녀이부지 귀록유정인남자이승길 남상북
旅定因馬道之通 東販西馳必是車運之利
려정인마도지통 동판서치필시차운지리

세운이 일주를 충압하면 흉한 재난을 가져오고, 대운이 손상되면 운이 어려워지게 됩니다. 대세운이 서로 생조하면 운세가 상승하고 조화를 이룹니다. 삼위(사주, 대운, 세운)가 상생하면 한 해가 뜻대로 되며 삶에서 큰 만족을 얻을 수 있습니다.

재성과 정관이 왕성하면 관직에서 크게 성공할 수 있습니다. 재성과 식신이 균형을 이루면 어찌 평범한 집안에 머무를 것인가?

정관이 생하는 곳에 있다면 부귀는 예견될 수 있고, 재성이 왕성한 지지

에서 움직인다면 영화로운 삶을 기대할 수 있습니다.

사업으로 돈을 벌려면 육합이 서로 돕는 관계를 찾아야 하며, 재성과 정관이 록을 얻어 조화를 이루면 안정된 삶과 복을 누릴 수 있습니다.

월주가 쇠약하더라도 시주가 왕성하면 어린 시절부터 풍족하게 시작하며, 木이 중첩되고 土가 약하면 방황하는 삶을 살게 됩니다.

장사를 통해 재물을 쌓으면 왕성한 곳에서 재성을 만났기 때문이며, 갑자기 출세하여 가문을 이루면 형충이 귀인을 만났기 때문입니다.

때를 얻으면 여인을 통해 도움을 받을 수 있고, 귀록이 유정하면 남자로 인해 복을 더할 수 있습니다. 남쪽과 북쪽으로의 교역은 역마운이 통했기 때문이며, 동서로 오가는 교역 역시 운송으로 돈을 벌 수 있습니다.

사주의 약점과 흉살의 영향

日干困弱伯牛敢怨蒼穹	祿馬衰微顔子難逃短命	凶莫凶於劫刃	吉莫吉於剛
일간곤약백우감원창궁	록마쇠미안자난도단명	흉막흉어겁인	길막길어강
强 官微馬劣男逃女走	天羅地網非橫之災	脫命夭亡遇之必不得實而死	窮途
강 관미마렬남도녀주	천라지망비횡지재	탈명요망우지필불득실이사	궁도
逢劫危疑必犯於自刑	絶處逢財妻子應難諧老	大耗小耗多因博戲亡家	官符
봉겁위의필범어자형	절처봉재처자응난해로	대모소모다인박희망가	관부
死符必主獄訟時有	或行四柱遇絶三命刑傷	未免徒絞之刑	難逃點面之苦 若
사부필주옥송시유	혹행사주우절삼명형상	미면도교지형	난도점면지고 약
逢五鬼雷傷虎咬無疑	更値群凶惡殃橫死定斷	女多淫賤男必狙狂	
봉오귀뢰상호교무의	경치군흉악앙횡사정단	여다음천남필창광	

일간이 쇠약하고 지치면 공자의 제자 백우처럼 질병으로 고생하며 하늘을 원망하기 쉽습니다. 재관이 약하면 안자처럼 단명하게 삽니다. 겁재와 양인보다 더 흉한 것은 없고, 강건한 것보다 더 길한 것은 없습니다.

재관이 약하면 배우자가 도망갈 수 있으며, 천라지망으로 뜻밖의 재난에 시달리게 됩니다. 요절하는 것은 허약한데 사지를 만났기 때문이며, 가난한

데 겁재를 만나면 불안한 것은 스스로 범죄를 짓기 때문입니다. 절처에서 재성을 만나면 처자와 평생 해로하기가 어렵습니다.

대모, 소모, 관부, 사부 등은 도박이나 소송으로 인한 가정의 파탄을 초래할 수 있습니다. 대모, 소모, 관부, 사부 등의 의미는 자미두수 태세의 12신을 참조하면 이에 대한 추가적 통찰을 얻을 수 있습니다.

사주가 절지를 만나거나 형상을 받을 경우, 징역형이나 극단적인 형벌을 피하기 어렵고, 얼굴에 죄인의 낙인을 새기는 고통을 경험합니다.

오귀살을 만나면 벼락에 맞거나 호랑이에게 물리는 등 극단적 사건을 겪을 가능성이 높습니다. 여러 흉살이 겹치면 횡사할 운명임이 확실하며, 이러한 사주를 가진 여성은 음란한 삶으로, 남성은 방탕한 삶으로 이어지기 쉽습니다.

성정의 판단

或問人之情性賢愚善惡 先推貴賤旺相之由 衰敗方究機巧靈變 心高者魁罡
혹문인지정성현우선악 선추귀천왕상지유 쇠패방구기교령변 심고자괴강
爲禍 性順者六合爲祥 觀幽閒瀟洒之人 遇華蓋孤虛之位 好恃勢倚霸之輩
위화 성순자륙합위상 관유한소쇄지인 우화개고허지위 호시세의패지배
犯偏官劫刃之權 劫刃生鄙吝之慳 更出機關之險 謀略大因於壬癸 威風氣猛
범편관겁인지권 겁인생비린지간 경출기관지험 모략대인어임계 위풍기맹
於丙丁 孤囚遇之無精神 破敗遇之多疏坦 甲乙順而仁慈大量 庚辛虧而果斷
어병정 고수우지무정신 파패우지다소탄 갑을순이인자대량 경신휴이과단
氣剛 燥敗火盛須疑 隱忍金多定論 刑戰者愚頑 安靜者賢俊 金木司令而相
기강 조패화성수의 은인금다정론 형전자우완 안정자현준 금목사령이상
生 火土逢時而相助 不勞心而衣食自足不費力而家計自成 更若得神扶持
생 화토봉시이상조 불로심이의식자족불비력이가계자성 경약득신부지
定是權尊鄕里 祿貴拱位者臺省揚名
정시권존향리 록귀공위자대성양명

사람의 성정이 현명한지 어리석은지, 선한지 악한지에 대한 해답을 구하려면 먼저 귀천이 왕성한 이유를 살펴야 합니다. 동시에 쇠퇴한 운명에서는

기교와 임기응변이 얼마나 발휘되는지를 탐구해야 합니다.

포부가 큰 사람에게는 괴강이 재난을 초래할 가능성이 있지만, 성품이 온순한 사람에게는 육합이 길함을 가져옵니다.

유유자적하며 소탈한 성품을 가진 사람은 화개가 공망의 조화를 만났기 때문이고, 세력과 권위를 지나치게 의지하는 사람은 편관, 겁재, 양인을 만났기 때문입니다.

겁재와 양인은 비겁과 인색함을 조성하며 더 나아가 위험을 초래합니다. 모략은 대개 壬癸의 영향 아래 생기고, 위풍당당함은 丙丁의 맹렬한 기운에서 발휘됩니다.

운이 휴수지에 고립되면 정신의 혼란이 생기고, 파패지를 만나면 느긋하고 무관심한 태도로 변할 수 있습니다.

甲乙이 순조로운 경우 인자하며 도량이 크고, 庚辛이 기울면 과단성과 강건함을 보여줍니다. 庚辛이 왕성하면 과단성이 있고 기가 강하게 됩니다. 조급하여 실패하면 火가 왕성한지 의심하고, 참고 견디면 金이 많아도 안정되었기 때문입니다.

형이 충돌하면 완고하고 어리석을 수 있지만, 안정된 상황에서는 어질고 준수한 특성이 나타납니다. 金木이 사령하면 서로 생해주고, 火土가 만나는 시기에 서로 도와줄 때는 마음을 쓰지 않아도 의식이 충족되고, 노력하지 않아도 가문을 이룰 수 있습니다.

길신이 돕는다면 지역 사회에서 존경받으며, 정관이 공협하면 고위직에 올라 이름을 널리 알릴 수 있습니다.

운명의 굴곡

其所憂者福不福 其所慮者成不成 禍不禍者吉處遭凶 成不成者格局見破 傷
기소우자복불복 기소려자성불성 화불화자길처조흉 성불성자격국견파 상
其格者則傷 破其格者則禍 譬若苗逢秋旱而冬廩空虛 花被春霜而夏果無成
기격자즉상 파기격자즉화 비약묘봉추한이동름공허 화피춘상이하과무성
智謀思慮 措用無成 縱有回天轉軸之機 而無建功立業之遂 豈不見酈生烹鼎
지모사려 조용무성 종유회천전축지기 이무건공립업지수 기불견력생팽정
范生背廣淵明東歸 子美西去 孟軻不遇 馮衍空回 買臣負薪而行歌 江革苦
범생배이연명동귀 자미서거 맹가불우 풍연공회 매신부신이행가 강혁고
寒而坐泣 蓋苗而不秀者有之 秀而不實者有之 更値傷敗太過 一福不過芻蕘
한이좌읍 개묘이불수자유지 수이불실자유지 경치상패태과 일복불과추요
縱有百藝多能 難免飢寒苦疾 困於溝壑 命使其然爾 淹滯無成 何勞嘆嗟
종유백예다능 난면기한고질 곤어구학 명사기연이 엄체무성 하로탄차

　　걱정이 깊은 사람은 비록 복을 누리고 있어도 그 복을 느끼지 못하며, 근심이 많은 사람은 목표를 이루려 해도 이루지 못하게 됩니다. 재난을 당해도 그것이 진정한 재난이 아니고, 성공을 해도 성공으로 간주되지 않는 것은 격국이 손상되거나 파괴되었기 때문입니다.

　　격국이 손상되면 운명이 손상되고, 파괴되면 재난을 불러올 수 있습니다. 이는 마치 가을 가뭄으로 인해 싹이 시들어 겨울 창고가 비는 것과 같으며, 봄 서리로 인해 꽃이 시들어 여름에 열매를 맺지 못하는 것과 같습니다.

　　비록 뛰어난 지혜와 전략, 큰 기회를 가져도 실행할 능력이 부족하거나 운명이 따라주지 않으면 성공적인 업적을 이루기 어렵습니다. 이러한 운명의 제약은 역사 속 많은 사례를 통해 확인할 수 있습니다.

　　유방의 신하로서 조나라 사신으로 파견된 역생은 끓는 가마솥에서 비극적인 결말을 맞았습니다. 범생은 이연을 배반하고 동쪽으로 돌아가 가난한 삶 속에서 도를 추구하며 자연에 귀의했습니다. 당나라 시인 두보는 초당을 짓고 서쪽에서 안빈낙도의 삶을 이어갔습니다.

맹자는 시대의 안정과 기회를 얻지 못해 불운한 삶을 살았습니다. 전한의 풍연은 정치적 실패를 겪고 헛되이 돌아갔습니다. 매신은 땔감을 짊어지고 가난 속에서도 노래하며 희망을 잃지 않고 생계를 유지했습니다. 강혁은 혹독한 추위를 견디며 고통스러운 삶을 살면서 쓸쓸히 눈물을 흘렸습니다.

싹이 자라지 못하는 경우도 있으며, 꽃이 피어도 결실을 맺지 못하는 경우가 있습니다. 이는 격국이 상하고 패함이 지나치면 한 번의 복조차도 나무꾼보다 못할 수 있음을 의미합니다.

비록 백 가지 재주와 다재다능한 능력을 가졌더라도, 굶주림과 추위, 질병을 피하지 못하고, 구덩이에 빠져 곤경에 처할 위험이 있습니다.

결국, 이러한 운명의 굴곡은 한탄만으로는 해결될 수 없습니다. 장애물과 실패조차 삶의 일부로 받아들이며, 이를 어떻게 극복하고 교훈으로 삼을지를 고민하는 태도가 중요합니다. 운명은 종종 우리의 손을 벗어나지만, 그 속에서 배우고 성장하려는 노력은 결코 헛되지 않을 것입니다.

부귀의 조건

欲問富貴 全仗財官 朕何由得之 大莫大於鎡基 奇莫奇於秀異 達聖達賢者
욕문부귀 전장재관 짐하유득지 대막대어자기 기막기어수이 달성달현자
無時不有 至富至貴者 自古皆然 或生申月之中 文高武顯 或居冠帶之下 業
무시불유 지부지귀자 자고개연 혹생신월지중 문고무현 혹거관대지하 업
大財奇 若此刻妙 何如推測 先論學堂之內 三奇四福 次察格局之外 一吉二
대재기 약차각묘 하여추측 선론학당지내 삼기사복 차찰격국지외 일길이
宜 若己未見甲午爲祥 壬申見丁巳爲瑞 壬子丙午 主光風儒雅之人 辛酉丙
의 약기미견갑오위상 임신견정사위서 임자병오 주광풍유아지인 신유병
申 長俊秀榮華之士 陰陽全憑純美 造化最喜相生 難辨者日精月華 莫測者
신 장준수영화지사 음양전빙순미 조화최희상생 난변자일정월화 막측자
金堂玉匱 得之者榮 遇之者貴
금당옥궤 득지자영 우지자귀

부귀를 묻는다면, 그 본질은 전적으로 재성과 정관에 의지한다고 할 수 있습니다. 운명의 크기와 기이함은 사주 속에서 뛰어난 조화와 특성을 지닐 때 더욱 극대화됩니다. 재관이 주도적으로 작용하면 부와 명예를 가져오는 힘이 됩니다. 운명의 기세는 재관의 조화와 배치를 통해 정해지는 경우가 많습니다.

지극히 부유하고 귀한 사람들은 시대를 불문하고 존재해왔으며, 이는 운명의 기회와 조화로운 상생이 이루어졌기 때문입니다. 크기는 마치 기반을 이루는 호미의 역할처럼 삶의 가장 중요한 요소를 형성하며, 기이함은 사주 속 특별히 뛰어난 조화와 특성을 통해 부각됩니다.

申월에 태어난 사람은 학문적으로 뛰어나고, 무예에서도 우수한 재능을 보일 운명을 가질 수 있습니다. 관대의 지지에 있으면 큰 사업을 이루고, 독특한 재능으로 부자가 될 가능성이 있습니다.

이러한 오묘한 이치는 어떻게 판단하는가?

운명을 분석할 때, 먼저 학당의 위치를 확인하여 삼기와 재관인식의 복록을 논의하는 것이 중요합니다. 다음으로 격국의 안정성을 파악하며, 첫 번째로 길한 조건과 두 번째로 적합한 위치를 분석해야 합니다.

己未가 甲午와 만나는 경우나 壬申이 丁巳를 볼 때 길한 기운이 나타납니다. 壬子와 丙午는 우아하고 품위 있는 선비의 모습이 나타나며, 辛酉와 丙申은 준수한 외모와 더불어 부귀영화를 누릴 수 있습니다.

음양은 순수한 아름다움과 완전함을 통해 조화를 이루며, 조화는 상생을 통해 가장 큰 효과를 발휘합니다. 일주의 정기와 월령의 화려함은 변별하기 어렵지만, 관직과 재물의 예측은 더욱 어렵습니다. 이를 얻는 사람은 영화로운 삶을 누리며, 이를 만나는 사람은 귀한 삶을 살게 됩니다.

조화의 균형

若遇賢愚顯晦 無非造化鈞萬物既榮枯 爲人豈無成敗 假若鳳生於雉 蛇化爲
약우현우현회 무비조화균만물기영고 위인기무성패 가약봉생어치 사화위
龍 芳蘭不斷蓬蒿 枯木尤生於山野 少貴老賤 初迍後亨 蓋由大運之衰旺 以
룡 방란불단봉호 고목우생어산야 소귀로천 초둔후형 개유대운지쇠왕 이
致富貴之更變 格局純而反雜 惆悵殘春 運行老而得時 優遊晚景 防不測運
치부귀지경변 격국순이반잡 추창잔춘 운행로이득시 우유만경 방불측운
之艱危 是以時有春秋 月圓有缺 嘗觀資蔭之 子親一喪定無聊 復見畊鈞之
지간위 시이시유춘추 월원유결 상관자음지 자친일상정무료 부견경조지
人 運一通而殊顯 多年爵祿一旦俱休 時運至者片時相遇 値生旺者未必爲凶
인 운일통이수현 다년작록일단구휴 시운지자편시상우 치생왕자미필위흉
有情者通無情者滯 有合者吉有冲者凶
유정자통무정자체 유합자길유충자흉

사람의 지혜와 어리석음, 성공과 실패는 모두 조화의 균형에 의해 좌우됩니다. 마찬가지로 만물은 번영과 쇠퇴의 주기를 따라 변화하듯, 사람의 운명 또한 성패를 피할 수 없습니다.

봉황이 꿩의 집에서 태어나듯, 환경에 구애받지 않는 뛰어난 잠재력이 있을 수 있습니다. 뱀이 변하여 용이 되고, 난초가 쑥밭에서도 자랄 수 있듯, 조건이 어려워도 특별한 성취를 이룰 수 있습니다. 고목이 산야에서 생명을 얻을 가능성이 있듯, 쇠퇴한 운명에서도 새로운 희망이 생길 수 있습니다.

젊은 시절에는 귀하지만 늙어서는 천해질 수 있고, 초반에는 어렵더라도 대운의 상승으로 인해 나중에는 안정된 삶이 이루어지기도 합니다. 격국이 순수하더라도 혼잡함이 들어오면 인생 후반부에 탄식하는 상황을 만들 수 있습니다. 나이가 들수록 운이 들어오면 평온하고 여유로운 삶을 누릴 수 있지만, 위태롭고 예측하기 어려운 운에 대비할 필요가 있습니다. 봄이 지나면 가을이 오듯, 달이 차면 기울 듯 운의 주기를 이해하고 순응하는 지혜가 필요합니다.

부모의 덕을 받던 사람도 부모를 잃으면 의지할 데가 없어지는 것처럼,

외부의 도움은 일시적일 수 있습니다. 농부나 어부처럼 겸손한 삶을 살던 사람도 운이 통하면 크게 성공할 수 있습니다.

여러 해 동안 부귀를 누리던 사람이 하루아침에 모든 것을 잃을 수도 있고, 운명의 흐름에 따라 잠시 동안 성공을 맛보기도 합니다. 생왕을 만나는 운명은 반드시 흉하지 않으며, 유정하면 통하고, 무정하면 막힘이 생깁니다. 합이 있으면 길하게 되지만, 충이 있으면 흉하게 됩니다.

화복의 변화와 조화

官印歲臨 仕途定知進擢 食財運遇 庶民亦喜榮昌 長借兒孫之貴 或有少依
관인세림 사도정지진탁 식재운우 서민역희영창 장차아손지귀 혹유소의
祖父之榮 又有垂髫難苦 至老無依 蓋因四柱之旺衰 所由大運之亨否 豈不
조부지영 우유수초난고 지로무의 개인사주지왕쇠 소유대운지형부 기부
見枯槁之木 縱逢春而不榮 茂盛之標 須淩霜而不敗 論日更麕年月 定無下
견고고지목 무종봉춘이부 영성지표 수릉상이부패 론일경휴년월 정무하
稍 生時旺氣朝元 必有晚福 古有琢磨之玉 值價連城 世有正直之人 自成家
초 생시왕기조원 필유만복 고유탁마지옥 치가련성 세유정직지인 자성가
計 如烹煉之餘而不朽 如歲寒之後而不凋 消息妙在變通 禍福當察衰旺 庶
계 여팽련지여이부후 여세한지후이부조 소식묘재변통 화복당찰쇠왕 서
幾君子 共鑒是幸
기군자 공감시행

정관과 인성이 세운에 나타나면 반드시 승진하고, 식신과 재성을 운에서 만나면 서민조차 번성하며 즐거운 삶을 누립니다. 젊은 시절에는 조부의 번영에 의존하면서도, 나이가 들어 자식들의 성공에 의지할 수도 있습니다.

어려서 고난을 당하고 늙어서 의지할 곳이 없으면 대개 사주의 왕쇠로 인한 것이며 대운의 흐름이 조화롭지 않기 때문입니다. 마른 나무는 봄이 와도 다시 살아날 수 없지만, 무성한 나무는 서리에도 시들지 않는 것은 변하지 않는 자연의 이치입니다.

생시가 왕성한 아침의 기운을 받았다면, 이는 말년에 복을 누릴 수 있습니

다. 마치 오래도록 다듬어진 옥이 그 가치를 인정받아 보물이 되듯 정직한 사람은 스스로 가문을 세우고 안정된 삶을 이룹니다.

잘 단련된 것은 시간이 지나도 썩지 않고 세월이 지나 추위에도 시들지 않듯이 운명은 변화와 순화 속에서 조화를 이루어야 지속 가능한 행복과 복을 가져옵니다.

운명 속의 묘미는 변화와 조화에 대한 깊은 이해에 달려 있습니다. 화복은 끊임없는 쇠왕의 흐름을 통해 그 방향이 결정되므로 이를 주의 깊게 살펴야 합니다.

군자는 이러한 모든 흐름과 원리를 거울삼아 자신의 삶을 조율하고 변화 속에서 흔들리지 않는 중심을 유지하고 이러한 지혜를 공유하고 배울 수 있다면 그것이 큰 행운일 될 것입니다.

20. 萬金賦 만금부

만금이란 많은 돈이란 뜻이며, 여기서는 부귀의 비결을 의미합니다.

오행의 생사 비결

欲識五行生死訣 容易豈與凡人說 星中但以限爲憑 子平但以運爲訣 運行先
욕식오행생사결 용역기여범인설 성중단이한위빙 자평단이운위결 운행선
布十二宮 看來何格墮時節 財官印綬與食神 當知輕重審分明 官星怕臨七殺
포십이궁 간래하격타시절 재관인수여식신 당지경중심분명 관성파림칠살
運 七殺猶畏官星臨 官星混雜當壽夭 去官留殺仔細尋 留官去殺莫逢殺 留
운 칠살유외관성림 관성혼잡당수요 거관류살자세심 류관거살막봉살 류
殺去官官莫逢 官殺受傷人必夭 更宜財格定前程
살거관관막봉 관살수상인필요 경의재격정전정

오행의 생사 비결은 그 깊은 이치가 있어, 쉽게 일반인과 논의하기 어려운 영역으로 여겨집니다. 점성학에서는 대운을 기준으로 삼고, 자평학에서는 운세의 흐름을 비결로 삼고 분석합니다.

운의 흐름은 먼저 십이궁을 펼치고, 격국이 어느 절기에 해당하는지를 살펴 재성, 정관, 인수, 식신의 경중을 분명히 구분하여 분석하는 것이 중요합니다.

정관은 칠살운을 두려워하고, 칠살은 정관이 들어오면 두려워합니다. 관살이 혼잡하면 요절 가능성도 있습니다.

정관을 남기고 칠살을 제거하는 경우에는 칠살을 만나면 안 되고, 칠살을 남기고 정관을 제거하는 경우에는 정관을 만나서는 안 됩니다. 정관과 칠살이 손상되면 반드시 요절하게 됩니다.

재격은 안정성을 결정짓는 요소이므로, 재격을 꼼꼼히 살펴 운명의 방향과 성패를 조율해야 합니다.

재성의 작용

日時偏正門何財 生怕干頭帶殺人 劫若重逢人夭壽 孰知偏正甚爲災 有財官
일시편정문하재 생파간두대살인 겁약중봉인요수 숙지편정심위재 유재관
運須榮發 財地官鄕是福胎 只怕日干元自弱 財多生殺感身衰 財多身弱行財
운수영발 재지관향시복태 지파일간원자약 재다생살감신쇠 재다신약행재
運 此處方知下九台 官不逢傷財不絶 壽山高聳豈能推
운 차처방지하구태 관불봉상재불절 수산고용기능추

일시에 정재와 편재가 있어도 천간에 칠살이 나타나면 경계해야 합니다. 겁재가 반복되면 요절할 가능성이 높아지므로, 편재와 정재의 존재로 인해 발생할 수 있는 재난의 심각성을 이해해야 합니다.

재성이 있으면 관운에 부와 명예가 영화롭게 발전할 수 있습니다. 재성운과 정관운은 복의 근원지가 됩니다. 일간이 본래 쇠약한데, 재성이 많아져 칠살을 생조하게 되면 일간은 더욱 쇠약해지며 부담을 느낄 수 있습니다.

재성이 많고 일간이 약한 상태에서 재성운을 만나면, 이 시점에서 황천의 기운을 직면할 수 있습니다. 정관이 손상되지 않고 재성이 안정적으로 유지된다면, 이는 수명이 길어지는 징후를 알 수 있습니다.

재관인수의 길흉

第一限逢印綬鄕 運生生旺必榮昌 官鄕會合遷官職 死絶當頭是禍殃 若是逢
제일한봉인수향 운생생왕필영창 관향회합천관직 사절당두시화앙 약시봉
財來害印 墮屋落水惡中亡 爲官在任他鄕死 作客逢喪在路傍 印不逢財人不
재래해인 타옥락수악중망 위관재임타향사 작객봉상재로방 인불봉재인불
死 如前逐一細推詳 財官印綬分明說 莫道食神非易訣 食神有氣勝財官 只
사 여전축일세추상 재관인수분명설 막도식신비역결 식신유기승재관 지
怕傷殘前外截 却分輕重細推詳 大忌財官爲死絶
파상잔전외절 각분경중세추상 대기재관위사절

첫 번째 대운에서 인수운을 만나며, 운이 생조하여 왕성해지면 반드시 영화롭고 번창하는 삶을 살게 됩니다. 관성지에서 회합하면 승진의 기회를 얻고, 사절지에서는 재앙을 만나게 됩니다.

재성이 인수를 해롭게 하면 큰 불행을 초래할 수 있습니다. 이는 마치 집이 무너지고 물에 빠져 더럽게 죽는 것과 같은 극단적 상황으로 이어질 수 있습니다. 관직에 있는 경우 타향에서 생을 마감하거나 길에서 객사하는 일이 생길 수 있습니다. 인수가 재성을 만나지 않는다면 이러한 극단적 불행은 피할 수 있습니다.

재관인수의 길흉은 매우 분명하게 드러나며, 앞서 언급한 내용들을 세심하게 분석하고 판단해야 합니다. 식신은 쉽게 판단해서는 안 되며, 기운이 있으면 재성과 정관을 제압하지만 손상되거나 끊어질 가능성은 경계해야 합니다. 재성과 정관의 경중을 면밀히 구분하여 자세히 판단해야 하며, 특히 가장 꺼리는 것은 재관이 사절지에 있는 것입니다.

운의 화복 판단

傷官命運莫逢官 斬絞徒流禍百端 月德日貴逢剋戰 此命危亡立馬看 飛天拱
상관명운막봉관 참교도류화백단 월덕일귀봉극전 차명위망립마간 비천공

祿嫌填實 最怕絆神來犯干 子運行年來甲子 壬寅申地見丙申 巳丙一同推禍
록혐전실 최파반신래범간 자운행년래갑자 임인신지견병신 사병일동추화

福 卯宮乙木怕相逢 巳宮戊庚丙辛會 午丁年上午戌凶 丑未年中須是禍 但
복 묘궁을목파상봉 사궁무경병신회 오정년상오술흉 축미년중수시화 단

宜遷運而搜尋 同官同運如逢祿 逢祿刑禍來相侵 外逢仍還逢內敵 其餘官分
의천운이수심 동관동운여봉록 봉록형화래상침 외봉잉환봉내적 기여관분

外方尋 外逢內敵爲災重 內逢外敵禍微侵 戊己土皆分四季 雜氣之中難又易
외방심 외봉내적위재중 내봉외적화미침 무기토개분사계 잡기지중난우역

逐一依定數中推 受制受刑隨運氣 只定其凶此運中 何年月日災刑重 此是石
축일의정수중추 수제수형수운기 지정기흉차운중 하년월일재형중 차시석

金玉匣訣 只此洩漏與君知
금옥갑결 지차설루여군지

상관은 사주와 운에서 정관을 만나면 안 되는데, 이는 각종 형벌과 다양한 재난을 가져올 위험이 있기 때문입니다.

월덕과 일귀가 극을 만나게 되면 운명이 위태로워지고, 죽음에 이를 가능성이 높아지게 됩니다.

비천과 공록은 전실과 기반을 꺼리고, 특히 일간을 범하는 기운은 심각한 위험으로 이어질 수 있으므로 이를 경계해야 합니다.

子대운 甲子년에 壬寅일주가 申의 지지에서 丙申을 만나면 巳와 丙을 함께 고려해서 화복을 판단하고, 卯궁에서 乙木을 만나면 두려워하게 됩니다. 巳궁에서 戊庚丙辛이 모이고, 午와 丁년에 午戌이 있으면 흉한 영향을 미칩니다. 丑未년에는 재난이 발생할 가능성이 커지므로 운이 변화할 때 이를 주의 깊게 탐색하고 대비해야 합니다.

동일한 정관이 동일한 운에서 록을 만날 때, 록은 형벌과 재난을 초래하게 됩니다. 외부에서 적을 만나고 내부에서도 적을 다시 만나게 되면, 나머지 정관의 역할은 외부에서 찾아야 합니다. 외부에서 적을 만나는 경우 재앙이 크며, 내부에서 적을 만나는 경우 재앙의 강도가 비교적 약할 수 있습니다.

戊己土는 사계절에 걸쳐 잡기의 특성을 가지고 있어, 분석이 어렵기도 하면서 동시에 간단하기도 한 양면성을 지닙니다. 운명에서 하나씩 정해진 운수에 따라 세밀히 판단하며, 운의 기운에 따라 억제와 형벌을 받는 것이 정해집니다. 운 중에서 흉함이 결정되므로, 특정 연월일에서 재난이 반복되는 시기를 찾아내는 것이 중요합니다.

이러한 분석법은 운명을 해석하는 보석과 같은 비결입니다. 이는 운명 해석의 깊은 지혜를 담고 있으며, 이를 기반으로 인생의 흐름을 예측할 수 있습니다.

21. 挈要捷馳玄妙訣 설요첩치현묘결

설요첩치현묘결이란 신묘한 비결 요점을 빠르게 전한다는 의미로서 여러 문파의 비결을 모아 편집한 비결서입니다.

사주 분석의 중점

以日爲主 專論財官 蓋官乃爲扶身之本 財爲養命之原 故推天時 察地利 約
이일위주 전론재관 개관내위부신지본 재위양명지원 고추천시 찰지리 약
太過而不及 以中和而爲用 去留舒配而中理 輕重强弱而表正 先觀節氣之深
태과이불급 이중화이용용 거류서배이중리 경중강약이표정 선관절기지심
淺 後論財官之向背 人之命內 皆不離乎財官 諸格局中 總要虛邀祿馬 先賢
천 후론재관지향배 인지명내 개불리호재관 제격국중 총요허요록마 선현
已成矜式 後學須自亦通 宜向之而運背 決之貧賤 宜背之而運向 斷之困弱
이성긍식 후학수자역통 의향지이운배 결지빈천 의배지이운향 단지곤약
喜生以逢生 貴而可取 受剋而値剋 吉而堪言
희생이봉생 귀이가취 수극이치극 길이감언

사주 분석은 일간을 핵심으로 하여 재물과 관직에 관한 운명을 분석합니다. 관직은 자신을 지탱하는 근본 역할을 하고, 재물은 생명을 유지하는 원천으로 작용합니다.

운명의 흐름은 하늘의 기운과 지리적 조건을 중심으로 해석하며, 너무 넘치거나 부족함을 조절하여 중화와 균형을 이루는 것이 중요합니다. 머무를 것과 떠날 것을 조화롭게 배분하여 균형의 이치를 맞추고, 경중과 강약을 바르게 분석해야 합니다.

운명은 절기의 깊이와 왕쇠를 먼저 관찰하며, 이후 재물과 관직의 흐름과 관계를 분석합니다. 이는 사람의 명이 재물과 관직의 영향을 떼어낼 수 없음을 강조하는 바입니다.

여러 격국에서도 항상 재성과 정관이 중심 역할을 하므로 이를 허공에서

불러온 재관을 탐구한 선현들의 가르침을 본받아 후학들이 스스로 통달하고 운명의 방향을 이해하는 것이 중요합니다.

마땅히 추구해야 할 운이 등을 돌리면 가난하고 천해지는 결과를 맞으며, 마땅히 등을 돌려야 할 운을 추구하면 운명이 곤궁해지는 경우가 생깁니다. 생을 좋아하고 생조를 받으면 귀함을 취할 수 있지만, 극을 받아야 할 때 극을 만나면 오히려 길한 결과를 가져올 수 있습니다.

재관의 분석

逢官而看財 見財富貴 逢殺而看印 遇印榮華 逢印看官而遇官 八而七貴 逢
봉관이간재 견재부귀 봉살이간인 우인영화 봉인간관이우관 팔이칠귀 봉
財看殺 原有殺十有九貧 甲乙運入西方 身旺功名可許 壬癸路經南域 主健
재간살 원유살십유구빈 갑을운입서방 신왕공명가허 임계로경남역 주건
爲貴 印財不宜身旺地 食神最喜劫財鄕 官殺混雜 身弱則貧 官殺兩停 合殺
위귀 인재불의신왕지 식신최희겁재향 관살혼잡 신약즉빈 관살량정 합살
爲貴 年月官星 早年出仕 日時正貴 晚歲得名 胞胎逢印綬 祿享千鍾 財氣
위귀 년월관성 조년출사 일시정귀 만세득명 포태봉인수 록향천종 재기
遇長生 田肥萬頃 秋冬官星逢刃傷 存金去火貴無疑 臘月傷官喜見官 破印
우장생 전비만경 추동관성봉인상 존금거화귀무의 랍월상관희견관 파인
重傷而禍死
중상이화사

정관을 만나면 재성을 살피고, 재성을 만날 때 부귀를 얻을 수 있습니다. 칠살을 만나면 인수를 살피고, 인수를 만나면 영화로운 삶을 누릴 수 있습니다.

인수를 만나 정관을 살피며 정관과 조화를 이루는 경우 8명 중 7명이 귀한 삶을 살게 됩니다. 재성을 만나 칠살을 살피는데 원래 칠살이 있으면 10명 중 9명이 가난해질 수 있습니다.

甲乙일간이 서방운으로 흐르면 신왕해야 공명을 이룰 수 있습니다. 壬癸

일간이 남방운을 흐르면 일주가 강건해야 귀한 삶을 살 수 있습니다. 인수와 재성은 신왕지에는 적합하지 않으며, 식신은 겁재운을 가장 좋아합니다.

정관과 칠살이 혼잡하고 신약하면 가난해질 수 있으며, 정관과 칠살이 균형을 이루면 합살을 통해 귀하게 될 수 있습니다. 년월에 정관이 있다면 젊은 시기에 벼슬하고, 일시에 정관이 있다면 늦은 나이에 명성을 얻을 수 있습니다.

포태지에서 인수를 만나면 많은 복록을 누리며, 재성이 장생지를 만나면 물질적 풍요를 가져옵니다.

가을과 겨울에 정관이 양인과 상관을 만나면, 金을 남기고 火를 제거해야만 귀하게 될 수 있습니다. 丑월의 상관은 정관을 통해 기쁨을 얻지만, 인수가 거듭 손상되고 파괴되면 재난과 죽음을 맞이할 위험이 있습니다.

재관의 상호작용

財旺生官者 何貴少而富多 傷官見官者 何官高而富足 無傷不貴 有病爲奇
재왕생관자 하귀소이부다 상관견관자 하관고이부족 무상불귀 유병위기
宜當棄之 理妙於斯 何必外取 如炎火水少遇庚辛 休作身旺官輕而取 或土
의당기지 리묘어사 하필외취 여염화수소우경신 휴작신왕관경이취 혹토
重木絶逢壬癸 難作身旺官輕而決 財輕莫逢劫地 印多最妙財鄕 財旺生官
중목절봉임계 난작신왕관경이결 재경막봉겁지 인다최묘재향 재왕생관
用祿取貴 殺星制刃 劫寶圖名 身旺偏財何取 必取橫財 主捷正財偏劫 頻見
용록취귀 살성제인 겁보도명 신왕편재하취 필취횡재 주첩정재편겁 빈견
妻災劫財 羊刃入官殺 臺閣之臣 歸祿倒沖逢刃傷 廊廟之貴 身旺有殺逢印
처재겁재 양인입관살 대각지신 귀록도충봉인상 랑묘지귀 신왕유살봉인
綬 權斷之官 主弱逢印見財星 尋常之客 陽刃傷官有制 膺職掌於兵刑
수 권단지관 주약봉인견재성 심상지객 양인상관유제 응직장어병형

재왕생관은 귀함이 적고 부유하며, 상관견관은 관직은 높으나 재물이 충분히 따르지 않는다고 하는데, 어찌하여 그러한가?

상함이 없다면 귀하지 않고, 병(문제나 결핍)이 있어야 특별함이 드러납니다. 마땅히 버려야 할 것을 제대로 정리하고 선택하면 묘미를 얻을 수 있습니다. 이는 외부에서 지나치게 추구할 필요 없이 내부의 조화를 통해 답을 찾는 과정이 필요함을 의미합니다.

火가 강하고 水가 적은 경우 庚辛金을 만나면, 신왕하고 정관이 약하다고 취하지 말라고 해서는 안 됩니다. 土가 많고 木이 절지에 있는 상황에서 壬癸水를 만나면, 신왕하고 정관이 약하다고 판단하기 어렵습니다.

재성이 약한 경우 겁재를 만나면 손실이 따르게 됩니다. 인수가 많은 상황에서는 재성지가 가장 좋습니다. 재왕생관은 록을 사용하면 귀함을 취할 수 있으며, 칠살이 양인을 제복하는 경우 겁재를 통하면 명성을 도모할 수 있습니다.

신왕하고 편재가 있으면 반드시 횡재가 따릅니다. 정재와 편재가 겁재로 인해 훼손되면 처와 관련된 재난이 자주 발생할 수 있습니다. 겁재와 양인이 관살에 작용하면 중앙의 고위직을 맡게 됩니다. 귀록을 도충하고 양인과 상관을 만나면 종묘와 관련된 고위직에 이르게 됩니다.

신왕하며 칠살이 있는 경우, 인수를 만나면 권력을 가진 관직에 오르게 됩니다. 신약하면서 인수와 재성을 만나면 보통 관리가 됩니다. 양인과 상관이 제압된 경우, 형벌과 관련된 직책을 수행할 수 있습니다.

격국의 조화

正官正印無傷 出仕牧其士庶 財旺稼穡 給餉之官 飛祿朝陽 侍廷之相 乾坤
정관정인무상 출사목기사서 재왕가색 급향지관 비록조양 시정지상 건곤
本淸氣 畿國之榮 子午爲極尊 黃門之貴 癸日癸時兼亥丑 魁名及第入翰林
본청기 기국지영 자오위극존 황문지귀 계일계시겸해축 괴명급제입한림
壬日壬時疊寅辰 高爵承恩登御閣 日德見魁罡 縱吉運 貧寒之士 魁罡見財
임일임시첩인진 고작승은등어각 일덕견괴강 종길운 빈한지사 괴강견재
官 任得地 衣祿之人 傷官見官 妙入財印之地 財星破印 貴行比劫之中 命
관 임득지 의록지인 상관견관 묘입재인지지 재성파인 귀행비겁지중 명
逢財 運逢殺 吉而堪言 命逢殺 運逢財 凶而可決 女多傷官 歸祿得之極吉
봉재 운봉살 길이감언 명봉살 운봉재 흉이가결 여다상관 귀록득지극길
男逢羊刃 身弱遇之爲奇 金神歸祿欄又 女命逢之最忌 羊刃傷官七殺 男子
남봉양인 신약우지위기 금신귀록란차 여명봉지최기 양인상관칠살 남자
値之得權 金神入火逢殺刃 貴而無疑 殺重有印逢食傷 榮而自有
치지득권 금신입화봉살인 귀이무의 살중유인봉식상 영이자유

　정관과 정인이 상하지 않으면 백성을 다스리는 관리가 됩니다. 재성이 왕성한 가색격은 재정을 관리하는 직책을 맡을 수 있습니다.

　비록격과 조양격은 높은 직책인 재상에 오르게 됩니다. 음양은 본래 맑고 깨끗한 기운이기 때문에 나라를 다스리게 됩니다. 子午는 매우 존귀한 자리로 알려져 있어 궁중에서 중요한 역할을 맡을 수 있습니다.

　癸일간이 癸亥시나 癸丑시이면 장원급제를 하고 한림원에 들어가고, 壬일간이 壬寅시나 壬辰시에 해당하면 궁궐에서 고위직을 맡게 됩니다.

　일덕격이 괴강을 만나면 좋은 운이 와도 가난한 선비로 살아가고, 괴강이 재관을 만나고 득지하면 의식이 풍족한 삶을 살게 됩니다.

　상관견관은 재성과 인수운에 들어가야 좋은 결과를 얻습니다. 재성이 인수를 파괴하면 비겁운에 귀한 사람이 될 수 있습니다.

　사주에서 재성을 만나고 운에서 칠살을 만나면 길하다고 볼 수 있지만, 사주에서 칠살을 만나고 운에서 재성을 만나면 흉하다고 판단할 수 있습니다.

여명에게 상관이 많고 귀록을 얻으면 매우 길하게 됩니다. 남명이 양인을 만나고 신약하면 뜻밖의 일이 생길 수 있습니다. 금신격, 귀록격, 정란차격을 여명에서 만나면 가장 꺼리게 됩니다. 양인과 상관, 칠살이 남명에 있으면 권력을 얻을 수 있습니다.

금신격이 火를 만나고 칠살과 양인을 동시에 만나면 귀한 사람이 될 수 있습니다. 칠살이 반복되고 인수가 식상을 만나면 풍요로운 삶을 누릴 수 있습니다.

기운의 조화

正官正印居官不顯 羊刃七殺出牧馳名 身旺無依僧道之例 桃花滾浪娼妓之
정관정인거관불현 양인칠살출목치명 신왕무의승도지례 도화곤랑창기지
流 金弱火强 土木消溶之匠 土多水淺 行商針線之工 五湖雲遶 始榮終辱己
류 금약화강 토목소용지장 토다수천 행상침선지공 오호운요 시영종욕기
身貧 遍野桃花 一世風流多酒色 亡神拱殺 盜賊之徒 秀氣失時 淸名之士
신빈 편야도화 일세풍류다주색 망신공살 도적지도 수기실시 청명지사
印旺身强多嗜酒 丁壬妒合犯淫訛 身印俱强 平生少病 天月德助 處世無殃
인왕신강다기주 정임투합범음와 신인구강 평생소병 천월덕조 처세무앙
食神生旺 勝似財官 貴全官殺 有棄命就財就殺就官者 有餘富貴 旣依專旺
식신생왕 승사재관 귀전관살 유기명취재취살취관자 유여부귀 기의전왕
絶食絶財絶官者 無限貧窮 身弱棄命要無根 官居宰輔 主衰身化得其時 位
절식절재절관자 무한빈궁 신약기명요무근 관거재보 주쇠신화득기시 위
近天廷 男命類屬從化照返鬼伏 女命純和 淸貴濁濫淫娼 宜細詳之
근천정 남명류속종화조반귀복 여명순화 청귀탁람음창 의세상지

정관과 정인이 있다고 해서 모두가 높은 벼슬을 하는 것은 아닙니다. 양인과 칠살을 가진 사람도 백성을 잘 다스리며 이름을 날리는 관리가 되기도 합니다.

신왕하면서 의지할 곳이 없다면 승려나 도사의 길을 걷게 되며, 도화가 형충회합으로 인해 물결치며 움직이면 노래하는 기예인이 됩니다.

金이 약하고 火가 강한 사람은 쇠를 다루거나 녹이는 장인으로 활동하며, 土가 많고 水가 약한 사람은 행상인이나 바느질을 전문으로 하는 직업을 가지게 될 수 있습니다.

오행이 고르게 자리 잡지 못하고 구름처럼 떠도는 형국이라면, 처음에는 번성하는 것처럼 보일지 몰라도 결국 치욕을 겪으며 가난한 삶을 살게 될 수 있습니다.

편야도화를 가진 사람은 일생 동안 풍류와 주색으로 방탕한 삶을 살게 되며, 망신이 칠살과 공협하면 도적과 같은 위험한 삶을 살 수 있습니다.

우수한 기운을 가진 사람이 출세의 시기를 놓치면 깨끗하고 청렴한 이름을 가진 선비로 살아가기도 합니다.

인수가 왕성하고 신강하면 술을 즐기는 경우가 많습니다. 丁壬이 만나 투합하면 음란한 말을 하는 성향이 나타날 수 있습니다. 일간과 인수가 모두 강하면 평생 동안 질병에 걸릴 일이 적습니다.

천월덕이 함께한다면 재앙 없는 삶을 살아갈 수 있습니다. 식신이 강하면 재관보다 더 나은 형국이 됩니다.

귀함은 전적으로 관살에 의해 결정됩니다. 일간이 자신의 역할을 포기하고 재성이나 관살에 집중한다면 부귀를 여유롭게 누리게 되며, 이를 위해 전왕격에 의지해야 합니다.

식신, 재성, 정관이 모두 절지에 있다면 끝없는 가난을 겪을 수 있습니다. 신약하여 자신의 역할을 내려놓으려면 뿌리가 없는 조건에서만 재상과 같은 고위직에 오를 수 있습니다.

신약한 일간이 화격을 통해 시기를 잘 만나면 고위직에 오르게 됩니다. 남성의 경우 종화격인지, 반사되어 비추는 도충격인지, 칠살이 숨어있는지를 꼼꼼히 살펴야 합니다. 여성은 순수하고 조화로운 사주이라도, 맑다면 귀하게 되지만 탁하면 음란한 삶으로 기울게 됩니다.

따라서 이 모든 것을 자세히 검토해서 판단해야 합니다.

22. 淵源集說 연원집설

연원집설이라는 것은 연원에 있는 다양한 비법을 모아 설명한다는 의미를 가지고 있습니다.

재관의 조화

最貴者 官星爲命 時得偏正財爲福 最凶者 七殺臨身 逢天月二德爲祥 官星
최귀자 관성위명 시득편정재위복 최흉자 칠살림신 봉천월이덕위상 관성
若遇劫財 雖官無貴 七殺如逢資助 其殺愈重 三合六合 運至逢而必榮 七官
약우겁재 수관무귀 칠살여봉자조 기살유중 삼합육합 운지봉이필영 칠관
八官 月逢官而爲喜 四合四刑 合刑當爲偏正 七沖七擊 沖擊喜得會藏 夾貴
팔관 월봉관이위희 사합사형 합형당위편정 칠충칠격 충격희득회장 협귀
夾丘爲暗會 財庫官庫要正沖 官星在生旺之方 逢則何須發見 印綬臨孟仲之
협구위암회 재고관고요정충 관성재생왕지방 봉즉하수발견 인수림맹중지
下 見而不見 露形印綬 得劫財爲貴
하 견이불견 로형인수 득겁재위귀

사주에 정관이 있으면 가장 귀한 운명을 지녔다고 볼 수 있으며, 때로 정재나 편재를 얻게 되어 복을 누릴 수도 있습니다. 칠살이 일주에 나타난 경우는 가장 흉하다고 할 수 있으며, 천덕과 월덕을 함께 만나야 길한 결과를 기대할 수 있습니다.

정관이 겁재를 만나게 되면, 관직에 있더라도 크게 귀하지는 않습니다. 그러나 칠살이 도움을 받으면 그 살기는 더욱 강해집니다. 삼합과 육합은 운에서 만나야 진정한 영화로운 삶을 누릴 수 있습니다. 칠살과 정관은 월령에서 만날 때 기쁨과 희망이 되는 요소로 작용합니다.

사형(寅巳申, 丑戌未, 子卯, 자형)과 사합(寅午戌, 亥卯未, 巳酉丑, 申子辰)이 동시에 합형으로 작용할 때 치우치거나 중화시키는 작용을 합니다. 칠충(지지의 충)과 칠격(지지의 파) 같은 충격은 회합하거나 암장되어야 비로소 길하게 작용

합니다.

협귀(정관)와 협구(재성)는 암회가 작용하고, 재고와 관고는 반드시 정확히 충해야 그 효과를 발휘할 수 있습니다.

정관이 생왕지에 있으면 굳이 드러날 필요가 없으며, 인수가 생왕지에 자리해도 때로는 제 역할을 하지 못할 수 있습니다. 그러나 인수가 드러나고 겁재를 만나게 된다면 귀한 운명을 지니게 됩니다.

흉살의 조화

財源喜傷貴爲奇 傷官要見印綬 貴不可言 歸祿若見子孫 祿無限妙 年月立
재원희상귀위기 상관요견인수 귀불가언 귀록약견자손 록무한묘 년월립
有陰陽羊刃 刑罰重犯 官殺混逢天月德 壽位高遷 飛刃伏刃 會刃多凶 傷官
유음양양인 형벌중범 관살혼봉천월덕 수위고천 비인복인 회인다흉 상관
見官 剝官見禍 羊刃若逢印綬 縱貴有病疾在身 七殺並制 逢官爲禍 而壽元
견관 박관견화 양인약봉인수 종귀유병질재신 칠살병제 봉관위화 이수원
不長 三偏三正 貴居一品之尊 四柱四合 福坐衆人之上 殺化爲印 早擢登科
불장 삼편삼정 귀거일품지존 사주사합 복좌중인지상 살화위인 조탁등과
財旺生官 少年承業 官殺同來 要知扶官扶殺 偏正會合 須知合正合偏 福祿
재왕생관 소년승업 관살동래 요지부관부살 편정회합 수지합정합편 복록
若逢羊刃 世事不明 金神運入水鄕 身衰夭折 暗中藏殺 須憑月下刑神 見處
약봉양인 세사불명 금신운입수향 신쇠요절 암중장살 수빙월하형신 견처
無財 必受空中禍患 羊刃兼會七殺 千里徒流 用財若透劫奪 一生貧困
무재 필수공중화환 양인겸회칠살 천리도류 용재약투겁탈 일생빈곤

상관이 재성을 얻고 인수를 만나면 귀함이 매우 특이하며, 그 귀함은 말로 표현하기 어려울 만큼 뛰어납니다. 귀록격이 식상을 만나면 복록이 더욱 특별하고 풍요로워집니다.

사주에서 년월에 음양의 양인을 가지면 형벌을 자주 겪게 될 수 있습니다. 관살이 혼잡해도 천덕과 월덕을 만나면 장수를 누릴 수 있습니다. 비인, 복인, 양인이 함께 모이면 대부분 흉한 결과를 낳습니다.

상관이 정관을 만나면 관직을 잃거나 재난을 당할 수 있습니다. 양인이 인수를 만나면 귀하게 되어도 몸에 질병이 생길 수 있습니다.

칠살을 제복하더라도 정관을 만나면 재난이 되며 수명이 길지 못하게 됩니다. 편재, 편관, 편인 또는 정재, 정관, 정인을 모두 갖추게 되면 고위직에 오를 수 있습니다.

사주에 사합(木火金水 삼합)이 있는 경우 모든 사람들보다 뛰어난 복을 누릴 수 있습니다. 칠살이 인성으로 화하게 되면 어린 나이에 급제를 하여 성공을 이룰 수 있습니다.

재왕생관격을 가진 경우 젊은 나이에 가업을 이어받아 발전시키게 됩니다. 관살이 함께 나타난다면 정관을 도울지 칠살을 도울지 명확히 해야 합니다. 편정이 회합하는 경우 어느 쪽과 합을 이루는지 알아야 합니다. 복록이 양인을 만나게 되면 세상 일이 명확하지 않을 수 있습니다.

금신격이 水지에 있으면 몸이 약해지며 요절할 수 있습니다.

칠살이 암장된 경우 월지의 형신에 의지해야만 운을 풀 수 있습니다. 재성이 보이지 않는 곳에서는 공망으로 인해 재난을 겪을 수 있습니다. 양인과 칠살이 함께 있을 경우 멀리 유배를 갈 수 있습니다. 재성을 사용할 때 겁재가 나타나면 일생 동안 가난한 삶을 살수 있습니다.

인생의 흥망성쇠

人生前定 窮富已明 如要識其消長 亦多究其始終 或有前貧後富 或有驟發
인생전정 궁부이명 여요식기소장 역다구기시종 혹유전빈후부 혹유취발
卒傾 或有白屋之公卿 或有朱門之餓莩 或一生長樂 或一生失所 當視流運
졸경 혹유백옥지공경 혹유주문지아표 혹일생장락 혹일생실소 당시류운
之源 要察行年之位 身弱徒然入格 縱發早亡 福轉若遇休囚 卒發傾夭 是以
지원 요찰행년지위 신약도연입격 종발조망 복전약우휴수 졸발경요 시이
用神不可妄求 形縱自然發見 有福必當用彼 無時必是用身 禍患在於五行
용신불가망구 형종자연발견 유복필당용피 무시필시용신 화환재어오행

福崇在于運氣 福源入所同其 如或傷終困 此中消息陰陽 在我通明理智 榮
복숭재우운기 복원입소동기 여혹상종곤 차중소식음양 재아통명리지 영
辱兩端 嬋妍一斷 自古相傳 非賢勿授
욕량단 치연일단 자고상전 비현물수

   인생은 태어나기 전에 이미 정해져 있으며, 가난하거나 부유한 운명도 미리 결정되어 있다고 할 수 있습니다. 만약 인생의 흥망성쇠를 알고 싶다면, 시작과 끝을 깊이 연구해 보아야 합니다.

   어떤 사람은 처음에는 가난했지만 나중에 부유해지기도 하고, 갑작스레 성공했다가 금세 몰락하기도 합니다. 평민으로 태어나 고위직에 오르거나, 대궐 같은 집에서 태어나도 굶어 죽는 일이 있을 수 있습니다. 어떤 사람은 일생 동안 즐겁게 살기도 하고, 또 다른 사람은 삶의 방향을 찾지 못하고 헤매며 살기도 합니다.

   이런 운명의 흐름을 이해하려면 인생에서 운이 시작된 근원을 살펴보고, 세운의 위치를 꼼꼼히 따져봐야 합니다. 만약 신약한 사람이 격국에 들어가거나 발전을 이루더라도 일찍 생을 마감할 수 있습니다. 복이 휴수운을 만나면 갑작스레 몰락하거나 요절하는 경우도 있습니다.

   그래서 용신은 함부로 구해서는 안 되며, 자연스럽게 드러나는 발자취를 관찰하는 것이 중요합니다.

   복이 있다면 반드시 그 복을 활용해야 하고, 때를 얻지 못하면 자신을 중심으로 운을 사용해야 합니다. 재난은 오행의 흐름에서 비롯되고, 복은 운기의 변화 속에서 생깁니다. 복의 원천이 같은 위치에 들어가더라도 상처를 입게 되면 결국 곤궁에 빠질 수 있습니다.

   이 모든 것은 음양의 성쇠에 대한 이치를 지혜롭게 깨닫는 데서 시작됩니다. 이를 통해 영화와 치욕, 아름다움과 추함을 한 번에 판단할 수 있습니다. 이러한 지식은 예로부터 전해져 내려오는 법으로, 현명한 사람이 아니면 전수하지 말아야 한다고 경고하고 있습니다.

23. 子平百章歌 자평백장가

자평백장은 과거시험에 합격하는 사주의 통변법을 의미합니다.

과거시험에 합격하는 사주

魁星歲駕五經者 甲旺提綱榜眼淸 火明木秀從魁日 金白水淸甲第新 重疊土
괴성세가오경자 갑왕제강방안청 화명목수종괴일 금백수청갑제신 중첩토
金登紫閣 調和木火貫黃金 木生春令逢傷食 甲宿文場義理深 財印兩輕官殺
금등자각 조화목화관황금 목생춘령봉상식 갑숙문장의리심 재인량경관살
是 甲第連科一擧成 根苗天乙俱榜眼 爲魁木火定祥英 相涵金水親黃榜 遞
시 갑제련과일거성 근묘천을구방안 위괴목화정상영 상함금수친황방 체
互丙丁侍紫宸 金水秋氣炎方取 魁星官殺貴分明 殺重身輕休道弱 如逢印綬
호병정시자신 금수추기염방취 괴성관살귀분명 살중신경휴도약 여봉인수
作魁星 雖知識此分高下 熟記何須問子平
작괴성 수지식차분고하 숙기하수문자평

괴강이 년주에 있으면 오경(주역, 시경, 서경, 예기, 춘추)의 학문에 능통한 사람으로 인정받습니다. 甲이 월령에서 왕성하면 진사에 합격하며, 火가 밝고 木이 아름답게 돋보이면 학문의 별이 되어 높은 성취를 이루며, 금백수청의 조화를 이루면 장원급제합니다.

土와 金이 조화롭게 중첩되면 궁궐 고위직에 오르게 되며, 木火가 조화를 이루면 부유한 삶을 누리게 됩니다. 木이 봄에 태어나 식상을 만나면 장원급제를 이루며, 학문이 깊고 높은 경지에 이릅니다. 만약 재성과 인수가 약하면서 관살이 있다면, 연달아 장원급제를 하고 단번에 성공을 거두는 운명이 될 수 있습니다.

년월에 천을귀인이 있으면 진사에 합격하고, 木火의 별을 중심으로 길함을 만들어 냅니다. 金水가 서로 어울리면 과거에 급제하고, 丙丁의 조화를 이루면 궁궐에서 근무하게 됩니다. 金水가 가을의 기운에 火를 취하면 학문

의 별과 관살로 귀하게 되는 운명이 분명합니다.

　칠살이 강하고 신약해도 이를 약하다고만 여겨서는 안 됩니다. 만약 인수를 만나면 학문의 별로서 중요한 역할을 하게 됩니다.

　비록 이를 알고 높고 낮음을 구분하며 이를 잘 기억한다면 굳이 자평학의 비결을 묻지 않아도 판단할 수 있게 됩니다.

24. 四言獨步 사언독보

사언독보는 술사들이 암기하기 쉽도록 사언시로 만들어진 비결입니다.

사주 해석 방법

先天何處 後天何處 要知來處 便知去處 四柱排定 三才次分 年干爲本 配
선천하처 후천하처 요지래처 편지거처 사주배정 삼재차분 년간위본 배
合元辰 神煞相絆 輕重較量 先觀月令 推格推詳 以日爲主 專論財官 分其
합원진 신살상반 경중교량 선관월령 추격추상 이일위주 전론재관 분기
貴賤 妙法多端 獨則易取 亂則難明 去留舒配 論格要精 日主高强 月提得
귀천 묘법다단 독즉역취 란즉난명 거류서배 론격요정 일주고강 월제득
令 用財爲物 表實爲正 年根爲主 月令爲中 日生百刻 時旺時空
령 용재위물 표실위정 년근위주 월령위중 일생백각 시왕시공

선천은 어디에서 오는지, 후천은 어디로 가는지에 대해 알게 되면 운명의 흐름과 방향을 이해할 수 있습니다.

사주는 천간, 지지, 지장간을 차례로 나누어 배정합니다. 년간은 사주의 근본으로 삼고, 일간과 조화를 이루게 배합합니다. 신살이 서로 얽혀 있다면 그 경중을 비교하며 세밀히 살펴야 합니다.

먼저 월령을 관찰하여 격국을 판단하고 자세히 분석해야 합니다. 일간을 중심으로 재성과 정관을 논하며, 그 사람의 귀천을 분별하는 다양한 비법들이 존재합니다. 단순한 사주는 이해하기 쉬운 반면, 복잡한 사주는 명확히 이해하기 어렵습니다. 따라서 필요 없는 요소는 제거하고 남은 요소들을 조화롭게 배합하여 격국을 정밀히 논해야 합니다.

일주가 강하고 월령에 득령하는 경우 재성을 활용하며 내면과 외면을 바르게 정돈할 필요가 있습니다. 년주는 뿌리로서 사주의 근본을 형성하며, 월령은 중심 역할을 합니다. 일주가 시주를 생하게 된다면, 시주는 왕성할 때도 있고 공허할 때도 있다는 점을 염두에 두어야 합니다.

용신의 작용

干與支同 損財傷妻 身支年同 破蕩祖基 月令見祿 不住祖基 一見財官 自
간여지동 손재상처 신지년동 파탕조기 월령견록 부주조기 일견재관 자
然發福 用火愁水 用木愁金 輕重能分 禍福能用 五行生旺 不怕休囚 東南
연발복 용화수수 용목수금 경중능분 화복능용 오행생왕 불파휴수 동남
西北 數盡方休 寅申巳亥 四生之局 用物身强 遇之發福 辰戌丑未 四墓之
서북 수진방휴 인신사해 사생지국 용물신강 우지발복 진술축미 사묘지
局 人元三用 透旺爲眞 子午卯酉 四敗之局 男犯興衰 女犯孤獨 進氣退氣
국 인원삼용 투왕위진 자오묘유 사패지국 남범흥쇠 여범고독 진기퇴기
命物相爭 進氣不死 退氣不生 財官臨庫 不沖不發 四柱干支 喜行相合 提
명물상쟁 진기불사 퇴기불생 재관림고 불충불발 사주간지 희행상합 제
綱有用 最怕刑沖 沖運則緩 沖用則凶 三奇透露 日主專處 其根有用 福祿
강유용 최파형충 충운즉완 충용즉흉 삼기투로 일주전처 기근유용 복록
榮昌
영창

간여지동이 되면 재물과 처를 잃을 수 있습니다. 일지와 년지가 같으면 조상의 기반이 무너지거나 흐트러질 수 있습니다. 월령에서 록을 보면 고향에서 살지 못하고, 하나의 재관을 얻으면 자연스럽게 복을 누리게 됩니다.

火를 용신으로 사용할 경우 水의 영향을 걱정해야 하며, 木을 용신으로 사용할 경우 金의 영향을 고려해야 합니다. 오행의 경중을 잘 분별하면 복과 화를 정확히 판단할 수 있습니다. 오행이 생왕하면 휴수의 영향을 두려워할 필요가 없으며, 동남서북의 운이 모두 다한 후에야 비로소 운명이 멈추게 됩니다.

寅申巳亥 사생국이 용신이 되면 신강해야 큰 복을 누릴 수 있습니다. 辰戌丑未 사묘국에서 지장간에 세 개의 용신이 투출되면 왕성해야 진정한 국이 됩니다. 子午卯酉 사패국은 남성에게는 흥망이 교차하며, 여성에게는 고독함을 가져다 줍니다.

진기와 퇴기가 사주에서 서로 충돌하는 경우, 진기는 죽지 않지만 퇴기는

살지 못합니다. 재관이 고에 있을 경우, 충하지 않으면 발복하지 못합니다. 사주의 간지들은 서로 합을 이루어야 좋아합니다.

월령에 있는 용신은 형충을 가장 두려워합니다. 운에서 충이 들어오면 일이 더디게 진행되고, 용신을 충하면 흉한 결과를 가져오게 됩니다. 삼기가 천간에 투출되고, 일주가 강하며 뿌리에 용신이 자리하고 있다면 복록이 풍성해질 것입니다.

격국의 판단

十干化神 有影無形 無中無去 福祿難憑 十惡大敗 格中大忌 若遇財官 反
십간화신 유영무형 무중무거 복록난빙 십악대패 격중대기 약우재관 반
成富貴 格格推詳 以殺爲重 化殺爲權 何愁損用 殺不離印 印不離殺 殺印
성부귀 격격추상 이살위중 화살위권 하수손용 살불리인 인불리살 살인
相生 功名顯達 官殺重逢 制伏有功 如行帝旺 遇之不凶 時殺無根 殺旺取
상생 공명현달 관살중봉 제복유공 여행제왕 우지불흉 시살무근 살왕취
貴 時殺多根 殺旺不利
귀 시살다근 살왕불리

십천간이 간합하면 그림자처럼 존재하므로 형체는 없다고 볼 수 있으며, 이로 인해 복록을 쉽게 믿기 어렵습니다.

십악대패는 격국에서 매우 꺼리는 요소이지만, 만약 재성과 정관을 만나게 된다면 오히려 부귀를 이루는 방향으로 작용할 수 있습니다.

격국은 신중히 판단해야 하며, 칠살은 중요한 요소로 다루어야 합니다. 칠살이 권력으로 화하게 되면 손상된다고 걱정할 필요 없이 중요한 쓰임새를 갖게 됩니다. 칠살이 인수를 떠나지 않고, 인수가 칠살을 떠나지 않으면 두 요소가 서로 생하며 명예로운 결과를 이룰 수 있습니다.

관살을 거듭 만나더라도 제복을 통해 공을 이루고, 제왕운으로 흐르면 흉한 결과를 가져오지 않습니다. 시주에 있는 칠살에 뿌리가 없다면 살왕운에서 귀해지고, 시주에 칠살의 뿌리가 많다면 살왕운에서 불리하게 작용합니다.

격국의 성패

八月官星 大忌卯丁 卯丁剋破 有情無情 印綬根輕 旺中顯達 印綬根深 旺
팔월관성 대기묘정 묘정극파 유정무정 인수근경 왕중현달 인수근심 왕
中不發 印綬比肩 喜行財鄕 印無比肩 忌見財傷 先財後印 反成其福 先印
중불발 인수비견 희행재향 인무비견 기견재상 선재후인 반성기복 선인
後財 反成其辱 財官印綬 大忌比肩 傷官七殺 反助爲權 傷官用財 死官有
후재 반성기욕 재관인수 대기비견 상관칠살 반조위권 상관용재 사관유
子 傷官無財 子官有死 時上偏財 怕逢兄弟 月印逢財 比肩不忌 傷官見官
자 상관무재 자관유사 시상편재 파봉형제 월인봉재 비견불기 상관견관
格中反忌 不推用神 何愁官至
격중반기 불추용신 하수관지

　酉월의 정관은 卯와 丁을 매우 꺼립니다. 만약 卯와 丁이 충돌하거나 파손된다면, 유정한 경우에도 결과적으로 무정하게 될 수 있습니다.
　인수의 뿌리가 약하면 왕성할 때 성공할 가능성이 있지만, 인수의 뿌리가 깊을 경우 왕성해도 성공하지 못할 수도 있습니다.
　인수가 비견과 함께 있다면 재성운을 반기며 받아들이지만, 인수가 비견이 없는 상태에서 재성을 만나면 손상을 입으므로 꺼리게 됩니다.
　재성이 먼저 오고 인수가 뒤따라오면 복을 이룰 수 있는 반면, 인수가 먼저 오고 재성이 나중에 오면 치욕을 당할 수 있습니다.
　재성, 정관, 인수가 함께 자리할 경우 비견을 가장 꺼리게 되지만, 상관과 칠살은 오히려 권력을 돕는 역할을 할 수 있습니다. 상관이 재성을 활용하면 정관이 사지에 있어도 자식이 있습니다. 상관에게 재성이 없다면 관성이 손상되어 자식이 어려움을 겪을 수도 있습니다.
　시주에 편재가 있으면 비겁을 두려워해야 하며, 월주에서 인수가 재성을 만나면 비견을 꺼리지 않아도 됩니다. 상관이 정관을 만나는 경우 격국에서는 꺼리는 요소로 작용하지만, 특별히 용신을 추구하지 않더라도 관운이 자연스럽게 찾아올 수 있습니다.

격국의 길흉

拱祿拱貴 填實則凶 提綱有用 論之不同 月令財官 遇之發福 祿位高强 比
공록공귀 전실즉흉 제강유용 론지부동 월령재관 우지발복 록위고강 비
肩奪福 日祿歸時 靑雲得路 庚日申時 透財歸祿 壬騎龍背 見戌無格 寅多
견탈복 일록귀시 청운득로 경일신시 투재귀록 임기룡배 견술무격 인다
則富 辰多則榮 天元一氣 地物相同 人倫逢此 位列三公 八字連珠 支神有
즉부 진다즉영 천원일기 지물상동 인륜봉차 위렬삼공 팔자련주 지신유
用 造化逢之 名利必重 日德金神 月逢土旺 雖有輕名 祖業漂蕩 金神帶殺
용 조화봉지 명리필중 일덕금신 월봉토왕 수유경명 조업표탕 금신대살
身旺爲奇 更行火地 名利當時 甲日金神 偏宜火制 己日金神 何勞火制 六
신왕위기 경행화지 명리당시 갑일금신 편의화제 기일금신 하로화제 륙
甲生春 時犯金神 水鄕不發 土重名眞
갑생춘 시범금신 수향불발 토중명진

공록격과 공귀격은 운에서 전실이 되면 흉한 상황을 만들지만, 월령에 용신이 자리할 경우 이런 흉한 결과를 피할 수 있습니다.

월령에서 재성과 정관을 만나면 복을 얻을 가능성이 커지며, 록의 자리가 강할 경우 비견이 복을 빼앗을 수 있습니다.

일록귀시격은 출세운으로 이어질 수 있습니다. 庚일간이 申시에 해당하면 재성이 천간으로 드러나고 록을 얻어 좋은 운을 가지게 됩니다.

임기용배격은 戌을 만났을 때 격국이 무너질 위험이 있으며, 寅이 많으면 부유한 삶을 살게 되고, 辰이 많으면 영화를 누리게 됩니다.

천원일기격은 사주가 간여지동일 때 고위직에 오를 수 있습니다. 팔자가 구슬처럼 연결되고, 지지가 용신으로 유용하게 작용하며 조화를 이루면 부귀를 누리게 됩니다.

일덕격과 금신격은 월령에서 土가 왕성하면 비록 가벼운 명성을 얻을 수 있지만, 조상의 업적이 흔들릴 가능성이 있습니다.

금신격이 칠살을 만나고 신왕하면 기이한 삶을 살게 되고, 더욱 火운이 흘러가면 부귀를 누릴 수 있습니다. 甲일간의 금신격은 火로 억제해야 적

합하지만, 己일간의 금신격은 火로 억제할 필요가 없습니다. 甲일간이 봄에 태어나고 시에 금신이 있으면 水운에서는 발복하지 못하며, 土가 반복적으로 자리해야 부귀를 누릴 수 있습니다.

甲乙과 己일간의 길흉

甲乙丑月 時帶金神 月干見殺 雙目不明 甲寅重寅 二巳刑殺 終身必損 遇
갑을축월 시대금신 월간견살 쌍목불명 갑인중인 이사형살 종신필손 우
之難發 六甲寅月 透財時節 西北行程 九流立業 乙日卯月 金神剛烈 富貴
지난발 육갑인월 투재시절 서북행정 구류립업 을일묘월 금신강렬 부귀
比肩 旺橫死絶 天干二丙 地支全寅 更行生運 死見禍臨 火旺二寅 月令水
비견 왕횡사절 천간이병 지지전인 경행생운 사견화림 화왕이인 월령수
金 火鄕有救 見土刑身 己日月戌 火神無氣 多水多金 眼昏目閉 年干會火
금 화향유구 견토형신 기일월술 화신무기 다수다금 안혼목폐 년간회화
日時會金 己干用印 官徹名淸
일시회금 기간용인 관철명청

甲乙일간이 丑월에 태어나 시주에 금신을 가지고 월간에 칠살이 있다면, 두 눈이 실명할 가능성이 있습니다. 甲寅일주에서 寅이 중복되고 두 개의 巳와 형살이 있으면 평생 손실을 겪게 되며 성공이 어렵습니다.

甲일간이 寅월에 태어나 재성이 투출되고 서북방으로 이동하는 경우 학문적 성취를 이루고 성공할 가능성이 큽니다. 乙일간이 卯월에 태어나 금신이 강하면 부귀를 누릴 수 있지만, 비견이 왕성하다면 사절운에 목숨을 잃게 될 수 있습니다.

천간에 두 개의 丙이 있고 지지에 寅이 가득한 경우, 생운을 만나도 재난을 겪거나 심지어 목숨을 잃게 될 수 있습니다. 火가 왕성하고 寅이 두 개 있으면서 월령에 水金이 있다면, 火운으로 가는 경우 구원을 받을 수 있지만, 土를 만나게 되면 형벌을 받을 가능성이 높습니다.

己일간이 戌월에 태어나 火가 쇠약하고 水와 金이 많은 경우, 시력이 흐

려지거나 시야를 잃을 수 있습니다. 년간에 火가 회합하고 일시에 金이 있다면, 己일간은 인수를 활용하여 관직을 얻고 청명한 명성을 얻을 가능성이 있습니다.

庚辛일간의 길흉

秋金生午 二庚火丙 到丑傷情 逢離順境 庚金坐午 辛金生未 透殺兩停 冬
추금생오 이경화병 도축상정 봉리순경 경금좌오 신금생미 투살량정 동
生最貴 辛金月辰 庚金丑庫 逆數淸孤 順行豪富 辛逢卯日 年月見酉 時帶
생최귀 신금월진 경금축고 역수청고 순행호부 신봉묘일 년월견유 시대
朝陽 爲僧行醜 辛金亥日 月逢臨戌 水運初行 須防目疾 辛金生酉 財官用
조양 위승행추 신금해일 월봉림술 수운초행 수방목질 신금생유 재관용
印 順行南方 名利必振 辛金坐巳 官印遇祿 順行南方 貴顯一福 辛金逢離
인 순행남방 명리필진 신금좌사 관인우록 순행남방 귀현일복 신금봉리
透土何慮 無土傷身 壽元不住 月生四季 日主庚辛 何愁主弱 旺地成名 辛
투토하려 무토상신 수원불주 월생사계 일주경신 하수주약 왕지성명 신
金逢火 見土成刑 陽金遇火 透土成名
금봉화 견토성형 양금우화 투토성명

가을 金이 午월에 태어나고 두 개의 庚과 丙火가 있는 경우, 丑운에서는 장애가 생길 수 있지만 火운에서는 순조로운 흐름을 경험할 수 있습니다.

庚午일주와 辛未일주는 칠살이 천간에 드러나 균형을 이루며, 겨울에 태어나면 귀한 운명을 지니게 됩니다. 辛金일간이 辰월생이거나 庚金일간이 丑월생인 경우, 운이 역행하면 고독하게 되지만, 순행하면 부유하고 풍요로운 삶을 누릴 수 있습니다.

辛卯일주가 년월에 酉를 가지고 있고 戊子시 조양격이면 승려의 길을 걷게 됩니다. 辛亥일주가 戌월생이면 초운이 水운인 경우 눈병에 주의해야 합니다. 辛酉일주는 재관이 인수를 활용하고 남방으로 순행하면 부귀를 누리게 됩니다.

辛巳일주는 관인과 록을 만나며 남방으로 순행하면 귀한 복을 얻게 됩니

다. 辛金이 火를 만나고 土가 투출된다면 걱정할 필요가 없지만, 土가 없을 경우 몸이 상하고 수명이 길지 않을 수 있습니다.

庚辛일주가 辰戌丑未월에 태어났다면 신약하다고 걱정할 필요가 없으며, 왕성한 기운이 흐르는 곳에서 성공을 거둘 가능성이 큽니다.

辛金이 火를 만나고 土를 본다면 형벌을 받을 수 있으나, 庚金이 火를 만나고 土가 투출될 경우 명예로운 운명을 누리게 됩니다.

壬癸일간의 길흉

壬生午位 祿馬同鄉 重重遇火 格局高強 壬癸多金 生于酉申 土旺則貴 火
임생오위 록마동향 중중우화 격국고강 임계다금 생우유신 토왕즉귀 화
旺則貧 癸向巳宮 財官拘印 運至南方 利成必振 癸日巳亥 殺財透露 地合
왕즉빈 계향사궁 재관구인 운지남방 리성필진 계일이해 살재투로 지합
傷官 有勞無富 癸日申提 卯寅歲時 年殺月劫 林下孤悽 癸日干己 陰殺重
상관 유로무부 계일신제 묘인세시 년살월겁 림하고서 계일간기 음살중
逢 無官相混 名利必通
봉 무관상혼 명리필통

壬午일주는 일지에 재관이 모여 있어 록마동향으로 불리며, 火를 반복해서 만나면 격국이 더욱 강해집니다.

壬癸일주는 金이 많은 申酉월에 태어나면서 土가 왕성하면 귀하게 되지만, 반대로 火가 왕성하면 가난해질 수 있습니다.

癸巳일주는 일지에 재성과 관인이 자리하고 있어 남방운을 만나면 부귀를 누릴 수 있습니다.

癸亥일주는 칠살과 재성이 드러나 있고 寅상관이 지합할 경우, 열심히 노력해도 부자가 되기 어렵습니다.

癸일간이 申월에 태어나 년과 시에 卯와 寅이 있으며, 특히 년간에 칠살과 월간에 겁재가 있으면 외롭고 처량한 삶을 살게 될 수도 있습니다.

癸일간이 천간에 己를 가지고 있고, 己칠살을 반복해서 만난다 해도 정관과 혼잡하지 않으면 부귀한 삶을 살 수 있습니다.

간명시 참고 사항

傷官之格 女人最忌 帶印帶財 反爲富貴 殺多有制 女人必貴 官星犯重 濁
상관지격 여인최기 대인대재 반위부귀 살다유제 여인필귀 관성범중 탁
濫淫類 官星桃花 福祿堪誇 殺星桃花 朝劫暮巴 庚日申時 柱中金局 支無
람음류 관성도화 복록감과 살성도화 조겁모파 경일신시 주중금국 지무
會合 傷官劫妻 癸日寅提 寅時亥月 莫犯提綱 禍福難推 甲日乾提 見殺喜
회합 상관겁처 계일인제 인시해월 막범제강 화복난추 갑일건제 견살희
比 金水栽根 忌行卯未 戊己丑月 比肩透出 宜金入局 忌逢午未 壬癸坎宮
비 금수재근 기행묘미 무기축월 비견투출 의금입국 기봉오미 임계감궁
支逢午戌 干頭比肩 東行爲吉 甲乙震宮 卯多須天 逆順運行 子申發福 庚
지봉오술 간두비견 동행위길 갑을진궁 묘다수요 역순운행 자신발복 경
辛巳月 金生火旺 比劫栽根 西行成象 丙丁酉月 比肩不忌 火入離宮 比肩
신사월 금생화왕 비겁재근 서행성상 병정유월 비견불기 화입리궁 비견
一例 曲直丑月 帶印多金 壬癸丑月 土厚多金 食神生旺 勝似財官 濁之則
일례 곡직축월 대인다금 임계축월 토후다금 식신생왕 승사재관 탁지즉
賤 淸之則垣 此法玄玄 識得成仙 學者寶授 千金莫傳
천 청지즉원 차법현현 식득성선 학자실수 천금막전

상관격은 여명에서 가장 꺼리는 구성으로 알려져 있지만, 인수와 재성이 함께 있다면 오히려 부귀를 누릴 가능성이 생깁니다.

칠살이 많아도 제복하면 여명에서 귀한 운명을 가질 수 있지만, 정관이 지나치게 많으면 천박하거나 음란한 성격을 띨 가능성이 있습니다. 관성도화는 복록을 자랑하는 형상이지만, 살성도화는 아침에는 어려움을 겪고 저녁에는 더욱 큰 고난에 직면할 수 있습니다.

庚일간이 申시에 태어난 경우, 사주에서 金국을 이루면서도 지지에 회합이 없으면 관직을 잃거나 배우자를 잃는 상황을 겪을 수 있습니다.

癸일간이 寅월생이거나 壬일간이 亥월생인 경우, 월령에서 실수를 하지 않아야 화복을 명확히 판단할 수 있습니다.

甲일간이 亥월에 태어나 칠살을 만나면 비견운을 반겨야 하고, 金水의 뿌리가 깊게 자리하고 있다면 卯未운에서는 주의해야 합니다.

戊己일간이 丑월에 태어나 비견이 투출된 경우, 金국을 이루는 것이 유리하며 午未운은 피하는 것이 좋습니다.

壬癸일간이 子월에 태어나 지지에 午와 戌이 있고 천간에 비견이 있다면, 동쪽으로 가는 방향이 길한 운세를 가져옵니다.

甲乙일간이 卯월에 태어나 卯가 많으면 요절할 가능성이 있으며, 子나 申을 만나면 발복하게 됩니다.

庚辛일간이 巳월에 태어나 金이 장생하고 火가 왕성한 경우, 비겁의 뿌리가 있는 서쪽으로 가면 성취와 성공을 이룰 수 있습니다.

丙丁일간이 酉월에 태어나면 비견을 꺼리지 않아도 되며, 火가 들어간 영역은 비견과 같은 역할로 봅니다.

甲乙일간이 丑월에 태어나면 인수를 가지고 金이 많은 특징을 보이며, 壬癸일간이 丑월에 태어났다면 土와 金이 많은 구성을 가집니다.

식신이 생왕한 경우 재관보다 나은 결과를 보장하지만, 만약 흐리다면 천하게 되고 맑다면 관직에 오를 가능성이 있습니다.

이러한 법칙은 매우 심오하며, 제대로 깨달으면 신선처럼 통변할 수 있다고 합니다. 그러므로 이를 배우는 사람은 이 법을 보물처럼 소중히 여기고, 천금을 준다고 하더라도 함부로 전수해서는 안 됩니다.

25. 身弱論 신약론

신약론은 신약한 사주에 대한 통변 비결을 사언독보에 이어 술사들이 암기하기 쉽게 사언시로 구성한 것입니다.

陽木無根 生於丑月 水多轉貴 金多則折 乙木無根 生臨丑月 金多轉貴 火
양목무근 생어축월 수다전귀 금다즉절 을목무근 생림축월 금다전귀 화
多則折 丙火無根 子申全見 無制無生 此身貧賤 六甲坐申 三重見子 運至
다즉절 병화무근 자신전견 무제무생 차신빈천 육갑좌신 삼중견자 운지
北方 須防橫死 丙臨申位 陽水大忌 有制身强 旺成名利 己入亥月 怕逢陰
북방 수방횡사 병림신위 양수대기 유제신강 왕성명리 기입해월 파봉음
木 月逢印生 自然成福 己日逢殺 印旺財伏 運轉東南 貴高財足 壬寅壬戌
목 월봉인생 자연성복 기일봉살 인왕재복 운전동남 귀고재족 임인임술
陽土透露 不混官星 名崇顯祿 陰水無根 火鄕有貴 陽水無根 火鄕即畏 丁
양토투로 불혼관성 명숭현록 음수무근 화향유귀 양수무근 화향즉외 정
酉陰柔 不怕多水 比肩透露 格中返忌 戊寅日主 何愁殺旺 露火成名 水來
유음유 불파다수 비견투로 격중반기 무인일주 하수살왕 로화성명 수래
漂蕩 庚午日主 支火炎炎 見土取貴 見水爲嫌 土辛身弱 卯提入格 癸酉身
표탕 경오일주 지화염염 견토취귀 견수위혐 토신신약 묘제입격 계유신
弱 見財成格 癸巳無根 火土見重 透財名彰 露根則賤
약 견재성격 계사무근 화토견중 투재명창 로근즉천

甲일간이 뿌리가 없고 丑월에 태어났을 때, 水가 많으면 귀하게 되지만, 金이 많다면 요절할 가능성이 있습니다.

乙일간이 뿌리가 없고 丑월에 태어났을 경우, 金이 많으면 귀하지만, 火가 많다면 요절할 위험이 있습니다.

丙일간이 뿌리가 없고 子와 申이 모두 있을 때, 이를 억제하지 못하거나 일간이 생을 받지 못하면 가난하고 천한 운명을 가질 수 있습니다.

甲申일주가 세 개의 子를 가지고 있을 경우 북방운에서 갑자기 죽음의 변을 당할 수 있으니 조심해야 합니다.

丙申일주는 壬을 크게 꺼리지만, 이를 제복하고 신강하면 왕성한 운에 부귀를 누리게 됩니다.

己일간이 亥월에 태어났다면 乙을 두려워해야 하지만, 월령에서 인수가 생을 주면 자연스럽게 복을 이루게 됩니다.

己일간이 칠살을 만나고 인수가 왕성하며 재성이 숨어 있다면, 동남운으로 흘러갈 때 부귀를 누릴 수 있습니다.

壬寅일주와 壬戌일주는 戊가 투출되었을 때 정관과 혼잡하지 않다면 고위직에 오를 수 있습니다.

癸일간은 뿌리가 없어도 火운에서 귀해질 수 있으며, 반면 壬일간이 뿌리가 없으면 火운을 두려워해야 합니다.

丁酉일주는 음유한 성격으로 水가 많아도 두려워하지 않지만, 비견이 투출되면 격국에서 오히려 두려움을 느낄 수 있습니다.

戊寅일주는 칠살이 왕성해도 큰 걱정 없이 살 수 있으며, 火가 투출되면 명성을 얻지만, 水를 만나면 정처 없이 떠돌아다니게 됩니다.

庚午일주는 지지에 火가 강렬하게 자리한 경우, 土를 만나면 귀하게 되지만, 水를 만나는 것은 꺼려야 합니다.

辛未일주는 신약하더라도 卯월에 격국을 이룹니다.

癸酉일주는 신약한 조건에서도 재성을 만나면 격국을 이룹니다.

癸巳일주가 뿌리가 없고 火와 土가 반복해서 나타나 재성이 투출된다면 귀하게 되지만, 뿌리가 드러날 경우 천하게 될 수 있습니다.

26. 棄命從殺論 기명종살론

　기명종살론은 신약한 사주에 대한 통변 비결을 사언독보와 신약론에 이어 술사들이 암기하기 쉽게 사언시로 구성한 것입니다. 기명종살은 일간이 자신의 역할을 포기하고 칠살을 따르는 것을 의미합니다.

甲乙無根 怕逢申酉 殺合逢之 雙目必朽 甲木無根 生於丑月 水多轉貴 金
갑을무근 파봉신유 살합봉지 쌍목필후 갑목무근 생어축월 수다전귀 금
土則折 乙木酉月 見水爲奇 有根丑絶 無根寅危 乙木坐酉 庚丁透露 二庫
토즉절 을목유월 견수위기 유근축절 무근인위 을목좌유 경정투로 이고
歸根 孤神得失 丙火申提 無根從殺 有根南旺 脫根壽促 陽火無根 水鄕必
귀근 고신득실 병화신제 무근종살 유근남왕 탈근수촉 양화무근 수향필
忌 陰火無根 水鄕有救 陰火酉月 棄命就財 北方入格 南則爲災 戊己亥月
기 음화무근 수향유구 음화유월 기명취재 북방입격 남즉위재 무기해월
身弱爲棄 卯月同推 嫌根劫比 庚金無根 寅宮火局 南方有貴 須防壽促 辛
신약위기 묘월동추 혐근겁비 경금무근 인궁화국 남방유귀 수방수촉 신
巳陰柔 休囚官殺 運限加金 聰明顯達 壬日戌提 癸干未月 運喜東方 逢沖
사음유 휴수관살 운한가금 총명현달 임일술제 계간미월 운희동방 봉충
則絶 棄命從財 須要會財 棄命從殺 須要會殺 從財忌殺 從殺喜財 命逢根
즉절 기명종재 수요회재 기명종살 수요회살 종재기살 종살희재 명봉근
氣 命殞無猜
기 명운무시

　甲乙일간이 뿌리가 없고 申酉를 만나면 조심해야 하며, 칠살과 합하는 운을 만나면 두 눈이 손상될 수 있습니다. 甲일간이 뿌리가 없고 丑월에 태어나 水가 많으면 귀한 운명을 타게 되지만, 金土가 많으면 요절할 가능성이 있습니다.

　乙일간이 酉월에 태어나 水를 만나면 특이한 운세를 가지게 됩니다. 뿌리가 있으면 丑에서 끊어지고, 뿌리가 없으면 寅에서 위험해집니다. 乙酉일주는 庚丁이 드러나고 丑戌에 뿌리를 두면 고신을 얻어 고독한 삶을 살게 됩

니다.

　丙일간이 申월에 태어나 뿌리가 없으면 칠살을 따르지만, 뿌리가 있으면 남방운에서 왕성해집니다. 그러나 뿌리를 잃으면 수명이 짧아질 위험이 있습니다. 丙일간이 뿌리가 없으면 水운을 두려워해야 하며, 丁일간이 뿌리가 없으면 水운에서 도움을 받을 수 있습니다.

　丁일간이 酉월에 태어나 자신을 포기하고 재성을 따르게 되면 북방에서는 격국을 이루어 부귀를 누릴 가능성이 있지만, 남방에서는 재난을 당할 수 있습니다.

　戊己일간이 亥월에 태어나 신약하면 자신을 포기하며, 卯월생인 경우에도 마찬가지로 판단하고 비겁과 뿌리를 꺼리게 됩니다.

　庚일간이 뿌리가 없고 寅에서 火국을 이루면 남방에서 귀하게 되지만, 수명이 짧아질 수 있으니 조심해야 합니다.

　辛巳일주는 음유한 성격으로 관살이 휴수일 경우 金대운에서 총명하고 뛰어난 성취를 이루게 됩니다.

　壬일간이 戌월에 태어나거나 癸일간이 未월에 태어났다면 동남운을 반기지만, 충을 만나면 생명이 위험해질 수 있습니다.

　기명종재격은 재성이 모여야 하며, 기명종살격은 칠살이 모여야 합니다. 종재격은 칠살을 두려워하고, 종살격은 재성을 반기지만, 일간에 뿌리의 기운이 있으면 생명이 위태로워질 수 있습니다.

27. 五言獨步 오언독보

이 비결은 오언시로 구성되어 있어 사언독보처럼 술사들이 암기하기 쉽도록 만들어진 것입니다.

부귀한 사주

有病方爲貴 無傷不是奇 格中如去病 財祿兩相隨 寅卯多金丑 貧富高低走
유병방위귀 무상불시기 격중여거병 재록량상수 인묘다금축 빈부고저주
南地怕逢申 北方休見酉 建祿生提月 財官喜透天 不宜身再旺 惟喜茂財源
남지파봉신 북방휴견유 건록생제월 재관희투천 불의신재왕 유희무재원
土厚多逢火 歸金旺玉秋 冬天水木泛 名利總虛浮 甲乙生居卯 金多反吉祥
토후다봉화 귀금왕옥추 동천수목범 명리총허부 갑을생거묘 금다반길상
不宜重見殺 火地得衣糧 火忌西方酉 金沉怕水鄕 木神休見午 水到卯中傷
불의중견살 화지득의량 화기서방유 금침파수향 목신휴견오 수도묘중상
土宿休結亥 臨官在巳宮 南方根有旺 西北莫相逢
토숙휴결해 임관재사궁 남방근유왕 서북막상봉

사주에서 병이 있어야 귀하게 될 수 있으며, 손상되지 않으면 특이한 운명으로 평가받기 어렵습니다. 격국에서 병을 제거하면 부귀한 삶을 얻을 가능성이 높아집니다.

寅卯는 金丑이 많을 경우 빈부의 차이가 명확히 드러납니다. 남방에서 申을 만나면 두려운 일이 생길 수 있고, 북방에서 酉를 보는 것은 피해야 합니다.

월령이 건록에 해당하면 재관이 천간으로 드러나는 것이 유리합니다. 그러나 지나치게 신왕하면 좋지 않으며, 재물을 만드는 원천이 무성하기를 기대하는 것이 바람직합니다.

土가 두텁고 火를 만나거나, 金이 왕성한 가을로 돌아가는 경우가 좋습니다. 하지만 겨울에 水가 범람하여 木이 떠오르게 되면 부귀한 삶이 허망하

게 끝날 수 있습니다.

　甲乙일간이 卯월에 태어나고 金이 많으면 오히려 길한 운세로 이어질 수 있지만, 칠살이 자주 나타난다면 흉하게 작용할 수 있습니다. 火운에서는 의복과 식량을 얻는 것이 가능해집니다.

　火는 서방의 酉를 만나면 꺼려야 하며, 金은 水를 두려워합니다. 木은 午를 만나지 말아야 하며, 水는 卯에서 손상될 수 있습니다. 土는 亥와 연결되지 말아야 하고, 巳궁에 관성이 임하면 남방에서 뿌리가 강해지지만, 서북에서는 이를 피해야 합니다.

관살의 영향

陰日朝陽格	無根月建辰	西方還有貴	惟怕火來侵	乙木生居酉	嘆逢全巳丑
음일조양격	무근월건진	서방환유귀	유파화래침	을목생거유	탄봉전사축
富貴坎離宮	貧窮申酉守	有殺只論殺	無殺方論用	只要去殺星	不怕提綱重
부귀감리궁	빈궁신유수	유살지론살	무살방론용	지요거살성	불파제강중
甲乙若逢申	殺印暗相生	木旺金逢旺	冠袍必掛身	離火怕重逢	北方反有功
갑을약봉신	살인암상생	목왕금봉왕	관포필괘신	리화파중봉	북방반유공
雖然宜見水	猶恐對提冲	八月官星旺	甲逢秋氣深	財官兼有助	名利自然亨
수연의견수	유공대제충	팔월관성왕	갑봉추기심	재관겸유조	명리자연형
曲直生春月	庚辛干上逢	南離推富貴	坎地却猶凶	甲乙生三月	庚辛戌未存
곡직생춘월	경신간상봉	남리추부귀	감지각유흉	갑을생삼월	경신술미존
丑宮壬癸位	何慮見無根	木茂宜金火	身衰鬼作門	時分西與北	輕重辨東西
축궁임계위	하려견무근	목무의금화	신쇠귀작문	시분서여북	경중변동서

　음일조양격(辛일간 戊子시)은 뿌리가 없고 辰월에 태어난 경우, 서방에서는 귀하게 될 수 있으나 火가 침범하면 두려워하게 됩니다.

　乙일간이 酉월에 태어나 巳와 丑을 모두 만나게 되면, 子와 午에서는 부귀를 누리게 되지만, 申과 酉에 머무르면 가난하게 될 수 있습니다.

　칠살이 있다면, 먼저 살성을 판단해야 하고, 살성이 없으면 비로소 쓰임을 논하고, 살성을 제거하면 월령에서 무거워도 두렵지 않게 됩니다.

甲乙일간이 申을 만나게 되면, 은밀하게 살인상생하는 구조를 이루게 됩니다. 木이 왕성하고 金이 왕성하다면 반드시 관직을 얻게 됩니다.

午火를 계속해서 만나면 두려워하지만, 북방에서는 오히려 공적을 세우게 됩니다. 水를 만나면 유리할 수 있으나, 월령을 충하면 오히려 두려운 결과를 초래할 수 있습니다.

酉월은 정관이 왕성한 시기이므로, 甲일간은 가을의 깊은 기운 속에서 재성과 정관이 함께 도움을 주어 자연스럽게 부귀를 누릴 수 있습니다.

甲乙일간이 봄에 태어나고 천간에 庚辛관살이 자리하면, 남방에서는 부귀를 얻을 수 있지지만, 북방에서는 오히려 흉한 일이 발생하게 됩니다.

甲乙일간이 辰월에 태어나며 천간에 庚辛과 戌未가 자리한 경우, 丑궁 壬癸자리에 뿌리가 없다고 걱정하지 않아도 됩니다.

木이 무성하면 金과 火가 유리하게 작용하지만, 신약한 상태에서는 살성으로 작용하는 시기를 서방과 북방으로 구분하고, 경중은 동서 방향에 따라 판단해야 합니다.

격국의 조화

時上胞胎格 月逢印綬通 殺官行運助 職位至三公 二子不沖午 二寅不沖申
시상포태격 월봉인수통 살관행운조 직위지삼공 이자불충오 이인불충신
二午不沖子 二申不沖寅 得一分三格 財官印綬全 運中逢剋破 一命喪黃泉
이오불충자 이신불충인 득일분삼격 재관인수전 운중봉극파 일명상황천
進氣死不死 退氣生不生 終年無發旺 猶忌少年刑 時上偏財格 干頭忌比肩
진기사불사 퇴기생불생 종년무발왕 유기소년형 시상편재격 간두기비견
月生逢主旺 貴氣福重添 運行十數載 上下五年分 先看流年歲 深知來往旬
월생봉주왕 귀기복중첨 운행십수재 상하오년분 선간류년세 심지래왕순
時上一位貴 藏在支中是 日主要剛强 名利方有氣
시상일위귀 장재지중시 일주요강강 명리방유기

시상포태격은 월령에서 인수를 만나고, 운에서 관살이 도움을 주면 고위

직에 오를 가능성이 있습니다.

두 개의 子는 午를 충하지 않고, 두 개의 寅은 申을 충하지 않으며, 두 개의 午는 子를 충하지 않고, 두 개의 申은 寅을 충하지 않습니다.

사주에서 하나의 지지가 세 개의 격국을 얻고 재성, 정관, 인수가 온전하더라도, 운에서 극파를 만나면 죽음을 당할 수 있습니다.

진기(진취하는 기운)는 사지에 이르러도 쉽게 죽지 않고, 퇴기(후퇴하는 기운)는 생지를 만나도 생존할 수 없습니다.

평생 동안 발복하지 못한다면 어린 시기부터 형벌을 받을 수 있으니 조심해야 합니다.

시상편재격은 천간에서 비견을 꺼리며, 월주에서 일간이 강해지면 자연스럽게 고귀함과 복록이 더해집니다.

대운은 10년마다 흐르며 상하 5년으로 나누어 살피며, 먼저 세운을 조사하여 오고 가는 운의 흐름을 깊이 이해해야 합니다.

시상일위귀격은 지지 속에 숨어 있어 잘 드러나지 않지만, 일간이 강해야 부귀한 삶을 누릴 가능성이 높아집니다.

28. 月建候詩訣 월건후시결

1) 正月建寅候詩訣 정월건인후시결

正月寅宮元是木 木生火旺土長生 戌兼午未宮中喜 申酉休囚數莫行 寅月重
정월인궁원시목 목생화왕토장생 술겸오미궁중희 신유휴수수막행 인월중
逢午戌該 庚辛爲主兩推排 有根有土偏宜火 身弱休囚怕火來 如有寅宮木火
봉오술해 경신위주량추배 유근유토편의화 신약휴수파화래 여유인궁목화
神 南方午未祿財欣 逆行戌亥還當旺 破損憂愁見酉申 庚辛主弱逢寅月 午
신 남방오미록재흔 역행술해환당왕 파손우수견유신 경신주약봉인월 오
戌加臨會殺星 日主無根還透土 逆行金水福興隆 戊己身衰喜見寅 重重官殺
술가림회살성 일주무근환투토 역행금수복흥륭 무기신쇠희견인 중중관살
必榮身 只求木火相生吉 運到西方怕酉申
필영신 지구목화상생길 운도서방파유신

    정월은 사주에서 寅궁 木에 해당합니다. 木은 火를 생하여 왕성해지며, 土에게는 장생지로 작용합니다. 戌, 午, 未궁은 좋은 역할을 하므로 반기지만, 申과 酉는 휴수지로 제 역할을 하지 못하므로 피해야 합니다.

    寅월에 午와 戌을 거듭 만나고, 일간이 庚이나 辛인 경우 두 가지로 나누어 판단합니다. 만약 일간이 뿌리를 가지고 있고 土를 동반한다면 火가 유리하게 작용하지만, 신약하고 휴수한 상태라면 火가 오는 것을 두려워해야 합니다.

    寅궁에는 木과 火의 기운이 있어 남방의 午와 未에서 재물과 명예를 얻는 데 도움을 줍니다. 역행하여 戌과 亥의 운으로 가면서 다시 왕성해도, 申과 酉를 만나면 파손되거나 손실을 입을 우려가 있습니다.

    庚辛일간이 寅월에 태어나면 신약하게 되며, 午와 戌이 추가되면 살성이 모인 것입니다. 일간이 뿌리가 없고 土가 드러나 있다면 金水방으로 역행해야 복을 누리게 됩니다.

    戊己일간이 신약한 경우, 寅궁을 만나면 반기고, 관살이 많으면 명예와

부를 얻을 수 있습니다. 이때 木과 火의 상생을 이루면 운이 길하게 흐르며, 서방 운으로 이동하면 申과 酉를 조심해야 합니다.

2) 二月建卯候詩訣 이월건묘후시결

丙丁二月身逢印 大怕庚辛酉丑傷 水運發財木火旺 西方行運定遭殃 甲日卯
병정이월신봉인 대파경신유축상 수운발재목화왕 서방행운정조앙 갑일묘
月重逢丑 格中有火不須嫌 再行火土興財祿 歲運宜金怕水纏 木正榮於卯月
월중봉축 격중유화불수혐 재행화토흥재록 세운의금파수전 목정영어묘월
中 若將爲用喜生逢 北方亥子成名利 午未行來助福濃 卯宮大怕逢金降 火
중 약장위용희생봉 북방해자성명리 오미행래조복농 묘궁대파봉금강 화
旺根深制伏強 四柱有金嫌巳丑 運來酉未定須傷 己卯日主二三月 殺生有露
왕근심제복강 사주유금혐사축 운래유미정수상 기묘일주이삼월 살생유로
火偏奇 只宜木火重迎見 金水行來數必虧 庚辛卯月多逢木 日主無根怕財旺
화편기 지의목화중영견 금수행래수필휴 경신묘월다봉목 일주무근파재왕
南北兩頭防有破 如逢申酉禍難來 癸日無根卯月逢 局中有火返成功 如行身
남북량두방유파 여봉신유화난래 계일무근묘월봉 국중유화반성공 여행신
旺多財富 若到官鄉數必終
왕다재부 약도관향수필종

丙丁일간이 卯월에 태어나면 인수를 가진 것으로, 庚辛이나 酉丑에서 상처를 받을까 두려워해야 합니다. 水방으로 운이 흐르면 木火가 왕성해져 재물을 얻지만, 서방 운으로 향하면 반드시 재앙이 닥칩니다.

甲일간이 卯월생으로 丑을 반복해서 만나면 격국에서 火가 있어도 꺼리지 않으며, 火土방으로 운이 흐르면 부귀를 얻게 됩니다. 다만 세운에서 金이 오면 괜찮으나 水가 오면 두려움이 생길 수 있습니다.

木은 卯월에서 번영하며, 용신이 되면 인수의 생을 반깁니다. 북방 亥子방에서 부귀를 얻고, 午未방에서는 복이 한층 더 두터워지게 됩니다.

卯월은 金을 매우 꺼리는데, 火가 왕성하고 뿌리가 깊다면 강하게 제복할 수 있습니다. 사주에 金이 있으면 巳丑을 피해야 하며, 운에서 酉未를 만나

게 되면 반드시 손상을 입게 됩니다.

己卯일주는 卯월과 辰월생일 때 칠살이 생하는 火가 투출하면 기묘한 운세를 가지게 됩니다. 木火를 반복해서 보는 것이 유리하며, 金水방에서는 반드시 손실을 겪습니다.

庚辛일간이 卯월에 태어나 木을 많이 만나고 뿌리가 없는 경우, 왕성한 재성을 두려워해야 합니다. 水방과 火방의 기운이 강한 지점에서는 파손을 조심하고, 申酉방에서는 재난을 겪기 쉬우므로 미리 대비해야 합니다.

癸일간이 뿌리가 없고 卯월생인 경우, 격국에 火가 있으면 오히려 성공할 수 있습니다. 신왕운에서는 부유하게 되지만, 관성운에서는 생명이 위태로울 수 있습니다.

3) 三月建辰候詩訣 삼월건진후시결

三月辰宮只論土 殺多金水化爲祥 提綱若用財官印 金水相臨命有傷 戊土無
삼월진궁지론토 살다금수화위상 제강약용재관인 금수상림명유상 무토무
根日坐寅 重重水旺福源深 如行木火宮中吉 金水相逢禍必侵 三月干頭只用
근일좌인 중중수왕복원심 여행목화궁중길 금수상봉화필침 삼월간두지용
金 火生土厚福還眞 身爲壬癸多逢土 火旺提防禍必臨
금 화생토후복환진 신위임계다봉토 화왕제방화필림

辰월은 오직 土를 중심으로 사주를 논하며, 칠살이 많이 포함되어 있어도 金과 水로 인화되면 길한 운으로 작용합니다. 월령에서 재성과 정관, 인수를 활용하지만, 金과 水의 영향으로 사주가 손상될 우려가 있습니다.

戊寅일주는 뿌리가 없더라도 水가 거듭되어 왕성하다면 복의 근원이 깊어지게 됩니다. 木과 火의 기운이 함께하면 길하고, 金과 水가 만나는 운세에서는 재난이 발생할 가능성이 있습니다.

辰월에 천간으로 오직 金을 쓰는 경우, 火가 土를 생하여 두텁게 만들어 준다면 복은 더욱 진실해지고 안정감을 얻게 됩니다. 壬癸일간은 土가 많고 火가 왕성하면 재난을 당할 가능성도 있으니 주의가 필요합니다.

4) 四月建巳候詩訣 사월건사후시결

甲乙如臨四月天 水鄕木旺振財源 北方水地多凶破 酉丑相逢禍便言 四月干
갑을여림사월천 수향목왕진재원 북방수지다흉파 유축상봉화편언 사월간
頭木土逢 水鄕木旺祿還通 如行金水多成敗 更怕提綱物對冲 金水干頭四月
두목토봉 수향목왕록환통 여행금수다성패 경파제강물대충 금수간두사월
胎 土爲印綬火爲財 身强土厚宜金土 日主輕浮怕水來 壬日巳月多火土 無
태 토위인수화위재 신강토후의금토 일주경부파수래 임일사월다화토 무
根無印怕財鄕 順行申酉是名利 逆走東南壽不長 四月金生火旺土 三般神用
근무인파재향 순행신유시명리 역주동남수불장 사월금생화왕토 삼반신용
要分明 財官印綬藏宮內 運看高低仔細尋
요분명 재관인수장궁내 운간고저자세심

　　甲乙일간이 巳월에, 水의 지지에서 木이 왕성해지면 재물의 근원이 강하게 진동합니다. 북방의 水방에서는 흉함이 많아지고, 酉와 丑을 만나면 재난이 발생할 수 있습니다.

　　巳월 천간에서 木과 土를 만나고 火지에서 木이 왕성하게 작용하면 복록이 좋은 운으로 흐릅니다. 하지만 金水방으로 이동할 경우, 성공과 실패가 번갈아 발생하고, 월령에서 충이 일어나면 두려움이 생깁니다.

　　金과 水일주가 巳월에 태어났을 경우, 土는 인수 역할을 하고 火는 재성으로 작용합니다. 신강하고 土가 두터운 경우에는 金과 土가 좋은 영향을 미치며, 신약한 상태에서 水가 오면 두려워합니다.

　　壬일간이 巳월에 태어나고 火와 土가 많으면서 뿌리가 없고 인수도 없는 경우, 재성을 두려워해야 합니다. 申과 酉로 순행할 경우 부귀를 누릴 가능성이 높지만, 동남으로 역행하면 생명에 위협을 받을 수 있습니다.

　　巳월은 金이 장생하고 火와 土가 왕성해지는 시기입니다. 이러한 때에는 재성, 정관, 인수를 사용하는 방법을 명확히 해야 하며, 특히 재관인이 암장되어 있는 경우에는 운의 흐름과 고저를 신중하게 관찰하여 정확히 판단해야 합니다.

5) 五月建午候詩訣 오월건오후시결

五月宮中火正宗 高低貴賤兩分明 財官印用宜生旺 化殺欣逢要水平 五月炎
오월궁중화정종 고저귀천량분명 재관인용의생왕 화살흔봉요수평 오월염
炎則論火 如逢木火自然興 西方金水多防剋 丑土週還怕子迎 午宮怕子水來
염즉론화 여봉목화자연흥 서방금수다방극 축토주환파자영 오궁파자수래
沖 用火逢沖數必凶 日主庚辛如會殺 運中逢此返成功 財官印綬如藏午 西
충 용화봉충수필흉 일주경신여회살 운중봉차반성공 재관인수여장오 서
北休臨申子辰 木土火鄕還富貴 休來水土更嫌金
북휴림신자진 목토화향환부귀 휴래수토경혐금

　午月은 사주에서 火가 근본이 되는 중심이고, 운명에서는 고저와 귀천이 뚜렷하게 구분됩니다. 이때 재성과 정관, 인수를 사용하는 경우 생왕을 이루는 것이 유리합니다. 칠살을 화하면 水를 반가워합니다.

　午月에는 뜨거운 火를 중심으로 논하며, 木과 火의 만남은 자연스럽게 흥성하는 운세를 만들어냅니다. 서방의 金과 水가 많을 경우 극이 발생할 수 있으므로 대비가 필요합니다. 丑土가 돌아오면서 子水를 만나게 되면 이는 두려워해야 합니다.

　午宮은 子水의 충을 특히 꺼리며, 火를 쓰는 시점에서 충이 발생하면 흉한 결과를 초래할 가능성이 높습니다.

　庚辛일간이 칠살을 만나고 운에서도 이를 만나게 되면 의외로 성공할 가능성이 있습니다.

　午宮에 암장된 재관인의 경우, 서북 운에서 申子辰을 만나면 불리하며, 반대로 木, 土, 火의 기운이 흐르는 곳에서는 부귀를 누릴 가능성이 큽니다. 그러나 水와 土가 함께 오게 되면 金을 더욱 꺼려야 합니다.

6) 六月建未候詩訣 유월건미후시결

> 丙丁日坐未宮逢 金水雖凶未必凶 木庫水鄉應富貴 再行申酉禍災重 未月支
> 병정일좌미궁봉 금수수흉미필흉 목고수향응부귀 재행신유화재중 미월지
> 藏木火時 不逢順逆格高低 南方行去東方旺 西位休愁戌亥虧
> 장목화시 불봉순역격고저 남방행거동방왕 서위휴수술해휴

    丙丁일간이 未월에 태어난 경우, 비록 金과 水가 흉한 기운을 줄 수 있으나 반드시 나쁜 결과로 이어지는 것은 아닙니다.
    未土는 木이 담겨 있는 창고와 같으며, 水방에서는 부귀를 이루기 쉬우나, 만약 운이 申과 酉로 흐르게 된다면 재난이 반복될 수 있습니다.
    未월은 木과 火가 지지에 암장되어 있는 시기입니다. 이 시기에는 운세의 순행과 역행 여부와 관계없이 격국의 고저에 따라 운명이 좌우됩니다. 남방으로 향하면 동방에서 운이 왕성해지고, 반대로 서방으로 향하게 되면 戌과 亥에서 손실이나 어려움을 겪을 수 있습니다.

7) 七月建申候詩訣 칠월건신후시결

> 印綬財官月建申 北方回喜福還真 火金生旺多清貴 大限行來最怕寅 建祿庚
> 인수재관월건신 북방회희복환진 화금생왕다청귀 대한행래최파인 건록경
> 辛旺在申 有官有印有財星 逆行辰巳榮財祿 北地須知富貴成 壬癸生臨七八
> 신왕재신 유관유인유재성 역행진사영재록 북지수지부귀성 임계생림칠팔
> 月 火土多厚北方奇 無傷無破休行水 帝旺臨官運不宜
> 월 화토다후북방기 무상무파휴행수 제왕림관운불의

    申월에 재성과 정관과 인수가 자리하면, 북방으로 이동해야 복이 진실하고 운이 안정적으로 흐릅니다. 火와 金이 생왕한 상태에서는 귀한 운명을 가지게 되며, 寅대운을 만나게 되면 위험한 상황이 발생할 수 있어 가장 두려워해야 합니다.

庚辛일간은 건록으로서 申에서 왕성하게 작용하며, 정관과 인수와 재성이 있는 경우 운이 역행하여 辰과 巳로 이동하면 재물과 명예를 얻고, 북방으로 향하게 되면 부귀를 누리게 됩니다.

壬癸일간이 申월 또는 酉월에 태어나고, 火와 土가 많으면서 두터우면 북방에서 기묘한 운세가 작용합니다. 사주에서 큰 상처나 파괴가 없으면 水방으로 이동하지 않아야 하며, 제왕운이나 임관운에서는 큰 성취를 기대하기 어렵습니다.

8) 八月建酉候詩訣 팔월건유후시결

甲乙無根八月逢 庚辛金旺不嫌凶 北方水運財星足 逆走南方得失中 酉月藏
갑을무근팔월봉 경신금왕불혐흉 북방수운재성족 역주남방득실중 유월장
金乙日逢 北方亥子水重重 離明午未財權重 巳丑加臨壽必終 甲乙酉月多官
금을일봉 북방해자수중중 리명오미재권중 사축가림수필종 갑을유월다관
殺 無根日主一生低 北方順走休臨丑 逆走南巳上虧 丁生酉月天干癸 去
살 무근일주일생저 북방순주휴림축 역주남방사상휴 정생유월천간계 거
殺方能可去財 有氣保身存印綬 無情行到水中來 秋金酉丑重金旺 除非火煉
살방능가거재 유기보신존인수 무정행도수중래 추금유축중금왕 제비화련
有聲名 東方行去盈財祿 西北來臨福必傾
유성명 동방행거영재록 서북래림복필경

甲乙일간이 뿌리가 없고 酉월을 만나게 되면, 庚辛金이 왕성하더라도 특별히 흉하다고 볼 수는 없습니다. 북방의 水운에서는 재물이 풍족하게 흘러들 수 있지만, 남방으로 역행하면 얻는 것과 잃는 것이 혼재할 수 있습니다.

乙일간이 酉월에 태어났을 경우, 金이 암장되어 북방의 亥子水가 무겁게 작용하고, 남방의 午未에서는 부귀를 이루는 운세로 흐르게 됩니다. 그러나 巳와 丑이 운에 추가되면 반드시 죽음이 찾아오게 됩니다.

甲乙일간이 酉월에 태어나고 관살이 많으며, 일간에 뿌리가 없는 경우, 평생 고생스러운 삶을 살 가능성이 높습니다. 북방운으로 순행할 때에는 丑

을 만나지 않아야 하고, 남방운으로 역행하면 巳에서 손해를 볼 가능성이 있습니다.

丁일간이 酉월에 태어난 경우, 천간에 있는 癸칠살을 제거해야만 재성을 제거할 수 있습니다. 인수가 강하게 작용하는 경우, 일간을 지키고 인수를 보존할 수 있지만, 水운으로 들어가면 무정한 기운이 나타납니다.

가을 金이 酉丑을 반복해서 만나게 되면, 金이 지나치게 왕성해집니다. 이때 오직 火를 통해 金을 제련해야 비로소 이름을 날릴 수 있습니다. 동방으로 운이 흐르면 부귀를 얻을 수 있지만, 서북으로 향하면 복이 기울어질 가능성이 있으니 주의가 필요합니다.

9) 九月建戌候詩訣 구월건술후시결

九月戌中藏火土 庚辛不忌日無根 格中若有財官印 運到南方福祿亨 甲乙秋
구월술중장화토 경신불기일무근 격중약유재관인 운도남방복록형 갑을추
金九月生 木衰金旺怕庚辛 如臨水火興家計 金水纔來禍便行 財官印綬九月
금구월생 목쇠금왕파경신 여림수화흥가계 금수재래화편행 재관인수구월
臨 發旺升騰見卯寅 順去北方行子丑 逆行嫌酉破逢申 戌月金生藏火土 或
림 발왕승등견묘인 순거북방행자축 역행혐유파봉신 술월금생장화토 혹
行南北或行東 不分順逆高低格 大運辰逢壽必終 壬日無根戊己多 生於九月
행남북혹행동 불분순역고저격 대운진봉수필종 임일무근무기다 생어구월
忌財過 逆行休用南方午 寅若如逢奈若何 丙丁日主戌中旬 財透天干作用神
기재과 역행휴용남방오 인약여봉내약하 병정일주술중순 재투천간작용신
此格傷官殺喜旺 只愁身旺盡傷官
차격상관살희왕 지수신왕진상관

戌월에는 火와 土가 지지에 암장되어 있어, 庚辛일간은 뿌리가 없는 경우에도 크게 꺼리지 않습니다. 격국에 재성, 정관, 인수가 있는 경우 남방운으로 흐르면 복록이 빛나게 됩니다.

甲乙일간이 가을 金과 戌월에 태어나면, 木은 쇠약하고 金은 왕성하기 때문에 庚辛의 영향을 두려워하게 됩니다. 水와 火가 함께 작용하면 부유해지

지만, 金과 水가 조금만 와도 재난을 겪을 수 있습니다.

戌월에는 재성, 정관, 인수가 자리를 잡고, 卯와 寅을 만나게 되면 운이 왕성해져 발복합니다. 북방의 子와 丑운에서는 순조로우나, 역행하여 酉를 만나게 되면 꺼리며, 申에서는 파손될 위험이 있습니다.

金일간이 戌월에 태어나고 火와 土가 암장되어 있으면, 남북이나 동방으로 운이 흐르더라도 순행, 역행 여부와 격국의 고저를 크게 구분하지 않습니다. 하지만 辰대운에서는 생명이 위태로울 수 있습니다.

壬일간이 戌월에 태어나 뿌리가 없고 戊己가 많다면, 지나치게 강한 재성을 꺼리게 됩니다. 역행하여 남방 午를 활용하면 위험하며, 寅을 만나게 되면 피할 수 없는 상황이 생길 수 있습니다.

丙丁일주가 戌월 중순에 태어난 경우, 재성이 천간에 투출되면 용신으로 작용하게 됩니다. 이 격국은 상관과 칠살이 왕성한 것을 반기지만, 신왕하면 정관이 손상되는 것을 걱정하게 됩니다.

10) 十月建亥候詩訣 시월건해후시결

水木生居亥月乾 財官印綬喜相連 用壬運旺南方去 用木須欣寅卯邊 丙日壬
수목생거해월건 재관인수희상련 용임운왕남방거 용목수흔인묘변 병일임
殺喜東南 來至東南發顯官 大運愁逢金水地 再行西對壽難完 財官印綬立乾
살희동남 래지동남발현관 대운수봉금수지 재행서대수난완 재관인수립건
宮 水木相生福祿通 陽水喜金嫌火土 運行最怕巳沖刑 日主無根干土金 月
궁 수목상생복록통 양수희금혐화토 운행최파사충형 일주무근간토금 월
通亥子土來金 只宜印綬扶身旺 何怕提綱損用神
통해자토래금 지의인수부신왕 하파제강손용신

亥월에 태어난 水木일주는 사주의 재관인수가 서로 연결될 때 운이 좋아집니다. 壬을 용신으로 쓰면 왕성하므로 남방운으로 흐를 때 유리하며, 木을 용신으로 쓰면 寅과 卯의 운에서 기쁨과 성공을 누릴 수 있습니다.

丙일간이 壬칠살을 만나면 동남운을 반기며 동남운으로 흐를 경우 관직

에서 발전하게 됩니다. 그러나 金과 水의 대운에서 근심이 생길 수 있으며, 酉방으로 흐르게 되면 수명이 짧아질 위험이 있습니다.

亥월에 재관인수가 자리하면 水와 木이 서로 상생하여 복과 부귀가 형통해질 수 있습니다. 壬은 金을 반기며 火와 土는 꺼립니다. 또한 운에서 巳와 형충을 만나면 가장 두려워하므로 주의가 필요합니다.

일주가 뿌리가 없고 천간에 土와 金이 있는 경우, 亥子월에 土가 金을 만나게 되면 오직 인수의 도움으로 신강하게 됩니다. 이런 상황에서는 월령이 용신을 손상시킨다 해도 크게 두려워할 필요는 없습니다.

11) 十一月建子候詩訣 십일월건자후시결

丙丁日主用逢子 支下存申時又辰 火土旺鄕成富貴 再行金水禍難禁 子宮有
병정일주용봉자 지하존신시우진 화토왕향성부귀 재행금수화난금 자궁유
水金鄕旺 見土休囚忌破支 元有土離逢水貴 午來沖對壽元衰 庚金遇子多强
수금향왕 견토휴수기파지 원유토리봉수귀 오래충대수원쇠 경금우자다강
吉 火土相嫌未必凶 運去元辰番作貴 再行午運福重重 庚日逢寅午戌行 日
길 화토상혐미필흉 운거원진번작귀 재행오운복중중 경일봉인오술행 일
通火局是提綱 如行金水番成富 火土重來禍怎當 水歸冬旺樂無憂 透用財官
통화국시제강 여행금수번성부 화토중래화즘당 수귀동왕악무우 투용재관
富九州 順逆不分還富貴 提綱刑剋事休休
부구주 순역불분환부귀 제강형극사휴휴

丙丁일간이 子월에 태어나고 지지에 申, 시지에 辰이 있는 경우, 火와 土가 왕성한 곳에서 부귀를 이룰 수 있지만, 만약 金과 水 운으로 흐르게 되면 재난을 방지하기 어렵게 됩니다.

子궁에는 水가 있으며 金방에서 왕성하지만, 土를 만나면 휴수하고 지지가 파괴됨을 두려워합니다. 사주에서 土와 火가 있을 경우 水를 만나야 귀하게 되고, 午가 와서 충을 일으키면 수명이 쇠약해집니다.

庚金이 子를 많이 만나도 강하면 길하고, 火와 土가 서로 싫어하지만 반

드시 흉하지만은 않습니다. 辰운을 벗어나면 귀한 운으로 바뀌며, 다시 누운으로 흐를 경우 복이 더욱 두터워집니다.

庚일간이 寅午戌을 만나고 월령이 火국으로 연결되면, 金水운에서는 부유한 운명을 누릴 수 있습니다. 그러나 火와 土가 반복적으로 오게 되면 재난을 피하기 어렵게 됩니다.

겨울의 水는 왕성하며, 이는 즐거움과 걱정 없는 운세입니다. 투출한 재관을 활용할 경우 부유하게 되며, 운의 순행과 역행 여부에 상관없이 부귀한 삶을 누릴 수 있습니다. 그러나 월령에서 형극이 발생하면 사건이나 일이 막히는 어려움이 생길 수 있습니다.

12) 十二月建丑候詩訣 십이월건축후시결

甲子生居丑月中 無根金水不嫌凶 重行金水聲名顯 火土相逢破本宗 丙丁坐
갑자생거축월중 무근금수불혐흉 중행금수성명현 화토상봉파본종 병정좌
火財中殺 四柱無根忌水鄉 運到火鄉加福助 須知顯振名利香 庚辛丑月中藏
화재중살 사주무근기수향 운도화향가복조 수지현진명리향 경신축월중장
印 火土來臨福祿齊 壬癸天干或透出 如逢戊己喜相生 壬癸生居丑月提 有
인 화토래림복록제 임계천간혹투출 여봉무기희상생 임계생거축월제 유
金有土格中奇 順行辰巳興財祿 逆去升騰申酉支 戊土生居十二月 傷官財旺
금유토격중기 순행진사흥재록 역거승등신유지 무토생거십이월 상관재왕
藏時節 水清金白助格中 若逢火土多週折 己土提丑支金局 殺旺身強格局高
장시절 수청금백조격중 약봉화토다주절 기토제축지금국 살왕신강격국고
金水重來名利厚 水鄉火地不堅牢 丙日無根丑局逢 財官藏在月提中 水鄉在
금수중래명리후 수향화지불견뢰 병일무근축국봉 재관장재월제중 수향재
旺金鄉吉 土困行南總一空 戊己生居丑月中 忽逢羊刃在天宮 金多有水方成
왕금향길 토곤행남총일공 무기생거축월중 홀봉양인재천궁 금다유수방성
貴 火土雖嫌比劫同
귀 화토수혐비겁동

甲子일주 丑월생은 뿌리가 없더라도 金과 水의 기운을 꺼리지 않으면 흉

하지 않습니다. 金과 水의 운이 계속해서 흐르면 이름을 날리지만, 火와 土를 만나면 가문의 기반이 흔들릴 수 있으니 주의가 필요합니다.

丙丁일간 丑월생은 火가 재성과 칠살에 앉아 있기 때문에, 뿌리가 없는 경우 水방을 꺼려야 하지만, 火방운에 이르면 복을 이루고 부귀해집니다.

庚辛일간 丑월생은 인수를 암장하고 있으며, 火와 土의 운이 오면 복록이 균형을 이루게 됩니다. 만약 壬癸가 천간에 투출하고 戊己를 만나 상생하면 더욱 운이 길하게 흐르게 됩니다.

壬癸일간 丑월생은 金과 土가 있을 경우 격국이 기묘한 구조를 이루게 됩니다. 운이 辰巳로 순행하면 재물과 명예가 흥성하며, 역행하여 申酉운으로 가면 승진의 기회를 얻을 수 있습니다.

戊일간 丑월생은 상관과 재성이 왕성하게 암장되어 있는 운세를 가집니다. 맑고 깨끗한 金과 水는 격국을 돕지만, 火와 土를 만나게 되면 운세에서 우여곡절이 많아지게 됩니다.

己일간 丑월생이 지지에서 金국을 이루는 경우, 칠살이 왕성하고 신강하여 높은 격국을 형성합니다. 金과 水가 거듭해서 오면 부귀를 얻게 되지만, 水방과 火지는 견고함이 부족할 수 있습니다.

丙일간 丑월생이 뿌리가 없어도 재성과 관성이 월령에 암장되어 있으므로, 水방에서 운이 왕성하고 金방에서는 좋은 운을 얻을 수 있지만, 土에서는 힘든 상황이 되며 남방으로 흐르면 공허해질 가능성이 있습니다.

戊己일간 丑월생이 갑자기 양인을 만나고 천간에 金이 많고 水가 함께 있을 경우 귀한 운세를 가지게 됩니다. 그러나 火와 土는 비록 비겁과 같지만, 꺼리는 운세로 작용합니다.

29. 十干十二支體象 십간십이지체상

1) 十干體象 십간체상

甲乙木의 체상

> 甲木天干作首排 原無枝葉與根荄 欲存天地千年久 直向沙泥萬丈埋 斷就棟
> 갑목천간작수배 원무지엽여근해 욕존천지천년구 직향사니만장매 단취동
> 樑金得用 化成灰炭火為災 蠢然塊物無機事 一任春秋自往來 乙木根荄種得
> 량금득용 화성회탄화위재 준연괴물무기사 일임춘추자왕래 을목근해종득
> 深 只宜陽地不宜陰 漂浮最怕多逢水 刻斷何當苦用金 南去火炎災不淺 西
> 심 지의양지불의음 표부최파다봉수 각단하당고용금 남거화염재불천 서
> 行土重禍尤侵 棟樑不是連根木 辨別工夫好用心
> 행토중화우침 동량불시련근목 변별공부호용심

甲木은 천간의 첫 번 째에 자리하고 재배하는 나무이지만, 본질적으로 가지나 뿌리가 없는 특성을 가집니다. 천지 사이에서 오랜 기간 동안 존재하려면, 흙 속에 깊이 뿌리를 내려 안정적으로 자리 잡아야 합니다.

甲木이 제대로 성장하여 훌륭한 재목이 되려면, 金을 통해 깎이고 다듬어져야 합니다. 하지만 火를 만나게 되면 불길에 타 재와 숯으로 변하게 되어 큰 재앙을 당하게 됩니다. 甲木은 스스로 아무런 행동도 할 수 없으므로, 세월의 흐름에 몸을 맡기며 자연스럽게 시간의 순환을 따릅니다.

乙木은 甲木과는 달리 뿌리가 깊이 박혀 있습니다. 乙木은 양지에서 잘 자라며 음지에서는 그 성장이 어렵습니다. 水를 많이 만나면 뿌리가 떠내려감을 두려워하며, 金으로 다듬어지면 자를 때 고통을 겪게 됩니다. 乙木은 남방에서는 강한 화염이 재난을 초래하고, 서방에서는 土가 많으면 손상을 입게 됩니다. 인재가 되려면 뿌리째 뽑히지 않는 튼튼함이 중요하며, 변별력을 갖추는 공부에 신중히 마음을 써야 합니다.

丙丁火의 체상

丙火明明一太陽 原從正大立綱常 洪光不獨窺千里 巨焰猶能遍八荒 出世肯
병화명명일태양 원종정대립강상 홍광불독규천리 거염유능편팔황 출세긍
爲浮木子 傳生不作濕泥娘 江湖死水安能剋 惟怕成林木作殃 丁火其形一燭
위부목자 전생불작습니낭 강호사수안능극 유파성림목작앙 정화기형일촉
燈 太陽相見奪光明 得時能鑄千金鐵 失令難鎔一寸金 雖少乾柴猶可引 縱
등 태양상견탈광명 득시능주천금철 실령난용일촌금 수소건시유가인 종
多濕木不能生 其間衰旺當分別 旺比一爐衰一熒
다습목불능생 기간쇠왕당분별 왕비일로쇠일경

　丙火는 밝은 태양과 같은 존재로, 정직하고 강렬한 에너지를 가지고 있습니다. 이 에너지는 천리를 비출 만큼 멀리 퍼지며, 거대한 불꽃은 온 세상에 고루 영향을 미칩니다.

　丙火는 물에 떠다니는 木의 자식으로 세상에 태어났지만, 습기 많은 土와는 조화되지 못합니다. 강과 호수처럼 고여 있는 水는 丙火를 억누르지 못하지만, 울창하게 자란 木은 오히려 丙火에게 재앙이 됩니다.

　丁火는 촛불과 같은 존재로, 태양(丙火)을 만나면 그 빛을 잃게 됩니다. 丁火는 적절한 시기를 만나면 천근의 쇠도 녹일 수 있지만, 시기를 놓치면 작은 금속 조각조차 녹이지 못할 정도로 약해집니다.

　丁火는 마른 나뭇가지가 조금만 있어도 불을 붙일 수 있지만, 반대로 습목이 많아도 불꽃을 일으키기 어렵습니다. 강하면 활활 타오르는 화로와 같고, 쇠약하면 단지 희미하게 빛나는 촛불과 같습니다.

戊己土의 체상

戊土城牆堤岸同 振江河海要根重 柱中帶合形還壯 日下乘虛勢必崩 力薄不
무토성장제안동 진강하해요근중 주중대합형환장 일하승허세필붕 력박불
勝金漏洩 功成安用木疏通 平生最要東南健 身旺東南健失中 己土田園屬四
승금루설 공성안용목소통 평생최요동남건 신왕동남건실중 기토전원속사
維 坤深能為萬物基 水金旺處身還弱 火土功成局最奇 失令豈能埋劍戟 得
유 곤심능위만물기 수금왕처신환약 화토공성국최기 실령기능매검극 득
時方可用鎡基 漫誇印旺兼多合 不遇刑沖總不宜
시방가용자기 만과인왕겸다합 불우형충총불의

　　戊土는 성벽이나 제방처럼 단단하고 안정감을 주는 존재로, 강과 바다를 다스리기 위해서는 깊고 강한 뿌리가 필요합니다. 만약 사주에서 합을 이루고 있다면 그 힘과 형세는 더욱 강건해지지만, 일지가 허약하거나 기반이 약하면 구조가 무너질 위험이 있습니다.

　　戊土는 金의 설기가 강하면 힘을 잃고 약해지며, 木으로 소통하고 조화를 이루면 안정이 됩니다. 戊土는 특히 동남방에서 강한 기운을 유지해야 안정적입니다. 그러나 자신의 기운이 지나치게 강할 때는 오히려 동남방에서 기운을 잃어 균형이 깨질 수 있습니다.

　　己土는 비옥하고 풍요로운 전원의 토양과 같으며, 만물의 터전으로 작용합니다. 己土는 水와 金이 강한 환경에서는 약해질 가능성이 높고, 火와 土의 조화로운 기운으로 격국을 이루는 것이 가장 이상적입니다.

　　己土는 실령하면 金을 제대로 다룰 수 없지만, 적절한 시기를 만나면 비로소 농사를 짓고 번영을 이룰 수 있습니다. 己土는 자신의 인수가 왕성하거나 여러 합을 이루었다고 자랑하기보다는, 형충과 같은 충돌을 피하여 안정적으로 유지하는 것이 중요합니다.

庚辛金의 체상

庚金頑鈍性偏剛 火制功成怕水鄉 夏產東南過煆煉 秋生西北亦光芒 水深
경금완둔성편강 화제공성파수향 하산동남과하련 추생서북역광망 수심
反是他相剋 木旺能令我自傷 戊己干支重遇土 不逢冲破即埋藏 辛金珠玉性
반시타상극 목왕능령아자상 무기간지중우토 불봉충파즉매장 신금주옥성
通靈 最愛陽和沙水清 成就不勞炎火煆 資扶偏受濕泥生 水多火旺宜西北
통령 최애양화사수청 성취불로염화하 자부편수습니생 수다화왕의서북
水冷金寒要丙丁 坐祿通根身旺地 何愁厚土沒其形
수랭금한요병정 좌록통근신왕지 하수후토몰기형

　庚金은 단단하고 강한 금속의 성질을 지녔으며, 성격이 무겁고 강직합니다. 이러한 庚金은 火의 열로 단련될 때 그 진가를 발휘하며 공을 이룰 수 있으나, 水의 기운은 庚金을 약화시키므로 두려워해야 합니다.

　庚金이 여름에 태어나면 동남방을 지나면서 단련되고, 가을에 태어나면 서북방의 건조한 기운으로 밝게 빛나게 됩니다. 水가 너무 깊으면 오히려 다른 것이 극하고, 木이 왕성하면 자신이 손상을 받게 됩니다. 戊己土가 간지에 무겁게 자리하였는데 충파가 없으면 土에 묻히게 됩니다.

　辛金은 부드럽고 정교한 구슬이나 옥과 같으며, 따뜻한 태양의 빛과 맑고 깨끗한 물을 가장 좋아합니다. 辛金은 火의 강한 열로 단련되지 않아도 성취를 이룰 수 있고, 습한 土로 생하고 도와주는 것을 좋아합니다.

　水가 너무 많거나 火가 왕성할 때는 서북방이 좋으며, 水가 차가워지고 金이 춥게 느껴지는 경우, 丙火와 丁火의 따뜻한 기운이 필요합니다. 辛金이 록에 앉아 통근하면 신왕지에 있어, 土가 많아도 본질적인 성질을 잃지 않으므로 두려워하지 않게 됩니다.

壬癸水의 체상

壬水汪洋併百川 漫流天下總無邊 干支多聚成漂蕩 火土重逢涸水源 養性結
임수왕양병백천 만류천하총무변 간지다취성표탕 화토중봉학수원 양성결
胎須未午 長生歸祿屬乾坤 身强原自無財祿 西北行程厄少年 癸水應非雨露
태수미오 장생귀록속건곤 신강원자무재록 서북행정액소년 계수응비우로
麼 根通亥子即江河 柱無坤坎還身弱 局有財官不尚多 申子辰全成上格 寅
마 근통해자즉강하 주무곤감환신약 국유재관불상다 신자진전성상격 인
午戌備要中和 假饒火土生深夏 西北行程豈太過
오술비요중화 가요화토생심하 서북행정기태과

　壬水는 넓고 깊은 바다와 같으며 천하에 넘쳐 흘러도 끝이 없습니다. 간지에서 많이 모이면 떠돌아다니고, 火土와 자주 만나면 물이 증발하거나 마르게 되어 본질적인 힘이 약화됩니다.
　壬水의 기운을 기르고 잉태하기 위해서는 午와 未 같은 기운이 필요하며, 申에서 장생하고 亥에서 기운을 얻어 안정적으로 성장합니다. 신강한 壬水는 재물복이 원래 적으며, 서북방으로 흐르면 젊은 시절에 어려움을 겪을 수 있습니다.

　癸水는 비와 이슬처럼 작고 섬세한 물을 나타냅니다. 그러나 亥와 子에 뿌리를 두면 강과 바다처럼 강한 기세를 발휘하게 됩니다. 만약 사주에서 申과 子 같은 기운이 없다면 癸水는 신약해지므로, 격국에 재성과 정관이 많으면 좋은 결과를 만들지 못합니다.
　申子辰 기운이 모두 완전하다면 상격의 격국을 이루고, 寅午戌 기운을 갖추어야 조화를 이룰 수 있습니다. 火土가 왕성한 한여름에 태어난 癸水라도 서북방으로 향하게 되면 지나치게 강하지 않다고 볼 수 있습니다.

2) 十二支體象 십이지체상

子丑의 체상

月支子水占魁名 溪澗汪洋不盡清 天道陽回行土旺 人間水暖寄金生 若遇午
월지자수점괴명 계간왕양불진청 천도양회행토왕 인간수난기금생 약우오
破應無定 縱遇卯形還有情 柱內申辰來合局 卽成江海發濤聲 隆冬建丑怯水
파응무정 종우묘형환유정 주내신진래합국 즉성강해발도성 융동건축겁수
霜 誰識天時轉二陽 暖土誠能生萬物 寒金難道只深藏 刑沖戌未非無用 類
상 수식천시전이양 난토성능생만물 한금난도지심장 형충술미비무용 류
聚雞蛇信有方 若在日時多水木 直須行入巽離鄉
취계사신유방 약재일시다수목 직수행입손리향

　子水는 월지에서 가장 강력한 水의 기운을 나타내며, 시냇물과 강물이 끊임없이 흐르며 맑고 깨끗한 모습을 상징합니다.

　하늘의 이치에서는 양기가 돌아오면 土의 기운이 왕성해지고, 인간 세상에서는 水가 따뜻해야 金이 생겨나는 순환이 이루어집니다.

　子水가 午와 충돌하면 불안정해지며, 卯와 만나면 조화를 이루어 정이 생깁니다. 사주에서 申과 辰이 합국하면 바다처럼 웅장한 파도 소리가 나는 강한 격국을 이룹니다.

　丑土는 한겨울의 물과 서리를 두려워하며 기운이 약해질 수 있습니다. 그러나 하늘의 변화에 따라 두 번째 양기가 시작되는 시점을 잘 활용하면 성장과 변화가 가능해집니다.

　따뜻한 土는 만물을 생장시키는 힘을 가지지만, 차가운 金은 힘을 잃고 깊이 묻히게 됩니다. 戌와 未가 형충을 이루더라도 완전히 쓸모가 없지는 않으며, 巳와 酉가 함께 모이면 안정과 발전이 가능합니다. 일시에 水와 木이 많으면 巳午방으로 흘러가야 균형과 조화를 이룰 수 있습니다.

寅卯의 체상

艮宮之木建於春 氣聚三陽火在寅 志合蛇猴三貴客 類同卯未一家人 超凡入
간궁지목건어춘 기취삼양화재인 지합사후삼귀객 류동묘미일가인 초범입
聖惟逢午 破祿傷提獨慮申 四柱火多嫌火地 從來燥木不南奔 卯木繁華稟氣
성유봉오 파록상제독려신 사주화다혐화지 종래조목불남분 묘목번화품기
深 仲春難道不嫌金 庚辛疊見愁申酉 亥子重來忌癸壬 禍見六沖應落燕 喜
심 중춘난도불혐금 경신첩견수신유 해자중래기계임 화견육충응락연 희
逢三合便成林 若歸時日秋金重 更向西行患不禁
봉삼합편성림 약귀시일추금중 경향서행환불금

寅木은 봄에 자라는 나무로, 삼양의 양기가 모여 寅 속에 火의 기운이 포함되어 있습니다. 寅木이 巳와 申의 기운과 합을 이루면, 삼귀라 불리는 귀한 손님과의 조화가 형성되며, 卯와 未는 같은 木 기운을 지닌 가족과 같은 역할을 하게 됩니다.

寅木이 자신의 성장을 더 높은 수준으로 발전시키기 위해서는 午의 기운을 만나야 합니다. 하지만 申은 木의 록을 파괴하고 월령을 상하게 하므로 신중히 경계해야 합니다.

寅木은 사주에서 火의 기운이 많을 경우 火의 지역을 꺼리는 경향이 있으며, 특히 마른 木은 남방으로 이동하는 것을 피해야 합니다.

卯木은 화려하고 생명력이 깊은 특징을 가지고 있으며, 중춘(봄의 중간 시기)에는 金의 기운을 피하지 않고 조화롭게 어울립니다. 庚과 辛의 기운이 겹쳐지고 申과 酉가 함께 나타나면 걱정스러운 일이 생기며, 亥와 子가 다시 나타나면 壬과 癸를 꺼리게 됩니다.

卯와 酉가 충하게 되면 재앙이 닥칠 수 있지만, 삼합을 이루면 나무가 숲을 형성하므로 기뻐하게 됩니다. 일시에 가을의 金 기운이 많아지고 서방으로 흐르면 재난을 막기 어렵게 됩니다.

辰巳의 체상

辰當三月水泥溫 長養堪培萬木根 雖是甲衰乙餘氣 縱然壬墓癸還魂 直須一
진당삼월수니온 장양감배만목근 수시갑쇠을여기 종연임묘계환혼 직수일
鑰能開庫 若遇三冲即破門 水木重逢西北運 只愁厚土不能存 巳當初夏火增
약능개고 약우삼충즉파문 수목중봉서북운 지수후토불능존 사당초하화증
光 造化流行正六陽 失令庚金生賴母 得時戊土祿隨孃 三形傳送翻無害 一
광 조화류행정륙양 실령경금생뢰모 득시무토록수양 삼형전송번무해 일
撞登明便有傷 行到東南生髮地 燒天烈火豈尋常
당등명편유상 행도동남생발지 소천렬화기심상

　　辰土는 춘삼월에 해당하고 따뜻하고 물기를 머금은 흙을 상징하며, 모든 木의 뿌리를 기르고 생장을 돕는 역할을 합니다. 이 시기의 흙은 비록 甲木이 쇠약해져 있어도, 乙木의 남은 기운을 품고 있으며, 壬水가 묘지에 있다고 해도 癸水는 부활하여 생명력을 유지합니다.

　　창고는 충으로 열어야 그 안에 있는 자원을 사용할 수 있습니다. 그러나 만약 세 번의 충이 일어나면 그 문이 파괴됩니다. 水와 木의 강한 기운을 서북방에서 만나면, 土의 기운이 두텁더라도 이를 유지하기 어려워 걱정거리가 될 수 있습니다.

　　巳火는 초여름에 해당하며, 火의 기운이 더욱 강해지고 활발히 빛나는 시기입니다. 이 시기에는 조화로운 육양(六陽)의 기운이 흐릅니다.

　　실령한 庚金은 巳 속에 포함된 戊土인수에 의지하여 생을 받으며, 득시한 戊土는 丙火인수의 록을 따르며 그 역할을 완수할 수 있습니다. 삼형이 나타나더라도 반드시 해로운 것은 아니지만, 亥水와 충돌하면 손상을 입게 됩니다. 동남방 생장지로 나아가면, 火의 기운이 극도로 강해져 맹렬한 불꽃처럼 격렬하게 타오를 수 있습니다.

午未의 체상

午月炎炎火正升 六陽氣續一陰生 庚金失位身無用 己土歸垣祿有成 申子齊
오월염염화정승 육양기속일음생 경금실위신무용 기토귀원록유성 신자제
來能戰剋 戌寅同見越光明 東南正是身強地 西北休囚已喪形 未月陰深火漸
래능전극 술인동견월광명 동남정시신강지 서북휴수이상형 미월음심화점
衰 藏官藏印不藏財 近無亥卯形難變 遠帶形沖庫亦開 無火怕行金水去 多
쇠 장관장인불장재 근무해묘형난변 원대형충고역개 무화파행금수거 다
寒偏愛丙丁來 用神喜忌當分曉 莫把圭璋作石猜
한편애병정래 용신희기당분효 막파규장작석시

  午月은 뜨거운 火가 치솟는 시기로, 육양(六陽)의 강한 기운이 유지되는 가운데 음의 기운이 새롭게 생성됩니다. 이 시기의 庚金은 기운을 잃고 제 역할을 하기 어려운 상태가 됩니다. 반면 己土는 자신이 자리해야 할 위치로 돌아가며 안정감을 얻어 록을 이룹니다.

  사주에서 申과 子의 기운이 함께 오면 충돌과 갈등이 일어나며, 戌과 寅이 동시에 나타나면 더욱 밝고 강렬해집니다. 동남방은 신강한 곳이지만, 서북 방은 휴수상태로 이미 죽은 형상입니다.

  未月은 음의 기운이 깊어지며 火의 기운이 점차 쇠약해지는 시기입니다. 정관과 인수는 숨겨져 있지만, 재성은 숨기지 않는 특징을 보입니다.

  사주에서 亥와 卯의 기운이 근처에 없다면 삼합으로 기운을 변화시키는 것이 어렵고, 멀리서 형충이 나타나면 창고가 열려 숨겨져 있던 자원들이 드러날 가능성이 있습니다.

  火 기운이 없으면 金水운으로 흐르는 것을 꺼리고, 한기가 많을 경우 丙火와 丁火 같은 따뜻한 기운이 오는 것을 좋아합니다.

  사주에서 용신은 희기를 명확히 구분하는 것이 중요합니다. 이를 올바르게 판단하지 않으면 옥처럼 귀중한 자원을 돌처럼 평범한 것으로 잘못 판단할 수 있습니다.

申酉의 체상

申金剛健月支逢 水土長生在此宮 巳午爐中成劍戟 子辰局裡得光鋒 木多無
신금강건월지봉 수토장생재차궁 사오로중성검극 자진국리득광봉 목다무
火終能勝 土重埋金却有凶 欲識斯神何所似 溫柔珠玉不相同 八月從魁已得
화종능승 토중매금각유흉 욕식사신하소사 온유주옥불상동 팔월종괴이득
名 美他金白水流清 火多東去愁寅卯 木旺南行怕丙丁 柱見水泥應有用 運
명 양타금백수류청 화다동거수인묘 목왕남행파병정 주견수니응유용 운
臨西北豈無情 假能三合能堅銳 不比頑金未煉成
림서북기무정 가능삼합능견예 불비완금미련성

申金은 강건한 성질을 지니며, 월지에서 만나게 되면 水와 土의 기운이 함께 모여 생명력을 얻고 장생합니다. 巳午火의 화로에서 금속이 단련되어 창과 칼 같은 강철 무기가 만들어지며, 子辰의 격국에서 빛나는 칼날을 얻을 수 있습니다.

木이 많고 火가 없으면 결국 이길 수 있지만, 土가 지나치게 많아지면 흙 속에 묻혀버려 흉한 결과를 초래할 수 있습니다. 庚金은 온유한 보석인 辛金과 달리 강인하고 단단한 성질을 가지고 있습니다.

酉月은 종괴(從魁)라는 부르며, 금백수청의 조화로운 아름다움을 가진 시기입니다. 火가 많아진 기운이 동방으로 흐르면 寅과 卯를 걱정해야 합니다. 木이 왕성해져 남방으로 흐르게 되면 丙과 丁을 두려워해야 합니다. 사주에 습토가 있으면 적절히 쓰임새가 생기며, 서북운이 들어오면 이를 무정하게 여길 수는 없습니다.

巳酉丑 金局으로 삼합을 이루면 금속이 단단하고 날카로워져 강철 같은 성질을 띠게 되므로, 단련되지 않은 무딘 庚金과는 비교할 수 없을 정도로 강력합니다.

戌亥의 체상

九月河魁性最剛 漫云於此物取藏 洪爐巨火能成孰 鈍鐵頑金賴主張 海窟衝
구월하괴성최강 만운어차물취장 홍로거화능성숙 둔철완금뢰주장 해굴충

龍生雨露 山頭合虎動文章 天羅雖是迷魂陣 火命逢之獨有傷 登明之位水源
룡생우로 산두합호동문장 천라수시미혼진 화명봉지독유상 등명지위수원

深 雨雪生寒值六陰 必待勝光方用土 不逢傳送浪多金 五湖歸聚原成象 三
심 우설생한치육음 필대승광방용토 불봉전송랑다금 오호귀취원성상 삼

合羈留正有心 欲識乾坤和煖處 即從艮震巽離尋
합기류정유심 욕식건곤화난처 즉종간진손리심

戌月은 하괴(河魁)로 불리며, 그 성격이 가장 강하고 단단합니다. 이 시기에는 만물이 저장되었다고 하며, 용광로처럼 거대한 火의 힘이 작용하여 무딘 庚金을 녹이고 단련시킬 수 있다고 주장합니다.

辰과 충돌하면 비와 이슬이 생기며, 寅과 합하여 문장력이 강한 특징을 만들어냅니다. 戌과 亥는 천라(天羅)로 불리며, 혼이 머무는 공간이라는 특성이 있지만, 火 명식을 가진 사람들에게는 이 기운이 손상을 가져오는 결과를 초래할 수 있습니다.

亥水는 등명(登明)이라고도 하며, 깊고 풍부한 수원을 상징합니다. 이 기운은 육음(六陰)의 기운으로 비와 눈을 통해 한기를 만들어냅니다.

火를 만나야 비로소 土를 유용하게 사용할 수 있습니다. 하지만 申과 만나면 金의 기운이 많아지며, 파도가 이는 듯한 불안정함이 생길 수 있습니다. 다섯 호수가 모이면 바다와 같은 넓은 형상을 이루게 되며, 삼합이 이루어진 경우, 안정된 방향성을 갖고 뜻을 품게 됩니다. 음과 양의 따뜻한 조화를 찾으려면 동남방에서 이를 발견할 수 있습니다.

30. 五行生剋賦 오행생극부

간지의 쓰임새와 역할

> 大哉干支 生物之始 本乎天地 萬象宗焉 有陰陽變化之機 時候淺深之用 故
> 대재간지 생물지시 본호천지 만상종언 유음양변화지기 시후천심지용 고
> 金木水火土無正形 生剋制化理取不一 假如死木 偏宜活水長濡 譬若頑金
> 금목수화토무정형 생극제화리취불일 가여사목 편의활수장유 비약완금
> 最喜紅爐煆煉 太陽火忌林木爲讐 棟樑材求斧斤爲友 火隔木 化不能鎔金
> 최희홍로하련 태양화기림목위수 동량재구부근위우 화격목 화불능용금
> 金沉水 豈能剋木 活木忌埋根之鐵 死金嫌蓋預之泥 甲乙欲成一塊 須加穿
> 금침수 기능극목 활목기매근지철 사금혐개예지니 갑을욕성일괴 수가천
> 鑿之功 壬癸能達五湖 蓋有倂流之性 樗木不禁利斧 眞珠最怕明爐 弱柳喬
> 착지공 임계능달오호 개유병류지성 추목불금리부 진주최파명로 약류교
> 松 時分衰旺 寸金尺鐵 氣用剛柔
> 송 시분쇠왕 촌금척철 기용강유

간지는 위대하며, 만물을 생성하는 근원입니다. 이는 천지의 근본을 바탕으로 모든 만물이 여기에서 비롯되며, 음양이 변화하며 계절의 깊고 얕음에 의한 쓰임새와 역할입니다. 金木水火土는 정해진 형태를 가지지 않고, 각각의 생극제화의 이치는 상황에 따라 다양하게 적용됩니다.

죽은 나무(기세가 없는 木)는 물(水)을 필요로 하며, 이를 통해 생명력을 회복하려고 합니다. 단단한 금속(강한 金)은 불(火)을 만나 단련되어야 그 가치와 힘을 발휘할 수 있습니다.

태양의 열기(火)는 나무(木)가 지나치게 많은 것을 꺼리며, 대들보(木)는 도끼(金)와 조화를 이루어 가공되어야 제대로 된 재목이 됩니다. 火는 木이 없으면 金을 녹일 수 없고, 金이 水에 가라앉으면 木을 제압할 힘을 잃게 됩니다.

활목(기세가 있는 木)은 금속(金)과 함께 땅에 묻히는 것을 꺼리고, 죽은 금속(기세가 없는 金)은 흙(土)으로 덮이는 것을 싫어합니다. 甲木과 乙木이 하나가 되려면 가공의 과정을 거쳐야 합니다.

壬癸水는 호수에 도달하기 위해 서로 합쳐져 흐르는 성질을 띱니다. 약한 木은 날카로운 도끼를 견딜 수 없고, 辛金은 밝은 불길(火)을 가장 두려워합니다.
甲木과 乙木은 시간의 흐름에 따라 쇠약함과 왕성함을 구분하고, 庚金과 辛金은 강한 기세와 부드러운 기세를 활용합니다.

간지의 쇠왕과 조화

隴頭之土 少木難疏 爐內之金 濕泥反蔽 雨露安滋朽木 城牆不産真金 劍戟
롱두지토 소목난소 로내지금 습니반폐 우로안자후목 성장불산진금 검극
功成 遇水鄕而反壞 城牆積就 至木地而愁傷 癸丙春生 不雨不晴之象 乙丁
공성 우수향이반괴 성장적취 지목지이수상 계병춘생 불우불청지상 을정
冬産 非寒非煖之天 極鋒抱水之金 最鈍離爐之鐵 甲乙遇金强 魂歸西兌 庚
동산 비한비난지천 극봉포수지금 최둔리로지철 갑을우금강 혼귀서태 경
辛逢火旺 氣散南離 土燥火炎 金無所賴 木浮水泛 火不能生 三夏鎔金 安
신봉화왕 기산남리 토조화염 금무소뢰 목부수범 화불능생 삼하용금 안
制堅剛之木 三冬濕土 難隄泛濫之波 輕塵撮土 終非活木之基 廢鐵銷金 豈
제견강지목 삼동습토 난제범람지파 경진촬토 종비활목지기 폐철소금 기
是滋流之本
시자류지본

산마루에 있는 흙(戊土)은 나무(木)가 적으면 소통하는 것이 어렵습니다. 화로(火) 속에서 단련되던 금속(金)은 습토로 덮이면 그 진가를 발휘하지 못하고, 비와 이슬(癸水)도 이미 썩은 나무를 회생시키지 못합니다.

견고한 성벽(戊土)은 고귀한 금속(辛金)을 만들지 못하며, 庚金이 비록 창칼로 공을 이루었더라도 水왕지에서는 오히려 부식되거나 파괴될 위험이 큽니다. 戊土가 성벽을 높게 쌓더라도 木왕지에 이를 경우 손상되어 근심이 생길 수 있습니다.

봄에 태어난 癸水와 丙火는 비가 내리지도 않고 날씨가 맑지도 않은 애매한 상태를 나타하며, 겨울에 태어난 乙木과 丁火는 춥지도 따뜻하지도 않은

상태를 나타냅니다.

금속 중에서도 가장 날카로운 金은 水의 기운을 품고 있는 경우이고, 가장 무딘 金은 화로(火)를 떠나 단련되지 못한 금속입니다.

甲木과 乙木은 강한 金을 만나면 서방에서 약해지고, 庚金과 辛金은 火의 왕성한 기운을 만나면 남방에서 기운이 흩어져 힘을 잃게 됩니다. 土가 건조하고 火가 강하면 金은 의지할 곳이 없어지고, 水가 넘치면 木은 떠다니며 안정되지 못하고, 火는 살아날 수 없습니다.

여름철에 녹은 쇠약한 金은 왕성한 木를 다스리기는 어렵습니다. 겨울의 습토(丑土)는 왕성한 水를 효과적으로 막아내기 힘들고, 가벼운 흙먼지(쇠약한 土)는 살아있는 나무(왕성한 木)가 뿌리를 내리기에는 적합하지 않습니다. 녹슬거나 쓸모없는 폐철로 녹인 금속(쇠약한 金)은 강물(水)의 근원이 될 수 없습니다.

계절의 기운에 의한 조화

木盛能令金自缺 土而反被水相欺 火無木則終其光 木無火則晦其質 乙木秋
목성능령금자결 토이반피수상기 화무목즉종기광 목무화즉회기질 을목추
生 抗朽摧枯之易也 庚金冬死 沉沙墜海豈難乎 凝霜之草 奚用逢金 出土之
생 항후최고지역야 경금동사 침사추해기난호 응상지초 해용봉금 출토지
金 不能勝木 火未焰 而先煙 水既往 而猶濕 大抵水寒不流 木寒不發 土寒
금 불능승목 화미염 이선연 수기왕 이유습 대저수한불류 목한불발 토한
不生 火寒不烈 金寒不鎔 皆非天地之正氣也
불생 화한불렬 금한불용 개비천지지정기야

木이 너무 왕성하면 金이 구부러져 본래의 단단함을 잃게 됩니다. 土이 허약하면 오히려 水가 흙을 제압하며 균형이 무너지게 됩니다.

火는 木이 없으면 더 이상 빛을 내지 못하고 꺼지며, 木은 火가 없다면 그 본질이 어두워지고 생명력을 잃게 됩니다.

乙木이 가을에 태어나면 그 기운이 약해져 마른 나뭇가지처럼 쉽게 부러

질 수 있습니다.

 庚金은 겨울에 태어나면 바다 속 모래에 가라앉아 생명을 잃게 되고, 서리를 맞은 풀(乙木)은 金이 더 이상 필요하지 않게 됩니다.

 土에서 나온 金은 木을 제압하지 못하며, 火가 충분히 타오르지 않으면 연기가 먼저 올라오고, 水가 지나간 후에도 여전히 젖어 있는 상태가 됩니다.

 차가운 水는 제대로 흐르지 못하고, 차가운 木은 발아하지 못하며, 차가운 土는 생명력을 품지 못합니다. 차가운 火는 맹렬히 타오를 수 없으며, 차가운 金은 녹지 않지 않습니다.

 이 모든 상태는 천지의 올바른 기운이 아닙니다. 천지의 자연스러운 흐름과 조화가 이루어지지 않으면 제 역할을 할 수 없음을 보여줍니다.

중화의 이치

> 然萬物初生未成 而成久則滅 其超凡入聖之機 脫死回生之妙 不象而成 不
> 연만물초생미성 이성구즉멸 기초범입성지기 탈사회생지묘 불상이성 불
> 形而化 固用不如固本 花繁豈若根深 且如北金戀水而沉形 南木飛灰而脫體
> 형이화 고용불여고본 화번기약근심 차여북금련수이침형 남목비회이탈체
> 東水旺木以枯源 西土實金而虛己 火因土晦皆太過 五行貴在中和 以理求之
> 동수왕목이고원 서토실금이허기 화인토회개태과 오행귀재중화 이리구지
> 慎勿苟言 掏盡寒潭須見底
> 신물구언 국진한담수견저

 만물은 처음 생겨날 때는 아직 완성되지 않은 상태로 존재하다가, 시간이 지나면 비로소 형성되지만, 오래되면 결국 소멸하게 됩니다.

 만물이 초월하여 성인의 경지에 이르는 기회와 죽음에서 다시 살아나는 묘리는 고정된 형상이 없어도 이루어지며, 특정한 형태가 없어도 변화를 만들어냅니다.

 견고하게 쓰이는 것보다 본질이 더 견고한 것이 중요하며, 꽃이 아무리 화려하게 피어도 뿌리가 깊은 것만 못합니다.

북방의 金은 水를 동경하며 가라앉는 성질을 가지고 있고, 남방의 木은 불에 타 재가 되어 형태를 잃습니다. 동방의 水는 木을 왕성하게 하기 위해 자신의 수원을 소모하여 말라가며, 서방의 土는 金을 튼튼하게 만드는 동안 스스로 허약해지는 모습을 보입니다. 火 또한 土로 인해 그 밝음을 잃게 되는 것은 모두 기운이 지나쳐 균형을 잃었기 때문입니다.

　오행의 핵심은 중화, 즉 균형과 조화에 있습니다. 모든 것은 이치를 따라 탐구해야 하며, 함부로 쉽게 단정지어 말해서는 안 됩니다. 차가운 연못의 물도 완전히 퍼내야 그 바닥을 볼 수 있듯이, 깊은 진리를 이해하기 위해서는 충분한 탐구와 노력이 필요합니다.

31. 珞琭子消息賦 낙록자소식부

낙록자는 북송의 학자로, 계절의 변화와 순환의 이치를 탐구한 깊은 지혜를 남겼습니다. 계절은 끊임없이 변화하며 순환하는 과정을 통해 자연의 원리를 드러냅니다.

사계절의 변화와 순환의 이치

元一氣兮先天 稟淸濁兮自然 者三才以爲象 播四氣時以爲年 以干爲祿 以
원일기혜선천 품청탁혜자연 자삼재이위상 파사기시이위년 이간위록 이
向背定貧富 以支爲命 詳順逆以循環 運行則一辰十載 折除乃三日爲年 折
향배정빈부 이지위명 상순역이순환 운행즉일진십재 절제내삼일위년 절
除者乃一年二十四氣 七十二候 命有節氣淺 深用之而爲妙 其爲道也 將來
제자내일년이십사기 칠십이후명유절기천 심용지이위묘 기위도야 장래
者進 成功者退 如蛇在灰 如鱔在塵
자진 성공자퇴 여사재회 여선재진

태초에 하나의 기가 선천에서 비롯되어, 맑은 것과 탁한 것이 자연스럽게 나뉘어 조화를 이루고 있습니다. 이러한 원기는 삼재(천지인)로 상을 이루고, 사계절의 기운이 퍼져 한 해를 구성합니다.

천간은 복록으로서 록의 향배(추구와 거부)를 통해 빈부를 정하고, 지지는 운명으로서 순역으로 순환하며 인간의 삶의 흐름이 정해집니다.

대운은 한 간지가 십 년에 해당하고, 3일이 1년을 이루며, 1년은 다시 24절기와 72후로 나뉩니다. 명은 이러한 절기의 깊고 얕음을 품고 있으며, 이를 적절히 활용함으로써 그 묘함을 경험할 수 있습니다.

이 원리는 자연의 이치를 따르는 것으로, 장래를 향해 나아가고 성과를 이루면 물러나는 자연스러운 흐름을 의미합니다. 이는 마치 뱀이 잿더미 속에서 움직이는 것처럼 은밀하면서도 중요한 움직임을 가지고 있으며, 뱀장어가 진흙 속에서 살아가는 모습과도 비슷합니다.

자연의 도리

氣者四時向背之氣也 其爲有也 是從無而立有 其爲無也 天垂象以爲文 此
기자사시향배지기야 기위유야 시종무이립유 기위무야 천수상이위문 차
五行臨於絶地而建貴也 五行絶處有祿馬 其爲常也 立仁立義 其爲事也 或
오행림어절지이건귀야 오행절처유록마 기위상야 립인립의 기위사야 혹
見或聞 崇爲實也 奇爲貴也 將星扶德 天乙加臨 本主休囚 行藏汩沒 至若
견혹문 숭위실야 기위귀야 장성부덕 천을가림 본주휴수 행장율몰 지약
勾陳得位 不虧小信以成仁 眞武當權 是知大才而分瑞 不仁不義 庚辛與甲
구진득위 불휴소신이성인 진무당권 시지대재이분서 불인불의 경신여갑
乙交爭 或是或非 壬癸與丙丁相畏 故有先賢謙己 處俗求仙 崇釋則離宮修
을교쟁 혹시혹비 임계여병정상외 고유선현겸기 처속구선 숭석즉리궁수
定 歸道乃水府求玄
정 귀도내수부구현

기는 사계절의 흐름과 추구하고 거부하는 향배에 따라 움직이는 자연의 기운을 나타냅니다. 이는 존재하는 모든 것이 무에서 시작되어 유로 변화하는 과정이며, 동시에 하늘이 드리운 상을 통해 문명을 이루는 원리를 담고 있습니다. 오행이 절지에 임하면서 귀함이 생성되며, 절지에는 재관이 함께 자리하게 됩니다.

이러한 도리는 인(仁)과 의(義)를 세워, 세상에서 사건을 보거나 듣는 지혜를 제공하며, 숭고함으로 실체를 이루고 기이함으로 귀한 가치를 만듭니다. 이는 장성이 덕을 보좌하고, 천을귀인이 돕기 때문입니다. 그러나 일주가 휴수지로 가면 매몰될 수 있습니다.

土가 득위하면 작은 신뢰도 지켜내며 인자함을 보여주고, 水가 권력을 잡으면 위대한 인재임을 증명합니다. 하지만 어질지도 않고 의롭지도 않은 경우에는 庚辛과 甲乙 사이에 갈등과 싸움이 일어나게 됩니다. 또한 시비가 섞이면 壬癸와 丙丁이 서로 두려워하며 대립하게 됩니다.

그러므로 과거의 현자들은 자신을 겸손히 낮추며 속세에 살면서도 선도를 구했습니다. 불교를 숭상하며 이화궁(불)에서 고요히 마음을 닦았고, 도교에 귀의하여 수부(물)에서 현묘한 진리를 탐구했습니다.

오행의 이치 탐구

是知五行通道 取用多門 理於賢人 亂於不肖 成於妙用 敗於不能 見不見之
시지오행통도 취용다문 이어현인 난어불초 성어묘용 패어불능 견불견지
形 無時不有 抽不抽之緒 萬古聯綿 是以何公怛其七殺 官父畏以元辰 峨眉
형 무시불유 추불추지서 만고련면 시이하공저기칠살 관부외이원진 아미
闡以三生 無全士庶 鬼谷布其九命 約以星觀 今集諸家之要 略其偏見之能
천이삼생 무전사서 귀곡포기구명 약이성관 금집제가지요 약기편견지능
是以未解曲通 妙須神悟 臣出自蘭野 幼慕眞風 入肆無懸壺之妙 遊街無化
시이미해곡통 묘수신오 신출자란야 유모진풍 입사무현호지묘 유가무화
杖之神
장지신

 오행의 이치를 깨닫는다면 활용할 수 있는 방법이 다양해집니다. 이 이치는 현명한 사람들에게는 질서 있게 작용하지만, 어리석은 사람들에게는 혼란을 일으킬 뿐입니다. 묘하게 활용하면 성공을 가져오지만, 그 능력을 제대로 발휘하지 못하면 실패로 이어지기 마련입니다.

 형상은 보이지 않더라도 항상 존재하며, 실마리는 잡히지 않더라도 영원히 이어집니다. 이러한 원리 속에서 하상공은 칠살을 두려워했으며, 공자는 원진을 경계했습니다. 아미산에서는 전생, 현생, 그리고 내생의 원리를 밝혀내려 했지만, 일반 사람들은 이를 온전히 이해하지 못했습니다. 귀곡자는 별의 움직임을 관찰하고 점성술을 펼쳐 우주의 비밀을 탐구했습니다.

 지금은 여러 대가들의 요점을 모아 요약하고 편집한 내용을 통해 이치를 전하려 하지만, 여전히 설명되지 않는 신비한 진리가 남아 있습니다. 이러한 진리를 깨닫는 것은 신의 통찰을 얻는 것과 같습니다. 나는 초원에서 태어나 어린 시절부터 진실한 도를 동경했지만, 기술적으로 탁월하지 못했고 배움의 과정에서도 뛰어난 능력을 얻지 못했습니다.

자연의 법칙

息一氣以凝神 消五行而通道 乾坤立其牝牡 金木定其剛柔 晝夜分爲君臣
식일기이응신 소오행이통도 건곤립기빈모 금목정기강유 주야분위군신

節時分爲父子 不可一途而取 不可一理而推 時有冬逢炎熱 夏草遭霜 類有
절시분위부자 불가일도이취 불가일리이추 시유동봉염열 하초조상 류유

陰鼠棲水 神龜宿火 是以陰陽罕測 志物難窮 大抵三冬暑少 九夏陽多 禍福
음서서수 신구숙화 시이음양한측 지물난궁 대저삼동서소 구하양다 화복

有若禎祥 術士希其八九
유약정상 술사희기팔구

하나의 기운을 고요히 모아 정신을 집중하면 진리를 탐구할 수 있습니다. 오행을 소멸시키면 도의 본질에 가까워지게 되고, 건곤(乾坤)을 통해 음양의 조화를 이루며 金과 木을 활용해 강함과 부드러움을 결정합니다.

낮과 밤은 마치 군주와 신하의 관계처럼 서로 역할을 분담하며, 절기와 시간은 부모와 자식처럼 연결되어 영향을 주고받습니다.

세상은 한 가지 길이나 이치만으로 설명될 수 없으며, 자연의 법칙은 복잡하고 다양합니다. 겨울에 더운 날씨를 만날 때도 있고, 한여름에 서리가 내릴 때도 있으며, 쥐가 물 속에서 서식하고 거북이가 불 속에서 머물기도 합니다.

이러한 상황은 음양의 원리가 복잡하고 측량하기 어렵다는 것을 보여줍니다. 또한, 사물의 본질은 쉽게 탐구하거나 완전히 이해하기 어려운 대상입니다.

겨울에는 따뜻한 기운이 상대적으로 적고, 여름에는 양기가 충만하여 그 특징이 뚜렷합니다. 하지만 길흉은 예상할 수 없으며, 화복 또한 예측할 수 없습니다. 술사들이 십중팔구 정확히 예측하려고 노력하지만, 자연의 본질은 항상 신비롭고 예측 불가능한 부분을 남깁니다.

삶의 성패

或若生居休敗 早歲空亡 若遇健旺之鄉 連年偃蹇 若乃初凶後吉 相源濁而
혹약생거휴패 조세공망 약우건왕지향 연년언건 약내초흉후길 상원탁이
流淸 始吉終凶 狀根甘而裔苦 觀乎萌兆 察以其元 根是苗先 實從花後 胎
류청 시길종흉 상근감이예고 관호맹조 찰이기원 근시묘선 실종화후 태
生元命 三獸定其門宗 律呂宮商 五虎論其成敗 無合有合 後學難知 得一分
생원명 삼수정기문종 율려궁상 오호론기성패 무합유합 후학난지 득일분
三前賢不載 年雖逢於冠帶 尙有餘災 運將至於衰鄉猶披掛福 大段天元嬴弱
삼전현부재 년수봉어관대 상유여재 운장지어쇠향유피선복 대단천원리약
宮吉不及以爲營 日下興隆 月凶不能成其咎
궁길불급이위영 일하흥륭 월흉불능성기구

만약에 휴패지에서 태어났다면 어린 시절에는 그 기운이 약해지거나 공허하게 사라질 가능성이 있습니다. 비록 왕성한 운을 만나더라도 여러 해 동안 고생하는 일이 많습니다. 초기에 흉하더라도 나중에 길해지는 사람은 그 근원이 탁했지만 점차 맑게 흐르기 때문이며, 반대로 초기에 길하고 나중에 흉하게 되는 사람은 처음 뿌리는 달지만 열매가 쓰기 때문입니다.

싹이 틀 때의 조짐을 보고 그 근원을 살피는 것이 중요합니다. 뿌리는 묘목보다 먼저 존재하며, 열매는 꽃이 핀 뒤에 맺히는 것처럼 모든 일에는 순서가 있습니다.

태어날 때의 명은 년지 삼합의 기운에 따라 그 가문과 운명이 정해지고, 음양의 조화 속에서 오행으로 성패가 논의됩니다. 그러나 이러한 합의 존재 여부를 후학들이 이해하기 어렵고, 선현들은 이를 하나에서 셋으로 나누는 지혜를 기록에 남기지 않았습니다.

비록 한 해가 관대지에 해당해 길한 운을 만난다 하더라도 재난이 완전히 사라지지 않을 수 있습니다. 쇠약한 운으로 향하게 될 때는 약간의 복을 누릴 수 있지만, 대체로 천간이 허약하면 지지가 아무리 길하더라도 이를 실질적으로 활용하기 어렵습니다. 반면 일지가 강하고 융성하다면 월지가 흉해도 그 허물이 크게 드러나지 않습니다.

길흉의 균형

若遇尊凶卑吉 救療無功 尊吉卑勾 逢災自愈 祿有三會 災有五期 凶多吉少
약우존흉비길 구료무공 존길비구 봉재자유 록유삼회 재유오기 흉다길소

類大過之初爻 福淺禍深 喻同人之九五 聞喜不喜 是六甲之虧盈 當憂不憂
류대과지초효 복천화심 유동인지구오 문희불희 시륙갑지휴영 당우불우

賴五行之救助 八孤臨於五墓 戌未東行 六虛下於空亡 自乾南首 天元一氣
뢰오행지구조 팔고림어오묘 술미동행 육허하어공망 자건남수 천원일기

定侯伯之尊榮 支作人元 運商徒而得失 但看財名有氣 逢背祿而不貧 若也
정후백지존영 지작인원 운상도이득실 단간재명유기 봉배록이불빈 약야

財絶名衰 縱建祿而不富 若乃身旺鬼絶 雖破命而長生 鬼旺身衰 逢建祿而
재절명쇠 종건록이불부 약내신왕귀절 수파명이장생 귀왕신쇠 봉건록이

壽夭 背祿逐馬 守窮途而悁惶 祿馬同鄕 不三台而八座 官崇位顯 定知夾祿
수요 배록축마 수궁도이서황 록마동향 불삼태이팔좌 관숭위현 정지협록

之鄕 小盈大虧 恐是劫財之地 生月帶祿 入仕居赫奕之尊 重犯奇儀 蘊藉抱
지향 소영대휴 공시겁재지지 생월대록 입사거혁혁지존 중범기의 온자포

出羣之器
출군지기

흉한 기운이 강하고 길한 기운이 약한 경우에는 어떤 방식으로도 구제가 어렵습니다. 반면, 길한 기운이 높고 흉한 기운이 낮다면 재난이 닥쳐도 스스로 극복해 나갈 수 있습니다. 복록은 세 번의 기회를 통해 운이 좋은 방향으로 흘러가며, 재난은 다섯 번의 시기를 통해 어려움을 나타냅니다.

흉함이 많고 길함이 적은 상황은 택풍대과괘의 초효에 비유할 수 있으며, 복이 얕고 재난이 깊은 경우는 천화동인괘의 오효에 비유됩니다. 기쁜 소식을 들어도 진정으로 기쁘지 않을 때는 육갑의 결핍과 과잉 때문이며, 걱정해야 할 상황에서 걱정하지 않으면 오행의 조화가 돕기 때문입니다.

팔고(공망)가 묘고에 임하면 戌未가 동방으로 흐르고, 육허(공망을 충하는 지지)아래 공망은 자연스럽게 亥에서 巳로 흐릅니다. (이러한 논리는 기문둔갑에 있습니다.)

천원일기격은 명예와 권위를 가진 고위직으로 영화를 누리고, 지지에 포함된 지장간과 운의 흐름을 통해 득실을 운용합니다.

재성과 명이 강한 기운을 지닌다면 비록 배록(록의 휴수운)을 만나도 가난하지 않지만, 재성이 절지이거나 명이 쇠약하면 설령 건록(록의 생왕운)을 만나더라도 부유해지기 어렵습니다.

만약 신왕하고 칠살이 절지에 있으면, 비록 운명이 약해져도 오래 살게 됩니다. 반대로 칠살이 왕성하고 신약하면, 강건한 명이어도 요절하게 됩니다. 배록축마(背祿逐馬)는 궁핍한 운명 길을 걷게 하며 근심을 키우지만, 록마동향(祿馬同鄉)은 고위직에 오르는 기회를 제공합니다.

삼태와 팔좌와 같은 고위직은 협록지에서 결정되며, 겁재지는 이익이 적고 손실이 커 두려움을 자아냅니다. 그러나 월지에 록이 있다면 고위직에 오를 가능성이 높아지고, 기의(기문둔갑에서 삼기와 육의의 합을 뜻하며 乙庚합, 丙辛합, 丁壬합 등이 있음)를 두루 갖추면 뛰어난 능력을 가진 인재가 됩니다.

세운의 변화

陰男陽女 時觀出入之年 陰女陽男 更看元辰之歲 與生地之相逢 宜退身而
음남양녀 시관출입지년 음녀양남 경간원진지세 여생지지상봉 의퇴신이
避位 凶會吉會 返吟伏吟 陰錯陽差 天衝地擊 或逢四殺五鬼 六害七傷 天
피위 흉회길회 반음복음 음착양차 천충지격 혹봉사살오귀 육해칠상 천
羅地網 三元九宮 福臻成慶 禍並危凝 扶兮速速 抑乃遲遲 歷貴地而待時
라지망 삼원구궁 복진성경 화병위응 부혜속속 억내지지 역귀지이대시
遇比肩而爭競 至若人疲馬劣 猶托財旺之鄉 或乃財旺祿衰 健馬何避 掩衝
우비견이쟁경 지약인피마렬 유탁재왕지향 혹내재왕록쇠 건마하피 엄충
歲臨 尙不爲災 年登故宜獲福 大吉生逢小吉 及壽長年 天罡運至天魁 繼生
세림 상불위재 년등고의획복 대길생봉소길 급수장년 천강운지천괴 계생
續壽 從魁抵蒼龍之宿 財自天來 天衝臨昴胃之鄉 人元有害
속수 종괴저창룡지숙 재자천래 천충림묘위지향 인원유해

음남양녀는 세운의 계절을 살피고, 음녀양남은 세운의 간지를 살펴야 합

니다. 생지를 만나면 물러나거나 자리를 피하는 것이 상책입니다.

흉과 길의 기운은 서로 만나거나 모이는 것에 따라 큰 영향을 주며, 복음과 반음, 음차양차, 천충지격, 사살오귀, 육해칠상, 지망천라, 삼원구궁 등의 신살 개념은 운명의 복잡한 작용과 변화를 나타냅니다.

복이 모이면 경사를 이루지만, 재난이 함께하면 불안정하고 위험한 상태가 됩니다. 기운을 도와주면 변화가 빠르게 일어나고, 억제하면 점진적으로 작용합니다.

귀한 장소에서 때를 기다리며 비견을 만나면 경쟁이 발생하게 됩니다. 신약하고 재성이 약한 사람은 재성이 왕성한 지역에 기대야 더 안정적이 됩니다. 그러나 재성이 왕성하고 록이 쇠약하면 재성의 강한 충격을 피할 수 없습니다.

세운이 임한다고 반드시 재난을 유발하지는 않으며, 때로는 오히려 복을 갖다 주므로 세운의 변화에 따라 새로운 가능성이 열리기도 합니다. 예를 들어, 丑이 未를 만나면 장수할 가능성이 높아지고, 辰운이 戌을 만나면 수명이 연장될 수 있습니다. 酉가 辰을 만나면 하늘에서 내려온 재물을 얻는 기회가 생기고, 卯가 酉를 만나면 지장간에 문제가 발생할 수 있습니다.

통변의 핵심

金祿窮於正首 庚重辛輕 木人困於金鄕 寅深卯淺 玅在識其通變 拙說猶神
금록궁어정수 경중신경 목인곤어금향 인심묘천 묘재식기통변 졸설유신

巫瞽味於調絃 難希律呂 庚辛臨於甲乙 君子可以求官 北人運至南方 貿易
무고미어조현 난희율려 경신림어갑을 군자가이구관 북인운지남방 무역

獲其厚利 開朝懽而旋至 爲盛火之炎陽剋 禍福之遙 則多因於水土 金木未
획기후리 개조환이선지 위성화지염양극 화복지요 즉다인어수토 금목미

能成器 聽哀樂以難明 似木盛而花繁 狀密雲而不雨 乘軒衣冕 金火何多 位
능성기 청애락이난명 사목성이화번 상밀운이불우 승헌의면 금화하다 위

列班卑 陰陽不定 所以龍吟虎嘯 風雨助其休祥 火勢將興 故先煙而後焰
열반비 음양부정 소이용음호소 풍우조기휴상 화세장흥 고선연이후염

金의 록은 寅에서 약하게 작용하며, 庚은 무겁고 辛은 가벼운 성질을 가지고 있습니다. 木일간은 金방에서 어려움을 겪으며, 寅의 기운은 깊고 강한 반면, 卯의 기운은 얕고 약한 특징을 가집니다.

통변의 핵심은 이러한 변화의 본질을 파악하는 데 있으며, 때로는 서툰 해석도 신비하게 들릴 수 있습니다. 무당과 맹인이 현악기의 음조를 맞추며 조화를 이루기 어려운 것처럼 자연의 이치와 조화로운 흐름을 이해하기 쉽지 않습니다.

庚辛이 甲乙일간에게 주어지면, 군자는 관직을 구할 가능성을 갖고, 壬癸일간이 남방운을 만나게 되면 무역을 통해 큰 이익을 얻을 수 있습니다. 아침에 기뻐해도 저녁에 근심하는 것은 火가 왕성하기 때문이고, 화복의 원천은 대부분 水와 土가 극하기 때문입니다.

金과 木의 기운이 미처 인재가 되지 못하면 슬픔과 기쁜 소식을 들어도 분별이 어렵게 됩니다. 이는 나무가 무성하고 꽃이 피어나지만, 짙은 구름 속에서 비가 내리지 않는 것과 비슷합니다. 높은 지위로 상승하는 데 있어 金火의 기운이 과도하게 나타나기 때문이며, 낮은 지위에서는 음양이 안정되지 않기 때문입니다.

辰과 寅은 비와 바람이 도와야 길하게 되며, 火의 강한 기세는 연기가 난 후에 불꽃으로 이어집니다. 이는 강한 운세는 시작의 징후가 있어야 발전한다는 의미를 나타냅니다.

길흉의 판단

皆見凶中有吉 吉乃先凶 吉中有凶 凶爲吉兆 禍旬向末 言福可以近推 纔入
개견흉중유길 길내선흉 길중유흉 흉위길조 화순향말 언복가이근추 재입
衰鄕 論災宜其逆課 男迎女送 否泰交居 陰陽二氣 逆順折除 占其金木之內
쇠향 논재의기역과 남영녀송 비태교거 음양이기 역순절제 점기금목지내
顯於方所分野 標其南北之間 恐不利於往來 一旬之內 於年中而問月 一歲
현어방소분야 표기남북지간 공불리어왕래 일순지내 어년중이문월 일세
之中 求月中而問日 向三避五 指方面以窮通 審吉查凶 述歲中之否泰
지중 구월중이문일 향삼피오 지방면이궁통 심길사흉 술세중지비태

흉한 상황 속에서도 길함이 있으면 이는 길이 흉보다 우선하기 때문이며, 반대로 길한 상황 속에서 흉함이 있으면 이는 흉이 길하게 되는 조짐으로 나타나기 때문입니다.

대운에서 재난이 끝날 즈음 복이 찾아온다고 보고, 쇠약한 운에 들어갈 때에는 재난의 근원을 되짚어봐야 합니다.

양의 기운은 맞이하고 음의 기운은 보내며, 음양이 조화롭게 교차하는 흐름에서 길흉이 형성됩니다. 음양의 기운은 운세의 순행과 역행을 조절하여 길흉을 판단하며, 특히 金과 木의 기운은 방향과 지역에 따라 다르게 드러나므로 남북 간의 차이를 표시해야 합니다. 그러나 오고 가는 운에서 손해가 발생할 수 있으니 주의해야 합니다.

대운에서는 년중에서 월을 자세히 살피고, 세운에서는 월중에서 일진을 관찰해야 합니다. 삼기의 길한 방향을 따르고, 오황(기문둔갑에서 중앙土의 기운)의 흉한 방향을 피하며 방위를 분석해 성패를 판단하고, 길흉을 정밀하게 조사하며 한 해의 운명을 예측하면 분명히 설명할 수 있습니다.

기세의 쇠왕에 따른 길흉 판단

壬癸乃秋生而冬旺 亥子同途 甲乙乃夏死而春榮 寅卯一類 丙寅丁卯 秋天
임계내추생이동왕 해자동도 갑을내하사이춘영 인묘일류 병인정묘 추천
宜以保持 己巳戊辰 度乾宮而脫厄 値病憂病 遲生得生 旺相崢嶸 休囚絶滅
의이보지 기사무진 도건궁이탈액 치병우병 지생득생 왕상쟁영 휴수절멸
論其眷屬 憂其死絶 墓在鬼中 危疑者 甚足下臨喪 面前可見 憑陰察其陽禍
논기권속 우기사절 묘재귀중 위의자 심족하림상 면전가견 빙음찰기양화
歲君莫犯於孤辰 恃陽鑑以陰災 天元忌逢於寡宿
세군막범어고진 시양감이음재 천원기봉어과숙

壬癸는 가을에 생을 받아 겨울의 왕성함을 누리는 특징이 있으며, 이는 亥子의 운명과 비슷한 흐름을 보입니다.

甲乙은 여름에 쇠퇴하고 봄에 번영하여 寅卯의 기운과 같은 방향으로 작용합니다.

丙寅과 丁卯는 가을에는 보존해야 하며, 己巳와 戊辰은 반드시 戌亥를 넘어야 재앙을 벗어날 수 있습니다.

병지에서는 질병을 걱정해야 하고, 늦게 태어나도 생을 얻게 됩니다. 왕상지에서는 뛰어난 재능을 발휘할 수 있지만, 휴수지를 만나면 생명을 잃을 수도 있습니다.

육친의 운세를 논할 때는 사절을 염려하고, 묘지에 칠살이 들어있으면 위태로움이 심하게 됩니다. 지지에 상문살이 있으면 흉한 일을 직접 겪게 됩니다. 음의 기운으로 양의 재난을 살피며 세운에서 고신살을 범하면 안 되고, 양의 기운으로 음의 재난을 살피며 과숙살을 피해야 합니다.

화복의 발생

先論二氣 次課延生 父病推其子祿 妻災課以夫年 三宮元吉 禍遲可以延推
선론이기 차과연생 부병추기자록 처재과이부년 삼궁원길 화지가이연추
始末皆凶 災忽來如迅速 宅墓受殺 落梁塵以呻吟 喪吊臨人 變宮商爲離別
시말개흉 재홀래여신속 댁묘수살 낙량진이신음 상적림인 변궁상위이별
干推兩重 防災於元首之間 支折三輕 慎禍於股肱之內 下元一氣 同居去住
간추량중 방재어원수지간 지절삼경 신화어고굉지내 하원일기 동거거주
之期 仁而不仁 慮傷伐於戊己 至於寢食侍衛 物有鬼物 人有鬼人 逢之爲災
지기 인이불인 려상벌어무기 지어침식시위 물유귀물 인유귀인 봉지위재
去之爲福 就在裸形夾殺 魄往酆都 所犯有傷 魂歸岱嶺 或乃行來出入 抵犯
거지위복 취재라형협살 백왕풍도 소범유상 혼귀대령 혹내행래출입 저범
凶方 嫁娶修營 路登黃黑 災福在歲年之位內 發覺由日時之擊揚
흉방 가취수영 로등황흑 재복재세년지위내 발각유일시지격양

먼저 음양의 기운을 살펴보고, 그 다음으로 명운의 흐름을 정밀하게 살핍니다. 예를 들어, 부친의 건강 문제는 자식의 록으로, 처의 재난은 남편의 운으로 분석합니다. 삼궁(기문둔갑에서 세가지 길한 궁)은 원래 길하므로 재난은 늦게 도래한다고 판단하며, 처음과 끝이 모두 흉한 운이라면 재난은 신속하게 올 가능성이 높습니다.

가택과 묘지가 살성을 받으면 집안이 흔들리고 어려움을 겪게 되며, 상문살과 조객살이 나타나면 불행한 일이 발생할 수 있습니다. 천간이 양쪽에서 충돌하면 머리를 조심해야 하고, 지지에서 세 개의 기운이 꺾일 경우 팔다리에 재난을 당할 수 있으니 주의가 필요합니다.

운의 기운이 모이는 하원에서는 가고 오는 시기가 동일해질 수 있습니다. 어진 듯 보여도 그렇지 않으면 戊己가 손상될 위험을 염려해야 합니다. 일상적인 생활(먹고 자는 것, 보호받는 것)에서도 해로운 물건이나 사람을 만나면 재난을 겪지만, 이들이 떠나면 복을 얻을 수 있습니다.

나형 상태에서 협살이 작용하면 죽음을 암시할 수 있으며, 손상을 입을 경우에도 죽을 수 있습니다. 흉운을 만나는 시점에서는 결혼이나 집을 수리 등의 일이 길하거나 흉한 결과를 초래하게 됩니다.

재난과 복은 세운에서 드러나며, 일시에서 부딪치는 순간에 나타나므로 이를 정밀하게 분석해야 합니다.

신살의 길흉 작용

五神相剋 三生定命 每見貴人食祿 無非祿馬之鄕 源濁伏吟 惆悵歇宮之地
오신상극 삼생정명 매견귀인식록 무비록마지향 원탁복음 추창헐궁지지
狂橫起於勾絞 禍敗發於元亡 宅墓同處 恐少樂而憂多 萬里回還 乃是三歸
광횡기어구교 화패발어원망 댁묘동처 공소악이우다 만리회환 내시삼귀
之地 四殺之父 多生五鬼之男 六害之徒 命有七傷之事 眷屬情同水火 相逢
지지 사살지부 다생오귀지남 육해지도 명유칠상지사 권속정동수화 상봉
於沐浴之門 骨肉中道分離 孤宿猶嫌於隔角 須要制其神煞 輕重較量 身剋
어목욕지문 골육중도분리 고숙유혐어격각 수요제기신살 경중교량 신극
殺而向輕 殺剋身而尤重
살이향경 살극신이우중

오행이 상극하면 이는 전생, 현생, 후생의 흐름으로 운명이 정해질 수 있습니다. 귀인이나 식록과 같은 길한 요소는 재성과 정관의 기운에서 발생하며, 이런 흐름이 오행 간 조화로움을 이루어야 길함을 기대할 수 있습니다.

근원이 탁하고 복음에 빠지면 절망할 가능성이 있으며, 구교살이 심하게 작용하면 사주에 큰 재난이 발생하여 운명이 악화됩니다.

가택과 묘지가 같은 자리에 있으면 즐거운 일보다 근심이 많아질 수 있습니다. 흉한 기운이 모이는 터전에서는 가문이 망할 수 있습니다. 네 가지 흉살을 가지고 있으면 자식이나 주변사람들로부터 고통을 받으며 불행한 일을 겪게 됩니다. 이 부분은 모두 풍수에서 나온 용어로서 길흉이 함께 하면 즐거움보다 근심이 많음을 말하고, 흉살이 있으면 고통을 받을 수 있음을 말하고 있습니다.

육친의 감정은 물과 불처럼 상극하기 쉽고, 목욕지에서 만나면 형제의 인연이 중간에서 끊어질 수 있습니다. 고신살과 과숙살은 격각을 더욱 싫어하

므로 이를 조심해야 합니다.

신살은 반드시 제복해야 하며, 그 경중을 신중히 비교해야 합니다. 일간이 살성을 극하면 비교적 가벼운 영향이 나타나지만, 반대로 살성이 일간을 극하면 그 영향이 더욱 무거워져 심각한 결과를 초래할 수 있습니다.

화복의 조짐

> 至於循環八卦 因河洛以爲文 畧之爲定一端 究之翻成萬緖 若植攀鞍踐祿
> 지어순환팔괘 인하락이위문 약지위정일단 구지번성만서 약식반안천록
> 逢之則佩印乘軒 馬劣財微 遇之則流而不返 善惡相伴 搖動遷移 夾殺持丘
> 봉지칙패인승헌 마렬재미 우지칙류이불반 선악상반 요동천이 협살지구
> 親姻哭送 兼須察其操執 觀其秉持 厚薄論其骨狀 成器藉於心流 木氣盛而
> 친인곡송 겸수찰기조집 관기병지 후박론기골상 성기자어심류 목기성이
> 仁昌 庚辛虧而義寡 吉曜而有喜 疑其災器 福星臨而禍發 以表凶人
> 인창 경신휴이의과 길요이유희 의기재기 복성림이화발 이표흉인

팔괘의 순환은 하도와 낙서에서 시작되어 하나로 요약될 수 있으나, 이를 깊이 탐구하면 수많은 운세의 실마리를 발견할 수 있습니다.

반안살이 관록으로 연결되면 고위직에 오를 가능성이 있지만, 재성이 약하다면 부귀는 떠나가며 다시 돌아오지 않을 수 있습니다.

선과 악은 서로 어울리며 운명 속에서 옮겨 다닙니다. 만약 칠살과 재성이 동시에 작용하면, 친인척에게 안타까운 일이 생길 가능성이 있음을 경고합니다. 따라서 운명에서 나타나는 조짐을 세심히 살피고, 각자가 지닌 성질과 특징을 관찰하여 이를 파악해야 합니다. 빈천은 골상으로 판단하고, 뛰어난 인재는 마음의 흐름에 의해 결정됩니다.

木기가 왕성하면 어질고, 庚辛의 기운이 부족하거나 손상되면 의로움이 부족할 수 있습니다. 길신이 임하면 기쁨을 얻게 되지만, 재난이 함께 숨어 있을 가능성도 염두에 두어야 합니다. 복성이 임하더라도 재난이 발생할 수 있으며 이는 흉한 기운이 있는 사람으로 판단합니다.

지혜와 이치의 탐구

處定求動 尅未進而難遷 居安慮危 可以凶中而卜吉 貴而忘賤 災自奢生 迷
처정구동 극미진이난천 거안려위 가이흉중이복길 귀이망천 재자사생 미
而不返 禍從惑起 殊當易從復處爲萌 福善禍淫 吉凶異兆 至於公明季主 尙
이불반 화종혹기 수당역종복처위맹 복선화음 길흉이조 지어공명계주 상
無變識之文 景純仲舒 本哉比形之妙 詳其往聖 蓋以前賢 或指事以陳謀 或
무변식지문 경순중서 본재비형지묘 상기왕성 개이전현 혹지사이진모 혹
約文而切理 多或少利 二義難精 今者參詳得失 補綴道踪 規爲心鑒 永掛淸
약문이절리 다혹소리 이의난정 금자참상득실 보철도종 규위심감 영괘청
瑩 引列終緖 十希得九
형 인렬종서 십희득구

고요한 상태에서 움직임을 찾아야 하며, 노력 없이 변화하기 어렵습니다. 평안함 속에서도 위기를 대비해야 하고, 흉한 상황에서도 길한 기운을 예측할 수 있습니다.

귀한 위치에 오르면 천한 시절을 잊기 쉬우며, 재난은 사치와 오만에서 비롯됩니다. 삶 속에서 미혹이 깊어져 돌아오지 못하면 재난과 번뇌가 뒤따릅니다. 따라서 쉬운 길을 선택하여 새롭게 시작해야 희망의 싹이 틀 수 있습니다.

복은 선한 기운에서, 재앙은 음란함과 혼란에서 비롯되며, 길흉의 조짐은 서로 다릅니다. 고대 위나라 공명과 초나라 계주의 시기에는 운명을 변별하는 글이 부족했으나, 진나라 경순과 한나라 동중서 시대에는 형상의 묘리를 파악하고 이를 근본으로 삼아 운명을 연구했습니다.

고대 성현의 지혜를 상세히 살펴보면 이전 현인들의 업적을 본받게 됩니다. 어떤 이들은 사건을 지적하여 계책을 세웠고, 어떤 이들은 글을 간결히 하여 이치를 드러냈습니다. 다만, 진리를 정밀하게 밝히는 것은 쉽지 않기에, 득실을 참고하고 도의 자취를 보완해야 합니다.

마음을 맑게 비추는 거울로 삼아 영원히 빛나도록 해야 합니다. 끝까지 올바른 길을 지키며 지혜를 모아 정리하면, 열 가지 중 아홉 가지를 얻을 수 있는 성공의 길을 기대할 수 있습니다.

32. 論八字撮要法 논팔자촬요법

팔자촬요는 사주를 간략하게 분석하고 운명을 읽는 데 필요한 핵심 원칙들을 모은 지침으로, 자평법의 기본이 되는 내용으로 술사들이 명확히 이해할 것을 요구합니다.

> 用之爲官不可傷 用之爲財不可劫 用之爲印不可破 用之食神不可破 用之爲
> 용지위관불가상 용지위재불가겁 용지위인불가파 용지식신불가파 용지위
> 祿不可沖 若有七殺須要制 制伏太過反爲凶 若遇傷官須要靜 此是子平萬法
> 록불가충 약유칠살수요제 제복태과반위흉 약우상관수요정 차시자평만법
> 宗 傷官最怕爲官運 正官尤忌見財星 印綬好殺嫌財位 羊刃怕沖宜合迎 比
> 종 상관최파위관운 정관우기견재성 인수호살혐재위 양인파충의합영 비
> 肩要逢七殺制 七殺喜見食神刑 有祿怕見官星到 食神最喜偏財臨 此是子平
> 견요봉칠살제 칠살희견식신형 유록파견관성도 식신최희편재림 차시자평
> 撮要法 江湖術者仔細明
> 촬요법 강호술자자세명

용신이 정관일 경우 손상을 입지 않아야 하며, 용신이 재성이라면 다른 기운에 빼앗기거나 손해를 보아서는 안 됩니다. 용신이 인수라면 파괴되어서는 안 되며, 용신이 식신으로 작용하면 역시 파괴되지 않아야 합니다. 용신이 록일 경우 충을 받지 않아야 합니다.

칠살이 있다면 반드시 제복해야 하지만, 과도한 제어는 오히려 흉한 영향을 가져올 수 있습니다. 상관을 만나면 조용히 처리하는 것이 중요하며, 지나친 자극은 피해야 합니다. 이것이 자평법의 근본입니다.

상관은 정관운을 가장 두려워하며, 정관이 재성과 만나는 것을 가장 경계해야 하며, 인수는 칠살과 조화롭게 작용하지만, 재성이 끼어들면 좋지 않고, 양인은 충을 두려워하며 합을 좋아하고, 비견은 칠살로 적절히 제복되어야 합니다.

칠살은 식신과 만나 형을 이루면 안정되고, 록은 정관이 오는 것을 두려워하며, 식신은 편재가 오는 것을 가장 기뻐합니다.

33. 格局生死引用 격국생사인용

격국으로 생사를 판단하는 이론을 명시한 비결입니다.

夫格局者 自有定論 今俗而述之 印綬見財 行財運又兼死絶 必入黃泉 如柱
부격국자 자유정론 금각이술지 인수견재 행재운우겸사절 필입황천 여주
有比肩 庶幾有辭 正官見殺及傷官 刑沖破害歲運相併必死 正財偏財 見比
유비견 서기유사 정관견살급상관 형충파해세운상병필사 정재편재 견비
肩分奪 劫財羊刃 又見歲運沖合必死 傷官之格 財旺身弱 官殺重見 混雜沖
견분탈 겁재양인 우견세운충합필사 상관지격 재왕신약 관살중견 혼잡충
刃 歲運又見必死 活敗殘傷 拱祿拱貴塡實 又見官空亡沖刃 歲運重見即死
인 세운우견필사 활패잔상 공록공귀전실 우견관공망충인 세운중견즉사
日祿歸時 刑沖破害 見七殺官星空亡沖刃必死 殺官大忌 歲運相併必死 其
일록귀시 형충파해 견칠살관성공망충인필사 살관대기 세운상병필사 기
餘諸格 並忌殺及塡實 歲運併臨必死 會諸凶神惡煞印綬空亡吊客墓病死宮
여제격 병기살급전실 세운병림필사 회제흉신악살인수공망적객묘병사궁
諸煞 十死九生 官星太歲 財多身弱 元犯七殺 身輕有救則吉 無救則凶 金
제살 십사구생 관성태세 재다신약 원범칠살 신경유구즉길 무구즉흉 금
多夭折 水盛飄流 木旺則夭 土多癡呆 火多頑愚 太過不及 作此論 一不可
다요절 수성표류 목왕즉요 토다치태 화다완우 태과불급 작차론 일불가
拘 二須敢斷 必須理會論之 求其生死要矣
구 이수감단 필수리회론지 구기생사요의

격국에서 생사를 판단하는 이론은 사주의 흐름에서 길흉을 판단하는 데 중요한 역할을 합니다.

인수가 재성을 보고 재성운으로 흐르면서 사절을 겸하면 죽음에 이르지만, 사주에 비견이 있다면 이를 해소할 수 있습니다.

정관이 칠살이나 상관을 만나고 형충파해가 대세운에서 함께 하면 죽음에 이르게 됩니다.

정재와 편재가 비견을 만나 빼앗기거나, 겁재와 양인이 대세운에서 충합을 만나면 즉시 죽음을 맞이하게 됩니다.

상관격에서 재성이 왕성하면서 신약하고 관살을 거듭보아 혼잡한데 양인의 충을 대세운에서 다시 만나면 죽거나 불구가 됩니다.

공록과 공귀가 전실이 발생하고, 정관이 공망되며 양인이 충을 받는데 대세운에서 다시 겹칠 경우 죽음을 맞이하게 됩니다.

일록귀시에서 형충파해를 만나고, 칠살과 정관이 공망된 상태에서 양인이 충을 받으면 죽음에 이르게 됩니다.

칠살과 정관을 크게 꺼리며 대세운에서 함께 하면 반드시 죽음에 이르게 됩니다. 나머지 여러 격국에서 칠살과 전실을 가장 꺼리며 대세운에서 함께 있으면 반드시 죽게 됩니다.

여러 흉신과 악살이 모이고 인수가 공망되고 조객과 묘병사궁이 모이면 십중팔구는 죽게 됩니다.

정관 세운에 재다신약하고 사주에서 칠살을 범하는데, 신약한 일간을 구하면 길하고 구하지 못하면 흉하게 됩니다.

金이 태과하면 요절하고, 水가 왕성하면 떠돌아다니며, 木이 왕성하면 요절하고, 土가 많으면 치매에 걸리고, 火가 많으면 완고하고 어리석어집니다.

태과하거나 불급한 상태를 분석할 때, 첫째는 특정 이론에 얽매이지 말고 둘째는 과감하게 결단하며, 반드시 운세와 이치를 종합적으로 이해하여 생사 요법을 찾아야 합니다.

34. 會要命書說 회요명서설

연원과 연해의 합본 배경을 설명하고 있습니다.

夫造命書先賢已窮盡 天地精微之蘊而極矣 自唐李虛中一行禪師 宋徐升東
부조명서선현이궁진 천지정미지온이극의 자당리허중일행선사 송서승동

齋 明王詮醉醒子諸公 登覺淵海淵源 其理雷同 至矣盡矣 無非木火土金水
재 명왕전취성자제공 등각연해연원 기리뢰동 지의진의 무비목화토금수

之微妙耳 今之後學 加增旨意口訣 莫非先賢已發之餘意 大同小異 今將淵
지미묘이 금지후학 가증지의구결 막비선현이발지여의 대동소이 금장연

海淵源二書 合成一集 一覽便知 不必尋究二書之旨 刪繁去簡 永爲矜式
해연원이서 합성일집 일람편지 불필심구이서지지 산번거간 영위긍식

　명리서적은 당나라 이허중, 일행선사, 송나라 서승 동재, 명나라 왕전 취성자 등 선현들이 천지의 정미한 이치를 연구하며 그 깊은 영역을 탐구한 결과물입니다.

　이들이 깨달은 연해와 연원은 본질적으로 거의 동일한 이치를 담고 있으며, 이는 木火土金水라는 오행의 미묘한 작용에서 비롯되었습니다.

　오늘날 후학들은 선현들의 연구를 계승하며, 구체적인 구결과 뜻을 추가하여 발전시켰지만, 그 근본적인 내용은 옛 현자들이 이미 밝힌 이치와 크게 다르지 않습니다.

　이러한 내용을 연해와 연원의 두 책을 하나로 합본하여 간결하게 정리함으로써, 한 권으로 명리학의 핵심을 이해할 수 있도록 했습니다. 필요한 것을 삭제하고 간략하게 했으니, 이를 통해 명리학의 지식을 영구적인 참고 자료로 사용하기 바랍니다.

第六篇

시결
詩訣

1. 격국시결

1) 正官詩訣 정관시결

正官須在月中求 無破無傷貴不休 玉勒金鞍眞富貴 兩行旌節上皇州 正氣官
정관수재월중구 무파무상귀불휴 옥륵금안진부귀 양행정절상황주 정기관
星月上推 無沖無破始爲奇 中年歲運來相助 將相公侯總可爲 正官仁德性情
성월상추 무충무파시위기 중년세운래상조 장상공후총가위 정관인덕성정
純 詞館文章可立身 官印相生逢歲運 玉堂金馬坐朝臣 正官大抵要身强 氣
순 사관문장가립신 관인상생봉세운 옥당금마좌조신 정관대저요신강 기
弱須求運旺方 歲運更逢生旺地 無沖無破是榮昌 日干爲主透官星 須要提綱
약수구운왕방 세운경봉생왕지 무충무파시영창 일간위주투관성 수요제강
見丙丁 金水相生成下格 火來拘聚旺財名 辛日透丙月逢寅 格中返化發財根
견병정 금수상생성하격 화래구취왕재명 신일투병월봉인 격중반화발재근
官星不許重相見 運到沖刑怕酉申 八月官星得正名 格中大破卯和丁 若還柱
관성불허중상견 운도충형파유신 팔월관성득정명 격중대파묘화정 약환주
內去其忌 運亦如之貴亦甯
내거기기 운역여지귀역녕

정관은 반드시 월령에서 찾아야 하며, 손상이나 파괴가 없어야 합니다. 이렇게 안정된 정관은 부귀와 높은 지위를 보장할 수 있습니다.

정기 정관이 월주에 충파 없이 자리를 잘 잡으면, 중년 이후 대세운에서 도움을 받아 장군이나 고위 관료에 이를 수 있습니다.

정관은 인덕이 있어 성격이 순수하며, 학문을 통해 입신출세의 기회를 제공합니다. 정관과 인수가 상생하며, 대운에서 생왕지를 만나면 큰 성공을 거두고 고위직에 오를 수 있습니다.

정관은 신강한 사주일수록 유리하며, 신약한 경우에는 왕성한 운을 기다려야 합니다. 대세운에서 생왕지를 만나고 충파가 없어야 번영할 수 있습니다.

일간을 중심으로 월령에 丙丁정관이 투출하고 金水가 상생하면 하격이고, 火운이 오면 왕성해지며 재물과 명성을 얻을 수 있습니다.

辛일간 寅월생에서 丙이 투출되면, 격국에서 재물의 근원이 형성됩니다. 정관이 중복되면 좋지 않으며, 운에서 申과 酉로 인한 충형은 주의해야 합니다.

酉월 정관격은 卯와 丁을 꺼리며, 사주와 운에서 기신을 제거하면 운이 귀하게 흐를 수 있습니다.

2) 偏官詩訣 편관시결

偏官如虎怕沖多 運旺身强豈奈何 身弱虎强成禍患 身强制伏貴中和 偏官有
편관여호파충다 운왕신강기내하 신약호강성화환 신강제복귀중화 편관유

制化爲權 唾手登雲發少年 歲運若行身旺地 功名大用福雙全 偏官不可例言
제화위권 타수등운발소년 세운약행신왕지 공명대용복쌍전 편관불가례언

凶 有制還他衣祿豊 干上食神支又合 兒孫滿眼福無窮 陰癸多逢己字傷 殺
흉 유제환타의록풍 간상식신지우합 아손만안복무궁 음계다봉기자상 살

星須用木來降 雖然名利能高顯 爭奈平生壽不長 六丙生人亥子多 殺星拘印
성수용목래강 수연명리능고현 쟁내평생수불장 육병생인해자다 살성구인

返中和 東方行去興名利 運到西方事轉磨 春木無金不是奇 金多尤恐反遭危
반중화 동방행거흥명리 운도서방사전마 춘목무금불시기 금다우공반조위

格中取得中和氣 福壽康寧百事宜 偏印偏財最難明 上下相生有利名 四庫坐
격중취득중화기 복수강녕백사의 편인편재최난명 상하상생유리명 사고좌

財宜向貴 等閑平步出公卿 戊己若逢見官殺 局中金水更加臨 當生有火宜逢
재의향귀 등한평보출공경 무기약봉견관살 국중금수경가림 당생유화의봉

火 火退愁金怕木侵
화 화퇴수금파목침

편관은 호랑이와 같아 충이 많으면 불안정해질 수 있지만, 운에서 왕성하고 신강하면 그 힘을 효과적으로 활용할 수 있습니다.

신약하고 편관이 강하게 작용하면 재난으로 이어질 가능성이 있지만, 신강하면서 편관을 적절히 제복하면 중화되어 안정적인 귀한 운을 형성할 수 있습니다.

편관은 제복이 이루어지면 권력으로 화하며, 젊어서도 출세의 가능성이 커집니다. 특히 대세운에서 신왕지를 만나게 되면 명예와 복록을 동시에 얻을 수 있습니다.

편관은 무조건 흉한 것으로 판단할 수 없으며, 제복하면 부귀를 누릴 수 있습니다. 천간에 식신이 자리하고 지지에서 합이 형성되면 자손이 많고 풍족한 복을 얻게 됩니다.

癸일간이 己를 많이 만나면 손상을 초래할 수 있지만, 木을 사용하여 살성을 항복시키면 부귀를 누릴 수 있습니다. 그러나 평생 싸우면 수명이 짧아질 수 있습니다.

丙일간이 亥子를 많이 만나면 살성이 인성으로 중화되고, 동방운으로 흐를 경우 부귀를 이루지만 서방운에서는 일이 꼬일 수 있습니다.

봄木에게 金이 없으면 좋은 구조로 평가받지 못하며, 金이 과도하면 위험해질 수 있습니다. 격국이 중화되면 장수와 평안함을 가져옵니다.

편관과 편인은 가장 이해하기 어렵고 복잡한 관계를 가지며, 상생할 경우 부귀를 형성하고 辰戌丑未 사고지에 재성이 있으면 귀하게 되고 평범한 사람도 고위직에 오를 수 있습니다.

戊己가 관살을 만나면서 격국에 金水가 자리하면, 火가 있을 때 중화와 조화가 이루어지며 좋은 운으로 흐를 수 있지만, 火가 약해질 경우 金을 두려워하고 木의 침범을 주의해야 합니다.

3) 印綬詩訣 인수시결

月逢印綬喜官星 運入官鄉福必淸 死絶運臨身不利 後行財運百無成 印綬無
월봉인수희관성 운입관향복필청 사절운림신불리 후행재운백무성 인수무

虧享福田 爲官承蔭有田 園家膺宣敕盈財穀 日用盤纏費萬錢 印綬無虧靠祖
휴향복전 위관승음유전 원가응선칙영재곡 일용반전비만전 인수무휴고조

宗 光輝宅産耀門風 流年運氣逢官旺 富貴雙全步月宮 月生日主喜官星 運
종 광휘댁산요문풍 류년운기봉관왕 부귀쌍전보월궁 월생일주희관성 운

入官鄉祿必淸 容貌堂堂多産業 官居廊廟作公卿 重重生氣若無官 當作淸高
입관향록필청 용모당당다산업 관거랑묘작공경 중중생기약무관 당작청고

技藝看 官殺不來無爵祿 總爲技藝也孤寒 重重印綬格淸奇 更要支干仔細推
기예간 관살불래무작록 총위기예야고한 중중인수격청기 경요지간자세추

支上咸池干帶合 風流浪蕩破家兒 印綬干支喜自然 功名豪富祿高遷 若逢財
지상함지간대합 풍류랑탕파가아 인수간지희자연 공명호부록고천 약봉재

運來傷印 退職休官免禍愆 印綬重重享見成 食神只恐暗相刑 早年若不歸泉
운래상인 퇴직휴관면화건 인수중중향견성 식신지공암상형 조년약불귀천

世 孤苦離鄉宿疾縈 丙丁卯月多官殺 四柱無根怕水鄉 濕木不生無燄火 身
세 고고리향숙질영 병정묘월다관살 사주무근파수향 습목불생무염화 신

榮除世在南方 壬癸逢申嫌火破 格中有土貴方知 北方水運皆爲吉 如遇寅沖
영제세재남방 임계봉신혐화파 격중유토귀방지 북방수운개위길 여우인충

總不宜 木逢壬癸水漂流 日主無根罔度秋 歲運若逢財旺運 返凶爲吉遇王侯
총불의 목봉임계수표류 일주무근망도추 세운약봉재왕운 반흉위길우왕후

貪財壞印莫言凶 須要叅詳妙理通 運若去財還作福 再行財運壽元終 印綬如
탐재괴인막언흉 수요첨상묘리통 운약거재환작복 재행재운수원종 인수여

經死絶鄉 怕財仍舊怕空亡 逢之定主多凶禍 落水火刑自縊傷 印綬不宜身太
경사절향 파재잉구파공망 봉지정주다흉화 낙수화형자액상 인수불의신태

旺 縱然無事也平常 除非元命多官殺 卻有聲名作棟樑 印綬干頭重見比 如
왕 종연무사야평상 제비원명다관살 각유성명작동량 인수간두중견비 여

行運助必傷身 莫言此格無奇妙 印入財鄉福祿眞 印綬官星運氣純 偏官多遇
행운조필상신 막언차격무기묘 인입재향복록진 인수관성운기순 편관다우

轉精神 如行死絶並財地 無救番爲泉下人
전정신 여행사절병재지 무구번위천하인

월주에서 인수가 자리하고 정관을 반기며, 정관운으로 흐르면 복이 맑아지며 사절운이 들면 일간에게 불리하게 작용하며, 이후 재성운으로 흐르면 성과를 이루지 못합니다.

인수가 손상되지 않으면 복된 삶을 누리고 관직에 오르고 조상의 가업을 이어받아 가문의 번영을 이루며 경제적으로도 풍족하게 살게 됩니다.

인수가 온전한 경우, 조상의 덕을 받아 가문의 위풍과 재산이 빛나게 됩니다. 세운에서 정관이 왕성한 운을 만나면 부귀와 명예를 모두 얻으며 높은 지위에 오를 가능성이 큽니다.

월주가 일주를 생하면 정관을 반기며, 정관운에 들어서면 록이 맑아지고 용모가 당당하며, 재산이 많고 고위직까지 도달할 수 있습니다.

생하는 기운이 많아도 정관이 없으면 높은 재주를 지닌 기예인으로 볼 수 있습니다. 관살이 오지 않으면 지위와 재물 운이 부족하고, 재능은 많아도 고독하고 경제적으로 어려운 삶을 살게 됩니다.

인수가 거듭되면 격국이 맑고 기묘한 운세로 발전하지만, 이를 정확히 판단하기 위해 간지를 세밀히 분석해야 합니다. 지지에 함지살이 있고 천간에서 합이 이루어지는 경우, 방탕한 생활로 인해 집안을 어렵게 만드는 자식이 나타날 수 있습니다.

인수가 안정적으로 간지에 자리하면 공명과 부유함을 누리며, 고위직에 오를 가능성이 높아집니다. 하지만 재성운을 만나 인수가 손상되면 관직을 잃고 재난에 휘말릴 위험이 큽니다.

인수가 많으면 이미 복을 누리는 운세가 형성되지만, 식신과 암암리에 형하면 위험한 상황이 생길 수 있습니다. 이 경우 어린 나이에 목숨을 잃지 않으면 외롭고 고독한 삶을 살게 되며, 고향을 떠나 질병으로 고생할 수 있습니다.

丙丁일간이 卯월에 태어나고 관살이 많을 경우, 일간에 뿌리가 없으면 水운을 두려워해야 합니다. 습기가 많은 木은 火를 충분히 생하지 못하므로, 오직 남방운에서 빛나고 성공적인 삶을 기대할 수 있습니다.

壬癸가 申을 만나면 火를 파괴하므로 이를 꺼려야 합니다. 반면에 격국에

土가 포함되면 귀한 운세로 흐르게 됩니다. 북방 水운은 전반적으로 길한 영향을 주지만, 寅의 충을 만나면 어려운 상황이 발생합니다.

木이 壬癸를 만나면 떠도는 삶을 살고, 일간에 뿌리가 없다면 가을을 넘기기 어려우며, 대세운에서 재성이 왕성하면 흉이 길로 바뀌어 제왕처럼 살 수 있습니다.

탐재괴인을 무조건 흉하다고 말하면 안 되며, 모름지기 묘한 이치와 운세를 세밀히 분석해야 합니다. 운에서 재성을 제거하면 복이 되어 돌아오고, 다시 재성운으로 흐르면 수명을 마치게 됩니다.

인수가 사절지를 만나면 재성과 공망이 큰 위협으로 작용할 수 있습니다. 이와 같은 상황을 만나게 되면 흉한 재난을 많이 겪는데, 물에 빠져 죽거나 불에 타 죽거나 스스로 목을 매고 죽을 수 있습니다.

인수가 일간이 태왕한 경우에는 사주가 안정되지 않아 평범한 삶을 살게 될 뿐, 큰 성취를 기대하기 어렵습니다. 그러나 사주에 관살이 많다면 인수는 이름을 떨치는 재능있는 인재로 발전할 수 있습니다.

인수가 천간에서 중복되고 운에서 비견을 도와주게 되면, 일간은 반드시 영향을 받아 상하게 됩니다. 하지만 이러한 격국은 기묘한 이치를 내포하고 있으니 흉한 격국이라 판단하기에는 이릅니다. 인수가 재성운으로 들어서면 복록이 진실해지며 풍족한 삶을 누릴 수 있습니다.

인수와 정관이 순수하게 자리하면, 편관이 많이 작용해도 정신적으로 안정된 운세가 유지됩니다. 하지만 사절과 재성운을 동시에 만나는 경우에는, 이를 구제하지 못할 시 치명적인 결과가 따를 수 있습니다.

4) 正財詩訣 정재시결

正財無破乃生官 身旺財生祿位寬 身弱財多徒費力 輕財分奪禍多端 正財得
정재무파내생관 신왕재생록위관 신약재다도비력 경재분탈화다단 정재득
位正當權 日主高强財萬千 印綬莫來相濟助 金珠萬匣祿高遷 正財還與月官
위정당권 일주고강재만천 인수막래상제조 금주만갑록고천 정재환여월관
同 最怕支干遇破冲 歲運若臨財旺處 須敎得貴勝陶公 身弱多財力不任 生
동 최파지간우파충 세운약임재왕처 수교득귀승도공 신약다재력불임 생
官化鬼反來侵 財多身建方爲貴 若是身衰禍更臨
관화귀반래침 재다신건방위귀 약시신쇠화갱임

정재가 파괴되지 않아야 정관을 생하며, 신왕하고 재성이 생하면 녹봉과 지위도 넓어집니다.

신약하고 재성이 많으면 일간이 이를 제대로 감당하지 못해 노력해도 헛되게 될 수 있습니다. 재성이 가벼우면 빼앗기는 재난을 많이 당할 수 있습니다.

정재가 제 자리를 잡으면 권력을 얻고, 일간이 고강하면 재물이 풍부하게 됩니다. 인수가 도와주지 않아야 재물은 넘치고 녹봉을 높게 받을 수 있습니다.

정재가 월령에서 정관과 함께 있으면 간지의 충파를 특히 두려워해야 합니다. 대세운에서 재성이 왕성한 운을 만나면 춘추시대의 도공처럼 부귀를 누릴 수 있습니다.

신약한 상황에서 재성이 많으면 일간이 이를 감당하기 어려워지고, 정관을 생하면 오히려 살성으로 변해 일간에게 해를 끼칠 수 있습니다.

재성이 많고 일간이 강건하면 귀한 운세가 되고, 일간이 쇠약하면 재난을 피하기 어렵게 됩니다.

5) 偏財詩訣 편재시결

偏財身旺是英豪 洋刃無侵福祿高 結實有情宜慷慨 若還身弱慢徒勞 月偏財
편재신왕시영호 양인무침복록고 결실유정의강개 약환신약만도로 월편재
是衆人財 最忌干支兄弟方 身强財旺皆爲福 若帶官來足妙哉 凡見偏財遇劫
시중인재 최기간지형제방 신강재왕개위복 약대관래족묘재 범견편재우겁
星 田園破盡苦還貧 傷妻損妾多遭辱 食不相資困在陳 若是偏財帶正官 劫
성 전원파진고환빈 상처손첩다조욕 식불상자곤재진 약시편재대정관 겁
星須露福相干 不宜劫運重來倂 此處方知禍百端 偏財身旺要官星 運入官鄕
성수로복상간 불의겁운중래병 차처방지화백단 편재신왕요관성 운입관향
發利名 兄弟若來分奪去 功名不遂禍隨生
발리명 형제약래분탈거 공명불수화수생

편재가 있고 신왕하면 영웅호걸이고, 양인이 침범하지 않으면 복록이 높아지고 재물이 풍부하며 너그러움과 결실 있는 성격을 보입니다. 신약하면 헛된 노력만 하게 됩니다.

월령에 자리한 편재는 여러 사람과 나누는 재물이며, 가장 꺼리는 것은 간지에서 비겁이 오는 것입니다. 신강하고 재성이 왕성하면 모두 복으로 작용하며 정관이 함께 자리하면 더욱 기묘한 운명이 됩니다.

편재가 겁재를 만나면 터전이 파괴되고 가난에 시달리며, 처첩을 잃거나 치욕을 당하는 일이 생깁니다. 식신이 도와주지 못하면 공자가 진나라에서 굶주린 것처럼 곤경에 빠질 수 있습니다.

편재가 정관과 함께 있으면, 설령 겁재가 나타나더라도 복으로 작용하게 됩니다. 겁재운이 반복적으로 나타나면 재난이 증가할 수 있습니다.

편재가 있고 신왕하면, 정관이 중요한 역할을 하며 관성운에서 큰 명예와 재물을 얻을 수 있습니다. 비겁이 편재를 빼앗으면, 공명을 이루기 어렵고 재난이 발생할 수 있습니다.

6) 食神詩訣 식신시결

食神有氣勝財官 先要他强旺本干 若是反傷來奪食 忙忙辛苦禍千般 食神無
식신유기승재관 선요타강왕본간 약시반상래탈식 망망신고화천반 식신무
損格崇高 甲丙庚壬貴氣牢 丁己己辛多福祿 門申弧矢出英豪 甲人見丙木盜
손격숭고 갑병경임귀기뢰 정기기신다복록 문신호시출영호 갑인견병목도
氣 丙去食戊號食神 心廣體胖衣祿厚 若臨偏印主孤貧 壽元合起最爲奇 七
기 병거식무호식신 심광체반의록후 약림편인주고빈 수원합기최위기 칠
殺何憂在歲時 禁凶制殺干頭旺 此是人間富貴兒 食神居先殺居後 衣祿再主
살하우재세시 금흉제살간두왕 차시인간부귀아 식신거선살거후 의록재주
富貴厚 食神近殺卻爲殃 終日塵寰慢奔走 申時戊日食神奇 惟在秋冬福祿齊
부귀후 식신근살각위앙 종일진환만분주 신시무일식신기 유재추동복록제
甲丙卯寅來剋破 遇而不遇主何疑
갑병묘인래극파 우이불우주하의

식신이 강하면 재성과 정관을 능가하지만 먼저 신왕해야 합니다. 그러나 식신이 손상되거나 다른 기운에 빼앗기게 되면, 고생을 하거나 재난에 직면하게 됩니다. 식신이 손상되지 않아야 격국이 높아집니다.

甲丙과 庚壬은 귀한 기운을 의미하며, 丁己와 己辛은 복록이 많게 됩니다. 申에서는 영웅호걸이 배출될 수 있습니다.

甲일간이 丙을 보면 기운이 설기되지만 丙은 재성을 생하는 식신이라고 부르며 심성이 넓고 몸은 비대하며 직위가 높지만 편인이 있으면 주로 외롭고 가난해집니다.

식신은 마음이 넓고 풍족한 삶을 상징하지만 편인을 만나면 고독하고 가난한 삶으로 이어질 가능성이 커집니다. 수명과 부합되어 가장 특이한 작용을 하고 칠살이 년주와 시주에 있으면 걱정할 필요가 없습니다.

식신이 칠살을 억제하면, 흉한 기운을 막아내고 일간을 강하게 만들어 부귀를 얻게 됩니다. 식신이 앞에 있고 칠살이 뒤에 있으면 부귀한 삶을 살 수 있으나, 식신과 칠살이 가까이 있으면 재앙으로 변질되며, 고단하고 분주한 삶이 될 수 있습니다.

戊일간 申시생은 식신이 기묘한 구조를 가지며, 특히 가을과 겨울에 복록이 상승합니다. 甲丙卯寅이 와서 식신을 극파하면 식신의 기운이 무력화되어, 기회를 놓치거나 헛된 노력에 그칠 수 있습니다.

7) 傷官詩訣 상관시결

傷官傷盡最爲奇 尤恐傷多返不宜 此格局中千變化 推尋須要用心機 火土傷
상관상진최위기 우공상다반불의 차격국중천변화 추심수요용심기 화토상
官宜傷盡 金水傷官要見官 木火見官官有旺 土金官去返成官 惟有水木傷官
관의상진 금수상관요견관 목화견관관유왕 토금관거반성관 유유수목상관
格 財官兩見始爲歡 傷官不可例言凶 辛日壬辰貴在中 生在秋冬方秀氣 生
격 재관량견시위환 상관불가례언흉 신일임진귀재중 생재추동방수기 생
於四季主財豊 丙火多根土又連 或成申月或成乾 但行金水升名利 火土重來
어사계주재풍 병화다근토우련 혹성신월혹성건 단행금수승명리 화토중래
數不堅 傷官不可例言凶 有制還他衣祿豊 干上食神支帶合 兒孫滿眼壽如松
수불견 상관불가례언흉 유제환타의록풍 간상식신지대합 아손만안수여송
傷官遇者本非宜 財有官無是福基 時日月傷官格局 運行財旺貴無疑 傷官傷
상관우자본비의 재유관무시복기 시일월상관격국 운행재왕귀무의 상관상
盡最爲奇 若有傷官禍便隨 恃己淩人心好勝 刑傷骨肉更多悲
진최위기 약유상관화편수 시기릉인심호승 형상골육경다비

상관이 상진되면 가장 기묘하지만 상관이 많으면 더욱 두려워지며 흉한 결과를 초래하게 됩니다. 이 격국은 많은 변화가 일어나므로 반드시 잘 살펴보아야 합니다.

火土상관은 상진되어야 하며, 金水상관은 정관을 보아야 하며, 木火 상관은 정관과 만나면 정관이 왕성해집니다. 土金상관은 정관이 제거되면 오히려 관직을 얻을 수 있고, 水木 상관은 재관을 보아야 기뻐합니다.

상관을 무조건 흉하다고 말하면 안 됩니다. 辛일간 壬辰월은 귀함이 내포되어 있어, 가을과 겨울에 태어난 경우 뛰어난 기운을 형성합니다.

丙火일간은 뿌리가 많고 土가 연결되면 申월 또는 亥월에서 성취를 이루

게 됩니다. 단지 金水운으로 흐르면 재물과 명예를 얻지만, 火土가 거듭 오면 운수가 견고하지 못하게 됩니다.

상관을 흉하다고 말하면 안 되는 것은 제복하면 오히려 부귀해지기 때문입니다. 천간에 식신이 있고 지지에 합이 있으면 자손이 많고 수명이 길어집니다.

상관을 만나면 본래 좋지 않지만 재성이 있고 정관이 없으면 복의 기반이 될 수 있습니다. 사주에 상관이 있어 격국을 이루고 재성이 왕성한 운으로 흐르면 귀하게 될 수 있습니다.

상관은 상진되어야 기묘한데, 상관이 상진되지 못하여 정관을 상하게 하면 재난이 즉시 따르고 자신은 믿어도 다른 사람을 경시하거나 이기적인 행동을 하고, 골육과의 관계가 악화되어 슬픔과 고통이 많아집니다.

8) 洋刃詩訣 양인시결

羊刃存時莫有凶 身輕返助却爲功 單嫌歲月重相見 莫把生時作怒宮 馬逢丙
양인존시막유흉 신경반조각위공 단혐세월중상견 막파생시작노궁 마봉병

戊鼠逢壬 喜見官星七殺臨 刑害無妨冲敗懼 怕逢財地禍非輕 壬子休來見午
무서봉임 희견관성칠살림 형해무방충패구 파봉재지화비경 임자휴래견오

宮 午宮又怕子來冲 丙日坐午休重見 會合身宮事有凶 日刃還如羊刃同 官
궁 오궁우파자래충 병일좌오휴중견 회합신궁사유흉 일인환여양인동 관

星七殺喜交逢 歲君若也無傷劫 支上刑冲立武功 羊刃嫌冲合歲君 流年遇此
성칠살희교봉 세군약야무상겁 지상형충립무공 양인혐충합세군 유년우차

主災連 三刑七殺如交遇 必定閻王出引徵 時逢羊刃喜偏官 若見財星禍百端
주재연 삼형칠살여교우 필정염왕출인징 시봉양인희편관 약견재성화백단

歲運相冲並相合 勃然災禍又臨門 羊刃重逢合有傷 主人心性氣高強 刑冲太
세운상충병상합 발연재화우림문 양인중봉합유상 주인심성기고강 형충태

重多凶厄 有制方爲保吉昌 羊刃之辰怕見官 刑冲破害禍千端 大嫌財旺居三
중다흉액 유제방위보길창 양인지진파견관 형충파해화천단 대혐재왕거삼

合 斷指傷殘體不完
합 단지상잔체불완

양인이 시주에 있을 경우, 흉한 영향을 미치지 않으며 신약한 경우에는 오히려 일간을 도와주는 공이 있습니다. 단지 양인이 년주 또는 월주에서 중복되면 싫어하고, 시주에서 강한 양인의 기운이 분노나 갈등을 초래하지 않도록 조정해야 합니다.

午가 丙戌를 만나거나 子가 壬을 만날 경우, 관살과 함께 조화를 이루면 기쁨과 길한 운이 상승합니다. 형과 해는 상대적으로 문제가 되지 않지만, 충패가 발생할 때는 신중해야 합니다. 특히 재성운과 함께 겹칠 경우 재난이 가볍지 않게 나타날 수 있습니다.

壬子가 午를 보면 충이 발생하며 불안정해고 午는 子와의 충을 두려워합니다. 丙午를 거듭 보면 안 되고 일주와 회합하면 흉하게 됩니다.

일인은 양인과 같고 정관과 칠살이 함께 만나도 좋아합니다. 년주에서 상관과 겁재가 없으면 지지에서 형충이 발생해도 무공을 세우게 됩니다.

양인은 년주와 충합을 싫어하며 세운에서 이를 만나면 재난이 이어지고, 양인이 삼형과 칠살을 동시에 만나면 죽을 수 있습니다.

시주에서 양인을 만나면 편관을 반기지만 재성을 만날 경우 큰 재난이 따를 수 있습니다. 대세운에서 양인이 서로 충합하는 경우에도 마찬가지로 재난이 발생합니다. 양인이 합을 거듭 만나면 상하게 됩니다.

양인을 가진 사람은 성격과 기운이 강하고 고귀하지만, 형충이 과도하게 작용하면 흉액을 초래하고 제복이 있으면 길하게 되어 번창합니다.

양인이 정관을 만나면 두려워하며, 형충파해가 있다면 다양한 재난이 발생할 수 있습니다.

재성이 왕성하며 삼합을 이루는 경우에는 손가락이 잘리거나 상처가 나며 신체적 불구로 이어질 수 있어 사주에서 매우 꺼리는 형태입니다.

9) 刑合詩訣 형합시결

四柱支干合到刑 多因酒色喪其身 若臨羊刃並七殺 定作黃泉路上人 六癸日
사주지간합도형 다인주색상기신 약림양인병칠살 정작황천로상인 육계일
生時甲寅 假名刑合亦非真 月令若加亥子位 傷官格內倒推尋 癸日生人時甲
생시갑인 가명형합역비진 월령약가해자위 상관격내도추심 계일생인시갑
寅 最嫌四柱帶官星 若無戊巳庚申字 壯歲榮華達帝京 但求癸日甲寅時 刑
인 최혐사주대관성 약무무사경신자 장세영화달제경 단구계일갑인시 형
去官星貴可知 不喜庚金傷甲木 寅申沖破主憂危 癸日寅時刑合格 入此格時
거관성귀가지 불희경금상갑목 인신충파주우위 계일인시형합격 입차격시
須顯赫 官星七殺莫相逢 甲庚己字爲災厄 柱中若逢酉丑字 遇者英豪名利客
수현혁 관성칠살막상봉 갑경기자위재액 주중약봉유축자 우자영호명리객
端詳歲運定榮枯 此是子平真法則
단상세운정영고 차시자평진법칙

사주의 간지가 합하고 형하면, 주색이나 방탕한 기운으로 인해 건강을 상하게 됩니다. 양인과 칠살이 동시에 작용하면 죽음을 맞이하게 됩니다.

癸일간이 甲寅시에서 태어나면 형합격으로 간주되나 진격은 아닙니다. 월령이 亥子에 위치하면 상관격으로 판단해야 합니다.

癸일간 甲寅시생은 사주에 정관이 있으면 가장 싫어합니다. 만약 戊己庚申이 없다면, 장년기에 고위직에 오르고 부귀영화를 누릴 수 있습니다.

癸일간 甲寅시생은 형으로 정관을 제거하면, 귀한 운명으로 발전할 수 있습니다. 庚金이 甲木을 상하게 하면 좋아하지 않으며 寅申충이 발생할 경우 위험을 걱정하게 됩니다.

癸일간 寅시생이 형합격 구조로 이루어지면 명성과 뛰어난 운세가 형성되지만, 관살이 서로 만나면 안 됩니다. 사주에 甲庚己와 같은 글자가 포함되면 재난이 발생할 수 있으나, 酉丑을 만나면 영웅호걸로서 부귀와 명예를 얻을 수 있는 운으로 발전합니다.

그러나 성쇠는 대세운의 흐름에 따라 좌우되므로, 이를 세밀히 분석해야만 정확히 판단할 수 있습니다. 이것이 자평의 진정한 법칙입니다.

10) 日貴詩訣 일귀시결

日貴支干一位同 空亡大忌帶官沖 仁慈廣德多姿色 會合財鄕空自崇 丁日猪
일귀지간일위동 공망대기대관충 인자광덕다자색 회합재향공자숭 정일저
雞貴卯蛇 刑沖破害漫咨嗟 財臨會合方成貴 終始分之乃是佳 癸丁蛇卯屈猪
계귀묘사 형충파해만자차 재림회합방성귀 종시분지내시가 계정사묘굴저
雞 官被刑沖禍必隨 純粹施爲有仁德 尊崇富貴出希奇 日貴看來是兔蛇 格
계 관피형충화필수 순수시위유인덕 존숭부귀출희기 일귀간래시토사 격
生亥酉越堪誇 刑沖不遇空亡位 輔佐功勳在帝家
생해유월감과 형충불우공망위 보좌공훈재제가

일귀란 일간과 일지가 한 자리에 위치하며 귀한 기운을 발휘하며, 공망과 정관의 충돌은 특히 피해야 합니다.

일귀를 가진 사주는 인자하며 덕이 넓고 품격과 용모가 뛰어난 특징을 보입니다. 재성운이 회합하면 재물이 늘어나고 자연스럽게 존경받는 지위에 오르게 됩니다.

丁亥, 丁酉와 丁卯, 丁巳 일주는 부귀한 기운을 가집니다. 형충파해가 발생한다면 한탄스러운 순간을 초래할 수 있고, 재성과의 회합은 귀하게 되어 처음부터 끝까지 성공적인 삶의 기반을 형성해줍니다.

癸나 丁일간에 巳, 卯, 亥, 酉일지는, 정관이 형충을 받으면 재난이 따르고, 순수하고 조화로운 기운을 유지하면 인자하고 덕이 많은 성품으로 존경받으며 부와 명예를 누리는 삶을 살 수 있는 특별한 인물이 됩니다.

일귀를 살펴 卯와 巳가 오고 격국에서 亥와 酉가 조화롭게 작용하면 이는 칭찬받을 뛰어난 격국으로 평가됩니다. 형충과 공망을 만나지 않아야 국가나 사회에서 보좌하는 공훈을 세우며 귀한 역할을 맡게 됩니다.

11) 金神詩訣 금신시결

甲午時上見金神 殺刃相臨真貴人 火木運中財祿發 如逢金水必傷身 金神遇
갑오시상견금신 살인상림진귀인 화목운중재록발 여봉금수필상신 금신우
火貴無疑 金水災殃定有之 運到火鄉多發達 官崇家富兩相宜 時遇金神貴氣
화귀무의 금수재앙정유지 운도화향다발달 관숭가부량상의 시우금신귀기
多 如逢羊刃卻中和 若逢水運貧而疾 火制名高爵位峨 癸酉己巳並乙丑 時
다 여봉양인각중화 약봉수운빈이질 화제명고작위아 계유기사병을축 시
上逢之是福神 傲物恃才宜制伏 交逢殺刃貴人真 性多狠暴才明敏 遇水相生
상봉지시복신 오물시재의제복 교봉살인귀인진 성다한폭재명민 우수상생
立困窮 制伏運行逢火局 超遷貴顯祿千鍾
립곤궁 제복운행봉화국 초천귀현록천종

甲午시주에 금신이 있고 칠살과 양인이 함께 작용하면 진정한 귀인을 나타난 것입니다. 火와 木운으로 흐르면 부귀해지지만, 金과 水를 만나면 몸을 손상하게 됩니다.

금신이 火를 만나면 귀한 운세가 형성되며 성공가능성이 높아집니다. 그러나 金과 水가 작용하면 재난이 발생할 수 있으므로 주의가 필요하고, 火운으로 흐르면 크게 발전하며 고위직에 오르고 부유해집니다.

시주에 금신이 있으면 귀한 기운이 많이 발생하지만, 양인을 만나면 오히려 중화를 이루게 됩니다. 水운으로 흐르면 가난과 질병이 동반하고, 火로 제복하면 고위직에 오르게 됩니다.

癸酉, 己巳, 乙丑이 시주에 있으면 복신으로 자신감과 재능이 뛰어나지만 적절히 제복해야 안정적인 결과를 얻을 수 있습니다. 칠살과 양인을 만나면 귀인의 기운이 강하게 작용하고 성격은 단호하고 예민하며 뛰어난 재능을 나타냅니다.

水를 만나 상생하면 가난해지고, 제복하는 운에서 火국을 만나면 귀하게 되어 고위직에 올라 많은 복록을 누릴 수 있습니다.

12) 日德詩訣 일덕시결

壬戌庚辰日德宮 甲寅戊丙要騎龍 運逢身旺心慈善 日德居多福自豐 刑沖破
임술경진일덕궁 갑인무병요기룡 운봉신왕심자선 일덕거다복자풍 형충파
害官財旺 空與魁罡會合凶 剋戰孤貧危險甚 縱交發跡命還終 丙辰切忌見壬
해관재왕 공여괴강회합흉 극전고빈위험심 종교발적명환종 병진절기견임
辰 壬戌提防戊戌臨 日坐庚辰與庚戌 甲寅還且慮庚辰 日德不喜見魁罡 化
진 임술제방무술림 일좌경진여경술 갑인환차려경진 일덕불희견괴강 화
成殺曜最難當 局中重先須還疾 運限逢之必定亡 日德重逢免禍殃 官星切忌
성살요최난당 국중중선수환질 운한봉지필정망 일덕중봉면화앙 관성절기
見財鄕 更無沖破空刑物 堪作朝中一棟樑 甲寅壬戌與庚辰 丙戌逢辰日德眞
견재향 경무충파공형물 감작조중일동량 갑인임술여경진 병무봉진일덕진
不喜空亡嫌祿破 更逢破害與刑沖
불희공망혐록파 경봉파해여형충

　　壬戌, 庚辰, 甲寅, 戊辰, 丙辰이 일덕궁이며, 신왕운을 만나면 마음이 인자하고 선량해집니다. 일덕이 자리잡고 있으면 대부분 복록이 풍성하고 스스로 복을 누리게 됩니다.

　　형충파해가 있으면 정관과 재성이 왕성해야 합니다. 공망과 괴강이 회합하면 흉한 영향을 끼치고, 극하고 싸우면 고독하고 가난하며 위험한 상황에 처할 가능성이 큽니다. 운이 잠시 발전하며 성공을 이루더라도 명운이 결국 쇠약해지게 됩니다.

　　丙辰은 壬辰을 만나면 조심하고, 壬戌은 戊戌이 있으면 주의해야 하며, 庚辰일주와 庚戌일주는 주의해야 하고, 甲寅이 다시 돌아오면 庚辰을 경계해야 합니다.

　　일덕은 괴강을 좋아하지 않는데, 살성으로 화하면 감당하기 어렵습니다. 격국에서 중복되면 질병이 있고, 운에서 만나면 죽을 수 있습니다. 일덕이 중복되면 재앙을 면하고, 정관이 재성운을 만나지 말아야 하며, 충파와 공망과 형이 없어야 안정성과 조화를 갖춘 인재가 됩니다.

　　甲寅, 壬戌, 庚辰, 戊辰, 丙辰 일주는 순수한 일덕으로 공망을 좋아하지 않으며, 록이 파괴되면 사주의 안정성을 방해하고 복록을 깨뜨리므로 싫어합니다. 또한 형충파해를 만나면 재난과 어려움을 초래할 수 있습니다.

13) 魁罡詩訣 괴강시결

魁罡四日最爲先 疊疊相逢掌大權 庚戌庚辰怕官顯 庚辰壬辰見財運 主人性
괴강사일최위선 첩첩상봉장대권 경술경진파관현 경진임진견재운 주인성
格多聰慧 好殺之心斷不偏 柱有刑沖兼破害 一貧徹骨受笞鞭 戊戌庚辰殺最
격다총혜 호살지심단불편 주유형충겸파해 일빈철골수태편 무술경진살최
強 壬辰庚戌號魁罡 日加重者方爲福 身旺逢之貴異常 人帶魁罡性必強 鬼
강 임진경술호괴강 일가중자방위복 신왕봉지귀이상 인대괴강성필강 귀
神愁立此身傍 如逢一位沖刑重 澈骨貧窮不可當 魁罡四柱日多同 貴氣期來
신수립차신방 여봉일위충형중 철골빈궁불가당 괴강사주일다동 귀기기래
在此中 日主獨逢沖剋重 財官顯露福無窮
재차중 일주독봉충극중 재관현로복무궁

　　괴강은 庚戌, 戊戌, 庚辰, 壬戌 일주가 해당합니다. 괴강이 중복되어 나타나는 경우, 대권을 잡고 리더십을 발휘할 수 있는 운세를 형성합니다. 庚戌, 庚辰은 정관이 드러나면 꺼리고, 庚辰, 壬辰은 재성운을 만나야 좋습니다.

　　괴강을 가진 사주는 총명하고 지혜로운 성격을 나타내며, 살성과 관련된 심리적 기질을 가지고 치우침 없이 결단하는 경우가 많습니다. 사주에 형충파해가 있으면 극심한 가난과 고난을 초래할 수 있습니다.

　　戊戌, 庚辰은 살성이 매우 강하게 작용하고, 壬辰, 庚戌은 괴강이라 불리는 대표적인 일주로서 강한 기운과 운명을 예고합니다.

　　신강한 자는 복된 삶을 살고, 신왕운을 만나면 남다른 고귀함과 성공적인 운세를 가질 수 있습니다.

　　괴강을 가진 사람은 성격이 매우 강하고 결단력이 뛰어나며, 귀신도 두려워할 정도로 강인함을 나타냅니다. 한 자리에서 형충이 과도하게 작용하면 심각한 어려움과 가난을 초래할 수 있습니다.

　　괴강이 사주에 많이 있으면 귀한 기운이 이 중에서 오고, 일주가 혼자서 충극을 심하게 받는데 재관이 드러나면 부귀와 복록이 끊임없이 이어지는 길한 운세를 보입니다.

14) 時墓詩訣 시묘시결

財官藏蓄四時辰 年少刑冲可進身 不遇刑冲遭壓伏 果然不發少年人 北方壬
재관장축사시진 년소형충가진신 불우형충조압복 과연불발소년인 북방임
癸遇河魁 南域加臨大吉時 倉庫豊盈金玉滿 優遊處世福相隨 若問財官墓庫
계우하괴 남역가림대길시 창고풍영금옥만 우유처세복상수 약문재관묘고
時 辰戌丑未一同推 財官俱要匙開庫 壓住財官未是奇 要知何物能開庫 刑
시 진술축미일동추 재관구요시개고 압주재관미시기 요지하물능개고 형
冲破害是鑰匙 露出財官方得用 身衰鬼墓甚危癡
충파해시약시 로출재관방득용 신쇠귀묘심위치

　재관이 시주에 암장되면 젊어서 형충을 만나야 출세할 수 있으며, 형충을 만나지 않으면 재관이 억압되어 젊은 시절에 성공하지 못합니다.

　북방 壬癸가 戌시를 만나고, 남방으로 가면 크게 길한 시기로서 재물이 가득하고 여유롭게 살며 복이 따릅니다.

　재관의 묘고를 묻는다면 辰戌丑未를 함께 판단해야 합니다. 재관은 반드시 열쇠로 열어야 하며 재관을 억압하거나 가두면 기이하지 않습니다.

　창고를 여는 열쇠는 형충파해이며, 재관이 투출해야 비로소 쓸 수 있습니다. 신약한데 칠살의 묘고가 있으면 매우 위험해질 수 있습니다.

15) 雜氣財官詩訣 잡기재관시결

雜氣財官在月宮 天干透露始爲豐 財多官旺宜沖破 切忌干支壓伏重 辰戌丑
잡기재관재월궁 천간투로시위풍 재다관왕의충파 절기간지압복중 진술축
未爲四季 印綬財官居雜氣 干頭透出格爲眞 只問財多爲尊貴 財官寓在庫中
미위사계 인수재관거잡기 간두투출격위진 지문재다위존귀 재관우재고중
藏 不露光芒福不昌 若得庫門開透了 定敎富貴不尋常 雜氣從來自不輕 天
장 불로광망복불창 약득고문개투료 정교부귀불심상 잡기종래자불경 천
干透出始爲眞 身强財旺生官祿 運見刑沖聚寶珍 四季財官月內藏 刑沖剋制
간투출시위진 신강재왕생관록 운견형충취보진 사계재관월내장 형충극제
要相當 太過不及皆成禍 運到財鄕是吉祥 透出財官官祿鍾 官加富貴位三公
요상당 태과불급개성화 운도재향시길상 투출재관관록종 관가부귀위삼공
刑沖一變方爲妙 得運應知蛇化龍 五行四季月支逢 印綬干頭要顯榮 四柱相
형충일변방위묘 득운응지사화룡 오행사계월지봉 인수간두요현영 사주상
生喜官役 更饒財産又峥嶸
생희관역 경요재산우쟁영

잡기재관이 월령에 있고 천간에 투출하면 비로소 풍요로워집니다. 재성이 많고 정관이 왕성하면 충파가 마땅하지만, 간지의 압박이 심하면 좋지 않습니다.

辰戌丑未를 사계라 하며 잡기라 합니다. 잡기에 있는 인수재관이 투출하면 진격이지만 단지 재성이 많아야 존귀해질 수 있습니다.

재관이 묘고에 암장되어 빛이 드러나지 않으면 복이 창성하지 못합니다. 창고 문이 열리면 부귀가 예사롭지 않습니다.

잡기에서 나오는 복은 가볍지 않은데, 천간에 투출해야 비로소 진실합니다. 신강하고 재성이 왕성하면 관록이 생기고, 운에서 형충이 있으면 보물이 모입니다.

辰戌丑未월에 재관이 암장되면 적당한 형충극제가 필요합니다. 태과불급하면 모두 재난이 생기지만 재성운에 이르면 길해집니다.

재관이 투출하면 부귀가 삼공 고위직에 이르고, 형충으로 한 번 변하면

기묘한데 운에서 얻으면 뱀이 용으로 변함을 알게 됩니다.

辰戌丑未월에 인수가 천간에 있으면 영화를 누리고, 사주와 상생하면 관리 역할을 좋아하며 더욱 재산이 많아지고 직위가 높아집니다.

16) 時上偏財詩訣 시상편재시결

時上偏財不用多 支干須要用搜羅 喜逢財旺兼身旺 沖破傷財受折磨 時上偏
시상편재불용다 지간수요용수라 희봉재왕겸신왕 충파상재수절마 시상편
財一位佳 不逢沖破享榮華 破財劫刃還無遇 富貴雙全比石家 時上偏財遇劫
재일위가 불봉충파향영화 파재겁인환무우 부귀쌍전비석가 시상편재우겁
星 田園破盡苦還貧 傷妻損妾多遭辱 食不相資困在陳 若是偏財帶正官 劫
성 전원파진고환빈 상처손첩다조욕 식불상자곤재진 약시편재대정관 겁
星若露福難干 不宜劫運重來併 此處方知禍百端
성약로복난간 불의겁운중래병 차처방지화백단

시주에 편재는 많지 않아도 되며 간지를 잘 살펴야 활용할 수 있습니다. 재성이 왕성하고 신왕해야 좋으며, 충파로 재성이 손상되면 고생하게 됩니다.

시상편재는 시주에 하나만 있어야 좋고, 형파를 만나지 않아야 영화를 누릴 수 있습니다. 재물을 파괴하는 겁재와 양인을 만나지 않아야 부귀함이 진나라 석숭에 버금갑니다.

시상편재가 겁재를 만나면 논밭이 없어지고 가난해지며, 처첩을 해치고 치욕을 당할 수 있습니다. 식신이 도와주지 않으면 공자가 진나라에 있을 때처럼 곤경에 빠질 수 있습니다.

편재에 정관이 있고 겁재가 드러나면 복을 누리기 어렵습니다. 겁재운이 거듭 오면 좋지 않은데 이때 비로소 재난이 많음을 알게 됩니다.

17) 時上一位貴詩訣 시상일위귀시결

時上偏官一位逢 身强殺淺怕刑沖 假如月上又重見 辛苦徒勞百事空 時上偏
시상편관일위봉 신강살천파형충 가여월상우중견 신고도로백사공 시상편

官喜刃沖 身强制伏福豐隆 正官若也來相混 身弱財生主困窮 時上偏官一位
관희인충 신강제복복풍륭 정관약야래상혼 신약재생주곤궁 시상편관일위

强 日辰自旺貴非常 有財有印多財祿 列定天生作棟樑 時逢七殺是偏官 有
강 일진자왕귀비상 유재유인다재록 열정천생작동량 시봉칠살시편관 유

制身强好命看 制過喜逢殺旺運 三方得地發何難 元無制伏運須見 不怕刑沖
제신강호명간 제과희봉살왕운 삼방득지발하난 원무제복운수견 불파형충

多殺攢 若是身衰惟殺旺 定知此命是貧寒
다살찬 약시신쇠유살왕 정지차명시빈한

   시주에 편관이 하나 있고, 신강하고 칠살이 약하면 형충을 두려워합니다. 만약 월령에도 있으면 고생하며 노력해도 헛수고가 될 수 있습니다.

   시상편관은 양인과 충을 반기고, 신강하여 제복하면 복이 풍부해집니다. 정관이 와서 혼잡해지고 신약한데 재성이 생하면 가난해집니다.

   시상편관이 한 자리에서 강하고 신왕하면 매우 귀해지며, 재성과 인수가 있으면 부유해지고 타고난 인재가 됩니다.

   시주에 칠살이 있으면 편관이며, 제복하고 신강하면 좋은 명이지만, 제복이 지나치면 살왕운을 반깁니다. 삼방에서 득지하면 발복하기 어렵지 않습니다.

   사주에서 제복이 없으면 운에서 제복해야 하며, 형충을 두려워하지 않으면 살기가 많은 것입니다. 신약하고 칠살이 왕성하면 가난하고 추운 명이 틀림없습니다.

18) 飛天祿馬詩訣 비천록마시결

壬庚日主重重子 倒冲祿馬號飛天 何如金水多淸貴 運入南方慮有迨 庚壬鼠
임경일주중중자 도충록마호비천 하여금수다청귀 운입남방려유태 경임서

隊來冲馬 辛癸尋蛇要衆猪 丙日馬羣冲鼠祿 丁逢蛇衆見雙魚 最忌絆神兼論
대래충마 신계심사요중저 병일마군충서록 정봉사중견쌍어 최기반신겸론

合 官星塡實禍當途 運重歲輕消息取 用神不損上天衢 辛日重逢乾又乾 格
합 관성전실화당도 운중세경소식취 용신불손상천구 신일중봉건우건 격

中惟此號飛天 格成酉戌比身貴 巳運刑冲壽莫前 祿馬飛天識者稀 庚壬二日
중유차호비천 격성유술비신귀 사운형충수막전 록마비천식자희 경임이일

報君知 年時月日重逢子 無破無冲富貴奇 飛天祿馬貴非常 辛癸都來二字强
보군지 년시월일중봉자 무파무충부귀기 비천록마귀비상 신계도래이자강

年月日時重見亥 無官冲絆是賢良 亥逢辛癸子庚壬 祿馬飛天仔細尋 歲運若
년월일시중견해 무관충반시현량 해봉신계자경임 록마비천자세심 세운약

逢官絶處 功名唾手遂初心 日刃庚壬子字多 飛天祿馬格純和 冲官合起真爲
봉관절처 공명타수수초심 일인경임자자다 비천록마격순화 충관합기진위

貴 塡實其中又折磨 七殺官星休要犯 丑字相逢絆若何 天地人元重見土 剋
귀 전실기중우절마 칠살관성휴요범 축자상봉반약하 천지인원중견토 극

其子丑不興波 丁日多逢巳字重 局中無水貴和同 傷官此格宜傷盡 見亥刑冲
기자축불흥파 정일다봉사자중 국중무수귀화동 상관차격의상진 견해형충

數必空 丙丁巳午要多臨 冲出官星氣氣深 四柱若無官殺重 復行官運禍難禁
수필공 병정사오요다림 충출관성귀기심 사주약무관살중 부행관운화난금

丙丁離位激江湖 歲運無官入仕途 專祿榮名皆遂意 片言投合動皇都 丙日須
병정리위격강호 세운무관입사도 전록영명개수의 편언투합동황도 병일수

宜子午冲 午能冲子吉相逢 不須論合惟嫌未 子癸相逢再見凶 丁日坐巳多冲
의자오충 오능충자길상봉 불수론합유혐미 자계상봉재견흉 정일좌사다충

亥 壬癸休來四柱中 倘若地支申字出 必能相絆貴難同 丁巳支中疊見蛇 刑
해 임계휴래사주중 당약지지신자출 필능상반귀난동 정사지중첩견사 형

冲壬子格爲佳 若有亥午兼乙卯 合官錦上又添花 癸日亥字爲仇家 近寅絆合
충임자격위가 약유해오겸을묘 합관금상우첨화 계일해자위구가 근인반합

有爭差 春秋半吉冬無用 生於夏月享榮華
유쟁차 춘추반길동무용 생어하월향영화

壬과 庚일주에 子가 많이 겹치면 도충하여 재관을 하늘에서 불러온다고 하여 비천이라고 부릅니다. 金水가 많으면 맑고 귀한 운명이 되지만, 남방 운으로 들어서면 걱정이 생길 수 있습니다.

庚과 壬일주는 많은 子로 午를 충해서 데려오고, 辛과 癸일주는 亥가 많아야 巳를 충해서 데려옵니다. 丙일주는 午가 많아야 子를 충해서 데려오고, 丁일간은 巳가 많아야 亥를 충해서 데려옵니다.

기반을 일으키는 반신과 합을 가장 꺼려하며 정관이 전실되면 재난을 당합니다. 대운은 무겁게 세운은 가볍게 변화를 취하며, 용신이 손상되지 않아야 고위직에 오를 수 있습니다.

辛일간이 亥를 다시 만나면 비천격이라고 하며, 酉戌로 격국을 이루면 귀하게 되지만 巳운에 형충을 당하면 요절합니다.

록마비천을 아는 자가 드뭅니다. 庚일과 壬일만 록마비천을 할 수 있습니다. 년시월일에서 子가 중복되면 충파가 없어야 부귀가 특이해집니다.

비천록마는 매우 귀합니다. 辛과 癸 두 글자가 모두 오면 강해집니다. 연월일시에 亥가 중복되고, 정관이 없고 충이나 기반이 없으면 어질고 착한 사람입니다.

亥가 辛과 癸일간을 만나고, 子가 庚과 壬일간을 만나면 록마비천격이므로 자세히 살펴야 합니다. 대세운에서 정관의 절처를 만나면 명예를 이루고 처음 세운 뜻을 이룰 수 있습니다.

일인인 庚과 壬일간에게 子가 많으면 비천록마격이 순수하고 조화롭습니다. 정관을 충하고 합하면 귀하게 되고 전실되면 고생을 하므로 칠살과 정관을 만나면 안 됩니다.

子丑합으로 기반되면 곤란하지만, 간지와 지장간에 土가 중복되어 子丑을 극하면 재난이 일어나지 않습니다.

丁일간에게 巳가 많으면 사주에 水가 없어야 귀해집니다. 상관이 격국에 있으면 상진해야 좋고, 亥가 형충되면 운수가 공허해집니다.

丙丁일간은 巳午가 많이 있으면 정관을 충하여 귀한 기운이 깊어집니다.

사주에 정관이 없고 칠살이 무거운데 다시 관성운으로 흐르면 재앙을 감당하기 어렵습니다.

丙丁일간은 巳午가 亥子와 충하므로, 대세운에서 정관이 없어야 출세하여 고위직에 올라 뜻을 이루고 권력을 쥘 수 있습니다.

丙일간은 子午충이 되어야 좋으며, 午가 子를 충하면 길하게 됩니다. 합은 논할 필요 없고 未를 싫어하며, 子癸를 만나면 다시 흉해집니다.

丁巳일주에게 巳가 많아 亥를 충하면 壬과 癸가 사주에 있으면 안 되며, 지지에 있는 申과 합반되면 귀하게 되기 어렵습니다.

丁巳일주가 巳가 많고 壬子를 형충하면 격국이 아름답습니다. 亥午와 乙卯가 있어 정관과 합하면 금상첨화입니다.

癸일간에게 亥는 원수가 되는데, 근처에 있는 寅이 합반하면 다투고 어긋나기 때문입니다. 봄과 가을에는 반쯤 길하고 겨울에는 쓸모가 없으며 여름에 태어나면 영화를 누릴 수 있습니다.

19) 六乙鼠貴詩訣 육을서귀시결

六乙鼠貴在基時 殺宜沖破不相宜 月中通得眞三木 方定當生祿馬奇 乙日生
육을서귀재기시 살의충파불상의 월중통득진삼목 방정당생록마기 을일생
人得子時 名之聚貴最爲奇 切嫌午字來沖破 辛酉庚申總不宜 乙日須逢丙子
인득자시 명지취귀최위기 절혐오자래충파 신유경신총불의 을일수봉병자
時 如無午破貴尤奇 四柱忌逢申酉丑 若無官殺拜丹墀 陰木逢陽亥子多 多
시 여무오파귀우기 사주기봉신유축 약무관살배단지 음목봉양해자다 다
爲聚貴福嵯峨 柱中只怕南離位 困苦傷殘怎奈何 六乙生人時遇鼠 官星又帶
위취귀복차아 주중지파남리위 곤고상잔즘내하 육을생인시우서 관성우대
復如此 庚辛申酉馬牛欺 一位逢之爲丐子
부여차 경신신유마우기 일위봉지위개자

乙일간이 子시를 만나면 서귀가 됩니다. 칠살이 충파하면 좋지 않고, 월령에서 亥卯未에 통근하면 재물과 명예가 기이하게 정해집니다.

乙일간이 子시를 만나면 귀함을 취한다고 하며 가장 기이하게 되며, 午가 와서 충파하면 가장 싫어하고, 辛酉庚申은 모두 좋지 않습니다.

乙일간은 반드시 丙子시를 만나야 하며, 午가 파괴하지 않아야 귀하게 될 수 있습니다. 사주에서 申酉丑 만나기를 꺼리고, 관살이 없어야 고위직에 오를 수 있습니다.

乙일간에게 亥子가 많으면 대부분 귀함을 취하고 귀한 복이 빛납니다. 단지 사주에서 午火를 가장 두려워하는 것은 고생하고 불구가 되기 때문입니다.

乙일간 子시생에게 정관이 또 있으면 더욱 그러하며, 庚申辛酉午丑를 하나라도 만나면 거지가 될 수 있습니다.

20) 合祿詩訣 합록시결

戊日庚申時上逢 如無官印貴秋冬 甲丙卯寅兼巳字 四營歲破怕同宮 日壬癸
무일경신시상봉 여무관인귀추동 갑병묘인겸사자 사영세파파동궁 일임계
水時庚申 生在秋冬富貴人 大忌寅來傷秀氣 若逢春夏惹災連 時遇庚申癸日
수시경신 생재추동부귀인 대기인래상수기 약봉춘하야재연 시우경신계일
生 此爲官印合官星 不逢官殺兼陽火 名譽昭彰拜紫宸 申時戊日食神奇 惟
생 차위관인합관성 불봉관살겸양화 명예소창배자신 신시무일식신기 유
喜秋冬福祿宜 甲丙卯寅來剋破 遇而不遇主孤離 食神生旺無刑剋 命中値此
희추동복록의 갑병묘인래극파 우이불우주고리 식신생왕무형극 명중치차
勝財官 官印更來相協助 少年登第拜金鑾
승재관 관인경래상협조 소년등제배금란

戊일간이 庚申시를 만나면 정관과 인수가 없어도 가을과 겨울에 귀하게 됩니다. 甲丙卯寅과 巳가 있으면 사주와 운에서 함께 파괴하니 두려워합니다.

壬癸일간 庚申시생이 가을과 겨울에 태어나면 부귀한 사람이 됩니다. 寅이 申을 충해서 우수한 기를 손상하는 것을 크게 꺼리고, 봄과 여름에는 재난이 연달아 일어날 수 있습니다.

癸일간 庚申시생은 申이 巳와 합해서 戊정관을 불러오는데, 관살과 丙을 만나지 않아야 명예가 빛나고 고위직에 오를 수 있습니다.

戊일간 申시생은 식신이 기묘하며, 오직 가을과 겨울을 좋아하고 복록이 좋습니다. 甲丙卯寅이 와서 식신을 극파하면 만나도 만나지 않은 것과 같으며 주로 고독하고 외로워질 수 있습니다.

식신이 생왕하고 형극이 없으며, 사주에서 이를 만나면 재관보다 낫습니다. 관인이 다시 와서 협조하면 소년 급제하고 고위직에 오를 수 있습니다.

21) 子遙巳詩訣 자요사시결

甲子重逢甲子時 休言官旺不相宜 月生日主根元壯 運到金鄕返得奇 甲臨子
갑자중봉갑자시 휴언관왕불상의 월생일주근원장 운도금향반득기 갑림자
字日時全 擬作蟾宮折桂仙 丑絆午沖官殺顯 反爲淹滯禍綿綿 甲子重逢甲子
자일시전 의작섬궁절계선 축반오충관살현 반위엄체화면면 갑자중봉갑자
時 名爲遙巳最相宜 纔臨丑午家須破 歲運官逢亦不奇 甲子日逢甲子時 子
시 명위요사최상의 재림축오가수파 세운관봉역불기 갑자일봉갑자시 자
來遙合巳中支 戊能動丙丙合酉 甲得辛官貴可知 不喜庚辛申酉出 丑來相絆
래요합사중지 무능동병병합유 갑득신관귀가지 불희경신신유출 축래상반
亦非宜 更嫌午字相冲害 運入官鄕旺處奇
역비의 경혐오자상충해 운입관향왕처기

甲子일이 甲子시를 다시 만나면, 정관이 왕성하면 좋지 않다고 말해서는 안 됩니다. 월령에서 일간을 생하고 근원이 튼튼하면 金운에 이르러 오히려 기이함을 얻을 수 있습니다.

甲일간에게 子가 일시가 전부 있으면 과거에 급제할 수 있습니다. 丑이 합반하거나 午가 충하거나 관살이 나타나면 오히려 일이 지체되고 재난이 끊이지 않게 됩니다.

甲子일에 甲子시를 다시 만나면 요사격이 되며 가장 바람직합니다. 丑午가 조금만 있어도 집안이 망하고, 대세운에서 정관을 만나도 기이하게 되지 않

게 됩니다.

    甲子일에 甲子시를 만나면 子가 巳를 요합하고, 巳중 戊는 丙을 움직여 酉와 합하게 하면, 甲은 辛정관을 얻으니 귀함을 알게 됩니다.
庚申辛酉이 나오면 싫어하고 丑이 와서 합반해도 좋지 않으며, 다시 午가 와서 충해하면 싫어합니다. 그러나 정관운에서 기이함을 얻을 수 있습니다.

22) 丑遙巳詩訣 축요사시결

辛日癸日多逢丑 名爲遙巳合官星 莫言不喜官星旺 誰信官來返有成 辛丑癸
신일계일다봉축 명위요사합관성 막언불희관성왕 수신관래반유성 신축계
丑二日干 丑能合巳巳藏官 丑字多見方爲妙 不宜子在柱中間 若逢申酉更爲
축이일간 축능합사사장관 축자다견방위묘 불의자재주중간 약봉신유경위
美 辛嫌巳午丙丁干 癸嫌戊己及巳午 此命必須仔細看 辛癸二日逢遇丑 便
미 신혐사오병정간 계혐무기급사오 차명필수자세간 신계이일봉우축 편
是官星暗入宮 申酉喜來臨一字 忌逢巳午子垣凶
시관성암입궁 신유희래림일자 기봉사오자원흉

    辛일간과 癸일간이 丑을 많이 만나면 이를 요사라고 부르며, 정관을 합해서 데려옵니다. 정관이 왕성하면 반갑지 않다고 말하면 안 됩니다. 정관을 합해 오면 오히려 성공하는 것을 누가 믿겠는가.

    辛丑일주와 癸丑일주는 丑이 巳중에 암장된 정관을 합해서 데려옵니다. 丑을 많이 보면 기묘하고, 子가 시주에 없고 사주 중간에 있으면 좋지 않습니다.

    申酉를 만나면 더욱 좋습니다. 辛은 巳午丙丁을 싫어하고, 癸는 戊己巳午를 싫어하므로, 이 명은 자세히 살펴보아야 합니다.

    辛일간과 癸일간이 丑을 만나면 정관을 암암리에 데리고 옵니다. 申酉는 한 글자가 오는 것이 좋고, 巳午와 子를 만나면 싫어하는데 흉하기 때문입니다.

23) 壬騎龍背詩訣 임기용배시결

壬騎龍背喜非常 寅少辰多轉發揚 大忌官星來破格 災刑須見壽元傷 壬騎龍
임기룡배희비상 인소진다전발양 대기관성래파격 재형수견수원상 임기룡
背怕官居 重疊逢辰貴有餘 設若寅多辰字少 須應豪富比陶朱 壬辰日又見辰
배파관거 중첩봉진귀유여 설약인다진자소 수응호부비도주 임진일우견진
時 年月辰多最是奇 四柱若逢寅位上 發財發福兩相宜 壬寅不及壬辰日 四
시 년월진다최시기 사주약봉인위상 발재발복량상의 임인불급임진일 사
柱壬辰字要多 辰字多兮官殺重 寅多可比石崇過 日遇壬辰格宇逢 格中疊見
주임진자요다 진자다혜관살중 인다가비석숭과 일우임진격우봉 격중첩견
號騎龍 若還寅字重重出 富貴仍教比石崇 午戌成財寅合局 戌中祿馬用辰沖
호기룡 약환인자중중출 부귀잉교비석숭 오술성재인합국 술중록마용진충
忽然若是壬寅出 四柱居辰格亦同
홀연약시임인출 사주거진격역동

임기용배격은 용의 등에 올라탄다고 하여 매우 특이한 운명이 됩니다. 寅이 적고 辰이 많으면 더욱 발전합니다. 정관이 나타나 격국을 파괴하는 것을 크게 꺼리며, 재난과 형벌이 나타나면 오래 살기 어렵습니다.

임기용배격은 정관이 있으면 두려워하며, 辰이 중복되면 귀함이 넘치게 됩니다. 만약 寅이 많고 辰이 적으면 도리어 춘추전국시대에 큰 부호인 도주와 비교될 정도로 부유해질 수 있습니다.

壬辰일주가 辰시를 다시 만나면, 년월에도 辰이 많을수록 더욱 기이한 운명을 가집니다. 사주에 寅이 있으면 재물과 복이 모두 좋게 됩니다.

壬寅일주는 壬辰일주에 미치지 못합니다. 사주에는 壬辰이 많아야 하고, 辰이 많고 관살이 많으면 寅이 많아야 대부호 석숭을 능가할 정도로 부유해질 수 있습니다.

壬辰일주가 격국을 이루고, 격국이 중복되어도 임기용배격이라고 하며, 寅이 거듭 나타나면 대부호 석숭처럼 부유할 수 있습니다.

午戌은 寅과 합하여 재성국을 이루고, 戌중 재관을 辰으로 충하여 사용합니다. 壬寅이 운에서 갑자기 나타나면 사주에 辰이 있는 격국도 역시 동일한 운명을 가질 수 있습니다.

24) 井欄叉格詩訣 정란차격시결

庚日全逢申子辰 井欄叉格制官星 局中無火方成貴 破動提綱禍亦刑 庚日喜
경일전봉신자진 정란차격제관성 국중무화방성귀 파동제강화역형 경일희
逢全潤下 貴神名曰井欄叉 丙丁巳午休相遇 申子辰宮全乃佳 若是申時歸祿
봉전윤하 귀신명왈정란차 병정사오휴상우 신자진궁전내가 약시신시귀록
格 時逢丙子殺神加 水局要沖寅午戌 若還塡實祿難賒 井欄運喜東方地 得
격 시봉병자살신가 수국요충인오술 약환전실록난사 정란운희동방지 득
到財鄕眞富貴 丙丁巳午歲運逢 失祿破財須且長 庚日全逢潤下方 癸壬巳午
도재향진부귀 병정사오세운봉 실록파재수차장 경일전봉윤하방 계임사오
怕相傷 時遇子申福減半 功名成敗不能長
파상상 시우자신복감반 공명성패불능장

庚일간이 申子辰을 모두 만나면 정란차격으로서 정관을 제복합니다. 격국에 火가 없어야 비로소 귀함을 이루며, 월령을 파괴하고 동하면 재난과 형벌이 따를 수 있습니다.

庚일간은 水국이 온전하면 정란차격이라고 하며 귀하게 된다. 丙丁巳午를 만나면 안 되고 申子辰을 모두 갖추어야 좋습니다.

庚일간에게 申시이면 귀록격이 되며, 丙子시는 칠살이 됩니다. 水국은 반드시 寅午戌 火국을 충해야 하며, 전실되면 복록을 누리기 어렵습니다.

정란차격은 동방운을 반기고 재성운에 이르면 부귀를 얻게 됩니다. 丙丁巳午를 대세운에서 만나면 관록을 잃고 파산할 수 있으니 주의해야 합니다.

庚일간이 윤하를 온전히 만나면 壬癸와 巳午가 서로 상하게 하면 두려워합니다. 시에서 子申을 만나면 복록이 반감되고 성패가 반복되며 공명이 오래 가지 못할 수 있습니다.

25) 歸祿格詩訣 귀록격시결

歸祿逢財名利全 干頭不忌透財源 身强無破平生好 大怕行來遇比肩 日祿歸
귀록봉재명리전 간두불기투재원 신강무파평생호 대파행래우비견 일록귀
時要旺宮 食神喜遇怕刑沖 傷官嫌入傷財運 官不高兮財不豐 日祿歸時格景
시요왕궁 식신희우파형충 상관혐입상재운 관불고혜재불풍 일록귀시격경
良 怕官嫌起喜身强 若見比肩分劫祿 刑沖破害更難當 青雲得路祿歸時 凡
량 파관혐기희신강 약견비견분겁록 형충파해경난당 청운득로록귀시 범
命逢之貴且奇 四柱無沖官不至 少年平步上雲梯
명봉지귀차기 사주무충관불지 소년평보상운제

귀록격이 재성을 만나면 부귀가 완전하고, 천간에 재성의 원천인 식상이 투출해도 꺼리지 않습니다. 신강하고 파괴되지 않아야 평생 좋으며, 비견운을 만나면 크게 두려워합니다.

일록귀시격은 신왕해야 하며, 식신을 반기고 형충을 두려워합니다. 상관은 재성운에 손상을 싫어하는 데 관직이 높지 않고 재물이 풍부하게 되지 않기 때문입니다.

일록귀시격은 매우 아름답고 귀한 격국이며, 정관을 두려워하고 신강함을 반깁니다. 비견을 보면 복록을 빼앗기며 형충파해는 더욱 감당하기 어렵습니다.

일록이 시주에 있으면 벼슬길이 순조롭고, 보통사람이 이를 만나면 귀하게 됨이 기묘합니다. 사주에 정관의 충이 없으면 젊어서 고위직에 오를 수 있습니다.

26) 六陰朝陽詩訣 육음조양시결

辛日單單逢戊子 六陰貴格喜朝陽 丙丁巳午休塡實 歲運輪逢一例詳 南地平
신일단단봉무자 육음귀격희조양 병정사오휴전실 세운륜봉일례상 남지평
平最嫌北 西方第一次東方 若還子字無相遇 貴處朝堂姓字香 戊子時逢日主
평최혐북 서방제일차동방 약환자자무상우 귀처조당성자향 무자시봉일주
辛 陰陽朝位貴超群 官星七殺休相見 巳馬南離局裡嗔 歲月有財尋別格 辛
신 음양조위귀초군 관성칠살휴상견 사마남리국리진 세월유재심별격 신
中丑絆又非眞 斷然此格當爲貴 西運行來作輔臣 辛逢戊子最相宜 名利高遷
중축반우비진 단연차격당위귀 서운행내작보신 신봉무자최상의 명리고천
折桂枝 四季秋生無亥字 榮華富貴業尤奇 六陰行運喜西方 臨在東方也吉昌
절계지 사계추생무해자 영화부귀업우기 육음행운희서방 임재동방야길창
若到北方凶且畏 南離沖破主災殃
약도북방흉차외 남리충파주재앙

辛일간이 戊子를 만나면 육음조양격으로서 귀격입니다. 丙丁巳午가 전실되면 안 되고, 대세운에서 와도 마찬가지입니다.

남방에서는 평탄하지만 북방은 가장 싫어하며, 서방이 가장 좋고 다음으로 동방이 좋습니다. 子를 다시 만나지 않으면 고위직에 오르고 이름을 날릴 수 있습니다.

戊子시에 辛일간은 음양이 아침에 만나는 자리로서 귀함이 뛰어납니다. 정관과 칠살이 서로 만나면 안 되고, 巳午남방을 만나면 격국이 분노하게 됩니다.

년월에 재성이 있으면 다른 격국을 찾습니다. 辛일간에서 丑이 합반하면 진격이 아닙니다. 이 격국은 귀하며 서방운에는 조정의 관리가 될 수 있습니다.

辛일간이 戊子시를 만나면 가장 좋은데 과거 급제하여 부귀가 높아질 수 있습니다. 사계와 가을에 태어나고 亥가 없으면 부귀하고 영화로우며 사업은 더욱 기묘해집니다.

辛일간은 서방을 반기고 동방에서 번창합니다. 다만 북방에 이르면 흉하므로 두려워하고, 남방에서 충파되면 재앙을 당할 수 있습니다.

27) 拱祿拱貴詩訣 공록공귀시결

拱祿拱貴格中稀 也須月令看支提 提綱有用提綱重 月令無官用此奇 拱祿拱
공록공귀격중희 야수월령간지제 제강유용제강중 월령무관용차기 공록공

貴格希奇 遇者腰懸衣紫衣 只怕刑沖並剋破 應嫌七殺月年隨 所拱之位怕
귀격희기 우자요현의자의 지파형충병극파 응혐칠살월년수 소공지위파

填實 又怕傷官在月支 羊刃重重來格破 如無此破貴無疑 癸日癸時逢亥丑
전실 우파상관재월지 양인중중래격파 여무차파귀무의 계일계시봉해축

名爲拱祿福重重 若無官殺來沖壞 雁塔題名有路通 兩絆本身非是我 拱藏一
명위공록복중중 약무관살래충괴 안탑제명유로통 양반본신비시아 공장일

位虛中好 不宜填實見官星 更忌官星當剋破 甲寅甲子拱辛官 壬辰壬寅拱貴
위허중호 불의전실견관성 경기관성당극파 갑인갑자공신관 임진임인공귀

看 日遇甲申時庚午 戊申戊午桂生香 看來辛丑逢辛卯 乙未乙酉格高强 切
간 일우갑신시경오 무신무오계생향 간래신축봉신묘 을미을유격고강 절

忌刑沖填破害 腰金衣紫食皇糧
기형충전파해 요금의자식황량

공록과 공귀는 희기한 격국이며 월령을 보고 지지의 조화를 살펴야 합니다. 월령에 용신이 있으면 월령을 중요하게 쓰지만, 월령에 정관이 없을 경우에 이 격국을 사용하면 고위직에 오를 수 있습니다. 다만 형충과 극파를 두려워하며 칠살이 년월을 따르면 싫어합니다.

공록과 공귀는 전실을 두려워하고, 상관이 월지에 있어도 두려워합니다. 양인이 거듭 있으면 격국을 파괴하는데, 파괴되지 않으면 귀함을 의심하지 않아도 됩니다.

癸일간 癸시생이 亥丑을 만나면 子가 공록으로서 복이 거듭되고, 관살이 와서 충파하지 않으면 과거 급제하고 벼슬길이 순조롭게 됩니다.

공록과 공귀가 기반되면 내 것이 아니므로 공협 자리는 비어 있어야 좋습니다. 전실되거나 정관을 보면 좋지 않고, 정관이 극파됨을 더욱 꺼리게 됩니다.

甲寅과 甲子는 丑중 辛정관을 공협하고, 壬辰과 壬寅은 卯공귀를 살핍니

다. 甲申일주 庚午시생과 戊申일주 戊午시생은 未공귀를 공협하므로 장원급제를 할 수 있습니다.

辛丑일주 辛卯시생이 寅공귀를 만나고, 乙未일주 乙酉시생이 申공귀를 만나면 격국이 고강해집니다. 형충과 전실파해 등 절대 꺼리는 것이 없으면 고위직에 오를 수 있습니다.

28) 六甲趨乾詩訣 육갑추건시결

甲日生人遇亥時 甲趨乾格最相宜 歲運逢官財旺處 官災禍患共來齊
갑일생인우해시 갑추건격최상의 세운봉관재왕처 관재화환공래제

甲일간이 亥시를 만나면 甲추건격으로 가장 적합한 구조입니다. 대세운에서 정관과 재성이 왕성한 곳을 만나면 관재구설을 당할 수 있습니다.

29) 六壬趨艮詩訣 육임추간시결

壬日寅時爲貴格 此名趨艮福非常 大怕刑沖並剋破 相逢歲運禍非常 壬喜逢
임일인시위귀격 차명추간복비상 대파형충병극파 상봉세운화비상 임희봉
寅庚喜辰 雲龍風虎越精神 支頭重見無沖戰 定是淸朝食祿人
인경희진 운룡풍호월정신 지두중견무충전 정시청조식록인

壬일간이 寅시를 만나면 귀격이 되며 이를 추간격이라고 하여 복이 매우 뛰어납니다. 형충과 극파를 크게 두려워하며 대세운에서 이를 만나면 재난을 심하게 당할 수 있습니다.

壬일간은 寅을 반기고, 庚일간은 辰을 반깁니다. 이는 바람을 가르는 호랑이와 구름을 타는 용처럼 정신이 뛰어납니다. 지지가 중복되더라도 충으로 싸우지 않으면 이는 관직의 복록을 누리는 사람입니다.

30) 勾陳得位詩訣 구진득위시결

> 日干戊己坐財官 號曰勾陳得位看 若有大財分瑞氣 命中値此列朝班 勾陳得
> 일간무기좌재관 호왈구진득위간 약유대재분서기 명중치차렬조반 구진득
> 位會財官 無破無沖命必安 申子北方東卯未 管教環佩帶金鑾 戊己勾陳得局
> 위회재관 무파무충명필안 신자북방동묘미 관교환패대금란 무기구진득국
> 淸 財官相遇兩分明 假令歲運無沖破 富貴雙全享太平
> 청 재관상우량분명 가령세운무충파 부귀쌍전향태평

　戊己일간이 재관을 만나면 구진득위라 하여 귀격으로 간주합니다. 큰 재물이 있고 길한 기운이 더해지고 사주에서 이를 만나면 고위직에 오를 수 있습니다.

　구진득위는 재관이 함께 모인 것으로, 충파가 없어야 운명이 안정됩니다. 申子북방과 동방에서 卯未를 얻으면 고위직에 오를 수 있습니다.

　戊己일간이 구진격을 이루면 격국이 맑고, 재관이 서로 만나면 더욱 분명해집니다. 만약 대세운에서 충파가 없다면 부귀를 누리며 태평한 삶을 살 수 있습니다.

31) 玄武當權詩訣 현무당권시결

> 玄武當權妙入神 日干壬癸坐財星 官星若也居門戶 無破當爲大用人 壬癸名
> 현무당권묘입신 일간임계좌재성 관성약야거문호 무파당위대용인 임계명
> 爲玄武神 財官兩見始成眞 局無沖破當淸貴 輔佐皇家一老臣
> 위현무신 재관량견시성진 국무충파당청귀 보좌황가일로신

　현무가 권력을 잡고 신묘한 격국을 이루면, 壬癸일간이 재성 위에 앉아 귀격을 이룹니다. 정관이 록에 앉아 파괴되지 않으면 큰 인재로 쓰일 수 있습니다.

　壬癸일간을 현무신이라 부르며. 재관이 함께 나타나야 비로소 진정한 격국이 됩니다. 격국에서 충파가 없으면 귀한 운명이 되고 황제를 보좌하는 늙은 신하가 될 수 있습니다.

2. 종기격

1) 潤下詩訣 윤하시결

> 天干壬癸喜冬生 更值申辰會曆風 或是全歸亥子丑 等間平步上靑雲 壬癸生
> 천간임계희동생 경치신진회력풍 혹시전귀해자축 등간평보상청운 임계생
> 臨水局中 汪洋一會向東流 若然不遇隄防土 金紫榮身位至公
> 림수국중 왕양일회향동류 약연불우제방토 금자영신위지공

　壬癸일간은 겨울에 태어나는 것을 반기며, 申과 辰이 함께 하면 운명이 더욱 빛납니다. 亥子丑이 완전히 갖추어지면 고위직에 순조롭게 오를 수 있습니다.

　壬癸일간이 水국에 자리하면 물이 동쪽으로 흐르듯 운명이 순조롭게 됩니다. 土제방을 만나지 않으면 고위직에 오를 수 있습니다.

2) 從革詩訣 종혁시결

> 秋生金局一類看 名爲從革便相懽 如無炎帝來臨害 定作當朝宰相官 金局從
> 추생금국일류간 명위종혁편상환 여무염제래림해 정작당조재상관 금국종
> 革貴人欽 造化淸高福祿眞 四柱火來相混雜 空門藝術漫經綸
> 혁귀인흠 조화청고복록진 사주화래상혼잡 공문예술만경륜

　가을생이 金국을 보면 종혁이라고 부르며 서로 기뻐합니다. 만약 火가 와서 해를 끼치지 않으면 반드시 재상 관직에 오를 수 있습니다.

　金국의 종혁은 귀인으로 존경받으며 조화롭고 맑고 높은 기상을 갖고 있으며 복록이 진실합니다. 그러나 사주에 火가 섞여 혼잡하면 공허하며 기술이나 재능에 머물며 경륜을 펼치기 어렵습니다.

3) 稼穡詩訣 가색시결

> 戊己生居四季中 辰戌丑未要全逢 喜逢財地嫌官殺 運到東方定有凶 戊己重
> 무기생거사계중 진술축미요전봉 희봉재지혐관살 운도동방정유흉 무기중
>
> 逢雜氣天 土多只論土居全 財星得遇堪爲福 官殺如臨有禍纏
> 봉잡기천 토다지론토거전 재성득우감위복 관살여림유화전

　　戊己일간이 사계절에 태어나 辰戌丑未를 모두 만나면 격국이 완성됩니다. 재성을 반기고 관살을 꺼리며 동방운에 이르면 흉한 일이 생길 수 있습니다.

　　戊己일간이 辰戌丑未 잡기를 중복해서 만나면, 土가 많아야 격국이 온전해집니다. 재성을 만나면 복이 될 수 있지만 관살이 나타나면 재난이 따를 수 있습니다.

4) 曲直格詩訣 곡직격시결

> 甲乙生人寅卯辰 又名仁壽兩堪評 亥卯未全嫌白帝 若逢坎地必榮身 木從木
> 갑을생인인묘진 우명인수량감평 해묘미전혐백제 약봉감지필영신 목종목
>
> 類正爲奇 秋令逢之事不宜 得此淸高仁且壽 水源相會福元齊
> 류정위기 추령봉지사불의 득차청고인차수 수원상회복원제

　　甲乙일간이 寅卯辰을 만나면 이를 인수(仁壽)격과 곡직격 두 가지 이름을 붙일 수 있습니다. 亥卯未가 완전히 갖추어지면 서방을 꺼리지만, 북방을 만나면 반드시 귀하게 됩니다.

　　木이 木의 무리를 따르는 것은 진정으로 기이하며, 가을에 이를 만나면 일이 적합하지 않을 수 있습니다. 이 격국을 얻으면 맑고 높은 기상을 가지고 인자하며 장수할 수 있으며, 수원이 함께하면 복이 원만하게 이루어집니다.

5) 炎上格詩訣 염상격시결

夏火炎天焰焰高 局中無水是英豪 運行木地方成器 一擧崢嶸奪錦袍 火多炎
하화염천염염고 국중무수시영호 운행목지방성기 일거쟁영탈금포 화다염
上去沖天 玄武無侵富貴全 一路東方行好運 簪纓頭頂帶腰懸
상거충천 현무무침부귀전 일로동방행호운 잠영두정대요현

　여름의 火는 하늘을 불태우듯 강렬하며, 사주에 水가 없으면 영웅적인 기질을 나타냅니다. 木운이 흐르면 기량을 발휘하며 한 번의 도약으로 고위직에 오를 수 있습니다.

　火가 많아 하늘로 치솟으면, 水가 침범하지 않아야 부귀가 온전합니다. 동방운을 따라가면 좋은 운명을 가지며 고위직에 오를 수 있습니다.

6) 福德格詩訣 복덕격시결

陰土逢蛇金與牛 名爲福德號貔貅 火來侵剋非爲美 名利空空一旦休 陰火相
음토봉사금여우 명위복덕호비휴 화래침극비위양 명리공공일단휴 음화상
臨巳酉丑 生臨丑月壽難長 更兼名利多成敗 破耗荒淫祿不昌 癸巳癸酉月臨
림사유축 생림축월수난장 경겸명리다성패 파모황음록불창 계사계유월림
風 名利遲延作事空 富貴生成難有望 始知成敗苦匆匆 陰金合局有前程 造
풍 명리지연작사공 부귀생성난유망 시지성패고총총 음금합국유전정 조
化淸奇發利名 四柱火來侵剋破 須知名利兩無成 西方金氣坐陰柔 不怕休時
화청기발리명 사주화래침극파 수지명리량무성 서방금기좌음유 불파휴시
不怕囚 鬼殺生時方發福 功名隨步上瀛洲 陰木加臨丑酉蛇 生居六月暗咨嗟
불파수 귀살생시방발복 공명수보상영주 음목가림축유사 생거륙월암자차
爲官得祿難長久 縱有文章不足誇 福德春丁壬所喜 夏逢甲己又逢癸 乙庚秋
위관득록난장구 종유문장불족과 복덕춘정임소희 하봉갑기우봉계 을경추
令辛各妙 遇此吉祥眞可美
령신각묘 우차길상진가양

己土가 巳酉丑을 만나면 복덕으로 불리며, 이를 맹수와 같다고 합니다. 火가 침범하면 좋지 않으며, 부귀가 한 순간에 사라질 수 있습니다.

丁火가 巳酉丑에 있고 丑월에 태어나면 장수를 기대하기 어렵습니다. 부귀는 성패를 반복하며 주색에 빠져 재산을 탕진하고 복록이 창성하지 못합니다.

癸巳와 癸酉일주가 巳월에 태어나면 부귀를 이루기 어렵고 헛수고만 하게 되며, 부귀를 만들기 어려우며 성패의 고통이 빠르게 찾아옵니다.

辛金이 巳酉丑국을 이루면 전도가 밝으며 조화롭고 맑고 고귀한 기상으로 부귀하게 됩니다. 그러나 사주에 火가 와서 극파하면 부귀를 이루지 못합니다.

서방 金기는 음지에 있으면 휴수와 억압을 두려워하지 않습니다. 칠살이 시주에 있으면 복이 발현되며, 공명이 따라오고 고위직에 오를 수 있습니다.

乙木이 巳酉丑에 임하고 未월에 태어난 사람은 암암리에 탄식할 수 있습니다. 관직과 복록을 얻어도 오래 지속되기 어렵고 문장이 뛰어나더라도 자랑할 만하지 않습니다.

복덕격은 봄에는 丁과 壬을 좋아하고, 여름에는 甲己와 癸를 반깁니다. 乙과 庚은 가을에 辛金이 각각 기묘한데 이 격국을 만나면 아름다운 운명을 가질 수 있습니다.

7) 棄命從財格詩訣 기명종재격시결

> 日主無根財犯重 全憑時印旺身宮 逢生必主興家業 破印紛紛總是空
> 일주무근재범중 전빙시인왕신궁 봉생필주흥가업 파인분분총시공

일주에게 뿌리가 없고 재성을 거듭 만나면, 시주에 있는 왕성한 인수에 일간이 의지해야 합니다. 생조를 만나면 반드시 가업을 일으킬 수 있지만, 인수가 파괴되면 가업이 망하고 모든 것이 공허해질 수 있습니다.

8) 棄命從殺格詩訣 기명종살격시결

土臨卯位三合全 不見當生金水纏 火木旺鄉名利顯 再逢坤坎禍連綿 五陽在
토림묘위삼합전 불견당생금수전 화목왕향명리현 재봉곤감화련면 오양재
日全逢殺 棄命相逢命不堅 如見五陰來此地 殺生根敗吉難言 陽水重逢陽土
일전봉살 기명상봉명불견 여견오음래차지 살생근패길난언 양수중봉양토
戈 無根何處被刑磨 格中有貴須還顯 切忌官星破局多 庚日全逢寅午戌 天
과 무근하처피형마 격중유귀수환현 절기관성파국다 경일전봉인오술 천
干透出始爲神 重重火旺聲名顯 命裏休囚忌水鄉 六乙生人巳酉丑 局中切忌
간투출시위신 중중화왕성명현 명리휴수기수향 육을생인사유축 국중절기
財星守 若還行運到南方 管取其人壽不久 陽火喜居身弱地 勾陳朱雀作凶媒
재성수 약환행운도남방 관취기인수불구 양화희거신약지 구진주작작흉매
一片江湖太白象 不爲將相作高魁
일편강호태백상 불위장상작고괴

土일간이 卯에 자리하며 亥卯未 삼합을 이루고, 金水가 함께하지 않으면 운명이 얽히게 됩니다. 火木이 왕성한 곳에서는 부귀가 드러나지만, 申子를 만나면 재난이 이어질 수 있습니다.

양일간이 칠살을 만나면, 자신을 버려도 운명이 안정되지 못합니다. 음일간이 이곳에 자리하면 칠살을 생하여 뿌리가 파괴되므로 길함을 기대하기 어렵습니다.

壬일간이 戊土 칠살을 거듭 만나는데 뿌리조차 없으면 형벌과 고난을 겪게 됩니다. 격국 중에 귀함이 있으면 반드시 드러나야 하며, 정관이 격국을 파괴하는 것을 절대로 꺼려야 합니다.

庚일간이 寅午戌을 모두 만나고 천간에 투출하면 신묘한 격국이 됩니다. 火가 중첩되어 왕성하면 명성이 드러나지만, 사주가 휴수하면 水방을 꺼립니다.

乙일간이 巳酉丑을 만나면, 격국에서 재성이 지키는 것을 매우 꺼리게 됩니다. 남방운으로 흐르면 수명이 길지 않을 수 있습니다.

丙일간은 신약한 곳에 있기를 좋아하고, 土와 火가 있으면 흉하게 됩니다. 水와 金이 한 조각이라도 있으면 고위직에 오르지는 못하지만 조직의 우두머리는 할 수 있습니다.

9) 化氣詩訣 화기시결

甲己化土乙庚金 局中奇妙最難尋 如何六格分高下 貴賤方知論淺深 六乙坐
갑기화토을경금 국중기묘최난심 여하육격분고하 귀천방지론천심 육을좌

亥多逢木 庚金相合透時干 干生無火方成化 又恐金多返作難 丁壬化木在寅
해다봉목 경금상합투시간 간생무화방성화 우공금다반작난 정임화목재인

時 亥卯生提是福基 除此二宮皆別論 金多猶恐反傷之 戊癸南方火焰高 勝
시 해묘생제시복기 제차이궁개별론 금다유공반상지 무계남방화도고 승

光時上顯英豪 局中無水傷年月 獻賦龍門奪錦袍 丙辛化水生冬月 陰日陽時
광시상현영호 국중무수상년월 헌부룡문탈금포 병신화수생동월 음일양시

須見淸 有土局中須破用 得金相助發前程 丁壬化木喜逢寅 蓋世文章絶等倫
수견청 유토국중수파용 득금상조발전정 정임화목희봉인 개세문장절등륜

曲尺更歸年月地 少年平步上靑雲 丁壬化木入金鄕 苟祿蠅營空自忙 氣喘殘
곡척경귀년월지 소년평보상청운 정임화목입금향 구록승영공자망 기천잔

傷無足取 眼前骨肉亦參商 丙辛四柱月中生 變化艱辛福力增 土數重重貧且
상무족취 안전골육역참상 병신사주월중생 변화간신복력증 토수중중빈차

賤 飄飄身世若浮萍 丙辛化合喜逢申 翰苑英蜚氣象新 潤下若居年月上 須知
천 표표신세약부평 병신화합희봉신 한원영비기상신 윤하약거년월상 수지

不是等閒人 乙庚金局旺於酉 時遇從魁是格奇 辰戌丑未如相剋 此是名門將
불시등한인 을경금국왕어유 시우종괴시격기 진술축미여상극 차시명문장

相兒 乙庚最怕火炎陽 志氣消磨主不良 寅午重逢爲下格 隨緣奔走覓衣糧
상아 을경최파화염양 지기소마주불량 인오중봉위하격 수연분주멱의량

天元戊癸支藏水 敗壞門庭事緖多 行運更逢生旺水 傷妻剋子起風波 甲己中
천원무계지장수 패괴문정사서다 행운경봉생왕수 상처극자기풍파 갑기중

央化土神 時逢辰巳脫埃塵 局中歲月趨火地 方顯功名富貴人 甲己干頭生遇
앙화토신 시봉진사탈애진 국중세월추화지 방현공명부귀인 갑기간두생우

春 平生作事漫勞神 百般機巧番成拙 孤苦伶仃行走不停
춘 평생작사만로신 백반기교번성졸 고고령행주불정

   甲己는 土로 화하고, 乙庚은 金으로 화하며 이는 격국에서도 기묘하고 찾기 어려운 조합입니다. 여섯 가지의 격국을 어떻게 나누는지에 따라 귀천이 결정되며 이를 통해 기세의 깊고 얕음을 논할 수 있습니다.

   乙亥일주가 木을 많이 만나면, 庚金이 시간에 투출해야 조화를 이룹니다.

그러나 火가 없어야 화격을 이룰 수 있습니다. 金이 많으면 오히려 어려움을 초래할 수 있습니다.

丁壬은 木으로 화하며, 寅시에 자리하면 복의 기반이 됩니다. 亥卯월에 태어나면 복의 기반이 되지만, 이 외의 경우에는 별도로 논해야 합니다. 金이 많으면 오히려 손상을 입을 수 있습니다.

戊癸는 남방에서 火로 화하며, 시주에서 강렬한 빛이 있으면 영웅적 기질을 드러냅니다. 격국에서 水가 없으면 년월에서 손상을 입을 수 있으며, 재물을 헌납하고 고위직에 오르지만 직위를 빼앗길 수 있습니다.

丙辛이 水로 화합하여 겨울에 태어나면, 辛일간이 丙시를 보아야 맑아집니다. 土가 격국에 있으면 이를 파괴해서 써야 하며, 金의 도움을 받아야 전도가 밝아집니다.

丁壬이 木으로 화합하면 寅을 만나야 반기며 뛰어난 문장력과 비범한 재능을 나타냅니다. 木이 년월지에 자리하면 젊은 나이에 벼슬길이 순조로워집니다.

丁壬이 木으로 화합하여 金방에 들어가면 복록이 공허하고 바쁘기만 할 수 있으며, 기력이 쇠하고 불구가 되어 가족들과 멀어질 수 있습니다.

丙辛이 월주에서 생하면 변화가 많고 복록이 증가합니다. 土가 거듭되면 가난하고 천해질 수 있으며 삶이 떠도는 부평초와 같을 수 있습니다.

丙辛이 화합하고 申을 만나면, 문장과 재능이 빛나고 새로운 기상을 얻을 수 있습니다. 水가 년월에 자리하면 이는 평범하지 않은 운명을 나타냅니다.

乙庚 金국은 酉에서 왕성하며 시주에서 酉를 만나면 기이한 격국이 됩니다. 辰戌丑未가 상극하면 명문 집안의 자손임을 나타냅니다.

乙庚은 丙火의 강한 화기를 가장 두려워하며, 의지와 기상이 소멸되어 운명이 불량해질 수 있습니다. 寅과 午를 거듭 만나면 하격이 되어 생계를 위해 분주히 일이 많아질 수 있습니다.

戊癸일간이 지지에 水가 암장되어 있으면 가문이 쇠퇴하고 일이 많아질 수 있습니다. 운에서 생왕한 水를 다시 만나면 처자식을 잃는 풍파가 일어날 수 있습니다.

　甲己가 중앙에서 土로 화하며 시주에서 辰巳를 만나면 속세에서 벗어날 수 있습니다. 격국에서 년월이 火방으로 향하면 공명을 떨치고 부귀해질 수 있습니다.

　甲己일간이 봄에 태어나면 평생 일이 많아 정신적으로 피로하게 됩니다. 온갖 교활함이 어리석음으로 변하며 고독하고 힘든 삶에서 벗어나지 못할 수 있습니다.

10) 天元一氣詩訣 천원일기시결

四重陽水四重寅 離坎交爭旺氣贏 運至火鄉成富貴 往來須忌對提刑 人命如
사중양수사중인 리감교쟁왕기영 운지화향성부귀 왕래수기대제형 인명여
逢四卯全 干頭辛字又相連 身輕福淺猶閑事 誠恐將來壽不堅 金龍變化春三
봉사묘전 간두신자우상련 신경복천유한사 성공장래수불견 금룡변화춘삼
月 四柱全逢掌大權 不入朝中爲宰相 也須名利振邊疆 己巳重逢命裡排 一
월 사주전봉장대권 불입조중위재상 야수명리진변강 기사중봉명리배 일
身天祿暗催來 人中必顯名尊貴 秀奪江山出類才 戊土重逢午字多 天元一氣
신천록암최래 인중필현명존귀 수탈강산출류재 무토중봉오자다 천원일기
得中和 英豪特達功名好 見子沖來沒奈何 四重丁未命安排 暗合陰生祿位胎
득중화 영호특달공명호 견자충래몰내하 사중정미명안배 암합음생록위태
有分東西成富貴 無情行到水中來 丙申四柱命中全 身殺相逢顯祿元 不是尋
유분동서성부귀 무정행도수중래 병신사주명중전 신살상봉현록원 불시심
常名利客 管敎勢力奪魁權 乙酉生居八月天 重重乙酉喜相連 不居左右皆榮
상명리객 관교세력탈괴권 을유생거팔월천 중중을유희상련 불거좌우개영
顯 更有收成在晚年 天干甲戌重逢戌 分奪財官無所益 若還行運到南方 合
현 경유수성재만년 천간갑술중봉술 분탈재관무소익 약환행운도남방 합
出傷官名利赫 天干四癸在乾宮 水木相逢作倒沖 名利盈盈須有望 南方行運
출상관명리혁 천간사계재건궁 수목상봉작도충 명리영영수유망 남방행운
壽還終
수환종

천원일기란 사주 년월일시의 간지가 모두 같은 경우를 말합니다.

壬寅 네 개가 사주에 있으면 火水가 서로 교차하며 왕성한 기운을 얻게 됩니다. 火운으로 흐르면 부귀를 이루지만 왕래하면서 형을 만나지 않아야 합니다.

辛卯 네 개가 사주에 있으면 신약하고 복이 부족할 수 있으며 장수하지 못할 수 있습니다.

庚辰은 봄에 변화를 이루고, 사주에 완전히 갖추어지면 대권을 장악할 수 있습니다. 비록 재상이 되지 않더라도 반드시 부귀를 천하에 떨칠 수 있습니다.

己巳가 중복되어 사주에 배치되면 하늘의 복록이 암암리에 찾아와 사람들 사이에서 명예와 존귀함을 드러내게 됩니다.

戊午가 중복되면 천원일기가 중화를 이루어 영웅적인 기질과 공명을 드러낼 수 있습니다. 그러나 子가 충해 오면 어쩔 수 없는 어려움이 따를 수 있습니다.

丁未 네 개가 사주에 있으면 午火록을 암합하여 동방과 서방에서 부귀를 이루지만, 水운에 이르면 무정한 운명이 될 수 있습니다.

丙申 네 개가 사주에 있으면 일간과 칠살이 서로 만나 복록이 드러나는데 이는 평범한 사람이 아니며 권력을 거머쥘 수 있는 세력을 가질 수 있습니다.

乙酉일주가 酉월생이고, 乙酉가 중복되면 좌우에 있지 않아도 모두 영화롭게 드러나며 만년에 큰 성공을 거둘 수 있습니다.

甲戌이 중복되면 재관을 빼앗기니 유익함이 없지만, 남방운으로 흐르면 상관을 합하면 부귀해질 수 있습니다.

癸亥 네 개가 사주에 있으면 水와 木을 만나 도충을 이루어 부귀가 넘칠 수 있습니다. 그러나 남방운으로 흐르면 수명이 끝날 수 있습니다.

11) 天元一字詩訣 천원일자시결

天元一字水爲源 生在秋冬貴莫言 大運吉神逢一位 少年仕路必高遷 天元一
천원일자수위원 생재추동귀막언 대운길신봉일위 소년사로필고천 천원일
字土爲基 四季生時更是奇 申酉二支爲格局 聰明俊秀異常兒 天元一字木爲
자토위기 사계생시경시기 신유이지위격국 총명준수이상아 천원일자목위
根 傳送登明顯福元 四柱官星如得地 功名利祿早成恩 天元一字若逢金 時
근 전송등명현복원 사주관성여득지 공명리록조성은 천원일자약봉금 시
日魁罡福氣深 庫力運中並帶貴 平生德行貴人欽 天元一字火融融 大吉功曹
일괴강복기심 고력운중병대귀 평생덕행귀인흠 천원일자화융융 대길공조
時日中 沖起財官爲發用 中平富貴福興隆
시일중 충기재관위발용 중평부귀복흥륭

천원일자란 천간이 모두 같은 글자인 경우를 말합니다.

천간의 水 한 글자가 근원이 되고 가을과 겨울에 태어나면 말로 다할 수 없을 정도로 귀하게 됩니다. 대운에서 길신을 만나면 젊은 나이에 관직에서 고위직에 오를 수 있습니다.

천간의 土 한 글자가 기반이 되고 辰戌丑未시에 태어나면 더욱 기묘한 운명을 가집니다. 申과 酉 두 지지가 격국을 이루면 총명하고 준수하며 비범한 자질을 가진 아이로 태어납니다.

천간의 木 한 글자가 근본이 되고 申亥가 있으면 복의 근원이 드러납니다. 사주에서 정관이 득지하면 공명을 떨치고 복록이 일찍 이루어질 수 있습니다.

천간에 金 한 글자가 있고 일시에 괴강이 있으면 복록이 깊어집니다. 대운에서 丑귀인을 만나면 평생 덕행으로 귀인에게 존경을 받게 됩니다.

천간의 火 한 글자가 자리하면 온화하게 융합되어 크게 길한 운명을 가지며, 일시와 공조를 이루고 재관을 충기하면 발복하여 평안한 부귀와 복록이 흥성할 수 있습니다.

12) 殺重有救詩訣 살중유구시결

丙臨申位逢陽水 月逢戊土返長年 若有吉神來救助 方知安樂壽綿綿 己到雙
병림신위봉양수 월봉무토반장년 약유길신래구조 방지안락수면면 기도쌍
魚夭可知 更逢乙木死無移 干頭若有庚金助 恰似春花放舊枝 丙臨申位火無
어요가지 경봉을목사무이 간두약유경금조 흡사춘화방구지 병림신위화무
煙 陽水逢之命不堅 若得土來相救助 管教福壽得長年
연 양수봉지명불견 약득토래상구조 관교복수득장년

　　丙申일주가 壬을 만나고 월주에 戊土가 있으면 장수할 수 있습니다. 길신이 와서 구조하면 평안과 장수할 수 있는 운명임을 알 수 있습니다.

　　己일간이 亥를 만나면 단명할 가능성이 있으며, 乙木을 만나면 죽음을 피하기 어렵게 됩니다. 천간에서 庚金이 도와주면 마치 봄꽃이 오래된 가지에 피어나는 것처럼 다시 살아날 수 있습니다.

　　丙申일주는 불기운이 약해서 연기가 나지 않으며, 壬을 만나면 운명이 무너질 수 있습니다. 그러나 土가 도와주면 반드시 복록과 장수를 얻을 수 있습니다.

3. 길흉시결

1) 刑冲詩訣 형충시결

比肩羊刃日時逢 若問年齡父道凶 父母干支相會合 財星健旺壽如松 剋父邢
비견양인일시봉 약문년령부도흉 부모간지상회합 재성건왕수여송 극부나
堪妻又傷 堪居道院共僧房 閉身作保防連累 財破妻災事幾場
감처우상 감거도원공승방 폐신작보방련루 재파처재사기장

　　비견과 양인이 일시에 있는데, 나이를 물으면 부친의 운명이 흉할 수 있습니다. 부모의 간지가 서로 만나면 재성이 왕성하여 수명이 소나무처럼 길어질 수 있습니다.
　　부친을 극하고 처자식도 상하면 도사나 스님과 함께 살게 될 수 있습니다. 스스로 몸을 숨기고 남의 일에 연루되지 않으려고 하지만 재산을 잃고 처에게 재난이 닥치는 일이 여러 번 있을 수 있습니다.

2) 剋妻詩訣 극처시결

天干透露弟兄多 財絶官衰旺太過 月令又逢身旺地 青春年少哭嬌娥 當生四
천간투로제형다 재절관쇠왕태과 월령우봉신왕지 청춘년소곡교아 당생사
柱有財星 羊刃逢時定剋刑 歲逢經行妻眷絶 妻宮頻見損年齡
주유재성 양인봉시정극형 세봉경행처권절 처궁빈견손년령

　　비겁이 천간에 많이 투출하고 재성은 절지에 있고 관성이 쇠약하면 지나치게 왕성한 것입니다. 월령에서도 신왕지를 만나면 젊은 나이에 슬픔과 어려움을 겪을 수 있습니다.
　　사주에 재성이 있으면 양인이 시주에서 극형을 하는데, 운이 흐르며 처와 가족의 인연이 끊어질 수 있으며 처궁이 자주 손상을 입어 수명이 줄어들 수 있습니다.

3) 剋子詩訣 극자시결

五行四柱有傷官 子息初年必不安 官鬼運臨生旺地 可存一二老來看 嗣中生
오행사주유상관 자식초년필불안 관귀운임생왕지 가존일이노래간 사중생
旺見刑沖 月令休囚子息空 官鬼敗亡重見剋 如無庶出必螟蛉 印綬重疊剋子
왕견형충 월령휴수자식공 관귀패망중견극 여무서출필명령 인수중첩극자
斷 子息難養誰爲伴 若還留得在身邊 帶破執拗難使喚 時逢七殺本無兒 此
단 자식난양수위반 약환유득재신변 대파집요난사환 시봉칠살본무아 차
理人當仔細推 干上食神支又合 須知有子貴而奇 女人印綬月時逢 官食遭傷
리인당자세추 간상식신지우합 수지유자귀이기 여인인수월시봉 관식조상
子息空 當主過房兼別立 孤兒重犯兩無功 局中官殺兩難親 洋刃重重福助之
자식공 당주과방겸별입 고아중범양무공 국중관살양난친 양인중중복조지
八字純陽偏印重 防妻疊疊更埋兒
팔자순양편인중 방처첩첩갱매아

사주에 상관이 있으면 자식이 어릴 때 안정되지 못할 수 있습니다. 정관과 칠살이 운에서 생왕지에 있으면 자식이 한두 명은 노년에 남아 있을 수 있습니다.

자식궁이 생왕해도 형충을 만나고 월령이 휴수하면 자식이 없을 수 있습니다. 관살이 패망하고 극이 거듭되면 자식이 없으므로 양자를 들여야 할 수 있습니다. 인수가 거듭되면 자식을 극하여 끊어질 수 있으며, 자식을 기르기 어렵고, 누구와 함께 살지 걱정될 수 있습니다. 만약 자식이 옆에 남아 있더라도 고집이 세고 다루기 어려울 수 있습니다.

시주에 칠살이 있으면 자식이 없을 가능성이 있으며, 이는 사람마다 세심히 판단해야 합니다. 천간에 식신이 있고 지지에서 합을 이루면 자식이 귀하고 특이한 인물이 될 수 있습니다.

여명에 월주와 시주에 인수가 있고 정관과 식신이 손상하면 자식이 없어, 양자를 들이거나 따로 살게 되며 고아가 거듭되어 성과를 이룰 수 없습니다.

격국에서 관살이 모두 친밀하지 못하면 양인이 중복되어도 복이 됩니다. 팔자가 순양하고 편인이 중복되면 처를 조심하고 자식이 계속해서 죽을 수 있습니다.

4) 運晦詩訣 운회시결

幹事難成又費錢 提防凶事近流年 初心欲遂熊羆兆 中却番成飽事眠 比肩歲
간사난성우비전 제방흉사근류년 초심욕수웅비조 중각번성포사면 비견세
運必爭論 閉訟官司爲別人 兄弟陰人財帛事 閉門還有是非屯 不作禎祥返作
운필쟁론 폐송관사위별인 형제음인재백사 폐문환유시비둔 불작정상반작
災 外情牽惹是非來 匣中珍寶牢取取 幹事難成又破財 到此難留隔宿錢 求
재 외정견야시비래 갑중진보뢰취취 간사난성우파재 도차난류격숙전 구
之勞碌及熬煎 若還財聚主妻剋 又是官災口舌纏 劫財羊刃兩頭居 外面光華
지로록급오전 약환재취주처극 우시관재구설전 겁재양인량두거 외면광화
內本虛 官殺兩頭居不出 少年夭折實嗟叮
내본허 관살량두거불출 소년요절실차정

운회란 나쁜 운수를 말합니다.

이러한 운에는 일을 해도 성취하기 어렵고 돈만 낭비하며, 가까운 세운에 흉사가 일어날 수 있으니 대비해야 합니다. 처음에는 원대한 뜻을 품었지만 중도에 실패하고 먹고 자는 일만 할 수 있습니다.

비견이 대세운에 있으면 논쟁을 일으키며 관재소송이 벌어지지만, 결국 남을 위한 일이 될 수 있습니다. 형제와 여인이 재물과 관련된 일로 인해 집안에도 시비가 끊이지 않을 수 있습니다.

길한 일은 없고 오히려 재난만 생기고, 외정으로 시비를 부르게 됩니다. 상자 속에 있는 보물은 지켜야 하고, 일은 성사되지 않고 재물도 손실될 수 있습니다.

이러한 운에 이르면 돈을 유지하기 어려우며, 돈을 구하려는 노력이 고된 과정이 될 수 있습니다. 재물이 모이면 처를 극할 수 있으며 관재구설에 얽힐 수 있습니다.

겁재와 양인이 두 곳에 자리하면 겉은 화려하지만 속은 공허할 수 있습니다. 관살이 두 곳에 자리하고 나타나지 않으면 젊은 나이에 요절할 수 있습니다.

5) 運通詩訣 운통시결

三合財官得運時 綺羅香裡會佳期 洋洋已達靑雲志 財祿婚姻喜氣宜 運逐時
삼합재관득운시 기라향리회가기 양양이달청운지 재록혼인희기의 운수시
來事事宜 布衣有分上天梯 貴人輕着提携力 指日靑雲貴可期 自是生來不受
래사사의 포의유분상천제 귀인경착제휴력 지일청운귀가기 자시생래불수
貧 官居草屋四時春 夏凉冬暖淸高處 饈饌杯盤勝別人 此運祥光事轉新 一
빈 관거초옥사시춘 하량동난청고처 수찬배반승별인 차운상광사전신 일
團和氣藹陽春 靑雲有信天書近 定是超群拔萃人 甲子丁卯非爲刃 己酉庚申
단화기애양춘 청운유신천서근 정시초군발췌인 갑자정묘비위인 기유경신
理一同 合起人元財馬旺 中年顯達富豪翁
이일동 합기인원재마왕 중년현달부호옹

운통이란 좋은 운수를 말합니다.

삼합으로 재성과 정관을 얻는 운이 오면 화려한 곳에서 좋은 시기를 만나게 됩니다. 청운의 뜻을 이미 이루고 재물, 관직, 결혼에서 기쁨과 화합을 누릴 수 있습니다.

운이 순조롭게 흐르면 모든 일이 잘 풀리며 평범한 사람도 고위직에 오를 수 있는 기회를 얻고, 귀인의 가벼운 도움으로도 머지않아 청운의 뜻을 이룰 수 있습니다.

태어날 때부터 가난을 겪지 않으며, 초가집에 살아도 사시사철 봄날 같은 삶을 누릴 수 있습니다. 여름에는 시원하고 겨울에는 따스하니 맑고 높은 직위에서 삶을 누리며 음식과 잔치가 남다르게 풍성합니다.

이 운은 길한 광채가 나므로 모든 일이 새로워지며 화사한 기운이 봄날처럼 가득하며, 순조롭게 성공할 수 있다는 믿음이 있고 책을 가까이하여 뛰어난 인물이 됩니다.

甲子와 丁卯는 양인이 아니며, 己酉와 庚申도 마찬가지입니다. 지장간에서 재관이 왕성하게 합쳐지면 중년에 출세하여 부귀를 이루고 뛰어난 부호가 될 수 있습니다.

6) 帶疾詩訣 대질시결

戊己生時氣不全 傷官時月見留連 必當頭面有虧損 膿血之災苦少年 日主加
무기생시기불전 상관시월견류련 필당두면유휴손 농혈지재고소년 일주가

臨戊己生 支辰火局氣薰蒸 沖刑剋破當殘疾 髮禿那堪眼不明 丙丁日主丑行
림무기생 지진화국기훈증 충형극파당잔질 발독나감안불명 병정일주축행

衰 七殺加臨三合來 升合日求衣食缺 耳聾殘疾面塵埃 壬癸重重疊疊排 時
쇠 칠살가림삼합래 승합일구의식결 이롱잔질면진애 임계중중첩첩배 시

辰若觳見天財 縱然頭面無斑癩 足是其人眼目災 丙丁火旺疾難防 四柱休囚
진약구견천재 종연두면무반라 족시기인안목재 병정화왕질난방 사주휴수

辰巳方 水火相生來此地 啞中風疾暗中亡
진사방 수화상생래차지 아중풍질암중망

    대질이란 질병을 갖고 있는 사주라는 뜻입니다.

    戊己가 시주에서 기운이 부족하고, 상관이 시주와 월주에서 머무르면 얼굴에 손상이 있을 수 있고 젊은 시절에 피고름이 나는 질병을 앓을 수 있습니다.

    戊己일간이 지지에서 火국을 이루면 더운 기운이 지나친데, 이를 충형극파하면 장애로 불구자가 될 수 있으며 머리가 벗겨지고 눈이 흐려질 가능성이 있습니다.

    丙丁일간이 丑운에서 쇠약해지고, 칠살이 삼합을 이루면 의식주가 부족할 수 있으며, 귀가 멀고 장애로 불구자가 되며 얼굴이 기미로 덮힐 수 있습니다.

    壬癸가 중첩되고 재성이 시간에 있으면, 머리와 얼굴에 반점이나 흉터가 없더라도 눈과 발에 질병이 있을 수 있습니다.

    丙丁火가 왕성하면 질병을 피하기 어려운데 사주가 휴수하고 辰巳가 있으면 木火가 상생하여 벙어리나 중풍이 암암리에 생기고 갑자기 죽을 수 있습니다.

7) 壽元詩訣 수원시결

> 壽算幽玄識者稀 識時須是泄天機 六親內有憎嫌者 歲運逢之總不宜 壽星明
> 수산유현식자희 식시수시설천기 육친내유증혐자 세운봉지총불의 수성명
> 朗壽元長 偏印逢之不可當 寵妾不來相救助 命如衰草値秋霜 丙臨申位逢陽
> 랑수원장 편인봉지불가당 총첩불래상구조 명여쇠초치추상 병림신위봉양
> 水 定見天年未可知 透出干頭壬癸水 其人必定死無疑
> 수 정견천년미가지 투출간두임계수 기인필정사무의

수원이란 수명을 말합니다. 수명은 심오하므로 이를 아는 사람은 드뭅니다. 죽는 시기를 알면 천기를 누설하는 것과 같습니다. 육친 중에 미워하거나 싫어하는 이가 있으면 대세운에서 이를 만나면 좋지 않습니다.

식신이 밝으면 수명이 길지만 편인을 만나면 이를 감당하기 어렵습니다. 총애하는 첩이 도와주지 않으면 운명은 가을 서리를 맞은 쇠약한 풀과 같이 시들어버립니다.

丙申일주가 壬水를 만나면 천수를 누리지 못하는데, 천간에 壬癸水가 투출하면 그 사람은 반드시 죽음에 이를 가능성이 있습니다.

8) 飄蕩詩訣 표탕시결

> 偏財偏位發他鄉 慷慨風流性要强 別立家園三兩處 因名因利自家亡 偏財別
> 편재편위발타향 강개풍류성요강 별립가원삼량처 인명인리자가망 편재별
> 立在他鄉 寵妾防妻更剋傷 愛慾有情妻妾聚 更宜春酒野花香
> 립재타향 총첩방처경극상 애욕유정처첩취 경의춘주야화향

표탕이란 주색을 즐기며 정처 없이 떠돌며 사는 사람을 말합니다.

편재가 편재 자리에 있으면 타향에서 발전합니다. 이 사람은 강개하고 풍류를 즐기며 성격이 강할 수 있습니다. 여러 집에 거처하면서 재물과 명예를 추구하다가 자신의 가정을 잃을 수 있습니다.

편재가 다른 자리에 있으면 타향에 있으면서 첩을 사랑하고 처를 경계하

며 극상할 수 있습니다. 애욕으로 처첩을 취하고 주색에 빠져 놀기 바쁠 수 있습니다.

9) 女命詩訣 여명시결

財官印綬三殺物 女命逢之必旺夫 不犯殺多無混雜 身强制伏有稱呼 女命傷
재관인수삼살물 여명봉지필왕부 불범살다무혼잡 신강제복유칭호 여명상
官福不眞 無財無印守孤貧 局中若見傷官透 必作堂前使喚人 有夫帶合須還
관복불진 무재무인수고빈 국중약견상관투 필작당전사환인 유부대합수환
正 有合無夫定是偏 官殺重來成下格 傷官重合不須言 官帶桃花福壽長 桃
정 유합무부정시편 관살중래성하격 상관중합불수언 관대도화복수장 도
花帶殺少禎祥 合多切忌桃花犯 劫比桃花大不長 女命傷官格內嫌 帶財帶印
화대살소정상 합다절기도화범 겁비도화대불장 여명상관격내혐 대재대인
福方堅 傷官旺處傷夫主 破了傷官損壽元 飛天祿馬井欄叉 女命逢之福不佳
복방견 상관왕처상부주 파료상관손수원 비천록마정란차 여명봉지복불가
只好爲偏倂作妓 有財方可享榮華
지호위편병작기 유재방가향영화

재관인수와 삼살이 여명에 있으면 남편의 운이 왕성해질 수 있습니다. 칠살이 많지 않고 혼잡하지 않으면, 신강하여 칠살을 제복하면 고관대작 부인의 칭호를 받을 수 있습니다.

여명에게 상관은 복이 진실하지 않으며, 재성과 인수가 없으면 외롭고 가난해질 수 있습니다. 사주에 상관이 투출하면 반드시 집안에서 일하는 하녀가 될 수 있습니다.

남편성과 합을 하면 정부인이고, 합을 해도 남편성이 없으면 첩이 될 수 있습니다. 관살이 중첩되면 하격이고, 상관이 중첩되면 더 이상 말할 필요가 없습니다.

정관이 도화와 함께 하면 복과 수명이 길어질 수 있고, 도화가 칠살과 함께 하면 길함이 적어지게 됩니다. 합이 많으면 도화를 조심해야 하며, 비겁이 도화를 만나면 길게 가지 못하는 운명입니다.

여명에서 상관격은 좋지 않으며, 재성과 인수를 갖추어야 복이 견고해질 수 있습니다. 상관이 왕성한 곳에서는 남편에게 손상이 갈 수 있으며, 상관이 파손하면 수명이 줄어들게 됩니다.

비천녹마나 정란차격이 여명에 있으면 복이 좋지 않을 수 있습니다. 부득이 첩이나 기생이 될 수 있으며, 재성을 갖추어야 영화를 누릴 수 있습니다.

4. 십이운성 시결

1) 長生詩訣 장생시결

長生管取命長榮 時日重臨主性靈 更得吉時相會遇 少年及第入王庭 長生若
장생관취명장영 시일중림주성령 경득길시상회우 소년급제입왕정 장생약
也得相逢 生下須招祖業隆 父母妻兒無剋陷 安然享福保初終
야득상봉 생하수초조업륭 부모처아무극함 안연향복보초종

장생이 있으면 수명이 길고 영화로우며, 일시에 거듭 있으면 정신을 주관하며, 길한 시기를 만나면 젊은 나이에 급제하여 고위직에 오를 수 있습니다.

장생의 기운을 만나면 태어날 때부터 조상의 업적을 이어받아 번창할 수 있습니다. 부모, 처자식과의 관계가 조화롭고 해를 끼치지 않으며 평안하게 복을 누리며 처음부터 끝까지 안정된 삶을 누릴 수 있습니다.

2) 沐浴詩訣 목욕시결

沐浴凶神切忌之 多成多敗少人知 男人値此應孤獨 女命逢之定別離 沐浴那
목욕흉신절기지 다성다패소인지 남인치차응고독 여명봉지정별리 목욕나
堪吉位逢 更兼引從在其中 讀書必定登科甲 莫比諸神例作凶 桃花沐浴不堪
감길위봉 경겸인종재기중 독서필정등과갑 막비제신례작흉 도화목욕불감
聞 叔伯姑姨合共婚 日月時胎如犯此 定知無義亂人倫 咸池無祿號桃花 酒
문 숙백고이합공혼 일월시태여범차 정지무의란인륜 함지무록호도화 주
色多因敗壞家 更被凶神來剋破 瘠羸病死莫咨嗟 女命若還逢沐浴 破敗兩三
색다인패괴가 경피흉신래극파 척리병사막자차 여명약환봉목욕 파패량삼
家不足 父母離鄕壽不長 頭男長女須防哭
가불족 부모리향수불장 두남장녀수방곡

목욕은 흉신으로 간주하므로 조심해야 합니다. 성공과 실패가 반복되어 이를 아는 사람은 드뭅니다.

남명이 이를 만나면 고독할 가능성이 높고, 여명에서는 반드시 이별을 경험할 수 있습니다.

목욕이 길한 위치에 자리하면, 그 안에서 더 많은 영향을 끌어들일 수 있습니다. 열심히 공부하면 과거에 급제할 수 있으므로, 다른 신들과 비교하여 흉신으로 간주하지 말아야 합니다.

도화와 목욕이 함께 있으면 좋지 않으며, 숙부, 고모, 이모 등과 함께 근친 간에 혼인 관계로 얽힐 수 있습니다. 일주, 월주, 시주, 태주에서 이를 범하면 인륜이 무너지고 의리가 없어질 수 있습니다.

함지는 복록이 없어 도화라 불리며, 주색으로 가정이 파괴될 수 있습니다. 더욱이 흉신이 와서 극파하면 쇠약해지고 병사할 수 있습니다.

여명이 목욕을 만나면 두세 가정이 파괴될 수 있으며, 부모와 떨어져 살고 수명이 길지 않아 장남과 장녀는 장례를 준비해야 할 것입니다.

3) 冠帶詩訣 관대시결

命逢冠帶少人知 初主貧寒中主宜 更得貴人加本位 功成名遂又何疑人命若
명봉관대소인지 초주빈한중주의 경득귀인가본위 공성명수우하 의인명약
還逢冠帶 兄弟妻孥無陷害 因何接祖紹箕裘 只爲胎中有冠蓋
환봉관대 형제처노무함해 인하접조소기구 지위태중유관개

사주에서 관대를 만나면 그 영향력을 아는 이가 적습니다. 초반에는 가난하지만 중반에는 적합한 운명을 가지게 됩니다. 다시 귀인을 만나 본래의 위치를 얻으면 공명을 이루고 성공함을 의심할 여지가 없습니다.

사주에서 관대를 만나면 형제와 처자식의 관계가 조화롭고 해로움이 없으며, 조상의 업적을 이어받아 번영할 수 있음은 태중에 관대가 있기 때문입니다.

4) 임관시결 臨官詩訣

臨官帝旺最爲奇 祿貴同宮仔細推 若不狀元登上第 直須黃甲脫麻衣
임관제왕최위기 록귀동궁자세추 약불상원등상제 직수황갑탈마의

　　임관과 제왕은 가장 기이하게 여겨집니다. 복록과 귀함이 같은 궁에 자리하므로 자세히 살펴야 합니다. 만약 장원급제하지 못하더라도 반드시 관복을 걸치고 평민에서 벗어날 수 있습니다.

5) 帝旺詩訣 제왕시결

臨官帝旺兩相逢 業紹箕裘顯祖宗 失位縱然居世上 也須名姓達天聰
임관제왕량상봉 업소기구현조종 실위종연거세상 야수명성달천총

　　임관과 제왕이 함께 있으면 조상의 업적을 이어받아 조상을 빛내고, 비록 직위를 잃고 속세에 머물더라도 반드시 이름을 세상에 알리게 될 것입니다.

6) 衰病死詩訣 쇠병사시결

納音衰病死重逢 成敗之中見吉凶 若得吉神來救助 變災爲福始亨通 衰病兩
납음쇠병사중봉 성패지중견길흉 약득길신래구조 변재위복시형통 쇠병량
逢兼値死 世人至老無妻子 不惟衣食不豐隆 災病綿綿終損己
봉겸치사 세인지로무처자 불유의식불풍륭 재병면면종손기

　　납음에서 쇠병사를 거듭 만나면 성패 속에서 길흉을 볼 수 있습니다. 길신이 와서 도와주면 재앙이 복으로 변하며 비로소 형통하게 됩니다.
　　쇠병이 두 번 중복되고 사지를 만나면 노년까지 처자가 없으며, 의식주가 풍족하지 못하고 재앙과 질병이 끊이지 이어지고 마침내 자신을 해칠 수 있습니다.

7) 墓庫詩訣 묘고시결

> 墓庫元來是葬神 一爲正印細推論 相生相順無相剋 富貴之中次第分 人命若
> 묘고원래시장신 일위정인세추론 상생상순무상극 부귀지중차제분 인명약
> 還逢墓庫 積穀堆財難計數 慳貪不使一文錢 至老人呼守錢虜
> 환봉묘고 적곡퇴재난계수 간탐불사일문전 지로인호수전로

묘고는 원래 매장하는 신으로, 정인의 하나로 자세히 판단해야 합니다. 상생하고 순조로우며 상극하지 않으면 차츰 부귀해집니다.

사주에 묘고가 있으면 많은 재물을 쌓지만, 인색하고 탐욕이 많아 한 푼도 쓰지 않으므로 늙어서도 사람들이 수전노라 부를 수 있습니다.

8) 胞胎詩訣 포태시결

> 絶中逢生少人知 卻去當生命裡推 反本還元宜細辯 忽然連否莫猜疑 胞神一
> 절중봉생소인지 각거당생명리추 반본환원의세변 홀연연부막시의 포신일
> 位難爲絶 剋限妻奴家道劣 不惟朝暮走忙忙 羊食狼貪無以別
> 위난위절 극한처노가도렬 불유조모주망망 양식랑탐무이별

포태는 절과 태라고도 합니다. 절에서 생을 만나는 것을 아는 이가 적으며, 이를 명에서 자세히 판단해야 합니다. 본래의 생지로 돌아가는 것을 세심히 살펴야 하며, 갑자기 불운으로 이어져도 의심하지 말아야 합니다.

포신이 한 자리에 위치하면 절지로 보기 어려울 수 있으며, 가족을 극하고 집안이 쇠퇴하며 조석으로 바쁘게 뛰어다니고 탐욕의 선악도 구분하지 못하게 됩니다.

9) 胎養詩訣 태양시결

胎養須宜細審詳 半凶半吉兩相當 貴神相會應爲福 惡殺重逢見禍殃
태양수의세심상 반흉반길량상당 귀신상회응위복 악살중봉견화앙

태양은 자세히 살펴야 하며, 반은 흉하고 반은 길하여 서로 균형을 이루게 됩니다. 귀한 신이 모이면 복이 되지만, 악살을 거듭 만나면 재앙을 만날 수 있습니다.

【참고 문헌】

신간합병관판음의평주연해자평
(新刊合併官板音義評註淵海子平), 명대 양종, 1634
연해자평 번역 연구 석사 논문, 송부종, 2006
중국 사회사와 명리학의 발전, 왕리웨인, 2018
자평학과 개인주의의 기원, 장샤오밍, 2020